ŒUVRES COMPLÈTES

DE

CHATEAUBRIAND

TOME I

PARIS. — IMPRIMERIE DE J. CLAYE
RUE SAINT-BENOIT, 7

ŒUVRES COMPLÈTES

DE

CHATEAUBRIAND

NOUVELLE ÉDITION

REVUE AVEC SOIN SUR LES ÉDITIONS ORIGINALES

PRÉCÉDÉE D'UNE

ÉTUDE LITTÉRAIRE SUR CHATEAUBRIAND

PAR

M. SAINTE-BEUVE

DE L'ACADÉMIE FRANÇAISE

Vignettes dessinées par G. Staal, Racinet, etc., et gravées par F. Delannoy, G. Thibault, Outhwaitte, Massard, etc.

—◇—

ÉTUDE SUR CHATEAUBRIAND

PAR M. SAINTE-BEUVE

ESSAI SUR LES RÉVOLUTIONS ANCIENNES ET MODERNES

—◇—

PARIS

GARNIER FRÈRES, ÉDITEURS

6 RUE DES SAINTS-PÈRES 6

ÉTUDE

SUR

CHATEAUBRIAND

ÉTUDE

SUR

CHATEAUBRIAND

I.

François-*René* (et non Auguste) de Chateaubriand était né à Saint-Malo le 4 septembre 1768, et non le 4 octobre, jour de saint François, comme lui-même semblait le croire. Quant à la date de l'année, il la mettait volontiers en 1769. Cela veut dire qu'il se rajeunissait un peu, soit pour faire coïncider sa naissance avec cette année 69, à laquelle on se plaisait à rapporter plusieurs naissances illustres, soit tout simplement pour se rajeunir.

Il était le dernier de dix enfants dont six vécurent, quatre sœurs et un frère aîné. Lui, le cadet, dit le chevalier de Chateaubriand, était destiné, selon la mode des cadets en Bretagne, à entrer dans la marine royale. En attendant, on le mit en nourrice au village de Plancouët. Sevré et rentré au logis, il y trouva une vie austère, un père silencieux et craint, une mère bonne, mais grondeuse. Nous connaissons cette digne domestique, l'excellente *Villeneuve*, la seule qui eût quelque soin alors du pauvre délaissé. Le point le plus à noter, le détail le plus touchant et certainement le plus vrai de cette première enfance, de cette éducation si négligée et si dure, c'est l'affection bien délicate dont il s'unit en grandissant à la quatrième de ses sœurs, négligée comme lui, et qu'il nous peint d'abord l'air malheureux, maigre, trop grande pour son âge, une robe disproportionnée à sa taille, la poitrine droite enfermée dans un corps piqué dont les pointes la blessent, avec un collier de fer garni de velours brun au cou, et une toque d'étoffe noire rattachant ses cheveux retroussés sur le haut de la tête. Mais bientôt un souffle de grâce et de mollesse passera sur ce jeune front et y éveillera l'essaim des rêves. Cette sœur Lucile est le type virginal, innocent, de l'*Amélie* de *René*. Il n'en dira rien de trop quand il parlera plus tard de sa beauté, de sa grâce, de sa mélancolie qui la lui fera comparer à un *Génie funèbre* [1].

De Saint-Malo, où l'enfant a passé ses premières années à errer parmi les rochers, à écouter le bruissement des vagues sur les écueils, à *béer aux lointains bleuâtres*, le voilà tout d'un coup transplanté avec sa famille au château de Combourg, autre cadre plus silencieux et tout mystérieux, la secrète patrie du poëte. A peine entré sous ces grands ombrages, le charme mélancolique l'a saisi, *l'ennui enchanté* commence. — Envoyé au collége de Dol, il étudie les mathématiques, et sait par cœur ses logarithmes; il fait des vers latins, surtout il lit le quatrième livre de l'*Énéide*. Ce quatrième livre, un Horace *complet*, les volumes de Massillon, où sont les sermons de *l'Enfant prodigue* et de *la Pécheresse*, ne sortent bientôt plus de ses mains; il a le temps de couver ces mêmes rêves durant les vacances solitaires de Combourg : un monde nouveau s'entr'ouvre pour lui; un nouvel homme s'éveille, qui ne mourra plus. Notons bien l'aveu. — Mais les passions ne viennent jamais seules; « elles se donnent la main comme les Furies ou comme les

---

[1]. Vers 1803, dévorée d'une mélancolie incurable, et versant, disait-elle agréablement, *plus de pleurs que l'Aurore, mais sans avoir comme elle le don de produire des fleurs*, sa raison reçut quelques atteintes qui ne la laissaient pas moins, à ce qu'il paraît, adorable et d'une décence charmante. Elle se rendait compte de ces atteintes; elle retira vers ce temps la promesse de sa main à un homme qui l'aimait passionnément et voulait l'épouser. Entrée dans une maison de retraite à Paris, elle y mourut, et l'on craint même qu'elle n'ait, dans un instant d'égarement, hâté la fin de ses tristes jours. Les Mémoires d'*Outre-tombe* contiennent d'elle des lettres, de petites compositions ravissantes.

Muses. » L'honneur donc (et ceci est un nouveau trait distinctif, désormais aussi ineffaçable), l'honneur, « cette exaltation de l'âme qui maintient le cœur incorruptible au milieu de la corruption, ce principe régénérateur placé auprès du principe dévorant, » allume en cette jeune âme un foyer qui ne va plus s'éteindre, et qui sera jusqu'au dernier jour son culte le plus intime peut-être, en même temps que le plus apparent. Ce sentiment de l'honneur se révèle en lui à l'occasion d'un châtiment déshonorant qu'il se refuse à subir.

Après le collège de Dol, vient le collège de Rennes, où le chevalier en entrant hérite du lit du chevalier de Parny (un pan de cette robe de Nessus lui est toujours resté), et où il devient le condisciple de Moreau et de Limoëlan. De Rennes il va à Brest, pour y chercher son brevet d'aspirant qui n'y est pas : ses instincts de voyageur s'excitent à contempler tout le jour cet Océan sans bornes, à la pointe de ce Cap extrême. Il est comme ces cygnes sauvages, qui, retenus malgré eux parce que les ailes ne leur sont pas encore venues, souffrent je ne sais quoi d'inexprimable à la saison des migrations, et ressentent une nostalgie immense [1].

Mais le vent tout d'un coup a *sauté*, comme disent les marins : de Brest il retourne sans savoir pourquoi à Combourg. Ce « château paternel, situé au milieu des forêts, près d'un lac, dans une province reculée, » dont il parlait sans le nommer dans *René*, il nous le décrit, dans les *Mémoires*, avec ses tours et ses salles pleines de mystères. C'est là qu'il nous donne une nouvelle peinture de son rêve, de sa poursuite de l'idéal, sous le nom de sa *Sylphide*. Cette Sylphide qu'en l'écoutant autrefois je n'ai pas été des derniers à applaudir, je ne l'aime pourtant pas de tout point autant que je l'admire encore. Décidément il se joue un peu en vieillissant avec ce qui était plus triste et plus simple dans le premier *René* [2].

---

[1]. Toute sa vie M. de Chateaubriand garda de cet instinct natal du navigateur et du marin. Passant bien des années après en Angleterre où il était ambassadeur (1822), à peine le pied sur le bateau, dans une pénible traversée de Calais à Douvres par une grosse mer, il était d'une gaieté folle, chantait, sautait, grimpait aux mâts, se moquait des autres passagers malades : l'élève de Brest, le pur Malouin se retrouvait.

[2]. L'inconvénient de ces *Mémoires*, s'il faut le dire, et l'effet qu'ils produisent tels

Il raconte qu'un jour, dégoûté de la vie, il voulut rejeter la coupe de ses lèvres et la lancer vers le ciel. Il s'enfonça dans un bois avec un fusil, et ne fut arrêté dans son projet sinistre que par la rencontre d'un garde. Que la scène soit plus ou moins réelle ou poétique, elle ne fait que résumer et fixer une pensée funeste qui est au fond de cette disposition mentale, de cette *maladie de René*, laquelle était déjà la maladie de Rousseau. Et celui-ci finalement y a succombé; car, — il n'y a guère moyen d'en douter aujourd'hui, — Rousseau s'est tué en effet.

Le chevalier était retourné à Saint-Malo, près de partir pour les grandes Indes, lorsqu'un brevet de sous-lieutenant au régiment de Navarre le retient en France, et l'envoie à Cambrai; de là jusqu'à Paris et à Versailles il n'y a qu'un pas.

A Paris (c'était vers 1788), il voit les gens de Lettres, et aspire, comme il le dit plus tard en plaisantant, à insérer quelque idylle dans le *Mercure* ou dans l'*Almanach des Muses*[1]. L'impression qui résulte des illustres *Mémoires* ne m'a jamais paru la plus exacte et la plus vraie sur cette époque de sa vie[2]. En fait, le jeune officier

---

qu'on les lit de suite aujourd'hui, c'est que le narrateur arrange un peu tout cela à distance, et qu'il ne réussit pas à l'arranger complètement. Un très-bon juge me dit à l'oreille : « Quant au fond il se rappelle les faits, mais il semble avoir oublié quelque peu les impressions, ou du moins il les change, il y ajoute après coup, il surcharge. Ce sont les gestes d'un jeune homme et les retours d'imagination d'un vieillard, ou, s'il n'était pas vieillard alors qu'il écrivait, d'un homme politique entre deux âges qui revient à sa jeunesse dans les intervalles de son jeu, de sorte qu'il y a bigarrure, et que par moments l'effet qu'on reçoit est double : c'est vrai et c'est faux à la fois. » — Ce genre d'inconvénient est précisément celui qui se fait sentir dans le *Raphaël* de M. de Lamartine. La vraie poésie, celle même de notre propre jeunesse, est comme une maîtresse jalouse; elle ne nous veut pas à demi.

1. Il parvint en effet à faire insérer une idylle (*l'Amour des Champs*, par le *chevalier* de C.) dans l'*Almanach des Muses* de 1790 (p. 205), entre des vers de Pons de Verdun et d'Hoffman : elle n'était pas indigne du voisinage, et aurait pu être signée de Berquin ou de Léonard. Il est curieux de voir comme M. de Chateaubriand, dès qu'il écrit en vers, devient un talent pacifique et doux. Ce n'est plus du tout la même imagination. Il a perdu son instrument, son élément. Il me fait l'effet de ces coursiers indomptés qu'on embarque, et qui, une fois en l'air, sont les plus apprivoisés du monde.

2. Non pas, encore une fois, que ces *Mémoires* ne soient sincères, mais ils sont surtout poétiques et n'ont que ce genre de sincérité-là, — *une vérité d'artiste*. Or, l'artiste ici rend son émotion, son impression telle qu'il l'a au moment où il écrit, non pas toujours telle qu'il l'a eue dans le moment qu'il raconte. Il substitue à son

fut beaucoup plus *homme de Lettres* alors, il le fut plus sérieusement dès l'abord qu'il ne veut nous le sembler aujourd'hui. Pour s'en assurer, il suffit de lire ce qu'il disait sur les gens de Lettres de cette époque dans l'*Essai sur les Révolutions* : on y trouve les vrais jugements qu'il portait sur eux. Il vit dès lors Fontanes, et noua avec lui une première liaison qui se resserra ensuite à Londres et y devint la plus étroite amitié. Dès 1788, il visitait Parny qu'il appelait *le Tibulle françois*, comme il surnommait Fontanes *le Simonide*. Il consultait La Harpe qui lui témoignait de la bienveillance; il avait un faible pour Flins, un ami, un diminutif de Fontanes; et même il ne repoussait pas *le Philosophe de la Nature*, Delisle de Sales, dont il a tracé plus tard un gai portrait en caricature [1]. Le jeune Breton voyait beaucoup son compatriote Ginguené, déjà produit honorablement dans les lettres; et par lui il connaissait le poëte Le Brun, surtout Chamfort qu'il invitait quelquefois à souper dans sa famille, et dont la conversation piquante, pleine de saillies, lui faisait passer des *moments heureux*. Dans son *Essai sur les Révolutions* où se retrouve un Chateaubriand primitif, sauvage, non encore dégrossi ni dégagé, mais plus vrai et plus naïf [2] que depuis, un Chateaubriand sans parti pris et avant la gloire, il parle de la

---

insu ses impressions et ses effets d'aujourd'hui à ses sentiments d'autrefois. En voici un petit exemple que j'ai pu vérifier. Je lis dans une lettre de M. de Chateaubriand à Fontanes, datée d'Avignon, samedi 6 novembre 1802 : « J'arrive de Vaucluse; je vous dirai ce que c'est. Cela vaut sa réputation. Quant à Laure la bégueule et Pétrarque le bel esprit, ils m'ont gâté la fontaine. J'ai pensé me casser le cou en voulant grimper sur une montagne où les voyageurs ne vont jamais, et où le guide a refusé de me suivre... » Eh bien, on n'a qu'à lire dans les *Mémoires d'Outre-tombe* la page émue qu'il a écrite sur Pétrarque et sur Laure, en racontant après coup ce voyage. — Il n'y a de tout à fait vrai que ce qui est un témoignage presque involontaire échappé dans le temps même.

1. « Chaque année, au printemps, il faisoit ses *remontes d'idées* en Allemagne. » Ce trait plaisant me paraît faire anachronisme dans le portrait de lui que donnent les *Mémoires d'Outre-tombe*. Je ne vois pas que Delisle de Sales soit allé plus d'une fois à Berlin. L'auteur semble avoir eu ici en vue le germanisme de certains de nos philosophes modernes, et il leur a lâché sa chiquenaude sur la joue du pauvre Delisle de Sales qui n'en peut mais. Celui-ci a payé pour M. Cousin ou pour tel autre.

2. Un critique à la fois sagace et indulgent (M. Vinet) a dit : « M. de Chateaubriand dans son *Essai* n'est pas plus *sincère* que dans ses autres ouvrages (voulant dire qu'il l'est partout), mais il est plus *naturel*. » J'accepte cette rédaction-là.

plupart de ces hommes comme les ayant beaucoup connus et fréquentés ; ses jugements d'alors sur leur compte sont plus équitables, plus sains selon moi, que ceux qu'il y a ajoutés et par lesquels il a souvent prétendu corriger et rétracter les premiers. Dans cette édition de 1826, où il se flatte d'être un bien meilleur juge, c'est trop souvent le ministre, l'homme monarchique et religieux, qui a son rôle à garder, — c'est trop souvent cet homme officiel qui fait la leçon au *lui-même* d'autrefois, et on peut le trouver surtout tranchant et rigoureux à l'excès pour ces anciennes connaissances de sa jeunesse. Dans ses *Mémoires d'Outre-tombe,* il se borne à être léger à leur propos, et il les traite un peu sous jambe en badinant : cette légèreté va jusqu'à être cruel pour quelques-uns. La vérité est qu'il les connut et les goûta fort, à son début dans le monde littéraire ; il aspirait à y entrer sous leurs auspices et comme leur confrère. Nous aurons à signaler aussi dans l'*Essai* ses premiers jugements réels sur les écrivains célèbres du xviiie siècle, notamment sur le *grand Rousseau* auquel il se rattachait si directement alors, et dont il a tout fait pour se séparer et pour divorcer depuis.

Une remarque littéraire qui nous importe est celle-ci : si M. de Chateaubriand avait commencé en 1788, si la Révolution n'était pas venue l'ajourner et l'interrompre, il serait évidemment entré dans le monde littéraire comme disciple de Rousseau et des autres. Ses dix années d'éloignement et de malheur solitaire lui donnèrent le moyen de s'écarter, de prendre de l'espace, pour faire ensuite souche à part.

II.

Cependant l'instinct des voyages, l'inquiétude aventureuse qui était propre à sa nature, le sentiment qu'il n'y avait ni jour ni place pour lui dans ce monde-là à cette heure, arrachent tout d'un coup de Paris le jeune officier. Au moment où la Révolution de 89 a l'air de faire trêve, à la veille de redoubler, il part pour l'Amérique du Nord, muni des instructions de M. de Malesherbes, dont son frère aîné était le petit-gendre. Le goût de la géographie et des grands voyages d'exploration était fort en honneur sous Louis XVI ; les succès et les infortunes de Cook et de Lapérouse avaient enflammé les imaginations. Le jeune officier partait donc, en s'imaginant qu'il allait à la découverte du Passage polaire, du Passage au Nord-Ouest du Continent américain : j'admire ces grands desseins tels qu'en cent endroits il nous les expose, mais il n'allait chercher en réalité que des sensations, des images, et un champ illimité pour ses rêves.

Il ne partait pas comme Volney, comme ce ferme et sévère observateur dont il avait pu lire le *Voyage* en Orient, avec un dessein bien arrêté et précis; l'histoire, à cet âge, ne le tentait pas encore : il tournait le dos au vieux monde, et voulait avant tout s'enivrer d'une existence nouvelle inconnue.

La vie sauvage était aussi un des rêves, un contraste idéal des plus caressés dans cette société raffinée de Louis XV et de Louis XVI. Jean-Jacques l'avait mise à la mode. Diderot nous peint avec délire une *Otaïti* selon son imagination et selon son cœur. Le jeune Chateaubriand méditait déjà un poëme des *Natchez* qui devait laisser bien loin *les Incas*, et il voulait en visiter la scène naturelle. Plus tard, méditant *les Martyrs*, il ira ainsi en Grèce et dans l'Orient. Entre les divers buts solennels ou mystérieux qui présidèrent à tous ces voyages, il en est un qui reste pour nous bien clair : le peintre allait faire sa palette et amasser ses couleurs.

III.

Au printemps de 1791, il s'embarquait donc à Saint-Malo pour les États-Unis; il était revenu à temps pour émigrer avec son frère en juillet 1792. Il ne passa même pas une année entière en Amérique[1]. Ce qu'il fit durant cette année si remplie, il l'a raconté, peint, imaginé et *romancé* de cent façons.

— On a fort critiqué, je le sais, certains détails de ce voyage de Chateaubriand en Amérique. Sa description des bords du Meschacebé dans *Atala* a été particulièrement contestée ; on a prétendu qu'il n'avait pas visité tous les lieux qu'il décrit, et qu'il avait transporté aux uns ce qui n'est vrai que des autres. On est même allé, en se prévalant des inexactitudes, jusqu'à insinuer qu'il n'avait peut-être pas vu la cataracte du Niagara. Quelques inadvertances de souvenirs ne surprendront personne parmi ceux qui connaissent l'habitude à la fois grandiose et négligente, le procédé composite et poétique de M. de Chateaubriand. Mais qu'on lise surtout son journal écrit alors et au premier aspect des lieux : dans ce journal sans date, dans ces forêts sans nom, en descendant ce fleuve qu'il ne nomme pas davantage, c'est là qu'il est en pleine vérité, qu'il abonde et qu'il nage en plein sentiment de la nature américaine.

— Le sentiment de la nature, et le pittoresque vrai qu'il produit, ne remontent pas très-haut dans notre littérature. On peut dire que les premiers grands exemples ne sont pas d'avant le milieu du xviii⁰ siècle, et datent seulement de Rousseau. Avant lui il n'y avait que des aperçus et des vestiges. M. de Stendhal (Beyle) citait toujours, dans *la Princesse de Clèves*, une certaine *allée de saules* où M. de Nemours va promener sa rêverie[2] : c'était, selon lui, le premier léger indice du pittoresque chez nous. On en trouverait encore, par-ci par-là, d'autres échantillons ; mais le progrès en ce genre nous est très-bien figuré par la petite rangée de *saules* mise en regard de la forêt vierge du Canada. Quand les romanciers du xviie siècle ont à parler d'un désert, ils en parlent toujours comme étant *affreux* et horrible à voir ; ils y entassent les rochers selon leur fantaisie ; ou bien ce sont des déserts fabuleux

---

1. Il partit de France quelques jours après la mort de Mirabeau (avril 1791) ; il quitta la terre d'Amérique le 10 décembre même année. Cela fait huit mois de séjour en tout.

2. « La passion n'a jamais été si tendre et si violente qu'elle l'étoit alors en ce prince. Il s'en alla sous des saules, le long d'un petit ruisseau qui couloit derrière la maison où il étoit caché. » (*La Princesse de Clèves*, quatrième partie.)

et imaginaires, comme dans l'*Astrée*. La vraie nature n'a point de place[1]. Il y avait à côté du parc des *Rochers* (en Bretagne) un charmant petit lac, un étang; Mme de Sévigné n'en parle pas. Elle ne sortait point de ses belles allées droites. Rousseau à cet égard a été le grand initiateur.

Mais remarquez la gradation :

De même qu'aux xve et xvie siècles chaque navigateur hardi revenait avec sa découverte, de même au xviiie chaque grand écrivain, chaque peintre, au retour de ses voyages, apportait et versait dans la langue les couleurs et la flore d'une nouvelle contrée :

Rousseau avait découvert et peint la nature alpestre, le jardin du pays de Vaud, et les belles forêts de nos climats;

Bernardin de Saint-Pierre nous révéla le ciel et la végétation des îles de l'Inde;

Mais à Chateaubriand, le premier, échut le *vaste* du Désert américain, de la forêt transatlantique.

Ce fut sa grande conquête. Depuis il a su peindre en maître bien des cieux et des contrées, la Campagne romaine, le rivage attique, la vallée du Jourdain; il a pu être plus parfait, plus correct de ligne qu'il ne l'avait été d'abord, plus classique : nulle part il n'a égalé ces premières pages de descriptions, celles que nous retrouverons dans *Atala*, pour la grandeur, l'étendue, la vivacité originale des impressions, la majesté toute naturelle des tableaux. C'est qu'au moment où il les écrivait, il sentait ces grands objets dans leur entière nouveauté et avec cette fraîcheur avide de l'âme, qu'on n'a qu'une fois.

---

[1]. On cite un mot de Mme de Rambouillet, qui exprime la manière de sentir assez générale dans la société de ce temps-là : « Les esprits doux et amateurs des belles-lettres ne trouvent jamais leur compte à la campagne. » — C'est ainsi qu'au xviiie siècle le grand jurisconsulte Pothier, allant à la campagne pour huit jours, disait : « Cela est très-beau, *sed non habemus hic manentem civilitatem.* » Et Mme de Staël, dans le même sens que Mme de Rambouillet, disait qu'elle aimerait assez l'agriculture, si cela *sentait moins le fumier*. Mme Roland, au contraire, cette sincère élève de Jean-Jacques, étant à la campagne où elle prenait du lait d'ânesse, écrivait sans pruderie : « *J'asine* à force et m'occupe de tous les petits soins de la vie *cochonne* de la campagne. Je fais des poires tapées qui seront délicieuses... » On a toutes les variétés de ton.

— Plusieurs années après, voyageant en Italie, M. de Chateaubriand rendait admirablement ce changement dans les impressions en face de la nature, cette sorte de *saturation* qui fait qu'on ne sent plus deux fois avec la même vivacité, avec le même développement et la même plénitude :

« Je vous dirai plus, écrivait-il à M. de Fontanes[1], j'ai été importuné du bruit des eaux (des eaux de Tivoli!), de ce bruit qui m'a tant de fois charmé dans les forêts américaines. Je me souviens encore du plaisir que j'éprouvois lorsque, la nuit, au milieu du désert, mon bûcher à demi-éteint, mon guide dormant, mes chevaux paissant à quelque distance, j'écoutois la mélodie des eaux et des vents dans la profondeur des bois. Ces murmures, tantôt plus forts, tantôt plus faibles, croissant et décroissant à chaque instant, me faisoient tressaillir; chaque arbre étoit pour moi une espèce de lyre harmonieuse dont les vents tiroient d'ineffables accords.

« Aujourd'hui je m'aperçois que je suis beaucoup moins sensible à ces charmes de la nature; je doute que la cataracte de Niagara me causât la même admiration qu'autrefois. Quand on est très-jeune, la nature muette parle beaucoup; il y a surabondance dans l'homme; tout son avenir est devant lui (si mon Aristarque veut me passer cette expression); il espère communiquer ses sensations au monde, et il se nourrit de mille chimères. Mais dans un âge avancé, lorsque la perspective que nous avions devant nous passe derrière, que nous sommes détrompés sur une foule d'illusions, alors la nature seule devient plus froide et moins parlante; *les jardins parlent peu*[2]. Pour que cette nature nous intéresse encore, il faut qu'il s'y attache des souvenirs de la société : nous nous suffisons moins à nous-mêmes; la solitude absolue nous pèse, et nous avons besoin de ces conversations *qui se font le soir à voix basse entre des amis.* »

Il est bien vrai que la jeunesse seule a le don par excellence de

---

1. *Lettre à M. de Fontanes sur la Campagne romaine*, imprimée d'abord dans le *Mercure* du 3 mars 1804.
2. La Fontaine, dans la fable de l'*Ours et l'Amateur des Jardins* (fable x, livre VIII).

peupler la solitude : elle porte en soi des essaims de rêves. Plus tard quand les rêves se sont envolés et que bien peu sont revenus avec le rameau, quand l'ombre s'est retournée, qu'elle seule désormais marche et grandit devant nous, et que le soleil déjà couchant est derrière nos têtes, les souvenirs peuvent être doux, mais ils sont tristes aussi ; ils sont plus froids, plus lents, ils nous font moins de bruit, et surtout ne remplissent point une âme avec ivresse. De là aussi la solitude a des attraits moins animés. Pourtant la nature en elle-même ne cesserait jamais sans doute pour ses vrais amis d'avoir le même charme puissant, mais c'est à la condition qu'ils lui soient restés fidèles.

IV.

Notre jeune voyageur, encore précédé de tous ses rêves, s'ébattait donc à travers les forêts vierges, méditant tableaux et poëmes, lorsqu'un soir, arrivé proche des défrichements américains à une ferme où il reçut l'hospitalité, il trouva un journal anglais qui racontait la fuite de Louis XVI, son arrestation à Varennes et la réunion de presque tous les officiers de l'armée royale sous les drapeaux des Princes : il crut entendre la voix de l'honneur, et il partit, rompant à l'instant tous ses premiers projets.

Il revint en France, prit terre au Havre (janvier 92), rejoignit sa famille en Bretagne, se maria (moment singulièrement choisi) pour complaire, dit-il, à sa sœur Lucile, et partit le lendemain, ou peu s'en faut, de son mariage pour l'armée des Princes. Ce qu'il raconte dans les *Mémoires d'Outre-tombe* de ses appréciations politiques à Paris, en y passant, demanderait à être confronté avec ses vraies opinions d'alors sur les hommes et sur les choses, telles qu'on les lit dans l'*Essai* : mais ce côté nous importe peu ici. Il assista au siège de Thionville, et il a rendu ses propres sensations durant les veilles nocturnes du camp, dans le récit d'Eudore, quand celui-ci est aux avant-postes de l'armée romaine sur les frontières de la Germanie. En général, j'aime mieux saisir ses impressions personnelles, là où il ne se pose pas directement pour nous les dire : il y a chance pour qu'elles sortent plus sincères, plus naturelles. Il est plus vrai sous le nom d'Eudore qu'en son propre nom.

Il ne paraît pas d'ailleurs avoir épousé bien vivement cette cause des Princes ; il fit alors ce qu'il jugea de son honneur comme émigré, mais rien de plus.

Il a raconté lui-même comment, atteint de maladie durant la retraite des Prussiens, en 92, on le crut mort, et on le laissa au bord d'un fossé, d'où il arriva comme il put à Namur. S'il avait péri là, que de trésors littéraires nous manquaient ! Quelle direction, quelle impulsion puissante aurait fait faute, et comme un seul anneau brisé aurait changé la suite et l'enchaînement de la tradition littéraire, telle qu'elle s'offre à nous aujourd'hui !

Arrivé à Londres, après bien des traverses, malade et se croyant atteint mortellement, M. de Chateaubriand, âgé de vingt-six ans, se mit à écrire en 1794 son *Essai sur les Révolutions anciennes et modernes, considérées dans leur rapport avec la Révolution françoise*, dont le premier volume parut à Londres en 1797. La suite n'a jamais été donnée, les idées et les visées de l'auteur ayant changé avant qu'il eût mené l'ouvrage à fin. C'est dans ce livre incohérent, mais vaste et curieux, qu'on peut étudier très-bien, je l'ai dit, le Chateaubriand primitif, non encore façonné, et bien loin d'avoir atteint la perfection de sa forme, mais nous livrant davantage son vrai fond [1].

Pour être juste toutefois, il convient d'abord de faire, dans ce livre deux parts : il en est une qui est celle encore de l'écolier et du disciple, que l'homme non moins que l'écrivain dépouillera naturellement en avançant, et qu'il ne faudrait pas lui imputer comme essentielle et propre. Ce n'est, à parler franc, qu'une pre-

---

1. Avant même d'aborder l'*Essai*, si nous voulions suivre exactement l'ordre chronologique, il faudrait nous occuper des *Natchez*, de cet immense ramas qui se composait d'abord de 2283 pages in-folio ; mais, une fois entrés dans cette espèce de forêt primitive du talent de M. de Chateaubriand, nous n'en sortirions pas : pour en avoir quelque idée, nous attendrons *Atala* qui n'en est qu'une portion détachée et un fragment soumis à l'art.

mière gourme qu'il avait à jeter. Mais cette part faite, il en est une autre qui est bien celle de l'homme même, son fond de pensée et de nature primitive, jusques et y compris son tour de talent et de manière, — ce que j'ai déjà appelé le *tuf*, — son fond d'opinions qui se dissimulera souvent ensuite (et parfois à ses propres yeux) dans des inspirations acquises et des excitations passagères, mais qui persistera malgré tout et se retrouvera à chaque intervalle, surtout vers le soir de la vie. Le commencement et la fin se rejoignent plus qu'on ne pense. Ce jeune homme de l'*Essai*, chez M. de Chateaubriand, ce sera un jour le *vieil homme*.

— L'idée de l'*Essai*, s'il fallait chercher une idée principale à un livre aussi peu cohérent, serait celle-ci :

L'expérience sanglante que la France et le monde viennent de faire dans la Révolution n'est pas nouvelle : elle s'est opérée autrefois, la même presque à la lettre, dans les révolutions des anciens peuples, dans celles des Grecs et des Romains. Si l'on sait bien lire l'histoire ancienne dans ses moments principaux qui sont : 1° l'établissement des républiques en Grèce; 2° la sujétion de ces républiques sous Philippe de Macédoine et Alexandre; 3° la chute des rois à Rome; 4° la subversion du gouvernement populaire au profit des Césars; 5° enfin le renversement de l'Empire par les Barbares; — si l'on étudie bien ces cinq grands moments, on possédera tous les éléments d'une comparaison qui atteindra à la rigueur d'une science. « L'homme, foible dans ses moyens et dans son génie, ne fait que se répéter sans cesse; il circule dans un *cercle* dont il tâche en vain de sortir; les faits mêmes qui ne dépendent pas de lui, et qui semblent tenir au jeu de la fortune, se reproduisent incessamment dans ce qu'ils ont d'essentiel[1]. » Et l'auteur en conclut contre le goût des innovations, persuadé, comme Salomon, qu'il n'y a rien de nouveau sous le soleil.

Il croit même qu'on pourrait tirer de cette étude du passé un

---

1. Chateaubriand a retrouvé cette idée de l'*Essai* dans ses *Mémoires d'Outre-tombe* (tome VI, page 261) : « L'histoire n'est qu'une répétition des mêmes faits appliqués à des hommes et à des temps divers. » — L'abbé Galiani avait eu la même idée : « L'histoire moderne n'est que de l'histoire ancienne sous d'autres noms. »

pronostic certain sur l'avenir de la Révolution française et sur la question de savoir si elle se consolidera. Il incline tout à fait à croire que *non;* mais on entrevoit cette solution négative plutôt qu'il ne la donne explicitement.

« Le passé prédit l'avenir, » a dit énergiquement Mably; l'auteur de l'*Essai* exprime la même pensée en poëte : « Celui qui lit l'histoire ressemble à un homme voyageant dans le désert, à travers ces bois fabuleux de l'Antiquité qui prédisaient l'avenir. »

Les pensées de ce genre sont continuelles dans l'*Essai* et sortent à chaque pas. L'idée générale peut paraître très-contestable. L'illustre auteur, critiquant son ouvrage en 1826, a protesté contre ce *cercle* dans lequel il voulait alors enfermer l'humanité : devenu libéral et partisan de la perfectibilité tout autant que Mᵐᵉ de Staël, qu'il avait d'abord combattue sur ce point-là, il assigne à la marche de l'humanité une série de cercles concentriques qui vont en s'élargissant, et dont la circonférence s'accroîtra sans cesse dans un espace infini, c'est-à-dire qu'il a substitué à l'image du *cercle* simple celle de la *spirale,* montant en cercles de plus en plus élargis. Plus vieux et jeté hors de l'arène, je ne sais trop ce qu'au fond il pensait et du *cercle* et de la *spirale.* Ce qui est certain, c'est que, tout en ne voulant pas se brouiller avec la république future, il ne parlait jamais de l'avenir que comme d'un épouvantable chaos, et que sa prédiction habituelle revenait à dire : *Après moi le déluge!* Je ne prétends pas chercher un lien entre ces contradictions trop visibles aux différents âges [1]. Je me garderai encore moins d'exprimer un avis sur ces immenses et, selon moi, insondables questions; je remarquerai seulement que l'auteur de 1826 paye tribut à l'esprit et, si j'ose le dire, au lieu commun de son temps : le jeune auteur de 1797 y résistait mieux. Certes, même en faisant la part des différences essentielles propres aux sociétés modernes, on pourrait encore soutenir, après avoir étudié les

---

1. Ce serait, je crois, un soin superflu. Il y avait de sa part, sur ces questions, plutôt des boutades qu'une haute et constante vue : ce qui fait qu'il n'a pas été proprement un *grand esprit*.

révolutions anciennes avec les Thucydide et les Aristote, que toutes les formes sont déjà sorties du cours naturel des choses et de la roue de la fortune, et que l'expérience toujours perdue et toujours vaine recommence [1]. Les sciences, il est vrai, comme le remarque l'auteur de l'*Essai,* sont des *inconnues* qui se dégagent sans cesse ; mais aussi, comme il ne le remarque pas moins (après Pascal), le vice et la vertu, selon l'histoire, paraissent *une somme donnée qui n'augmente ni ne diminue.* Or (et c'est toujours lui que je cite) il est bien moins question de la ressemblance de position, en politique, et de la similitude d'événements, que de la situation *morale* du peuple : les *mœurs,* voilà le point où il faut se tenir, la clef qui ouvre le livre secret du Sort. Tout cela n'est pas si déraisonnable, même aujourd'hui.

J'ai besoin d'ajouter qu'une telle analyse de l'*Essai,* réduite à ces termes généraux, bien que fondée sur des textes, donnerait de l'ensemble une idée très-incomplète, très-infidèle, et le ferait juger beaucoup trop raisonnable, et pas assez extraordinaire. L'*Essai* est un livre étrange et désordonné. Sous prétexte d'écrire pour *lui* et pour *lui seul,* l'auteur y a tout mis, y a versé pêle-mêle toutes ses pensées, toutes ses rêveries, toutes ses lectures. J'y devine d'avance l'auteur des *Études historiques,* et ce procédé commode qu'il s'est trop permis, et qui fait qu'à part les courtes œuvres de *René,* d'*Atala* et de l'*Abencerage,* et le poëme des *Martyrs,* il n'a donné que des pages et n'a plus composé d'ouvrage véritablement joint et consistant. On y reconnaît un talent inquiet, hardi, avide de toutes les questions, les abordant, les traitant un peu trop cavalièrement, à bâtons rompus, avec des éclairs perçants, ici et là, beaucoup de décousu, et l'absence totale d'unité ;

---

[1]. Un homme d'État éclairé a pu écrire le 23 décembre 1819 : « Je passe mes soirées avec Thucydide, Démosthène et Plutarque, et plus j'avance, plus j'admire ce peuple auquel nous devons toutes nos lumières. Tout ce que nous savons en science de la vie et du gouvernement, les Grecs l'ont su avant nous, avec cette différence que chez nous c'est l'apanage du petit nombre, tandis que chez eux c'était répandu dans la masse ; souvent un seul mot grec définit mieux la chose que des traités entiers des modernes. » (Lettre d'Albert Rengger, ancien ministre de la République helvétique, au général La Harpe.)

— un esprit vigoureux pourtant, capable en toute matière de fortes poussées, de vastes et rudes lectures, de ces esprits qui sont capables de *dévorer des pierres comme Saturne*[1]. On ne saurait imaginer d'ailleurs à quel point il a poussé l'abus des rapprochements, de l'antithèse historique ou du parallèle[2]. L'abus porté à ce point est plus qu'un accident, et trahit un tour d'esprit, un pli bien marqué : il lui en restera toujours quelque chose. Rien n'est bizarre, dans la première partie surtout de l'*Essai*, comme de voir accouplés à tout bout de champ Pisistrate et Robespierre, Lycurgue et Saint-Just, Harmodius et Marat, Mégaclès et Tallien, Épiménide et M. de Flins (Flins que les moqueurs d'alors appelaient *le Ragotin de la littérature!*). Il cite du Solon, beaucoup de Solon, à côté d'une fable de M. de Nivernais. Cela ressemble par moments à une plaisanterie. M. de Chateaubriand n'a pas le sentiment du ridicule, ce sentiment si français avant lui, mais qui l'est beaucoup moins depuis cinquante ans ; — ce sentiment qu'avait si peu Rousseau, et que possédait jusqu'au bout des ongles ce libertin de Voltaire.

— On peut dire que M. de Chateaubriand, philosophe à cette époque par l'esprit, par les opinions, ne l'est point par les conclusions. Après le plus magnifique éloge de l'*Émile*, éloge qu'il a depuis rétracté le plus qu'il a pu, et plus qu'il n'était nécessaire ou même convenable à un rival aussi noble que lui, il conclut que c'est à dater de la publication de cet ouvrage que l'éducation s'altéra totalement en France. L'homme-vierge de Rousseau, jeté parmi ses contemporains abâtardis, produisit des monstres :

« La profession de foi du Vicaire savoyard, ajoute l'auteur de l'*Essai* avec un sentiment douloureux, les principes moraux et politiques de cet ouvrage, sont devenus les machines qui ont battu

---

1. Expression de Montesquieu.
2. On a comparé certains chapitres de l'*Essai*, pour l'antithèse ambitieuse de leur titre, à « des sacs sur lesquels on aurait posé l'étiquette de tout l'argent qu'ils pourraient renfermer, et qu'on aurait oublié de remplir. » Il **y a**, en effet, plus d'enseigne que de fond.

l'édifice des gouvernements actuels de l'Europe, et surtout celui de la France, maintenant en ruines. Il s'ensuit que la vérité n'est pas bonne aux hommes méchants; qu'elle doit demeurer ensevelie dans le sein du Sage, comme l'espérance au fond de la boîte de Pandore. Si j'eusse vécu du temps de Jean-Jacques, j'aurois voulu devenir son disciple; mais j'eusse conseillé le secret à mon maître. Il y a plus de philosophie qu'on ne pense, au système de mystère adopté par Pythagore et par les anciens prêtres de l'Orient. »

L'auteur de l'*Essai,* à travers toutes ses hardiesses de pensée et tous ses doutes, qui vont par moments aussi loin que possible, incline donc déjà pour ce que j'appellerai le Christianisme social, le Christianisme *quand même*. Il se sépare des Encyclopédistes qui minent l'édifice, et il leur dit : « A quoi bon? quand ce sera miné, que gagnerez-vous à avoir étalé et démontré la ruine? » C'est par là qu'il se prépare et se dispose, encore à son insu, à ce qu'il fera bientôt dans le *Génie du Christianisme*. C'est là le lien réel et comme le *pont* entre les deux ouvrages qui semblent d'abord contradictoires [1].

La chimère de l'auteur de l'*Essai* (car il en a une) est de croire encore, du milieu de ses résultats amers, à je ne sais quel retour possible vers la nature, comme il l'entend, c'est-à-dire vers un état primordial et sauvage. Il croyait théoriquement avec Rousseau à la supériorité et à la félicité de cet état assez équivoque, et ce qu'il en avait vu dans ses voyages ne l'en avait point dégoûté [2]. Bien au contraire, comme souverain remède à tous les maux de la société, il n'a rien de mieux à proposer à son lecteur, en finissant, que de venir passer une nuit avec lui chez les Sauvages du Canada, pour se faire idée de cette espèce de liberté toute délicieuse et céleste.

1. « Épiménide, dit-il en un endroit, ne traitoit point de superstition ce qui tend à diminuer le nombre de nos misères; il savoit que la statue populaire, que le Pénate obscur qui console le malheureux est plus utile à l'humanité que le livre du philosophe qui ne sauroit essuyer une larme. »
2. Chose remarquable ! il avait vu les Sauvages *impunément*, a dit M. Vinet

— L'*Essai,* cet immense amas de matières premières, cette mine où nous découvrons pour ainsi dire couche par couche l'homme futur, nous révèle encore chez l'auteur une faculté de sensibilité et une puissance de souffrir qui subira bien des modifications par la suite et bien des altérations. Qu'on lise le chapitre intitulé : *Aux Infortunés :* au milieu de quelques formes déclamatoires et qui n'offensent que le goût, on y sent une profonde commisération, une sympathie vive et active pour ceux qui souffrent ; c'est un de leurs semblables, un enfant du malheur qui veut apprendre aux autres à traverser moins douloureusement les mêmes sentiers. Il en vient aux moindres détails ; il donne naïvement des *règles de conduite dans le malheur ;* il se reproche de n'en pas trouver d'assez efficaces :

« Je m'imagine, s'écrie-t-il, que les malheureux qui lisent ce chapitre le parcourent avec cette avidité inquiète que j'ai souvent portée moi-même dans la lecture des moralistes, à l'article des misères humaines, croyant y trouver quelque soulagement. Je m'imagine encore que, trompés comme moi, ils me disent : Vous ne nous apprenez rien ; vous ne nous donnez aucun moyen d'adoucir nos peines ; au contraire, vous prouvez trop qu'il n'en existe point. O mes compagnons d'infortune ! votre reproche est juste : je voudrois pouvoir sécher vos larmes, mais il vous faut implorer le secours d'une main plus puissante que celle des hommes. Cependant ne vous laissez point abattre ; on trouve encore quelques douceurs parmi beaucoup de calamités. Essayerai-je de montrer le parti qu'on peut tirer de la condition la plus misérable ? Peut-être en recueillerez-vous plus de profit que de toute l'enflure d'un discours stoïque [1]. »

Et il entre dans le détail des conseils appropriés : éviter les jardins publics, le fracas, le grand jour ; le plus souvent ne sortir que la nuit ; s'asseoir quelquefois au sommet d'une colline qui domine la ville et contempler de loin les feux qui brillent sous tous ces toits habités ; ici le réverbère à la porte du riche qui, du sein des

---

1. Le style nous rend ici un écho de Pascal et de Montaigne.

fêtes, ignore qu'il y a des misérables; là-bas, quelque petit rayon tremblant dans une pauvre maison écartée du faubourg; et se dire : « *Là, j'ai des frères*[1] *!* »

Mais il indique surtout la consolation de la nature comme plus réelle et plus présente à celui que sa destinée rejette hors de la société : « La vie est douce avec la nature. Pour moi, je me suis sauvé dans la solitude, et j'ai résolu d'y mourir sans me rembarquer sur la mer du monde... Heureux ceux qui aiment la nature! Ils la trouveront, et trouveront seulement elle aux jours de l'adversité. » Il ne va point jusqu'à souhaiter comme Horace d'oublier les êtres qui lui furent chers : *Oblitusque meorum, obliviscendus et illis.* La douleur même lui paraîtrait bien préférable à un tel oubli; « mais leur souvenir se fondra avec le calme des bois et des cieux : il gardera sa douceur, et ne perdra que son amertume. »

Il indique encore d'autres sources de plaisir qu'on peut tirer du malheur, et il recommande particulièrement l'étude de la botanique qui, telle qu'il la dépeint et qu'il l'entend, n'est guère que le culte des *harmonies* de la nature. Son infortuné s'attachera surtout à ces « lis mélancoliques dont le front penché semble rêver sur le courant des eaux, » à ce *convolvulus* « qui entoure de ses fleurs pâles quelque aulne décrépit... » Là encore, il cherche partout des correspondances mystérieuses avec les affections de son âme. Puis, au retour de cette course laborieuse, *on rentre dans sa misérable demeure, chargé de la dépouille des champs.* Et viennent les détails humbles, familiers, non inventés, de ces détails tels que le Sénancour des *Rêveries* et tout solitaire pauvre est accoutumé à en observer : comme si l'on craignait que quelqu'un ne vînt ravir ce trésor, *fermer mystérieusement la porte sur soi;* se mettre à faire l'analyse

---

[1]. En marge de cette page, on lit dans l'Exemplaire confidentiel : (voir les notes de l'*Essai* et l'avertissement qui les précède) « Ici j'ai peint toute ma vie en Angleterre; j'avois d'abord parlé à la première personne, mais il me semble que la troisième fait plus d'effet. — Au reste le bonheur est une chimère. On ne console point les hommes avec des mots, quand le mal est à la source de l'âme, quand le cœur est brisé, quand nos amis ont disparu dans la tombe, quand l'âge des illusions est passé, cet âge où les chagrins fuient comme un songe, où nous voyons dans chaque homme un ami, dans chaque femme une maîtresse. »

de sa récolte, blâmant ou approuvant Tournefort, Linné, Vaillant, Jussieu...

« Cependant la nuit approche; le bruit commence à cesser au dehors, et le cœur palpite d'avance du plaisir qu'on s'est préparé. Un livre qu'*on a eu bien de la peine à se procurer*[1], un livre qu'*on tire précieusement du lieu obscur où on l'avait caché*, va remplir ces heures de silence. Auprès d'un humble feu et d'une lumière vacillante, certain de n'être point entendu, on s'attendrit sur les maux imaginaires des Clarisse, des Clémentine, des Héloïse, des Cécilia. Les romans sont les livres des malheureux : ils nous nourrissent d'illusions, il est vrai; mais en sont-ils plus remplis que la vie? »

Ce sont de ces pages qui révèlent toute une âme première, une âme modeste qu'on aurait peine dans la suite à retrouver. Misère et infirmité de notre nature, que le peintre de Chactas et de René a lui-même si bien dénoncée ! cette immense faculté de douleur qui rendait compatissant, — à force de se nourrir de soi et de s'exhaler au dehors, elle-même à un certain moment elle se sature

---

[1] Voilà de ces choses comme René plus tard n'en dira pas; René est plus noble, plus aristocratique, plus retenu, même dans ses plus entiers aveux. Ici l'Exemplaire confidentiel vient compléter le texte, mais cette fois d'une manière heureuse et touchante : « C'est ce qui m'est arrivé vingt fois, lit-on à la marge de cette page, en regard des humbles détails dans lesquels il est entré; mais malheureusement j'avois toujours l'inquiétude du lendemain. Je pourrois encore être heureux et à peu de frais; il ne s'agiroit que de trouver quelqu'un qui voulût me prendre à la campagne; je payerai ma pension après la guerre. Là je pourrois écrire, herboriser, me promener tout à mon aise, pourvu que je ne fusse obligé de faire compagnie à personne, qu'on me laissât tranquille et livré à mon humeur sauvage. Ce qu'il y a de singulier, c'est que ce bonheur, qui a l'air si facile à obtenir, est cependant presque impossible, et je ne sais pas après tout si je voudrois moi-même demeurer chez des étrangers. Si la paix se fait, j'obtiendrai aisément ma radiation, et je m'en retournerai à Paris où je prendrai un logement au Jardin des Plantes; je publierai mes *Sauvages*, et je reverrai toute ma société. Toute ma société ! combien je trouverai d'absents! M. Beding... m'avoit proposé de me donner un petit temple dans son parc, mais on voit trop de monde dans cette maison : j'aurois été assiégé sans cesse d'importuns et de visiteurs. D'ailleurs ces femmes n'ont pas le sens commun; elles sont ignorantes et mal élevées : en un mot cela ne pouvoit me convenir. Je voudrois une retraite plus petite et plus tranquille, des gens honnêtes et aimables, et non des *Grands*. » Il est déjà misanthrope, mais il est encore homme et simple mortel : le dieu en lui n'a pas commencé.

ou s'épuise. On est encore sensible, mais d'une sensibilité rapide, d'une larme d'artiste et qui sèche aussitôt; on est sensible, mais sous forme vague d'*ennui,* ou sous forme d'*idéal,* en se croyant privilégié et hors du commun. Tandis que l'auteur de l'*Essai* disait en regardant un petit rayon tremblant dans une maison écartée du faubourg : *Là, j'ai des frères,* René mélancolique, errant le soir dans une grande ville et « regardant les lumières qui brillent dans la demeure des hommes, » se complaît à penser que sous tant de toits habités *il n'a pas un ami.* On est devenu à peu près indifférent et impropre à tout ce qui est proprement l'objet et l'emploi naturel de l'affection humaine, et à quoi le cœur devrait savoir se prendre et s'enraciner durant les années de la maturité et jusqu'à la tombe. On est capable de s'irriter encore, de désirer violemment, de haïr, de combattre; on se passionne et l'on se pique à tous les jeux factices de l'ambition et de la société; mais on n'aime plus, on ne s'attache plus, on ne saigne plus véritablement; et, chose étrange et pénible à dire! ceux qui précisément dans leur jeunesse ont excellé à exprimer avec le plus d'accent la douleur n'en ont rien gardé pour eux, — rien que sous la forme poétique, entendons-le bien, — mais non plus sous la forme simplement naturelle et humaine : ils ont dépensé leur dose par une autre voie. Concluons qu'il n'y a de vraie sensibilité, et tout à fait sincère, que celle qui est avant l'art et avant la gloire.

Mais il est temps de sortir de l'*Essai.* Je n'aurais plus à y faire que quelques remarques de détail et qui se rapporteraient au style dont nous avons vu de belles preuves, de magnifiques témoignages, mais qui est en général des plus mélangés. A côté de la touchante et simple page *aux Malheureux* que nous avons lue, l'auteur citant le mot d'Agrippine à ses meurtriers : *Ventrem feri* (frappe ce ventre qui a porté Néron), ajoutera, par exemple, que c'est un mot dont la sublimité fait *hocher la tête!* Quelle est l'intention, le sens de ce *hocher?* Ces familiarités-là viennent plutôt d'affectation, peut-être aussi de distraction; il y en avait chez M. de Chateaubriand écrivain. Déjà l'on sent ce qui sera bientôt la curiosité du style, des recherches d'archaïsme mêlées à des expressions modernes : « Toutes les choses que depuis son enfance il *souloit* tenir bonnes et vertueuses; » — « à l'*orée* septentrionale d'un bois; » — mais rien encore n'est fondu et amené au point; et ce ne fut qu'après son retour en France que dans un petit cercle de gens de goût, qui avaient de plus le mérite de le sentir, l'écrivain se débarrassa de cette sauvagerie native d'expression, et arriva à maîtriser sa manière.

V.

Il venait de publier l'*Essai* qui avait eu quelques lecteurs à Londres et même à Paris, mais qui n'avait dû laisser dans l'esprit des juges que l'idée d'un jeune homme exalté, ayant assez de talent, mais étrange, sans goût et peu destiné à percer. Sa mère, qui avait été très-affligée de ce livre ou plutôt encore de certaines irrégularités antérieures qu'on ne nous dit pas, mourut sur ces entrefaites; et une de ses sœurs, Mme de Farcy, personne d'esprit et qui faisait des vers, qui avait vécu dans le monde littéraire, à Paris, et avait été en commerce de bel esprit avec La Harpe, Mme de Farcy, devenue très-religieuse, écrivit à son frère la lettre suivante :

« Saint-Servan 1er juillet 1798.

« Mon ami, nous venons de perdre la meilleure des mères : je t'annonce à regret ce coup funeste... Quand tu cesseras d'être l'objet de nos sollicitudes, nous aurons cessé de vivre. *Si tu savois combien de pleurs tes erreurs ont fait répandre à notre respectable mère,* combien elles paroissent déplorables à tout ce qui pense et fait profession non-seulement de piété, mais de raison; si tu le savois, peut-être cela contribueroit-il à t'ouvrir les yeux, à te faire renoncer à écrire; et si le Ciel touché de nos vœux permettoit notre réunion, tu trouverois au milieu de nous tout le bonheur qu'on peut goûter sur la terre; tu nous donnerois ce bonheur, car il n'en est point pour nous tandis que tu nous manques, et que nous avons lieu d'être inquiètes de ton sort. »

Cette lettre, venue juste à un certain moment, détermina en lui une crise morale, et le ramena à la foi, dit-il, par la piété filiale. Il faut ajouter que Mme de Farcy, peu après cette missive funèbre, était morte elle-même, et que quand il reçut sa lettre, ce fut comme le message de deux morts. Il a confessé lui-même cette vive impression dans la Préface du *Génie du Christianisme*:

« Ma mère, après avoir été jetée à soixante-douze ans dans des cachots, où elle vit périr une partie de ses enfants, expira dans un lieu obscur, sur un grabat où ses malheurs l'avoient reléguée. Le souvenir de mes égarements répandit sur ses derniers jours une grande amertume; elle chargea, en mourant, une de mes sœurs de me rappeler à cette religion dans laquelle j'avois été élevé. Ma sœur me manda le dernier vœu de ma mère : quand la lettre me parvint au delà des mers, ma sœur elle-même n'existoit plus; elle étoit morte aussi des suites de son emprisonnement. Ces deux voix sorties du tombeau, cette mort qui servoit d'interprète à la mort m'ont frappé : je suis devenu chrétien. Je n'ai point cédé, j'en conviens, à de grandes lumières surnaturelles; ma conviction est sortie du cœur : j'ai pleuré, et j'ai cru. »

— Il est trop certain que, dans une nature mobile comme celle de M. de Chateaubriand, cette inspiration première n'a point persisté autant qu'il l'aurait fallu pour l'entière efficacité de sa mission et même pour l'entière convenance de son rôle. Il est le premier à nous l'avouer, et il y aurait mauvaise grâce à le trop presser là-dessus : « Quand les semences de la religion, dit-il en un endroit de ses *Mémoires,* germèrent la première fois dans mon âme, je m'épanouissois comme une terre vierge qui, délivrée de ses ronces, porte sa première moisson. Survint une bise aride et glacée, et la terre se dessécha. Le ciel en eut pitié, il lui rendit ses tièdes rosées; puis la bise souffla de nouveau. Cette alternative de doute et de foi a fait longtemps de ma vie un mélange de désespoir et d'ineffables délices. » Otez les images, allez au fond, et vous obtenez l'entier aveu : *Habemus confitentem...* Que nous faut-il de plus? — Un jeune homme, quelqu'un qui était jeune sous l'Empire, ayant lu *René*, fut saisi d'un accès de mélancolie pareil, et il s'adressa à l'auteur pour qu'il lui rendît les paroles qui guérissent. Mais M. de Chateaubriand, qui était en veine d'ironie ce jour-là, s'amusa au contraire à écrire au jeune homme une longue lettre où il réfutait les conclusions de *René*. On m'assure que la lettre existe. — Qu'importent, encore une fois, ces anecdotes, et que prouvent-elles? Que l'auteur n'a pas cru toujours, qu'il n'a point persisté constamment? C'est ce qu'il vient de nous dire lui-même. M. de Chateaubriand a cru *un moment,* et c'est à ce moment qu'il a entrepris et ébauché le premier plan de son livre : voilà pour nous l'essentiel, ce qui prouve sa sincérité, là seulement où nous avons droit de l'interroger et de l'atteindre, — sa sincérité, je ne dis pas de fidèle (cet ordre supérieur et intime nous échappe), mais sa sincérité d'artiste et d'écrivain.

Ainsi, quoi qu'il puisse tôt ou tard se révéler des variations, des contradictions subséquentes ou antérieures de M. de Chateaubriand, un point nous est fermement acquis. Jeune, exilé, malheureux, vers le temps où il écrivait ces pages pleines d'émotion et de tendresse adressées *aux Infortunés,* — sous le double coup de la mort de sa mère et de celle de sa sœur, — les souvenirs de son enfance pieuse le ressaisirent; son cœur de Breton fidèle tressaillit et se réveilla : il se repentit, il s'agenouilla, il pria avec larmes.

VI.

M. de Chateaubriand rentra en France au printemps de 1800; le naufragé aborda au rivage en tenant son manuscrit à la main, comme Camoëns. Ou plutôt, pour parler prosaïquement, comme l'impression de son ouvrage avait été déjà commencée à Londres, il rapportait avec lui les *bonnes feuilles* tirées, et comptait achever le reste à Paris. Mais il reçut de ses amis de France des conseils si délicats qu'il résolut de détruire ce qui était déjà imprimé, et de revoir, de refondre le tout. Il sentit, comme il l'a dit justement, qu'*on n'écrit avec mesure que dans sa patrie.*

Quels étaient les amis de France qui eurent sur lui tout d'abord une influence si directe et si heureuse?

— M. de Chateaubriand avait, nous le savons, un tendre ami, Fontanes; cet ami était intimement lié avec M. Joubert; M. Joubert l'était avec Mme de Beaumont, cette charmante fille de M. de Montmorin, qu'il nous a si bien fait connaître[1]. L'initiation entre eux tous fut prompte et vive; la petite société de la Rue-Neuve-du-Luxembourg naquit à l'instant dans toute sa grâce.

Il y avait à cette époque (1800-1803) divers salons renaissants, les cercles brillants du jour, ceux de Mme de Staël, de Mme Récamier, de Mme Joseph Bonaparte, des Reines du moment, non pas toutes éphémères, quelques-unes depuis immortelles! Il y avait les cercles réguliers qui continuaient purement et simplement le xviiie siècle, le salon de Mme Suard, le salon de Mme d'Houdetot : les gens de lettres y dominaient, et les philosophes. Il allait y avoir un salon unique qui ressaisirait la fine fleur de l'ancien grand monde revenu de l'émigration, le salon de la princesse de Poix; si aristocratique qu'il fût, c'était pourtant le plus simple, le plus naturel à beaucoup près de tous ceux que j'ai nommés : on y revenait à la simplicité de ton par l'extrême bon goût. Mais le petit salon de Mme de Beaumont, à peine éclairé, nullement célèbre, fréquenté seulement de cinq ou six fidèles qui s'y réunissaient chaque soir, offrait tout alors : c'était la jeunesse, la liberté, le mouvement, l'esprit nouveau comprenant le passé et le réconciliant avec l'avenir.

Tandis que le jeune écrivain travaillait courageusement à cor-

---

[1] Voir *Pensées de M. Joubert* (1842), au tome II, la Correspondance; et aussi, dans l'excellente Notice de M. Raynal, les pages 29 et suivantes du tome I.

riger son œuvre sous l'œil de ses amis, il débuta dans la publicité en brisant une lance, assez peu courtoise, il faut le dire, contre Mme de Staël, que la célébrité lui désignait comme sa grande rivale du moment. M. de Fontanes, dans des articles du *Mercure* qui avaient fait éclat, avait critiqué et raillé l'ouvrage de Mme de Staël sur la *Littérature*. Celle-ci crut devoir, en tête de la seconde édition de son ouvrage, répondre quelques mots à cette critique légère et cavalière qui prétendait trancher toute la question de la perfectibilité par les vers du *Mondain*. M. de Chateaubriand s'imagina qu'il était généreux à lui de venir au secours de Fontanes, lequel n'avait guère besoin d'aide, et aurait eu besoin plutôt de modérateur : dans une Lettre écrite à son ami, mais destinée au public, et qui fut en effet imprimée dans le *Mercure*[1], il prit à partie la doctrine de la *perfectibilité* en se déclarant hautement l'adversaire de la philosophie. Sa Lettre était signée *l'Auteur du Génie du Christianisme*. Ce dernier ouvrage, très-annoncé à l'avance, était déjà connu sous ce titre avant de paraître. J'ai regret de le dire, mais l'homme de parti se montre à chaque ligne dans cette Lettre. Nous n'avons plus affaire à ce jeune et sincère désabusé qui a écrit l'*Essai* en toute rêverie et en toute indépendance, y disant des vérités à tout le monde et à lui-même, et ne se tenant inféodé à aucune cause : ici il se pose, il a un but, et le rôle est commencé. « Néophyte à cette époque, a-t-on dit spirituellement[2], il avait quelques-unes des faiblesses des néophytes, et s'il existait quelque chose qu'on pût appeler la fatuité religieuse, l'idée en viendrait, je l'avoue, en lisant ces lignes de sa critique : « Vous n'ignorez pas que ma folie à moi est de « voir Jésus-Christ partout, comme Mme de Staël la perfectibilité... « Vous savez ce que les philosophes nous reprochent *à nous autres* « *gens religieux* : ils disent que nous n'avons pas la tête forte... On « m'appellera *Capucin*, mais vous savez que Diderot aimoit fort les « Capucins.... » — Il parle à tout propos de sa *solitude*; il se donne encore pour *solitaire* et même pour *sauvage*, mais on sent qu'il ne

---

1. N° du 1er nivose an IX (décembre 1800).
2. M. Vinet, *Études sur la Littérature françoise au XIXe siècle*, tome I, page 78.

l'est plus. Il y a même des passages qu'on relit par deux fois, tant ils semblent singuliers à force de personnalité blessante et de maligne insinuation, de la part d'un chevalier, d'un preux s'adressant à une femme : « En amour, disait-il ironiquement, Mme de Staël a commenté *Phèdre* : ses observations sont fines, et l'on voit par la leçon du scoliaste qu'il a parfaitement entendu son texte... » Faut-il ajouter, pour aggraver le tort, qu'à cette époque Mme de Staël commençait à encourir la défaveur ou du moins le déplaisir marqué de celui qui devenait le maître. Fontanes, *l'homme aux habiles pressentiments*[1], pouvait deviner ces choses et n'en pas moins pousser sa pointe : il avait ses éperons à gagner, a-t-on dit, contre la nouvelle Clorinde; et d'ailleurs, sans chercher tant d'explications, il suivait son instinct de critique en même temps que d'homme du monde, très-décidé à n'aimer les femmes que quand elles étaient moins viriles que cela[2]. Mais il n'était pas de la générosité de M. de Chateaubriand de mettre la main en cette affaire et de se tourner du premier jour contre celle que la célébrité n'allait pas garantir de la persécution. Enfin il fut homme de parti, c'est tout dire.

— Dans la Préface d'*Atala* qui parut peu après cette Lettre d'attaque, l'auteur consignait à la fin une sorte de rétractation, mais dont les termes mêmes laissent à désirer :

« On m'a dit que la femme célèbre, dont l'ouvrage formoit le sujet de ma Lettre, s'est plainte d'un passage de cette Lettre. Je prendrai la liberté d'observer que ce n'est pas moi qui ai employé le premier l'arme que l'on me reproche et qui m'est odieuse; je n'ai fait que repousser le coup qu'on portoit à un homme dont je fais profession d'admirer les talents et d'aimer tendrement la per-

---

1. Expression de M. Vinet.
2. La tactique de Fontanes, dans sa rédaction du *Mercure*, était de railler la philosophie et les philosophes, et de n'avoir pas l'air de les prendre au sérieux : c'est ce qu'il fit pour Mme de Staël : « Nous ne devons pas, disait-il, hurler comme certains journaux contre les philosophes, mais leur donner des ridicules. Cela est plus efficace. Ils ne craignent que le mépris. Ils se félicitent des excès de Geoffroy qui passe toute mesure et toute pudeur. » (Lettre à M. Guencau de Mussy, au sujet des articles de ce dernier dans le *Mercure*.)

sonne. Mais, dès lors que j'ai offensé, j'ai été trop loin ; qu'il soit donc tenu pour effacé, ce passage. Au reste, quand on a l'existence brillante et les beaux talents de Mᵐᵉ de Staël, on doit oublier facilement les petites blessures que peut nous faire un solitaire, et un homme aussi ignoré que je le suis. »

Solitaire et *ignoré!* Il sentait bien qu'il allait cesser de l'être, et que son heure était venue[1].

— *Atala,* ou *les Amours de deux Sauvages dans le Désert,* parut avec le printemps de 1801. Dans le *Génie du Christianisme,* dont le premier titre devait être les *Beautés poétiques et morales de la Religion chrétienne,* il se trouve une section entière consacrée à la poétique du Christianisme, aux beaux-arts, à la littérature, après quoi viennent les *Harmonies de la Religion chrétienne avec les Scènes de la nature et les Passions du cœur humain.* Ce livre des *Harmonies* se couronnait dans le principe par une anecdote extraite des Voyages de l'auteur en Amérique : c'était *Atala.* Quelques épreuves de cette histoire s'étant trouvées égarées, et la refonte que l'auteur faisait du *Génie du Christianisme* amenant des lenteurs dans la publication de tout l'ouvrage, il se décida à lancer à l'avance *Atala,* « comme ces petits ballons d'essai qu'on fait partir avant le grand pour pres-

---

1. On trouve encore une espèce de note *rétractative* et faite pour adoucir, dans le second article sur la *Législation primitive* que M. de Chateaubriand donna au *Mercure* le 18 nivôse an xi (janvier 1803) ; les qualités morales et la bonté de Mᵐᵉ de Staël y reçoivent un hommage éclatant. — Les *Mémoires d'Outre-tombe,* écrits (en ce qui concerne Mᵐᵉ de Staël) sous l'influence clémente de Mᵐᵉ Récamier, nous offrent d'ailleurs de singulières inadvertances et des *lapsus* de souvenir tout à fait piquants. Parlant de Fontanes, l'auteur nous dit : « Il a été souverainement injuste envers Mᵐᵉ de Staël. » Et vous donc, qu'avez-vous fait ? Il oublie parfaitement lui-même qu'il a été le premier à prêter main-forte à son ami dans cette injure. Mais ce qui est plus fort que tout, énumérant les prétendues injustices et les omissions jalouses dont il aurait été l'objet de la part de lord Byron et des autres, il reproche à Mᵐᵉ de Staël de ne l'avoir pas nommé dans son livre de la *Littérature :* « Un autre talent supérieur a évité mon nom dans un ouvrage sur la *Littérature.* » Et proclamant à l'instant son enthousiasme pour Mᵐᵉ de Staël comme pour lord Byron, il se donne les honneurs de la générosité. Il oublie tout à fait que Mᵐᵉ de Staël ne pouvait le nommer dans ce livre publié *avant* qu'il se fût donné à connaître, et il paraît encore moins se souvenir que son premier acte de publicité en France fut d'attaquer ce même livre où il s'étonne naïvement de ne point figurer.

sentir l'état de l'atmosphère¹. » Il pourra sembler singulier que, pour se rendre compte de l'effet que devait produire un livre dont le sujet et le titre étaient le *Génie du Christianisme,* on choisît un roman, une histoire d'amour; mais enfin, comme l'expérience réussit à merveille, il faut bien croire qu'il y avait à cela d'excellentes raisons résultant des circonstances d'alors et du tour que prennent aisément les choses, même les plus graves, en cet heureux pays de France.

Il ne serait pas difficile encore aujourd'hui de faire d'*Atala* une analyse qui, tout en étant textuelle dans les termes qu'on emploierait, la rendrait aussi singulière et en apparence aussi ridicule que l'a voulu présenter Chénier dans quelques pages ironiques de son *Tableau de la Littérature.* Cette critique est célèbre; elle a paru un chef-d'œuvre de plaisanterie exquise à des gens qui ne manquaient pas de goût en leur temps : qu'on essaye de la trouver telle, si on le peut, aujourd'hui. Quand on relit *Atala* sans prévention, sans engouement, comme je viens de le faire, une telle critique cesse d'être piquante, et elle ne paraît pas seulement injuste, elle est souverainement petite et pauvre. De toutes les dispositions de l'esprit en effet, celle qui est la moins intelligente, c'est l'ironie.

« Je ne sais, disait l'auteur d'*Atala,* si le public goûtera cette histoire qui sort de toutes les routes connues, et qui présente une nature et des mœurs tout à fait étrangères à l'Europe. Il n'y a point d'aventures dans *Atala.* C'est une sorte de poëme, moitié descriptif, moitié dramatique : tout consiste dans la peinture de deux amants qui marchent et causent dans la solitude; tout gît dans le tableau des troubles de l'amour au milieu du calme des déserts et du calme de la religion. J'ai donné à ce petit ouvrage les formes les plus antiques; il est divisé en *Prologue, Récit* et *Épilogue.* Les principales parties du récit prennent une dénomination, comme *les Chasseurs, les Laboureurs,* etc.; c'étoit ainsi que dans les premiers siècles de la

---

1. La comparaison est de M. Vinet. Je la crois même plus ancienne et d'un journaliste du temps.

Grèce les Rhapsodes chantaient sous divers titres les fragments de *l'Iliade* et de *l'Odyssée*. »

Atala donc, dans la pensée de l'artiste, n'est pas précisément un *roman*, c'est plutôt un *poëme*. Tenons compte d'avance de cette distinction.

« Je dirai encore, écrivait M. de Chateaubriand dans sa première Préface d'*Atala*, je dirai que mon but n'a pas été d'arracher beaucoup de larmes; il me semble que c'est une dangereuse erreur avancée, comme tant d'autres, par M. de Voltaire, que *les bons ouvrages sont ceux qui font le plus pleurer*. Il y a tel drame, dont personne ne voudroit être l'auteur, et qui déchire le cœur bien autrement que *l'Énéide*. On n'est point un grand écrivain parce qu'on met l'âme à la torture. Les vraies larmes sont celles que fait couler une belle poésie; il faut qu'il s'y mêle autant d'admiration que de douleur[1]. C'est Priam disant à Achille : « Juge de l'excès de mon malheur, puisque je baise la main qui a tué mes fils. » C'est Joseph s'écriant : « Je suis Joseph votre frère que vous avez vendu pour « l'Égypte. » Voilà les seules larmes qui doivent mouiller les cordes de la lyre et en attendrir les sons. Les Muses sont des femmes célestes qui ne défigurent point leurs traits par des grimaces; quand elles pleurent, c'est avec un secret dessein de s'embellir. »

---

1. Il a redit la même chose dans l'un de ses articles sur Shakspeare (*Mercure* du 25 prairial an x). M. de Chateaubriand, en parlant ainsi, est dans le vrai de sa nature d'artiste. C'est lui qui disait à ses heures de franchise : « Je n'ai jamais pleuré que d'admiration. » Il disait encore qu'il n'avait jamais pu lire ni réciter sans pleurer la première scène d'*Athalie :*

Oui, je viens dans son temple adorer l'Éternel...

La théorie de Lamartine est tout autre : « Le sublime lasse, dit-il, *le beau trompe; le pathétique seul est infaillible dans l'art. Celui qui sait attendrir sait tout.* Il y a plus de génie dans une larme que dans tous les musées et dans toutes les bibliothèques de l'univers. » (*Les Confidences*, livre VIII.) Les deux théories, ainsi mises en regard, marquent bien la différence et, jusqu'à un certain point, l'antipathie des deux talents. A les bien prendre, elles ont l'une et l'autre leur justesse ; elles ont aussi leur excès. L'une a conduit Chateaubriand à tendre la lyre jusqu'à la roidir ; l'autre a mené Lamartine à l'attendrir jusqu'à l'énerver.

Nous saisissons à l'instant un côté nouveau et tout à fait inattendu dans cette *Poétique* de vrai poëte qu'apportait l'auteur d'*Atala* : c'est le côté d'art élevé, revenant à l'antique, sortant décidément du Diderot, du Marmontel et de tout ce procédé vulgaire au fond, prosaïque, dont le xviiie siècle, et Voltaire lui-même si plein de tact personnel, de tact social, — et Rousseau si plein de chaleur et de sensibilité naturelle, — n'avaient pas su s'affranchir dans la composition. Nous avons affaire ici à quelqu'un qui a lu la Bible, qui a lu Homère, et qui en a senti la grandeur; qui essayera d'en reproduire les effets à sa manière et moyennant transposition; qui cherchera et soignera avant tout la noblesse de la ligne, du contour, de l'attitude, et qui aspirera à faire passer dans ses tableaux quelque chose du groupe sophocléen.

L'inconvénient, c'est d'avoir à chercher ces beautés simples ou grandioses en y remontant avec effort, plutôt que de les rencontrer directement et de première venue : mais cet inconvénient, à peu près inévitable, devient un des caractères inhérents à toutes les secondes et troisièmes époques; et c'est pour cela que nous ne sommes pas en 1800 à l'aurore d'un grand siècle, mais seulement au début de la plus brillante des périodes de déclin.

A une grande époque, laquelle pourtant était à quelques égards une époque seconde, Fénelon avait retrouvé par l'étude, par la puissance d'imitation [1], mais sans apparence d'effort, ni même de réflexion, et il avait épanché dans son *Télémaque* le sentiment de ces primitives beautés.

Quand j'ai dit que nul écrivain au xviiie siècle n'avait pressenti cette Poétique élevée et tout à fait digne de son nom, que Chateaubriand remettait en lumière, je me trompe : il y en avait un qui l'avait retrouvée dans la pratique avec plus d'art que Fénelon, et pourtant comme lui avec une sorte de simplicité instinctive : je veux parler de Bernardin de Saint-Pierre et de sa chaste et idéale manière se couronnant volontiers de l'image antique et rajeunie.

---

1. Expression de M. Villemain, qui excelle à ces alliances de mots.

Mais la discrétion et la fusion même où cet art s'était offert avaient empêché d'en remarquer tout le prix.

M. de Chateaubriand se présentait donc comme novateur ; il savait ce qu'il avait voulu faire, et il le disait.

— *Atala* commence par un Prologue où la nature de l'Amérique septentrionale est décrite en quelques pages. Le Meschacebé (nom plus harmonieux du Mississipi) apparaît dans sa majesté et comme une conquête nouvelle de la poésie, qui ne craint pas d'y ajouter à l'instant ses propres merveilles.

Il suffit déjà de ces premières pages. L'enchantement est commencé, et il opère.

Après cette peinture d'avant-scène, les personnages sont introduits : le premier, qui est un vieillard nommé *Chactas* (c'est-à-dire *voix harmonieuse*, comme si c'était un nom grec), et qui va raconter sa propre aventure, a eu des circonstances fort singulières dans sa vie. Il a dans sa jeunesse visité l'Europe : « Retenu aux galères à Marseille par une cruelle injustice, rendu à la liberté, présenté à Louis XIV (car la scène d'*Atala* est censée se passer sous Louis XIV, et celle de *René* en plein Louis XV!), il a conversé avec tous les grands hommes du siècle et assisté aux fêtes de Versailles, aux tragédies de Racine (ce qui est un peu fort), aux oraisons funèbres de Bossuet (de plus en plus étonnant!) ; en un mot, le Sauvage a contemplé la société à son plus haut point de splendeur[1]. »

Nous saisissons ici, au milieu de la pompe et de la magnificence, le défaut de l'auteur qui a le don, le talent, mais aussi la manie de grouper. Il groupe, dans cette vie de Chactas, des circonstances extraordinaires et disparates, ou du moins trop éloignées et trop singulières pour que leur assemblage puisse paraître naturel, de

---

1. Je m'en tiens au Chactas d'*Atala*, sans remonter, dans *les Natchez*, au récit détaillé qu'il fait de son voyage à la Cour de Louis XIV, récit qui est bien ce qui se peut imaginer de plus incroyable, de plus bizarre, et, tranchons le mot, de plus grotesque. Il s'y trouve à tout moment du grotesque et du charmant. Le souper de Chactas chez Ninon, où il y a des choses presque insensées (comme de le montrer au courant du Calcul infinitésimal alors inventé par Newton et Leibniz), se termine par une réflexion sur les passions qui est de la poésie la plus neuve et d'une admirable beauté.

même que plus haut, dans la description des forêts, il groupait des accidents trop rares, trop singuliers et trop frappants pour être présentés comme habituels. Ce Chactas qui a assisté aux pièces de Racine est du même ordre que ces ours enivrés de raisin qui chancellent sur les branches des ormeaux. Sans doute c'est possible; il est même certain que ce dernier accident arrive pour des ours de petite espèce qui sont dans les forêts de l'Amérique du Nord, qui aiment le raisin, qui s'enivrent, et qu'on prend de cette façon. Mais l'auteur, en n'expliquant pas la chose, en ne la réduisant pas à ce qu'elle est dans la réalité, mais en la forçant à plaisir, en nous donnant à croire que ce sont de gros ours, des ours *ordinaires,* qu'on voit *ordinairement* dans cette position de buveurs chancelants au haut des branches, et qui font perspective habituelle à l'extrémité des avenues, s'est heurté à l'invraisemblable; de même quand il nous donne à entendre que le Sauvage Chactas a été l'hôte *familier* de Fénelon et a goûté comme *familières* les beautés de Bossuet ou de Racine, il passe toutes les bornes et nous avertit que nous sommes dans le fictif et le composite. Même dans le poëme, j'aimerais plus de vérité.

Les critiques qu'on a faites des premières pages d'*Atala,* quant au peu de fidélité du dessin et des couleurs, nous démontrent que l'auteur n'a pas cherché l'exactitude pittoresque réelle; qu'après une vue générale et rapide, il a remanié d'autorité ses souvenirs et disposé à son gré les riches images, réfléchies moins encore dans sa mémoire que dans son imagination; qu'il ne s'est pas fait faute de transporter à un fleuve ce qui est vrai d'un autre, de dire du Meschacebé ce qui serait plus juste de l'Ohio, d'inventer en un mot, de combiner, d'agrandir; il a fait acte de poëte et de créateur [1]. Ses amis de 1800 avaient raison de dire de lui à cet égard : « Chateaubriand peint les objets comme il les voit, et il les voit comme il les aime. » Il faut bien certes accorder quelque chose à la magie du talent. L'imagination des grands poëtes et peintres est comme

---

1. Les poëtes ne font guère autrement ; et Lamartine, à sa manière, n'a fait autre chose, dans certains paysages alpestres de *Jocelyn,* qu'assembler des contrastes et des impossibilités que savent dénoncer au premier coup d'œil les personnes habituées à la vie des montagnes.

un lac où les objets naturels se réfléchissent, mais où ils se réfléchissent avec quelques conditions nouvelles qu'ils n'ont pas strictement dans la réalité.

Les images chez M. de Chateaubriand sont belles, éclatantes, grandioses, mais elles concourent souvent à former un groupe un peu roide et un peu factice à la manière de la peinture de l'Empire, à la manière des groupes de David ou de ce Girodet qui a si bien traduit aux yeux Atala. La nature se groupe aussi, mais moins artistement, avec des formes et dans des poses d'un relief moins accusé; s'il faut presque toujours que l'art intervienne pour accomplir ce qui n'est que commencé et épars dans la nature, s'il faut qu'il lui prête un peu la main pour mieux détacher le tableau, il ne faut jamais qu'il lui prête *main-forte*, pour ainsi dire. Le coup de ciseau qui achève la statue naturelle doit être délicat et souvent insensible.

Ceci rappelle un mot de Bernardin de Saint-Pierre qui touche au vif Chateaubriand et qui jette du jour sur les rapports exacts qu'ils ont entre eux. Un matin de 1810, un jeune Suisse [1] arrivé depuis peu à Paris et adorateur des œuvres de Bernardin de Saint-Pierre alla à lui; et comme font les jeunes gens tout pleins de leur enthousiasme, il l'assiégeait de questions curieuses sur ses écrits, sur sa manière de composer, et il en vint ensuite à lui demander ses jugements sur les ouvrages célèbres du jour : « Que pensez-vous de M. de Chateaubriand? » — « Je l'ai peu lu, répondit Bernardin de Saint-Pierre (les grands auteurs une fois arrivés à la gloire se lisent et ne lisent guère qu'eux-mêmes), je n'en ai lu que des extraits; mais il a l'imagination trop forte. » Ce mot est juste et charmant, et je l'aime mieux que cet autre mot qui serait injuste et qu'on lui a prêté : « Oh! moi, la nature ne m'a donné qu'un tout petit pinceau, mais M. de Chateaubriand a une brosse[2]. » Bernardin de Saint-Pierre a bien pu dire les

---

1. M. Henri Piguet. (Voir *Portraits littéraires*, tome II, page 137, 1844.)
2. Voici toute l'anecdote : « Malgré le charme et la douceur répandus dans ses écrits, Bernardin de Saint-Pierre avait, comme on sait, un amour-propre fort irritable. A l'époque de la publication et de la grande vogue du *Génie du Christianisme*, il fut invité à un dîner très-nombreux. Pendant le repas, tous les convives s'exta-

deux mots qui ont au fond le même sens, mais tenons-nous-en au premier.

Pour corriger cependant l'effet de ces mots dont le moins dur est encore piquant, je veux citer d'autres jugements pleins de grâce et de justesse sur tous deux, des jugements sortis de cette petite société d'élite dont j'ai parlé. Dans une conversation avec Chênedollé, le 2 février 1807, Joubert disait :

« L'ouvrage de M. de Saint-Pierre ressemble à une statue de marbre blanc, celui de M. de Chateaubriand à une statue de bronze fondue par Lysippe. Le style du premier est plus poli, celui du second plus coloré. Chateaubriand prend pour matière le ciel, la terre et les enfers : Saint-Pierre choisit une terre bien éclairée. Le style de l'un a l'air plus frais et plus jeune; celui de l'autre a l'air plus ancien : il a l'air d'être de tous les temps. Saint-Pierre semble choisir ce qu'il y a de plus pur et de plus riche dans la langue : Chateaubriand prend partout, même dans les littératures vicieuses; mais il opère une vraie transmutation, et son style ressemble à ce fameux métal qui, dans l'incendie de Corinthe, s'étoit formé du mélange de tous les autres métaux. L'un a une unité variée, l'autre a une riche variété.

« Il y a un reproche à faire à tous les deux : M. de Saint-Pierre a donné à la matière une beauté qui ne lui appartient pas; Chateaubriand a donné aux passions une innocence qu'elles n'ont pas, ou qu'elles n'ont qu'une fois. Dans *Atala,* les passions sont couvertes de longs voiles blancs.

« Saint-Pierre n'a qu'une ligne de beauté qui tourne et revient indéfiniment sur elle-même, et se perd dans les plus gracieux con-

---

sièrent à l'envi sur le mérite du nouvel ouvrage. A la fin, on voulut bien cependant s'apercevoir que l'auteur de *Paul et Virginie* était présent, et on lui adressa quelques paroles obligeantes. Il répondit que l'on était bien bon de se rappeler ses ouvrages ; qu'ils ne pouvaient, sous aucun rapport, être mis en parallèle avec le *Génie du Christianisme*; que la nature ne lui avait donné qu'un petit pinceau, tandis que M. de Chateaubriand avait une brosse. » (*Revue Britannique*, 1826, tome VII, page 357, extrait du *New monthly Magazine*.) — Le peintre Vien disait, mais plus doucement, de son élève David qui le détrôna : « J'ai entr'ouvert la porte, David l'a poussée. »

tours : Chateaubriand emploie toutes les lignes, même les défectueuses, dont il fait servir les brisures à la vérité des détails et à la pompe des ensembles.

« Chateaubriand produit avec le feu. Il fond toutes ses pensées au feu du ciel.

« Bernardin écrit au clair de lune, Chateaubriand au soleil. »

Ainsi parlait le critique aimable, en ce moment poëte lui-même, et il multipliait, en se jouant, les perspectives.

— Revenons au sujet même d'*Atala*. Nous arrivons à l'action. Chactas commence son récit : Il est bien vieux, il a soixante-treize ans : « A la prochaine lune des fleurs, il y aura sept fois dix neiges, et trois neiges de plus, que ma mère me mit au monde sur les bords du Meschacebé. » Il raconte à René la grande aventure de sa jeunesse, quand il ne comptait encore que *dix-sept chutes de feuilles*. Son père, le guerrier Outalissi, de la nation des Natchez alliée aux Espagnols, l'a emmené à la guerre contre les Muscogulges, autre nation puissante des Florides. Son père a succombé dans le combat, et lui, resté sans protecteur à la ville de Saint-Augustin, il courait risque d'être enlevé pour les mines de Mexico, lorsqu'un vieil Espagnol, Lopez, s'intéresse à lui, l'adopte et essaye de l'apprivoiser à la vie civilisée. Mais après avoir passé *trente lunes* à Saint-Augustin, Chactas fut saisi du dégoût de la vie des cités : « Je dépérissois à vue d'œil : tantôt je demeurois immobile pendant des heures à contempler la cime des lointaines forêts; tantôt on me trouvoit assis au bord d'un fleuve que je regardois tristement couler. Je me peignois les bois à travers lesquels cette onde avoit passé, et mon âme étoit tout entière à la solitude. » Ce sont de ces accents vrais et profondément sentis, qui rachètent les endroits moins simples [1].

---

[1] Je reviens au texte consacré par les dernières éditions. Si cela n'avait dû mener trop loin, j'aurais aimé pourtant à reprendre, pour le citer, le texte de la première édition d'*Atala*, toutes les fois que je le trouve aussi bon et plus naturel que l'autre. Un grand nombre, en effet, des corrections qu'a faites l'auteur ne portent que sur des vétilles réputées très-importantes dans l'ancienne école classique : éviter un mot répété (fût-il le mot propre); éviter la conjonction *et* deux fois répétée, etc., etc. Ces

Un matin, il revêt ses habits de Sauvage et va se présenter à Lopez, l'arc et les flèches à la main, en déclarant qu'il veut reprendre sa vie de chasseur. Il part, s'égare dans les bois, est pris par un parti de Muscogulges et de Siminoles ; il confesse hardiment, et avec la bravade propre aux Sauvages, son origine et sa nation : « Je m'appelle Chactas, fils d'Outalissi, fils de Miscou, qui ont enlevé plus de cent chevelures aux héros muscogulges. » Le chef ennemi Simaghan lui dit : « Chactas, fils d'Outalissi, fils de Miscou, réjouis-toi ; tu seras brûlé au grand village. »

Il y a bien dans tout ceci une légère *parodie* du langage d'Homère, de la forme épique primitive. Ce Chactas qui a vécu non-seulement chez l'Espagnol Lopez, mais qui plus tard a visité la cour de Louis XIV, n'en a guère profité, dira-t-on ; ou s'il a profité des conversations de Fénelon, ç'a été pour apprendre de lui la diction homérique, et pour la transporter après coup, à l'iroquoise, dans ses déserts. Il y a dans le langage de Chactas, à la fois des prétentions au style sauvage et des réminiscences singulières de l'homme civilisé. Au reste, c'est là le défaut du genre, et c'est une concession qu'il faut faire une fois pour toutes à l'auteur. *Atala* pourrait se définir un drame de *caractère* exécuté par des personnages en qui la couleur locale est un peu une convention.

Tout à côté, des observations charmantes, vives, naturellement exprimées et couronnées de fraîches images, demandent grâce pour ce qui a pu sembler une prétention par trop naïve :

« Tout prisonnier que j'étois, je ne pouvois, durant les premiers jours, m'empêcher d'admirer mes ennemis. Le Muscogulge, et surtout son allié le Siminole, respire la gaieté, l'amour, le contentement. Sa démarche est légère, son abord ouvert et serein. Il parle beaucoup et avec volubilité ; son langage est harmonieux et facile. L'âge même ne peut ravir aux Sachems cette simplicité

corrections ont quelquefois nui au premier jet et changé un peu l'allure de la phrase. Elle est devenue plus nette, plus dégagée, mais elle a perdu en liberté et en naturel.

joyeuse : comme les vieux oiseaux de nos bois, ils mêlent encore leurs vieilles chansons aux airs nouveaux de leur jeune postérité. »

Les femmes surtout témoignent un intérêt aimable pour ce jeune captif qui compte au plus dix-neuf printemps. Ici encore l'imagination heureuse de l'auteur se joue. Il y aura à tout moment dans ce récit un travestissement, un rajeunissement en Sauvage, des pensées, des sentiments, des choses tendres et gracieuses qui commencent à s'user si on leur laisse leur expression civilisée : c'est comme une beauté trop connue qui se déguise pour reparaître nouvelle et plus piquante. Il y a, en un mot, dans *Atala* de l'Homère et du Théocrite traduits en siminole. Pour opérer une telle transposition avec charme, il fallait une imagination à la fois forte et souple, capable de soutenir la gageure sans trahir la gêne. M. de Chateaubriand y a réussi à ravir, de manière par moments à enchanter et à mériter qu'on l'applaudisse : je dis *qu'on l'applaudisse* à dessein, car on sent le jeu, même quand on est séduit et charmé :

« Les femmes qui accompagnoient la troupe témoignoient pour ma jeunesse une pitié tendre et une curiosité aimable. Elles me questionnoient sur ma mère, sur les premiers jours de ma vie ; elles vouloient savoir si l'on suspendoit mon berceau de mousse aux branches fleuries des érables, si les brises m'y balançoient auprès du nid des petits oiseaux. C'étoit ensuite mille autres questions sur l'état de mon cœur : elles me demandoient si j'avois vu une biche blanche dans mes songes, et si les arbres de la vallée secrète m'avoient conseillé d'aimer. »

Quelle harmonie de ton ! quel nombre ! C'est par cette harmonie, non moins que par l'éclat des couleurs, que M. de Chateaubriand est grand poëte et grand magicien. A l'aide des sons et de certains mots bien placés, il produit des effets d'enchantement. Quand on sait tirer de tels effets de la prose, on a presque le droit de dédaigner les vers[1].

Cette douceur de chant respire dans tout ce que dira Chactas aux femmes muscogulges et dans tout ce que lui répondra Atala : « Je leur disois : Vous êtes les grâces du jour, et la nuit vous aime comme la rosée... » Puis il ajoute :

« Ces louanges faisoient beaucoup de plaisir aux femmes; elles me combloient de toutes sortes de dons; elles m'apportoient de la crème de noix, du sucre d'érable, de la sagamité, des jambons d'ours, des peaux de castor, des coquillages pour me parer, et des mousses pour ma couche. Elles chantoient, elles rioient avec moi, et puis elles se prenoient à verser des larmes, en songeant que je serois brûlé. »

Je ne saurais pourtant laisser passer sans réflexion ces *jambons d'ours* qui peuvent être de la couleur locale, mais où je ne verrai jamais une beauté. Cette espèce de tatouage dans le style n'est, selon moi, que singulier et manque son effet; loin de faire illusion, il nous avertit que l'auteur est là derrière, qui n'est pas fâché de nous étonner sous prétexte d'être exact et fidèle, et cela aussi nous empêche d'être touchés sérieusement si nous en étions tentés.

C'est comme plus loin, quand il dira, racontant sa traversée du désert avec Atala :

« Chaque soir nous allumions un grand feu, et nous bâtissions la hutte du voyage, avec une écorce élevée sur quatre piquets. Si j'avois tué une dinde sauvage, un ramier, un faisan des bois, nous

---

1. « Il ne fait aucun cas des vers contemporains ; il a un mépris profond pour tout ce qui est vers, » assure Chênedollé, et je le crois. — Ce qu'on vient de dire de sa magie d'harmonie est vrai de son premier style et de son second; mais qu'il y a loin de là à son troisième et dernier style, à celui des *Mémoires d'Outre-tombe*, qui sent quelque peu son bas-breton et qui ressemble parfois à du Sidoine Apollinaire, tant c'est martelé! « Je ne sais, disait un admirateur judicieux, mais je croirais que certaines pages qui portent la date de 1822 ont reçu une couche de 1836. »

le suspendions devant le chêne embrasé, au bout d'une gaule plantée en terre, et nous abandonnions au vent le soin de tourner la proie du chasseur. Nous mangions des mousses appelées *tripes de roches,* etc., etc. »

Je veux bien qu'on soit exact en fait de couleur locale, et même je le désire ; mais il faut qu'alors le narrateur, surtout si c'est une aventure de sentiment et de passion qu'il nous raconte, soit exact d'un air naturel, sans paraître y viser et sans se piquer de trop faire attention à des hors-d'œuvre ; il faut qu'il nous donne ces détails accessoires comme involontairement, comme étant plein de ses souvenirs et de tout ce qui s'y rattache, et non pas qu'il aille choisir exprès dans ces mêmes souvenirs et dans leur expression je ne sais quoi qui nous étonne, qui nous déconcerte, et qui ressemble toujours à une *niche* d'auteur qu'il nous fait.

Je touche là un des points les plus essentiels de la Poétique naturelle. Jamais Homère, jamais les grands poëtes naturels n'ont de telles préméditations : quand un détail singulier ou même bizarre se mêle chez eux à l'expression d'un sentiment, c'est qu'il leur vient involontairement à la bouche, c'est que le trait sort de soi et que l'auteur n'y a pas songé. Jamais il ne s'arrêtera au milieu d'une émotion pour vous indiquer du doigt un tel détail.

Hélène, à un endroit touchant de *l'Odyssée,* s'appelle *impudente* et *chienne*[1] ; mais ce mot lui échappe naturellement, et alors il ne choquait pas. Il choquerait aujourd'hui à bon droit, si un auteur mettait exprès un tel mot au milieu d'un passage pathétique pour faire preuve de couleur locale.

A la seconde époque, les Sophocle, les Virgile surtout, et ceux chez qui l'étude et la méditation se combinent au génie sont plutôt attentifs à éviter ces sortes de détails qu'à les rechercher ; les grands poëtes primitifs ne les évitent ni ne les recherchent ; les seconds au contraire aimeront mieux négliger telle ou telle particularité trop saillante qui ne sera pas en harmonie avec l'ensemble de

---

1. *Odyssée,* livre IV, vers 145.

l'impression qu'ils veulent produire, et qui, bien qu'exacte, semblerait une faute de ton. Ils se souviennent du précepte :

Le vrai peut quelquefois n'être pas vraisemblable.

Ils savent au besoin sacrifier les accessoires à l'unité d'intérêt et à la fusion des couleurs.

Mais à la troisième époque, sous prétexte de revenir à la première, on se met à rechercher ces détails singuliers qui pouvaient se rencontrer naturellement chez les premiers poëtes simples qui disaient tout : on croit revenir par cette affectation à plus de vérité, on ne fait que marquer son effort. On manque à l'unité vraie, en voulant à la fois toucher par la passion du récit et piquer l'attention par la curiosité du costume et du paysage.

— Cependant Atala apparaît pour la première fois à Chactas :

« Une nuit que les Muscogulges avoient placé leur camp sur le bord d'une forêt, j'étois assis auprès du *feu de la guerre* avec le chasseur commis à ma garde. Tout à coup j'entendis le murmure d'un vêtement sur l'herbe, et une femme à demi voilée vint s'asseoir à mes côtés. Des pleurs rouloient sous sa paupière; à la lueur du feu un petit crucifix d'or brilloit sur son sein. Elle étoit régulièrement belle; l'on remarquoit sur son visage je ne sais quoi de vertueux et de passionné dont l'attrait étoit irrésistible. Elle joignoit à cela des grâces plus tendres; une extrême sensibilité, unie à une mélancolie profonde, respiroit dans ses regards; son sourire étoit céleste. »

A propos de ce charmant portrait d'Atala nous avons déjà quelques remarques à faire et du même genre que celles qui s'appliquent au caractère de Chactas.

Voici donc Atala qui nous apparaît à première vue avec *je ne sais quoi de vertueux et de passionné* : il est difficile de dire ce que peut être dans cette circonstance ce *je ne sais quoi de vertueux*. L'auteur, ou du moins Chactas, assure qu'elle y joignait une *extrême sensibilité* qu'il distingue de la *mélancolie profonde*. Atala est-elle ou n'est-elle pas une Sauvage? Est-elle une personne civilisée? Je sais qu'elle est chrétienne par sa mère, mais il faut convenir qu'elle l'est par le vœu et par le désir plutôt que par l'esprit. Elle dira d'elle-même qu'enfant elle croissait *fière comme une Espagnole et comme une Sauvage*. On laisse dire ces choses aux autres plutôt qu'on ne les sait dire soi-même de soi. En un mot Atala, pas plus que Chactas, n'a une physionomie morale, une et reconnaissable. C'est un mélange d'impressions, d'observations déjà raffinées, et de sentiments qui veulent être primitifs. Le christianisme en elle est plaqué. M. Vinet, comparant ces deux caractères à ceux de Paul et de Virginie, a mis en relief l'infériorité, à cet égard, des deux personnages du poëme de M. de Chateaubriand :

« *Atala*, dit l'excellent critique que nous ne pourrions qu'affaiblir, est l'exagération, je n'ose pas dire la charge de *Paul et Virginie*. Ici la sainte, l'éternelle loi de la pudeur, là le respect d'un vœu prononcé par une autre; ici la mort préférée à l'ombre du mal, là le suicide, c'est-à-dire un crime réel prévenant un crime imaginaire : j'ai le droit de parler ainsi, puisque c'est au vœu coupable de sa mère, et non au devoir imprescriptible de la chasteté, que la jeune Indienne offre sa vie en sacrifice. A la lettre, il est vrai qu'Atala elle-même a fait un vœu, mais ce vœu lui a été arraché par la violence. L'intérêt du dénouement est préparé dans *Paul et Virginie* par l'aimable histoire de leur enfance et de leurs amours ; on les connaît l'un et l'autre; on a vécu avec eux ; chacun d'eux a un caractère, une physionomie morale. Chactas et Atala n'en ont point, non pas même celle de leur patrie; s'ils sont trop sauvages pour des prosélytes de la civilisation, ils sont trop civilisés pour des sauvages; leur langage mêle constamment et sans aucune mesure la naïveté des races primitives aux idées abstraites et générales des Européens du xixe siècle. Cette même Atala qui dit, en parlant de sa mère : « Ensuite le chagrin d'amour
« vint la chercher, et elle descendit dans la petite cave garnie

« de peaux d'où l'on ne sort jamais, » elle dira plus tard : « Sen-
« tant une Divinité qui m'arrêtoit dans mes horribles transports,
« j'aurois désiré que cette Divinité se fût anéantie, pourvu que,
« serrée dans tes bras, j'eusse roulé d'abîme en abîme avec *les*
« *débris de Dieu et du monde.* » Chactas dit quelque part « qu'il
« avoit désiré de dire les choses du mystère à celle qu'il aimoit déjà
« comme le soleil, » et que « le Génie des airs secouoit sa cheve-
« lure bleue, embaumée de la senteur des pins; » à la bonne
heure, quoiqu'il soit étrange que l'homme qui a conversé avec
Fénelon et qui reproduit si fidèlement le langage du Père Aubry,
puisse encore s'exprimer ainsi : qu'il soit donc sauvage tant qu'il
lui plaira; mais qu'après avoir parlé de « la chevelure bleue du
« Génie des airs, » il ne vienne pas nous dire, en parlant d'Atala,
« qu'on remarquoit sur son visage je ne sais quoi de vertueux et
« de passionné, dont l'attrait étoit irrésistible; qu'elle joignoit à
« cela des grâces plus tendres, et qu'une extrême sensibilité, unie
« à une mélancolie profonde, respiroit dans ses regards; » surtout
qu'il se garde bien de dire au missionnaire : « Périsse le Dieu
qui contrarie la nature! » Les hommes de la nature, comme on
les appelle, ne parlent guère de la nature; ce mot n'existe pas
pour eux; c'est à peine s'il existait pour les Français du siècle de
Louis XIV dans le sens que lui donne Chactas[1]. »

M. Vinet remarque encore très-justement que les détails qui nous
sont présentés dans le roman sur le caractère et sur les actions
d'Atala ne répondent pas à l'idée compliquée qu'en veut donner
Chactas : « C'est ainsi que ce dernier nous parle de *l'élévation de
l'âme* d'Atala *dans les grandes choses,* et de sa *susceptibilité dans les
petites;* c'est ainsi qu'Atala elle-même, au lit de mort, s'accuse
d'avoir *beaucoup tourmenté* Chactas *par son orgueil et par ses
caprices.* » C'est là, disait l'abbé Morellet, la confession d'une
coquette très-civilisée. Ce sont du moins des nuances qui appar-
tiendraient à un caractère de femme du monde, à un personnage
de roman européen.

---

1. *Études sur la Littérature française au* XIXe *siècle*, t. I, p. 267 (1840).

Je n'analyserai pas *Atala* page par page, c'est un livre trop facile à lire et trop difficile à analyser. Je courrai seulement à travers, relevant au passage quelques traits. Parfois le vieux Chactas dans son récit est forcé de s'interrompre par ses larmes.

« Les souvenirs se pressèrent en foule dans son âme; ses yeux éteints inondèrent de larmes ses joues flétries : telles deux sources, cachées dans la profonde nuit de la terre, se décèlent par les eaux qu'elles laissent filtrer entre les rochers. »

Plus loin l'auteur fera dire à Chactas, qui cherche en vain à rappeler sur ses lèvres les brûlantes paroles de sa jeunesse :

« Le vent du midi, mon cher fils, perd sa chaleur en passant sur des montagnes de glace. Les souvenirs de l'amour dans le cœur d'un vieillard sont comme les feux du jour réfléchis par l'orbe paisible de la lune, lorsque le soleil est couché et que le silence plane sur les huttes des Sauvages. »

Toujours l'image; mais comme elle est grande, heureuse, poétique! comme elle atteste la hauteur naturelle de l'imagination qui l'a portée. — L'inconvénient sera dans l'habitude; car plus tard, et même quand l'image ne viendra pas, la plume de l'auteur la cherchera toujours, et l'inventera, la forgera plutôt que de s'en passer. La verge continuera, même à sec, de frapper le rocher.

La tribu est toujours en marche vers le grand village où le prisonnier doit être brûlé. Le soir Atala vient quelquefois visiter à la dérobée le prisonnier *sous les liquidambars de la fontaine:* elle trouve moyen d'éloigner le guerrier qui le garde; elle lui détache ses liens, et ils font une promenade ensemble dans la forêt :

« Sans lui répondre, je pris sa main dans ma main, et je forçai cette biche altérée d'errer avec moi dans la forêt. La nuit étoit délicieuse. Le Génie des airs secouoit sa chevelure bleue, embaumée de la senteur des pins, et l'on respiroit la foible odeur d'ambre qu'exhaloient les crocodiles couchés sous les tamarins des fleuves. La lune brilloit au milieu d'un azur sans tache, et sa lumière gris de perle descendoit sur la cime indéterminée des forêts. Aucun bruit ne se faisoit entendre, hors je ne sais quelle harmonie lointaine qui régnoit dans la profondeur des bois : on eût dit que l'âme de la solitude soupiroit dans toute l'étendue du désert. »

Est-il besoin d'indiquer cet effet magique d'harmonie qui rend l'effet de lumière vague et d'ombre : *sur la cime indéterminée des forêts?* Plus loin il dira, rendant également le vague de l'étendue par le vague des sons : « Le désert dérouloit maintenant devant nous ses *solitudes démesurées*[1]... »

Remarquons aussi ces expressions créées : *Sa chevelure bleue, embaumée de la senteur des pins...* Quand on en est là en prose dans une littérature, on est arrivé à saisir aussi près que possible et à égaler les nuances pittoresques les plus indéfinissables : il n'y a plus un seul progrès à faire qui ne soit un excès.

Et plus loin, parlant toujours des promenades à deux dans ces solitudes enchantées, il montre Atala s'appuyant sur sa foi religieuse pour l'opposer au torrent des passions, « lorsque, dit-il, tout les favorise, et le secret des bois, et l'absence des hommes, **et la fidélité des ombres.** » La *fidélité des ombres*, c'est encore ce que j'appelle une expression créée, — un reflet moral mêlé dans une même teinte et faisant nuance avec l'obscurité qu'il s'agissait de peindre.

Cette création dans l'expression est particulière à M. de Chateaubriand, et aussi à Bernardin de Saint-Pierre; ce sont les premiers dans notre littérature qui s'en soient avisés expressément.

Arrivé au grand village, Chactas qui n'est pas délivré se voit à la veille de son supplice. Il y a là un conseil tenu à son sujet entre les

---

1. Et dans les *Martyrs*, pour rendre la douceur des horizons de l'Arcadie sous les rayons de la lune : « Les hauts sommets du *Cyllène*, les croupes du *Pholoé* et du *Thelphusse*, les forêts d'*Anémose* et de *Phalante*, formoient de toutes parts un horizon confus et vaporeux. » (Liv. XII.) Jamais avec des sons et par l'oreille on n'a mieux réussi à rendre un effet de vue et de couleur.

Sachems, dans lequel figurent cinquante vieillards *en manteau de castor* rangés sur des gradins. Cette partie du poëme est un peu singulière et prête à la plaisanterie. On ne peut s'empêcher de sourire en entendant cette matrone qui se lève pour répondre à un Sachem de la tribu de l'Aigle, et qui lui dit : « Mon père l'Aigle, vous avez l'esprit d'un renard et la prudente lenteur d'une tortue. » Ce sont là les faiblesses du genre [1].

Enfin Chactas est délivré, et il fuit avec sa libératrice dans le désert. J'indique en passant de gracieuses images qui sont faites exprès pour attirer le regard :

« Quand nous rencontrions un fleuve, nous le passions sur un radeau ou à la nage. Atala appuyoit une de ses mains sur mon épaule, et comme **deux cygnes voyageurs nous traversions ces ondes solitaires.** »

Et plus loin :

« Ces profondes solitudes n'étoient point troublées par la présence de l'homme. Nous ne vîmes qu'un chasseur indien qui, appuyé sur son arc et immobile sur **la pointe d'un rocher, ressembloit à une statue élevée dans la montagne au Génie de ces déserts.** »

Toujours, toujours le procédé! Oh! nous le connaîtrons bien.
Est-il donc si nécessaire de terminer absolument sa pensée, bon gré, mal gré, en image ou en statue? Quand la pensée ou la chose aperçue ne se présente qu'à l'état pur et simple, pourquoi ne pas la laisser telle sans la tourmenter pour la revêtir, comme si l'on avait toujours à parler devant des enfants ou devant des Sauvages? On me dira que Chactas est un Sauvage. Il le serait plus, s'il ne se piquait pas tant de l'être.

Chactas cependant ne peut rien comprendre aux contradictions

---

[1]. Ce qu'un de nos amis, homme d'esprit et qui s'entend à nommer les choses, appelle le *tatouage*.

d'Atala qui l'aime et le repousse, qui l'enchante et le désole sans cesse. La scène de l'orage va lui livrer la clef de ce cœur combattu. Sous les coups redoublés du tonnerre, à la lueur des pins embrasés, Atala lui raconte son histoire : Atala est chrétienne. Elle n'est pas, comme on le croit, la fille du magnanime Simaghan, elle est la fille de Lopez, de ce vieil Espagnol qui fut le bienfaiteur de Chactas. Mais laissons cette romanesque histoire. La beauté de la scène (et elle est grande) se retrouve tout entière dans la situation, dans l'immensité de l'orage et de l'incendie, dans la résistance, motivée ou non, d'une simple et fragile mortelle, dans ce cri de Chactas qui est plutôt déjà celui de René, celui de tout cœur malade et ulcéré qui se retourne et cherche ses représailles contre le Ciel :

« Pompe nuptiale, digne de nos malheurs et de la grandeur de nos amours : superbes Forêts qui agitiez vos lianes et vos dômes comme les rideaux et le ciel de notre couche, Pins embrasés qui formiez les flambeaux de notre hymen, Fleuve débordé, Montagnes mugissantes, affreuse et sublime Nature, n'étiez-vous donc qu'un appareil préparé pour nous tromper, et ne pûtes-vous cacher un moment dans vos mystérieuses horreurs la félicité d'un homme! »

O Chactas! ce n'est pas vous qui avez poussé ce cri déchirant : celui qui l'a poussé, et qui le poussera bien des fois encore, est ce même cœur malade et incapable de bonheur en même temps qu'il en est insatiable, ce cœur de Prométhée que le bonheur même, une fois trouvé, ne remplirait pas et qui le rejetterait bien vite plutôt que de s'en contenter, qui le renierait avec mépris en se retournant encore contre les Cieux. C'est celui qui, parlant un jour en son propre nom et dans tout son orgueil à la femme subjuguée, a livré en ces termes effrayants son désolé secret :

« ... Ne croyez pas désormais recevoir impunément les caresses d'un autre homme; ne croyez pas que de faibles embrassements puissent effacer de votre âme ceux de René. Je vous ai tenue sur ma poitrine au milieu du désert, dans les vents de l'orage, lorsqu'après vous avoir portée de l'autre côté d'un torrent, j'aurois voulu vous poignarder pour fixer le bonheur dans votre sein, et pour me punir de vous avoir donné ce bonheur. C'est toi, Être suprême, source d'amour et de beauté, c'est toi seul qui me créas tel que je suis, et toi seul me peux comprendre! Oh! que ne me suis-je précipité dans les Cataractes au milieu des ondes écumantes! je serois rentré dans le sein de la Nature avec toute mon énergie [1]. »

Telle est dans toute sa franchise, dans tout son blasphème, l'inspiration qui se peut dire infernale et satanique; mais elle ne se produit ailleurs qu'à demi voilée et comme dans un faux jour, en se mêlant frauduleusement à un rayon d'en haut. Nous la retrouverons dans *René*, dans *Velléda*. C'est elle qui s'élance du sein de l'orage dans *Atala*, et qui, autant que l'imagination descriptive du début, répand sur ce petit poëme la grandeur.

Il faut convenir toutefois que tout cela est étrangement placé dans le *Génie du Christianisme*. J'aimerais autant dire que de telles histoires sont des pièces justificatives de l'*Hamlet* de Shakspeare ou du *Prométhée enchaîné* d'Eschyle.

Chactas et Atala ont été trouvés pendant l'orage et sauvés par le Père Aubry, un vénérable missionnaire qui a fondé près de là une colonie d'Indiens convertis au Christianisme : cette portion du récit a pour titre *les Laboureurs*, comme la portion précédente s'intitulait *les Chasseurs*. Ce Père Aubry, *l'homme des anciens jours*, est célèbre, et il a été accueilli à son entrée en scène par bien des plaisanteries. L'auteur a corrigé plus d'un passage qui y avait donné lieu : on ne voit plus dans *Atala*, telle que nous l'avons aujourd'hui, le nez aquilin du Père Aubry et sa longue barbe « qui avoient quelque chose de sublime dans leur quiétude, et comme d'aspirant à la tombe par leur direction naturelle vers la terre. » — Somme toute,

---

1. Lettre de René à Céluta au tome II des *Natchez* (t. IIIe de cette édit. p. 451.).

cette partie du poëme est grandiose, quoique un peu roide et pleine d'effets calculés :

« En descendant la montagne, j'aperçus des chênes où les Génies sembloient avoir dessiné des caractères étrangers. L'ermite me dit qu'il les avoit tracés lui-même, que c'étoient des vers d'un ancien poëte, appelé Homère, et quelques sentences d'un autre poëte plus ancien encore, nommé Salomon. Il y avoit je ne sais quelle mystérieuse harmonie entre cette sagesse des temps, ces vers rongés de mousse, ce vieux solitaire qui les avoit gravés, et ces vieux chênes qui lui servoient de livres. »

Pour le plaisir de faire la réflexion si concertée, l'auteur, par la bouche de Chactas, accumule les invraisemblances, et fait du Père Aubry un savant curieux qui, au besoin, rédigerait son Anthologie. — Et plus loin, au moment de la célébration des saints mystères :

« L'aurore paraissant derrière les montagnes enflammoit l'Orient. Tout étoit d'or ou de rose dans la solitude. L'astre annoncé par tant de splendeur sortit enfin d'un abîme de lumière, et *son premier rayon rencontra l'hostie consacrée, que le prêtre en ce moment même élevoit dans les airs*. O charme de la religion ! ô magnificence du culte chrétien ! etc., etc. »

Et il tire de cet accident du rayon une raison de croire; je dis *il*, c'est-à-dire l'auteur, car ce ne peut être Chactas qui, cinquante ans après, n'est pas converti encore. L'invraisemblance en fait de caractère s'ajoute ici à la légèreté et au faux brillant en matière de foi. Bon Dieu ! que dirait Calvin qui, dans sa colère, compare la messe à une *Hélène*, de la voir ainsi mêlée à l'Aurore *aux doigts de rose* ? Mais que doivent penser surtout de ces jeux de lumière ceux qui croient tout gravement au Saint-Sacrement de l'autel, et qui, par conséquent, n'y croient pas moins les jours de nuage que les jours de soleil ?

Le *Drame* commence, présentant le tableau de la mort et des derniers instants d'Atala qui s'est empoisonnée durant l'orage, croyant par là (pauvre ignorante!) satisfaire au vœu de sa mère et se garantir d'elle-même. Il y aurait, du point de vue moral, bien des choses à opposer (même après ce que dit le Père Aubry) à cette fatale superstition d'Atala, à cette invention romanesque et violente; mais, arrivé à cet endroit du récit, on est subjugué, on est ému, et l'on ne raisonne guère. — Les paroles d'Atala mourante sont d'ailleurs animées d'un sublime délire de passion; elles répondent en beauté, en énergie brûlante, au cri que Chactas a poussé tout à l'heure dans la forêt : « Quel dessein n'ai-je point rêvé? quel songe n'est point sorti de ce cœur si triste?.... » Et tout ce qui suit, où s'exhale ce vœu forcené d'un bonheur à tout prix, même à travers l'anéantissement de Dieu et du monde.

A un moment, Atala mourante dit à Chactas : « Le soleil doit être près de se coucher maintenant. Chactas, ses rayons seront bien beaux au désert, sur ma tombe! » — Je ne sais si Atala a pu avoir une telle pensée, si elle s'est figuré d'avance cet effet de lumière; mais il est certain que ç'a été une idée fixe de l'auteur que cette perspective funèbre : comme les rois d'Égypte, il a passé sa vie à méditer et à projeter son sépulcre. Il s'est redit perpétuellement : « Cet Océan qui m'a vu naître est sublime : ses vagues seront bien belles en venant se briser autour du rocher de ma tombe. » On y peut voir une préoccupation personnelle bien persistante, un désir d'art et d'effet bien prolongé; mais un tel mode de personnalité n'est pas vulgaire[1].

---

[1]. « Pour moi, dit-il quelque part, loin de regarder comme un insensé le roi qui fit bâtir la grande pyramide, je le tiens au contraire pour un monarque d'un esprit magnanime. L'idée de vaincre le temps par un tombeau, de forcer les générations, les mœurs, les lois, les âges à se briser au pied d'un cercueil, ne sauroit être sortie d'une âme vulgaire. Si c'est là de l'orgueil, c'est du moins un grand orgueil. Une vanité comme celle de la grande pyramide, qui dure depuis trois ou quatre mille ans, pourroit bien à la longue se faire compter pour quelque chose. » (*Itinéraire.*) — Étant ambassadeur à Rome en 1829, il eut, un moment, l'idée de se choisir un sarcophage antique pour cercueil : « Mes fouilles vont bien, écrivait-il à Mme Récamier; je trouve force sarcophages vides; j'en pourrai choisir un pour moi, sans que ma poussière soit obligée de chasser celle de ces vieux morts que le vent a déjà emportée... J'aurai du moins un grand tombeau en échange d'une petite vie. » — Quel arrangement et quelle pose jusque dans la mort!

Le discours du Père Aubry à Atala et à Chactas est célèbre. Combien de fois quelques-unes de ces paroles ont été répétées depuis sans qu'on se rappelât bien d'où elles étaient tirées !

« L'habitant de la cabane et celui des palais, tout souffre, tout gémit ici-bas; les reines ont été vues pleurant comme de simples femmes, et l'on s'est étonné de la quantité de larmes que contiennent les yeux des rois ! »

Un spirituel critique citait un jour ces paroles comme étant de Bossuet : elles ont un faux air de Bossuet en effet; mais il en est d'autres, à côté, qui seraient plus dignes de lui être attribuées, en ce qu'elles sont plus simples :

« Est-ce votre amour que vous regrettez? Ma fille, il faudroit autant pleurer un songe. Connoissez-vous le cœur de l'homme, et pourriez-vous compter les inconstances de son désir? Vous calculeriez plutôt le nombre des vagues que la mer roule dans une tempête. »

Et cette pensée qui scandalisait si fort l'abbé Morellet :

« Croyez-moi, mon fils, les douleurs ne sont point éternelles ; il faut tôt ou tard qu'elles finissent, parce que le cœur de l'homme est fini; c'est une de nos grandes misères : nous ne sommes pas même capables d'être longtemps malheureux. »

L'abbé-philosophe prétendait au contraire que l'homme, puisqu'il avait la faculté de se consoler, *en était, par là même, moins misérable.* A la bonne heure! c'est selon le sens où on le prend. Il n'y a que manière d'entendre les choses.

A côté de ces grandes paroles qu'un Bossuet ne désavouerait pas, il en est de plus neuves, de plus particulières en images, et qui ne peuvent être signées que de Chateaubriand, mais qui sont belles encore :

« Le cœur, ô Chactas! est comme ces sortes d'arbres qui ne donnent leur baume pour les blessures des hommes, que lorsque le fer les a blessés eux-mêmes. »

Et encore, pour exprimer qu'il n'est point de cœur mortel qui n'ait au fond sa plaie cachée :

« Le cœur le plus serein en apparence ressemble au puits naturel de la savane Alachua : la surface en paraît calme et pure, mais quand vous regardez au fond du bassin, vous apercevez un large crocodile, que le puits nourrit dans ses eaux. »

Ce crocodile-là ne cessa jamais d'habiter au fond du cœur de René, et il s'y réveillait à chaque moment qui aurait pu être du bonheur.

On peut regretter, après ces beautés neuves, qu'il y ait dans le rôle du Père Aubry trop de *l'homme des anciens jours*, de *l'homme du rocher*, de ces expressions qu'il sera trop facile ensuite à un D'Arlincourt de copier. Mais l'effet des paroles du religieux reste, quoi qu'on puisse dire, plein de grandeur et de magnificence.

Les funérailles d'Atala sont d'une rare beauté et d'une expression idéale.

L'Épilogue couronne dignement le poëme : c'est l'auteur lui-même, Chateaubriand, qui reprend la parole et qui raconte la suite de la destinée des personnages survivants (le Père Aubry, Chactas), telle qu'il l'a apprise dans ses voyages aux terres lointaines. Il y a bien encore quelque trace de manière : « Quand un Séminole me raconta cette histoire (transmise de Chactas à René, et des pères aux enfants), je la trouvai fort instructive et parfaitement belle, parce qu'il y mit la *fleur du désert*, la *grâce de la cabane*, et une simplicité à conter la douleur que je ne me flatte pas d'avoir conservée. » Ce ton-ci, en effet, est bien moins de la simplicité que de la simplesse. Mais à côté se trouve le touchant tableau de la jeune mère indienne ensevelissant et berçant son enfant mort parmi les branches d'un érable. La description de la cataracte de Niagara qui vient à cet endroit pourrait, dit-on, ne pas perdre en grandeur et offrir plus de vérité. Enfin, après le récit, qui lui est fait par la jeune Indienne, du massacre de Chactas et du Père Aubry dont elle lui montre les cendres, le voyageur s'éloigne à grands pas en s'écriant :

« Ainsi passe sur la terre tout ce qui fut bon, vertueux, sensible ! Homme ! tu n'es qu'un songe rapide, un rêve douloureux ; tu n'existes que par le malheur ; tu n'es quelque chose que par la tristesse de ton âme et l'éternelle mélancolie de ta pensée ! »

Nous reconnaissons l'accent pénétrant, le cri d'aigle blessé (comme je l'ai dit ailleurs de Pascal), — blessé de la blessure que certains cœurs apportent en naissant. Ce cri va se prolonger et retentir dans tout *René*.

Il y aurait bien encore quelques remarques à faire au sujet d'*Atala* : par exemple, sur ce côté d'Antiquité, de génie antique, qui s'y retrouve déguisé trop souvent et comme parodié sous des costumes sauvages, mais parfois aussi dans toute la beauté d'un véritable rajeunissement. Ainsi, quand Chactas raconte cette heure suprême où, captif, à la veille de son supplice, le soir de l'orgie du camp, il se croyait sans ressource et abandonné d'Atala :

« La nuit s'avance : les chants et les danses cessent par degrés ; les feux ne jettent plus que des lueurs rougeâtres, devant lesquelles on voit encore passer les ombres de quelques Sauvages ; tout s'endort ; à mesure que le bruit des hommes s'affoiblit, celui du désert augmente, et au tumulte des voix succèdent les plaintes du vent dans la forêt. C'était l'heure où une jeune Indienne qui vient d'être mère se réveille en sursaut au milieu de la nuit, car elle a cru entendre les cris de son premier-né, qui lui demande la douce nourriture... »

Ces signes naturels empruntés à l'ordre moral ajoutent l'émotion à la réalité. On se rappelle les beaux vers de Virgile :

> Nox erat, et placidum carpebant fessa soporem
> Corpora per terras, silvæque et sæva quierant
> Æquora : cum medio volvuntur sidera lapsu,
> Cum tacet omnis ager, pecudes, pictæque volucres...

Mais cette mère indienne est mieux ici que le *pecudes* et le *volucres*. Elle me rappelle, dans l'épisode de la Médée d'Apollonius, cette autre mère que Virgile a, je ne sais pourquoi, oubliée : « C'était déjà l'heure où tout voyageur et tout gardien aux portes des villes commence à désirer le sommeil; un assoupissement profond s'emparait même des mères dont les enfants sont morts... » La mère qui *se réveille en sursaut*, et celle qui succombe au sommeil, sont diversement belles, et Chateaubriand ici a égalé l'antique.

La conclusion que j'ai à offrir sur *Atala* me sera facile, et je l'emprunterai à M. Joubert, le plus délicat des amis et des juges. Avec M. Joubert, remarquons-le, nous entrons dans une critique plus raffinée, plus subtile que celle du xviiie siècle, et toute d'accord avec la nouveauté de son objet. — M. Joubert écrivait donc le 6 mars 1801 à Mme de Beaumont, qui mettait au succès de l'auteur tout l'intérêt et toute l'anxiété qu'y pouvait apporter le cœur de femme le plus dévoué et le plus aimant :

« Je ne partage point vos craintes, car ce qui est beau ne peut manquer de plaire; et il y a dans cet ouvrage une Vénus, céleste pour les uns, terrestre pour les autres, mais se faisant sentir à tous.

« Ce livre-ci n'est point un livre comme un autre. Son prix ne dépend point de sa matière, qui sera cependant regardée par les uns comme son mérite, et par les autres comme son défaut; il ne dépend pas même de sa forme, objet plus important, et où les bons juges trouveront peut-être à reprendre, mais ne trouveront rien à désirer. Pourquoi? Parce que, pour être content, le goût n'a pas besoin de trouver la perfection. *Il y a un charme, un talisman qui tient aux doigts de l'ouvrier. Il l'aura mis partout, parce qu'il a tout manié*, et partout où sera ce charme, cette empreinte, ce caractère, là sera aussi un plaisir dont l'esprit sera satisfait[1]. Je voudrois avoir

---

1. Je lis quelque chose de tout semblable chez un écrivain très-spirituel, qui est, dans un autre art, un talent extraordinaire et puissant, dans les *Questions sur le Beau*, par Eugène Delacroix (*Revue des Deux Mondes*, 15 juillet 1854) : « La nature a donné à chaque talent un talisman particulier que je comparerais à ces métaux inestimables formés de l'alliage de mille métaux précieux et qui rendent des sons

le temps de vous expliquer tout cela, et de vous le faire sentir, pour chasser vos poltronneries; mais je n'ai qu'un moment à vous donner aujourd'hui, et je ne veux pas différer de vous dire combien vous êtes peu raisonnable dans vos défiances. Le livre est fait, et, par conséquent, le moment critique est passé: *Il réussira, parce qu'il est de l'Enchanteur.* S'il y a laissé des gaucheries, c'est à vous que je m'en prendrai[1]; mais vous m'avez paru si rassurée sur ce point, que je n'ai aucune inquiétude. Au surplus, eût-il cent mille défauts, il a tant de beautés qu'il réussira : voilà mon mot. J'irai vous le dire incessamment. »

Le mot de M. Joubert est aussi le dernier mot de la postérité[2]. Irai-je maintenant revenir et m'arrêter sur les critiques qu'essuya le livre dans le temps de son apparition? J'ai déjà cité Chénier qui passait pour très-piquant et que je n'ai trouvé qu'inintelligent sur ce point. Une autre critique résumera pour nous toutes les autres, car elles roulaient toutes sur les mêmes phrases à peu près. Voici un philosophe du xviiie siècle, l'abbé Morellet, qui passe pour mordant (l'abbé *mords-les,* disait Voltaire) et qui vient essayer sa dent usée sur cette œuvre forte et jeune, mais sans

---

ou charmants ou terribles suivant les proportions diverses des éléments dont ils sont formés. » — Pour qu'il y ait charme, il faut qu'il y ait talisman, et quand celui-ci manque, il peut y avoir travail, effort, mérite, tout ce qui est de la critique, il n'y a ni magie, ni poésie. — Et pour appliquer cela à la peinture, je dirai : Sans le talisman il y a du Delaroche, il n'y a pas de Delacroix.

1. Par *gaucheries* (et il en était resté quelques-unes en effet) il entend ce qui tient à la situation délicate des deux amants dans le désert et qui pouvait prêter à la plaisanterie. Sur ces points-là les femmes ont le tact plus fin et plus sûr que les hommes.

2. *Pensées et Maximes de M. Joubert,* tome II, p. 273. — Il faudrait citer aussi la lettre suivante du 1er août 1801, par laquelle M. Joubert fait dire à son ami de ne pas trop céder aux conseils soi-disant classiques, et de ne pas trop se *corriger* : « Recommandez à l'auteur, écrit-il à Mme de Beaumont, d'être plus original que jamais, et de se montrer constamment ce que Dieu l'a fait. Les étrangers, qui composent les trois quarts et demi de l'Europe, ne trouveront que frappant ce que les habitudes de notre langue nous portent machinalement à croire bizarre dans le premier moment. *L'essentiel est d'être naturel pour soi : on le paraît bientôt aux autres.* Que chacun garde donc avec soin les singularités qui lui sont propres, s'il en a de telles... L'accent personnel plaît toujours. Il n'y a que l'accent d'imitation qui déplaise, quand il n'est pas celui de tout le monde. »

parvenir à l'entamer : *Offendet solido...* il ne va pas au delà de l'écorce.

L'abbé Morellet était un homme d'esprit et de bon sens, mais sa vue en toute chose était restreinte par beaucoup de bornes et barrée par des systèmes. Il avait eu affaire bien des années auparavant et sur un tout autre terrain, sur le terrain de l'économie politique, à un dangereux adversaire, l'abbé Galiani. Celui-ci, qui avait plus d'esprit que de dignité, mais autant d'esprit certainement qu'il est possible d'en avoir, avait publié ses *Dialogues sur le Commerce des Grains* qui s'étaient fait lire un moment malgré la nature du sujet, et qui avaient été à la mode auprès du beau monde parisien, presque comme en leur temps les *Provinciales*. Vers 1770, en effet, le vent ayant tourné, le beau monde et les belles dames s'étaient mises à raisonner et à raffoler du Commerce des grains, comme au xviie siècle on raisonnait sur la Grâce. Galiani trouva un contradicteur imprévu dans son ami Morellet. Mal en prit à ce dernier. Il faut voir comme Galiani le raille, le houspille : « J'ai reçu hier sa réponse, écrit-il à Mme d'Épinay (Naples, mai 1770); je ne sais pas me résoudre à croire qu'elle soit effectivement de Morellet; elle ressemble aux badauds et aux ribauds[1] comme deux gouttes d'eau; et enfin, Panurge[2] a dîné dix ans entiers avec nous, et *à moins qu'il n'ait une toile cirée sur la tête, quelques gouttes de bon sens et de philosophie auraient dû percer à travers dans dix ans.* » Morellet ne fut pas leste à répondre à ces fines espiègleries.

Eh bien! trente ans après, en 1801, voilà le même abbé Morellet déjà vieux qui rentre en lice, et qui vient briser une lance contre *Atala*. Ses *Observations critiques* présentent des détails qui sont justes; il n'y a qu'une chose qu'il ne voit pas, qu'il ne soupçonne pas, c'est que dans ce tournoi il a affaire à un Enchanteur. C'est cet *enchante-*

---

1. Allusion à la secte des Économistes, dont les principaux, après Quesnay, étaient l'abbé Baudeau, l'abbé Roubaud.

2. Dans ces petits dîners pantagruéliques où d'Holbach, Grimm, Diderot philosophaient à tue-tête, Morellet avait nom *Panurge*. — Morellet est l'auteur de l'un des livres sortis de cette petite Société et dirigés contre les croyances chrétiennes et spiritualistes, *Lettres à Eugénie* (ou peut-être *à Sophie*, car les deux existent). M. Daunou, qui le savait de bonne source, m'a assuré le fait.

ment propre à son adversaire, c'est ce *talisman* (comme l'a appelé Joubert) qui lui échappe, et qui fait qu'eût-il cent fois raison dans le détail, il sera toujours battu, en définitive, d'un coup de revers. Il a affaire à un chevalier qui a une épée ou une lance *fée* : lui il n'a que les armes courtes du raisonnement; les conditions entre eux ne sont pas égales.

La même rencontre, la même méprise se reproduit presque toutes les fois qu'un homme de génie apparaît en littérature. Il se trouve toujours sur son chemin, à son entrée, quelques hommes de bon esprit d'ailleurs et de sens, mais d'un esprit difficile, négatif, qui le prennent par ses défauts, qui essayent de se mesurer avec lui avec toutes sortes de raisons dont quelques-unes peuvent être fort bonnes et même solides. Et pourtant ils sont battus, ils sont jetés de côté et à la renverse : d'où vient cela ? c'est qu'ils ont affaire à un Génie.

Ils ne s'en doutaient pas, et c'est par là qu'ils sont battus. La première supériorité du critique est de reconnaître l'avènement d'une puissance, la venue d'un Génie.

Jeffrey n'a pas compris Byron. Fontanes a compris Chateaubriand, et n'a pas compris Lamartine.

L'abbé Morellet donc commence à parler du jeune auteur, comme tout critique d'un certain âge se croit en droit de parler aux jeunes gens, les admonestant sur les fausses beautés dont ils sont dupes. Son épigraphe est tirée du passage de Pétrone : « *Nuper ventosa isthæc et enormis loquacitas Athenas ex Asia commigravit, animosque juvenum ad magna surgentes, veluti pestilenti quodam sidere, adflavit*[1]. » Il ne se dissimule pourtant pas qu'il va mettre contre lui le monde et beaucoup de belles dames, enthousiastes du nouvel auteur :

« Quoi! dira-t-on, déployer la sévérité de la critique contre un roman où se montrent une imagination brillante et féconde, des

---

1. « Depuis peu, cette manie d'enflure et de boursouflure de paroles a passé de l'Asie dans Athènes, et soufflant sur les jeunes esprits qui aspiraient au grand, elle les a frappés comme d'une maligne influence. » (*Satyricon,* chap. II.)

intentions estimables, une morale douce et bienfaisante, et dans lequel on ne peut méconnaître des beautés de plus d'un genre? Il faut pour cela n'avoir point de sensibilité.

« Eh! Mesdames, vous vous trompez. Quoique je critique *Atala*,

Mon sein n'enferme point un cœur qui soit de pierre;

je pleure comme un autre, mais ce n'est qu'à bon escient et pour de bonnes raisons; et quand je m'attendris, je veux savoir pourquoi. »

L'abbé, homme positif, qui ne veut être ému qu'*à bon escient*, et pleurer qu'après s'être dit le pourquoi, n'est pas de l'avis de Pascal qui disait que « le cœur a ses raisons que la raison ne connoît pas. » Et cela est vrai aussi de l'imagination.

Ce qui retient ou sèche quelquefois ses larmes à la lecture de l'ouvrage dont il s'agit, « c'est, dit-il, l'affectation, l'enflure, l'impropriété, l'obscurité des termes et des expressions, l'exagération dans les sentiments, l'invraisemblance dans la conduite et la situation des personnages, les contradictions et l'incohérence entre les diverses parties de l'ouvrage; enfin, et en général, tout ce qui blesse le goût et la raison, ingrédients nécessaires de tout ouvrage, depuis la discussion philosophique la plus profonde, jusqu'aux contes de Fées inclusivement. » — Il y a du vrai, il y a du faux. Il compte le goût et la raison pour des *ingrédients* nécessaires, même dans les contes de Fées, mais c'est selon ce qu'on entend par *raison*; et il oublie toujours l'autre ingrédient qui échappe à son creuset ou à son scalpel, et qui s'envole comme l'air volatil : ce qu'on appelle la *vie*. A tout ce qu'il peut opposer de raisonnable en apparence, on n'a qu'à lui répondre : Atala et Chactas vivent, et vous ne le sentez pas.

Toute sa critique est ainsi un tissu d'observations sensées et justes, mêlées à d'autres qui sont lourdement fausses : c'est un mélange continuel de justesse et d'inintelligence. Il y a des moments, des endroits où la tête saine du bonhomme est reprise et recoiffée de cette calotte de *toile cirée* dont parlait l'abbé Galiani, et qui empêche le sens fin d'y pénétrer.

Ainsi, il a raison quand il relève ce mot de Chactas dans l'orage au milieu de la forêt, lorsque sentant tomber une larme d'Atala, l'amant passionné s'écrie : *Orage du cœur, est-ce une goutte de votre pluie?*

« C'est là, dit-il, un exemple parfait de ce que les Italiens appellent *freddura*, et il n'est guère possible, en effet, d'imaginer rien de plus froid et de plus déplacé, dans un tel moment, qu'une semblable question. Cette apostrophe à l'*orage du cœur*, mis en contraste avec l'*orage du ciel*, est une pensée bien étrange, et tout le monde sent que la situation de Chactas ne peut pas lui permettre de faire un tel rapprochement. »

Il a raison quand il relève certains traits primitifs du portrait du Père Aubry que l'auteur a eu le bon goût de retrancher depuis; car il y avait dans la première édition d'*Atala* bien plus de choses singulières qu'on n'en trouve aujourd'hui. Après d'autres observations moins fondées, il recommence à avoir raison quand il conteste à Chactas l'unité de caractère et la vraisemblance de ton :

« Chactas n'a que vingt ans lorsqu'il est pris par les Muscogulges et qu'il fuit avec Atala; et pendant les trente mois qu'il a passés chez les Espagnols, à Saint-Augustin, où il lui a fallu d'abord apprendre la langue de ses maîtres, il a constamment refusé d'embrasser la religion chrétienne.

« Non-seulement Chactas n'est pas chrétien à l'époque où il rencontre le missionnaire, mais il ne l'est pas encore cinquante-trois ans après, lorsqu'il raconte ses aventures à René, comme il le dit lui-même; et de plus, dans tout son récit, il parle en idolâtre, comme lorsqu'il dit que les Natchez et les Espagnols furent vaincus, parce qu'Areskoui, le dieu de la guerre chez les Sauvages américains, et les *Manitous* ne leur furent pas favorables...

« Cela posé, je demande, comment Chactas, à l'âge de vingt ans, idolâtre et Sauvage, a pu entendre un seul mot des *discours admirables que le missionnaire fait sur Dieu et sur le bonheur des justes;*

« Comment il a pu comprendre le langage mystique de la religion catholique dans la bouche du prêtre, disant à Atala :

« Que les plaisirs de la chair révoltée ne sont que des douleurs[1] ;
« que la couronne des vierges se prépare pour elle, et que la Reine
« des Anges l'appelle pour la faire asseoir sur un trône de can-
« deur, etc., etc.

« Je demande comment Chactas, idolâtre et demeurant tel, a pu apercevoir que « toute l'humble grotte était remplie de la grandeur d'un trépas chrétien, » et comprendre ce que c'est qu'*un trépas chrétien,* etc., etc.

« Les conteurs doivent avoir bonne mémoire, s'ils veulent mettre d'accord toutes les parties de leur récit, et s'ils ne veulent pas que leurs caractères se démentent, ni qu'un fait soit en contradiction avec un autre fait. »

Mais, tout à côté, l'honnête critique ne comprend rien aux plus beaux endroits, et les signale comme ridicules. L'exclamation de Chactas : « Superbes Forêts qui agitiez vos lianes..., » lui paraît tout à fait déraisonnable : il n'entre pas dans la passion qui a en effet son délire, et ne voit que la situation matérielle de Chactas *assis dans l'eau* contre un tronc d'arbre. Peu s'en faut qu'il ne le fasse taire en lui disant : « Prenez garde, vous allez vous enrhumer ! »

Il n'entend rien aux paroles du prêtre : « Est-ce votre amour que vous regrettez? Ma fille, il faudroit autant pleurer un songe... » Il se révolte surtout de l'entendre dire : « Si un homme revenoit à la lumière quelques années après sa mort, je doute qu'il fût revu avec joie par ceux-là mêmes qui ont versé le plus de larmes à son trépas : tant notre vie est peu de chose, même dans le cœur de nos amis! » Il se scandalise de cette autre parole sur la misère du

---

[1]. Le Père Aubry dit cela à un endroit où il rappelle par allusion la retraite de Mme de La Vallière abjurant les délices des cours pour l'austérité du cloître. La Vallière et Atala ! et l'allusion nous revenant par Chactas !

cœur de l'homme, en qui les plus grandes douleurs elles-mêmes et les plus légitimes ne sauraient être durables [1].

En tous ces endroits Panurge cesse de comprendre : sa calotte de plomb le reprend :

Il voudrait que le Père Aubry parlât comme le Las Cazes des *Incas* ou le curé de *Mélanie,* lesquels sont en effet des curés quelque peu philosophes, aussi bien que le Fénelon de Chénier, — tous cousins du Vicaire savoyard.

Enfin il demande ce que c'est que *le grand secret de mélancolie* que la lune raconte aux chênes :

« Un homme de sens, dit-il, en lisant cette phrase recherchée et contournée, en reçoit-il quelques idées nettes? Delille, Saint-Lambert, Lemierre, Malfilâtre, ont fait de la nuit des descriptions pleines de charme, qui nous font éprouver cette douce mélancolie qu'inspire et nourrit l'aspect de l'astre de la nuit, poursuivant son cours paisible sur un ciel pur; mais aucun n'a dit que cette mélancolie était un secret; et si la lune le raconte, comment est-ce un secret? et comment le raconte-t-elle aux vieux chênes et aux antiques rivages des mers plutôt qu'aux vallées profondes, aux montagnes et aux fleuves? »

C'est pour le coup qu'il faut s'écrier : Panurge! pauvre Panurge! tu essayes en vain de parler mélancolie : jamais rayon de poésie n'a percé la sécheresse de tes méninges; jamais rayon de lune n'a illuminé ton rêve! — Mais nous en avons assez [2].

---

1. Fontenelle, bien que sur un autre ton, ne dit pas autre chose dans son petit Traité *du Bonheur :* « Nous ne sommes pas assez parfaits pour être toujours affligés : notre nature est trop variable, et cette imperfection est une de ses plus grandes ressources. » — Un époux chrétien devenu veuf et s'écriant dans le premier déchirement de sa perte. « O Dieu! je ne vous demande qu'une chose : ôtez-moi mon désespoir, mais laissez-moi ma douleur, » formait un bien touchant et noble vœu, mais demandait une chose impossible.

2. « Je suis bien aise d'avoir vu ce vieil abbé Morellet, ce patriarche des incrédules. On voit qu'il y a eu de l'esprit dans cette tête-là, et il y a encore quelque mouvement. » (Chênedollé, vers 1808 ou 1809.) — J'aurais pu, à côté de l'abbé Morellet, introduire encore et prendre à partie l'abbé de Pradt qui, plus tard il est

Critique, raillerie, louange, tout en définitive grossissait la vogue, et le succès d'*Atala* fut prodigieux. Déchirée par les uns, dévorée par les autres, elle occupait l'attention publique qui, pour la première fois depuis douze années, avait loisir de se reporter aux choses littéraires. Il n'y avait pas encore un an qu'*Atala* avait paru, et déjà elle était traduite dans presque toutes les langues de l'Europe, en espagnol, en italien, deux fois en anglais, en allemand. Annonçant la publication de deux volumes intitulés : *Résurrection d'Atala et son Voyage à Paris*, le *Mercure* disait (17 fructidor an X) : « Encore deux volumes sur *Atala !* en vérité elle a déjà donné lieu à plus de critiques et de défenses que la philosophie de Kant n'a de commentaires. »

VII.

Nous en sommes au grand moment de la gloire de M. de Chateaubriand, au *Génie du Christianisme*.

Atala avait été comme la colombe avant-courrière, la colombe qu'on envoie hors de l'Arche; elle avait rapporté le rameau.

Le *Génie du Christianisme* fut plutôt comme l'arc-en-ciel, signe brillant de réconciliation et d'alliance entre la religion et la société française.*

Cet ouvrage célèbre parut au printemps de 1802. Les retards avaient été propices à l'auteur. Le Traité d'Amiens venait d'être signé, et la France jouissait avec ivresse des premiers bienfaits d'une paix glorieuse. La réorganisation de la société se poursuivait

---

vrai, dans une note du tome III, p. 443, de son ouvrage : *Les quatre Concordats* (1818), a fait une critique assez développée d'*Atala*. Il y avance et y pose en commençant, que « *les Mille et une Nuits* sont un prodige de vraisemblance en comparaison de la fable d'*Atala :* » et il le démontre assez bien. Mais lui, à son tour, le sémillant abbé, il ne sent pas plus que le lourd abbé le coin de supériorité de l'œuvre; il n'y voit qu'un pastiche, une contrefaçon du naïf, une singerie du sauvage : il ne tient pas compte de l'élément original et neuf qui perçait et faisait avènement dans cette peinture.

sous toutes les formes et dans tous les ordres, à la parole d'un
génie puissant. Mais ce qui lui tenait le plus à cœur dans ce moment, c'étaient la restauration du culte catholique, l'organisation
de l'éducation publique, le rappel des émigrés, — en un mot, tout ce
qui renouait la chaîne sociale et pouvait rattacher l'avenir au passé.
Le premier des projets présentés au Corps Législatif dans la session
extraordinaire convoquée pour le 5 avril fut le *Concordat*, c'està-dire une convention en d'autres temps toute politique et peu faite
de sa nature pour enlever les cœurs, mais qui en ce moment devenait le pacte de réconciliation formelle de la France et du SaintSiége. Le Premier Consul avait pensé avec raison, dit M. Thiers[1],
que la proclamation de la paix définitive était le moment où l'on
pourrait, à la faveur de la joie publique, donner pour la première
fois le spectacle du gouvernement républicain prosterné au pied
des autels : le mécontentement de quelques-uns devait s'y perdre
et disparaître dans l'enthousiasme de tous. Le jour de Pâques fut
assigné pour cette solennelle action de grâces qui rouvrait une Ère
sociale nouvelle. Les quinze jours qui précédèrent ce grand acte
ne furent ni les moins critiques ni les moins laborieux. Il avait
fallu, sur une quantité de questions de détail, vaincre la ténacité,
enveloppée de douceur, du cardinal Caprara, cette *inflexible douceur* (comme l'appelle M. Villemain) qui caractérisait à cette époque
de déclin la politique romaine. Les difficultés ne furent levées que
dans la dernière nuit. Enfin le 18 avril, jour de Pâques, un *Te Deum*
solennel fut chanté à Notre-Dame pour célébrer en même temps la
paix générale et le rétablissement du culte. Le Premier Consul s'y
transporta en pompe; mais laissons parler l'historien de ce grand
moment :

« Le lendemain, jour de Pâques, le Concordat fut publié dans
tous les quartiers de Paris, avec grand appareil, et par les principales autorités. Tandis que cette publication se faisait dans les rues
de la capitale, le Premier Consul, qui voulait solenniser dans la

---

1. *Histoire du Consulat et de l'Empire*, t. III, p. 429 et suiv.

même journée tout ce qu'il y avait d'heureux pour la France, échangeait aux Tuileries les ratifications du Traité d'Amiens. Cette importante formalité accomplie, il partit pour Notre-Dame, suivi des premiers corps de l'État et d'un grand nombre de fonctionnaires de tout ordre, d'un brillant état-major, d'une foule de femmes du plus haut rang, qui accompagnaient Mme Bonaparte. Une longue suite de voitures composait ce magnifique cortége. Les troupes de la première Division militaire, réunies à Paris, bordaient la haie depuis les Tuileries jusqu'à la métropole. L'archevêque de Paris vint processionnellement recevoir le Premier Consul à la porte de l'Église, et lui présenter l'eau bénite. Le nouveau chef de l'État fut conduit sous le dais, à la place qui lui était réservée. Le Sénat, le Corps Législatif, le Tribunat étaient rangés des deux côtés de l'autel. Derrière le Premier Consul se trouvaient, debout, les généraux en grand uniforme, plus obéissants que convertis, quelques-uns même affectant une contenance peu décente. Quant à lui, revêtu de l'habit rouge des Consuls, immobile, le visage sévère, il ne montrait ni la distraction des uns, ni le recueillement des autres. Il était calme, grave, dans l'attitude d'un chef d'Empire qui fait un grand acte de volonté, et qui commande de son regard la soumission à tout le monde. »

C'est au milieu, c'est au sortir de cette cérémonie même que le *Génie du Christianisme* apparaît, et qu'il fait entendre ses accents demi-religieux et demi-profanes, comme l'accompagnement extérieur de la fête, comme l'orgue du dehors :

« Pour compléter l'effet que le Premier Consul avait voulu produire dans ce même jour, M. de Fontanes rendait compte, dans le *Moniteur,* d'un livre nouveau, qui faisait grand bruit en ce moment : c'était le *Génie du Christianisme.* Ce livre, composé par un jeune gentilhomme breton, M. de Chateaubriand, allié des Malesherbes, longtemps absent de sa patrie, décrivait avec un éclat infini les beautés du Christianisme, et relevait le côté moral et poétique des pratiques religieuses, livrées vingt ans auparavant aux plus amères railleries. Critiqué violemment par MM. Chénier et Ginguené, qui lui reprochaient des couleurs fausses et outrées, soutenu avec passion par les partisans de la restauration religieuse, le *Génie du Christianisme,* comme toutes les œuvres remarquables, fort loué, fort attaqué, produisait une impression profonde, parce qu'il exprimait un sentiment vrai, et très-général alors dans la société française : c'était ce regret singulier, indéfinissable, de ce qui n'est plus, de ce qu'on a dédaigné ou détruit quand on l'avait, de ce qu'on désire avec tristesse quand on l'a perdu. Tel est le cœur humain! ce qui est, le fatigue ou l'oppresse; ce qui a cessé d'être, acquiert tout à coup un attrait puissant. Les coutumes sociales et religieuses de l'ancien temps, odieuses et ridicules en 1789, parce qu'elles étaient alors dans toute leur force, et que de plus elles étaient souvent oppressives, maintenant que le xviiie siècle, changé vers sa fin en un torrent impétueux, les avait emportées dans son cours dévastateur, revenaient au souvenir d'une génération agitée, et touchaient son cœur disposé aux émotions par quinze ans de spectacles tragiques. L'œuvre du jeune écrivain, empreinte de ce sentiment profond, remuait fortement les esprits, et avait été accueillie avec une faveur marquée par l'homme qui alors dispensait toutes les gloires. Si elle ne décelait pas le goût pur, la foi simple et solide des écrivains du siècle de Louis XIV, elle peignait avec charme les vieilles mœurs religieuses qui n'étaient plus. Sans doute on y pouvait blâmer l'abus d'une belle imagination; mais après Virgile, mais après Horace, il est resté, dans la mémoire des hommes, une place pour l'ingénieux Ovide, pour le brillant Lucain, et, seul peut-être parmi les livres de ce temps, le *Génie du Christianisme* vivra, fortement lié qu'il est à une époque mémorable : il vivra, comme ces frises sculptées sur le marbre d'un édifice vivent avec le monument qui les porte. »

Un ouvrage littéraire a rarement le bonheur d'une telle mise en scène. M. de Chateaubriand qui arrange si bien les choses, lors même que son imagination eût été ici la maîtresse, ne les aurait pas mieux arrangées ni avec un art plus grand¹.

Il avait d'ailleurs assez bien pressenti le rôle que son œuvre pouvait remplir, en faisant appel au génie même qui lui répondait en ce moment; la première Préface de son livre se terminait par ces mémorables paroles :

« Je pense que tout homme qui peut espérer quelques lecteurs rend un service à la société en tâchant de rallier les esprits à la cause religieuse; et dût-il perdre sa réputation comme écrivain, il est obligé en conscience de joindre sa force, toute petite qu'elle est, à celle de cet Homme puissant qui nous a retirés de l'abîme.

« Celui, dit M. Lally-Tollendal, à qui toute force a été donnée pour pacifier le monde, à qui tout pouvoir a été confié pour restaurer la France, a dit au Prince des Prêtres, comme autrefois Cyrus : *Jéhovah, le Dieu du Ciel, m'a livré les royaumes de la terre, et il m'a commis pour relever son temple. Allez, montez sur la montagne sainte de Jérusalem, rebâtissez le temple de Jéhovah.* »

« A cet ordre du Libérateur tous les Juifs, et jusqu'au moindre d'entre eux, doivent rassembler des matériaux pour hâter la reconstruction de l'édifice. Obscur Israélite, j'apporte aujourd'hui mon grain de sable. »

Voilà ce que l'*obscur* Israélite, encore obéissant, disait en présentant son tribut au nouveau Cyrus, et Cyrus de son côté l'entendit.

Séparer le *Génie du Christianisme* de cet ensemble de circonstances sociales auxquelles il se lie, et de cet à-propos unique et grandiose,

---

1. Il avait oublié cela le jour où, dans son pamphlet furibond de 1814 (*De Buonaparte et des Bourbons*), voulant prouver que *Buonaparte est un faux grand homme*, il a écrit : « Enfant de notre Révolution, il a des ressemblances frappantes avec sa mère : intempérance de langage, *goût de la basse littérature, passion d'écrire dans les journaux*. Sous le masque de César et d'Alexandre on aperçoit l'homme de peu, et l'enfant de petite famille. » Quoi qu'il en soit, Bonaparte, ce jour-là, pour son coup d'essai, n'eut pas si mauvais goût en littérature en faisant préconiser dans son journal officiel l'œuvre de Chateaubriand. — On regrette aussi qu'obéissant à la haine politique, Chateaubriand ait tracé dans ses *Mémoires* un portrait noirci de M. Thiers, sans se souvenir de cette belle page de l'historien dans laquelle le *Génie du Christianisme* est apprécié à son vrai point de vue.

c'est vouloir être injuste, et ne le plus comprendre. Le livre en lui-même n'est sans doute pas un grand livre ni un vrai monument, — un monument comme l'eût été l'ouvrage de Pascal si l'auteur des immortelles *Pensées* eût vécu : que dis-je? à l'état de simples fragments où nous avons les *Pensées* aujourd'hui, ce serait presque, à mon sens, un sacrilége que de venir leur comparer l'œuvre brillante, à demi frivole. Mais ce que cette œuvre fut véritablement, nous le voyons déjà : ce fut un coup soudain, un coup de théâtre et d'autel, une machine merveilleuse et prompte jouant au moment décisif et faisant fonction d'auxiliaire dans une restauration sociale d'où nous datons. Heureux les littérateurs qui, par une rare rencontre, peuvent voir ainsi leur nom et leur œuvre unis, ne fût-ce qu'un moment, aux actes mémorables ou mieux aux époques de l'histoire! Leur nom continuera de se transmettre et de vivre, alors même qu'on ne les lirait plus. Il est à jamais gravé aux tables de pierre.

Le *Génie du Christianisme* faisait donc essentiellement partie de la décoration de ce *Te Deum*, de cet *Alleluia* de renaissance auquel répondait le vœu d'alors; et ce n'en était la partie ni la moins magnifique ni la moins touchante. M. de Bonald, voulant caractériser sa propre manière et celle de Chateaubriand, s'est comparé lui-même à un *guerrier* revêtu de son armure et qui combat, tandis que chez M. de Chateaubriand la Religion est plutôt comme une *reine* qui apparaît un jour de fête, revêtue de tous ses joyaux et dans toutes ses pompes. Cette reine magnifique fit son entrée ce jour-là, au milieu des acclamations et même des larmes.

Dans l'article du *Moniteur*[1] par lequel il préconisait le *Génie du Christianisme*, Fontanes ne manquait pas de faire ressortir ce qu'il y avait d'imprévu et comme de divinement préparé dans cet accord et cette alliance, dans ce concours harmonieux des forces de la pensée et du génie vers un même but si longtemps méconnu. La critique s'inspire ici des grandes choses qu'elle contemple et y

[1]. Ce premier article de Fontanes sur le *Génie du Christianisme* avait paru dans le *Mercure* le 25 germinal (an X); le *Moniteur* du 28 germinal (18 avril) ne faisait que l'emprunter au *Mercure*.

prend une sorte de majesté oratoire. Je me plais à rapporter, à offrir simplement toutes ces pages, en les rassemblant au vrai point de vue; c'est le moyen de n'en laisser fuir aucun rayon. Lues isolément, elles perdent beaucoup de leur vrai sens et de leur effet; elles se refroidissent.

L'article de Fontanes portait pour épigraphe la belle parole de Montesquieu : « Chose admirable ! la Religion chrétienne, qui ne semble avoir d'objet que la félicité de l'autre vie, fait encore notre bonheur dans celle-ci. » M. de Chateaubriand avait déjà inscrit ce mot, également à l'adresse des croyants et des politiques, en tête du *Génie du Christianisme*.

« Cet ouvrage longtemps attendu (écrivait Fontanes), et commencé dans des jours d'oppression et de douleur, paroît quand tous les maux se réparent, et quand toutes les persécutions finissent. Il ne pouvoit être publié dans des circonstances plus favorables. C'étoit à l'époque où la tyrannie renversoit tous les monuments religieux, c'étoit au bruit de tous les blasphèmes et, pour ainsi dire, en présence de l'athéisme triomphant, que l'auteur se plaisoit à retracer les augustes souvenirs de la Religion. Celui qui, dans ce temps-là, sur les ruines des temples du Christianisme, en rappeloit l'ancienne gloire, eût-il pu deviner qu'à peine arrivé au terme de son travail, il verroit se rouvrir ces mêmes temples sous les auspices d'un grand homme? La prédiction d'un tel événement eût excité la rage ou le mépris de ceux qui gouvernoient alors la France, et qui se vantoient d'anéantir par leurs lois les croyances religieuses que la nature et l'habitude ont si profondément gravées dans les cœurs. Mais, en dépit de toutes les menaces et de toutes les injures, l'opinion préparoit ce retour salutaire, et secondoit les pensées du génie qui veut reconstruire l'édifice social. Quand la morale effrayée déploroit la perte du culte et des dogmes antiques, déjà leur rétablissement étoit médité par la plus haute sagesse. Le nouvel orateur du Christianisme va retrouver tout ce qu'il regrettoit. Du fond de la solitude où son imagination s'étoit réfugiée, il entendoit naguère la chute de nos autels : il peut assister maintenant à leurs solennités renouvelées. La Religion, dont la majesté s'est accrue par ses souffrances, revient d'un long exil dans ses sanctuaires déserts, au milieu de la victoire et de la paix dont elle affermit l'ouvrage. Toutes les consolations l'accompagnent, les haines et les douleurs s'apaisent à sa présence. Les vœux qu'elle formoit, depuis douze cents ans, pour la prospérité de cet Empire, seront encore entendus, et son autorité confirmera les nouvelles grandeurs de la France, au nom du Dieu qui, chez toutes les nations, est le premier auteur de tout pouvoir, le plus sûr appui de la morale, et par conséquent le seul gage de la félicité publique.

« Parmi tant de spectacles extraordinaires qui ont, depuis quelques années, épuisé la surprise et l'admiration, il n'en est point d'aussi grand que ce dernier. La tâche du vainqueur étoit achevée; on attendoit encore l'œuvre du législateur. Tous les yeux étoient éblouis, tous les cœurs n'étoient pas rassurés; mais, grâce à la pacification des troubles religieux qui va ramener la confiance universelle, le législateur et le vainqueur brillent aujourd'hui du même éclat.

« Ainsi donc l'historien Raynal avoit grand tort de s'écrier, il y a moins de trente ans, d'un ton si prophétique : « Il est passé le « temps de la fondation, de la destruction et du renouvellement des « empires! Il ne se trouvera plus, l'homme devant qui la terre se « taisoit! On combat aujourd'hui avec la foudre pour la prise de « quelques villes; on combattoit autrefois avec l'épée pour détruire « et fonder des royaumes. L'histoire des peuples modernes est « sèche et petite, sans que les peuples soient plus heureux. »

« Avant la fin du siècle, il a pourtant paru cet homme dont la force sait détruire, et dont la sagesse sait fonder! Les grands événements dont il est le moteur, le centre et l'objet, semblent si peu conformes aux combinaisons vulgaires, qu'on ne devroit point s'étonner que des imaginations fortement religieuses crussent de semblables desseins dirigés par des conseils supérieurs à ceux des hommes.

« Plutarque, dans un de ses traités philosophiques, examine si la fortune ou la vertu firent l'élévation d'Alexandre ; et voici, à peu près, comme il raisonne et décide la question :

« J'aperçois, dit-il, un jeune homme qui exécute les plus grandes
« choses par un instinct irrésistible, et toutefois avec une raison
« suivie. Il a soumis, à l'âge de trente ans, les peuples les plus bel-
« liqueux de l'Europe et de l'Asie. Ses lois le font aimer de ceux
« qu'ont subjugués ses armes. Je conclus qu'un bonheur aussi
« constant n'est point l'effet de cette puissance aveugle et capri-
« cieuse qu'on appelle la Fortune : Alexandre dut ses succès à son
« génie et à la faveur signalée des Dieux. Ou, si vous voulez, ajoute
« encore Plutarque, que la Fortune ait seule accumulé tant de
« gloire sur la tête d'un homme, alors je dirai, comme le poëte
« Alcman, que *la Fortune est fille de la Providence.* »

« On voit par ces paroles combien étoient religieux tous ces graves esprits de l'Antiquité. L'action de la Providence leur paroissoit marquée dans tous les mouvements des empires, et surtout dans l'âme des héros. « *Tout ce qui domine et excelle en quelque chose,*
« disoit un autre de leurs sages, *est d'origine céleste*[1]. »

Est-ce là de la flatterie ? — Pas encore. C'était un hommage irrésistible, une admiration digne encore de l'objet.

Quoi qu'il en soit, les pages de Fontanes, lues ainsi en leur lieu, sont admirables, mais elles le sont comme tant de choses admirables en ce monde, qui tirent une partie de leur beauté des circonstances mêmes et de la situation. Le cadre les rehausse et fait plus que doubler leur prix. Écrivez cette page ou l'équivalent, dans un autre moment, dans un autre lieu, nul ne s'en souviendra.

Heureux à son tour le critique favorisé du rayon, qui peut ainsi voir le début de ce qui va être une simple analyse devenir une page durable, éloquente, et à qui il est donné d'atteindre sans

---

1. Puisqu'il était en veine de citer les Anciens, Fontanes aurait pu rappeler encore ce mot de Pindare, si applicable à toutes les époques de révolution : « Il est facile d'ébranler un État, fût-ce même aux derniers des hommes ; mais de le rasseoir sur sa base, c'est une œuvre de haute lutte, à moins qu'un dieu tout d'un coup ne se mette à la tête des gouvernants et ne devienne le pilote. » (IVe Pythiq.) Pindare, les anciens lyriques, et les tragiques dans les chœurs, sont pleins de telles pensées.

effort jusqu'aux hauteurs ou du moins jusqu'aux bas-reliefs de l'histoire!

Ce sont là les vraies préfaces du *Génie du Christianisme*. J'y ai insisté avec d'autant plus de complaisance peut-être que nous sommes plus à même de les apprécier, aujourd'hui que les conditions de la société ont été remises en question, et que les fondements de l'édifice ont été de nouveau exposés à nu. Il est beau et consolant toujours de voir replacer la pierre de l'autel, quand elle est replacée d'une main ferme avec modération et sagesse, et quand la foi des peuples ébranlée, mais subsistante, n'a pas cessé encore de s'y rattacher. C'est un Ancien, c'est Phocion, je crois, qui a dit : « Il ne faut arracher ni l'autel du temple, ni la pitié du cœur de l'homme. »

Redescendant du héros à l'écrivain, Fontanes baissait doucement le ton et disait avec une insinuation persuasive :

« On accueillera donc avec un intérêt universel le jeune écrivain qui ose rétablir l'autorité des ancêtres et les traditions des âges. Son entreprise doit plaire à tous, et n'alarmer personne ; car il s'occupe encore plus d'attacher l'âme que de forcer la conviction. Il cherche les tableaux sublimes plus que les raisonnements victorieux ; il sent et ne dispute pas ; il veut unir tous les cœurs par le charme des mêmes émotions, et non séparer les esprits par des controverses interminables : en un mot, on diroit que le premier livre offert en hommage à la Religion renaissante fut inspiré par cet esprit de paix qui vient de rapprocher toutes les consciences. »

En parlant ainsi, il caractérisait l'ouvrage tel qu'il l'avait autrefois conseillé à son ami, mais non pas tel tout à fait que celui-ci l'avait exécuté en bien des points : l'esprit de douceur et de paix n'y respirait pas avant tout, et il y avait plus d'éclat que d'onction.

— L'ouvrage se compose de quatre parties, divisées elles-mêmes en livres :

La première partie traite des *Dogmes et de la doctrine*;

La seconde développe la *Poétique du Christianisme*;

La troisième continue l'examen des *Beaux-Arts et de la Littérature* dans leur rapport avec la Religion;

La quatrième traite du *Culte*, c'est-à-dire de tout ce qui concerne les cérémonies de l'Église et de tout ce qui regarde le Clergé séculier et régulier.

La première et la dernière partie se divisent chacune en six livres; la deuxième et la troisième, qui se tiennent, formaient aussi six livres chacune, dans le premier plan, lorsqu'*Atala* et *René*, que l'auteur en a depuis détachés, y étaient compris.

L'ordonnance extérieure du monument a donc une certaine régularité, une symétrie satisfaisante à l'œil. S'il y a à dire, c'est plutôt à l'esprit d'unité intérieure et à l'enchaînement des idées.

Dans son premier chapitre, l'auteur définit très-bien le genre d'apologie qu'il entreprend. L'Église, dans sa longue carrière, a subi diverses sortes de persécutions et essuyé bien des guerres : dans les siècles de sa formation, sous Julien, « elle fut exposée à une persécution du caractère le plus dangereux. On n'employa pas la violence contre les Chrétiens, mais on leur prodigua le mépris. On commença par dépouiller les autels; on défendit ensuite aux fidèles d'enseigner et d'étudier les Lettres... Les sophistes dont Julien étoit environné se déchaînèrent contre le Christianisme. » Dans les temps modernes, au lendemain de Bossuet, « tandis que l'Église triomphoit encore, déjà Voltaire faisoit renaître la persécution de Julien. Il eut l'art funeste, chez un peuple capricieux et aimable, de rendre l'incrédulité à la mode. Il enrôla tous les amours-propres dans cette ligue insensée; la Religion fut attaquée avec toutes les armes, depuis le pamphlet jusqu'à l'in-folio, depuis l'épigramme jusqu'au sophisme... Ainsi cette fatalité[1] qui avoit fait triompher les sophistes sous Julien se déclara pour eux dans notre siècle. Les défenseurs des Chrétiens tombèrent dans une faute qui les avoit déjà perdus : ils ne s'aperçurent pas qu'il ne s'agissoit plus de discuter tel ou tel dogme, puisqu'on rejetoit absolument les bases... Il falloit prendre la route contraire : passer de l'effet à la cause, ne

---

1. *Fatalité*, le mot est assez singulièrement choisi en pareille matière.

pas prouver que le Christianisme est excellent, parce qu'il vient de Dieu ; mais qu'il vient de Dieu, parce qu'il est excellent. »

C'est contre ce genre tout mondain de persécution que l'auteur vient opposer sa manière d'apologie un peu mondaine elle-même. Lui, il ne cherchera pas à démontrer la vérité du fond, mais la vraisemblance, par la morale qui en sort, par les beautés qui en rayonnent. Cet *orateur du Christianisme* va s'attacher à faire voir « que de toutes les religions qui ont jamais existé, la Religion chrétienne est la plus poétique, la plus humaine, la plus favorable à la liberté, aux Arts et aux Lettres ; que le monde moderne lui doit tout, depuis l'agriculture jusqu'aux sciences abstraites ; depuis les hospices pour les malheureux jusqu'aux temples bâtis par Michel-Ange et décorés par Raphaël ; qu'il n'y a rien de plus divin que sa morale ; rien de plus aimable, de plus pompeux que ses dogmes, sa doctrine et son culte ; qu'elle favorise le génie, épure le goût, développe les passions vertueuses, donne de la vigueur à la pensée, offre des formes nobles à l'écrivain, et des moules parfaits à l'artiste ; qu'elle se prête merveilleusement aux élans de l'âme, et peut enchanter l'esprit aussi divinement que les Dieux de Virgile et d'Homère ; qu'il n'y a point de honte à croire avec Newton et Bossuet, Pascal et Racine :

« Enfin, s'écrie-t-il, il falloit appeler tous les enchantements de l'imagination et tous les intérêts du cœur au secours de cette même Religion contre laquelle on les avoit armés. Ici le lecteur voit notre ouvrage...

« Nous osons croire que cette manière d'envisager le Christianisme présente des rapports peu connus : sublime par l'antiquité de ses souvenirs qui remontent au berceau du monde, ineffable dans ses mystères, adorable dans ses sacrements, intéressant dans son histoire, céleste dans sa morale, riche et charmant dans ses pompes, il réclame toutes les sortes de tableaux. »

Son livre va donc se composer d'une suite de *tableaux,* ce qui est pourtant un peu long, durant quatre ou cinq volumes. Dire pendant cinq volumes à chaque point de vue : *C'est beau!* il y a de quoi lasser l'admiration la plus déterminée. Il fallait son talent pour y suffire.

L'inconvénient sera aussi (s'il n'y prend garde), dans des parties non essentielles ou même essentielles au Christianisme, de ne présenter qu'un seul aspect, toujours l'aspect lumineux et brillant, en dissimulant le côté sombre, et de tirer tout à soi dans des accessoires que la Religion chrétienne peut accepter, tolérer, ou emprunter en les animant un moment de son rayon, mais dont elle saurait aussi se passer très-bien.

Car enfin, si la poésie n'est pas absente du Christianisme, ni surtout des pompes catholiques que l'Église étale dans ses jours de fête et de triomphe, ce n'est pas à cela qu'elle vise sur la terre : elle a d'autres fins sévères auxquelles au besoin tout se sacrifie. Advienne que pourra de la poésie et de la littérature, du moment qu'elle vient à la traverse de la voie étroite de la Croix ! Dieu sans doute est le plus grand des poëtes : mais à l'égard de l'homme, sa créature ici-bas, il est bien autre chose encore. Qui dit *poésie* et *vérité* exprime deux choses différentes, sinon opposées. M. Joubert a consacré cette distinction par un mot charmant et durable : « Dieu, ne pouvant pas départir la vérité aux Grecs, leur donna la poésie. » Le même excellent critique a dit encore, en faisant la part de chacun et en spécifiant la dot poétique de chaque peuple :

« Aux Grecs, et surtout aux Athéniens, le beau littéraire et civil;

« Aux Romains le beau moral et politique;

« Aux Juifs le beau religieux et domestique;

« Aux autres peuples l'imitation de ces trois-là. »

Il est très-vrai que les Chrétiens peuvent remonter à la poésie des Hébreux, et presque y rentrer de plain-pied comme dans un antique et légitime héritage : voilà déjà une grande poésie. Il est très-vrai encore que le Christianisme a ouvert de nouveaux horizons dans le monde moral intérieur. Selon le mot de Pascal, *avec Jésus-Christ le nouveau modèle d'une âme parfaitement héroïque a été présenté aux hommes.* La poésie, en tant qu'elle conçoit de nouveaux caractères, ne saurait s'empêcher d'en tenir compte. C'est ainsi que les Andromaque, les Iphigénie, les Phèdre de Racine sont, à quelques égards, des personnages à demi chrétiens. « Racine avoue lui-même qu'il n'auroit pu faire supporter son Andromaque si, comme dans *Euripide,* elle eût tremblé pour Molossus, le fils de Pyrrhus, et non pour Astyanax, le fils d'Hector. On ne croit point, dit-il très-bien, qu'elle doive aimer un autre mari que le premier[1]. » Virgile qui, dans l'ordre des sentiments, est quelquefois à mi-chemin et comme sur le seuil du Christianisme, l'avait déjà senti confusément; et dans le troisième livre de l'*Énéide,* il cherche à sauver autant qu'il peut l'honneur d'Andromaque. C'est elle que tout d'abord Énée rencontre en mettant le pied sur la terre d'Épire : elle est occupée à offrir un sacrifice aux mânes d'Hector. Son premier mouvement à la vue du guerrier troyen est de s'évanouir; sa première pensée au réveil est pour s'écrier : *Hector ubi est?* Aux questions que le héros lui adresse, elle rougit et baisse les yeux·

Dejecit vultum, et demissa voce locuta est.

Elle explique d'une voix embarrassée comment le fils d'Achille, en la quittant pour Hermione, l'a fait épouser au Troyen Hélénus; elle porte avant tout envie au trépas de Polyxène. Mais Racine a rejeté ces embarras et ces subterfuges indignes d'une chaste et touchante figure; il a dégagé celle-ci dans une pureté suprême. « Chez lui, Andromaque ressemble précisément à ces veuves des premiers siècles chrétiens, où l'idée d'un second mariage eût semblé profane et presque coupable, à ces Paule et à ces Marcelle, qui, retirées dans un cloître, indifférentes à tous les spectacles du monde et toujours vêtues de deuil, » ne vivaient plus qu'en vue d'un tombeau et dans l'espoir d'une réunion au sein de Dieu. — Le Père Brumoy, plein d'Euripide, a remarqué que l'Iphigénie grecque, plus effrayée

---

[1]. Ces remarques et celles qui suivent sont de Fontanes, dans son second article sur le *Génie du Christianisme.* M. Saint-Marc Girardin, dans son *Cours de Littérature dramatique* (t. I, chap. XIV), a reproduit ou retrouvé quelques-unes de ces vues sur les diverses Andromaque; il a été devancé ici par Chateaubriand et par Fontanes qu'il développe à son tour avec bonheur.

de la mort, est plus conforme à la nature. C'est le propre des vierges tragiques de l'Antiquité, des Antigone, des Ismène : elles regrettent tout haut la douce clarté du soleil et de mourir si jeunes *avant l'hyménée*. Mais le Père Brumoy oublie que l'Iphigénie de Racine est déjà la *fille chrétienne*[1], soumise, obéissante après que son père et le Ciel ont parlé. Il y a un peu d'Isaac en elle. Elle est mieux que nature. On dirait qu'elle a reçu, comme Télémaque, quelques gouttes du baptême de Fénelon. On trouverait à faire de pareilles distinctions au sujet de Phèdre. Mais il n'en reste pas moins vrai (et c'est à quoi j'en voulais venir) que pour tout ce qui ne se rattache pas directement à son idéal moral, le Christianisme ne s'enquiert point de la poésie[2]. Le style chrétien, s'il est telle chose qu'un semblable style, ne saurait être autre qu'un style de *vérité*. Si l'éclat du talent s'y mêle, il l'accepte, il le tolère, il le voudrait tempérer parfois. Réduit à lui seul, à ses propres moyens, à ce qu'il affectionne, il est humble, modeste, le plus souvent négligé, élevé seulement par le fond, médiocre par la forme ; aisément méprisé des docteurs, sublime aux cœurs simples ; tel qu'on

---

1. *Génie du Christianisme*, seconde partie, liv. II, chap. VIII.
2. Là même où, à la réflexion, la beauté morale l'emporte, notez que la poésie naturelle n'y gagne pas toujours. En voici un exemple qui me vient à l'esprit et qui est frappant. C'est au IV° livre de l'*Odyssée*, dans cette admirable scène de l'arrivée de Télémaque chez Ménélas, quand tout le monde pleure, les uns et les autres au souvenir des malheurs qu'ils ont soufferts ; Hélène, plus particulièrement, en repentir de ceux qu'elle a causés. Le fils de Nestor, à son tour, Pisistrate, se met à pleurer en pensant à son frère Antiloque tué devant Troie ; mais il fait naïvement remarquer qu'il vaudrait mieux remettre au lendemain les larmes et ne pas s'affliger au milieu du festin : demain il sera bon de pleurer, car enfin, dit-il, *le seul hommage que nous puissions offrir aux malheureux morts, c'est de couper notre chevelure et d'inonder nos joues de larmes*. Conclusion touchante et naturelle, qui exprime à la fois la vivacité et l'impuissance de la douleur humaine ! — Que dit Pascal, au contraire, au sujet de la mort de son père ? « La prière et les sacrifices sont un souverain remède à leurs peines ; mais une des plus solides et des plus utiles charités envers les morts est de faire les choses qu'ils nous ordonneraient s'ils étaient encore au monde, et de nous mettre pour eux en l'état auquel ils nous souhaitent à présent. Par cette pratique nous les faisons revivre en nous. » — L'autre mot n'était que touchant, celui-ci est d'une tout autre valeur, mais dans l'ordre moral, remarquez-le, non pas dans l'ordre poétique. Il n'y a rien là qui émeuve tout d'abord et de premier mouvement. Il faut, pour en sentir la beauté, être déjà soi-même une âme plus que naturelle, une âme *travaillée* par le Christianisme.

le peut voir dans le Sermon sur la montagne, dans les Évangélistes, dans saint Paul, dans l'*Imitation de Jésus-Christ :* voilà le style chrétien pur. Si je l'osais, je dirais que dans saint Augustin le professeur de rhétorique offusque quelquefois le chrétien. Quelque chose de trop éclatant et de trop glorieux l'effarouche. Le chrétien, chez Bossuet, n'est si haut d'aspect que parce qu'il se revêt et se redouble du prophète hébreu; Bossuet a en lui du Moïse. Dans tous les cas, ce style chrétien ne recherche ni la métaphore ni l'antithèse ; il mortifie la gloire ; il repousse l'effet. C'est, après tout, la parole de celui qui, le jour de son triomphe, voulut entrer dans Jérusalem monté sur une ânesse. Un style qui a l'air de monter à chaque phrase sur le char du triomphateur n'est pas le sien. Pascal l'a fait remarquer : « Jésus-Christ a dit les choses grandes, si simplement qu'il semble qu'il ne les a pas pensées; et si nettement néanmoins qu'on voit bien ce qu'il en pensait. Cette clarté jointe à cette naïveté est admirable. » L'auteur du *Génie du Christianisme* s'est-il assez dit cela?

On a beaucoup parlé dans ces derniers temps de *l'art chrétien.* Loin de moi l'intention de renier au nom du Christianisme les merveilles gothiques ou les vierges de Raphaël [1]! Pourtant, sachons bien que le Christianisme en lui-même se passe d'art, qu'il n'admet et ne considère qu'une sorte de beauté, celle qui vient du dedans. Un savant Jésuite, le Père Vavassor, a fait une dissertation où il discute tous les témoignages qui concernent la figure du Sauveur : il en conclut judicieusement que cette divine figure n'était remarquable ni par la beauté ni par le contraire, mais qu'elle n'offrait aux yeux que cette *médiocrité* de forme qui avait besoin, pour paraître divine, de s'illuminer du rayon du dedans. Une physionomie morale divine, voilà la seule beauté qui importe au chrétien.

L'orateur du Christianisme savait ces choses, et il en est même que je lui emprunte dans ce que je viens de dire. Pourtant, en

---

[1]. Ceux qui raffinent en fait d'art chrétien ne veulent pas des Vierges de Raphaël, qu'ils trouvent trop païen; ils remontent à celles du Pérugin et d'auparavant. Soit!

écrivant et en composant, il a passé outre; il a tout réclamé, tout accaparé pour le Christianisme, même la gloire d'avoir fait naître le genre descriptif; et il semble vraiment, à un endroit, que sans le Christianisme on n'aurait ni Thompson, ni Delille, ni Saint-Lambert. Voyez-vous le grand malheur que ce serait!

Je crois que conçu et touché plus discrètement, selon les conseils qu'il avait reçus dans l'origine de Fontanes, son livre serait plus beau, plus vrai, plus durable, et qu'on le relirait aujourd'hui avec plus de charme : mais il n'aurait pas eu le succès d'enthousiasme et le triomphe qu'il obtint. Qui veut être sage, modéré, embrasser et présenter avec indépendance tous les aspects d'une cause et d'un sujet, ne s'adresse qu'à un petit nombre d'esprits d'élite, et à l'avenir. Ceux qui veulent le succès, l'à-propos, doivent se décider à faire de ces pointes.

M. de Chateaubriand n'eut pas de peine à faire ainsi, et il y était assez poussé par sa nature. S'il n'avait dû être qu'un philosophe, un sage, il n'en était peut-être pas très-loin dans l'*Essai*. Il se serait apaisé, adouci avec les années; il aurait *cuvé* son amertume, et ce doute rassis, mêlé de sens ferme, lui aurait composé à la longue un état de pensée supérieur et méditatif, tourné vers la vérité. Il aurait rendu au Christianisme cette justice respectueuse que lui rendait Montesquieu. S'il avait eu le bonheur d'arriver à croire, il aurait parlé des objets de sa foi avec une émotion d'autant plus pénétrante que l'expression aurait été plus contenue, plus appropriée, et n'aurait point dépassé sa conviction... Mais que dis-je? et pourquoi refaire les rôles? La nature le destinait à être moins et mieux qu'un philosophe et qu'un sage : il était artiste et poëte.

La nature trace en nous, dès la naissance, un certain idéal (quand nous sommes faits pour l'idéal et non pour la vie vulgaire), lequel jouant ensuite devant notre regard, et se projetant devant nous, devient l'objet confus et constant de notre poursuite, de notre désir. Nos talents ne sont à l'aise, nos facultés ne se sentent dans leur plénitude que quand elles l'ont atteint; et dès qu'elles l'aperçoivent à leur portée, elles ne résistent pas à le saisir.

Il y avait en 1800 un grand rôle à prendre d'*avocat poétique* du Christianisme : l'auteur se sentit la force, le saisit et s'y précipita.

Ainsi désormais il fera en toute chose, se lançant du côté où son talent trouvera carrière et soleil : en 1814, il se fera le chevalier du trône, comme en 1800 il s'était fait l'orateur de l'autel ; en 1824, il changera brusquement de rôle et se fera le chevalier de la liberté, — toujours le même en tout, toujours faisant sa pointe et son éclat, toujours tenant d'une main le bouclier de diamant, et de l'autre l'épée flamboyante. C'est de toutes ces clartés qui n'éclairent jamais à la fois qu'un seul côté, de toutes ces surfaces brillantes juxtaposées en faisceau que se compose ce poëme bigarré, le trophée qu'on appelle sa vie.

Unité d'artiste, unité factice, car c'est une unité faite de pièces et de morceaux, une vraie marqueterie. Royaliste, républicain pêle-mêle et tour à tour, il est féal et rebelle, champion de l'autel, champion du trône, aidant à le renverser, et quand il l'a mis à bas, lui demeurant fidèle : le tout selon que l'occasion, le talent et le cœur l'y poussent, mais le cœur animé par la colère autant que par une idée de vérité ou de dignité. O l'unité en effet unique et singulière ! il fraternise avec l'ennemi sans se nuire, il rentre dans son camp de plus belle, et le revoilà tout chamarré de royalisme et de catholicisme, sans que cela tire le moins du monde à conséquence pour les actes ou pour les sentiments. Il s'est dit : *Je veux avoir de l'unité*, et il en a eu, mais toute d'affiche et de montre. Ce n'est pas là l'unité vraie : celle-ci est une harmonie qui naît du fond même et qui sort de l'ensemble d'une vie et d'une âme, qui s'y répand insensiblement et la revêt d'une égale lumière. On a dit que dans son style il avait tiré parti des brisures mêmes et des irrégularités brusques pour le plus grand effet : de même dans sa vie. C'est un poëme à contrastes, c'est un trophée, je l'ai dit, une *panoplie* qui brille au soleil.

Quoi qu'il en soit, son succès fut à ce prix. Car encore une fois, qui ne chercherait que la vérité générale et applicable à tous, en dehors des partis, attendrait longtemps son triomphe, et ne l'obtiendrait qu'auprès de quelques-uns dans leur chambre, tandis que du premier jour l'orateur brillant du Christianisme se vit porté au Vatican et au Capitole.

VIII.

J'ai dit que le *Génie du Christianisme* se compose d'une suite de tableaux. Les uns sont factices et de propos délibéré; les autres sont observés et plus vrais : cela se sent aussitôt. On sent dans les premiers un peintre qui se pose devant sa toile et qui se dit : *Je veux faire un tableau*. Mais dans les seconds règne un grand sentiment de nature et une belle critique littéraire.

La première partie du *Génie du Christianisme* est la plus factice, la moins attrayante; elle est aussi la plus faible. La rhétorique proprement dite, une rhétorique transcendante[1], y a une grande part. C'est qu'en effet l'auteur y traite des Mystères, des Sacrements, des trois Vertus théologales, du Décalogue, de la Cosmogonie de Moïse, de la Chute, du Péché originel, du Déluge, tous objets qui peuvent prêter au tableau, mais qui demandent encore un autre mode de démonstration et d'exposition. Le lieu commun y domine, revêtu de magnificence, lieu commun pourtant s'il en fut jamais. L'auteur commence ainsi sur les Mystères :

« Il n'est rien de beau, de doux, de grand dans la vie, que les choses mystérieuses. Les sentiments les plus merveilleux sont ceux qui nous agitent un peu confusément. La pudeur, l'amour chaste, l'amitié vertueuse, sont pleines de secrets. On diroit que les cœurs qui s'aiment s'entendent à demi-mot, et qu'ils ne sont que comme entr'ouverts. L'innocence à son tour, qui n'est qu'une sainte ignorance, n'est-elle pas le plus ineffable des mystères? etc., etc. »

De tels préambules sont, je le répète, des lieux communs qui

---

[1]. Ce qu'on appelait autrefois *rhétorique* s'appelle aujourd'hui *poésie*. De ce que le rhéteur et le sophiste est déguisé en poëte, on croit qu'il a disparu. Tel se flatte toujours d'être un poëte qui n'est le plus souvent qu'un magnifique rhétoricien.

s'appliqueraient à bien des choses, et qui certainement ne s'appliquent pas plus au Christianisme qu'à toute autre religion. L'auteur confond le mystère qui est vague, et les Mystères, au sens chrétien, qui sont une chose fort positive. Quand il veut aborder ces derniers Mystères, la Trinité, la Rédemption, l'Incarnation, il se perd dans les images; il en est réduit à chercher le côté poétique de ces redoutables obscurités :

« La Trinité confond notre petitesse, accable nos sens de sa gloire, et nous nous retirons anéantis devant elle. Mais la touchante Rédemption, en remplissant nos yeux de larmes, les empêche d'être trop éblouis, et nous permet du moins de les fixer un moment sur la Croix. »

Il sent lui-même le côté faible, et il laisse échapper l'objection : « Des images ne sont pas des raisons, dira-t-on peut-être ; nous sommes dans un siècle de lumières qui n'admet rien sans preuves... On ne manquera pas de s'écrier : Eh! qu'est-ce que tout cela prouve, sinon que vous savez plus ou moins bien faire un tableau?... » Il a beau essayer de répondre à cette objection qu'il soulève, il n'y parvient pas d'une manière satisfaisante, et on reste en droit de lui dire : Parlez-nous d'un Mystère parce qu'il est grand, redoutable et *vrai*; mais venir nous en parler et nous le prêcher parce qu'il est *beau*, c'est puéril. De même pour un Sacrement : parlez-nous-en parce qu'il est souverain, efficace et salutaire; mais venir nous le prêcher parce qu'il doit nous sembler touchant et beau, c'est nous traiter comme des enfants qu'on gagne avec des images. « *Supposé même que la Communion fût une cérémonie puérile*, dit en un endroit l'auteur, c'est du moins s'aveugler beaucoup, de ne pas voir, etc. » Mais ce sont là de ces suppositions que les Dogmes saints ne supportent pas un seul instant. Évidemment la méthode de sentiment et d'imagination n'a nulle place ici, dans cette portion réservée du sanctuaire. Tout y est subordonné au vrai. Il n'est point permis d'y prononcer d'autre mot que celui de *vérité*. L'imagination peut se jouer autour des portiques, et tout au plus dans le vestibule du temple, mais non pas ailleurs.

Le chapitre sur la Communion se terminait dans le principe par cette conclusion :

« Nous ne savons pas ce qu'on peut objecter contre un Sacrement qui fait parcourir un tel cercle d'idées poétiques, morales, historiques et métaphysiques; contre un Sacrement qui commence avec des fleurs, de jeunes années et des grâces, et qui finit par faire descendre Dieu sur la terre, pour le donner en pâture spirituelle à l'homme. »

Comment ! vous ne savez ce qu'on pourrait objecter... Mais on pourrait tout objecter contre une telle institution malgré les *grâces* et les *fleurs,* si ce n'était pas un Sacrement réel et fondé en vérité. Cette phrase étrange a disparu et a été élaguée dans les éditions dernières, mais l'esprit qui l'avait dictée circule dans toute la branche.

C'est sur cette partie de l'ouvrage que tombe avec justesse la critique de Ginguené, qui disait :

« Et d'abord qu'est-ce que cet ouvrage ? Est-ce un livre dogmatique, ou une poétique, ou un traité de philosophie morale ? Si c'est le premier, la partie poétique est de trop, ou n'est pas ce qu'elle devait être... Si c'est une poétique ou un traité sur le parti que les poëtes modernes pouvaient tirer de la Religion chrétienne (et ce sujet pouvait être riche et intéressant à traiter), toute la partie dogmatique est au moins superflue. Si Aristote s'était proposé d'analyser dans sa Poétique l'emploi que les grands poëtes grecs avaient fait de la mythologie, et celui qu'on en pouvait faire encore, il n'eût certainement pas commencé par démontrer la vérité de tous les dogmes du polythéisme; c'était l'affaire des hiérophantes et des prêtres de Jupiter[1]. »

---

1. Et M. Vinet a dit aussi : « Il en a trop fait pour une simple poétique, et trop peu pour une apologétique... le théologien et le peintre s'embarrassent mutuellement; ils échangent et confondent leurs arguments... On dirait, quand la preuve fait

L'analyse de Ginguené nous montre de plus combien l'auteur a profité des critiques pour corriger cette partie de son ouvrage dans les dernières éditions :

« Des Mystères il passe aux Sacrements; on ne doit pas être surpris qu'en traitant de l'*Ordre* et du *Mariage,* il examine à fond le vœu du célibat *sous ses rapports moraux,* et qu'il le regarde comme la plus morale des institutions... Ce sujet de la virginité, qui lui inspire des idées si peu communes, est tellement de son goût, qu'après en avoir parlé plusieurs fois accessoirement et par occasion, il le traite *ex professo* dans tout un chapitre, qu'il intitule très-sérieusement : *Examen de la Virginité sous ses rapports poétiques.* Ce n'est pas, on peut le croire, un des moins curieux de l'ouvrage; il faudrait le citer tout entier, de même que l'auteur y a compris la nature entière. Contentons-nous de ce grand trait qui termine et couronne tous les autres : « Ainsi la Virginité, « remontant depuis le dernier anneau de la chaîne des êtres jus-« qu'à l'homme, passe bientôt de l'homme aux Anges, et des Anges « à Dieu, où elle se perd... Dieu est lui-même *le grand Solitaire de l'univers, l'éternel Célibataire des mondes.* »

Ce *grand Solitaire* et ce *Célibataire des mondes* a disparu dans les éditions corrigées.

De grandes beautés se mêlaient pourtant aux défauts de cette première partie et les recouvraient par places, si elles ne les rachetaient pas. Il suffirait de citer la belle scène du dernier des Sacrements, de l'*Extrême-Onction :* « Venez voir le plus beau spectacle que puisse présenter la terre, venez voir mourir le fidèle... » L'au-

défaut, que l'image est là pour faire le compte. » — Il faut lire les articles de Ginguené dans la *Décade* (30 prairial, 10 messidor et 20 messidor an X), et non dans quelques éditions de Chateaubriand, où ils sont tronqués. C'est au sujet de ces articles que Benjamin Constant écrivait à Fauriel (Genève, 28 messidor an X) : « Je viens de lire dans la *Décade*, avec un bien grand plaisir, l'extrait de Chateaubriand par Ginguené. On voit que l'auteur de cet extrait avait commencé avec le désir de n'être pas trop sévère et de ne pas blesser l'auteur, et qu'il a été graduellement emporté par la force de la vérité et par l'amour de la philosophie et de la république. » (Style du temps.)

teur, il est vrai, se sent dans cet apprêt; j'aperçois le doigt du peintre, et presque du décorateur; mais, à ce prix, le tableau a de la beauté et même de la vérité.

Le chapitre où l'auteur compare les lois morales des différents peuples de la terre, quelques lambeaux des lois de l'Inde, de l'Égypte, des lois de Zoroastre, de Minos, de Solon, etc., avec celles de Moïse; le chapitre où il veut prouver la supériorité de la tradition de Moïse sur toutes les autres cosmogonies, étalent une érudition incomplète, partiale, insuffisante. Ces endroits et beaucoup d'autres, surtout dans leur rédaction première, offraient une large prise à la critique, et, pour un esprit philosophique un peu rigoureux, il y avait en effet de quoi faire tomber le livre des mains dès le premier volume[1]. L'auteur aurait bien dû mieux écouter sur ce point les délicats et charmants avis que lui faisait parvenir par Mme de Beaumont l'aimable critique intérieur que nous aimons tant à citer, M. Joubert. C'était en effet au village de Savigny, chez Mme de Beau-

---

1. On peut noter, chemin faisant, une page brillante et ingénieuse sur l'*astronomie*, née chez les pasteurs, et toute peuplée d'images et de dénominations rurales, une page digne d'Ovide dans les *Fastes*. Mais l'auteur a une singulière manière de vouloir prouver la *Chute*, en nous décrivant les singularités du serpent, qu'il se donne les airs d'avoir profondément étudié : « Le serpent a souvent été l'objet de *nos* observations; » et il en conclut que « tout est mystérieux, caché, étonnant, dans cet incompréhensible reptile; que ses mouvements diffèrent de ceux de tous les autres animaux. » Peu s'en faut qu'il n'y voie un miracle, comme si la zoologie ne tenait pas compte de l'organisation des reptiles, aussi bien que de celle des poissons et des oiseaux. Le serpent se meut comme tous les êtres organisés, conformément à son organisation même. L'historiette du Canadien et de sa *flûte*, qui vient à ce propos, est agréable, mais elle n'est bonne qu'à faire dire à tout esprit réfléchi : *Qu'est-ce que cela prouve?* Et ici remarquez qu'on a le droit d'élever cette question, sans ressembler à ce géomètre qui la faisait en venant d'entendre de la musique; car l'historiette est donnée à titre d'argument, comme *une sorte d'induction en faveur des vérités de l'Écriture*. — Le tableau du Déluge est plein d'antithèses à la Girodet; mais surtout l'auteur fait preuve d'une grande complaisance quand il croit voir des attestations du Déluge dans les phénomènes météorologiques les plus simples, ou même dans de pures métaphores : « Le soleil n'eut plus pour trône au matin, et pour lit au soir, que l'élément humide, où il sembla s'éteindre tous les jours, ainsi qu'au temps du Déluge. Souvent les nuages du ciel imitèrent des vagues amoncelées, des sables ou des écueils blanchissants... Il naquit dans les lieux les plus arides des arbres dont les branches affaissées pendirent pesamment vers la terre, comme si elles sortaient encore toutes trempées du sein des ondes... » Il semble que les saules *pleureurs* naissent de là. A tout instant ce sont de ces vains mirages de l'imagination. Tout dans ces pages atteste le pur jeu du talent et l'absence totale de gravité.

mont même, dans l'automne de 1801, que le jeune écrivain faisait en toute hâte ses extraits d'érudition ecclésiastique quelque peu indigeste, et cette aimable femme l'y aidait de son mieux; singulier collaborateur, toutefois, en matière d'orthodoxie! Mais le monde était si brouillé alors qu'on n'y regardait pas de si près, et l'Église a toujours passé beaucoup à ses défenseurs. — M. Joubert donc craignait ces hors-d'œuvre de science dans un ouvrage qui devait être tout de charme et de persuasion. — La vérité n'est jamais mieux dite que quand elle se dit de près et qu'elle sort de la bouche ou de la plume d'un ami intime. Ces sortes de confidences et de contradictions *intestines* arrivent rarement au public; mais, s'il pouvait les surprendre, tout le travail de la critique lui serait épargné : il la trouverait là, fine, juste, tempérée, exquise, définitive. Croyez bien que si quelqu'un a su les défauts de Luther, ç'a été Mélanchthon; si quelqu'un a connu le défaut de la cuirasse du grand Arnauld, ç'a été Nicole. Ainsi dans tous les groupes religieux, politiques, intellectuels, littéraires, où il y a eu des gens d'esprit, et il s'en glisse aisément partout. Seulement quand ils se mêlent de juger les leurs, ils ne prennent ni porte-voix ni trompette, ils parlent bas, et du dehors il est souvent impossible de les entendre. Que si leur parole nous arrive par quelque heureux accident, ne manquons pas de la recueillir et d'en faire notre profit.

« Dites-lui qu'il en fait trop (écrivait M. Joubert à Mme de Beaumont); que le public se souciera fort peu de ses citations, mais beaucoup de ses pensées; que c'est plus de son génie que de son savoir qu'on est curieux; que c'est de la beauté, et non pas de la vérité, qu'on cherchera dans son ouvrage; que son esprit seul, et non pas sa doctrine, en pourra faire la fortune; qu'enfin il compte sur Chateaubriand pour faire aimer le Christianisme, et non pas sur le Christianisme pour faire aimer Chateaubriand. J'avouerai, à la suite de ce blasphème, qu'il ne doit rien dire, lui, qu'il ne croie la vérité; que, pour le croire, il faut qu'il se le prouve, et que, pour se le prouver, il a souvent besoin de lire, de consulter, de compulser, etc. Mais, hors de là, qu'il se souvienne bien que toute étude lui est inutile; qu'il ait pour seul but, dans son livre, de *montrer la beauté de Dieu* dans le Christianisme, et qu'il se prescrive une règle imposée à tout écrivain par la nécessité de plaire et d'être lu facilement, plus impérieusement imposée à lui qu'à tout autre par la nature même de son esprit, *esprit à part, qui a le don de transporter les autres hors et loin de tout ce qui est connu :* cette règle, trop négligée, et que les savants même en titre d'office devroient observer jusqu'à un certain point, est celle-ci : *Cache ton savoir* [1]. Je ne veux pas qu'on soit un charlatan, et qu'on use en rien d'artifice, mais je veux qu'on observe l'art. *L'art est de cacher l'art.* Notre ami n'est point un tuyau, comme tant d'autres, c'est une source, et je veux que tout paroisse jaillir de lui. Ses citations sont, pour la plupart, des maladresses; quand elles deviennent des nécessités, il faut les jeter dans les notes. On se fâchoit autrefois de ce qu'à l'Opéra on entendoit le bruit du bâton qui battoit les mesures : que seroit-ce si on interrompoit la musique pour lire quelque pièce justificative à l'appui de chaque air? Écrivain en prose, M. de Chateaubriand ne ressemble point aux autres prosateurs; par la puissance de sa pensée et de ses mots, sa prose est de la musique et des vers. *Qu'il fasse son métier : qu'il nous enchante.* Il rompt trop souvent les cercles tracés par sa magie; il y laisse entrer des voix qui n'ont rien de surhumain, et qui ne sont bonnes qu'à rompre le charme et à mettre en fuite les prestiges. Ses in-folio me font trembler. Recommandez-lui, je vous prie, d'en faire ce qu'il voudra dans sa chambre, mais de se garder bien d'en rien transporter dans ses opérations. Bossuet citoit, mais il citoit en chaire, en mitre et en croix pectorale; il citoit aux persuadés. Ces temps-ci ne sont pas les mêmes. Que notre ami nous raccoutume à regarder avec quelque faveur le Christianisme; à respirer avec quelque plaisir l'encens qu'il offre au Ciel; à entendre ses cantiques

---

1. Bien au contraire, il ne l'a jamais caché. Il nous a étalé à satiété toutes ses notes en volumes. Par exemple, *les Martyrs* sont pleins d'érudition et en font montre. Puis sont venues les notes des *Martyrs*. — Puis la *Défense* des *Martyrs*. — Puis l'*Itinéraire.* Enfin les *Études historiques,* dernier résidu des doctes matériaux. — Il ne nous a fait grâce de rien.

avec quelque approbation : il aura fait ce qu'on peut faire de meilleur, et sa tâche sera remplie. Le reste sera l'œuvre de la Religion. Si la poésie et la philosophie peuvent lui ramener l'homme une fois, elle s'en sera bientôt réemparée, car elle a ses séductions et ses puissances, qui sont grandes. On n'entre point dans ses temples, bien préparé, sans en sortir asservi. Le difficile est de rendre aujourd'hui aux hommes l'envie d'y revenir. C'est à quoi il faut se borner ; c'est ce que M. de Chateaubriand peut faire. Mais qu'il écarte la contrainte ; qu'il renonce aux autorités que l'on ne veut plus reconnoître ; qu'il ne mette en usage que des moyens qui soient nouveaux, qui soient siens exclusivement, qui soient du temps et de l'auteur.

« Il me faut du nouveau, n'en fût-il plus au monde, a dit le siècle. *Notre ami a été créé et mis au jour tout exprès pour les circonstances*[1]. Dites-lui de remplir son sort et d'agir selon son instinct. *Qu'il file la soie de son sein ; qu'il pétrisse son propre miel ; qu'il chante son propre ramage ;* il a son arbre, sa ruche et son trou. Qu'a-t-il besoin d'appeler là tant de ressources étrangères[2] ? »

Après de telles paroles la critique du *Génie du Christianisme* est faite. Il n'y a rien à y ajouter, et il suffit de les bien appliquer.

— L'auteur se retrouve sur son terrain, lorsque dans cette première partie il s'attache à prouver l'existence de Dieu par les merveilles de la nature : il n'a pour cela qu'à puiser dans ses cartons de voyage, et nous retrouvons bien des tableaux de l'*Essai* retouchés avec art, remaniés avec addition et insistance sur les causes finales :

« Ici, dit-il, nous ne suivrons personne. Nous avions consacré à l'histoire naturelle des études que nous n'eussions jamais suspendues, si la Providence ne nous eût appelé à d'autres travaux. Nous

---

1. La nouveauté, une nouveauté originale, c'est là le point important et le secret des grands succès. « Dans les arts, me fait remarquer un homme d'esprit qui les a vus de près, pour réussir, il ne s'agit pas de faire plus ou mieux que les autres, il s'agit de faire *autrement*. » Cela est surtout vrai en France, et s'applique à tout ce qui a vogué, au *Génie du Christianisme* comme à la danse de Mlle Taglioni. — *Non tam meliora quam nova*, disait le vieux Corneille en tête de *Don Sanche*.

2. *Pensées* de M. Joubert, t. II, p. 284 et suiv.

voulions opposer une *Histoire naturelle religieuse* à ces livres scientifiques modernes, où l'on ne voit que la *matière*[1]. Pour qu'on ne nous reprochât pas dédaigneusement notre ignorance, nous avions pris le parti de voyager et de voir tout par nous-même. Nous rapporterons donc quelques-unes de nos observations sur les instincts des animaux et des plantes, sur leurs habitudes, leurs migrations, leurs amours, etc. : le champ de la nature ne peut s'épuiser, et l'on y trouve toujours des moissons nouvelles. Ce n'est point dans une ménagerie où l'on tient en cage les secrets de Dieu, qu'on apprend à connoître la Sagesse divine : il faut l'avoir surprise, cette Sagesse, dans les déserts, pour ne plus douter de son existence ; on ne revient point impie des royaumes de la solitude, *regna solitudinis* : malheur au voyageur qui auroit fait le tour du globe, et qui rentreroit athée sous le toit de ses pères ! »

Il était pourtant tel à très-peu près, du moins par accès et par veine, en revenant d'Amérique : témoin l'*Essai,* où les pensées déistes sont contre-balancées par plus d'une qui ne l'est même pas.

Les descriptions d'oiseaux dans le *Génie du Christianisme* passent en général pour charmantes. Un spirituel admirateur a dit : « C'est Buffon[2] plus aimable, plus pieux, plus éclairé (ce dernier point est seul contestable). Les oiseaux sont, après l'homme, l'espèce où Dieu se montre avec le plus de force et d'élégance : du moins cela m'a toujours paru ainsi. » Je rapporte les impressions favorables des autres, étant un peu blasé moi-même sur ces descriptions à effet. Le chant du rossignol surtout a paru admirablement traduit : c'est proprement de la musique, c'est presque de l'harmonie imitative. Le compositeur a soigné ce morceau comme la cantate triomphante de son oratorio :

---

1. Il antidate sa vocation. L'*Essai* est là pour prouver si c'était bien ce but religieux qu'il se proposait dans ses voyages. Pourquoi ainsi arranger toute chose ? On retrouve dans les moindres détails ce peu de souci de la vérité.

2. Buffon, ou plutôt son collaborateur, Gueneau de Montbéliard, car la plupart des jolies descriptions d'oiseaux qui se lisent dans l'*Histoire naturelle* de Buffon, le Rossignol entre autres, sont de ce dernier.

« Lorsque les premiers silences de la nuit et les derniers murmures du jour luttent sur les coteaux, au bord des fleuves, dans les bois et dans les vallées; lorsque les forêts se taisent par degrés, que pas une feuille, pas une mousse ne soupire, que la lune est dans le ciel, que l'oreille de l'homme est attentive, le premier chantre de la Création entonne ses hymnes à l'Éternel. D'abord il frappe l'écho des brillants éclats du plaisir : le désordre est dans ses chants; il saute du grave à l'aigu, du doux au fort : il fait des pauses; il est lent, il est vif : c'est un cœur que la joie enivre, un cœur qui palpite sous le poids de l'amour. Mais tout à coup la voix tombe, l'oiseau se tait. Il recommence! Que ses accents sont changés! Quelle tendre mélodie! Tantôt ce sont des modulations languissantes, quoique variées; tantôt c'est un air un peu monotone, comme celui de ces vieilles romances françoises, chef d'œuvre de simplicité et de mélancolie[1]. Le chant est aussi souvent la marque de la tristesse que de la joie : l'oiseau qui a perdu ses petits chante encore; c'est encore l'air du temps du bonheur qu'il redit, car il n'en sait qu'un; mais, par un coup de son art, le musicien n'a fait que changer la clef, et la cantate du plaisir est devenue la complainte de la douleur. »

Est-ce bien exact? est-ce là de l'histoire naturelle toute pure et authentique? On a cherché, je ne l'ignore pas, chicane à l'auteur sur ce qu'il ne fait chanter le rossignol que de nuit, sur ce qu'il le fait chanter même après la saison des amours : cette Philomèle classique des poëtes n'est pas tout à fait, à ce qu'assurent les naturalistes, le rossignol de la nature. Il en résulte que ce changement de *clef*, si ingénieusement trouvé pour transformer la cantate en complainte, est une pure invention. A un autre endroit il prenait les *autans* pour les aquilons, les vents du midi pour ceux du nord. Laissons ces misères, et ici jouissons du talent quand il se serait permis encore quelque jeu.

Une autre peinture charmante, que j'accepte et que je ne veux pas presser davantage, est celle du *nid de bouvreuil dans un rosier* :

1. Par exemple, l'air de la romance à Hélène : *Combien j'ai douce souvenance...*

« Il ressembloit à une conque de nacre, contenant quatre perles bleues : une rose pendoit au-dessus, tout humide : le bouvreuil mâle se tenoit immobile sur un arbuste voisin, comme une fleur de pourpre et d'azur. Ces objets étoient répétés dans l'eau d'un étang avec l'ombrage d'un noyer[1], qui servoit de fond à la scène, et derrière lequel on voyoit se lever l'aurore. Dieu nous donna, dans ce petit tableau, une idée des grâces dont il a paré la nature. »

C'est arrangé à coup sûr ; c'est peint comme sur émail et sur porcelaine. Mais quelle perfection achevée ! quelle coquetterie suprême !

A certains endroits de ces pages, à propos des migrations des oiseaux comparés à l'émigration des hommes, on sent l'infortuné qui a connu l'exil et qui en a gardé quelques accents. Plus loin, on retrouve l'enfant rêveur qui, par un temps grisâtre d'automne, aux fenêtres du manoir de Combourg, regardait passer en silence dans le ciel les longues files de canards sauvages et de grues. Mais voici le poëte pur, le chantre vraiment antique, qui se révèle dans son emblème le plus chaste et le plus harmonieux :

« Ce n'est pas toujours en troupes que ces oiseaux visitent nos demeures : quelquefois deux beaux étrangers, aussi blancs que la neige, arrivent avec les frimas : ils descendent, au milieu des bruyères, dans un lieu découvert, et dont on ne peut approcher sans être aperçu ; après quelques heures de repos, ils remontent sur les nuages. Vous courez à l'endroit d'où ils sont partis, et vous n'y trouvez que quelques plumes, seules marques de leur passage, que le vent a déjà dispersées : heureux le favori des Muses qui, comme le cygne, a quitté la terre sans y laisser d'autres débris et d'autres souvenirs que quelques plumes de ses ailes ! »

Qui de nous n'a dans la mémoire et dans le cœur le chant du

---

1. Il y avait dans la première édition, *d'un vieux noyer*, pour mieux faire contraste avec la jeune Aurore.

Poëte mourant de Lamartine? L'image du cygne domine et plane dans cette pièce, elle y est comme perpétuelle :

> Ah! qu'il pleure celui dont les mains acharnées,
> S'attachant comme un lierre aux débris des années,
> *Voit* [1] avec l'avenir s'écrouler son espoir!
> Pour moi, qui n'ai point pris racine sur la terre,
> Je m'en vais sans effort, comme l'herbe légère
>   Qu'enlève le souffle du soir.
>
> Le poëte est semblable aux oiseaux de passage
> Qui ne bâtissent point leurs nids sur le rivage,
> Qui ne se posent pas sur les rameaux des bois;
> Nonchalamment bercés sur le courant de l'onde,
> Ils passent en chantant loin des bords; et le monde
>   Ne connaît rien d'eux que leur voix.

Ce n'est pas là de l'imitation, c'est de l'émulation. — Nobles poëtes, pourquoi tous deux n'avez-vous pas justifié jusqu'au bout votre emblème, sans jamais ternir votre blancheur?

Plus on a aimé les poëtes sous cette forme idéale qu'ils nous ont donnée d'eux-mêmes, plus on regrette qu'ils ne l'aient pas réalisée en tout dans leur vie, et qu'ils se soient tant mêlés ensuite à la poussière et aux bruits de la terre. Mais l'homme ne veut pas mourir; et quand le chant sublime l'abandonne avec la jeunesse, il essaye de *changer la clef*, et il recommence sur un mode inférieur une cantate, encore harmonieuse, s'il se peut, — dans tous les cas moins aimable.

Pour revenir à notre sujet, notre digression même nous avertit que des beautés de description et de poésie, telles que nous venons d'en admirer, pourraient certainement se trouver dans un tout autre ouvrage que le *Génie du Christianisme* : elles n'y ont aucun rapport immédiat, et c'est à peine si l'on peut apercevoir le lien, tant il est arbitraire. J'en dirai autant de l'épisode des *Écureuils* et de leur expédition aventureuse contre les *Castors* : guerre d'Athènes et de Lacédémone. La nécessité de tout ramener aux causes finales,

---

1. Ici la grammaire est complétement en oubli. Le pluriel *voient* ne saurait satisfaire : des *mains* qui *voient!* Mais l'harmonie qui anime l'ensemble de cette pièce est telle, qu'on ne s'aperçoit de la faute du sens qu'en transcrivant le vers.

même lorsqu'elles échappent à notre courte vue, a conduit l'auteur à des exagérations qui font sourire; il en revient aux crocodiles, dans lesquels il se plaît à reconnaître quelques marques de la grâce ou de la bonté divine :

« Un crocodile, un serpent, un tigre, sont-ils moins tendres pour leurs petits qu'un rossignol, une poule, et, puisqu'il faut le dire, qu'une femme?... N'est-ce pas une chose aussi miraculeuse[1] que touchante, que de voir ce crocodile bâtir un nid et pondre un œuf comme une poule, et un petit monstre sortir d'une coquille comme un poussin? Que ce contraste renferme de vérités attendrissantes! Combien il fait aimer la bonté de Dieu! »

Cette prédilection marquée pour les crocodiles est un côté d'énormité et de difformité légère par où M. de Chateaubriand se rattache à certaines difformités romantiques modernes, qui ont fort grossi depuis lui, mais dont le principe et le germe se trouvent là pour la première fois dans notre littérature.

Ses procédés habituels de peinture *à effet* se retrouvent à chaque pas. La poule d'eau aime à se percher sur les armoiries sculptées des vieux châteaux : « On la prendroit, avec son plumage noir et le cachet blanc de sa tête, pour un oiseau en blason, tombé de l'écu d'un ancien chevalier, » tandis que la poule sultane (en Égypte) « se tient immobile sur quelque débris, comme un oiseau hiéroglyphique de granit et de porphyre. » Veut-il peindre des marais plantés de joncs et leur genre de beauté aquatique : « Le vent glissant sur ces roseaux incline tour à tour leurs cimes : l'une s'abaisse, tandis que l'autre se relève; puis soudain, toute la forêt venant à se courber à la fois, on découvre ou le butor doré, ou le héron blanc, qui

---

1. L'auteur ne paraît pas se bien rendre compte de ce que signifie *miracle*, qui est une dérogation aux lois de la nature. Le crocodile et le serpent sont dans l'ordre de la nature, ni plus ni moins que l'homme. Le miracle est partout, ou il n'est nulle part. Au reste, je ne me permets pas de soulever ici les objections véritables et fondamentales contre ce point de vue où se complaît l'auteur, et qui consiste à transporter dans la vue de la nature toutes les illusions *anthropomorphiques*; je me borne à relever l'excès et l'abus qu'il fait de l'idée de création, telle même qu'il la conçoit.

se tient immobile sur une longue patte, comme sur un épieu. » Ce genre d'image *verticale,* qui termine une description comme en pointe, produirait encore plus d'effet, si évidemment il ne la recherchait pas et ne la prodiguait pas. Il en résulte une sorte de raideur. Le lecteur, au lieu de suivre un courant, — un fleuve naturel de pleine et riche parole, — marche en quelque sorte sur des pointes continuelles, dont quelques-unes, tout d'un coup plus hautes, se dressent devant lui et l'arrêtent. Au bout de chaque avenue apparaît l'image en perspective sur son piédestal, ou, à défaut de piédestal, sur un épieu. Autrefois c'était le bel esprit qui s'aiguisait, qui se terminait nécessairement en trait ou en épigramme; aujourd'hui, à chaque pas, à tout bout de champ, c'est l'image qui est inévitable. Elle crève les yeux. Le héron blanc est partout. — Et puis, qu'est-ce que toutes ces choses, *poule d'eau, poule sultane, héron* ou *butor,* ont à faire avec le *Génie du Christianisme?*

Il est habile pourtant, en plus d'un lieu, à approprier d'anciennes descriptions et d'anciens souvenirs à ses fins nouvelles. La perspective de la nature envisagée sur l'Océan est célèbre :

« Dieu des Chrétiens! c'est surtout dans les eaux de l'abîme et dans les profondeurs des cieux que tu as gravé bien fortement les traits de ta toute-puissance! Des millions d'étoiles rayonnant dans le sombre azur du dôme céleste, la lune au milieu du firmament, une mer sans rivage, l'infini dans le ciel et sur les flots! Jamais tu ne m'as plus troublé de ta grandeur, que dans ces nuits où, suspendu entre les astres et l'Océan, j'avois l'immensité sur ma tête et l'immensité sous mes pieds[1]!

«Je ne suis rien; je ne suis qu'un simple solitaire; j'ai souvent entendu les savants disputer sur le premier Être, et je ne les ai

---

1. Le bon Joinville, au moment du départ pour la Palestine, quand il perd de vue la terre et qu'il ne voit plus que le ciel et l'eau, a naïvement exprimé le sentiment de pieuse terreur qu'il éprouve, et qui le mène à conclure que « bien fol hardi est celui qui ose se mettre en tel péril avec le bien d'autrui sur la conscience, et en péché mortel; car l'on s'endort le soir là où on ne sait si l'on ne se trouvera pas, en se réveillant, au fond de la mer. » Voilà la foi chrétienne dans toute sa simplicité.

point compris : mais j'ai toujours remarqué que c'est à la vue des grandes scènes de la nature, que cet Être inconnu se manifeste au cœur de l'homme. Un soir (il faisoit un profond calme), nous nous trouvions dans ces belles mers qui baignent les rivages de la Virginie : toutes les voiles étoient pliées : j'étois occupé sous le pont, lorsque j'entendis la cloche qui appeloit l'équipage à la prière ; je me hâtai d'aller mêler mes vœux à ceux de mes compagnons de voyage. Les officiers étoient sur le château de poupe avec les passagers ; l'aumônier, un livre à la main, se tenoit un peu en avant d'eux, les matelots étoient répandus pêle-mêle sur le tillac ; nous étions tous debout, le visage tourné vers la proue du vaisseau, qui regardoit l'occident.

« Le globe du soleil, prêt à se plonger dans les flots, apparoissoit entre les cordages du navire, au milieu des espaces sans bornes. On eût dit, par les balancements de la poupe, que l'astre radieux changeoit à chaque instant d'horizon. Quelques nuages étoient jetés sans ordre dans l'orient, où la lune montoit avec lenteur ; le reste du ciel étoit pur : vers le nord, formant un glorieux triangle avec l'astre du jour et celui de la nuit, une trombe, brillante des couleurs du prisme, s'élevoit de la mer comme un pilier de cristal, supportant la voûte du ciel. »

Je demande pardon d'interrompre le merveilleux tableau, mais cette trombe, mise en si beau jour, m'a bien l'air d'être ajoutée après coup, pour compléter le triangle. Ce contraste si parfait me rappelle celui que nous avons précédemment noté dans le nid du bouvreuil, le contraste de la rose, du noyer et de l'aurore. L'arrangement ici, pour être dans de tout autres proportions, me paraît rentrer dans le même artifice : c'est le même procédé qui, là-bas, se jouait dans une miniature brillante, et qui s'applique ici à une décoration sublime. Je ne sais si je m'abuse, mais une magnificence moins concertée, moins théâtrale, n'aurait peut-être pas moins de grandeur, et elle s'accorderait mieux avec l'émotion :

« Il eût été bien à plaindre celui qui, dans ce spectacle, n'eût point reconnu la beauté de Dieu. Des larmes coulèrent malgré moi de mes paupières lorsque mes compagnons, ôtant leurs chapeaux goudronnés, vinrent à entonner d'une voix rauque leur simple cantique à *Notre-Dame-de-Bon-Secours*, patronne des mariniers. Qu'elle étoit touchante la prière de ces hommes !... »

Faut-il que ce soit de cette même scène qu'il ait dit dans ses *Mémoires* posthumes :

« Quand je transportois cette description dans le *Génie du Christianisme,* mes pensées étoient analogues à la scène ; mais, quand j'assistois au brillant spectacle, le vieil homme étoit encore tout entier au fond du jeune homme. Étoit-ce Dieu seul que je contemplois sur les flots...? Non ; je voyois une femme et les miracles de son sourire[1] !... »

Il est fâcheux vraiment de savoir ainsi le secret, de voir à nu le revers de la toile. Même là où l'on ne sait pas, on est tenté désormais d'agiter la tapisserie magnifique, et de dire : *Il y a du creux.* — Et c'est ce qu'on pourrait dire presque toujours, sans crainte de se tromper, aux plus magnifiques endroits des écrivains de ce temps-ci. Au contraire, jamais le *plein* des choses ne se sent mieux que quand on tient en main les grands écrits du siècle de Louis XIV.

Oh ! qu'il eût mieux valu encore faire comme le cygne : après le

---

1. Je donne le texte tel que je l'ai transcrit en 1834, avant les dernières corrections de l'auteur. Les curieux peuvent voir le passage dans les *Mémoires d'Outre-tombe ;* je me suis arrêté avant les inconvenances que l'auteur prend plaisir à caresser. Du premier texte il résultait que ce devait être quelque belle jeune femme, passagère comme lui à bord du navire, qui préoccupait le voyageur : au moins c'était naturel. Dans le dernier texte, il suppose que c'est une femme *inconnue* qui l'enflamme, — cette *Sylphide* sur le compte de laquelle il met tout ce qu'il ne veut pas préciser : mais alors, pour rendre cette folle ardeur vraisemblable, il est obligé de multiplier l'expression de ses désirs et d'introduire des couleurs presque lascives : « Je me figurois qu'elle palpitoit derrière ce voile de l'univers qui la cachoit à mes yeux, etc. » De sorte qu'en nous en disant plus qu'il n'en faut pour détruire son idéal du *Génie du Christianisme*, il ne nous donne pas pour cela le réel. Nous n'avons le vrai d'aucun côté.

dernier chant mélodieux, disparaître et se taire, plutôt que de venir ainsi nous expliquer et nous déduire, dans une confidence elle-même incomplète, comme quoi il nous avait abusés en nous charmant!

IX

J'en viens à la seconde et à la troisième partie, à la Poétique du Christianisme. « L'auteur, après avoir jeté des fleurs sur les choses grandes et profondes, pour parler son langage, approfondit les choses agréables; et c'est ici la partie de son ouvrage la plus originale, la plus spirituelle; disons, et peut-être la plus sérieuse[1]. » Mais elle-même est exagérée. On ne saurait admettre avec l'auteur ce perpétuel triomphe du Christianisme sur ce qui l'a précédé, en poésie, en beaux-arts, en littérature. Il y a des endroits où le Christianisme est supérieur à l'Antiquité, et d'autres où il ne l'est pas. Il n'est pas exact de dire, même moralement, qu'avant la venue de Jésus-Christ *l'âme de l'homme était un chaos.* Les noms de Confucius, de Socrate, de Platon, d'Aristote, le grand analyste et le parfait classificateur des vertus morales, s'élèvent contre une pareille assertion. Mais il est juste de reconnaître que le Christianisme a purifié, éclairci, agrandi le monde moral, et que la haute poésie à cet égard (à cet égard seulement) en a profité. Au reste, l'auteur qui sent si bien l'Antiquité nous fournirait lui-même, par ses aveux et par ses hommages, de quoi opposer à certaines prétentions excessives où son entraînement d'avocat l'a poussé. Parlant du Tasse, il fait remarquer que ses idées ne sont pas d'une aussi belle *famille* que celles de Virgile :

« Les ouvrages des Anciens se font reconnoître, nous dirions presque à leur *sang*. C'est moins chez eux, ainsi que parmi nous, quelques pensées éclatantes au milieu de beaucoup de choses com-

---

[1]. M. de Bonald, article sur le *Génie du Christianisme*.

munes, qu'une belle troupe de pensées qui se conviennent, et qui ont toutes comme un air de parenté : c'est le groupe des enfants de Niobé, nus, simples, pudiques, rougissants, se tenant par la main avec un doux sourire, et portant pour seul ornement, dans leurs cheveux, une couronne de fleurs. »

Quand on a une fois ainsi parlé des Anciens, il n'y a plus à se dédire; on les sent trop bien pour jamais se parjurer, même quand on a l'air ensuite de vouloir élever autel contre autel[1].

Toute cette partie de l'ouvrage où l'auteur examine les caractères naturels dans l'Antiquité et chez les Modernes : les *époux,* Adam et Ève de Milton, Ulysse et Pénélope d'Homère; — le *père,* Priam si au-dessus de Lusignan; — la *mère,* l'Andromaque de Racine au contraire plus sensible, plus délicate que l'Andromaque antique; — la *fille,* l'Iphigénie de Racine comparée à celle d'Euripide et déjà un peu chrétienne, nous l'avons dit; — plus loin la reconnaissance d'Ulysse et de Télémaque en regard de celle de Joseph et de ses frères, les larmes du roi d'Ithaque et celles du fils de Jacob; — toute cette partie est riche de beautés fines et de nuances exquises : c'est de la grande critique littéraire.

Le meilleur fonds de la critique française classique doit se chercher en de telles pages. Toute nation livrée à elle-même et à son propre génie se fait une critique littéraire qui y est conforme. La France, en son beau temps, a eu la sienne, qui ne ressemble ni à celle de l'Allemagne, ni à celle de ses autres voisins; — un peu plus superficielle, dira-t-on; — je ne le crois pas; mais plus vive, moins chargée d'érudition, moins théorique et systématique, plus confiante au sentiment immédiat du goût. *Un peu de chaque chose*

---

[1]. La comparaison avec les enfants de Niobé (*Génie du Christianisme,* 2ᵉ partie, liv. I, chap. 2) se terminait dans la première édition d'une manière un peu différente : « .... et portant, pour seul ornement, une couronne de fleurs dans leurs cheveux bouclés. » Ce dernier trait, *bouclés,* quoique rendant fidèlement l'expression grecque si fréquente, εὐπλόκαμος, aura paru trop particularisé pour le goût français, et Fontanes l'aura fait effacer à son ami. — (Voir encore dans la 2ᵉ partie, liv. II, chap. 2, une admirable page sur le goût des Anciens opposé à celui des Modernes : « Les Modernes sont en général plus savants, etc. »)

et rien de l'ensemble, à la françoise : tel était la devise de Montaigne, et telle est aussi la devise de la critique française. Nous ne sommes pas *synthétiques*, comme diraient les Allemands: le mot même n'est pas français. L'imagination de détail nous suffit. Montaigne, La Fontaine, Mme de Sévigné, sont volontiers nos livres de chevet. Cette critique française, dans sa pureté, roulait sur un petit nombre de noms heureux parmi les Anciens; mais c'étaient les auteurs le plus à portée de tous, les plus faciles, ceux qui sont le plus faits pour orner les mœurs et embellir l'usage de la vie. Tout le fonds de la critique littéraire française, en ce qui concerne l'Antiquité, se résumerait en un petit nombre de volumes qui ont peu à peu formé comme notre rhétorique. Arnauld ouvre la voie dans quelques écrits sur les belles-lettres; Boileau continue de la tracer dans ses *Réflexions* sur le *Traité du Sublime.* Fénelon, dans sa *Lettre à l'Académie françoise,* ouvrage solide sous une forme charmante, a cueilli la fleur des plus beaux passages des Anciens. Rollin dans le *Traité des Études,* Racine fils dans ses *Réflexions sur la Poésie,* ont soigneusement amassé et disposé avec ordre ces exemples choisis d'une application agréable. Voltaire les a semés à profusion dans ses articles de l'*Encyclopédie,* dans ses lettres, en toute rencontre. Ajoutez les deux premiers disciples de Voltaire, La Harpe et Marmontel, comme ayant le plus contribué à répandre ce genre de culture moyenne. Il serait injuste de ne pas compter Delille pour sa traduction et ses notes des *Géorgiques.* N'oublions surtout pas Montaigne qui, le premier et sans avoir l'air de faire œuvre de critique littéraire, avait commencé ce travail d'abeille. Enfin Chateaubriand et Fontanes, à leur moment, ont rajeuni et renouvelé sans le détruire ce premier fonds acquis. Là se trouvent toutes les citations, les souvenirs d'Horace, de Virgile, d'Homère[1], qui devaient orner la mémoire et composer le trésor d'un homme de goût fidèle à l'esprit français. Il en résultait une sorte de circulation courante à l'usage des gens instruits. J'avoue ma faiblesse : nous sommes

---

1. Pas assez d'Homère pourtant, c'était le côté faible : on ne remontait pas assez à la première et à la plus grande originalité poétique naturelle.

devenus bien plus forts dans la dissertation érudite, mais j'aurai un éternel regret pour cette moyenne et plus libre habitude littéraire, qui laissait à l'imagination tout son espace et à l'esprit tout son jeu ; qui formait une atmosphère saine et facile où le talent respirait et se mouvait à son gré : cette atmosphère-là je ne la trouve plus, et je la regrette.

Pourquoi les Grecs furent-ils si heureux, si légers d'esprit et d'imagination ? C'est aussi qu'ils n'étaient pas obligés de tant apprendre, et que le poids du passé ne les surchargeait pas.

— Quelle plus excellente, quelle plus vive et plus pénétrante comparaison que celle de Virgile et de Racine sous la plume de Chateaubriand[1] ?

L'expression des sentiments et des beautés classiques, comme les Français l'entendent, n'a jamais été au delà. C'est un égal, c'est un pareil qui juge avec amour de ses frères.

A côté des remarques exquises il y a les excès et les exagérations. Il y a aussi les omissions. Ginguené, qui sait l'Italie, fait observer que l'auteur n'a tiré pour sa cause aucun parti de Dante, et il en conclut que la *Divine Comédie*, très-peu connue alors et très-peu appréciée en France, lui était étrangère : il a raison. L'auteur qui cherche partout l'influence du Christianisme, et qui souvent la crée où elle n'est pas, oublie également de la faire remarquer chez Pétrarque, lequel était pourtant plus accessible que Dante. En fait d'assertions excessives, l'auteur prétend que « c'est la Religion qui nous a donné les Claude Lorrain, comme elle nous a fourni (le pendant est très-inégal) les Delille et les Saint-Lambert. » Il avance « que c'est au Christianisme que Bernardin de Saint-Pierre doit son talent pour peindre les scènes de la solitude. » Il se pique lui-même d'avoir puisé le style descriptif dans les Lettres des Missionnaires, et notamment chez le Père Dutertre, et il a soin de mettre dans l'oubli Jean-Jacques ; il aime mieux, dans l'intérêt de son sujet comme de son amour-propre, relever du bon religieux presque inconnu que de celui qu'il appelait à ses

---

1. *Génie du Christianisme*, 2º partie, liv. II, chap. 10.

débuts *le grand Rousseau*. Il trouve dans l'architecture de l'Hôtel des Invalides et de l'École militaire un témoignage de la *foi* du siècle qui a élevé ces monuments. Ginguené l'a aussi repris très-pertinemment sur la musique qu'il savait, et que Chateaubriand ne savait pas :

« Il y avait, dit le critique en ceci très-judicieux, un bon chapitre à faire sur les services rendus à la musique moderne par la religion romaine, et sur ceux que la musique lui a rendus à son tour ; mais il aurait fallu connaître, sinon l'art même, au moins l'histoire de l'art. Alors on aurait dit quelque chose de signifiant et de raisonnable ; on se serait surtout gardé de donner cette singulière leçon de composition musicale : « Le musicien qui veut suivre la Religion « dans tous ses rapports est obligé d'apprendre l'imitation des *har-* « *monies de la solitude*. Il faut qu'il connaisse ces notes mélancoli- « ques *que rendent les eaux et les arbres;* il faut qu'il ait étudié *le* « *bruit des vents dans les cloîtres,* et ces murmures qui règnent *dans* « *l'herbe des cimetières,* dans les souterrains des morts et dans les « temples gothiques. » Je puis affirmer à M. de Chateaubriand qu'il ne faut à un compositeur rien, absolument rien de semblable, que ni le grand Palestrina au xvie siècle, ni Durante ni Pergolèse au xviiie, eux qui ont tant de fois dans des solennités religieuses touché, transporté les cœurs et fait couler de pieuses larmes, ni aucun de leurs rivaux ou de leurs plus fameux élèves, ne se sont jamais avisés de faire de pareilles études, et que, si on leur avait conseillé, pour composer leur *Miserere,* leur *Messe des Morts* ou leur *Stabat,* d'aller écouter le bruit des eaux, celui des vents, ou les murmures de l'herbe du cimetière de leur paroisse, ils auraient pris cela pour une mauvaise plaisanterie. »

Au reste, sur tous ces points en bloc, l'auteur s'est jugé lui-même plus sévèrement qu'on ne le pourrait : « Tout ce que j'ai dit des arts dans le *Génie du Christianisme* est étriqué ou souvent faux ; à cette époque je n'avois vu ni l'Italie, ni la Grèce, ni l'Égypte[1]. »

---

1. Tome VI de cette édit., p. 297.

Cette précipitation, cette *immaturité* de jugement s'étend encore à d'autres sujets. L'auteur n'hésite pas à voir dans le rusé Commynes un chrétien *simple* qui croit à l'Évangile et aux ermites, et à l'associer à Rollin ; il en fait une espèce de Joinville. C'est tout bonnement un contre-sens. Évidemment il ne l'avait pas lu à cette date[1].

Sur le style des Tacite et des Montesquieu, il ose dire :

« Tacite, Machiavel et Montesquieu ont formé une école dangereuse, en introduisant ces mots ambitieux, ces phrases sèches, ces tours prompts qui, sous une apparence de brièveté, touchent à l'obscur et au mauvais goût. — Laissons donc ce style à ces génies immortels qui, par diverses causes, se sont créé un genre à part, genre qu'eux seuls pouvoient soutenir, et qu'il est périlleux d'imiter. Rappelons-nous que les écrivains des beaux siècles littéraires ont ignoré cette concision affectée d'idées et de langage. Les pensées des Tite-Live et des Bossuet sont abondantes et enchaînées les unes aux autres : chaque mot, chez eux, naît du mot qui l'a précédé, et devient le germe du mot qui va le suivre. Ce n'est pas par bonds, par intervalles et en ligne droite que coulent les grands fleuves (si nous pouvons employer cette image) : ils amènent longuement de leur source un flot qui grossit sans cesse ; leurs détours sont larges dans les plaines ; ils embrassent de leurs orbes immenses les cités et les forêts, et portent à l'Océan agrandi des eaux capables de combler ses gouffres. »

L'auteur des *Études historiques*, qui ne va que par sauts et par bonds, savait donc ce qu'il fallait éviter. Avec des citations bien prises on trouverait ainsi dans chaque auteur son propre jugement,

---

1. Plus tard, après l'avoir lu, il a dit dans ses *Études historiques* : « Philippe de Commynes, homme complaisant, qui a laissé des Mémoires hardis. » Le jugement est plus concis que juste : Commynes, dont le caractère personnel a des taches, a fait mieux que des Mémoires hardis ; il a fait des Mémoires fins et naïfs, sensés, profonds, parfois éloquents, bréviaire des politiques, chers à Montaigne et à tous les bons esprits.

et je conçois dans le cas présent un petit chapitre : *Chateaubriand jugé par lui-même* [1].

C'est dans cette partie de son ouvrage, dans l'examen des passions, et à propos d'un chapitre intitulé : *Du vague des passions,* qu'il avait d'abord placé l'épisode de *René* : je l'en détache, ainsi que lui-même l'a fait ensuite, et je le mets en réserve pour l'étudier tout à l'heure séparément comme un portrait idéal de l'auteur. Nous en aurons le droit d'après ses propres aveux. Parlant d'une scène de raccommodement entre Adam et Ève, dans laquelle on prétend que Milton a consacré un événement de sa vie domestique : « Nous sommes persuadé, dit-il, que les grands écrivains ont mis leur histoire dans leurs ouvrages. *On ne peint bien que son propre cœur en l'attribuant à un autre, et la meilleure partie du génie se compose de souvenirs.* » Et encore : « Les plus belles choses qu'un auteur puisse mettre dans un livre sont les sentiments qui lui viennent, par réminiscence, des premiers jours de sa jeunesse. » — Aussi, poëtes, lorsqu'il nous arrive de ressaisir par l'imagination, par la mémoire du cœur, et de fixer par le pinceau ces souvenirs de notre fraîcheur première, touchons-les avec discrétion, encadrons-les avec religion, et surtout ne les profanons jamais en les jetant au bas des feuilles publiques parmi les rumeurs des carrefours. O pudeur du poëte, es-tu donc perdue, comme les autres pudeurs, avec la jeunesse !

---

1. Et sur les beautés poétiques recherchées et à effet, sur les expressions créées telles que dans Milton *les ténèbres visibles, le silence ravi...*, il dira encore : « Ces hardiesses, lorsqu'elles sont bien sauvées, comme les dissonances en musique, font un effet très-brillant; elles ont un faux air de génie; mais il faut prendre garde d'en abuser; quand on les recherche, elles ne deviennent plus qu'un jeu de mots puéril, pernicieux à la langue et au goût. » Et qui donc a usé plus que lui du jeu et du cliquetis des mots? — Il y aurait pourtant à faire remarquer que l'exemple si souvent cité de Milton, *les ténèbres visibles,* n'est pas aussi absolu dans le texte, mais que l'expression est préparée (*Paradis perdu,* liv. I, vers 60 et suiv.). En arrachant ces expressions de leur place, on les force toujours un peu.

X.

La quatrième partie du *Génie du Christianisme,* qui a pour titre le *Culte,* contient de tout : le premier chapitre s'intitule *Des Cloches,* et le dernier *Politique et Gouvernement.* Tout passe dans l'intervalle, Costumes religieux, Cérémonies, Solennités, Fête-Dieu, Rogations. Fontanes a heureusement comparé ce tableau des *Rogations* par Chateaubriand à l'antique pompe de Cérès décrite en vers charmants par Tibulle :

> Quisquis ades, faveas : fruges lustramus et agros,
> Ritus ut a prisco traditus exstat avo...
> Di patrii, purgamus agros, purgamus agrestes...

Ici le critique inspiré par l'amitié a lui-même ses pinceaux ; cette digression de Fontanes n'est autre qu'une page qui a été oubliée par son ami au chapitre des *Rogations,* et qu'il faut y ajouter.

On aurait à indiquer encore les Tombeaux de Saint-Denis, les Religieux du Saint-Bernard, les Religieux quêteurs ; mais c'est surtout aux Missionnaires des *Lettres édifiantes* que l'auteur s'arrête. Il en tire un parti heureux, leur emprunte des citations pleines de naïveté et de grâce, et nous fait d'après eux une peinture enchantée et complaisante de la République du Paraguay. Après un détail des saintes ruses employées par ces Pères pour apprivoiser les Sauvages :

« Quand les Jésuites, dit-il, se furent attaché quelques Indiens, ils eurent recours à un autre moyen pour gagner des âmes. Ils avoient remarqué que les Sauvages de ces bords étoient fort sensibles à la musique ; on dit même que les eaux du *Paraguay* rendent la voix plus belle. Les Missionnaires s'embarquèrent donc sur des pirogues avec les nouveaux catéchumènes ; ils remontèrent les fleuves en chantant des cantiques. Les néophytes répétoient les airs, comme des oiseaux privés chantent pour attirer dans les rets de l'oiseleur les oiseaux sauvages. Les Indiens ne manquèrent point de se venir prendre au doux piége. Ils descendoient de leurs montagnes et accouroient au bord des fleuves pour mieux écouter ces accents : plusieurs d'entre eux se jetoient dans les ondes et suivoient à la nage la nacelle enchantée. L'arc et la flèche échappoient à la main du Sauvage : l'avant-goût des vertus sociales et les premières douceurs de l'humanité entroient dans son âme confuse... »

Une *âme confuse,* voilà de ces expressions trouvées, de ces touches heureuses qui valent mieux que toutes les métaphores.

... Lacte mero mentes perculsa novellas,

a dit Lucrèce. On sent dans tout ce passage comme un frais renouvellement des jours d'Orphée, ou encore comme une douce haleine de ce *vent salubre et gracieux* qui soufflait du côté de Rome au temps de Numa [1].

Le dernier chapitre du livre dans lequel l'auteur examine ingénieusement, mais en outrant les couleurs et la conjecture, quel serait aujourd'hui l'état de la société si le Christianisme n'eût point paru sur la terre, se termine assez bizarrement par un syllogisme, ou même par ce qu'on appelle dans l'École un *sorite* [2] : singulière conclusion d'un ouvrage qui a eu pour objet unique de présenter une suite de beautés et de tableaux. Le livre, dans la première édition, finissait mieux, en se couronnant par une prière. Cette prière, un peu emphatique de ton, aura paru choquante au goût, puisque les amis de l'auteur la lui ont fait supprimer; mais elle répondait à d'autres convenances; elle se ressentait des dernières inspirations de l'exil, et mettait le cachet à la dernière page du livre :

---

1. *Vie de Numa,* dans Amyot. 2. Voir au t. II de cette édit. la p. 340.

« Créateur de la lumière, pardonne à nos premières erreurs. Si nous fûmes assez infortuné pour te méconnoître dans le siècle qui finit, tu n'auras pas roulé en vain le nouveau siècle sur notre tête. Il a retenti pour nous comme l'éclat de ta foudre. Nous nous sommes réveillé de notre assoupissement, et, ouvrant les yeux, nous avons vu cent années, avec leurs crimes et leurs générations, s'enfoncer dans l'abîme : elles emportoient dans leurs bras tous nos amis! A ce spectacle nous nous sommes ému; la rapidité de la vie nous a troublé. Nous avons senti combien il est inutile de vouloir se défendre de toi. Seigneur, nous te louerons désormais avec le Prophète! Daigne recevoir ce premier hymne que nous t'adressons sur l'aile de ce siècle qui rentre dans ton Éternité. »

C'était, d'ailleurs, une illusion de l'auteur de croire en finissant, comme il l'a dit, qu'il avait *suivi la route* et rempli jusqu'à un certain point le plan de Pascal. Ce dernier plan n'a pas le moindre rapport avec le sien. La partie morale est l'essentielle chez Pascal; c'est sur elle que porte principalement tout l'ouvrage qu'il méditait. Elle est la plus faible chez M. de Chateaubriand. Dans cette première partie du *Génie du Christianisme* qui est censée consacrée aux *Dogmes* et à la *Doctrine*, et où il est question, sous ce prétexte, de tant d'objets qui se suivent arbitrairement, de la *Cosmogonie de Moïse* et du *chant des oiseaux*, le livre qui traite des *Vertus et Lois morales* se distingue pour être des plus tronqués et des plus insuffisants. Et puisqu'il vient d'être parlé du plan de Pascal, l'exposer ici en abrégé comme contre-partie, serait véritablement la seule critique qui me resterait à faire du *Génie du Christianisme*; et ce serait, j'ose le dire, la plus fondamentale. Mais j'ai expressément traité de ce plan ailleurs [1].

Qu'il suffise de rappeler que Pascal, dès le premier instant, saisit l'homme au sein de la nature extérieure et en lui-même. Il le saisit en flagrant délit de contradiction, de grandeur et de bassesse, de

---

1. *Port-Royal*, t. III, liv. III, chap. XXI.

noble essor et de cupidité ; il le convainc, par une impitoyable analyse, de l'impossibilité de se satisfaire et à la fois de l'impossibilité de s'étourdir ; il lui enfonce au cœur l'aiguillon, et le force à chercher partout le remède en gémissant. C'est alors qu'il le conduit aux philosophies, et les fait s'entre-choquer devant ses yeux jusqu'à ce qu'elles se détruisent les unes les autres. La Religion tout d'un coup élève la voix : mais laquelle entre les religions ? Il faut chercher. Pascal les fait toutes parcourir à son pèlerin de vérité, et le convainc qu'aucune ne répond aux besoins de son cœur et à la double marque de sa nature, — aucune, hormis une seule qui se trouve satisfaire, par son explication historique et par ses prescriptions morales, aux signes secrets qu'il porte en soi et dont il cherche partout les divines correspondances. Rien qu'à voir ces premiers caractères dans les livres saints, l'homme errant est porté à trouver cette religion aimable, et à désirer qu'elle soit la vraie. Les preuves directes ne commencent à lui être présentées qu'à ce moment. On entrevoit la marche, et combien différente de celle où s'est joué l'auteur du *Génie du Christianisme*. En résumé, le livre de M. de Chateaubriand ne commence guère que là où le livre de Pascal n'est pas allé, aux dehors, aux pompes, à l'influence poétique et à l'action sociale de l'Église catholique. Pascal, s'il avait exécuté tout son plan, n'aurait sans doute pas négligé, dans la dernière partie, ce côté attrayant, majestueux, et presque dramatique, de son sujet ; mais même alors il aurait toujours demandé avant tout ses vrais tableaux à la vie chrétienne intérieure ; le vrai drame, il avait commencé par l'instituer au dedans, au sein de l'être moral : c'est là qu'a lieu chez lui la lutte et le combat à outrance, jusqu'à ce que, saisi par le cœur, l'homme en détresse soit venu tomber au pied de la Croix. Assurément il ne saurait y avoir entre deux manières de procéder plus de différence et même d'opposition.

XI.

Le *Génie du Christianisme*, à cause de ses défauts mêmes qui poussaient tous à l'extérieur, obtint à sa naissance un prodigieux succès, et on peut dire qu'il fit révolution dans les esprits.

La jeunesse, toute une portion du moins de la jeunesse, s'y inspira ; et depuis cinquante ans cette postérité de *néo-chrétiens* est reconnaissable à plus d'un signe. Nous avons eu toute une milice de *jeunes Chrétiens de salon*.

Le *Génie du Christianisme* a produit mieux que cela, mais il a produit aussi cette forme de travers ; il a créé une mode littéraire en religion.

Au XVIIe siècle on croyait à la Religion et on la pratiquait. Ceux qui la pratiquaient y vivaient, s'y inspiraient simplement dans leurs œuvres et dans leur vie, et ne se distinguaient d'elle à aucun titre, ni moralement, ni artistement : le mot même n'existait pas.

Au XVIIIe, on la niait volontiers, et on la combattait en face.

Au XIXe, on s'est mis à y revenir, mais en la regardant comme une chose distincte de la pratique et de la vie, en la considérant comme un monument qu'on voyait se dresser devant soi. On s'est posé en s'écriant à tout instant, comme dans un Musée : *Que c'est beau !* C'est ce qu'on peut appeler le romantisme du Christianisme. On a eu une religion d'imagination et de tête plus que de cœur. « Pour moi, chrétien entêté, » dit quelque part M. de Chateaubriand vieillissant. *Entêté*, et non *touché*, c'est bien le mot [1].

Le *Génie du Christianisme* fut utile en ce qu'il contribua à rétablir le respect pour le Christianisme considéré socialement et politiquement. Il le fut moins en ce qu'il engagea du premier jour la restauration religieuse dans une voie brillante et superficielle, toute

---

1. Il lui échappe, dans ses *Mémoires*, de dire en parlant de La Harpe : *Il n'a pas manqué sa fin*. C'est bien cela, il n'a pas manqué la belle scène du cinquième acte. La vie pour lui est une œuvre d'art, une pièce de théâtre.

littéraire et pittoresque, la plus éloignée de la vraie régénération du cœur.

Littérairement, il ouvrit une foule d'aspects nouveaux et de perspectives, qui sont devenues de grandes routes battues et même rebattues depuis : goût du moyen âge, du gothique, poésie et génie de l'histoire nationale, il donna l'impulsion à ces trains d'idées modernes où la science est intervenue ensuite, mais que l'instinct du grand artiste avait d'abord devinées.

L'Institut, chargé de décerner les *grands prix décennaux*, avait d'abord négligé le *Génie du Christianisme*. Le choix du jury spécialement commis pour la présentation des ouvrages s'était porté, dans cet ordre de compositions, sur des écrits qu'on n'aurait guère devinés, par exemple l'*Examen critique des Historiens d'Alexandre* par Sainte-Croix, et un livre vieux et moribond en naissant, le *Catéchisme universel* de Saint-Lambert. Les jurys académiques, s'ils n'y prennent garde, sont sujets à ces choix-là[1]. La Classe de la

---

[1]. Parmi les grands prix décennaux, il y en avait deux pour lesquels le *Génie du Christianisme* aurait pu être assez convenablement désigné : le 12ᵉ *grand prix de première classe* destiné, disait le programme, *à l'auteur du meilleur ouvrage de littérature qui réunira au plus haut degré la nouveauté des idées, le talent de la composition et l'élégance du style;* ou bien encore, en aidant un peu à la lettre, le 13ᵉ *grand prix de première classe*, destiné *à l'auteur du meilleur ouvrage de philosophie en général, soit de morale, soit d'éducation*. Le jury spécial, tiré du sein de l'Institut et chargé par l'Empereur de lui présenter ses vues et ses observations sur les ouvrages les plus distingués, proposa comme digne du 12ᵉ grand prix l'*Examen critique des Historiens d'Alexandre*, par Sainte-Croix; et comme digne du 13ᵉ grand prix, *le Catéchisme universel*, de Saint-Lambert. Non content de ce rapport, et peut-être mécontent, l'Empereur chargea la Classe de la langue française de faire à son tour un examen critique des ouvrages de poésie, de littérature et de philosophie présentés au concours ; c'était lui demander, pour ces branches, la contre-partie et le contrôle du travail déjà fait par le jury. Revenant sur les deux jugements du jury concernant le 12ᵉ et le 13ᵉ grand prix, la Classe conclut à les réformer. Quant au 12ᵉ grand prix, qui était celui de littérature, Marie-Joseph Chénier, rapporteur, disait : « La Classe a vu avec surprise l'*Examen critique des Historiens d'Alexandre* désigné comme digne du prix... » Et il proposait avec plus de justice le *Cours de littérature* de La Harpe. En ce qui était du 13ᵉ grand prix, celui de philosophie, la Classe concluait, bien qu'à regret, à exclure le *Catéchisme* de Saint-Lambert, publié antérieurement à l'époque déterminée par le décret, et elle proposait à son tour deux ouvrages : le *Cours d'Instruction d'un Muet de naissance*, par l'abbé Sicard, et les *Rapports du Physique et du Moral de l'Homme*, par Cabanis. C'est là qu'en étaient et c'est là qu'en restèrent, dans la ligne qui nous touche ici, ces projets de prix décennaux.

langue, il est vrai (autrement dite Académie française), proposa de son côté de substituer d'autres ouvrages à ceux qu'indiquait le jury, mais sans songer pour cela plus que lui au *Génie du Christianisme*. L'Empereur étonné voulut savoir pourtant ce que pensait la Classe sur l'ouvrage célèbre qu'elle honorait si hautement par son silence; il imposa, a dit Nodier, ce *pensum* à l'Académie. Les rapports et opinions des académiciens se produisirent en 1811. M. Daru disait des choses justes et un peu dures; l'abbé Sicard en dit d'assez justes et de bienveillantes : les autres nageaient dans l'entre-deux. Mais, en tout, c'était bien l'opinion d'une *Classe* sur une œuvre originale et neuve; l'addition des *fautes* était effrayante, et l'ouvrage y *fondait* tout entier. Tout compte fait, on y jugeait que *l'ouvrage, tel qu'il est, pourrait mériter une distinction*, comme qui dirait un *accessit*. Cette conclusion solennelle joignait à ses autres bonnes grâces de venir bien tard et d'avoir été couvée durant neuf ans (1802-1811).

Il n'y a rien là, d'ailleurs, qui doive trop étonner ni même scandaliser. L'opinion de M. Daru particulièrement se fondait sur des critiques très-judicieuses, très-saines, mais négatives; elle nous représente dans l'exacte mesure l'opinion conservatrice. Quand un ouvrage est une révolution en littérature, il n'a qu'à s'adresser tout droit au public, et on ne peut raisonnablement espérer qu'il obtienne privilége et approbation du Sénat. — Et puis neuf ans, c'est trop peu; il faut bien vingt ans avant qu'un Sénat littéraire sanctionne une révolution et couronne un novateur[1].

---

[1]. Parmi les critiques un peu tardives, et qui ne vinrent que quinze ans après, il est quelques pages qui méritent d'être remarquées et qui sortent tout à fait du commun : le *Génie du Christianisme* et son influence sont fort bien jugés dans un chapitre du livre intitulé *Les quatre Concordats*, par l'abbé de Pradt (t. III, p. 234). Le spirituel abbé sait très-bien relever ce qui est chrétien dans le *Génie du Christianisme* et ce qui ne l'est pas : « On pourrait dire que de tous les ouvrages dans lesquels la religion est entrée comme objet principal, le *Génie du Christianisme* est le moins fondamentalement chrétien. » Et il n'a pas de peine à le prouver, en même temps qu'il explique très-bien les causes du succès dans le monde : « C'était un Muséum religieux dans lequel le plaisir entrait, pour ainsi dire, par les sens, comme il entre par les yeux dans un salon de peinture. » Il dit encore : « Le *Génie du Christianisme* est une métaphore continuelle, une corbeille de fleurs... » Parlant du genre descriptif qui, depuis *les Jardins* de l'abbé Delille, avait fait introduire des ruines de

XII.

J'arrive à *René*, c'est-à-dire au portrait de l'auteur lui-même dans sa jeunesse et sous le rayon le plus idéal. C'est un type d'où relève plus ou moins tout ce qui fut jeune durant ces 50 dernières années. Je crois la maladie un peu passée pour le moment : la jeunesse paraît plutôt disposée à se jeter dans le positif de la vie, et dans ses chimères mêmes elle trouve moyen encore d'avoir pour objet ce positif[1].

Atala finit par une très-belle parole, et que j'ai relevée déjà comme faisant la transition à *René* : « Homme ! tu n'es qu'un songe rapide, un rêve douloureux; tu n'existes que par le malheur; tu n'es quelque chose que par la tristesse de ton âme et l'éternelle mélancolie de ta pensée! » C'est de cette mélancolie poétique et séduisante qu'est éclos *René*. Mais qu'a-t-elle de particulier et d'essentiel entre toutes les tristesses? C'est ce qu'il nous faut définir.

René commence par où Salomon finit, par la satiété et le dégoût. *Vanité des vanités!* voilà ce qu'il se dit avant d'avoir éprouvé les plaisirs et les passions; il se le redit pendant et après : ou plutôt, pour lui, il n'y a ni passions ni plaisirs; son analyse les a décomposés d'avance, sa précoce réflexion les a décolorés. Savoir trop

---

chapelles, des semblants de cloîtres jusque dans les parcs : « Le *Génie du Christianisme*, ajoute-t-il, a complété l'invasion faite dans le monde par le mélange des rapports religieux avec les choses du monde. A mesure que la religion se retirait des esprits, on la mettait dans des objets extérieurs; moins on la faisait servir à l'épuration et à la direction de la vie, plus on la faisait entrer dans sa décoration; et, dans le fait, il était plus commode de la placer dans ses jardins que dans sa règle de vie. Delille a contribué à cette invasion par tout ce qu'il a répandu dans ses poésies. Depuis ses *Jardins*, aucun lieu de plaisance n'aurait osé se montrer sans étaler quelque ruine religieuse : toujours il fallait entendre ou rencontrer quelque Héloïse, et contempler la demeure de quelque habitant des cloîtres et des déserts. Il s'en est suivi que la religion a été mise en fabriques et que l'on a eu un christianisme de jardin anglais. » Tout ce chapitre de l'abbé de Pradt est dans le même sens, mais va plus à fond et pénètre plus au vif que le rapport de M. Daru.

1. Fouriérisme, Saint-Simonisme, etc., etc.; et les diverses écoles qui rêvent sur la terre le règne absolu du bien-être et le triomphe illimité de l'industrie.

tôt, savoir toutes choses avant de les sentir, c'est là le mal de certains hommes, de certaines générations presque entières, venues à un âge trop mûr de la société. Ce travail que l'auteur du *Génie du Christianisme* fait sur la religion, cherchant à la trouver belle avant de la sentir vivante et vraie, à lui demander des sensations et des émotions avant de l'avoir adoptée comme une règle divine, — ce travail inquiet et plus raisonné qu'il n'en a l'air, René l'a appliqué de bonne heure à tous les objets de la vie, à tous les sujets du sentiment. Avant d'aimer, il a tant rêvé sur l'amour que son désir s'est usé de lui-même, et que, lorsqu'il est en présence de ce qui devrait le ranimer et l'enlever, il ne trouve plus en lui la vraie flamme. Ainsi de tout. Il a tout dévoré par la pensée, par cette jouissance abstraite, délicieuse, hélas! et desséchante, du rêve; son esprit est lassé et comme vieilli; le besoin du cœur lui reste, un besoin immense et vague, mais que rien n'est capable de remplir.

Quand on est René, on est double; on est deux êtres d'âge différent, et l'un des deux, le plus vieux, le plus froid, le plus désabusé, regarde l'autre agir et sentir; et, comme un mauvais œil, il le glace, il le déjoue. L'*un* est toujours là qui empêche l'*autre* d'agir tout simplement, naturellement, et de se laisser aller à la bonne nature.

L'auteur a fait de René un contemporain de Louis XV; c'est là un anachronisme moralement impossible. Le Régent était déjà ennuyé autant que René peut l'être, mais ce n'était point dans le *rêve*, j'imagine, qu'il prenait le point de départ et cherchait la fin de son ennui. Le Régent suivait un peu la méthode pratique de Salomon et du roi David, auquel le comparait ingénument sa mère. Les contemporains du maréchal de Richelieu avaient en général peu de penchant à une mélancolie prolongée. Ce n'était pas à eux qu'il était besoin de dire : « O René! si tu crains les troubles du cœur, défie-toi de la solitude : les grandes passions sont solitaires. »

René est bien venu à sa date, et pas plus tôt qu'il ne fallait; il n'a été précédé et annoncé chez nous que par les *Rêveries du Pro-*

meneur solitaire, c'est-à-dire par Jean-Jacques ; j'ajouterai, par les *Rêveries* de Sénancour.

Je parle en vue de la France ; car, à remonter plus haut et à voir le mal dans son principe, la mélancolie moderne était née bien auparavant. On ne la chercherait pas en vain dans Lucrèce, le poëte de la nature. Saint Augustin la trouvait déjà dans Virgile, et il en est lui-même le plus sensible exemple. C'est elle que saint Chrysostome essayait de traiter dans le jeune Stagyre. On la trouverait encore, cette mélancolie croissante, cherchant un refuge dans le cloître aux premiers jours du Christianisme, s'efforçant de s'y guérir, et souvent ne parvenant qu'à s'y nourrir. Qu'était-ce en effet que l'*acedia?* — Au Moyen-Age un minnesinger célèbre [1], laissant tomber sa tête dans sa main, s'écriait : « Cette vie, l'ai-je vécue ? l'ai-je rêvée ? » Cette tristesse du Moyen-Age se voit profondément empreinte dans l'attitude et la sombre beauté de la *Melancholia* d'Albert Dürer, assise au milieu des sphères, et laissant à ses pieds pêle-mêle les instruments de la science, qu'elle a, comme Faust, épuisée. Comment qualifier Hamlet sous son pâle éclair, sinon le plus sublime malade de cette maladie sacrée, sachant tout, devinant tout, revenu de tout, grand par l'intelligence, infirme de caractère, sage dans la folie ? M. Vinet a dit admirablement : « Le Christianisme, partout où il n'a pas pénétré la vie, a fait un grand vide autour d'elle, et l'homme qui, au sein de la Chrétienté, n'est pourtant pas chrétien, porte partout avec lui le désert. » Est-ce bien là pourtant toute l'explication ? C'en est du moins une partie. Il faudrait peut-être chercher l'autre dans les souvenirs instinctifs et les habitudes originelles de ces races sorties des forêts de Germanie ; les petits-fils demeurent atteints à leur insu et sont repris par accès de la nostalgie paternelle. Quoi qu'il en soit, le Breton René est le premier type tout à fait expressif et achevé que présente en ce genre la nation française : voilà sa gloire.

---

1. Walther van der Vogelweide. — (Voir *De la Littérature provençale*, par Émile de Laveleye, p. 113, Bruxelles, 1845.)

Je ne comparerai pas *René* avec d'autres types ; une telle comparaison mènerait trop loin. M. de Chateaubriand se plaint dans un chapitre de ses *Mémoires* que l'auteur de *Childe-Harold* l'ait imité sans le nommer. Il y a là de l'enfantillage vraiment[1]. Ces grands poëtes n'ont pas eu besoin de s'imiter l'un l'autre ; ils ont trouvé en eux-mêmes et dans l'air du siècle une inspiration suffisante qu'ils ont chacun appropriée et figurée à leur manière, en y mettant le cachet de leur talent et de leur égoïsme. Tous ces types sont éclos en Allemagne, en Angleterre, en France, sous un même souffle, sous un même courant atmosphérique général qui tenait à l'état du monde à ce moment. Il y a de ces grandes zones d'idées et de sentiments dans lesquelles plongent des quarts de siècle ou des demi-siècles tout entiers. Cela s'est vu au Moyen-Age, à la Renaissance, à la fin du xviiie siècle, au moment de toutes les grandes rénovations de la société.

Un homme qu'on est assez surpris d'avoir à nommer en pareille matière, mais qui était véritablement distingué et qui avait bien de la finesse dans l'esprit, avant de s'être fait une réputation dans un tout autre genre, M. Pierre Leroux, dans sa Préface de la traduction de *Werther*, écrite il y a quinze ans, a dit :

« Il y aurait une étude bien curieuse à faire. Il faudrait comparer *Werther* à *Faust* et montrer le rapport intime qui unit ces deux ouvrages de Gœthe : on obtiendrait ainsi une sorte de type abstrait de la poésie de notre âge. On prendrait ensuite l'œuvre entière de Byron, et le type en question reparaîtrait. On ferait la même chose pour le *René* de M. de Chateaubriand, pour l'*Oberman* de M. de Sénancour, pour l'*Adolphe* de Benjamin Constant, et pour une multitude d'autres productions éminentes et parfaitement originales en elles-mêmes, sans compter les imitations plus ou moins remarquables de *Werther*, telles que le *Jacopo Ortiz* d'Ugo Foscolo. Mais, si les considérations que j'ai émises tout à l'heure sont vraies, une telle

---

[1]. « Manfred n'est qu'un René habillé à la Shakspeare. » (Chènedollé.) Le mot est bien dit et vrai si l'on n'en abuse pas.

comparaison entre *Werther* et les œuvres analogues qui l'ont suivi, même en se restreignant à celles qui ont le plus de rapport avec lui, ne serait rien moins qu'un tableau et une histoire de la littérature européenne depuis près d'un siècle : ce serait la formule générale de cette littérature donnant à la fois son unité et sa variété, ce qu'il y a de permanent en elle et ce qu'il y a de variable, à savoir la forme que revêt, suivant l'âge de l'auteur, suivant son sexe, son pays, sa position sociale, ses douleurs personnelles, et au milieu des événements généraux et des divers systèmes d'idées qui l'entourent, cette pensée religieuse et irréligieuse à la fois que le xviii° siècle a léguée au nôtre comme un funeste et glorieux héritage. Laissons là ce sujet qui demanderait un volume... »

Si l'on faisait ce travail, il y aurait à ne pas oublier ceci (car j'aime toujours à faire la part du moraliste), que les René, les Childe-Harold, sous leur noble pâleur ne sont qu'un seul aspect, un aspect idéalisé de l'individu qui se pose à son avantage et qui ne se livre pas à nous tout entier. René a son côté de prose dont il ne se vante pas. De même, Childe-Harold est doublé de don Juan, et il s'en vante. Descendant des vieux Normands, Childe-Harold, ce type de toute la jeunesse dorée d'Albion, est sorti un matin de son île comme un écumeur des mers son ancêtre, comme un pirate avide de toutes les sensations, de toutes les voluptés. Il s'est jeté sur l'Italie, sur la Grèce, sur les plages heureuses. Si le beau pèlerin s'est vite blasé à ce jeu-là, faut-il donc s'en étonner[1]? Le Breton René a un peu fait de même : « Quand je peignis René, a dit l'auteur des *Mémoires* dans un moment de franchise, j'aurois dû demander à ses plaisirs le secret de ses ennuis. »

1. « Quand les plaisirs nous ont épuisés, nous croyons avoir épuisé les plaisirs, et nous disons que rien ne peut remplir le cœur de l'homme. » Cette remarque est d'un jeune sage qui a beaucoup deviné, — Vauvenargues. On sait les beaux vers de Lucrèce :

> . . . . Quoniam medio de fonte leporum
> Surgit amari aliquid, quod in ipsis floribus angat;
> Aut quum conscius ipse animus se forte remordet...

Ce remords masqué est pour beaucoup au fond de toutes ces belles mélancolies de René, qui ont l'air de ne porter que sur des nuages.

L'Européen René (pour nous en tenir à lui), arrivé chez les Natchez, établi déjà parmi eux depuis plusieurs années, demeurait opiniâtrément mélancolique. Il avait pris une épouse en arrivant pour se conformer aux mœurs du pays, mais il ne vivait point avec elle. Le vieux Chactas, qui lui avait raconté ses aventures, désirait l'entendre à son tour : le vénérable missionnaire, le Père Souël, de même. C'étaient les deux seuls hommes avec qui René eût lié commerce. Un jour, après bien des résistances, il se décide à parler devant ses deux vieux amis. Le cadre, qui ne fait jamais défaut chez M. de Chateaubriand, est admirablement posé :

« Le 21 de ce mois que les sauvages appellent *la lune des fleurs*, René se rendit à la cabane de Chactas. Il donna le bras au sachem, et le conduisit sous un sassafras, au bord du Meschacebé. Le Père Souël ne tarda pas à arriver au rendez-vous. L'aurore se levoit : à quelque distance dans la plaine, on apercevoit le village des Natchez, avec son bocage de mûriers et ses cabanes qui ressemblent à des ruches d'abeilles. La colonie françoise et le fort Rosalie se montroient sur la droite, au bord du fleuve. Des tentes, des maisons à moitié bâties, des forteresses commencées, des défrichements couverts de nègres, des groupes de blancs et d'Indiens présentoient, dans ce petit espace, le contraste des mœurs sociales et des mœurs sauvages. Vers l'orient, au fond de la perspective, le soleil commençoit à paroître entre les sommets brisés des Apalaches, qui se dessinoient comme des caractères d'azur dans les hauteurs dorées du ciel ; à l'occident, le Meschacebé rouloit ses ondes dans un silence magnifique, et formoit la bordure du tableau avec une inconcevable grandeur. »

Quand on se plaît à encadrer si glorieusement son ennui, il ne saurait être incurable. L'auteur de *René* excelle à poser la tristesse de son héros, comme les Grecs savaient asseoir leurs monuments et les mettre en harmonie avec la nature.

Le récit commence : il le faudrait lire en entier, tant il est parfait, mesuré, cadencé, d'une beauté de ligne et d'un enchaînement continu. Une tristesse dépeinte et chantée de la sorte se devient sa propre consolation à elle-même ; et n'y aurait-il que cela seul, on sent que René se consolera et se distraira ; il deviendra poëte, littérateur, écrivain, ce qui est un pis-aller qui amuse bientôt et dédommage.

Après tout, il revient ayant découvert son monde, non pas juste ce qu'il croyait chercher, la passion, mais ce qui en tient lieu et en console, la poésie. Il lui est arrivé comme à Colomb : au lieu de l'Asie et du royaume du Catay, il rencontra les riches Antilles.

« Je ne puis, en commençant mon récit, me défendre d'un mouvement de honte. La paix de vos cœurs, respectables vieillards, et le calme de la nature autour de moi, me font rougir du trouble et de l'agitation de mon âme. Combien vous aurez pitié de moi !... »

C'est sa propre histoire qu'il raconte, un peu arrangée, un peu déguisée à la surface, mais exacte dans les traits intérieurs. Ce nom de René même est son propre nom :

« ...J'avois un frère que mon père bénit, parce qu'il voyoit en lui son fils aîné. Pour moi, livré de bonne heure à des mains étrangères, je fus élevé loin du toit paternel. — Mon humeur étoit impétueuse, mon caractère inégal. Tour à tour bruyant et joyeux, silencieux et triste, je rassemblois autour de moi mes jeunes compagnons ; puis, les abandonnant tout à coup, j'allois m'asseoir à l'écart pour contempler la nue fugitive, ou entendre la pluie tomber sur le feuillage... Timide et contraint devant mon père, je ne trouvois l'aise et le contentement qu'auprès de ma sœur Amélie !... »

Cette Amélie, nous la connaissons. Tout ce qui suit et qui se rapporte à elle est une mélodie :

« Tantôt nous marchions en silence, prêtant l'oreille au sourd mugissement de l'automne ou au bruit des feuilles séchées que nous traînions tristement sous nos pas; tantôt, dans nos jeux innocents, nous poursuivions l'hirondelle dans la prairie, l'arc-en-ciel sur les collines pluvieuses; quelquefois aussi nous murmurions des vers que nous inspiroit le spectacle de la nature. Jeune, je cultivois les Muses; il n'y a rien de plus poétique, dans la fraîcheur de ses passions, qu'un cœur de seize années. Le matin de la vie est comme le matin du jour, plein de pureté, d'images et d'harmonies. »

Nous avons eu depuis lors une seconde édition de ces rêves dans les *Mémoires d'Outre-tombe*. Combien le premier récit, malgré les incontestables beautés du second, reste plus pur, plus net, plus vrai, sans aucune surcharge, et tout à fait classique! Il a dit quelque part : « Les plaisirs de notre jeunesse reproduits par notre mémoire ressemblent à des ruines vues au flambeau. » C'est trop ce qu'il a fait dans ses *Mémoires* mêmes : il s'y glisse quelque fantasmagorie; mais ici, dans *René,* il revoyait encore sa jeunesse à la clarté du matin.

Son père meurt. Pour la première fois l'immortalité de l'âme se présente clairement à ses yeux :

« Un autre phénomène me confirma dans cette haute idée. Les traits paternels avoient pris au cercueil quelque chose de sublime. Pourquoi cet étonnant mystère ne seroit-il pas l'indice de notre immortalité? Pourquoi la mort, qui sait tout, n'auroit-elle pas gravé sur le front de sa victime les secrets d'un autre univers? Pourquoi n'y auroit-il pas dans la tombe quelque grande vision de l'Éternité? »

Lamartine a repassé sur cette grande idée dans *le Crucifix :*

De son pieux espoir son front gardait la trace,
Et sur ses traits frappés d'une auguste beauté
La douleur fugitive avait empreint sa grâce,
    La mort sa majesté.
. . . .
Et moi, debout, saisi d'une terreur secrète,
Je n'osais m'approcher de ce reste adoré,
Comme si du trépas la majesté muette
    L'eût déjà consacré!

Les poëtes modernes ont commencé par mettre le pied dans les vestiges de M. de Chateaubriand ; mais bientôt, et même en faisant cela (je parle des plus grands), ils ont volé d'eux-mêmes.

Quand on en est à René, il faudrait tout lire : il énumère et parcourt l'une après l'autre toutes les impressions, toutes les circonstances naturelles de l'enfance, de l'adolescence, de la jeunesse, et il cueille sur chacune ce que j'oserai appeler la *fleur du désenchantement;* il s'en compose une couronne aux nuances pâlies et délicieuses, aux parfums mortels et enivrants. Le cloître, les voyages, les débris antiques des peuples illustres, les peuples vivants et nouveaux, il touche à tout, il traverse tout, et augmente, à travers tout, son trésor d'ennuis et de vagues tristesses.

Dans ses voyages il va d'abord s'asseoir sur les débris de Rome et de la Grèce, *pays de forte et d'ingénieuse mémoire :*

« Quelquefois une haute colonne se montroit seule debout dans un désert, comme une grande pensée s'élève, par intervalles, dans une âme que le temps et le malheur ont dévastée... »

On a fort critiqué dans le temps cette comparaison, comme expliquant le réel par l'abstrait, le plus connu par ce qui l'est moins. La critique, dans le cas présent, me paraît tomber à faux. Il est naturel à René de mieux connaître encore son désert intérieur que celui de la Campagne romaine, et d'y tout rapporter. Cela lui est plus commode et plus familier. Il sait mieux les réalités du dedans que les ombres et les phénomènes du dehors.

Mais ces ombres elles-mêmes, ces images diverses et ces spectacles où glisse son regard, comme il les comprend et les embrasse aussitôt! Avec quel art, quel arrangement suprême, il les compose, les achève et les décore!

« Je méditai sur ces monuments dans tous les accidents et à toutes les heures de la journée. Tantôt ce même soleil qui avoit vu jeter les fondements de ces cités se couchoit majestueusement, à mes yeux, sur leurs ruines; tantôt la lune se levant dans un ciel pur, entre deux urnes cinéraires à moitié brisées, me montroit les pâles tombeaux. Souvent, aux rayons de cet astre qui alimente les rêveries, j'ai cru voir le Génie des souvenirs assis tout pensif à mes côtés. »

Des peuples morts il passe aux vivants :

« Je recherchai surtout dans mes voyages les artistes et ces hommes divins qui chantent les Dieux sur la lyre, et la félicité des peuples qui honorent les lois, la Religion et les tombeaux. Ces chantres sont de race divine ; ils possèdent le seul talent incontestable dont le Ciel ait fait présent à la terre... »

Voilà le secret de René, l'anneau d'or par lequel il se rattache à la vie. René croit à l'immortalité de la poésie, donc René croit à quelque chose, et le jour où il se sentira certain de posséder lui-même *ce seul talent incontestable,* il sera sauvé.

« L'antique et riante Italie m'offrit la foule de ses chefs-d'œuvre. Avec quelle sainte et poétique horreur j'errois dans ces vastes édifices consacrés par les arts à la Religion ! Quel labyrinthe de colonnes ! quelle succession d'arches et de voûtes !... »

René ne fait autre chose que tracer ici (et c'est sa gloire d'avoir été le premier à le concevoir et à le remplir) l'itinéraire poétique que tous les talents de notre âge suivront ; car tous, à commencer par Chateaubriand lui-même qui n'exécuta que plus tard ce qu'il avait supposé dans *René,* ils parcourront avec des variantes d'impressions le même cercle, et recommenceront le même pèlerinage : l'Italie, la Grèce, l'Orient. Lamartine, dans cette belle pièce de *l'Homme* où il faisait la leçon morale à lord Byron, a dit :

> Hélas ! tel fut ton sort, telle est ma destinée.
> J'ai vidé comme toi la coupe empoisonnée ;
> Mes yeux, comme les tiens, sans voir se sont ouverts ;

J'ai cherché vainement le mot de l'univers,
J'ai demandé sa cause à toute la nature...
. . . .
Des empires détruits je méditai la cendre;
Dans ses sacrés tombeaux Rome m'a vu descendre;
Des mânes les plus saints troublant le froid repos,
J'ai pesé dans mes mains la cendre des héros [1];
J'allais redemander à leur vaine poussière
Cette immortalité que tout mortel espère.
Que dis-je? suspendu sur le lit des mourants,
Mes regards la cherchaient dans des yeux expirants;
Sur ces sommets noircis par d'éternels nuages,
Sur ces flots sillonnés par d'éternels orages,
J'appelais, je bravais le choc des éléments.
Semblable à la Sibylle en ses emportements,
J'ai cru que la Nature, en ces rares spectacles,
Laissait tomber pour nous quelqu'un de ses oracles:
J'aimais à m'enfoncer dans ces sombres horreurs [2].
. . . .
Mais un jour que plongé dans ma propre infortune,
J'avais lassé le Ciel d'une plainte importune,
Une clarté d'en haut dans mon sein descendit,
Me tenta de bénir ce que j'avais maudit, etc.

Le ton de la pièce change à partir de ce moment, et le poëte entre dans la sphère qui lui est propre. Il y a de la sérénité chez Lamartine, même dans ses moins beaux jours, jamais chez René. Lamartine engendre la sérénité; il la crée même là où il n'y a pas lieu : René engendre l'orage.

Prenez le René réel, ôtez-lui ce léger masque chrétien que M. de Chateaubriand lui a mis tout à la fin pour avoir droit de le faire entrer dans le *Génie du Christianisme*, revenez au pur René des *Natchez*, et la pièce de Lamartine pourra s'adresser à lui non moins justement qu'à lord Byron.

La naïveté de René, c'est de croire qu'il est seul de son espèce, qu'il a inventé pour son propre usage ces duplicités, ces contradictions du cœur dont il s'étonne, et qui ne sont, après tout, que le fond même du cœur humain. S'il promène tour à tour son caprice

---

1. « Mais je me lassai de fouiller dans les cercueils, où je ne remuois trop souvent qu'une cendre criminelle. » (*René.*)
2. « Un jour j'étois monté au sommet de l'Etna... » et tout ce qui suit. (*René.*)

ardent de la solitude aux cités et des cités à la solitude, il y a longtemps qu'Horace a dit :

> Romæ Tibur amem ventosus, Tibure Romam [1].

René se fait dire par Chactas : « Si tu souffres plus qu'un autre des choses de la vie, il ne faut pas t'en étonner : *une grande âme doit contenir plus de douleurs qu'une petite.* » Je l'ai déjà remarqué, il se pique dans cette foule, dans ce *désert d'hommes* que lui offre une grande ville, de n'avoir pas un *ami*; au fond, c'est qu'il se flatte de n'avoir pas un *semblable*. Erreur ! il en a beaucoup (sauf le talent); et dès qu'il eut parlé, dès qu'il eut exprimé sa peine singulière, une multitude de René se reconnurent et se levèrent en s'écriant : *Moi aussi* !

Ce que René a surtout de propre, c'est de se mettre en présence de sa tristesse, de la regarder en l'admirant et en la chérissant, de la revêtir, comme un beau fantôme, d'harmonie et de blanche lumière.

Nous continuons de retrouver sur sa trace les plus brillants de ses successeurs :

« La solitude absolue, le spectacle de la nature, me plongèrent bientôt dans un état presque impossible à décrire. Sans parents, sans amis, pour ainsi dire seul sur la terre, n'ayant point encore aimé, j'étois accablé d'une surabondance de vie. Quelquefois je rougissois subitement, et je sentois couler dans mon cœur comme des ruisseaux d'une lave ardente; quelquefois je poussois des cris

---

1. Il y a quelque temps aussi que Bossuet, dans sa *Lettre au Père Caffaro* sur la Comédie, disait en évêque chrétien, et se référant aux Pères de l'Église : « Que si on veut pénétrer les principes de leur morale, quelle sévère condamnation n'y lira-t-on pas de l'esprit qui mène aux spectacles, où (pour laisser tous les autres maux qui les accompagnent) l'on ne cherche qu'à s'étourdir et qu'à s'oublier soi-même, pour calmer *la persécution de cet inexorable ennui, qui fait le fond de la vie humaine, depuis que l'homme a perdu le goût de Dieu?* » Bossuet, s'il avait pu être témoin de cet ennui des René et des Oberman qu'il avait si admirablement défini à l'avance, aurait donc pu lui dire : « Je te connais ! » Mais, chez Bossuet, cette connaissance profonde et cette dénonciation de l'ennui inhérent au cœur humain est de toutes parts encadrée et dominée par l'idée chrétienne. On ne songe même à la relever chez lui que depuis que la maladie, en se trahissant à découvert et en s'étalant, est devenue une gloire.

involontaires, et la nuit étoit également troublée de mes songes et de mes veilles. Il me manquoit quelque chose pour remplir l'abîme de mon existence : je descendois dans la vallée, je m'élevois sur la montagne, appelant de toute la force de mes désirs l'idéal objet d'une flamme future; je l'embrassois dans les vents; je croyois l'entendre dans les gémissements du fleuve; tout étoit ce fantôme imaginaire[1], et les astres dans les cieux, et le principe même de vie dans l'univers. »

C'est juste *l'Isolement* de Lamartine, toujours avec la différence des complexions et des natures :

> Que le tour du soleil ou commence ou s'achève,
> D'un œil indifférent je le suis dans son cours;
> En un ciel sombre ou pur qu'il se couche ou se lève,
> Qu'importe le soleil? je n'attends rien des jours.
>
> Quand je pourrais le suivre en sa vaste carrière,
> Mes yeux verraient partout le vide et les déserts:
> Je ne désire rien de tout ce qui m'éclaire;
> Je ne demande rien à l'immense univers.
>
> Mais peut-être au delà des bornes de sa sphère,
> Lieux où le vrai soleil éclaire d'autres cieux,
> Si je pouvais laisser ma dépouille à la terre,
> Ce que j'ai tant rêvé paraîtrait à mes yeux.
>
> Là je m'enivrerais à la source où j'aspire;
> Là je retrouverais et l'espoir et l'amour,
> Et ce bien idéal que toute âme désire,
> Et qui n'a pas de nom au terrestre séjour!
>
> Que ne puis-je, porté sur le char de l'Aurore,
> Vague Objet de mes vœux, m'élancer jusqu'à toi!
> Sur la terre d'exil pourquoi resté-je encore!
> Il n'est rien de commun entre la terre et moi.

---

[1] *Ce fantôme imaginaire...* Il a un peu matérialisé cela dans les *Mémoires d'Outre-tombe*, au chapitre intitulé *Fantôme d'amour*, titre presque ridicule, ajouté sans doute, j'aime à le croire, par le directeur du journal où ces Mémoires parurent d'abord; car il faut un titre et une affiche au feuilleton. Il y a bien un des chapitres précédents qui est intitulé : *Premier Souffle de la Muse*. Ce qui doit passer en courant et à la légère est devenu une marque et une enseigne. Le trait délicat est grossi et comme appesanti ; mais les générations nouvelles aiment ces signes extérieurs de force.

> Quand la feuille des bois tombe dans la prairie,
> Le vent du soir se lève et l'arrache aux vallons ;
> Et moi je suis semblable à la feuille flétrie :
> Emportez-moi comme elle, orageux Aquilons !

Ce dernier cri est presque un écho fidèlement répété : « Levez-vous vite, Orages désirés, qui devez emporter René dans les espaces d'une autre vie... » Mais René a plus d'énergie que Lamartine et que tous les Jocelyn du monde quand il continue en ces immortels accents :

« La nuit, lorsque l'aquilon ébranloit ma chaumière, que les pluies tomboient en torrent sur mon toit, qu'à travers ma fenêtre je voyois la lune sillonner les nuages amoncelés, comme un pâle vaisseau qui laboure les vagues, il me sembloit que la vie redoubloit au fond de mon cœur, que j'aurois eu la puissance de créer des mondes. Ah ! si j'avois pu faire partager à une autre les transports que j'éprouvois ! O Dieu ! si tu m'avois donné une femme selon mes désirs ; si, comme à notre premier père, tu m'eusses amené par la main une Ève tirée de moi-même... Beauté céleste ! je me serois prosterné devant toi, puis, te prenant dans mes bras, j'aurois prié l'Éternel de te donner le reste de ma vie. »

On retrouve là, adouci à peine, le cri de Chactas dans la forêt, le cri d'Eudore tenant Velléda sur le rocher.

René, dégoûté de tout, est décidé à en finir avec la vie, à mourir. C'est alors qu'Amélie reparaît. Je n'insisterai pas sur cette dernière moitié du récit. Je remarquerai seulement qu'ici René obtient un peu ce qu'il désire : il voulait un beau malheur, en voilà un. Sa vie jusque-là, son état moral se composait d'une suite de désenchantements sans cause précise : désormais il a son accident singulier entre tous, son fatal mystère. Il a quelque raison de se dire : « Mon chagrin même, par sa nature extraordinaire, portoit avec lui quelque remède : *on jouit de ce qui n'est pas commun, même quand cette chose est un malheur.* » Et plus loin : « Je ne sais ce que le Ciel me réserve, et s'il a voulu m'avertir que les orages accompagneroient partout mes pas. » Il peut désormais caresser à son gré sa chimère, c'est-à-dire l'orgueil et l'isolement dans le malheur. Tel qu'il est et que nous le connaissons, il est récompensé par cette conclusion romanesque bien plus qu'il n'en est puni. Étrange moralité !

La fin, d'ailleurs, de son récit, cette dernière nuit passée à terre, son cri lointain d'adieu à sa sœur et au vieux monde, son dernier salut au matin du départ, tout cela est d'une beauté accomplie d'expression et d'images. Ce sont de ces pages qu'il est bon d'offrir, en les détachant, et de rappeler à ceux qui, tout fiers d'avoir surpris en défaut le vieillard, seraient tentés d'oublier que M. de Chateaubriand est et demeure en définitive le premier écrivain original de notre âge :

« L'ordre étoit donné pour le départ de la flotte; déjà plusieurs vaisseaux avoient appareillé au baisser du soleil ; je m'étois arrangé pour passer la dernière nuit à terre, afin d'écrire ma lettre d'adieux à Amélie. Vers minuit, tandis que je m'occupe de ce soin, et que je mouille mon papier de mes larmes, le bruit des vents vient frapper mon oreille. J'écoute, et au milieu de la tempête je distingue les coups de canon d'alarme, mêlés au glas de la cloche monastique. Je vole sur le rivage où tout étoit désert, et où l'on n'entendoit que le rugissement des flots. Je m'assieds sur un rocher. D'un côté s'étendent les vagues étincelantes, de l'autre les murs sombres du monastère se perdent confusément dans les cieux. Une petite lumière paroissoit à la fenêtre grillée. Étoit-ce toi, ô mon Amélie ! qui, prosternée au pied du crucifix, priois le Dieu des orages d'épargner ton malheureux frère ? La tempête sur les flots, le calme dans ta retraite ; des hommes brisés sur des écueils, au pied de l'asile que rien ne peut troubler ; l'infini de l'autre côté du mur d'une cellule ; les fanaux agités des vaisseaux, le phare immobile du couvent ; l'incertitude des destinées du navigateur, la vestale connoissant dans un seul jour tous les jours futurs de sa vie ; d'une autre part, une âme telle que la tienne, ô Amélie ! orageuse comme l'Océan ; un naufrage plus affreux que celui du marinier : tout ce tableau est encore profondément gravé dans ma mémoire. Soleil de ce ciel nouveau, maintenant témoin de mes larmes, écho du rivage américain qui répétez les accents de René, ce fut le lendemain de cette nuit terrible qu'appuyé sur le gaillard de mon vaisseau, je vis s'éloigner pour jamais ma terre natale ! Je contemplai longtemps sur la côte les derniers balancements des arbres de la patrie, et les faîtes du monastère qui s'abaissoient à l'horizon. »

Le vrai René finit là. Les paroles de réprimande qu'adresse à ce malade si content de l'être le vénérable Père Souël ne sont que pour l'assortiment, et pour fournir le prétexte d'insérer un tel épisode troublant dans un ouvrage consacré au Christianisme. Elles sont sévères sans être pénétrantes et efficaces. J'appelle cela une moralité plaquée.

En vain l'auteur a cherché à se disculper complétement à cet égard dans la *Défense du Génie du Christianisme*. Plus il s'attaque durement à Jean-Jacques et à l'auteur de *Werther* (dont il réclamera plus tard la parenté quand il récriminera contre Byron), plus il montre le peu de solidité et même de sincérité de sa plaidoirie [1]. Un de ses amis d'alors est allé plus au fond en osant dire : « Dans *René* Chateaubriand a caché le poison sous l'idée religieuse; c'est empoisonner dans une hostie [2]. »

---

1. Il disait dans sa *Défense du Génie du Christianisme* : « L'auteur y combat (dans *René*) le travers particulier des jeunes gens du siècle, le travers qui mène directement au suicide. C'est J.-J. Rousseau qui introduisit le premier parmi nous ces rêveries si désastreuses et si coupables. En s'isolant des hommes, en s'abandonnant à ses songes, il a fait croire à une foule de jeunes gens qu'il est beau de se jeter dans le *vague* de la vie. Le roman de *Werther* a développé depuis ce germe de poison. L'auteur du *Génie du Christianisme*, obligé de faire entrer dans le cadre de son apologie quelques tableaux pour l'imagination, a voulu dénoncer cette espèce de vice nouveau, et peindre les funestes conséquences de l'amour outré de la solitude. » Comment accommoder ces paroles avec ce qu'il dit dans ses *Mémoires* : « Je reconnois tout d'abord que, dans ma première jeunesse, Ossian, Werther, les *Rêveries du Promeneur solitaire*,... ont pu s'apparenter à mes idées ; mais *je n'ai rien caché, rien dissimulé du plaisir que me causoient des ouvrages où je me délectois.* » Au reste, s'il a maltraité ses pères (Gœthe et Jean-Jacques) dans sa *Défense du Génie du Christianisme*, il ne traite guère mieux ses enfants dans ses *Mémoires d'Outre-tombe* : « Lord Byron a ouvert une déplorable école : je présume qu'il a été aussi désolé des Childe-Harold auxquels il a donné naissance, que je le suis des René qui rêvent autour de moi. »

2. (Chênedollé.) — Pour juger de René et de son esprit, pour ne pas trop se laisser prendre à l'admirable beauté de la forme et à l'appareil religieux extérieur

M. Vinet a eu raison de faire remarquer que, s'il avait fallu insérer dans un livre de ce genre une anecdote où figuraient un frère et une sœur, c'eût été bien plutôt l'histoire du *Lépreux de la Cité d'Aoste* qui aurait convenu. Ici, en effet, dans cette simple et modeste histoire tout respire la pitié, la sympathie humaine, une sensibilité pure et vraie, une onction pieuse, la résignation sans faste, et le sacrifice bien douloureux, mais sans amertume; en un mot l'esprit du Christianisme en ce qu'il a de plus intime et de plus salutaire. On ne peut la relire après *René* sans mieux sentir tous ces contrastes, et sans être baigné de douces larmes.

Ouvrez ce livre charmant qui, au milieu des douleurs affreuses qu'il retrace, semble animé du souffle divin de l'*Imitation*. Dans *René*, au milieu de la splendeur du ciel, on sent comme un fond d'air aigre et sec; ici on se sent dans un air clément. Il y a des cris pourtant bien douloureux et qui sortent d'une âme puissante :

« Au commencement du printemps, dit le Lépreux, lorsque le

---

dont il se couvre aux yeux des simples, il importe d'y joindre comme un complément indispensable la lettre de René à Céluta dans les *Natchez*, que j'ai plus d'une fois citée : c'est là que le fond de cette âme incurable se produit tout à nu dans sa violence, sans plus de souci de la beauté et sans respect de l'impression morale : « Céluta, il y a des existences si rudes qu'elles semblent accuser la Providence et qu'elles corrigeroient de la *manie d'être*. Depuis le commencement de ma vie, je n'ai cessé de nourrir des chagrins : j'en portois le germe en moi, comme l'arbre porte le germe de son fruit. Un poison inconnu se mêloit à tous mes sentiments ; je me reprochois jusqu'à ces joies nées de la jeunesse et fugitives comme elle... J'écris assis sous l'arbre du désert, au bord d'un fleuve sans nom, dans la vallée où s'élèvent les mêmes forêts qui la couvrirent lorsque les temps commencèrent. Je suppose, Céluta, que le cœur de René s'ouvre maintenant devant toi : vois-tu le monde extraordinaire qu'il renferme? Il sort de ce cœur des flammes qui manquent d'aliment, qui dévoreroient la Création sans être rassasiées, qui te dévoreroient toi-même. Prends garde, femme de vertu! recule devant cet abîme, laisse-le dans mon sein... Quelle nuit j'ai passée! Créateur, je te rends grâces; j'ai encore des forces, puisque mes yeux revoient la lumière que tu as faite! Sans flambeau pour éclairer ma course, j'errois dans les ténèbres : mes pas, comme intelligents d'eux-mêmes, se frayoient des sentiers à travers les lianes et les buissons. Je cherchois ce qui me fuit; je pressois le tronc des chênes; mes bras avoient besoin de serrer quelque chose. J'ai cru, dans mon délire, sentir une écorce aride palpiter contre mon cœur : un degré de chaleur de plus, et j'animois des êtres insensibles. Le sein nu et déchiré, les cheveux trempés de la vapeur de la nuit, je croyois voir une femme qui se jetoit dans mes bras; elle me disoit : *Viens échanger des feux avec moi, et perdre la vie! Mêlons des voluptés à la mort! Que la voûte du ciel nous cache en tombant sur nous!...* Si enfin, Céluta, je dois

vent du Piémont souffle dans notre vallée, je me sens pénétré par sa chaleur vivifiante, et je tressaille malgré moi. J'éprouve un désir inexplicable et le sentiment confus d'une félicité immense dont je pourrois jouir et qui m'est refusée. Alors je fuis de ma cellule, j'erre dans la campagne pour respirer plus librement. J'évite d'être vu par ces mêmes hommes que mon cœur brûle de rencontrer, et du haut de la colline, caché entre les broussailles comme une bête fauve, mes regards se portent sur la ville d'Aoste. Je vois de loin, avec des yeux d'envie, ses heureux habitants qui me connoissent à peine ; je leur tends les mains en gémissant, et je leur demande ma portion de bonheur. Dans mon transport, vous l'avouerai-je ? j'ai quelquefois serré dans mes bras les arbres de la forêt, en priant Dieu de les animer pour moi, et de me donner un ami ! Mais les arbres sont muets ; leur froide écorce me repousse ; elle n'a rien de commun avec mon cœur, qui palpite et qui brûle. Accablé de fatigue, las de la vie, je me traîne de nouveau dans ma retraite, j'expose à Dieu mes tourments, et la prière ramène un peu de calme dans mon âme. »

C'est le même mouvement que nous avons vu tout à l'heure à René : « Ah ! si j'avois pu faire partager à une autre les transports que j'éprouvois !... » Mais ici le rapport avec René se trouve dans le

mourir, vous pourrez chercher après moi l'union d'une âme plus égale que la mienne. Toutefois, ne croyez pas désormais recevoir impunément les caresses d'un autre homme ; ne croyez pas que de foibles embrassements puissent effacer de votre âme ceux de René. Je vous ai tenue sur ma poitrine au milieu du désert, dans les vents de l'orage, lorsque, après vous avoir portée de l'autre côté d'un torrent, j'aurois voulu vous poignarder pour fixer le bonheur dans votre sein, et pour me punir de vous avoir donné ce bonheur. C'est toi, Être suprême, source d'amour et de beauté, c'est toi seul qui me créas tel que je suis, et toi seul me peux comprendre ! Oh ! que ne me suis-je précipité dans les Cataractes au milieu des ondes écumantes ? je serois rentré dans le sein de la nature avec toute mon énergie... Oui, Céluta, si vous me perdez, vous resterez veuve : qui pourroit vous environner de *cette flamme que je porte avec moi, même en n'aimant pas ?* Ces solitudes que je rendois brûlantes vous paroîtroient glacées auprès d'un autre époux. Que cherchiez-vous dans les bois et sous les ombrages ? Il n'est plus pour vous d'illusions, d'enivrement, de délire : je t'ai tout ravi en te donnant tout, ou plutôt en ne te donnant rien, car une plaie incurable étoit au fond de mon âme... » Tel étoit le vrai René, tel il fut dans la réalité de ses volages amours, qui simuloient parfois l'habitude, mais qui n'étaient qu'une suite d'ardents caprices. Ce Jupiter se plaisait à consumer toutes les Sémélé.

mouvement, non dans le sentiment; ce vœu désespéré du solitaire est tout dans le sens de l'amitié, et non d'une possession égoïste; une chaleur d'affection y transpire : est-il besoin d'ajouter qu'on y sent moins la flamme? — Dans l'histoire de la sœur du Lépreux, atteinte et frappée comme lui, que de délicatesses de tout genre! « La lèpre n'avait attaqué que sa poitrine. » La jeune femme, même dans son mal, n'a rien de hideux au premier aspect ni qui repousse. — Je laisse à chacun le plaisir de recueillir dans ce touchant récit la moralité bienfaisante qui s'en exhale. Cette moralité, si douce qu'elle semble, est pourtant sévère. Le Lépreux, ému et reconnaissant de la pitié du militaire, ne s'y abandonne pas lui-même; il refuse, au moment des adieux, d'entretenir aucune relation dans l'avenir avec lui. Il sent qu'à de tels maux il n'y a qu'un Consolateur. Ainsi rien d'amollissant ni d'embelli dans la douce histoire, et le malheureux reste jusqu'au bout dans le réel de la situation.

René n'est complètement jugé qu'après cette double lecture, qui achève de l'éclairer. La différence des deux inspirations et comme des deux lumières devient tout à fait visible. Ce jour intérieur si pur, ce souffle de la bonne parole font mieux ressortir à l'instant ce qu'il y a de troublé, ce qu'il y a de personnel et de sec à travers les trompeuses mélodies et les sons brillants du bel archange de tentation. De lui aussi on peut dire, comme de l'autre Archange, qu'il a un port de roi, mais on le reconnaît à sa *splendeur pâle et fanée* [1]. Le malheureux au contraire, le défiguré qu'on n'ose regarder en face au visage, semble plus voisin que lui du divin rayon.

Le Lépreux est à *René* ce que *Paul et Virginie* est à *Atala*. Et pourtant (ce qui paraît singulier à dire) *le Lépreux* placé dans le *Génie du Christianisme*, tel qu'est ce dernier ouvrage, y ferait contre-sens. *René*, tout disparate qu'il est, s'y trouve encore plus à sa place.

Tout cela dit, René garde son charme indicible et d'autant plus puissant. Il est la plus belle production de M. de Chateaubriand [2],

---

1. Milton, *Paradis perdu*, livre IV.
2. M. de Chateaubriand le savait bien; et dans son amour d'auteur il disait de la guerre d'Espagne que c'était *le René de sa politique*, voulant dire que c'en était le chef-d'œuvre. En fait de René pourtant, je m'en tiens à l'autre.

la plus inaltérable et la plus durable; il est son portrait même. Il est le nôtre. La maladie de René a régné depuis quarante-huit ans environ; nous l'avons tous eue plus ou moins et à divers degrés. Vous, jeunes gens d'aujourd'hui, vous ne l'avez plus. Mais serait-ce à nous, qui l'avons partagée autant que personne, de venir ainsi vous en dire le secret et vous en révéler la misère? S'il y a indiscrétion de notre part, l'amour de la vérité seule nous y a poussé, et aussi peut-être un reste d'esprit de René qui porte à tout dire et à se juger soi-même jusque dans les autres. Un de nos amis, qui est de cette famille, mais resté plus fidèle, s'est écrié à ce sujet (et c'est par là que nous finirons, nous plaisant, selon notre méthode, à recueillir tous les témoignages) :

« Non, ce n'est jamais nous, ô René, qui parlerons de vous autrement que nous avons accoutumé : nous sommes vos fils, notre gloire est d'être appelés *votre race*. Notre enfance a rêvé par vos rêveries, notre adolescence s'est agitée par vos troubles, et le même aquilon nous a soulevés. Quand le Génie de la prière et de la foi est venu vers nous, un rameau à la main, c'est par vous qu'il nous est apparu; il avait un éclat tout nouveau qui nous a séduits. Comme vous nous avons pleuré, nous avons accueilli, puis rejeté la pensée sinistre comme vous; nous nous sommes agenouillés encore une fois devant le Dieu de nos mères, et nous avons cru un moment que nous croyions. Et quand l'orage et la bise sont revenus, nous avons encore oscillé comme vous, nous avons essayé de tous les cultes généreux et de toutes les pensées que l'imagination voudrait assembler dans un même cœur. Nos inconstances ont été les vôtres. Ne soyez jamais renié par votre race, ô René! soyez, dans cette tombe tant souhaitée, à jamais honoré par nous! »

XIII.

Le *Génie du Christianisme,* y compris *Atala* et *René,* eut un succès tel que rien ne le saurait rendre. Les éditions, les traductions se multiplièrent¹ ; l'auteur, du premier coup, avait enlevé la renommée. La seconde édition, publiée en avril 1803, était dédiée au Premier Consul en ces termes :

« Citoyen Premier Consul,

« Vous avez bien voulu prendre sous votre protection cette édition du *Génie du Christianisme;* c'est un nouveau témoignage de la faveur que vous accordez à l'auguste cause qui triomphe à l'abri de votre puissance. On ne peut s'empêcher de reconnoître dans vos destinées la main de cette Providence qui vous avoit marqué de loin pour l'accomplissement de ses desseins prodigieux. Les peuples vous regardent; la France, agrandie par vos victoires, a placé en vous son espérance, depuis que vous appuyez sur la Religion les bases de l'État et de vos prospérités. Continuez à tendre une main secourable à trente millions de Chrétiens qui prient pour vous au pied des autels que vous leur avez rendus.

« Je suis avec un profond respect, etc. »

L'auteur venait d'être attaché à la diplomatie, et il ne tarda pas à recevoir ses ordres de départ pour Rome, où il allait comme secrétaire d'ambassade auprès du cardinal Fesch. Dans le voyage il s'arrêta quelque temps à Lyon, cette ville essentiellement catholique où il était déjà allé l'année précédente, et où les ovations dont il avait été l'objet se renouvelèrent. Il écrivait de là à un ami, M. Gueneau de Mussy (je choisis cette lettre entre d'autres plus ou moins semblables, et qui fourniraient matière à des commentaires du même genre) :

---

1. Le *Génie du Christianisme* parut vers le mois d'avril 1802. La première édition en fut tirée à quatre mille exemplaires. Dix mois après, l'édition était épuisée, et elle avait eu à lutter contre deux contrefaçons, l'une dans le nord de l'Allemagne, l'autre dans le midi de la France, à Avignon. Pour satisfaire à l'avidité du public, on se mit à préparer, vers le mois de mars 1803, trois éditions nouvelles pour paraître à la fois ou presque à la fois. (Voir quelques détails dans mon article *Fontanes, Portraits littéraires,* t. II, p. 253, 1844. — Voir aussi dans le *Bulletin du Bibliophile* de janvier 1848, p. 649, des instructions de Chateaubriand à son libraire sur la destination des exemplaires de luxe. La famille Bonaparte y est traitée royalement.)

« J'ai traversé, mon cher ami, une partie de ces montagnes du Morvan où vous voulez faire errer votre jeune homme [1]. J'y ai vu la lune; j'y ai entendu la caille et le rossignol, et j'ai pensé à vous. J'étois bien triste. Cette vie vagabonde commence à me peser; je ne suis plus soulevé par les espérances de la première jeunesse. Je comptois ce matin sur mes doigts, en regardant le Rhône, le nombre de fleuves que j'ai traversés en Europe et en Amérique, et j'ai été effrayé, je vous assure, de la multitude des rivages qui m'ont vu passer [2]. Dans quel lieu a donc été ma vie? Sept années au collége, quatorze ans voyageur, je ne puis compter que douze ans d'enfance sur le sol et sous le toit paternels. Ce qui m'épouvante, c'est le vide de mon avenir. De la fumée littéraire? j'en suis rassasié, et j'en connois la valeur. Des places? je n'ai point, au fond, d'ambition. Des illusions de jeune homme? je suis trop vieux, et de plus détrompé. Du bonheur de famille? ma part est faite. Vous êtes bien heureux, mon cher ami, d'avoir encore quelque chose à faire, et de n'être pas comme moi rendu trop tôt au but : il ne faut arriver à l'auberge que pour se coucher. Vous m'avez dit, je crois, que vous avez une petite maison au bord de la Saône. Les bons Lyonnois m'en ont proposé une, si je veux rester parmi eux : *Rura mihi!* Si je n'étois naturellement triste de vous avoir tous quittés, je devrois être comblé de la manière dont on me reçoit. Vers, prose, compliments, etc., c'est une fête continuelle. Ce qu'il y a de mieux dans tout cela, ce sont les propositions des libraires [3]. Je demande trente mille francs pour une opération à faire sur mon ouvrage, et je ne désespère pas de les obtenir. Si cela arrive, je ne sais si j'irai à Rome. Je pourrois bien retourner sur mes pas, acheter une chaumière à Marly et planter des choux, le dernier vœu sincère et permanent de mon cœur. Mon cher petit ami, mariez-vous, épousez Mme B..., et venez me visiter dans ma cabane. Je serai l'homme de

---

1. C'est une allusion à quelque projet d'ouvrage de M. de Mussy.
2. Les rôles sont changés : c'est la nature qui devient le spectateur et qui l'a vu passer. C'est lui qui est sur le premier plan, la nature ne vient que sur le second. Cet étonnement sur lui-même, qui va se marquer de plus en plus, est naïf.
3. Ces libraires étaient Ballanche père et fils, avec qui il traita en effet.

la *terre d'Hus*[1], *vir ille simplex et rectus*. Vous viendrez me consulter sur *les choses de la vie*. Mes oracles ne seront pas toujours des oracles, mais ils sortiront toujours pour vous du fond de mon cœur, et cela suffit.

« Il faut maintenant vous quitter. Mille joies, mille prospérités. Embrassez pour moi notre cher Fontanes ; dites à Chênedollé que je l'aime tendrement. Adieu, cher *Corbeau du Mont-Blanc*[2]. Je vois d'ici votre montagne, et je vais bientôt la franchir ; je me reposerai en votre honneur sur un de ses sommets. Écrivez-moi, pensez à moi, aimez-moi. Adieu, adieu.

CHATEAUBRIAND.

« *P. S.* Si vous voyez MM. de Clausel, dites-leur mille choses tendres de ma part ; qu'ils ne m'oublient pas, ni vous non plus, cher paresseux. Avez-vous remis votre article à des mains étrangères, comme vous me l'aviez promis [3] ?

« Lyon, jeudi 13 prairial (1803). »

Sur ses impressions durant le voyage, sur les dispositions qu'il apporte dans la Ville éternelle et l'accueil qu'il y reçoit, on trouverait encore des particularités dans plus d'une lettre écrite alors et plus ou moins semblable à celle qu'on vient de lire. On l'y voit ce qu'il sera toujours, capricieux, mobile, prompt au dégoût, commentant sur tous les tons le même thème : *Tædet animam meam vitæ meæ ;* on l'y voit étalant ses ennuis, dévorant ses plaisirs, moins

---

1. Job.
2. M. de Chateaubriand, dans ses *Mémoires*, dit de Chênedollé qu'il était si triste qu'il se surnommait *le Corbeau*. Il oublie que ce n'était pas Chênedollé seul, que c'étaient presque tous les membres de la petite société de Mme de Beaumont (y compris lui-même) qui prenaient et se donnaient entre eux ce surnom. — La famille de M. de Mussy possédait un bien dans la Bresse, d'où l'on voyait le Mont-Blanc : de là le *Corbeau du Mont-Blanc*.
3. Ce *post-scriptum* est la chose importante, celle qui probablement a fait écrire la lettre. Il s'agissait d'articles de M. Clausel, et aussi d'un article pour le *Mercure* qu'avait promis M. de Mussy à l'occasion des nouvelles éditions du *Génie du Christianisme*. Il sera question encore de cet article dans une lettre de Chateaubriand à Chênedollé écrite de Lyon le 19 prairial. (Voir dans mon livre sur *Chateaubriand et son groupe littéraire* la Notice sur Chênedollé ; on y trouve une quantité de pièces qui se joignent bien à celles-ci.)

sensible à ce qui doit le combler qu'à ce qui peut lui déplaire, et, à peine arrivé, ne visant qu'à repartir. Son amour-propre de chrétien et d'auteur avait eu pourtant de vives jouissances :

« Sa Sainteté m'a reçu hier, écrivait-il à M. Joubert (3 juillet 1803); elle m'a fait asseoir auprès d'elle de la manière la plus affectueuse. Elle m'a montré obligeamment qu'elle lisoit le *Génie du Christianisme* dont elle avoit un volume ouvert sur sa table. On ne peut voir un meilleur homme, un plus digne prélat, et un prince plus simple : ne me prenez pas pour Mme de Sévigné [1]. »

Mais bientôt le vent change, tout se gâte, et Fontanes, son grand appui à la Cour consulaire, en est réduit à écrire à M. Gueneau de Mussy (5 octobre 1803) :

« ... Je voudrois bien, mon cher ami, être heureux en vous, car je ne le suis guère pour mon propre compte. J'ai éprouvé quelques amertumes depuis votre départ. Des étourderies de notre ami Chateaubriand m'ont été vivement reprochées. Je crains bien que ce pauvre ami n'ait choisi la carrière qui lui convenoit le moins. Son ambassadeur [2] est un sot, j'en conviens; mais il est oncle et tout-puissant. Le secrétaire, qui devoit user de la plus grande circonspection auprès d'un ennemi si redoutable, surcharge tous les courriers de ses plaintes. Or, vous savez qu'il y a en Europe un écho qui redit tout : cet écho est à la poste où toutes les lettres sont décachetées. Jugez de l'effet de confidences pareilles. Rome, le cardinal Consalvi, le Pape lui-même, sont les premiers dénonciateurs de notre ami accusé par son ambassadeur. Le Pape n'est plus qu'un *vice-consul*, et c'est ce que n'a pas senti Chateaubriand. Pour comble

---

1. « Il faut convenir que nous avons un grand roi! » disait Mme de Sévigné qui venait de danser avec Louis XIV. — « Je le crois bien, ma cousine, lui répondit Bussy, après ce qu'il vient de faire pour vous. » — Chateaubriand ne veut pas qu'on le prenne pour Mme de Sévigné, et il fait comme elle, et nous aurions fait comme lui.
2. Le cardinal Fesch. — Dans l'ouvrage que l'abbé Lyonnet a consacré à ce prélat (*Le cardinal Fesch, archevêque de Lyon*; 2 vol. 1841), on trouvera au tome Ier, p. 280-284, des détails sur la mésintelligence qui s'était élevée entre lui et son secrétaire d'ambassade. Le cardinal Fesch n'était pas un supérieur accommodant, pas plus que M. de Chateaubriand n'était un subordonné commode.

de ridicule, M•• de Beaumont est en Italie et se rend à Rome. Je suis désolé. Le *Maître* s'est plaint hautement de ce choix. Je défends le mieux qu'il m'est possible mon ami, mais que puis-je contre l'orage? Dimanche dernier pourtant on m'a paru moins irrité. Cependant la prévention reste, et ce qu'il y a de pis, c'est qu'on croira qu'un homme qui écrit est incapable de toute affaire et ne convient à aucune place administrative... »

M•• de Beaumont, déjà bien malade, était donc allée rejoindre M. de Chateaubriand à Rome : elle ne tarda pas à y mourir entre ses bras (4 novembre 1803). Ce qui aurait pu le perdre le releva dans l'opinion. Il s'honora par la manière dont il remplit envers elle tous les devoirs de l'amitié et de la religion. Il trouva moyen de se faire regretter, en partant, de ceux-là mêmes qu'il avait d'abord indisposés. Il avait le don, quand il le voulait, de retourner les cœurs, à commencer par le sien. Au moment de quitter cette Rome qui lui était devenue odieuse, tout d'un coup il se met lui-même à en regretter le séjour, ou du moins il en a l'air. Il écrit à Fontanes une lettre admirable, faite pour être publiée, dans laquelle il célèbre les grandeurs romaines en les égalant par sa parole ; le souvenir de M•• de Beaumont s'y mêlait avec sensibilité et avec art :

« Quiconque s'occupe uniquement de l'étude de l'antiquité et des arts, ou quiconque n'a plus de liens dans la vie, doit venir demeurer à Rome [1]. Là, il trouvera pour société une terre qui nourrira ses réflexions et qui occupera son cœur, des promenades qui lui diront toujours quelque chose. La pierre qu'il foulera aux pieds lui parlera, la poussière que le vent élèvera sur ses pas renfermera quelque grandeur humaine. S'il est malheureux, s'il a mêlé les cendres de ceux qu'il aima à tant de cendres illustres, avec quel charme ne passera-t-il pas du sépulcre des Scipions au dernier asile d'un ami vertueux, du charmant tombeau de *Cecilia Metella* au modeste cer-

---

1. « Rome, disait-il encore en causant, c'est le plus grand appui aux lassitudes de l'âme. »

cueil d'une femme infortunée! Il pourra croire que ces mânes chéris se plaisent à errer autour de ces monuments avec l'Ombre de Cicéron, pleurant encore sa chère Tullie, ou d'Agrippine encore occupée de l'urne de Germanicus. S'il est chrétien, ah! comment pourroit-il alors s'arracher de cette terre qui est devenue sa patrie, de cette terre qui a vu naître un second empire, plus saint dans son berceau, plus grand dans sa puissance que celui qui l'a précédé ; de cette terre où les amis que nous avons perdus, dormant avec les martyrs aux Catacombes sous l'œil du Père des fidèles, paroissent devoir se réveiller les premiers dans leur poussière, et semblent plus voisins des cieux. »

Art, émotion, poésie et magnificence d'expression, qu'est-ce qu'il y a de vrai dans tout cela? Je répondrai : tout cela à la fois; mais c'est dire que l'émotion, la douleur n'est pas souveraine [1].

Revenu à Paris au commencement de 1804, M. de Chateaubriand était nommé ministre dans le Valais, lorsque arriva la fatale affaire du duc d'Enghien, et il envoya sa démission.

Tôt ou tard, et même quand la cause eût été moins noble, on peut dire que ce divorce entre Napoléon et Chateaubriand devait éclater.

1. Cette poésie de Rome, soit de la Rome antique, soit de la Rome catholique, de cette Rome qu'on pourrait appeler *Chateaubrianesque* (tant il se l'était appropriée), il l'eut et la conserva éclatante et vive jusqu'à la fin, et il ne l'a nulle part plus admirablement exprimée, ni d'un sentiment plus religieux, que dans une lettre à Mme Récamier du mercredi saint, 15 avril 1829; il était alors ambassadeur : « Je commence cette lettre le mercredi saint au soir, au sortir de la Chapelle-Sixtine, après avoir assisté à Ténèbres et entendu chanter le *Miserere*. Je me souvenois que vous m'aviez parlé de cette belle cérémonie, et j'en étois à cause de cela cent fois plus touché. C'est vraiment incomparable : cette clarté qui meurt par degrés, ces ombres qui enveloppent peu à peu les merveilles de Michel-Ange ; tous ces cardinaux à genoux, ce nouveau Pape prosterné lui-même au pied de l'autel, où quelques jours avant j'avois vu son prédécesseur; cet admirable chant de souffrance et de miséricorde s'élevant par intervalles dans le silence et la nuit; l'idée d'un Dieu mourant sur la Croix pour expier les crimes et les foiblesses des hommes ; Rome et tous ses souvenirs sous les voûtes du Vatican : que n'étiez-vous là avec moi ! J'aime jusqu'à ces cierges dont la lumière étouffée laissoit échapper une fumée blanche, image d'une vie subitement éteinte. C'est une belle chose que Rome pour tout oublier, pour mépriser tout et pour mourir. » — Il avait même pensé, dans un temps, à placer son tombeau à Rome; il voulait y reposer dans quelque sarcophage antique : il n'y eut qu'un rocher et l'Océan qui lui parurent plus en harmonie avec ses songes durant le long sommeil.

C'est Napoléon qui, dans une lettre à son frère Joseph, alors roi de Naples, écrivait : « Vous vivez trop avec des lettrés et des savants. Ce sont des coquettes avec lesquelles il faut entretenir un commerce de galanterie, et dont il ne faut jamais songer à faire ni sa femme ni son ministre. » Or Chateaubriand était de ces gens de lettres qui veulent devenir ministres. Nous en avons connu depuis comme cela. Il a fait presque autant d'élèves en ce genre que du côté de René, et je doute même qu'il ait été beaucoup plus satisfait des uns que des autres.

Napoléon avait d'ailleurs du goût pour ce talent qui avait de l'extraordinaire et parfois du grand au niveau du sien : « Chateaubriand, disait-il à Sainte-Hélène, a reçu de la nature le feu sacré : ses ouvrages l'attestent. Son style n'est pas celui de Racine, c'est celui du Prophète. Il n'y a que lui au monde qui ait pu dire impunément à la tribune des Pairs que *la redingote grise et le chapeau de Napoléon placés au bout d'un bâton sur la côte de Brest feroient courir l'Europe aux armes*[1]. »

Cette justice rendue par Napoléon est bien ce qui tourmente Chateaubriand et ce qui lui pèse. Il n'en a eu aucune, en retour, à l'égard de Napoléon ; il le sent, et il en a quelque remords. Il essaye après coup de justifier ses violences, et il les aggrave. Il institue dans ses *Mémoires* un antagonisme permanent, un duel fort inégal et presque ridicule entre le dominateur du monde et lui. On l'y voit passer continuellement d'un extrême à l'autre, de l'outrage à l'admiration, de l'hommage à l'invective. Il sent que Napoléon est et sera la grande figure populaire des âges modernes, et il reconnaît l'inconvénient de venir se heurter contre cette idole, lui qui prétend à être une idole aussi. De là les contradictions pénibles et les alternatives inextricables de jugement par lesquelles il essaye de concilier les colères de son passé et les calculs de son avenir. L'observateur désintéressé s'étonne que tant de misères aient trouvé place dans l'âme d'un vrai poëte, ou du moins qu'il ne les ait pas

---

1. Dans la préface de ses *Mélanges politiques* (tome VII, p. 7 de cette édit.) Chateaubriand se défend d'avoir dit exactement cette phrase, et il la rectifie. Je l'aime mieux dans la version de Napoléon.

su maîtriser. — On peut dire que la figure grandissante de Napoléon est devenue, à la lettre, le cauchemar de Chateaubriand.

Pendant son séjour à Rome, Chateaubriand conçut la première idée du poëme des *Martyrs*, et il écrivit ses *Lettres sur l'Italie* à Joubert, sa *Lettre sur Rome* à Fontanes. Cette dernière passe avec raison pour une des productions les plus parfaites et les plus classiques de l'auteur.

Dès les premières pages des *Lettres* à Joubert, on s'aperçoit qu'on n'a plus affaire au jeune disciple de Jean-Jacques, ardent, enthousiaste, qui allait exhaler son premier rêve étouffant à travers les Savanes de l'Amérique. Le voyageur est devenu plus réfléchi, plus rassis ; maître désormais de ses émotions, il ne les prodigue plus. En traversant les Alpes, il est comme en garde contre une admiration nouvelle. On dirait qu'il craint de trop louer à son tour ce que Jean-Jacques a surtout admiré et décrit, ce qu'Oberman décrira. M. de Chateaubriand est et restera le grand antagoniste des montagnes ; il leur en veut ; il a cherché querelle au Mont-Blanc, dans un voyage qu'il y fit en 1805. Nous n'avons pas à discuter ici cette question de *paysagiste* ; des juges compétents lui ont répondu ; et comme vérité, comme sentiment de nature, je ne craindrai pas d'opposer l'autorité de Toppfer à celle de Chateaubriand lui-même. Si vaste que soit l'imagination, on dépend toujours plus ou moins de ses impressions premières. « Chaque homme porte en lui un monde composé de tout ce qu'il a vu et aimé, et où il rentre sans cesse, alors même qu'il parcourt et semble habiter un monde étranger. » C'est l'illustre voyageur qui a dit cela, et il en est la preuve. M. de Chateaubriand aime l'espace, l'infini ; il a commencé par l'embrasser sous la forme des Savanes américaines. Cette forme première de son admiration et de son rêve, il la cherchera un peu partout ; il la retrouvera en partie jusque dans le désert de la Campagne romaine ; mais là où elle manque absolument, et où le développement est en sens inverse, comme dans les montagnes, il se sentira désappointé, désorienté, et il n'entrera qu'à son corps défendant dans ces points de vue nouveaux où la grandeur s'achète par des replis.

Il n'aime les montagnes que comme horizon. Il consent bien à les admirer de loin ; mais de près, elles le diminuent, elles l'écrasent.

En traversant les monts de Savoie, Chateaubriand trouve pourtant de ces traits qui ne sont qu'à lui pour les peindre. Ayant passé Saint-Jean de Maurienne, il est forcé, faute de chevaux, de s'arrêter à Saint-André vers le coucher du soleil.

« J'allai, dit-il, me promener hors du village. L'air devint transparent à la crête des monts ; leurs dentelures se traçoient avec une pureté extraordinaire sur le ciel, tandis qu'une grande nuit sortoit peu à peu du pied de ces monts, et s'élevoit vers leur cime. »

C'est le contraire du *Majoresque cadunt altis de montibus umbræ*. On est déjà dans la montagne ; l'ombre ne descend plus, elle monte. — Sa conclusion sur les Alpes leur est médiocrement favorable :

« En général, les Alpes, quoique plus élevées que les montagnes de l'Amérique septentrionale, ne m'ont pas paru avoir ce caractère original, cette virginité de site que l'on remarque dans les Apalaches, ou même dans les hautes terres du Canada : la hutte d'un Siminole sous un magnolia, ou d'un Chipowais sous un pin, a tout un autre caractère que la cabane d'un Savoyard sous un noyer. »

Ce ne sont pas les Alpes, ô voyageur ! qui ont perdu leur virginité de site ; ce n'est pas l'Iung-Frau, là-bas dans sa fleur de neige, qui a perdu sa fraîcheur première ; c'est votre âme, c'est déjà votre faculté de sentir qui ne l'a plus.

Le voyageur semblait, dans le premier moment, douter de l'Italie elle-même ; mais ici cette froideur ne tient pas longtemps en présence du riche paysage des *Géorgiques*, et dès la seconde lettre il écrit :

« Réparation complète à l'Italie. Vous aurez vu par mon petit journal daté de Turin, que je n'avois pas été très-frappé de la *première vue*. L'effet des environs de Turin est beau, mais ils sentent encore la Gaule ; on peut se croire en Normandie, aux montagnes près... Mes jugements se sont rectifiés en traversant la Lombardie : l'effet ne se produit pourtant sur le voyageur qu'à la longue. Vous voyez d'abord un pays fort riche dans l'ensemble, et vous dites : « C'est bien ; » mais quand vous venez à détailler les objets, l'enchantement arrive. Des prairies, dont la verdure surpasse la fraîcheur et la finesse des gazons anglais, se mêlent à des champs de maïs, de riz et de froment ; ceux-ci sont surmontés de vignes qui passent d'un échalas à l'autre, formant des guirlandes au-dessus des moissons : le tout est semé de mûriers, de noyers, d'ormeaux, de saules, de peupliers, et arrosé de rivières et de canaux. Dispersés sur ces terrains, des paysans et des paysannes, les pieds nus, un grand chapeau de paille sur la tête, fauchent les prairies, coupent les céréales, chantent, conduisent des attelages de bœufs, ou font remonter et descendre des barques sur les courants d'eau. Cette scène se prolonge pendant quarante lieues, en augmentant toujours de richesse jusqu'à Milan, centre du tableau : à droite on aperçoit l'Apennin, à gauche les Alpes. »

Toutes les pages qui suivent sur l'Italie ne sont que des notes ; il se proposait d'en faire une vingtaine de lettres. Il n'y a que celle à M. de Fontanes qu'il ait écrite. Dans ces notes, prises au courant de la plume et nourries de souvenirs classiques, il y a de belles pensées, bien que trop d'antithèses [1]. On y trouve le premier jet de ce qu'il reprendra et encadrera plus tard dans *les Martyrs*. Eudore ne fera souvent que répéter les mêmes impressions et presque les mêmes paroles que notre voyageur. Ainsi, à propos de sa course au Vésuve, M. de Chateaubriand nous dit : « Né sur les rochers de

---

1. Cet abus est surtout sensible dans la Lettre sur la *Villa Adriana*. — Cette antithèse et ce cliquetis de souvenirs se retrouveront, à plus de trente ans de distance, dans un Fragment descriptif sur le château de Maintenon (*Souvenirs et Correspondance* de Mme Récamier, t. II, p. 453), mais alors à l'état de décadence visible.

l'Armorique, le premier bruit qui a frappé mon oreille en venant au monde est celui de la mer ; et sur combien de rivages n'ai-je pas vu depuis se briser ces mêmes flots que je retrouve ici ! Qui m'eût dit, il y a quelques années, que j'entendrois gémir aux tombeaux de Scipion et de Virgile ces vagues qui se dérouloient à mes pieds sur les côtes de l'Angleterre, ou sur les grèves du Maryland ?... » Eudore aura le même mouvement et le rendra mot pour mot dans les mêmes termes : « Né au pied du mont Taygète, me disois-je, le triste murmure de la mer est le premier son qui ait frappé mon oreille... » Et ce qui suit. Mais n'anticipons pas.

En général, M. de Chateaubriand est un peu trop disposé à s'étonner de sa destinée, et à prendre comme chose singulière et qui n'arrive qu'à lui ce qui est le sort de bien des hommes en cet âge. Et qui donc, de nos jours, n'a pas voyagé ? Qui n'a pas essuyé la pluie et le soleil sous bien des climats ? Qui n'a pas été tantôt ministre ou ambassadeur, tantôt pauvre diable ? Homme, pourquoi tant s'étonner d'avoir été sujet aux diverses chances humaines ? Était-ce la peine de tant courir le monde, pour ne sortir jamais de soi[1] ?

La Lettre à M. de Fontanes sur la Campagne romaine est comme un paysage de Claude Lorrain ou de Poussin : *lumière du Lorrain et cadre du Poussin !*

« Figurez-vous quelque chose de la désolation de Tyr et de Babylone dont parle l'Écriture ; un silence et une solitude aussi

---

[1]. Montaigne n'était pas ainsi : « Il se tire, disait-il, une merveilleuse clarté pour le jugement humain de la fréquentation du monde : nous sommes touts contraincts et amoncelez en nous, et avons la veue raccourcie à la longueur de nostre nez... A qui il gresle sur la teste, tout l'hemisphere semble estre en tempeste et orage... Ce grand monde, c'est le mirouer où il nous fault regarder, pour nous cognoistre de bon biais... Tant de remuements d'estat et changements de fortune publique nous instruisent à ne pas faire grand miracle de la nostre... » (*Essais*, liv. I, chap. XXV.) M. de Chateaubriand, au contraire, fit toujours *grand miracle* de sa fortune. A chaque accident qui lui arrivait, il disait avec un mélange de satisfaction et de tristesse : « Je suis né pour tous les malheurs ! De telles choses n'arrivent qu'à moi ! »

vastes que le bruit et le tumulte des hommes qui se pressoient jadis sur ce sol. (Il faut lire toute cette page)... Vous croirez peut-être, mon cher ami, d'après cette description, qu'il n'y a rien de plus affreux que les campagnes romaines? Vous vous tromperiez beaucoup ; elles ont une inconcevable grandeur ; on est toujours prêt, en les regardant, à s'écrier avec Virgile : *Salve, magna Parens...* Rien n'est comparable pour la beauté aux lignes de l'horizon romain, à la douce inclinaison des plans, aux contours suaves et fuyants des montages qui le terminent... »

Je ne fais que donner la note, et je renvoie à l'admirable développement. Parlant des femmes romaines, de ce caractère matronal et digne qui les distingue dès la jeunesse bien plus que la grâce, il dit :

« La beauté des femmes est un autre trait distinctif de Rome : elles rappellent par leur port et leur démarche les Clélie et les Cornélie ; on croiroit voir des statues antiques de Junon ou de Pallas descendues de leur piédestal et se promenant autour de leurs temples. »

Notez que c'est ce dernier trait qui achève et accomplit la pensée. *On croiroit voir des statues antiques de Junon et de Pallas,* on trouverait encore cela assez aisément, et on s'arrêterait satisfait. Le reste est du grand écrivain, qui ne laisse rien à dire après lui et qui ferme le cercle d'or.

— Je me permettrai de donner ici, pour conclure sur ce côté *romain* de Chateaubriand, une note prise autrefois après une conversation tout historique, dans laquelle je l'avais entendu s'inspirer du souvenir de ces mêmes grandeurs. Nous avons eu l'occasion de le voir à son désavantage dans le solennel ; c'est justice que nous le surprenions cette fois à son honneur dans le familier. Voici cette note, toute familière en effet :

« ... L'autre jour chez Mme Récamier la conversation fut plus sérieuse et d'un intérêt moins gai (que le jour précédent), mais vraiment grandiose. Ampère revenait de Rome; il n'avait pas encore vu M. de Chateaubriand. A peine la main serrée, ce furent des nouvelles sans fin de la Ville éternelle : et les fouilles et le Colisée, et ce bouquet d'arbres proche Saint-Jean-de-Latran, et la découverte si belle et si imprévue de la campagne au sortir de la porte Saint-Pancrace ; et ces ruines sans nom, entassées, dites *Roma vecchia !...* M. de Chateaubriand se rappelait tout ; il racontait ses promenades dans ces plaines austères dont il sait chaque butte, chaque repli autant et mieux que pour notre plaine de Montrouge. J'écoutais, voyant dans ces grands récits l'image exacte des lieux témoins des choses immortelles. — Survint le duc de Laval qui, aussitôt la main serrée à Ampère, demanda qui il avait vu, non pas quels objets, quelles ruines, mais quelles personnes, quels chargés d'affaires. — M. de Chateaubriand fit remarquer tout bas à Mme Récamier que le caractère des personnes se trahit aux questions qu'on fait d'abord. Puis la conversation tournant à la société actuelle, à l'emploi à faire de ses facultés et de sa vie, M. de Chateaubriand reprenant éloquemment le discours, et toujours l'image de Rome dans le fond, se mit à nous exhorter, nous plus jeunes, à ne pas nous perdre dans l'action journalière, dévorante, inutile ; que le meilleur moyen d'aider l'avenir en des moments de transition et de décomposition ou recomposition sociale intermédiaire comme aujourd'hui, c'était de s'appliquer au passé non encore aboli, à l'histoire sous ses diverses formes, de s'attacher à reproduire, à peindre ce dont la mémoire autrement s'évanouirait bientôt. Si sous les empereurs, à Rome, on avait fait ainsi, que de souvenirs eussent été conservés des plus beaux temps et des plus illustres caractères ! Il était éloquent, sincère, plein de sens et de gravité à parler ainsi. J'aurais dû noter tout son discours, aussitôt entendu. C'était une inspiration historique qui lui venait des ruines romaines où son imagination l'avait reporté. »

— Sa démission donnée, le plan des *Martyrs* conçu, et plusieurs parties du poëme étant déjà exécutées [1], au lieu de se hâter, de se

---

[1]. « Parlez-moi de Chateaubriand et du *bel ouvrage dont j'ai lu les cinq premiers chants.* » (Lettre de Fontanes à Gueneau de Mussy, écrite de Nîmes le 31 mai 1805.)

satisfaire à trop peu de frais en le terminant vite et le publiant, au lieu de s'amollir sur place dans une vie de succès et de loisir, M. de Chateaubriand partit courageusement, en juillet 1806, pour visiter la Grèce, l'Orient, Jérusalem, les ruines de Memphis ; il devait revenir par l'Espagne et par l'Alhambra. Le reste de sa vie poétique et des écrits qui s'y rattachent se trouve compris et rappelé dans ce cercle de noms brillants ; il en sortit *les Martyrs*, *l'Itinéraire*, *le dernier Abencérage*, toute sa moisson sous l'Empire avant la politique et la vie d'action. — Commençons par *les Martyrs*, qui parurent en 1809.

XIV.

On peut distinguer trois sortes d'épopées, et comme trois âges. Les épopées du premier âge sont celles qu'on a tant remises en honneur dans ces derniers temps, les épopées populaires. On a un peu prodigué ce nom ; on l'a appliqué à des chansons, à des romances qui se suivent à peine et que le rhapsode n'avait pas encore cousues. Les grands monuments qui méritent véritablement ce titre sont dans l'Antiquité *l'Iliade* et *l'Odyssée*, chez les modernes *les Niebelungen*. Un poëte vient qui rassemble ce qui était épars dans la tradition populaire et le met en œuvre avec plus ou moins de génie. C'est là le premier corps et la première forme de l'épopée. Quand la puissance du génie s'y mêle à la naïveté des mœurs, rien n'égale cette grandeur et cette sublimité primitive, à la fois plus humaine et plus voisine des Dieux.

La seconde espèce d'épopée est cultivée et savante. A une époque de littérature avancée, un homme de talent ou de génie se propose un sujet grandiose, s'y applique dans le cabinet, et exécute une œuvre toute d'art, mais où il aura pu fondre habilement les imitations du passé, les traditions nationales, les passions humaines et sa propre sensibilité. C'est là l'épopée d'Apollonius de Rhodes, de Virgile, du Tasse, de Milton, de Klopstock. Si on la prend dans ses chefs-d'œuvre, elle ne reconnaît pour supérieures que les incomparables *Iliade* et *Odyssée*, et elle offre aux natures cultivées et sensibles mille sources de jouissances délicates et mille charmes.

Il semble que toutes les épopées connues doivent se ranger dans l'une ou dans l'autre de ces familles. Et en effet, elles s'y rangent à peu près toutes à ma connaissance, — toutes excepté une seule, l'épopée des *Martyrs*. Celle-ci n'est pas seulement une épopée d'art, d'étude et de réflexion; elle a cela de particulier qu'elle a été faite expressément à l'appui d'une théorie; elle a été conçue comme preuve justificative d'un système. — « J'ai prétendu que le Christianisme avoit un merveilleux supérieur en intérêt et en puissance, même à ne le prendre que comme mythologie, à la fable antique; que les caractères d'époux, de père, d'amant, y devenoient aussitôt plus grands et plus beaux que tout ce que l'Antiquité païenne nous a offert d'achevé en ce genre. Vous en doutez, et moi je le prouve par un exemple : lisez *les Martyrs*. »

Telle a été à peu près l'argumentation de laquelle est sorti le poëme. On remarquera en effet que cette épopée se ressent, par une certaine raideur, du raisonnement d'où elle est née, et il y a de quoi s'étonner encore qu'elle reste en bien des parties si réellement belle, et que la gageure de l'auteur (car c'en était une en face de la critique hostile) ait été si bien tenue.

Si *l'Iliade* et *l'Odyssée* sont les chefs-d'œuvre de l'épopée qui se peut nommer *populaire*; si *l'Énéide* est le chef-d'œuvre de l'épopée *savante*, pourquoi ne pas dire que *les Martyrs* sont le phénix de l'épopée *systématique?*

Je ne prétends pas que l'auteur ait prouvé tout ce qu'il voulait. Même après l'avoir lu, on peut trouver qu'il excelle surtout à nous rendre les antiques beautés, les grâces païennes, les amours naissantes, et, mieux encore, les tendres regrets qui s'attachent aux douces et trop chères erreurs. On peut trouver que l'endroit le plus touchant de ce nouvel Augustin qu'on appelle Eudore, ce sont encore les larmes qu'il verse au souvenir de ses belles et coupables Didon. Toutefois, la puissance du talent n'a été en défaut nulle part, et, même dans les endroits qui pouvaient sembler les plus rudes à traverser et les plus austères, la baguette magique a su produire des prestiges sacrés qui font presque l'effet des miracles dus à la verge d'Aaron.

XV.

Avant *les Martyrs*, M. de Chateaubriand avait déjà fait une ébauche d'épopée, *les Natchez*, dont il n'avait publié que les épisodes retouchés de *René* et d'*Atala*. Ces *Natchez* ont été imprimés plus tard, dans l'édition de 1826. A vrai dire, c'est la première manière épique de M. de Chateaubriand ; *les Martyrs* ne sont que la seconde, et *le dernier Abencérage* peut nous représenter la troisième.

Dans ces trois manières successives, on a toute l'échelle du talent. Le poëte, qui avait commencé par une sorte de grandeur et aussi d'extravagance d'imagination, mais qui avait rencontré la passion et la flamme, arrive à se réduire, à se maîtriser, et il atteint en quelque sorte la perfection classique de son genre et de son génie. On peut même trouver qu'il la dépasse dans *le dernier Abencérage,* lequel déjà, malgré sa grâce chevaleresque, est un peu raide et un peu sec de lignes. Sa manière se force de plus en plus en avançant.

Quant aux *Martyrs*, ils représentent bien certainement le moment le plus parfait et le plus juste, celui dans lequel le talent se montre encore très-développé, et où il n'est pourtant plus aussi extraordinaire et aussi étrange.

Je dis ceci en songeant aux *Natchez* que je n'aborderai pas, car nous n'en sortirions jamais : qu'il nous suffise d'en avoir pris une idée par ce qui en est à la fois le plus brillant et le plus fidèle échantillon, par *Atala*. Les *Natchez* ont été comme une vaste forêt vierge dans laquelle l'auteur avait tout jeté d'abord, tellement qu'il a pu y puiser pour toutes ses compositions suivantes sans presque paraître l'entamer.

On ne saurait se figurer en effet, si l'on n'a pris la peine (car c'en est une) de tout lire, quelle prodigieuse fertilité d'imagination il y a déployée, que d'inventions, que de machines, surtout quelle profusion de figures proprement dites, de similitudes, les plus ingénieuses à côté des plus bizarres, un mélange à tout moment de grotesque et de charmant. Mais certes, au sortir de ce poëme, il était rompu aux images, il avait la main faite à tout en ce genre. Jamais l'art de la comparaison homérique n'a été poussé plus loin, non pas seulement le procédé de l'imitation directe, mais celui de la transposition. C'est un tour de force perpétuel que cette reprise d'Homère en iroquois. Après *les Natchez,* tout ce qui nous étonne en ce genre dans *les Martyrs* n'était pour l'auteur qu'un jeu.

— Tout le début des *Martyrs* se sent de l'appareil épique obligé; c'est imité, traduit, c'est du pastiche fait avec talent. Je ne dis pas cela des invocations seulement, mais des personnages et de leur entrée en scène. Démodocus est un grand prêtre homérique, tout affublé des lambeaux et des centons de son aïeul (*pannis homericis*). Le talent propre à l'auteur se retrouve d'abord dans les descriptions : ainsi, quand il nous peint le retour de Cymodocée s'en revenant seule la nuit avec sa nourrice, de la fête de Diane qui s'était célébrée à Limné :

« C'étoit une de ces nuits dont les ombres transparentes semblent craindre de cacher le beau ciel de la Grèce : ce n'étoient point des ténèbres, c'étoit seulement l'absence du jour. L'air étoit doux comme le lait et le miel; et l'on sentoit à le respirer un charme inexprimable. Les sommets du Taygète, les promontoires opposés de Colonides et d'Acritas, la mer de Messénie brilloient de la plus tendre lumière; une flotte ionienne baissoit ses voiles pour entrer au port de Coronée, comme une troupe de colombes passagères ploie ses ailes pour se reposer sur un rivage hospitalier; Alcyon gémissoit doucement sur son nid, et le vent de la nuit apportoit à Cymodocée les parfums du dictame et la voix lointaine de Neptune; assis dans la vallée, le berger contemploit la lune au milieu du brillant cortége des étoiles, et il se réjouissoit dans son cœur. »

Voilà le talent; mais on sent le calcul et la mythologie de décadence ou plutôt de renaissance, un peu la mythologie d'opéra, dans ces raffinements et ces ajustements tout symétriques qu'on rencontre bientôt après. Ainsi, quand Cymodocée égarée aperçoit près d'une source Eudore endormi :

« La lumière de l'astre de la nuit, passant entre les branches de deux cyprès, éclairoit le visage du chasseur : tel un successeur d'Apelles a représenté le sommeil d'Endymion. La fille de Démodocus crut en effet que ce jeune homme étoit l'amant de la reine des forêts : une plainte du Zéphyr lui parut être un soupir de la déesse, et elle prit un rayon fugitif de la lune dans le bocage pour le bord de la tunique blanche de Diane qui se retiroit. »

Ce peut être là du Girodet, ce n'est plus de l'Homère.

En tout, soit dans la composition, soit dans les comparaisons et le détail du style, ce qui manque tout à fait aux *Martyrs* et dont l'absence, à la longue, fatigue le lecteur, c'est un peu de négligence (cet ἀφέλεια dont il parle tant et qu'il a si peu), un peu de nonchaloir, le *quandoque bonus...*; jamais un peu de cette bonhomie qui s'oublie et qui sommeille. Jamais il ne lui arrivera, en liant sa gerbe, de laisser échapper par mégarde un épi.

Quand on vient de relire les premiers livres de *l'Odyssée*, on est surtout frappé de cette différence, et l'on admire combien l'antique au naturel, puisé à la source, est moins chargé que cet antique refait et de troisième main.

On avait déjà l'antique au second degré chez Fénelon. Le *Télémaque* n'est, à vrai dire, qu'une charmante intercalation de *l'Odyssée*, une intercalation qui se glisse ingénieusement entre les chants IV et V du poëme. Mais l'aimable auteur du *Télémaque*, l'imagination toute remplie de ses souvenirs, n'a affecté aucun effort ; il ne lutte pas, il ne vise pas à l'antagonisme. Comme il est à la fois naturellement antique et naturellement chrétien, le Christianisme sous sa plume coule et s'infuse avec douceur sous la forme homérique, et la varie insensiblement, sans paraître l'altérer.

On a dit des *Gaules* de Bernardin de Saint-Pierre et de leur *sim-*

plicité cherchée : « Au premier abord cela a l'air plus antique que Fénelon, mais au fond cela l'est beaucoup moins [1]. » On peut le dire à plus forte raison des *Martyrs*.

L'arrivée de Démodocus et de sa fille dans la famille de Lasthénès est véritablement belle, et l'auteur ne la doit qu'à lui : il a su peindre, dans ces scènes patriarcales et toutes bibliques de la postérité de Philopœmen, le charme simple et vertueux d'une famille de premiers Chrétiens. Cela est neuf, cela est vrai ; les souvenirs et les traditions diverses s'y combinent sans se heurter. Il y a de l'Hésiode, mais la réminiscence d'Ascrée s'adoucit encore en venant se ranger à l'ombre du noyer béni.

En revanche, le Paradis qui suit est bien obscur et tourmenté ; le poëte ne sait qu'inventer et se jette dans les merveilles de l'Apocalypse. Il perd là dans son Ciel tout ce qu'il venait de gagner sur la terre. En général on a remarqué que les Paradis sont ennuyeux, tels qu'on les décrit : on s'entend mieux à nous figurer les Enfers ou même les Purgatoires : « Mais quant au Paradis, disait une femme d'esprit, c'est plus difficile, on manque de renseignements. »

— Le récit d'Eudore commence ; c'est la belle partie de l'ouvrage. Dans une petite île qui marque le confluent du Ladon et de l'Alphée, et qui rappelle la scène de quelques beaux dialogues de Platon ou de Cicéron, la famille de Lasthénès s'assemble pour entendre le jeune héros de la pénitence. L'évêque Cyrille est présent ; Démodocus y assiste ainsi que sa fille. Eudore, sûr alors de n'être point interrompu, reprend dès l'origine le récit de ses aventures. Tout dans les lieux d'alentour comme chez les auditeurs qui font cercle, tout figure aux yeux et retrace à la pensée le contraste des deux religions : la jeune prêtresse des Muses et le fleuve amant d'Aréthuse sont là, et aussi l'évêque déjà martyr.

Les premières paroles d'Eudore sont tout empreintes de l'inspiration et du sentiment antiques. Le jeune descendant de Philopœmen rappelle comment ce sang qu'il tient du héros est la première origine de ses malheurs ; le chrétien retrouve des accents

---

[1]. Conversation de Joubert et de Chênedollé.

qui sont un écho de Plutarque : « J'eus pour ancêtre paternel Philopœmen. Vous savez qu'il osa seul s'opposer aux Romains, quand ce peuple libre ravit la liberté à la Grèce. Mon aïeul succomba dans sa noble entreprise ; mais qu'importent la mort et les revers, si notre nom, prononcé dans la postérité, va faire battre un cœur généreux, deux mille ans après notre vie ! » Les Romains exigèrent, depuis, que l'aîné de cette famille héroïque fût envoyé à Rome, dès qu'il aurait atteint l'âge de seize ans, pour y servir d'otage et s'y façonner aux habitudes de ses maîtres. C'est donc à seize ans qu'Eudore quitte sa patrie et qu'il s'embarque pour la grande ville. Une tempête qui vient à propos, et qui le rejette sur les côtes d'Asie et de la Troade, en vue du tombeau d'Achille, le met à même de parcourir au retour et de décrire les îles brillantes de l'Archipel : « Nous parcourûmes cet Archipel de la Grèce où l'aménité des rivages, l'éclat de la lumière... (il faut tout lire). » Un Grec qui est sur le même vaisseau qu'Eudore verse des larmes au souvenir des grandeurs évanouies de sa patrie :

« Son désespoir redoubla lorsque nous traversâmes le golfe de Mégare. Devant nous étoit Égine, à droite le Pirée, à gauche Corinthe. Ces villes, jadis si florissantes, n'offroient que des monceaux de ruines. Les matelots mêmes parurent touchés de ce spectacle. La foule accourue sur le pont gardoit le silence : chacun tenoit ses regards attachés à ces débris ; chacun en tiroit peut-être secrètement une consolation dans ses maux en songeant combien nos propres douleurs sont peu de chose comparées à ces calamités qui frappent des nations entières, et qui avoient étendu sous nos yeux les cadavres de ces cités.

« Cette leçon sembloit au-dessus de ma raison naissante, cependant je l'entendis ; mais d'autres jeunes gens qui se trouvoient avec moi sur le vaisseau y furent insensibles. D'où venoit cette différence ? De nos religions : ils étoient païens, j'étois chrétien. »

Eudore n'a fait en cet endroit que traduire la lettre célèbre de Sulpicius à Cicéron, c'est-à-dire traduire un païen. Il peut donc nous sembler un peu excessif qu'il refuse en ce moment même le sentiment de ces choses aux jeunes gens de son âge, uniquement parce qu'ils sont païens. Quoi qu'en dise Eudore, de jeunes Grecs de seize ans étaient peut-être fort en état, à cette date de la fin du IIIe siècle, de sentir la moralité de ce spectacle et de verser de nobles larmes : il suffisait qu'ils fussent bien doués.

La liaison d'Eudore à Rome avec les jeunes Augustin, Jérôme, et le prince Constantin, avec les deux premiers surtout, est pleine de charme : on y sent passer, comme dans un parfum étouffant, les souvenirs ou les rêves délicieux de toute jeunesse poétique à peine éclose. En revanche, tout à côté, le sophiste Hiéroclès est chargé de couleurs odieuses qui repoussent plus qu'il n'était besoin : c'est un personnage sacrifié ; on sent trop l'odieux combiné à dessein par le peintre :

« Sa personne même semble repousser l'affection et la confiance : son front étroit et comprimé annonce l'obstination et l'esprit de système ; ses yeux faux ont quelque chose d'inquiet comme ceux d'une bête sauvage ; son regard est à la fois timide et féroce ; ses lèvres épaisses sont presque toujours entr'ouvertes par un sourire vil et cruel ; ses cheveux rares et inflexibles, qui pendent en désordre, semblent n'appartenir en rien à cette chevelure que Dieu jeta comme un voile sur les épaules du jeune homme, et comme une couronne sur la tête du vieillard. Je ne sais quoi de cynique et de honteux respire dans tous les traits du sophiste : on voit que ses ignobles mains porteroient mal l'épée du soldat, mais qu'elles tiendroient aisément la plume de l'athée ou le fer du bourreau. — Telle est la laideur de l'homme quand il est, pour ainsi dire, resté seul avec son corps, et qu'il renonce à son âme. »

C'est là une laideur systématique et qui manque son effet à force de le chercher. L'auteur parle de *sophiste* ; il y a du procédé de *sophiste* dans ce portrait-là. Je crois déjà lire une page de cette autre plume non moins célèbre, et qui, versatile et violente, catholique ou révoltée, aimait ces sortes d'insultes jetées à la face de l'adversaire ;

plus d'un trait pourrait être de La Mennais. Et n'y a-t-il pas encore aujourd'hui des esprits de qualité superfine, qui se croient intéressés à soutenir que Julien l'Apostat était laid et avait la lèvre inférieure pendante? C'est un reste de mauvais Chateaubriand.

Dans les confessions en général (je ne parle, bien entendu, que des confessions littéraires, j'ignore s'il en est ainsi des autres), un des charmes qui les prolongent et les multiplient, c'est qu'on aime à repasser sur certaines fautes même dont on se repent. Un habile homme, qui connaissait bien le cœur, l'a remarqué : « Il y a peu de conversions où l'on ne sente un mélange secret de la douceur du souvenir et de la douleur de la pénitence. On pleure, il est vrai, avec une pleine amertume, un crime odieux; mais le souvenir des vices *qui nous furent chers* laisse toujours un peu de tendresse pour eux, mêlée à nos larmes : il y a quelque chose d'amoureux au repentir d'une passion amoureuse; et cette passion est en nous si naturelle, qu'on ne se repent point sans amour d'avoir aimé[1]. » Nulle part cette pensée fine du moraliste ne se vérifie mieux qu'en lisant cette partie du récit d'Eudore qui nous retrace l'été passé à Naples :

« Je compterois, Seigneurs, parmi les beaux jours de ma vie l'été que je passai près de Naples avec Augustin et Jérôme, s'il pouvoit y avoir de beaux jours dans l'oubli de Dieu et les mensonges des passions... Nous fréquentions surtout à Naples le palais d'Aglaé, dame romaine dont je vous ai déjà prononcé le nom. Elle étoit de race de sénateurs et fille du proconsul Arsace. Ses richesses étoient immenses : soixante-treize intendants gouvernoient son bien, et elle avoit donné trois fois les jeux publics à ses dépens. Sa beauté égaloit ses talents et ses grâces; elle réunissoit autour d'elle tout ce qui conservoit encore l'élégance des manières et le goût des lettres et des arts. Heureuse, si dans la décadence de Rome elle eût mieux aimé devenir une seconde Cornélie, que de rappeler le sou-

---

[1]. Saint-Évremond, dans ce charmant essai : *Que la dévotion est le dernier des amours.* — Tels les pleurs des Héloïse, des La Vallière, des Eudore.

venir des femmes trop célèbres chantées par Ovide, Properce et Tibulle!...

« Nous passions une partie des nuits au milieu de cette compagnie séduisante et dangereuse; j'habitois avec Augustin et Jérôme la villa de Constantin, bâtie sur le penchant du mont Pausilype. Chaque matin, aussitôt que l'aurore commençoit à paroître, je me rendois sous un portique qui s'étendoit le long de la mer. Le soleil se levoit devant moi sur le Vésuve : il illuminoit de ses feux les plus doux la chaîne des montagnes de Salerne, l'azur de la mer parsemée des voiles blanches des pêcheurs, les îles de Caprée, d'OEnaria et de Prochita, la mer, le cap Misène, et Baïes avec tous ses enchantements.

« Des fleurs et des fruits humides de rosée sont moins suaves et moins frais que le paysage de Naples sortant des ombres de la nuit. J'étois toujours surpris en arrivant au portique de me trouver au bord de la mer; car les vagues dans cet endroit faisoient à peine entendre le léger murmure d'une fontaine. En extase devant ce tableau, je m'appuyois contre une colonne, et, sans pensée, sans désir, sans projet, je restois des heures entières à respirer un air délicieux. Le charme étoit si profond, qu'il me sembloit que cet air divin transformoit ma propre substance, et qu'avec un plaisir indicible je m'élevois vers le firmament comme un pur esprit. Dieu tout puissant! que j'étois loin d'être cette intelligence céleste dégagée des chaînes des passions! combien ce corps grossier m'attachoit à la poussière du monde, et que j'étois misérable d'être si sensible aux charmes de la création et de penser si peu au Créateur! Ah! tandis que, libre en apparence, je croyois nager dans la lumière, quelque chrétien chargé de fers et plongé pour la foi dans les cachots étoit celui qui abandonnoit véritablement la terre et montoit glorieux dans les rayons du Soleil éternel!

« Hélas! nous poursuivions nos faux plaisirs! Attendre ou chercher une beauté coupable, la voir s'avancer dans une nacelle et nous sourire du milieu des flots, voguer avec elle sur la mer dont nous semions la surface de fleurs, suivre l'enchanteresse au fond de ce bois de myrtes et dans les champs heureux où Virgile plaça l'Élysée : telle étoit l'occupation de nos jours, source intarissable de larmes et de repentir. Peut-être est-il des climats dangereux à la vertu par leur extrême volupté. Et n'est-ce point ce que voulut enseigner une fable ingénieuse en racontant que Parthénope fut bâtie sur le tombeau d'une Sirène? L'éclat velouté de la campagne, la tiède température de l'air, les contours arrondis des montagnes, les molles inflexions des fleuves et des vallées sont à Naples autant de séductions pour les sens, que tout repose et que rien ne blesse. Le Napolitain demi-nu, content de se sentir vivre sous les influences d'un ciel propice, refuse de travailler aussitôt qu'il a gagné l'obole qui suffit au pain du jour. Il passe la moitié de sa vie immobile aux rayons du soleil, et l'autre à se faire traîner dans un char en poussant des cris de joie; la nuit il se jette sur les marches d'un temple et dort, sans souci de l'avenir, aux pieds des statues de ses dieux. »

Tous ceux qui ont vu Naples et qui se sont bercés au golfe de la Sirène salueront ici la divine peinture. J'ai dit que M. de Chateaubriand, dans le partage de l'Italie, occupait plutôt Rome, et qu'il laissait Naples à Lamartine; mais ici les voilà rivaux, et Lamartine a eu besoin encore de toute la mélodie de son vers pour n'être point effacé par le prosateur qui le devance. Dans cette belle pièce du *Passé* à M. de Virieu (je ne veux pas tout citer, je ne veux donner que la note) :

> Combien de fois près du rivage
> Où Nisida dort sur les mers,
> La beauté crédule ou volage
> Accourut à nos doux concerts!
> Combien de fois la barque errante
> Berça sur l'onde transparente
> Deux couples par l'Amour conduits,
> Tandis qu'une déesse amie
> Jetait sur la vague endormie
> Le voile parfumé des nuits!

N'est-ce pas juste le même motif que dans ce couplet de Chateaubriand-*Eudore* : « Attendre ou chercher une beauté coupable...? » Et encore, toutes ces stances célestes sur *Ischia* :

> Maintenant sous le ciel tout repose, ou tout aime :
> La vague, en ondulant, vient dormir sur le bord;

La fleur dort sur sa tige, et la nature même
Sous le dais de la nuit se recueille et s'endort.

Vois : la mousse a pour nous tapissé la vallée ;
Le pampre s'y recourbe en replis tortueux,
Et l'haleine de l'onde, à l'oranger mêlée,
De ses fleurs qu'elle effeuille embaume mes cheveux.

A la molle clarté de la voûte sereine
Nous chanterons ensemble assis sous le jasmin,
Jusqu'à l'heure où la lune, en glissant vers Misène,
Se perd en pâlissant dans les feux du matin...

C'est divin de mélodie, mais c'est plus vague de contour et plus amolli de ton que Chateaubriand dans la même peinture. Le paysage de Naples n'est pas si noyé, l'horizon n'est pas si vaporeux que le font paraître à la longue les vers de Lamartine. Il y a la netteté dans la suavité.

On retrouve dans cette partie du récit d'Eudore plus d'une réminiscence de saint Augustin ; par exemple : « Ne croyez pas que nous fussions heureux au milieu de ces voluptés trompeuses : une inquiétude indéfinissable nous tourmentoit. Notre bonheur eût été d'être aimés aussi bien que d'aimer, car on veut trouver la vie dans ce qu'on aime ; mais, au lieu de vérité et de paix dans nos tendresses, nous ne rencontrions qu'imposture, larmes, jalousie, indifférence... » — Au chapitre Ier du IIIe livre des *Confessions*, saint Augustin s'écrie, dans un sentiment qui semble le même : « Nondum amabam et amare amabam... Quærebam quod amarem, amans amare... Sed si non haberent animam, non utique amarentur. Amare et amari dulce mihi erat magis... » Mais si on lit saint Augustin d'une manière continue, on en éprouvera un effet total tout différent : l'impression qui résulte de ces peintures de voluptés n'est point agréable ; il les flétrit, il les enlaidit et les salit le plus qu'il peut en son style bizarre empreint d'une rhétorique sincère, et à peine çà et là quelque mot flatteur vient-il rappeler l'enchantement du passé. Ici, chez Eudore, chez le chrétien par littérature, c'est le contraire, et je ne lui en fais pas un reproche : une confession nue, réelle et avec le vice peint en laid, serait intolérable.

Une remarque pourtant ne saurait échapper; il a beau s'arrêter parfois en s'écriant : « Mais pourquoi, Seigneurs, continuerois-je à vous peindre les désordres de trois insensés? » il se complaît évidemment à les décrire et à se confesser devant Cymodocée; c'est une coquette à sa manière que ce bel Eudore [1]. Il est immanquable que la jeune fille va devenir amoureuse en l'écoutant. Démodocus, est-il dit, n'avait presque rien compris au récit d'Eudore [2] : « Cymodocée, au contraire, avoit merveilleusement entendu le fils de Lasthenès; mais elle ne savoit pourquoi elle se sentoit si triste en pensant qu'Eudore avoit beaucoup aimé, et qu'il se repentoit d'avoir aimé. Penchée sur le sein de son père, elle lui disoit tout bas : Mon père, je pleure comme si j'étois chrétienne! »

Si le vieux Cyrille avait eu toute sa présence d'esprit épiscopale, il aurait dit à Eudore : « C'est bien, mon fils, mais passez un peu plus légèrement sur vos chers repentirs; attendez que nous soyons seuls et entre vieillards : la pudeur ne permet pas d'étaler ces confessions complaisantes devant des vierges. »

Il y a un moment sans doute où Eudore sent lui-même qu'il ne peut continuer avec convenance; c'est quand il va aborder l'épisode de Velléda : « Ici Eudore s'interrompit tout à coup : il parut embarrassé, baissa les yeux, les reporta malgré lui sur Cymodocée, qui rougit comme si elle eût pénétré la pensée d'Eudore. »

---

1. Tandis qu'Eudore parle, et, d'une voix hypocrite à force d'être mélodieuse, caresse si longuement son repentir, il me semble entendre à deux pas de là, derrière un arbre, un Faune moqueur qui joue sur sa flûte un air tendre, et j'y mets ces paroles de la Fontaine : *Hélas! quand reviendront de semblables moments?...* ou encore ce joli vers de Moncrif sur les belles heures envolées :

   Rendez-les moi, grands dieux, pour les reperdre encore!

Les roseaux du Ladon devaient soupirer quelque chose comme cela, à certains moments du récit, bien moins chrétien que voluptueux.

2. Ce bonhomme Démodocus est par trop ridicule; lâchons le mot, c'est une *ganache* homérique; il ne peut ouvrir la bouche sans laisser échapper une ingénuité. — Quel âge peut donc avoir Démodocus? Il s'est marié *jeune;* il a perdu sa femme de très-bonne heure; elle lui a donné une fille unique qui a quinze ou seize ans au moment où le poëme commence : Démodocus a tout au plus quarante ans. C'est s'y prendre un peu trop tôt pour baisser et radoter. « Mon fils, tels sont les vieillards, lui fait-on dire; lorsqu'ils ont commencé un discours, ils s'enchantent de leur propre sagesse; un dieu les pousse, et ils ne peuvent plus s'arrêter. » Il parle de lui comme d'un Nestor. Il n'est que la charge de Nestor.

Cyrille, il le faut bien, s'aperçoit de leur trouble, et trouve un prétexte pour faire sortir les jeunes filles. Mais quand Cymodocée sort à ce moment, il est déjà bien tard, et la biche de Diane emporte le trait dont elle est blessée. Après tout il n'y a pas grand mal, et je ne relève ce point que parce que l'auteur s'est piqué d'une entière orthodoxie : il n'a pu obtenir tout son charme qu'en y dérogeant [1].

Eudore est envoyé à l'armée du Rhin sous Constance. Ses impressions de voyage sont presque exactement celles qu'avait éprouvées M. de Chateaubriand parcourant les mêmes lieux :

« J'abandonnai les Apennins pour descendre dans la Gaule Cisalpine. Le ciel devint d'un bleu plus dur, et je cherchai vainement sur les montagnes cette espèce de pluie de lumière qui enveloppe les monts de la Grèce et de la haute Italie. J'aperçus de loin la cime blanchie des Alpes ; je gravis bientôt leurs vastes flancs. Tout ce qui vient de la nature dans ces montagnes me parut grand et indestructible ; tout ce qui appartient à l'homme me sembla fragile et misérable : d'une part des arbres centenaires, des cascades qui tombent depuis des siècles, des rochers vainqueurs du temps et d'Annibal ; de l'autre des ponts de bois, des parcs de brebis, des huttes de terre. Seroit-ce qu'à la vue des masses éternelles qui l'environnent, le chevrier des Alpes, vivement frappé de la brièveté de sa vie, ne s'est pas donné la peine d'élever des monuments plus durables que lui ? »

Il juge les Alpes comme notre voyageur les a jugées ; on peut comparer cet endroit de son récit avec ce qu'on lit dans les lettres à M. Joubert et dans le Journal de voyage en Italie [2] ; le carton est

---

1. L'auteur lui-même a très-bien senti ce que l'évêque Cyrille aurait dû sentir, lorsqu'il a dit : « Quelle naïve pudeur embellissoit la vierge innocente lorsqu'il racontoit les coupables plaisirs de Rome et de Baïes ! »

2. « Ayant passé Saint-Jean de Maurienne, et étant arrivé vers le coucher du soleil à Saint-André, je ne trouvai point de chevaux et fus obligé de m'arrêter. J'allai me promener hors du village. L'air devint transparent à la crête des monts... J'entendois la voix du rossignol et le cri de l'aigle ; je voyois les aliziers fleuris dans la vallée et les neiges sur la montagne : un château, ouvrage des Carthaginois selon la tradition populaire, montroit ses débris sur la pointe d'un roc. *Tout ce qui vient de l'homme*

entré tout entier dans le tableau. Cela sera perpétuel dans le récit d'Eudore et dans l'ensemble des *Martyrs*. Lorsque plus tard l'auteur aura publié l'*Itinéraire*, le procédé sera encore plus frappant ; on aura les tableaux en double : les uns dans le poëme, avec les légers changements et les resserrements qu'exige le cadre ; les autres plus étalés dans les récits du voyageur. Il serait bien dur de prétendre sacrifier les uns ou les autres ; je ne suis pas *philosophe scythe* à ce point. Je revois avec plaisir dans l'*Itinéraire* à Jérusalem ce même voyage, cette même route au Jourdain et à la mer Morte où j'ai déjà suivi exactement Cymodocée en compagnie de Dorothé et de Jérôme : pourtant, j'oserai dire que si *les Martyrs* étaient un plus parfait poëme, un poëme doué d'un souffle plus intérieur et plus vivant, il serait fâcheux, pour l'effet durable, d'en avoir ainsi en double les scènes et de connaître le *comment* de la composition, d'en suivre du doigt le mécanisme. Il peut être curieux pour le critique de faire ces comparaisons et ces rapprochements ; mais de la part du poëte c'est n'avoir pas assez de confiance en son œuvre que de n'en pas détruire et supprimer l'échafaudage. Au reste, c'est là un trait de plus de l'époque que nous étudions : on ne veut rien perdre ; notes et matériaux, tout sert à deux fins ; le poëte est son propre commentateur, et il publie après coup ses pièces à l'appui, qui ne se trouvent pas être moins intéressantes que le poëme lui-même.

L'arrivée d'Eudore à l'armée, sa veille nocturne et ses impressions, sous le costume romain et dans un reflet idéal, ne sont autres que celles du jeune soldat de l'armée de Condé : il y a là d'admirables pages.

La description de la bataille contre les Franks a de la grandeur. L'auteur y a rassemblé des noms plus ou moins historiques, qui ne se produiront réellement que plus tard ; Pharamond, Clodion, Mérovée. Le canevas des *Martyrs* est tissu de ces anachronismes.

dans ces lieux est chétif et fragile : des parcs de brebis formés de joncs entrelacés, *des maisons de terre* bâties en deux jours : *comme si le chevrier de la Savoie, à l'aspect des masses éternelles qui l'environnent, n'avoit pas cru devoir se fatiguer pour les besoins passagers de sa courte vie !* comme si la tour d'Annibal en ruines l'eût averti du peu de durée et de la vanité des monuments ! »

C'est son procédé habituel de tout rapprocher ainsi, de grouper, bon gré, mal gré, tout ce qui est frappant : il le fait pour les images dans ses tableaux ; il le fait pour les personnages dans cette poétique histoire ; il supprime les intervalles. Je crois voir un jardinier qui ferait une pépinière toute composée de grands chênes et de cèdres. Quant à ce qui est des Franks, c'est un des endroits où ce genre de rapprochement et d'anachronisme a le moins d'inconvénients : dans ce terrible combat, digne de *l'Iliade* et des derniers livres de *l'Énéide*, il y a de grandes images ; il y en a de maniérées à force de vouloir paraître antiques. Par exemple, quand la Légion chrétienne s'avance au secours des Romains qui pliaient : « Les Romains qui fuyoient tournent le visage ; l'espérance revient au cœur du plus foible et du moins courageux : ainsi après un orage de nuit, quand le soleil du matin paroît dans l'Orient, le laboureur rassuré admire l'astre qui répand un doux éclat sur la nature ; sous les lierres de la cabane antique, le jeune passereau pousse des cris de joie ; le vieillard vient s'asseoir sur le seuil de la porte ; il entend des bruits charmants au-dessus de sa tête, et il bénit l'Éternel. » Il est bien d'entremêler les images de la vie pastorale au milieu des combats : Homère le fait quelquefois avec un singulier bonheur en nous peignant la mort de ses guerriers. Une scène de pasteurs en relief sur le bouclier d'Achille nous ravit ; mais il ne faut pas que l'on voie le calcul et le jeu de scène, car à l'instant l'effet qui résulte d'une surprise agréable et naturelle est manqué. **Et ici la recherche du contraste saute aux yeux.**

Au moment où le camp des Barbares est forcé, un nouvel ennemi se présente aux Romains : les femmes germaines se ruent au-devant d'eux, se donnant à elles-mêmes la mort. Le poëte s'est ici inspiré magnifiquement du passage de Tacite : « Et in proximo pignora, unde feminarum ululatus audiri, unde vagitus infantium : hi cuique sanctissimi testes, hi maximi laudatores [1]... » Et la suite : « Memoriæ proditur quasdam acies inclinatas jam et labantes a feminis restitutas constantia precum et objectu pectorum... » Cet *ululatus*

---

1. *De moribus Germanorum*, VII.

des femmes barbares retentit à cette heure terrible et suprême de la mêlée : il y a pourtant excès dans l'image et oubli du terrible à en montrer quelques-unes qui « arrêtent par *la barbe* le Sicambre qui fuit et le ramènent au combat. »

L'accident soudain des flots, de cette marée de l'équinoxe, accourant comme un furieux monstre marin au secours des Franks vaincus, est d'une imagination puissante et sauvage : l'arrangement inévitable s'y retrouve encore :

« Les Romains reculent devant l'armée des flots ; les Franks reprennent courage : ils croient que le monstre marin, père de leur jeune prince, est sorti de ses grottes azurées pour les secourir. Ils profitent de notre désordre ; ils nous repoussent, ils nous pressent ; ils secondent les efforts de la mer. Une scène extraordinaire frappe les yeux de toutes parts : là les bœufs épouvantés nagent avec les chariots qu'ils entraînent ; ils ne laissent voir au-dessus des vagues que leurs cornes recourbées, et ressemblent à une multitude de fleuves qui auroient apporté eux-mêmes leurs tributs à l'Océan ; ici les Saliens mettent à flots leurs bateaux de cuir, et nous frappent à coups de rames et d'avirons. Mérovée s'étoit fait une nacelle d'un large bouclier d'osier : porté sur cette conque guerrière, il nous poursuivoit escorté de ses pairs qui bondissoient autour de lui comme des Tritons. »

M. Augustin Thierry, dans sa préface des *Récits mérovingiens*, a rendu un éclatant hommage à cette scène grandiose et a raconté un peu complaisamment l'effet qu'il en reçut dans la première jeunesse[1].

---

1. « Ce moment d'enthousiasme, dit-il, fut peut-être décisif pour ma vocation à venir. Je n'eus alors aucune conscience de ce qui venait de se passer en moi ; *mon attention ne s'y arrêta pas ; je l'oubliai même durant plusieurs années* ; mais, lorsque après d'inévitables tâtonnements pour le choix d'une carrière, je me fus livré tout entier à l'histoire, je me rappelai cet incident de ma vie et ses moindres circonstances avec une singulière précision. » M. A. Thierry est assurément seul juge de ses impressions ; pourtant on pourrait bien demander ce que c'est qu'une impulsion qu'on reçoit et *qu'on oublie durant plusieurs années* ; et alors cela peut-il s'appeler

L'Empire, après tout, n'est pas si déshérité qu'on le dit, et son triomphe militaire a trouvé plus d'une fois, au retour, des splendeurs rivales dans les arts contemporains : témoin cette bataille des Franks, une bataille de Gros, ou *la Vestale* de Spontini.

XVI.

Eudore, devenu prisonnier des Franks, trouve le Christianisme déjà introduit parmi eux : encore un anachronisme. Une Clotilde, qui est une première *épreuve* de la Clotilde de Clovis, une jeune femme du vieux Pharamond, a été convertie par Zacharie, et ce Zacharie, pauvre esclave, est un descendant de Cassius, tout comme Eudore est le descendant de Philopœmen. N'admirez-vous pas la rencontre ? Était-il donc nécessaire que Zacharie fût à ce point le pendant d'Eudore ? Plus tard, pour qu'aucun rapprochement forcé ne manque, ce même Zacharie se retrouvera juste à point nommé avec Eudore dans les cachots de Rome comme chrétien destiné au martyre. Le dernier descendant des vieux Romains, le dernier rejeton des Grecs héroïques, avec Cymodocée la dernière des Homérides, se donnent rendez-vous au pied de la Croix. Tous ces contrastes, toutes ces symétries, faites à la main et *au pouce,* sont d'un petit effet, déclamatoire et théâtral, contraire à la vraie harmonie.

Eudore accompagne Mérovée à une chasse lointaine, une chasse à l'ours et à l'uroch : « Nous parcourûmes avec une *rapidité incroyable* les régions qui s'étendent depuis la mer de Scandie jusqu'aux grèves du Pont-Euxin. Ces forêts servent de passage à cent

une impulsion *décisive?* — La Gaule des *Martyrs,* en un mot, pouvait conduire aussi bien, si l'on n'y prenait garde, à *la Gaule poétique* de Marchangy. Il fallait un autre effort parti d'une autre école pour dégager le véritable esprit historique. M. Thierry, disciple de Walter Scott en même temps que du très-peu féodal Saint-Simon, le savait mieux que personne ; mais quand il écrivait cela, il en était, et l'on en était, avec M. de Chateaubriand, à un prêté-rendu universel de louanges et de compliments. C'était le moment où Béranger lui-même tâchait de lui faire croire cette chose prodigieuse, que sans le *Génie du Christianisme* il n'aurait pas fait ses jolies chansons ; sans compter qu'en se donnant Chateaubriand pour parrain e en reniant Voltaire, son air d'originalité s'en accommodait mieux.

peuples barbares qui roulent tour à tour leurs torrents vers l'Empire romain... » — Avec une *rapidité incroyable*, je le crois bien. Voilà encore quelque chose d'impossible : une partie de chasse qui pousse en une quinzaine des bords du Rhin au Pont-Euxin ! Puis l'arrangement tout aussitôt et le compartiment classique, académique, qui recommence : « Un jour, m'étant un peu écarté de la troupe des chasseurs, je me trouvai presque [1] au bord de l'Ister, à la vue des flots du Pont-Euxin. Je découvris un tombeau de pierre sur lequel croissoit un laurier. J'arrachai les herbes qui couvroient quelques lettres latines, et bientôt je parvins à lire ce premier vers des Élégies d'un poëte infortuné : *Mon livre, vous irez à Rome, et vous irez à Rome sans moi*. Je ne saurois vous peindre ce que j'éprouvai en retrouvant au fond de ce désert le tombeau d'Ovide. »

Ce tombeau d'Ovide devient l'occasion de la délivrance d'Eudore : « La Providence avoit ordonné que je retrouverois la liberté au tombeau d'Ovide [2]. Lorsque nous repassâmes auprès de ce monument, une louve, qui s'y étoit cachée pour y déposer ses petits, s'élança sur Mérovée. Je tuai cet animal furieux. Dès ce moment mon jeune maître me promit de demander ma liberté à son père. »

Après quelques incidents que je passe, Eudore est délivré et retourne en Gaule. — Ici son récit est quelque temps interrompu, et l'on a une scène de l'Enfer [3]. Satan, qui observe l'amour naissant de Cymodocée et d'Eudore, veut en profiter pour faire naître de nouveaux orages et susciter des persécutions. La scène de l'abîme à laquelle nous assistons est tout ce qu'on peut imaginer de plus pénible, de plus forgé à froid, de plus désagréable. C'est là qu'est cette fantasmagorie célèbre : « Un Fantôme s'élance sur le seuil des portes inexorables : c'est la Mort. Elle se montre comme une tache

---

1. « Autre petite inexactitude, dit Hoffman ; car en venant du Nord pour arriver au tombeau d'Ovide, il ne fallait pas seulement aller *presque* jusqu'au Danube, mais il fallait le passer. »
2. Singulier lieu d'élection de la part de la Providence !
3. Il y aura dans les derniers chants du poëme une scène du Purgatoire ; on a eu au troisième livre une scène du Paradis : elles sont, au reste, toutes les trois très-artistement placées.

obscure sur les flammes des cachots qui brûlent derrière elle ; son squelette laisse passer les rayons livides de la lumière infernale entre les creux de ses ossements... » — On a dit de Milton qu'à force de gravir *des pieds et des mains*, et à la sueur de son front, il avait atteint jusqu'à Homère : ici, avec un pareil effort, M. de Chateaubriand n'a pas atteint jusqu'à Milton. C'est là qu'on voit, *lié par cent nœuds de diamant sur un trône de bronze, le démon du Désespoir, qui domine l'empire des Chagrins* ; — et « au centre de l'abîme, au milieu d'un Océan qui roule du sang et des larmes, un noir château, ouvrage du Désespoir et de la Mort [1] ; » — et l'*Athéisme* en personne, exécrable fantôme que Satan même n'avait point enfanté, et qui devint amoureux de la Mort lorsqu'elle parut aux Enfers ; le démon du *Sophisme*, père de l'*Athéisme* et dont la figure est toute calquée sur celle d'Hiéroclès ; Astarté, le plus beau des Anges tombés, après Satan, et qui s'est perdu non par aucun sentiment de haine contre l'Éternel, mais uniquement pour suivre un Ange qu'il aimait ; — et les âmes des Réprouvés qui accourent au Conseil des Démons, traînant avec elles quelque partie de leur supplice, « l'une son suaire embrasé, l'autre sa chape de plomb, celle-ci les glaçons qui pendoient à ses yeux remplis de larmes, celle-là les serpents dont elle étoit dévorée. » Toutes ces inventions froidement réchauffées de Dante et de Milton, et destituées de l'esprit qui les animait en leur lieu original, font la plus odieuse impression sur le lecteur, et ne peuvent être rachetées par un ou deux endroits où la pensée morale essaye de se produire sans tout cet appareil.

La difficulté de peindre aujourd'hui, dans un poëme chrétien, l'Enfer et le Paradis, c'est qu'il les faudrait tout spirituels, sensibles à la fois et invisibles, afin que, poétiquement du moins, ou avec une intelligence chrétienne éclairée, on y pût croire. Mais une telle combinaison est au-dessus sans doute de l'imagination humaine : nous sommes devenus exigeants et dégoûtés, sceptiques et scrupuleux, n'offrant au poëte aucune prise à cet égard ni aucune facilité,

---

1. Qu'on lise et que l'on compare : cela rappelle certaines allégories du *Roman de la Rose* ou des écrits en prose d'Alain Chartier.

comme le faisaient les Puritains de son temps à Milton, et à Dante les imaginations fortes et dures du moyen âge. Ces poëtes trouvaient où mordre, où jeter l'ancre.

Heureusement, Eudore reprend son récit; il raconte comment, après sa délivrance de captivité, il rentre en Gaule et devient l'un des premiers lieutenants de Constance. Il a traversé *Lutèce*, ce *misérable hameau* qu'on appelait la capitale des *Parisii* : bientôt, dans une expédition en Grande-Bretagne, il attaque l'ennemi « sur le Thamésis, fleuve couvert de roseaux, qui baigne le village marécageux de *Londinum*. » Ces contrastes plaisent à Eudore, qui sait apparemment l'avenir; mais il les multiplie trop, et peut-être, en ce qui est de Lutèce, il les exagère. Dans la peinture qu'il fait de la Gaule, il suit cet éternel procédé des contrastes :

« J'employai plusieurs mois à visiter les Gaules, avant de me rendre à ma province. Jamais pays n'offrira un pareil mélange de mœurs, de religions, de civilisation, de barbarie. Partagé entre les Grecs, les Romains et les Gaulois, entre les Chrétiens et les adorateurs de Jupiter et de Teutatès, il présente tous les contrastes.

« De longues voies romaines se déroulent à travers les forêts des Druides. Dans les colonies des vainqueurs, au milieu des bois sauvages, vous apercevez les plus beaux monuments de l'architecture grecque et romaine, des aqueducs à trois galeries suspendus sur des torrents, des amphithéâtres, des capitoles, des temples d'une élégance parfaite; et non loin de ces colonies, vous trouvez les huttes arrondies des Gaulois, leurs forteresses de solives et de pierres, à la porte desquelles sont cloués des pieds de louves, des carcasses de hiboux, des os de morts. A Lugdunum, à Narbonne, à Marseille, à Burdigalie, la jeunesse gauloise s'exerce avec succès dans l'art de Démosthène et de Cicéron; à quelques pas plus loin, dans la montagne, vous n'entendez plus qu'un langage grossier, semblable au croassement des corbeaux. Un château romain se montre sur la cime d'un roc; une chapelle des Chrétiens s'élève au fond d'une vallée près de l'autel où l'Eubage égorge la victime humaine. J'ai vu le soldat légionnaire veiller au milieu d'un désert sur les remparts d'un camp, et le Gaulois devenu sénateur embarrasser sa toge romaine dans les halliers de ses bois. J'ai vu les vignes de Falerne mûrir sur les coteaux d'Augustodunum, l'olivier de Corinthe fleurir à Marseille, et l'abeille de l'Attique parfumer Narbonne. »

C'est là évidemment abuser des mots et se jouer : toutes les abeilles ne sont pas de l'Attique, tous les oliviers ne sont pas de Corinthe ni toutes les vignes de Falerne. J'appelle cela un *chassé-croisé* de souvenirs : il accumule tout, à plaisir, sous un même coup d'œil, les végétations et les civilisations. Les choses ne sont pas ainsi les unes sur les autres dans la nature.

Mais nous arrivons au grand moment du récit, à l'épisode de Velléda : Velléda la dernière des vierges druidesses, la dernière des *Vellédas*, comme Cymodocée est la dernière des vierges homériques ! tout cela converge à un même rendez-vous comme au *rond-point* dans une forêt.

Eudore est nommé commandant des contrées armoricaines : averti d'un complot tramé par les prêtres gaulois et prêché par une jeune et belle prophétesse du nom de Velléda, il veut lui-même en surprendre le secret : il assiste déguisé aux assemblées nocturnes :

« Vers le soir, je me revêtis de mes armes, que je recouvris d'une saye, et sortant secrètement du château, j'allai me placer sur le rivage du lac, dans l'endroit que les soldats m'avoient indiqué.

« Caché parmi les rochers, j'attendis quelque temps sans voir rien paroître. Tout à coup mon oreille est frappée des sons que le vent m'apporte du milieu du lac. J'écoute, et je distingue les accents d'une voix humaine. En même temps, je découvre un esquif suspendu au sommet d'une vague ; il redescend, disparoît entre deux flots, puis se montre encore sur la cime d'une lame élevée ; il approche du rivage : une femme le conduisoit ; elle chantoit en luttant contre la tempête, et sembloit se jouer dans les vents : on eût dit qu'ils étoient sous sa puissance, tant elle paroissoit les braver. Je la voyois jeter tour à tour en sacrifice dans le lac des pièces de toile, des toisons de brebis, des pains de cire et de petites meules d'or et d'argent.

« Bientôt elle touche à la rive, s'élance à terre, attache sa nacelle au tronc d'un saule, et s'enfonce dans le bois, en s'appuyant sur la rame de peuplier qu'elle tenoit à la main. Elle passa tout près de moi sans me voir. Sa taille étoit haute ; une tunique noire, courte et sans manches, servoit à peine de voile à sa nudité. Elle portoit une faucille d'or suspendue à une ceinture d'airain, et elle étoit couronnée d'une branche de chêne. La blancheur de ses bras et de son teint, ses yeux bleus, ses lèvres de rose, ses longs cheveux blonds qui flottoient épars, annonçoient la fille des Gaulois et contrastoient, par leur douceur, avec sa démarche fière et sauvage. Elle chantoit d'une voix mélodieuse des paroles terribles, et son sein découvert s'abaissoit et s'élevoit comme l'écume des flots. »

Voilà une figure nouvelle, une création qui vit déjà à nos yeux et telle que M. de Chateaubriand les aime, une sœur d'Atala. — Pourtant, malgré la beauté de l'attitude et quelques cris immortels, cette figure de Velléda n'égale pas le développement passionné des personnages de Didon, de Médée et des autres belles victimes de l'amour ; l'attendrissement y manque. Saint Augustin n'aurait pas eu à pleurer en la lisant. — La nécessité où est Eudore de maudire son amour en le confessant, et de parler d'Enfer et d'Esprits de ténèbres, resserre, endurcit et gâte un peu le récit.

Et il est douteux d'ailleurs, quand il l'aurait pu, que M. de Chateaubriand eût développé davantage. Ce qu'Eudore fait là par nécessité et convenance de religion, lui il le fait par tendance à l'idéal. Même dans l'expression de la passion, il est tout poétique par le talent et nullement romanesque ; il ne s'attache qu'au sillon de l'éclair. Il prépare peu, il ne prolonge pas. Poëte et amant olympien, il paraît, il embrase, il dévore comme Jupiter quand il se prend aux créatures mortelles.

Après avoir suivi la belle magicienne durant cette course mystérieuse, et avoir assisté à la scène du complot dans la forêt, — scène où il y a un peu d'opéra, mais un grand talent de composition, de mise en scène (ce sont de grands tableaux un peu drapés de l'école impériale), — Eudore convoque les tribus gauloises au pied de la forteresse, et là il leur déclare qu'il sait tout :

« Les Barbares furent glacés d'effroi. Environnés de soldats romains, ils crurent toucher à leur dernier moment. Tout à coup des gémissements se font entendre. Une troupe de femmes se précipite dans l'assemblée. Elles étoient chrétiennes, et portoient dans leurs bras leurs enfants nouvellement baptisés. Elles tombent à mes genoux, me demandent grâce pour leurs époux, leurs fils et leurs frères ; elles me présentent leurs nouveau-nés, et me supplient, au nom de cette génération pacifique, d'être doux et charitable. »

Voilà encore les contrastes : arrangez, s'il se peut, cette soudaine génération pacifique qui sort on ne sait d'où, avec la génération féroce de tout à l'heure qui peuplait les forêts. Mais il voulait donner à son tour son tableau des *Sabines,* — ses *Sabines* chrétiennes ; car il procède de David aussi.

Eudore exige des otages. Velléda et son père Ségenax lui sont livrés, tout rentre dans l'ordre : « Cette rencontre eut pour moi seul des suites dont il me reste à vous entretenir. » —

« Ici Eudore s'interrompit tout à coup. Il parut embarrassé, baissa les yeux, les reporta malgré lui sur Cymodocée, qui rougit comme si elle eût pénétré la pensée d'Eudore. Cyrille s'aperçut de leur trouble, et s'adressant aussitôt à l'épouse de Lasthenès : « Séphora, dit-il, je veux offrir le saint sacrifice pour Eudore, « quand il aura fini de raconter son histoire. Me pourriez-vous « faire préparer l'autel ? » —

« Séphora se leva, et ses filles la suivirent. La timide Cymodocée n'osa rester seule avec les vieillards : elle accompagna les femmes, non sans éprouver un mortel regret. »

J'ai dit précédemment ce qu'il me semble de cette sortie tardive, mais gracieuse encore, de Cymodocée. La prêtresse d'Homère a pu entrevoir déjà la prêtresse de Teutatès, mais elle ne doit pas la regarder en face.

Le livre x est le ive livre de cette *Enéide* dont le bel Eudore est le pieux Énée ; la figure de la belle magicienne y règne ; à défaut de mollesse, on y admire la passion superbe et une haute fantaisie :

« Cette femme étoit extraordinaire. Elle avoit, ainsi que toutes les Gauloises, quelque chose de capricieux et d'attirant... Son regard étoit prompt, sa bouche un peu dédaigneuse, et son sourire singulièrement doux et spirituel. Ses manières étoient tantôt hautaines, tantôt voluptueuses ; il y avoit dans toute sa personne de l'abandon et de la dignité, de l'innocence et de l'art. J'aurois été étonné de trouver dans une espèce de sauvage une connoissance approfondie des Lettres grecques et de l'histoire de son pays, si je n'avois su que Velléda descendoit de la famille de l'Archi-Druide, et qu'elle avoit été élevée par un Senani, pour être attachée à l'Ordre savant des prêtres gaulois. L'orgueil dominoit chez cette barbare, et l'exaltation de ses sentiments alloit souvent jusqu'au désordre. »

A quoi bon cette connaissance approfondie des Lettres grecques ? Il veut toujours des contrastes, des assemblages et des cumuls ; il y a du trop. Velléda du moins offre un caractère et une personnalité consistante qu'Atala n'avait pas. Ses apparitions soudaines ont à la fois magie et noblesse :

« Tout à coup, à l'une des extrémités de la galerie, un pâle crépuscule blanchit les ombres. La clarté augmente par degrés, et bientôt je vois paroître Velléda. Elle tenoit à la main une de ces lampes romaines qui pendent au bout d'une chaîne d'or [1]. Ses che-

---

1. Ici encore Lucile, ce *génie-fée*, a dû fournir quelques traits : « De la concentration de l'âme naissoient chez ma sœur des effets d'esprit extraordinaires : endormie, elle avoit des songes prophétiques ; éveillée, elle sembloit lire dans l'avenir. Sur un palier de l'escalier de la grande tour battoit une pendule qui sonnoit le temps au silence. Lucile, dans ses insomnies, s'alloit asseoir sur une marche en face de cette pendule : elle regardoit le cadran à la lueur de sa lampe posée à terre. Lorsque les deux aiguilles, unies à minuit, enfantoient dans leur conjonction formidable l'heure des désordres et des crimes, Lucile entendoit des bruits qui lui révéloient des trépas lointains... Dans les bruyères de la Calédonie, Lucile eût été une femme céleste de Walter Scott douée de la seconde vue ; dans les bruyères armoricaines elle n'étoit qu'une solitaire avantagée de beauté, de génie et de malheur. » (*Mémoires d'Outre-tombe*). Est-ce Lucile qui se souvient ici de Velléda ? Était-ce Velléda qui se souvenait de Lucile ?

veux blonds, relevés à la grecque sur le sommet de sa tête, étoient ornés d'une couronne de verveine, plante sacrée parmi les Druides. Elle portoit pour tout vêtement une tunique blanche : *fille de roi a moins de beauté, de noblesse et de grandeur...* »

Eudore prend ici (par un anachronisme qu'on lui pardonne) un style légèrement *moyen-âge*.

La démence de l'amante, combinée avec la crédulité de la magicienne, donne un caractère à part à l'égarement de Velléda.

« Jamais, Seigneurs, je n'ai éprouvé une *douleur* pareille. Rien n'est affreux comme de troubler l'innocence... » Ces paroles d'Eudore font sourire : c'est plutôt *douceur* que *douleur* qu'il veut dire ; il n'en est pas de comparable, pour ces grandes âmes de héros ou d'archange déchu, au plaisir de troubler un jeune cœur, et, mieux qu'une Ève encore, une Marguerite innocente. Qu'on se rappelle la mort de la jeune Napolitaine dans les *Harmonies* (*le premier Regret*) :

> Mon image en son cœur se grava la première,
> Comme dans l'œil qui s'ouvre au matin la lumière ;
> Elle ne regarda plus rien après ce jour ;
> De l'heure qu'elle aima, l'univers fut amour !
> Elle me confondait avec sa propre vie,
> Voyait tout dans mon âme ; et je faisais partie
> De ce monde enchanté qui flottait sous ses yeux,
> Du bonheur de la terre et de l'espoir des Cieux.
> . . . .
> Ainsi, quand je partis, tout trembla dans cette âme ;
> Le rayon s'éteignit ; et sa mourante flamme
> Remonta dans le ciel pour n'en plus revenir ;
> Elle n'attendit pas un second avenir,
> Elle ne languit pas de doute en espérance,
> Et ne disputa pas sa vie à la souffrance :
> Elle but d'un seul trait le vase de douleur,
> Dans sa première larme elle noya son cœur !
>
> Et, semblable à l'oiseau, moins pur et moins beau qu'elle,
> Qui le soir, pour dormir, met son cou sous son aile,
> Elle s'enveloppa d'un muet désespoir,
> Et s'endormit aussi ; mais, hélas ! loin du soir...

Elle est morte pour lui, c'est dommage. En attendant, poëte, cela lui fait plaisir ; il y rêve avec complaisance, et, s'il laisse tomber une larme, c'est pour la faire éclore en une adorable élégie, — qui serait pourtant plus adorable encore si un accent très-sensible de fatuité ne la gâtait pas.

Pour Eudore les choses se passent moins facilement; elles ne se dénouent pas d'elles-mêmes, elles se tranchent. Mais (confession à part) l'*orgueilleuse faiblesse* de son cœur en est également chatouillée.

Eudore, pour se délivrer des obsessions de sa belle captive, renvoie Velléda et son père du château, et il se croit libre en effet; il respire :

« Je commençois à retrouver un peu de repos; j'espérois que Velléda s'étoit enfin guérie de son fatal amour. Fatigué de la prison où je m'étois tenu renfermé, je voulus respirer l'air de la campagne. Je jetai une peau d'ours sur mes épaules, j'armai mon bras de l'épieu d'un chasseur, et sortant du château, j'allai m'asseoir sur une haute colline d'où l'on aperçoit le détroit britannique.

« Comme Ulysse regrettant son Ithaque, ou comme les Troyennes exilées aux champs de la Sicile, je regardois la vaste étendue des flots, et je pleurois. Né au pied du mont Taygète, me disois-je, le triste murmure de la mer est le premier son qui ait frappé mon oreille, en venant à la vie. A combien de rivages n'ai-je pas vu depuis se briser les *mêmes* flots[1] que je contemple ici? Qui m'eût dit, il y a quelques années, que j'entendrois gémir sur les côtes d'Italie, sur les grèves des Bataves, des Bretons, des Gaulois, ces vagues que je voyois se dérouler sur les beaux sables de la Messénie? Quel sera le terme de mes pèlerinages?... »

Ce sont les termes mêmes, empruntés et répétés de cette page, toute personnelle à l'auteur, que nous avons lue dans le *Voyage en Italie* :

« Né sur les rochers de l'Armorique, le premier bruit qui a

---

1. Tous les flots se ressemblent, mais ce ne sont pas les *mêmes* flots, les mêmes vagues qu'il voyait se briser en des lieux si divers. Sans être un Condillac on peut trouver à redire à l'exactitude de la pensée.

frappé mon oreille en venant au monde est celui de la mer; et sur combien de rivages n'ai-je pas vu depuis se briser ces *mêmes* flots que je retrouve ici?

« Qui m'eût dit, il y a quelques années, que j'entendrois gémir au tombeau de Scipion et de Virgile ces vagues qui se dérouloient à mes pieds sur les côtes de l'Angleterre, ou sur les grèves du Maryland? Mon nom est dans la cabane du Sauvage de la Floride; le voilà sur le livre de l'Ermite du Vésuve. Quand déposerai-je à la porte de mes pères le bâton et le manteau du voyageur? »

Il le répétera encore dans l'*Itinéraire :*

« Que de lieux avoient déjà vu mon sommeil paisible ou troublé! Que de fois, à la clarté des mêmes étoiles, dans les forêts de l'Amérique, sur les chemins de l'Allemagne, dans les bruyères de l'Angleterre, dans les champs de l'Italie, au milieu de la mer, je m'étois livré à ces mêmes pensées touchant les agitations de la vie!... »

Ce serait assez d'une fois, sans multiplier ainsi ces étonnements de sa propre destinée, laquelle n'est, après tout, que celle de beaucoup d'autres.

Je n'analyserai pas la fin de l'épisode : on n'analyse point la foudre. « Cette rencontre imprévue porta le dernier coup à ma raison. Tel est le danger des passions que, même sans les partager, vous respirez dans leur atmosphère quelque chose d'empoisonné qui vous enivre... »

La scène du rocher druidique, de nuit, pendant la tempête, répond assez à celle de la tempête d'*Atala*. Le cri d'Eudore : « *Tu seras aimée!* » et ce qui suit : « *l'Enfer donna le signal... les Esprits de ténèbres hurlèrent dans l'abîme,* » rappelle exactement le cri de Chactas : « *Superbes forêts qui agitiez vos lianes... Pins embrasés...* » Il semble que, pour ces âmes extrêmes, l'accent même du bonheur ne soit jamais plus doux que lorsqu'il se confond avec le cri forcené de l'imprécation et du désespoir [1] : ils ne conçoivent le bonheur que dans la foudre.

Un tel épisode, par sa nature et par les circonstances où il se place, ne pouvait se prolonger : il finit un peu brusquement, mais avec un art admirable, dans une de ces scènes dramatiques que Chateaubriand excelle à composer. Le vieux Ségenax, s'apercevant un peu tard du tendre délire de sa fille, soulève les Gaulois pour se venger d'Eudore qui a déshonoré, dit-il, la prêtresse sacrée. Au milieu de cette scène de tumulte et de carnage, au moment où Ségenax, qu'Eudore essaye en vain de sauver, tombe atteint d'une javeline, Velléda, depuis quelque temps absente, reparaît :

« Dans ce moment, un char paroît à l'extrémité de la plaine. Penchée sur les coursiers, une femme échevelée excite leur ardeur, et semble vouloir leur donner des ailes. Velléda n'avoit point trouvé son père : elle avoit appris qu'il assembloit les Gaulois pour venger l'honneur de sa fille. La Druidesse voit qu'elle est trahie, et connoît toute l'étendue de sa faute. Elle vole sur les traces du vieillard, arrive dans la plaine où se donnoit le combat

---

[1]. Se rappeler, dans *les Natchez*, la Lettre de René à Céluta : « ... le sein nu et déchiré, les cheveux trempés de la vapeur de la nuit, je croyois voir une femme qui se jetoit dans mes bras ; elle me disoit : *Viens échanger des feux avec moi, et perdre la vie ! mêlons des voluptés à la mort ! que la voûte du ciel nous cache en tombant sur nous !* » Toujours et partout la même note aiguë fondamentale. Ce désir de la mort associé et mêlé à l'idée du plaisir n'est pas précisément ce qu'il y a d'étrange ; ce rapprochement d'amour et de mort se retrouverait chez bien des élégiaques, mais à l'état naturel, si je puis dire. Le premier exemple est dans l'Hymne homérique *à Vénus*, lorsque le beau pasteur Anchise que la Déesse en personne, déguisée en mortelle, vient enflammer sur le mont Ida, s'écrie dans sa jeune ardeur : « Puisque tu es mortelle et que tu as une simple femme pour mère,... puisque tu es venue ici par la volonté de l'immortel messager Mercure, et que tu dois être mon épouse tous les jours de ma vie, il n'est aucun Dieu ni aucun homme qui puisse ici m'empêcher de me fondre en ton amour aussitôt, dès à présent ; non, quand même le divin Archer, Apollon en personne, serait là avec son arc d'argent pour me lancer des flèches funestes, je choisirais encore, ô femme pareille aux Déesses, pour prix d'être monté dans ta couche, de descendre dans la maison de Pluton ! » Mais, comme je l'ai remarqué ailleurs (*Étude sur Virgile*, p. 279), ce n'est là que le cri naturel de la passion : *Non, quand je devrais mourir...* Chateaubriand, venu tard et blasé, y a mis le raffinement : *Que la mort vienne exprès, ce sera plus doux, ce sera plus vif...* La mort lui est un ragoût de plus. — Ce libertin d'Ovide a dit quelque chose de tel, mais il l'a dit mollement, nonchalamment : il n'y a mis ni l'éclair ni le tonnerre.

fatal, pousse ses chevaux à travers les rangs, et me découvre gémissant sur son père étendu mort à mes pieds. Transportée de douleur, Velléda arrête ses coursiers, et s'écrie du haut de son char :

« Gaulois, suspendez vos coups. C'est moi qui ai causé vos
« maux, c'est moi qui ai tué mon père. Cessez d'exposer vos jours
« pour une fille criminelle. Le Romain est innocent. La vierge de
« Sayne n'a point été outragée : elle s'est livrée elle-même, elle a
« violé volontairement ses vœux. Puisse ma mort rendre la paix à
« ma patrie ! »

« Alors, arrachant de son front sa couronne de verveine, et prenant à sa ceinture sa faucille d'or, comme si elle alloit faire un sacrifice aux dieux :

« Je ne souillerai plus, dit-elle, ces ornements d'une vestale ! »

« Aussitôt elle porte à sa gorge l'instrument sacré : le sang jaillit. Comme une moissonneuse qui a fini son ouvrage, et qui s'endort fatiguée au bout du sillon, Velléda s'affaisse sur le char ; la faucille d'or échappe à sa main défaillante, et sa tête se penche doucement sur son épaule. Elle veut prononcer encore le nom de celui qu'elle aime, mais sa bouche ne fait entendre qu'un murmure confus : déjà je n'étois plus que dans les songes de la fille des Gaules, et un invincible sommeil avoit fermé ses yeux. »

De telles beautés consacrent à jamais une physionomie et la fixent dans une attitude immortelle, comme Niobé, comme Ariane, *Saxea ut effigies Bacchantis*, comme Sapho se précipitant du rocher. Velléda, du haut de son char, inclinant sa belle tête sous sa faucille d'or, vivra toujours dans les songes de tout poëte et de tout amant.

Elle vivra après Didon, après Médée ; — moins coupable que Phèdre et plus heureuse (car du moins elle fut aimée) ; — après Herminie et Clorinde ; — toute poétique et sans rien de romanesque ; — avec la magicienne de Théocrite, et plus noble que cette dernière ;

— son beau front touché de la foudre et pleinement éclairé du rayon idéal qui divinise.

On raconte sur cet épisode de Velléda une anecdote dont le critique doit naturellement s'emparer pour en faire une leçon. Cette anecdote, je l'ai fait maintes fois redire à d'anciens amis de M. de Chateaubriand, à des amis de son bon temps et de sa jeunesse, avant ce je ne sais quoi de poli et de glacé qu'ajoute la gloire. M. de Chateaubriand était revenu à Paris de son pèlerinage à Jérusalem; il avait acheté (automne de 1807) dans la vallée d'Aulnay, dans ce qu'on appelait *la Vallée aux loups,* un petit enclos qu'il travaillait à embellir et à planter, tout en mettant la dernière main à ses *Martyrs.* Quand l'ouvrage fut terminé, vers le printemps de 1808, il convoquait chaque dimanche ses amis de Paris pour leur lire quelque livre du nouveau poëme : c'était Madame de Vintimille, MM. de Fontanes, Joubert, Molé, Pasquier, peut-être encore M. Gueneau de Mussy; voilà, je crois, tout le petit cercle au complet. Ce dimanche-là c'était l'épisode de Velléda qu'il avait à lire. Il commence : au bout de quelque temps, l'auteur s'aperçoit, au silence des auditeurs, que la lecture ne prend pas. Sa voix s'altère; il continue pourtant, il achève. Suit un grand silence. Fontanes, à la fin, prend la parole : c'était à lui en effet qu'il appartenait de parler pour briser la glace et pour proférer au nom de tous l'oracle du goût : « Eh bien! ce n'est pas cela, vous vous êtes trompé... » et il entra dans quelques détails : probablement l'auteur n'avait pas su concilier d'abord ce qui convenait à la situation délicate d'Eudore qui se confesse, et à l'intérêt si vif du souvenir qu'il doit retracer; il penchait trop d'un côté ou d'un autre. Quoi qu'il en soit, à la suite de Fontanes, tous parlèrent. Madame de Vintimille (c'est le rôle des femmes) essaya de relever les beaux passages, de montrer qu'il y aurait peu à faire pour réparer, pour perfectionner. Chacun fit de même. M. de Chateaubriand écoutait en silence : puis il répondit; il essaya longtemps de résister et d'opposer des raisons. Cependant une larme roulait dans ses yeux : il dit qu'il essayerait de remanier, de refaire, — de faire mieux, mais qu'il ne l'espérait pas. Huit jours après, jour pour jour, c'est-à-dire le dimanche suivant, les même amis étaient convoqués pour entendre cette même *Velléda*, et l'épisode, tel que nous l'avons, était accueilli d'eux avec ravissement, avec un applaudissement sans mélange [1].

— Eudore achève son récit. Le malheur dont il a été cause décide de son repentir : il quitte ses charges militaires, renonce aux honneurs, et part pour faire agréer sa résolution de Dioclétien qui est alors en Égypte : c'est une occasion de voyage et de description. L'auteur y décrit cette Égypte qu'il a lui-même visitée au retour de Jérusalem. Il y a de grands traits, mais qui visent à être des traits.

Enfin Eudore termine le récit de ses pérégrinations ; et nous nous retrouvons avec lui et avec ses hôtes aux bords de l'Alphée, dans cette Arcadie de la pénitence.

Le poëte invoque l'Esprit-Saint : il va décrire la conjuration des Démons contre Cymodocée et Eudore ; l'ennuyeux recommence. Galérius, Hiéroclès sont encore plus laids et plus odieux que les Démons qui les font agir : et c'est dans toutes ces parties qu'il faudrait absolument le charme des vers pour rafraîchir et égayer le récit ; cette prose tendue ne laisse aucune trêve. Pour y suppléer, le poëte fait tout aussitôt des miracles de description de clair de lune et d'évocations mythologiques qu'il reproduit avec une indicible harmonie :

« Cymodocée s'avançoit involontairement vers le lieu où le fils de Lasthenès avoit achevé de conter son histoire. Lorsqu'une chevrette des Pyrénées s'est reposée pendant le jour avec le pasteur au fond d'un vallon, si, la nuit, s'échappant de la crèche, elle vient chercher le pâturage accoutumé, le berger la retrouve le matin sous le cytise en fleurs qu'il a choisi pour abri : ainsi la fille

---

1. M. de Chateaubriand était très-sensible à la critique du dehors, mais en général très-docile à la critique du dedans, à celle de ses amis. Doué d'une extrême facilité de travail, il acceptait aisément les conseils et les suppressions de ses amis, comme quelqu'un qui se sent toujours en mesure de recommencer. Du temps de sa polémique avec M. de Villèle, il arriva bien des fois à M. Bertin l'aîné de ne pas mettre dans *les Débats* son article du matin quand il y voyait quelque inconvénient ; il pouvait y retrancher aussi, et sans le fâcher jamais.

d'Homère monte peu à peu vers la grotte habitée par le chasseur arcadien. »

Cette richesse et cette fertilité de comparaisons est perpétuelle, et il ne faut pas moins pour triompher du désagréable de certains tableaux. Dès qu'il sent que le diable devient un peu trop laid, il le déguise ; il remet en avant les images antiques dont il a le secret et dont il sait presque trop bien la *recette* :

« Aussitôt le démon de la Volupté se revêt de tous ses charmes. Il prend à la main une torche odorante, et traverse les bois de l'Arcadie. Les Zéphyrs agitent doucement la lumière du flambeau : tels, au milieu des bocages d'Amathonte, ils se jouent dans la chevelure parfumée de la mère des Grâces. Le fantôme magique fait naître sur ses pas une foule de prestiges. La nature semble se ranimer à sa présence ; la colombe gémit, le rossignol soupire, le cerf suit en bramant sa légère compagne. Les esprits séducteurs, qui enchantent les forêts de l'Alphée, entr'ouvrent les chênes amollis, et montrent çà et là leurs têtes de Nymphes. On entend des voix mystérieuses dans la cime des arbres, tandis que les divinités champêtres dansent avec des chaînes de fleurs autour du démon de la Volupté. »

Il continue de tirer des mots je ne sais quoi de lumineux et d'harmonieux que lui seul sait leur faire rendre ; mais on commence à y être accoutumé avec lui, et l'on se blase.

Cymodocée, protégée par l'Ange des saintes amours, renonce pour Eudore au culte d'Homère : afin de la soustraire aux persécutions d'Hiéroclès, tandis que son fiancé se voit obligé de partir pour Rome, elle est envoyée à Jérusalem sous la conduite de Dorothée, qui se charge de la remettre entre les mains de la pieuse Hélène, mère de Constantin. De là, voyage à Jérusalem et description ; on ne manque pas de voir Chypre en passant : « On célébroit alors la fête de la déesse d'Amathonte : l'onde molle et silencieuse baignoit le pied du temple de Dionée, bâti sur un promontoire au milieu des vagues tranquilles. De jeunes filles demi-nues dansoient dans un bois de myrtes... »

J'ai parlé d'une recette propre à l'auteur : nous la savons maintenant si bien qu'il nous semble presque que nous ferions, si nous le voulions, du Chateaubriand : ne nous y fions pourtant pas trop, nous pourrions bien rester en chemin. Car tout à côté des inventions pénibles, systématiques, qui nous avertissent que nous n'avons plus affaire au bel art pur, nous retrouvons à chaque pas des beautés, des miracles d'imagination et d'harmonie, des surprises de talent : et ce sera ainsi jusqu'au bout. — Dans *les Martyrs*, M. de Chateaubriand a livré la plus grande bataille que le talent puisse livrer, la bataille *épique*; — je dis la plus grande, et ce serait strictement vrai si son poëme était en vers, — du moins une très-grande : il suffit à sa gloire de dire qu'il ne l'a point perdue.

XVII.

Cependant Eudore a prononcé son très-beau discours en l'honneur du Christianisme au Capitole : il est jeté dans les cachots. Hiéroclès et Galérius deviennent de plus en plus dégoûtants et odieux. De son côté, là-bas à Bethléem, Jérôme, qui prend à première vue Cymodocée pour un beau démon et qui s'opiniâtre à l'exorciser (*Vade retro, Satanas*), est un peu exagéré et grotesque. Le poëte aussitôt se rachète en multipliant les gracieuses comparaisons autour de Cymodocée :

« On reconnoissoit dans son langage les accents confus de son ancienne religion et de sa religion nouvelle : ainsi, dans le calme d'une nuit pure, deux harpes suspendues au souffle d'Éole mêlent leurs plaintes fugitives ; ainsi frémissent ensemble deux lyres, dont l'une laisse échapper les tons graves du mode dorien, et l'autre les accords voluptueux de la molle Ionie ; ainsi, dans les savanes de la Floride, deux cigognes argentées, agitant de concert leurs ailes sonores, font entendre un doux bruit au haut du ciel : assis au bord de la forêt, l'Indien prête l'oreille aux sons répandus dans les airs, et croit reconnoître dans cette harmonie la voie des âmes de ses pères. »

Le grand paysage dur et maudit de la mer Morte, ce désert d'un amer et stérile abandon est opposé aux souvenirs encore frais du Taygète. On a une scène toute pastorale de caravane arabe dans le désert. Bref, Cymodocée, à travers les tempêtes, est ramenée à Rome. Eudore confesse sa foi dans les tortures; saluons ici une belle pensée : « Eudore, dans le cours de ses actes glorieux, avoit offert secrètement son sacrifice pour le salut de sa mère... » Celle-ci, qui, morte, gémissait encore au Purgatoire, en est délivrée. Ce Purgatoire, que le poëte nous entr'ouvre, n'a rien pourtant qui satisfasse ni les simples ni les docteurs, et, dans sa première version des *Martyrs*, on remarqua que l'auteur y avait mis un peu imprudemment le duelliste qui a tué et le prêtre faible qui a scandalisé [1]. Dans tous ces derniers livres, le poëte a redoublé d'efforts et comme d'exploits de talent pour sauver la monotonie des scènes odieuses et pour jeter quelque charme à travers les tortures. On a une reproduction et un peu une parodie de la scène connue de Dioclétien à Salone; un hymne à Bacchus, dans lequel je distingue un couplet délicieux; de gracieuses images toutes les fois que reparait Cymodocée, les deux religions confondant jusqu'à la fin leurs couleurs dans cette âme pareille à une aube blanchissante. Malgré tout, l'intérêt est lent, et l'impression pénible. Je ne détacherai que l'admirable début du livre XXIVe et dernier, où le poëte parle en son propre nom. Ce sont les adieux du poëte à la Muse : et en effet, il n'y est plus guère revenu depuis qu'à de rares instants et avec un esprit partagé; ce sont ses vrais adieux :

1. Fénelon, bien autrement chrétien par le cœur que Chateaubriand, a eu aussi ses légers oublis de doctrine. Dans *Télémaque*, au livre XI, il laisse échapper, à propos de Protésilas tombé en disgrâce et condamné à l'exil, une idée païenne sur le suicide : « Il (*Protésilas*) appelle en vain à son secours la cruelle mort, qui, sourde à ses prières, ne daigne pas le délivrer de tant de maux, et qu'il n'a pas le *courage* de se donner lui-même. » Fénelon a eu une distraction stoïcienne, Chateaubriand une distraction chevaleresque.

« O Muse, qui daignas me soutenir dans une carrière aussi longue que périlleuse, retourne maintenant aux célestes demeures ! J'aperçois les bornes de la course ; je vais descendre du char, et pour chanter l'hymne des morts, je n'ai plus besoin de ton secours. Quel François ignore aujourd'hui les cantiques funèbres ? Qui de nous n'a mené le deuil autour d'un tombeau, n'a fait retentir le cri des funérailles ? C'en est fait, ô Muse ! encore un moment, et pour toujours j'abandonne tes autels ! Je ne dirai plus les amours et les songes séduisants des hommes : il faut quitter la lyre avec la jeunesse. Adieu, consolatrice de mes jours, toi qui partageas mes plaisirs, et bien plus souvent mes douleurs ! Puis-je me séparer de toi sans répandre des larmes[1] ? J'étois à peine sorti de l'enfance, tu montas sur mon vaisseau rapide, et tu chantas les tempêtes qui déchiroient ma voile : tu me suivis sous le toit d'écorce du Sauvage, et tu me fis trouver dans les solitudes américaines les bois du Pinde. A quel bord n'as-tu pas conduit mes rêveries ou mes malheurs ! Porté sur ton aile, j'ai découvert au milieu des nuages les montagnes désolées du Morven, j'ai pénétré les forêts d'Erminsul, j'ai vu couler les flots du Tibre, j'ai salué les oliviers du Céphise et les lauriers de l'Eurotas. Tu me montras les hauts cyprès du Bosphore et les sépulcres déserts du Simoïs. Avec toi je traversai l'Hermus, rival du Pactole ; avec toi j'adorai les eaux du Jourdain, et je priai sur la montagne de Sion. Memphis et Carthage nous ont vus méditer sur leurs ruines, et dans les débris des palais de Grenade, nous évoquâmes les souvenirs de l'honneur et de l'amour. Tu me disois alors :

« Sache apprécier cette gloire dont un obscur et foible voyageur
« peut parcourir le théâtre en quelques jours. »

« O Muse, je n'oublierai point tes leçons ! je ne laisserai point tomber mon cœur des régions élevées où tu l'as placé. Les talents de l'esprit que tu dispenses s'affoiblissent par le cours des ans ; la voix perd sa fraîcheur, les doigts se glacent sur le luth ; mais les

---

1. Voilà les vraies larmes de Chateaubriand, des larmes de poëte, — de celui qui disait : « Je n'ai jamais pleuré que d'admiration. »

nobles sentiments que tu inspires peuvent rester quand tes autres dons ont disparu. Fidèle compagne de ma vie, en remontant dans les cieux laisse-moi l'indépendance et la vertu. Qu'elles viennent ces vierges austères, qu'elles viennent fermer pour moi le livre de la poésie et m'ouvrir les pages de l'histoire. J'ai consacré l'âge des illusions à la riante peinture du mensonge : j'emploierai l'âge des regrets au tableau sévère de la vérité. »

Illusion dernière, là encore où l'on se pique de prendre congé des illusions! Il croyait entrer dans les portiques austères de l'histoire, il allait descendre dans l'arène enflammée de la polémique et dans les guerres de l'ambition [1]. Du moins le chevalier n'y rendit jamais son épée, et il put dire jusqu'à la fin : *Tout est perdu, fors l'honneur.*

XVIII.

Si j'avais à juger dans leur ensemble *les Martyrs,* je dirais que c'est un poëme *composite,* où toutes les beautés païennes et chrétiennes sont artificiellement ramassées dans un étroit espace; c'est de l'art qui me rappelle exactement celui de la Villa d'Adrien, dans laquelle cet empereur, passionné pour le beau, avait réalisé ses impressions de voyage en pierre et en marbre, dans des proportions moindres, mais encore grandioses :

> Alexandrie, Athène avec art assemblées,
> Lacs, canaux merveilleux, Pœcile et Propylées,
> Et tout ce qu'en cent lieux il avait admiré,
> Et qu'il revoyait là sous sa main enserré.

---

1. « La polémique est mon allure naturelle... Il me faut toujours un adversaire, n'importe où... » C'est ce que disait M. de Chateaubriand à M. de Marcellus, en dictant à celui-ci une dépêche à Londres, en 1822. Il faisait alors, tout ambassadeur qu'il était, de la polémique contre les ministres, en les poussant presque malgré eux à la guerre d'Espagne; bientôt ministre lui-même, il fit de la polémique contre ses collègues : il finira par faire une polémique à mort contre ses anciens amis, contre son ancien parti et contre sa cause.

« Au bout d'un petit bois d'ormes et de chênes verts, a dit M. de Chateaubriand décrivant cette Villa, on aperçoit des ruines qui se prolongent le long de la *Vallée de Tempé ;* doubles et triples portiques, qui servoient à soutenir les terrasses des *Fabriques* d'Adrien. » *Fabriques* en effet, mais d'un empereur artiste qui possédait le monde et qui installait ses antithèses grandioses sur toutes les collines de son vaste enclos. Tel est pour moi l'effet des *Martyrs,* et, pas plus que dans la Villa Adriana, il n'y manque de ces grands aspects mélancoliques qui, le soir, au milieu des ruines, à travers les échappées de nature, aux rayons du soleil couchant, nous rendent l'impression d'un paysage du Poussin, mais d'un paysage baigné dans l'or. Le poëme des *Martyrs,* comme la Villa d'Adrien, atteste une troisième époque de la restauration des arts; et je dirai du poëte ce que lui-même a dit de l'Empereur : « Adrien fut un prince remarquable, mais non un des plus grands empereurs romains; c'est pourtant un de ceux dont on se souvient le plus aujourd'hui. Il a laissé partout ses traces. »

Tel aussi a été Chateaubriand, non pas un des véritablement grands artistes des beaux siècles, non pas un des tout premiers ni même des seconds en beauté, mais un de ceux qui viennent immédiatement après ceux-là, et qui, en toute carrière, laisseront le plus de traces d'eux-mêmes et le plus de souvenir sur cette pente de la décadence, sous les regards d'une postérité qui ne saura plus bien où est le vrai beau.

Le succès des *Martyrs* ne fut pas ce que l'espérait l'auteur et que l'avaient auguré quelques-uns de ses amis. Chênedollé a dit judicieusement : « Chateaubriand a épuisé l'admiration; il ne peut pas se flatter de faire avec ses *Martyrs* le même bruit, d'exciter le même délire qu'avec le *Génie du Christianisme.* Il ne peut que confirmer sa réputation et non l'augmenter : il ne peut espérer que de conquérir définitivement l'estime des gens de goût, de leur arracher cet aveu : *Nous avions raison.* — Au moment où le *Génie du Christianisme* parut, l'envie n'avait pas encore eu le temps de prendre ses mesures; on aime à caresser le talent à son aurore : plus tard, on se venge, sur une réputation faite, de l'enthousiasme et de l'admiration qu'on a employés à la faire. »

Je n'entrerai pas dans le détail des critiques qui furent faites aux *Martyrs* par les contemporains. M. de Chateaubriand crut devoir y répondre lui-même en tête de l'édition de 1810. Les articles d'Hoffman dans le *Journal de l'Empire*[1] furent ceux qui lui tinrent le plus au cœur. Toutes les parties faibles ou bizarres de la composition et des caractères y sont judicieusement relevées; les inexactitudes géographiques[2] n'y trouvent pas grâce. L'auteur a depuis profité de plus d'une de ces remarques. Mais ce qui manque tout à fait à la critique d'Hoffman, c'est le sentiment poétique des beautés : il n'a que des railleries pour l'épisode de Velléda. De même, le secret de ce style modelé sur l'antique lui échappe dans le détail.

Les plaisanteries d'Hoffman, dans ce silence de l'Empire, quand les moindres querelles littéraires se grossissaient et faisaient événement, portèrent coup et eurent un effet dont rien ne peut donner idée aujourd'hui que l'on est aguerri et bronzé.

Fontanes crut devoir relever le courage de son ami, comme Boileau soutenait de son mieux celui de Racine après *Phèdre*, après *Athalie*; il lui dit aussi sur tous les tons, il ne cessa de lui répéter avec énergie et confiance : « *Ils y reviendront.* » On connaît, mais je ne saurais omettre ici les Stances célèbres qui honorent son talent non moins que son cœur, et qu'il retoucha jusqu'à la fin de sa vie; je donne la version dernière :

> Le Tasse, errant de ville en ville,
> Un jour, accablé de ses maux,
> S'assit près du laurier fertile
> Qui, sur la tombe de Virgile,
> Étend toujours ses verts rameaux.

1. Voir dans les Œuvres d'Hoffmann, t. IX, p. 125.
2. Ainsi quand le paysan *volsque* est présenté comme arrivant au *Forum* avec les bœufs du *Clitumne :* « Il faut que le bonhomme les ait achetés à quelque foire; car le *Clitumnus* était au nord de Rome chez les Falisques, tandis que les Volsques étaient au midi, au delà de la montagne de Circé. » Ainsi quand Eudore, dans sa partie de chasse avec Mérovée, découvre le tombeau d'Ovide *presque* au bord de l'Ister, et en deçà.

En contemplant l'urne sacrée,
Ses yeux de larmes sont couverts;
Et là, d'une voix éplorée,
Il raconte à l'Ombre adorée
Les longs tourments qu'il a soufferts.

Il veut fuir l'ingrate Ausonie;
Des talents il maudit le don,
Quand touché des pleurs du génie,
Devant le chantre d'Herminie
Paroît le chantre de Didon :

« Eh quoi! dit-il, tu fis Armide
Et tu peux accuser ton sort !
Souviens-toi que le Méonide,
Notre modèle et notre guide,
Ne devint grand qu'après sa mort.

« L'infortune, en sa coupe amère,
L'abreuva d'affronts et de pleurs;
Et quelque jour un autre Homère
Doit, au fond d'une île étrangère,
Mourir aveugle et sans honneurs.

« Plus heureux, je passai ma vie
Près d'Horace et de Varius;
Pollion, Auguste et Livie
Me protégeoient contre l'envie,
Et faisoient taire Mévius.

« Mais Énée aux champs de Laurente
Attendoit mes derniers tableaux,
Quand près de moi la mort errante
Vint glacer ma main expirante
Et fit échapper mes pinceaux.

« De l'indigence et du naufrage
Camoëns connut les tourments;
Naguère les Nymphes du Tage,
Sur leur mélodieux rivage,
Ont redit ses gémissements.

« Ainsi les maîtres de la lyre
Partout exhalent leurs chagrins;
Vivants, la haine les déchire,
Et ces dieux que la terre admire
Ont peu compté de jours sereins.

« Longtemps la gloire fugitive
Semble tromper leur noble orgueil;
La gloire enfin pour eux arrive,
Et toujours sa palme tardive
Croit plus belle au pied d'un cercueil.

« Torquato, d'asile en asile,
L'envie ose en vain t'outrager;
Enfant des Muses, sois tranquille,
Ton Renaud vivra comme Achille :
L'arrêt du temps doit te venger.

« Le bruit confus de la cabale
A tes pieds va bientôt mourir;
Bientôt à moi-même on t'égale,
Et pour ta pompe triomphale
Le Capitole va s'ouvrir. »

— Virgile a dit. O doux présage !
A peine il rentre en son tombeau,
Et le vieux laurier qui l'ombrage,
Trois fois inclinant son feuillage,
Refleurit plus fier et plus beau.

Les derniers mots que l'Ombre achève
Du Tasse ont calmé les regrets :
Plein de courage il se relève,
Et tenant sa lyre et son glaive,
Du destin brave tous les traits [1].

Chateaubriand, le sort du Tasse
Doit t'instruire et te consoler;
Trop heureux qui, suivant sa trace,
Aux prix de la même disgrâce,
Dans l'avenir peut l'égaler !

Contre toi, du peuple critique,
Que peut l'injuste opinion?
Tu retrouvas la Muse antique
Sous la poussière poétique
Et de Solime et d'Ilion.

---

1. *Braver les traits du destin...*, expressions communes, usées, images vagues, fausse élégance chez ceux même qui passaient pour les derniers des classiques et pour de purs Raciniens (Fontanes, Parny). Voilà en quoi l'ancien style poétique réputé classique avait absolument besoin d'être renouvelé. Mais, dans ce renouvellement, s'en est-on tenu aux sources vives, et, en retraversant la nature, ne s'est-on pas jeté bien vite au delà, dans un autre genre de *convenu?* L'ancien convenu était fade et coulant, le nouveau est choquant et baroque. Je tiens ferme pourtant sur un point : une rénovation était nécessaire.

> Du grand peintre de l'Odyssée
> Tous les trésors te sont ouverts;
> Et dans ta prose cadencée
> Les soupirs de Cymodocée
> Ont la douceur des plus beaux vers [1].
>
> Aux regrets d'Eudore coupable
> Je trouve un charme différent;
> Et tu joins dans la même fable
> Ce qu'Athène a de plus aimable,
> Ce que Sion a de plus grand.

Et encore, dans une ode de 1812 *contre le Faux Goût*, on lit cette strophe si bien sentie :

> Si quelque Muse nouvelle
> Vient encor charmer Paris,
> Combien je tremble pour elle !
> L'Envie accourt à grands cris.
> Par le monstre repoussée,
> L'aimable Cymodocée
> S'enfuit les larmes aux yeux;
> Et sur sa lyre touchante,
> Seule au désert, elle chante
> L'amour, l'honneur et les Cieux.

Malgré tous ces baumes le cœur du poëte resta ulcéré : il publia, peu après, son *Itinéraire* (1811) qu'il avait en portefeuille, et il y renouvela les mêmes adieux à la Muse. En effet, il ne rentra décidément sur la scène que par la politique en 1814.

---

1. « Chateaubriand est le seul écrivain en prose qui donne la sensation du vers : d'autres ont eu un sentiment exquis de l'harmonie, mais c'est une harmonie oratoire : lui seul a une harmonie de poésie. » (Chênedollé.) — Ce que les Isocrate et les Démétrius enseignaient et pratiquaient autrefois quant au nombre du style oratoire, M. de Chateaubriand l'a trouvé en français pour le style poétique. Il disait n'avoir rien écrit avec autant de soin que le chant *du Cygne* soupiré par Cymodocée dans sa prison, et qui était comme le pendant de la chanson de mort de Chactas. Qu'on relise tout haut cet hymne mélodieux : « Légers vaisseaux de l'Ausonie... » Il en a fait tout un bouquet de fleurs virginales, cueillies dans cette *prairie qu'arrose la pudeur* (se rappeler l'*Hippolyte* d'Euripide). C'est parce que le nom de Cymodocée réveillait en son imagination émue l'ineffable douceur de ces soupirs, que Ballanche, jeune et resté adolescent, ne pouvait prononcer tout haut ce simple nom sans verser à l'instant des larmes. Générations d'aujourd'hui, ne sauriez-vous plus comprendre cela ?

Nous n'avons plus, pour l'épuiser dans son premier rôle, qu'à parler de l'*Itinéraire* et aussi à dire un mot du *Dernier Abencerage* qui, bien que publié quinze années seulement plus tard, remonte par sa composition à cette date de l'Empire.

XIX.

L'*Itinéraire* passe pour un ouvrage à peu près irréprochable et pour offrir la perfection de la manière littéraire de M. de Chateaubriand. Quand un écrivain a paru extraordinaire à ses débuts, que chaque œuvre de lui a excité de violents orages, après que cette fureur critique s'est pourtant apaisée, s'il arrive qu'il publie un livre où il se rabatte un peu, et où il soit, par la nature du sujet, plus au niveau de tous, on se met à croire que c'est lui qui a changé et non pas qu'on s'est habitué soi-même. Il y a de l'un et de l'autre de ces résultats dans l'*Itinéraire* : l'auteur est plus simple, plus courant, comme il convient dans un récit, et le public, qui s'attendait à je ne sais quoi d'étrange, devient tout à coup indulgent : il y a rapprochement des deux parts, et on signe la paix.

« Si je disois, écrit l'auteur dans la Préface, que cet *Itinéraire* n'étoit point destiné à voir le jour, que je le donne au public à regret et comme malgré moi, je dirois la vérité, et vraisemblablement on ne me croiroit pas.

« Je n'ai point fait un voyage pour l'écrire; j'avois un autre dessein; ce dessein, je l'ai rempli dans *les Martyrs*. J'allois chercher des *images*; voilà tout. »

Ceux qui avaient trouvé les tableaux des *Martyrs* trop éclatants trouvèrent plus à leur gré les esquisses de l'*Itinéraire*, grandes esquisses qui ne laissent pas d'être aussi des tableaux.

Les éloges que l'on donne à l'*Itinéraire* me paraissent s'appliquer surtout à la première partie du Voyage. La seconde moitié, qui offre encore de belles pages, est, selon moi, d'un intérêt médiocre, fatigante à lire, et le tout est plus surchargé d'érudition que je ne le voudrais. Dans la première partie on vérifie mieux ce que dit l'auteur :

« J'ai déclaré que je n'avois aucune prétention, ni comme savant, ni même comme voyageur. Mon *Itinéraire* est la course rapide d'un homme qui va voir le ciel, la terre et l'eau, et qui revient à ses foyers avec quelques images nouvelles dans la tête et quelques sentiments de plus dans le cœur. »

C'est pour cela que je trouve qu'en beaucoup d'endroits l'auteur nous accable, plus qu'il n'était besoin, sous les noms et les citations des voyageurs ses devanciers. M. de Chateaubriand a de ces poussées et de ces traînées d'érudition dont il abuse. Ce que j'aime à suivre en lui, c'est surtout le premier des Childe-Harold du siècle dans son poétique pèlerinage.

Il se piquait encore d'être un pèlerin d'une autre sorte et d'un autre âge :

« Il peut paroître étrange aujourd'hui de parler de vœux et de pèlerinages ; mais sur ce point je suis sans pudeur, et je me suis rangé depuis longtemps dans la classe des superstitieux et des foibles. Je serai peut-être le dernier François sorti de mon pays pour voyager en Terre-Sainte avec les idées, le *but* et les sentiments d'un ancien pèlerin. Mais si je n'ai point les vertus qui brillèrent jadis dans les sires de Coucy, de Nesles, de Chastillon, de Montfort, du moins la foi me reste ; à cette marque je pourrois encore me faire reconnoître des antiques Croisés. »

C'est sans doute parce que ce rôle de pèlerin officiel domine toute la seconde partie du Voyage qu'il en amortit l'intérêt. Nous savons maintenant que ce rôle-là n'était qu'à demi-vrai, et qu'il y avait dans cette prétention de la part de l'auteur des *Martyrs* une dernière fiction épique. L'auteur des *Mémoires d'Outre-tombe* nous a édifiés depuis.

Quoi qu'il en soit, il appelle l'*Itinéraire* les *Mémoires d'une année de sa vie*, et c'en est peut-être la meilleure partie, celle qui fut écrite à l'heure la plus sentie et la plus heureuse.

Il y a de l'esprit dans l'*Itinéraire*. Cela repose et rafraîchit après tant de solennités. Le domestique milanais Joseph (ce marchand d'étain à Smyrne), le domestique français Julien, viennent se mêler à propos, dans des coins de tableau, par leurs naïvetés ou par de piquantes mésaventures : on a mis le pied dès le premier moment dans une vraie Grèce, qui n'a rien de factice ni de convenu :

« Les courses sont de huit à dix lieues avec les mêmes chevaux; on leur laisse prendre haleine, sans manger, à peu près à moitié chemin; on remonte ensuite, et l'on continue sa route. Le soir on arrive quelquefois à un khan, masure abandonnée où l'on dort parmi toutes sortes d'insectes et de reptiles sur un plancher vermoulu. On ne vous doit rien dans ce khan, lorsque vous n'avez pas de firman de poste : c'est à vous de vous procurer des vivres comme vous pouvez. Mon janissaire alloit à la chasse dans les villages; il rapportoit quelquefois des poulets que je m'obstinois à payer; nous les faisions rôtir sur des branches vertes d'olivier, ou bouillir avec du riz pour en faire un pilau. Assis à terre autour de ce festin, nous le déchirions avec nos doigts; le repas fini, nous allions nous laver la barbe et les mains au premier ruisseau. Voilà comme on voyage aujourd'hui dans le pays d'Alcibiade et d'Aspasie. »

En quittant Coron où il s'embarque pour la Messénie : « Je m'embarquai avec Joseph et mon nouveau janissaire, qui devoit me conduire à l'embouchure du Pamisus, au fond du golfe de Messénie. Quelques heures d'une belle traversée me portèrent dans le lit du plus grand fleuve du Péloponèse, où notre petite barque échoua faute d'eau. » Les contrastes de la barbarie turque avec la beauté des lieux et la majesté des souvenirs sont touchés souvent avec gaieté et une sorte de bonne humeur. On se dit que c'est en voyage qu'il devait faire bon surtout de rencontrer M. de Chateaubriand ; il se livre d'autant plus alors qu'il sait qu'il passe et qu'il ne reviendra pas. La découverte, ou plutôt la reconnaissance, qu'il fait des ruines de Sparte est imprévue, dramatique, et se couronne par d'admirables scènes de ruines et de paysages historiques :

« Comme j'arrivois à son sommet (au sommet de la colline de la citadelle), le soleil se levoit derrière les monts Ménélaïons. Quel beau spectacle ! mais qu'il étoit triste ! L'Eurotas coulant solitaire sous les débris du pont Babyx ; des ruines de toutes parts, et pas un homme parmi ces ruines ! Je restai immobile, dans une espèce de stupeur, à contempler cette scène. Un mélange d'admiration et de douleur arrêtoit mes pas et ma pensée ; le silence étoit profond autour de moi : je voulus du moins faire parler l'écho dans des lieux où la voix humaine ne se faisoit plus entendre, et je criai de toute ma force : *Léonidas !* Aucune ruine ne répéta ce grand nom, et Sparte même sembla l'avoir oublié.

« Si des ruines où s'attachent des souvenirs illustres font bien voir la vanité de tout ici-bas, il faut pourtant convenir que des noms qui survivent à des empires, et qui immortalisent des temps et des lieux, sont quelque chose. Après tout, ne dédaignons pas trop la gloire ; rien n'est plus beau qu'elle, si ce n'est la vertu. Le comble du bonheur seroit de réunir l'une à l'autre dans cette vie ; et c'étoit l'objet de l'unique prière que les Spartiates adressoient aux Dieux : « *Ut pulchra bonis adderent*[1] ! »

---

1. Le voilà en plein dans la nature humaine héroïque et splendide ; voilà le Chateaubriand avant le rôle et le parti pris, avant le *Génie du Christianisme*. Il pense comme Vauvenargues, ce jeune Ancien : « Celui qui recherche la gloire par la vertu ne demande que ce qu'il mérite. — La gloire est la preuve de la vertu. » Il est de la religion de Pline le Jeune qui disait : « Tous ceux qui ont fait quelque chose de grand et de mémorable, je les estime très-dignes, non-seulement d'excuse, mais encore de louange, s'ils poursuivent cette immortalité qu'ils ont méritée, et s'ils s'efforcent d'assurer, même par des monuments et des inscriptions suprêmes, la gloire durable de leur nom. *Omnes ego qui magnum aliquod memorandumque fecerunt, non modo venia, verum etiam laude dignissimos judico, si immortalitatem quam meruere sectantur, victurique nominis famam supremis etiam titulis prorogare nituntur.* » Et il

« J'ai compté dans ce vaste espace (à l'Est, entre la citadelle et l'Eurotas) sept ruines debout et hors de terre, mais tout à fait informes et dégradées. Comme je pouvois choisir, j'ai donné à l'un de ces débris le nom du temple d'Hélène; à l'autre, celui du tombeau d'Alcman : j'ai cru voir les monuments héroïques d'Égée et de Cadmus; je me suis déterminé ainsi pour la fable, et n'ai reconnu pour l'histoire que le temple de Lycurgue. J'avoue que je préfère au brouet noir et à la Cryptie la mémoire du seul poëte que Lacédémone ait produit, et la couronne de fleurs que les filles de Sparte cueillirent pour Hélène dans l'île du Plataniste :

. . . . O ubi campi,
Sperchiusque, et virginibus bacchata Lacænis
Taygeta! . . . .

« Tout cet emplacement de Lacédémone est inculte : le soleil l'embrase en silence et dévore incessamment le marbre des tombeaux. Quand je vis ce désert, aucune plante n'en décoroit les débris; aucun oiseau, aucun insecte ne les animoit, hors des millions de lézards qui montoient et descendoient sans bruit le longs des murs brûlants. Une douzaine de chevaux à demi sauvages paissoient çà et là une herbe flétrie; un pâtre cultivoit dans un coin du théâtre quelques pastèques; et à Magoula, qui donne son triste nom à Lacédémone, on remarquoit un petit bois de cyprès...

« La vue dont on jouit en marchant le long de l'Eurotas est bien différente de celle que l'on découvre du sommet de la citadelle. Le fleuve suit un lit tortueux et se cache, comme je l'ai dit, parmi des roseaux et des lauriers roses aussi grands que des arbres; sur la rive gauche, les monts Ménélaïons, d'un aspect aride et rougeâtre, forment contraste avec la fraîcheur et la verdure du cours de l'Eurotas. Sur la rive droite, le Taygète déploie son magnifique rideau :

---

le prouvera par le choix et le soin de son tombeau. — On rapporte que M. de Talleyrand disait, quand l'*Itinéraire* parut : « Il y a là beaucoup trop d'esprit pour un livre de poste, et pas assez de talent pour un ouvrage. » Le public ne fut pas de cet avis. M. de Talleyrand, on le conçoit, ne devait pas plus goûter l'*Itinéraire* que l'abbé de Montesquiou n'aimait *René* : qu'avait-il à faire de Léonidas ?

tout l'espace compris entre ce rideau et le fleuve est occupé par les collines et les ruines de Sparte ; ces collines et ces ruines ne paroissent point désolées comme lorsqu'on les voit de près : elles semblent au contraire teintes de pourpre, de violet, d'or pâle. Ce ne sont point les prairies et les feuilles d'un vert cru et froid qui font les admirables paysages, ce sont les effets de la lumière... »

Mais surtout :

« Après le souper, Joseph apporta ma selle, qui me servoit ordinairement d'oreiller; je m'enveloppai dans mon manteau, et je me couchai au bord de l'Eurotas sous un laurier. La nuit étoit si pure et si sereine, que la Voie lactée formoit comme une aube réfléchie par l'eau du fleuve, et à la clarté de laquelle on auroit pu lire. Je m'endormis les yeux attachés au ciel, ayant précisément au-dessus de ma tête la belle constellation du Cygne de Léda. Je me rappelle encore le plaisir que j'éprouvois autrefois à me reposer ainsi dans les bois de l'Amérique, et surtout à me réveiller au milieu de la nuit. J'écoutois le bruit du vent dans la solitude, le bramement des daims et des cerfs, le mugissement d'une cataracte éloignée, tandis que mon bûcher, à demi éteint, rougissoit en dessous le feuillage des arbres. J'aimois jusqu'à la voix de l'Iroquois lorsqu'il élevoit un cri du sein des forêts, et qu'à la clarté des étoiles, dans le silence de la nature, il sembloit proclamer sa liberté sans bornes. Tout cela plaît à vingt ans, parce que la vie se suffit, pour ainsi dire, à elle-même, et qu'il y a dans la première jeunesse quelque chose d'inquiet et de vague qui nous porte incessamment aux chimères, *Ipsi sibi somnia fingunt;* mais, dans un âge plus mûr, l'esprit revient à des goûts plus solides : il veut surtout se nourrir des souvenirs et des exemples de l'histoire. Je dormirois encore volontiers au bord de l'Eurotas ou du Jourdain, si les Ombres héroïques des trois cents Spartiates, ou les douze fils de Jacob, devoient visiter mon sommeil ; mais je n'irois plus chercher une terre nouvelle qui n'a point été déchirée par le soc de la charrue ; il me faut à présent de vieux déserts qui me rendent à volonté les murs de Babylone ou les légions de Pharsale, *grandia ossa!* des champs dont les sillons m'instruisent, et où je retrouve, homme que je suis, le sang, les larmes et les sueurs de l'homme... »

Je ne sais si c'est bien le sentiment de sympathie humaine qui triomphe ici; mais l'âge positif approche; l'ambition politique substitue insensiblement ses perspectives et ses capitoles lointains aux songes flottants, indéfinis, de la poësie et de l'amour.

A Argos il fut reçu par un médecin italien, le docteur Avramiotti, avec qui il eut je ne sais quelle petite pique de susceptibilité. M. de Chateaubriand fait de ce médecin un Vénitien qui s'ennuie en Grèce et qui lui dit : « Vous venez de Venise à présent; je crois que je ferois bien de retourner à Venise. » Et le voyageur ajoute : « Je quittai cet exilé de la Grèce le lendemain à la pointe du jour... Je crois que M. Avramiotti ne fut pas fâché d'être débarrassé de moi : quoiqu'il m'eût reçu avec beaucoup de politesse, il étoit aisé de voir que ma visite n'étoit pas venue très à propos. »

Cette remarque, peu obligeante d'intention, valut depuis à M. de Chateaubriand une réponse du docteur Avramiotti qui n'était pas de Venise, mais de Zante où il avait ses biens et sa famille. Sous le titre de *Alcuni Cenni critici*, etc. (*Quelques Indications critiques sur le Voyage en Grèce qui compose la première partie de l'*Itinéraire...), le docteur publia en 1817, à Padoue, une critique fort vive et piquante de l'ouvrage célèbre, et, en général, de la méthode de M. de Chateaubriand en voyage. Millin, rendant compte de l'écrit du docteur dans les *Annales encyclopédiques*[1], disait : « M. Avramiotti peut avoir quelquefois raison, mais il n'a jamais raison sans aigreur. » Il faut convenir qu'ici le premier mot désobligeant était venu de M. de Chateaubriand même. M. Avramiotti nous paraît, à nous, avoir raison sur toute une partie considérable de l'ouvrage, sur une *moitié* de Chateaubriand voyageur.

Que M. Avramiotti nous assure que M. de Chateaubriand n'a pu descendre à Misitra chez un des principaux Turcs appelé Ibraïm-

---

[1] Tome II, p. 159 et suiv.

Bey, attendu qu'aucun Turc de ce nom, d'un rang distingué, n'habite dans ce lieu, ce n'est là probablement qu'une erreur de nom, et qui n'oblige pas à conclure que tout ce qui est raconté de l'intérieur de ce Turc, de la maladie de son enfant, du remède de la centaurée, n'est qu'invention pure. Chateaubriand était fort distrait sur les noms propres qu'il savait le mieux : je le surprends quelque part à appeler l'*amie* de Fontanes Madame d'*Aulnoy* (une contemporaine de Saint-Évremond), au lieu de Madame Du *Fresnoy*. L'*aulne* ou le *frêne,* peu importe !

Il est plus essentiel de faire remarquer, avec M. Avramiotti, que le voyageur n'a pas découvert, comme il le donnerait volontiers à entendre, les ruines de Sparte ; elles étaient découvertes longtemps avant lui : il n'a fait que les décrire magnifiquement, en assignant avec instinct peut-être, mais certainement avec caprice, les noms qu'il lui plaisait aux différents débris. A un endroit, sur la foi d'une vague et inexacte réminiscence, il croit reconnaître dans une pierre informe un reste de *lion*; cela lui paraît indiquer le tombeau de Léonidas, et il voit selon qu'il désire.

Après avoir déclaré ne rien comprendre à la route que suit le voyageur pour aller de Misitra à Tripolizza, M. Avramiotti, arrivant à ce qui l'intéresse plus particulièrement, nous dit :

« Enfin M. de Chateaubriand arrive chez moi avec une lettre de M. Fornetti, premier drogman de France dans l'Échelle de Corone ; je lui parle d'Argos ; je l'entretiens des beaux travaux de M. Fauvel. M. de Chateaubriand demande des chevaux pour le lendemain, parce qu'il veut rejoindre le bâtiment qui l'attend à Athènes. Je lui représente qu'il est impossible d'être venu à Argos et de repartir sans avoir vu cette cité célèbre. Nous allons le lendemain au château ; il admire le tout de cette éminence ; je lui fais observer que les généraux seuls se contentent de regarder le terrain d'une hauteur pour disposer leurs troupes ; que les peintres peuvent encore en tirer des paysages, mais que le savant recherche dans ses voyages chaque pierre, chaque inscription : il me répond que la nature ne l'a point fait pour ces études serviles, qu'il lui suffit d'une hauteur pour s'y rappeler les riantes fictions de la Fable et les souvenirs de l'histoire ; voilà en effet pourquoi, volant sur les cimes de l'Olympe et du Pinde, il place à son gré les villes, les temples et les édifices. »

C'est qu'il est peintre en effet et rien que cela ; il est peintre comme d'autres sont conquérants : *Veni, vidi, vici.* Il peint de haut et d'autorité, à vol d'oiseau, à vue d'aigle. Il laisse le déchiffrement pénible aux savants, aux antiquaires. Il *brûle*, il illumine le pays où il passe : les archéologues vous diront le reste.

Un peu battu à Argos, il va se dédommager et prendre sa revanche à Athènes. Le séjour qu'il y fait, après ce qu'il a dit de Sparte, se sent de la différence des lieux, et le voyageur, tout d'abord reçu en pays civilisé, y est moins grave. Dès l'entrée, on a une petite scène qui est comme un mime de Sophron ou un fragment d'Aristophane :

« Pendant notre dîner nous reçûmes les compliments de ce qu'on appelle dans le Levant la *nation* : cette nation se compose des négociants français, ou dépendants de la France, qui habitent les différentes Échelles. Il n'y a à Athènes qu'une ou deux maisons de cette espèce : elles font le commerce des huiles. M. Roque me fit l'honneur de me rendre visite : il avoit une famille, et il m'invita à l'aller voir avec M. Fauvel ; puis il se mit à parler de la société d'Athènes : « Un étranger fixé depuis quelque temps à Athènes
« paroissoit avoir senti ou inspiré une passion qui faisoit parler la
« ville... Il y avoit des commérages vers la maison de Socrate, et
« l'on tenoit des propos du côté des jardins de Phocion... L'arche-
« vêque d'Athènes n'étoit pas encore revenu de Constantinople.
« On ne savoit pas si on obtiendroit justice du pacha de Nègre-
« pont, qui menaçoit de lever une contribution à Athènes. Pour
« se mettre à l'abri d'un coup de main, on avoit réparé le mur de
« clôture ; cependant on pouvoit tout espérer du chef des Eunuques
« noirs, propriétaire d'Athènes, qui certainement avoit auprès de
« Sa Hautesse plus de crédit que le Pacha (ô Solon ! ô Thémis-

« tocle! le chef des Eunuques noirs propriétaire d'Athènes, et
« toutes les autres villes de la Grèce enviant cet insigne honneur
« aux Athéniens!)... Au reste, M. Fauvel avoit bien fait de renvoyer
« le religieux italien qui demeuroit dans la Lanterne de Démos-
« thène (un des plus jolis monuments d'Athènes), et d'appeler à
« sa place un capucin françois. Celui-ci avoit de bonnes mœurs,
« étoit affable, intelligent, et recevoit très-bien les étrangers qui,
« selon la coutume, alloient descendre au couvent françois... » Tels
étoient les propos et l'objet des conversations à Athènes : on voit
que le monde y alloit son train, et qu'un voyageur qui s'est bien
monté la tête doit être un peu confondu quand il trouve, en arrivant dans la rue des Trépieds, les tracasseries de son village. »

Voulez-vous Athènes, vue du Parthénon, du haut de la citadelle,
au lever de l'aurore? là sont réunies toutes les conditions favorables et chères au talent de M. de Chateaubriand; aussi est-ce son
triomphe :

« Le lendemain (de mon arrivée), à quatre heures et demie du
matin, nous montâmes à la citadelle; son sommet est environné
de murs, moitié antiques, moitié modernes; d'autres murs circu-
loient autrefois autour de sa base. Dans l'espace que renferment
ces murs, se trouvent d'abord les restes des Propylées et les débris
du temple de la Victoire. Derrière les Propylées, à gauche, vers la
ville, on voit ensuite le Pandroséum et le double temple de Neptune-
Érecthée et de Minerve-Polias; enfin, sur le point le plus éminent
de l'Acropolis, s'élève le temple de Minerve; le reste de l'espace
est obstrué par les décombres des bâtiments anciens et nouveaux,
et par les tentes, les armes et les baraques des Turcs...

« Je n'entrerai point dans la description particulière de chaque
monument... La première chose qui vous frappe dans les monuments d'Athènes, c'est la belle couleur de ces monuments. Dans
nos climats, sous une atmosphère chargée de fumée et de pluie, la
pierre du blanc le plus pur devient bientôt noire ou verdâtre. Le
ciel clair et le soleil brillant de la Grèce répandent seulement sur

le marbre de Paros et du Pentélique une teinte dorée semblable à celle des épis mûrs ou des feuilles en automne.

« La justesse, l'harmonie et la simplicité des proportions attirent ensuite votre admiration... J'ai vu du haut de l'Acropolis le soleil se lever entre les deux cimes du mont Hymette : les corneilles qui nichent autour de la citadelle, mais qui ne franchissent jamais son sommet, planoient au-dessous de nous; leurs ailes noires et lustrées étoient glacées de rose par les premiers reflets du jour; des colonnes de fumée bleue et légère montoient dans l'ombre, le long des flancs de l'Hymette, et annonçoient les parcs ou les chalets des abeilles; Athènes, l'Acropolis et les débris du Parthénon se coloroient des plus belles teintes de la fleur du pêcher; les sculptures de Phidias, frappées horizontalement d'un rayon d'or, s'animoient et sembloient se mouvoir sur le marbre par la mobilité des ombres du relief; au loin, la mer et le Pirée étoient tout blancs de lumière, et la citadelle de Corinthe, renvoyant l'éclat du jour nouveau, brilloit sur l'horizon du couchant, comme un rocher de pourpre et de feu.

« Du lieu où nous étions placés, nous aurions pu voir, dans les beaux jours d'Athènes, les flottes sortir du Pirée pour combattre l'ennemi ou pour se rendre aux fêtes de Délos; nous aurions pu entendre éclater au théâtre de Bacchus les douleurs d'OEdipe, de Philoctète et d'Hécube; nous aurions pu ouïr les applaudissements des citoyens aux discours de Démosthène. Mais, hélas! aucun son ne frappoit notre oreille... »

M. Avramiotti peut dire tout ce qu'il voudra, il peut avoir raison dans ses critiques de détail; M. Fauvel lui-même, lisant le livre d'Avramiotti, peut y sourire : cela n'empêche pas Chateaubriand d'être le plus grand peintre et le plus fidèle, lorsqu'il s'assied sur le haut de la colline et qu'il décrit avec des mots pleins de lumière tout ce qui est à ses pieds sous le soleil.

Au départ, nous assistons au spectacle du plus aimable songe, à celui du *Pot au lait* élevé aux proportions de la Grèce :

« Je fus, tout le chemin, occupé d'un rêve assez singulier : je me figurois qu'on m'avoit donné l'Attique en souveraineté : je faisois publier dans toute l'Europe que quiconque étoit fatigué des révolutions et désiroit trouver la paix vînt se consoler sur les ruines d'Athènes où je promettois repos et sûreté; j'ouvrois des chemins, je bâtissois des auberges, je préparois toutes sortes de commodités pour les voyageurs ; j'achetois un port sur le golfe de Lépante, afin de rendre la traversée d'Otrante à Athènes plus courte et plus facile. On sent bien que je ne négligeois pas les monuments : les chefs-d'œuvre de la citadelle étoient relevés sur leurs plans et d'après leurs ruines, la ville entourée de bons murs étoit à l'abri du pillage des Turcs. Je fondois une Université où les enfants de toute l'Europe venoient apprendre le grec littéraire et le grec vulgaire. J'invitois les Hydriottes à s'établir au Pirée, et j'avois une marine. Les montagnes nues se couvroient de pins pour redonner des eaux à mes fleuves ; j'encourageois l'agriculture; une foule de Suisses et d'Allemands se mêloient à mes Albanois; chaque jour on faisoit de nouvelles découvertes, et Athènes sortoit du tombeau. — En arrivant à Kératia, je sortis de mon songe, et je me retrouvai *Gros-Jean comme devant.* »

Et voilà comme M. de Chateaubriand, cette imagination royale, était en même temps l'imagination la plus souverainement aimable quand il voulait l'être.

Je ne puis que signaler une belle vue sur le goût suprême des Grecs dans les sites de leurs édifices, de belles considérations sur les causes de la décadence de l'ancienne Grèce : dans toute cette partie du voyage, il est Grec et païen malgré lui. Rome même, la Rome antique avec ses monuments tant vantés, lui paraît lourde et barbare depuis qu'il a vu Athènes; il est Athénien. Puis tout d'un coup, quand il se rappelle son but et son vœu, il s'arrête, il fait ses réserves, il ajoute sa moralité de commande; mais on sent qu'elle est ajoutée, et comme plaquée. Il chante son hymne en l'honneur des pauvres Capucins; c'est une pénitence qu'il s'impose; mais pourquoi s'en acquitter sans humilité ?

Je ne suivrai pas le pèlerin en Asie et en Palestine. Nous connaissons à fond M. de Chateaubriand, et il ne faut pas nous en rassasier. Il y a partout de grandes pages ; on retrouve là plus développées les fortes peintures de la vallée du Jourdain et de la mer Morte. Il est piquant, sur ce terrain, de le comparer avec Volney, celui-ci également grand peintre ou plutôt parfait dessinateur, mais strict et inflexible.

Toute l'histoire de Jérusalem est surabondante dans l'*Itinéraire* et bourrée d'une érudition indigeste. J'excepterai seulement une assez belle critique de la *Jérusalem délivrée* faite livre en main, en présence des lieux. Arrivé à Carthage, au retour, l'auteur abusera également des souvenirs et nous donnera de grands lambeaux d'histoire qu'il taillera à son gré et selon le besoin de sa cause. Puisqu'il citait Joinville sur saint Louis, il aurait bien dû rapporter la réprobation judicieuse que ce fidèle historien ne craint pas de faire de la dernière croisade.

XX.

Les Aventures du dernier Abencérage sont le couronnement de l'*Itinéraire*. En s'en revenant par Grenade et l'Alhambra, qui était le terme secret du pèlerinage (comme Jérusalem en était le but apparent) et où l'attendait une tendre promesse, le poëte y cueillit une dernière fleur qui s'est épanouie dans cette production brillante. C'est bien de lui et non d'un autre que le poëte parle en disant :

« Les mois s'écoulent : tantôt errant parmi les ruines de Carthage, tantôt assis sur le tombeau de saint Louis, l'Abencérage exilé appelle le jour qui doit le ramener à Grenade. Ce jour se lève enfin : Aben-Hamet monte sur un vaisseau et fait tourner la proue vers Malaga. Avec quel transport, avec quelle joie mêlée de crainte il aperçut les premiers promontoires de l'Espagne ! Blanca l'attend-elle sur ces bords ? Se souvient-elle encore d'un pauvre Arabe qui ne cessa de l'adorer sous le palmier du désert ! »

Ne reconnaissons-nous pas le pèlerin chrétien sous le turban ? Et encore, dans la promenade des deux amants à l'Alhambra :

« La lune, en se levant, répandit sa clarté douteuse dans les sanctuaires abandonnés, et dans les parvis déserts de l'Alhambra. Ses blancs rayons dessinoient sur le gazon des parterres, sur les murs des salles, la dentelle d'une architecture aérienne, les cintres des cloîtres, l'ombre mobile des eaux jaillissantes et celle des arbustes balancés par le zéphyr. Le rossignol chantoit dans un cyprès qui perçoit les dômes d'une mosquée en ruine, et les échos répétoient ses plaintes. Aben-Hamet écrivit, au clair de la lune, le nom de Blanca sur le marbre de la salle des Deux-Sœurs : il traça ce nom en caractères arabes, afin que le voyageur eût un mystère de plus à deviner dans ce palais des mystères. »

On assurait, il y a quelques années, que les noms s'y lisaient encore, mais je ne crois pas que ce fût précisément en arabe qu'ils étaient écrits. — Rien de plus courtois, de plus accompli comme forme et comme sentiment, rien de plus artistement découpé que ce petit récit à quatre personnages. M. de Chateaubriand n'a rien trouvé de plus pur; mais, si je l'ose dire, le tout est trop jeté dans la forme chevaleresque et classique : il y a un peu de sécheresse, de raideur et de maigreur; on est loin de la sève surabondante d'*Atala*.

A propos de son manuscrit de 2,383 pages in-folio des *Natchez*, M. de Chateaubriand disait : « Un jeune homme qui entasse pêle-mêle ses idées, ses inventions, ses études, ses lectures, doit produire le chaos; mais aussi, dans ce chaos, il y a une certaine fécondité qui tient à la puissance de l'âge, et qui diminue en avançant dans la vie. » *Le dernier Abencérage* est l'extrême opposé des *Natchez* dans la manière de M. de Chateaubriand. On peut dire que, comme Épique, il eut trois manières : la première, celle des *Natchez*, dont *Atala* offre le chef-d'œuvre; c'est une forêt vierge où la grandeur et l'extravagance de la végétation apparait à la clarté d'un sublime orage. La seconde manière, plus sobre, plus définie, dans laquelle il atteint au classique de son génie, est celle des *Martyrs*. Enfin, dans *le dernier Abencérage*, sa manière se serre de plus en plus et se contracte. Tandis que les talents d'effusion, comme Lamartine, vont se versant de plus en plus et s'abandonnent les rênes, les artistes comme Chateaubriand se resserrent jusque-là que chaque trait devient heurté et cassant. Telle est la loi naturelle et comme la formule de cette courbe fatale que décrivent les talents. Fontenelle l'a remarqué déjà à l'occasion du grand Corneille : « Ceux qui ont de la noblesse, de la grandeur, quelque chose de fier et d'austère, contractent aisément par les années je ne sais quoi de sec et de dur. »

Le dernier Abencérage est une fin, un extrême, sans pourtant sortir encore de la ligne de beauté; j'y sens continuellement le *drapé* comme dans les tragédies : c'est de l'Alfieri plus brillant, mais sans plus de mollesse. Les réponses sont toutes par contrastes et par compartiments, par ressorts :

« Et comment m'aimerois-tu donc, si tu étois un Abencérage? » dit la descendante de Chimène.

« Je t'aimerois, répondit le Maure, plus que la gloire et moins « que l'honneur... »

« Blanca voulut contraindre les trois chevaliers à se donner la « main; tous les trois s'y refusèrent : « Je hais Aben-Hamet! » s'écria don Carlos. — « Je l'envie, » dit Lautrec. — « Et moi, dit « l'Abencérage, j'estime don Carlos et je plains Lautrec, mais je ne « saurois les aimer. »

L'antithèse des personnages, de tout ce qu'ils font et ce qu'ils disent, est trop fortement accentuée. On ne saurait attendre de ces paroles ordinaires qui servent de liaison aux plus sublimes, de la part de gens qui, frère et sœur, se disent dans le tête-à-tête : « Don Carlos, je sens que nous sommes les derniers de notre race; nous sortons trop de l'ordre commun pour que notre sang fleurisse après nous : le Cid fut notre aïeul, il sera notre postérité... »

M. de Chateaubriand avait fait d'avance la critique de ce genre plus noble que naturel, lorsque dans le *Génie du Christianisme,* parlant de la reconnaissance de Joseph, il disait : « Enfin, Joseph embrasse ses frères, comme Ulysse embrasse Télémaque, mais il commence par Benjamin. Un auteur moderne n'eût pas manqué de le faire se jeter de préférence au cou du frère le plus coupable, afin que son héros fût un vrai personnage de tragédie. La Bible a mieux connu le cœur humain : elle a su comment apprécier cette exagération de sentiment, par qui un homme a toujours l'air de s'efforcer d'atteindre à ce qu'il croit une grande chose, ou de dire ce qu'il pense un grand mot. » — En finissant, on est tenté de s'écrier comme Aben-Hamet, mais dans un autre sens : « Ah! faut-il que je rencontre ici tant d'âmes sublimes, tant de caractères généreux! » Pour conclusion, *le dernier Abencérage* est le plus parfait des tableaux d'Empire, mais c'est un tableau d'Empire.

Il n'eut point tout le succès auquel il avait droit, n'ayant point paru à son moment : *le dernier Abencérage,* retenu en portefeuille, manqua son à-propos, son heure de soleil, ce qui est rare pour les écrits de M. de Chateaubriand. Les esprits poétiques d'alors ne purent s'éprendre à temps et jouir à leur aise de ce beau type d'Aben-Hamet : les esprits romanesques s'en tenaient volontiers à Malek-Adel.

Il s'y rencontre pourtant une perle de grâce naturelle et d'innocence, qui s'en est détachée, et qui du premier jour a circulé sur toutes les lèvres, la douce romance *à Hélène*[1] :

---

[1]. M. de Chateaubriand était plus attentif aux chants populaires qu'on ne le supposerait de la part d'un poëte aussi studieux et aussi artificiel. Ce fut dans un voyage au Mont-Dore (1805) qu'il entendit et nota cet air des montagnes, qu'il s'appropria et rendit mélancolique, de joyeux qu'il était : « Je n'ai eu en tout cela, disait-il à M. de Marcellus, d'autre mérite que de mettre en tête de l'air, une fois noté, *adagio* à la place d'*allegretto;* en ralentissant la mesure au gré de la mélancolie, l'hilarité du pâtre s'est changée en complainte de l'exilé. Les paroles alors me sont venues d'elles-mêmes. » — Il disait encore, à propos de chants grecs populaires qu'on lui traduisait : « Chez le peuple la poésie est un cri du cœur : elle est devenue chez nous un effort de l'imagination. Il y a tel couplet breton que je ne donnerois pas pour les dix chants de *la Henriade.* » Et il en citait un qu'il avait retenu et qu'il savait d'enfance. Une telle déclaration en faveur du simple et du primitif a tout son prix dans la bouche du chantre des *Martyrs.*

Combien j'ai douce souvenance
Du joli lieu de ma naissance!
Ma sœur, qu'ils étoient beaux les jours
    De France!
O mon pays, sois mes amours
    Toujours!

Te souvient-il que notre mère,
Au foyer de notre chaumière,
Nous pressoit sur son cœur joyeux,
    Ma chère ;
Et nous baisions ses blancs cheveux
    Tous deux.

Ma sœur, te souvient-il encore
Du château que baignoit la Dore,
Et de cette tant vieille tour
    Du Maure,
Où l'airain sonnoit le retour
    Du jour?

Te souvient-il du lac tranquille
Qu'effleuroit l'hirondelle agile,
Du vent qui courboit le roseau
    Mobile,
Et du soleil couchant sur l'eau
    Si beau?

Oh! qui me rendra mon Hélène,
Et ma montagne, et le grand chêne!
Leur souvenir fait tous les jours
    Ma peine :
Mon pays sera mes amours
    Toujours!

Il suffit que M. de Chateaubriand ait trouvé dans son cœur et dans sa voix cette note touchante pour qu'il n'ait pas le droit de mal penser des vers, et que les poëtes en vers ne puissent douter de lui. Il a fait *Moïse* (ô ennui! noble ennui!); il a cité dans ses écrits, toutes les fois qu'il l'a pu, les vers de Delille et d'Esménard[1] comme les plus beaux du monde (et il aurait trop intérêt vraiment à ce que ce fussent là les plus beaux vers, sa prose y gagnerait de rester

---

1. En citant les vers d'Esménard sur l'Égypte (*Itinéraire*) il payait une dette de politesse pour les articles favorables qu'Esménard avait mis dans le *Mercure* sur *les Martyrs*.

sans rivale). Mais qu'importe ? il a trouvé cette Romance à *Hélène*, un écho de l'âge d'or, et tout lui est pardonné [1].

Chateaubriand pourtant avait, quand il daignait y prêter attention, le sentiment de la belle poésie en vers. Il s'est plu à citer ce mot de Fontanes qui lui disait qu'il aurait pu réussir, s'il avait voulu, en vers comme en prose. Il sait discerner une excellente strophe de Gresset dans une ode faible (l'Ode *sur l'Amour de la Patrie*); il se l'était plus d'une fois récitée à lui-même dans ses exils et ses odyssées :

> Si, dans sa course déplorée,
> Il succombe au dernier sommeil
> Sans revoir la douce contrée
> Où brilla son premier soleil,
> Là son dernier soupir s'adresse ;
> Là son expirante tendresse
> Veut que ses os soient ramenés :
> D'une région étrangère
> La terre serait moins légère
> A ses mânes abandonnés...

Il sait retenir et citer de beaux vers d'André Chénier encore inconnu, en le désignant du doigt comme poëte. S'il a fait de bien mauvais vers et de médiocres, il en a trouvé quelques-uns de tout à fait beaux et poétiques. Il est bien au-dessus de Marie-Joseph

---

1. M. de Chateaubriand avait été gâté par les poëtes de son temps; ils s'évertuaient presque tous à mettre sa prose en rimes. Les Notes du *Génie du Christianisme* sont remplies de ces fades *duplicata*, qu'il était tenu de reconnaître par des louanges polies, mais si polies qu'elles devenaient insignifiantes. On lit à la fin de la Préface de l'*Itinéraire :* « Comme mille raisons peuvent m'arrêter dans la carrière littéraire au point où je suis parvenu, je veux payer ici toutes mes dettes. Des gens de lettres ont mis en vers plusieurs morceaux de mes ouvrages; j'avoue que je n'ai connu qu'assez tard le grand nombre d'obligations que j'avois aux Muses sous ce rapport. Je ne sais comment, par exemple, une pièce charmante, intitulée *le Voyage du Poëte*, a pu si longtemps m'échapper. L'auteur de ce petit poëme, M. de Saint-Victor, a bien voulu embellir mes descriptions sauvages, et répéter sur sa lyre une partie de ma chanson du désert : j'aurois dû l'en remercier plus tôt. Si donc quelques écrivains ont été justement choqués de mon silence, quand ils me faisoient l'honneur de perfectionner mes ébauches, ils verront ici la réparation de mes torts. Je n'ai jamais l'intention de blesser personne, encore moins les hommes de talent qui me font jouir d'une partie de leur gloire en empruntant quelque chose à mes écrits. Je ne veux point me brouiller avec les neuf Sœurs, même au moment où je les abandonne. » — Quand les poëtes de l'école moderne, les vrais fils de Chateaubriand, Lamartine, Victor Hugo, Alfred de Vigny, parurent, Chateaubriand put croire un moment qu'il allait en être

Chénier dans la traduction du *Cimetière* de Gray. Il a rencontré de lui-même quelques notes d'une belle venue :

> Musulmane aux longs yeux, d'un maître que je brave
> Fille délicieuse, amante des concerts,
> . . . .
> Viens, sous tes beaux pieds nus, viens fouler ton esclave,
> Toi que je sers, toi que je sers !

La rime le gênait; il ne l'avait point domptée ni apprivoisée; mais sa prose a tout le rhythme de la poésie; il excelle à faire une peinture avec des sons. Dans une langue qui aurait eu l'accent et qui se serait souvenue d'avoir été scandée, il aurait fait de beaux vers blancs, des vers sans rime.

Enfin, à cette époque de perfection où il était parvenu (1811-1813), il excellait même dans des bagatelles; il portait de sa grandeur jusque dans les moindres élégances; et j'ai trouvé sur un Album du temps (celui de Mme de Rémusat) cette admirable Épigramme écrite de sa main; elle serait célèbre si elle était traduite de l'Anthologie et ferait chef-d'œuvre entre les plus belles de l'antique recueil, entre celles d'un Antipater de Sidon ou d'un Léonidas de Tarente :

« La Gloire, l'Amour et l'Amitié descendirent un jour de l'Olympe pour visiter les peuples de la terre. Ces Divinités résolurent d'écrire l'histoire de leur voyage et le nom des hommes qui leur donneroient l'hospitalité. La Gloire prit dans ce dessein un morceau de marbre, l'Amour des tablettes de cire, et l'Amitié un livre blanc. Les trois voyageurs parcoururent le monde, et se présentèrent un soir à ma porte : je m'empressai de les recevoir avec le respect que l'on doit aux Dieux. Le lendemain matin, à leur départ, la Gloire ne put parvenir à graver mon nom sur son marbre;

---

de même et que c'était son fonds unique qui allait les défrayer; quand il vit qu'il n'en était pas tout à fait ainsi, et que la lyre moderne avait des ailes, il tourna le dos et devint sourd. — Il n'a fait d'exception que pour Béranger, qu'il a traité comme il a fait Carrel, c'est-à-dire en magnanime adversaire. Mais ces hommages d'un camp à l'autre coûtent moins; ils ne tirent pas à conséquence, et ils constatent la générosité.

l'Amour, après l'avoir tracé sur ses tablettes, l'effaça bientôt en riant ; l'Amitié seule me promit de le conserver dans son livre.

« DE CHATEAUBRIAND. — 1813. »

Tel était, en tout genre, Chateaubriand peintre et poëte de l'art, — le Chateaubriand selon Joubert, — le Chateaubriand d'avant la Charte.

Un dernier Chateaubriand, celui que nous avons connu dans tout son mélange, fermentait pourtant déjà sous l'autre et bouillonnait par accès, ou, tout au moins, il avait de temps en temps ses impatiences.

XXI.

Indépendamment des ouvrages dont nous venons de parler, composés sous l'Empire, M. de Chateaubriand inséra quelques articles dans le *Mercure* : le dernier et le plus célèbre de ces articles est celui qu'il donna sur le Voyage en Espagne, de M. de Laborde, et qui attira la foudre sur le pauvre recueil innocent [1]. On y lisait, à propos de la poésie et de l'histoire :

« La Muse a souvent retracé les crimes des hommes ; mais il y a quelque chose de si beau dans le langage du poëte, que les crimes mêmes en paroissent embellis ; l'historien seul peut les peindre sans en affaiblir l'horreur [2]. Lorsque, dans le silence de l'abjection, l'on n'entend plus retentir que la chaîne de l'esclave et la voix du délateur ; lorsque tout tremble devant le tyran, et qu'il est aussi dangereux d'encourir sa faveur que de mériter sa disgrâce, l'histo-

---

1. L'article sur le *Voyage en Espagne* de M. de Laborde est inséré dans le *Mercure* du 4 juillet 1807 ; l'Empereur était alors à Tilsitt, et il ne fut de retour à Saint-Cloud que le 27 juillet. Ce moment de Friedland et de Tilsitt était assez mal choisi, on en conviendra, pour crier au Néron.

2. Ceci pourra s'appliquer plus tard à Lamartine, poëte-historien, embellissant, malgré lui, les crimes de la Terreur en les décrivant : « Il m'a doré la guillotine, » disait Chateaubriand.

rien paroît chargé de la vengeance des peuples. C'est en vain que Néron prospère, Tacite est déjà né dans l'Empire; il croit inconnu auprès des cendres de Germanicus, et déjà l'intègre Providence a livré à un enfant obscur la gloire du maître du monde. Bientôt toutes les fausses vertus seront démasquées par l'auteur des *Annales;* bientôt il ne fera voir, dans le tyran déifié, que l'histrion, l'incendiaire et le parricide : semblables à ces premiers chrétiens d'Égypte, qui, au péril de leurs jours, pénétroient dans les temples de l'idolâtrie, saisissoient au fond d'un sanctuaire ténébreux la divinité que le Crime offroit à l'encens de la Peur, et traînoient à la lumière du soleil, au lieu d'un dieu, quelque monstre horrible.

« Mais si le rôle de l'historien est beau, il est souvent dangereux!... »

Qu'il y eût de l'allusion dans ces paroles (si outrées qu'elles nous paraissent), on n'en saurait douter. Quant à l'orage qu'elles excitèrent, il convient, pour ne se rien exagérer et pour ne pas voir Néron plus rouge qu'il n'était, — pour ne pas du tout voir de Néron, — de lire un passage à demi badin d'une lettre de M. Joubert. « Bonaparte, écrivait M. de Chateaubriand en 1826, menaça à cette occasion de me *faire sabrer sur les marches de son palais.* » Voici la chose vue de plus près, et par un ami sincère, mais moins échauffé (lettre de M. Joubert du 1er septembre 1807) :

« Le *pauvre garçon* (Chateaubriand) a eu pour sa part d'assez grièves tribulations. L'article qui m'avoit tant mis en colère est resté quelque temps suspendu sur sa tête, mais à la fin le tonnerre a grondé, le nuage a crevé, et la Foudre en propre personne a dit à Fontanes que, si son ami recommençoit, il seroit frappé. Tout cela a été vif et même violent, mais court. Aujourd'hui tout est apaisé. Seulement on a grêlé sur le *Mercure* qui a pour censeur M. Legouvé, et pour coopérateurs payés, dit-on, par le Gouvernement, MM. Lacretelle aîné, Esménard et le chevalier de Bouflers. Il paroît que les anciens écrivains de ce journal peuvent aussi y travailler, si bon leur semble. Quelque dégât a été fait aussi sur les autres journaux :

M. Fiévée a été remplacé aux *Débats* par un M. Étienne, M. de Lacretelle au *Publiciste* par un M. Jouy, M. Esménard même a eu un successeur à la *Gazette de France*, mais je ne me souviens plus du nom de ce dernier et je ne suis pas même bien sûr de l'avoir jamais su. Ce dont je me souviens fort bien, c'est que tous ces Messieurs sont des faiseurs de vaudevilles : ainsi le sceptre pesant de la critique est remis à des mains accoutumées à se jouer de la marotte de Momus. Il faut donc espérer que les journaux seront plaisants. Si les nouveaux censeurs ont envie de rire, leurs devanciers n'ont point envie de pleurer. Fiévée a conservé dans ses attributions la plus haute Correspondance où l'ambition humaine puisse aspirer, et on lui laisse dix-huit mille francs de pension pour un travail qui mériteroit d'être acheté au poids de l'or, s'il étoit aux enchères. On donne à Esménard douze mille francs pour le *Mercure*, où il ne fera rien, à ce qu'il dit. M. de Lacretelle aura une bonne place. Enfin dans la tempête l'or a plu sur les déplacés; et je ne vous conseille pas du tout de les plaindre. Il y a pour accompagnement à ces nouvelles bien des menus détails qui sont intéressants, mais vous ne pourrez les apprendre qu'ici : hâtez-vous donc d'y revenir... »

Tout irrité qu'il pouvait être contre le rebelle et relaps, Napoléon ne le prit jamais en très-longue colère[1]. Il lui aurait même très-probablement accordé la grâce de son cousin (Armand de Chateaubriand), arrêté pour conspiration, qui n'aurait pas été fusillé, si l'écrivain qui se posait en adversaire avait consenti à la demander directement au maître et à lui en savoir gré. Il exigea de l'Institut

---

1. A la fin du *Congrès de Vérone*, de cette publication indiscrète, où l'auteur mêle ensemble dans le plus étrange amalgame Ultracisme et Républicanisme, le vainqueur du Trocadéro et Carrel, sa foi catholique et Béranger, on lit comme dernier mot la citation d'une parole qu'aurait dite Napoléon à Sainte-Hélène et par laquelle Chateaubriand est loué. Sur quoi l'auteur s'écrie : « Pourquoi n'avouerois-je pas qu'elle *chatouille de mon cœur l'orgueilleuse foiblesse?* » C'était bien la peine de crier au Néron et de faire le Tacite pour en venir à une telle conclusion, où l'on voit le soi-disant Tacite s'enorgueillir comme de son plus beau titre d'un éloge du prétendu Néron.

un Rapport sur le *Génie du Christianisme* qui avait été omis dans les Prix décennaux, et enfin il voulut que l'auteur lui-même fût nommé membre de ce Corps illustre : « Pourquoi M. de Chateaubriand n'est-il pas de l'Institut? » avait-il dit un jour en se promenant dans la galerie du Louvre et en voyant quelque tableau qui le lui rappelait. C'était assez pour que le grand romantique fût nommé : il le fut en remplacement de Chénier. Mais de là sortit un dernier orage. Le Discours de réception que le nouvel élu avait préparé (1811), et où Chénier le régicide payait pour Chénier le critique d'*Atala,* mécontenta la *Cour* et l'Académie, et choquait en effet toutes les convenances. L'auteur ne l'a jamais recueilli dans ses OEuvres et n'en a pas donné de texte avoué. Voici quelques extraits et citations d'un texte *très-probable :*

« Messieurs,

« Lorsque Milton publia *le Paradis perdu,* aucune voix ne s'éleva dans les trois royaumes de la Grande-Bretagne pour louer un ouvrage qui, malgré de nombreux défauts, n'en est pas moins un des plus beaux monuments de l'esprit humain... »

Et il attribue ce silence et cette apparence d'oubli à l'impression qu'avaient laissée chez les contemporains les opinions ardentes et les erreurs politiques de Milton.

« Imiterai-je, Messieurs, ce mémorable exemple, ou vous parlerai-je de la personne et des ouvrages de M. de Chénier? Pour concilier vos usages et mes opinions, je crois devoir prendre un juste milieu entre un silence absolu et un examen approfondi; mais quelles que soient mes paroles, aucun fiel (*il y en a déjà*) n'empoisonnera ce discours. Si vous retrouvez en moi la franchise de Duclos mon compatriote, j'espère vous prouver aussi que j'ai la même loyauté... »

Il ne croit pas pouvoir séparer, dans les travaux de son prédécesseur, la portion durable et glorieuse, s'il y en a une, de la portion orageuse et passagère, sans aborder les questions sociales et politiques :

« Il y a des personnes qui voudroient faire de la littérature une chose abstraite et l'isoler au milieu des affaires humaines... Quoi? après une Révolution qui nous a fait parcourir en quelques années les événements de plusieurs siècles, on interdira à l'écrivain toute considération morale élevée! on lui défendra d'examiner le côté sérieux des objets! il passera une vie frivole à s'occuper de chicanes grammaticales, de règles de goût, de petites sentences littéraires! il vieillira enchaîné dans les langes de son berceau! il ne montrera point sur la fin de ses jours un front sillonné par les longs travaux, les graves pensées, et souvent par ces mâles douleurs qui ajoutent à la grandeur de l'homme! Quels soins importants auront donc blanchi ses cheveux? les misérables peines de l'amour-propre et les jeux puérils de l'esprit.

« Certes, Messieurs, ce seroit nous traiter avec un mépris bien étrange. Pour moi, je ne puis ainsi me rapetisser ni me réduire à l'état d'enfance dans l'âge de la force et de la raison. Je ne puis me renfermer dans le cercle étroit que l'on voudroit tracer autour de l'écrivain. Par exemple, si je voulois faire l'éloge de l'homme de lettres, de l'homme de cour, qui préside cette Assemblée (*M. de Bouflers*), croyez-vous que je me contenterois de louer en lui cet esprit françois, léger, ingénieux, qu'il a reçu de sa mère et dont il offre parmi nous le dernier modèle? Non, sans doute... »

Et il rappelle les souvenirs et les services glorieux des Bouflers, ses ancêtres, du maréchal défenseur de Lille, etc.

« Si je voulois, Messieurs, vous entretenir du poëte célèbre (*Delille*) qui chanta la nature d'une voix si brillante, pensez-vous que je me bornerois à vous faire remarquer l'admirable flexibilité d'un talent...? »

Et il continue sur ce ton, passant en revue les principaux membres de l'Académie, Fontanes, Suard, Morellet, Ségur, l'abbé

Sicard, Ducis[1], Laujon : énumération ingénieuse comme celle que fait La Bruyère dans son Discours de réception.

« J'irois, Messieurs, chercher votre renommée jusque sur les mers orageuses que gardoit autrefois le géant Adamastor, et qui se sont apaisées aux noms charmants d'Eléonore et de Virginie. (*Parny, Bernardin de Saint-Pierre*) : *Tibi rident æquora ponti...*

« Hélas! trop de talents parmi nous ont été errants et voyageurs. La Poésie n'a-t-elle pas chanté en vers harmonieux l'art de Neptune (*Esménard*), cet art fatal qui transporte sur des bords étrangers?...

« L'Éloquence françoise, après avoir défendu l'État et l'Autel (*le cardinal Maury*), ne se retira-t-elle pas comme à sa source dans la patrie de saint Ambroise et de Cicéron ?

« C'est ainsi, Messieurs, que je me plais à considérer un sujet sous toutes ses faces, et que j'aime surtout à rendre les Lettres sérieuses en les appliquant aux plus hauts sujets de la morale, de la philosophie et de l'histoire... »

Il en conclut qu'avec cette indépendance d'esprit il lui est impossible de toucher aux ouvrages de Chénier sans irriter les passions :

« Si je parlois de la tragédie de *Charles IX*, pourrois-je m'empêcher de venger la mémoire du cardinal de Lorraine, et de discuter cette étrange leçon donnée aux rois? *Caïus Gracchus*, *Calas*, *Henri VIII*, *Fénelon*, m'offrent sur plusieurs points cette altération de l'histoire... Si je relis ses Satires, j'y trouve immolés des hommes qui sont placés au premier rang de cette Assemblée ; toutefois ces Satires, écrites d'un style élégant, pur et facile, rappellent l'agréable école de Voltaire ; et j'aurois d'autant plus de plaisir à le

---

1. Ducis fut particulièrement sensible à ce que Chateaubriand disait de lui. Je lis dans une lettre du bon vieillard à M. Odogharty de La Tour (20 juillet 1814) : « Dites bien, mon cher ami, à M. de Chateaubriand combien je suis sensible à l'honneur de son estime. Ce qu'il a dit de moi dans son Discours de réception n'est point une chose vulgaire ni dite vulgairement. *Il a le secret des mots puissants*, et son suffrage est une puissance encore. » — *Il a le secret des mots puissants*, tout le talent de Chateaubriand est défini par cette parole.

louer que mon nom n'a pas échappé à la malice de l'auteur. Mais laissons là ces ouvrages qui donneroient lieu à des récriminations pénibles : je ne troublerai point la mémoire d'un écrivain qui fut votre collègue, et qui compte encore parmi vous des admirateurs et des amis. Il devra à cette Religion, qui lui parut si méprisable dans les écrits de ceux qui la défendent, la paix (*il l'attaque en ce moment même*) que je souhaite à sa tombe. Mais ici même, Messieurs, ne serois-je point assez malheureux pour trouver un écueil? Car, en portant aux cendres de M. de Chénier le tribut de respect que tous les morts réclament, je crains de rencontrer sous mes pas des cendres bien autrement illustres. Si des interprétations peu généreuses vouloient me faire un crime de cette émotion involontaire, je me réfugierois aux pieds de ces autels expiatoires qu'un puissant monarque élève aux Mânes de nos rois et de leurs dynasties outragées.

« Ah! qu'il eût été plus heureux pour M. de Chénier de n'avoir point participé à ces calamités publiques qui retombèrent enfin sur sa tête! Il a su comme moi ce que c'est que de perdre dans les orages populaires un frère tendrement chéri! »

Ce souvenir du frère est bien scabreux dans sa bouche. Le temps n'était pas loin où les ennemis de Marie-Joseph appelaient celui-ci, comme par inadvertance, le frère d'*Abel* Chénier.

« Qu'auroient dit nos malheureux frères si Dieu les eût appelés le même jour à son tribunal? S'ils s'étoient rencontrés au moment suprême, avant de confondre leur sang, ils nous auroient crié sans doute : « Cessez vos guerres intestines, revenez à des sentiments « d'amour et de paix. La mort frappe également tous les partis, et « vos cruelles divisions nous coûtent la jeunesse et la vie. » — Tels auroient été leurs cris fraternels[1].

1. C'est une réminiscence, une allusion aux beaux vers du vi⁰ livre de *l'Énéide*, lorsqu'Anchise prophétise et maudit par avance les guerres civiles :

Ne, pueri, ne tanta animis assuescite bella;
Neu patriæ validas in viscera vertite vires.
. . . .
Projice tela manu, sanguis meus. . . . . .

« Si mon prédécesseur pouvoit entendre ces paroles, qui ne consolent plus que son ombre, il seroit sensible à l'hommage que je rends ici à son frère; car il étoit naturellement généreux. Ce fut cette même générosité de caractère qui l'entraîna vers des nouveautés bien séduisantes sans doute, puisqu'elles promettoient de nous rendre les vertus des Fabricius; mais bientôt, trompé dans ses espérances, son humeur s'aigrit, son talent se dénatura. Transporté de la solitude du poëte au milieu des factions, comment auroit-il pu se livrer à ces sentiments affectueux qui font le charme de la vie? Heureux s'il n'eût vu d'autre ciel que le ciel de la Grèce sous lequel il étoit né, s'il n'eût contemplé d'autres ruines que celles de Sparte et d'Athènes! Je l'aurois peut-être rencontré dans la belle patrie de sa mère, et nous nous serions juré amitié sur les bords du Permesse; ou bien, puisqu'il devoit revenir aux champs paternels, que ne me suivit-il dans les déserts où je fus jeté par nos tempêtes? Le silence des forêts auroit calmé cette âme troublée, et les cabanes des Sauvages l'eussent peut-être réconcilié avec les palais des rois. Vains souhaits! M. de Chénier resta sur le théâtre de nos agitations et de nos douleurs. Atteint, jeune encore, d'une maladie mortelle, vous le vîtes, Messieurs, s'incliner lentement vers le tombeau et quitter pour toujours... On ne m'a point raconté ses derniers moments...

« Nous tous qui vécûmes dans les troubles et les agitations, nous n'échapperons pas aux regards de l'histoire. Qui peut se flatter d'être trouvé sans tache dans ce temps de délire où personne n'a l'usage entier de sa raison? Soyons donc pleins d'indulgence (*il est bien temps*) les uns pour les autres; excusons ce que nous ne pouvons approuver. Telle est la foiblesse humaine, que le talent, le génie, la vertu même, peuvent quelquefois franchir les bornes du devoir. M. de Chénier adora la liberté : peut-on lui en faire un crime? Les chevaliers eux-mêmes, s'ils sortoient aujourd'hui de leurs tombeaux, suivroient la lumière de notre siècle. On verroit se former cette illustre alliance entre l'Honneur et la Liberté, *comme, sous le règne des Valois, les créneaux gothiques couronnoient avec une grâce infinie dans nos monuments les Ordres empruntés de la Grèce...* »

C'est déjà lui, homme politique ; c'est son écusson politique qu'il nous décrit, avec ces mots en lettres d'or : *Honneur et Liberté!* Au chapitre xx⁰ de ses *Réflexions politiques* (1814), il développera ce texte, et toute sa vie publique (sauf les zigzags) en fut le commentaire.

« La Liberté, continuait-il, n'est-elle pas le plus grand des biens et le premier des besoins de l'homme? Elle enflamme le génie, elle élève le cœur, elle est nécessaire à l'ami des Muses comme l'air qu'il respire. Les Arts peuvent jusqu'à un certain point vivre dans la dépendance, parce qu'ils se servent d'une langue à part qui n'est pas entendue de la foule ; mais les Lettres, qui parlent une langue universelle, languissent et meurent dans les fers. Comment tracera-t-on des pages dignes de l'avenir, s'il faut s'interdire, en écrivant, tout sentiment magnanime, toute pensée forte et grande? La Liberté est si naturellement l'amie des Sciences et des Lettres, qu'elle se réfugie auprès d'elles, lorsqu'elle est bannie du milieu des peuples... »

Suivent quelques paroles de précaution. Mais qu'importe? l'essentiel était dit. Le discours, après cela, peut finir par un éloge de *César* qui *monte au Capitole,* et par une apostrophe à la *fille des Césars* qui *sort de son palais avec son jeune fils dans ses bras.* Ces fleurs ne font que recouvrir, sans la cacher, la pointe du glaive.

M. de Chateaubriand, nommé et *non reçu* académicien, n'entra dans ce corps que sous la Restauration. Il ne prononça jamais de discours de réception, et il n'allait aux assemblées que très-irrégulièrement et le moins possible. Un jour, — le jour de la réception de M. de Montmorency, — il consentit, par galanterie singulière, à être de la fête, et il lut en séance publique un fragment de discours historique.

XXII.

La Restauration s'inaugurant, notre procédé d'étude nécessairement se modifie; nous ne pourrons plus apprécier M. de Chateaubriand avec le même détail; ce sera assez de le prendre et de le crayonner à grands traits dans son ensemble.

Il entra dans sa seconde période active, dans son rôle politique, ou plutôt il s'y précipita la torche et le glaive à la main par le pamphlet *De Buonaparte et des Bourbons*. Il ne continua point toutefois sur ce ton de frénésie vengeresse, et, sans jamais éteindre en lui l'esprit de parti, sans jamais amortir la personnalité la plus âpre, il laissa à son propre bon sens de fréquentes et larges issues.

Les *Réflexions politiques* (décembre 1814), la *Monarchie selon la Charte* (août 1816), le placèrent, en regard de Benjamin Constant, et avec Mme de Staël quand les *Considérations sur la Révolution française* eurent paru (1819), au premier rang des publicistes d'alors. Qu'on se garde pourtant d'oublier que cette *Monarchie selon la Charte*, sous air de théorie, n'était encore qu'un pamphlet brûlant, une machine de guerre. En général, on prendrait une très-fausse idée des articles politiques de M. de Chateaubriand en ces années ardentes si on ne les lisait que dans ses Œuvres, où ils sont tronqués ou isolés de ce qui les explique : il les faut voir sur place dans *le Conservateur*, avec le cortége d'auxiliaires qui les accompagne. De son prompt et haut coup d'œil, M. de Chateaubriand fut des premiers à comprendre et à proclamer que l'ère nouvelle qui s'ouvrait était favorable à l'histoire, comme la précédente l'avait été à une restauration poétiquement et socialement religieuse :

« L'époque où nous vivons, disait-il (*Conservateur*, 8 janvier 1819), est essentiellement propre à l'histoire : placés entre deux Empires dont l'un finit et dont l'autre commence, nous pouvons porter également nos regards sur le passé et dans l'avenir. Il reste encore assez de monuments de l'ancienne monarchie pour la bien connoître, tandis que les monuments de la monarchie qui s'élève nous offrent, au milieu des ruines, le spectacle d'un nouvel univers. »

Mais, détourné par les circonstances et par son ambition, il ne put de ce côté achever aucun corps d'ouvrage et ne donna que des fragments, — des fragments brusques et saccadés, semés de lumières brillantes.

Politiquement, il se crut plus près du but : il crut, à bien des moments, avoir fait son œuvre, avoir tout fait; — ministre, avoir donné à la Restauration une armée, une gloire et une grandeur qui dataient de lui, de son seul ministère ; — tombé, avoir châtié ses ennemis par sa défection et s'être glorieusement vengé, sans se nuire; — réconcilié, avoir réconcilié par là même la monarchie et la liberté, avoir rempli sa devise, consommé l'alliance entre les deux camps, entre les deux Frances ; avoir fait ce miracle presque seul, avoir réalisé son rêve de Monarchie selon la Charte : il croyait cela en 1829, à la veille de la chute de cette monarchie qu'il avait plus que personne exaltée, secouée et ébranlée.

XXIII.

La durée, la stabilité de la Restauration était-elle possible, et à quelles conditions?

M. de Chateaubriand était-il l'homme qui pût lui faire remplir ces conditions et assurer cette durée, cette vie; — qui pût consommer l'alliance de la Légitimité et de la Liberté, la réconciliation des anciennes races avec les générations nouvelles ?

C'est là la question : car ç'a été là sa prétention et son ambition singulière, entre tant de personnages politiques distingués qui se produisirent durant cette époque, d'être l'homme indiqué, le ministre nécessaire.

Le premier vice de la Restauration était d'avoir été opérée par le triomphe de l'étranger : le plus contraire des auspices!

Aussitôt après l'installation, la mise en train fut aussi des plus malencontreuses, et depuis avril 1814 jusqu'à mars 1815, on imaginerait difficilement un Gouvernement plus maladroit, plus à contre-temps, conspirant plus contre lui-même : il n'eût point agi autrement s'il eût pris à tâche de choquer le bon sens public et d'offenser l'amour-propre national.

Après un tel début, qui amena les Cent-Jours et qui devait dans tous les cas aboutir à une première culbute, rétablie une seconde fois, et de par l'étranger encore, qu'avait à faire la Restauration pour reprendre racine et vie, s'il était possible, dans le sol national?

Louis XVIII, tout d'abord, dans cette seconde Restauration, se montra plus prévoyant et plus sage qu'il n'avait été dans la première : il paraît avoir essayé sincèrement d'un Gouvernement par les hommes modérés d'un régime moderne, par les hommes politiques qui tenaient compte de 89 et des intérêts nés de la Révolution ; il leur avait fait appel et avait commencé à les rallier, à les grouper ; il écoutait leurs conseils et en adoptait quelques-uns : mais cette tentative qui, à un moment, parut avoir chance de l'emporter, fut toujours compromise et comme viciée par le *favoritisme* qui était le faible de ce roi ; qui ôtait, quoi qu'on en dise, autorité et dignité dans le pays au ministre, même habile, de son choix et de sa prédilection, et qui allumait aussi contre ce dernier en Cour des haines violentes, des animosités exaspérées et du plus mauvais caractère.

Un déplorable incident, exploité aussitôt par les passions, la mort du duc de Berry, fit tomber le ministre favori qui savait se faire écouter, et avec lui ruina les dernières chances d'un Gouvernement libéral tempéré.

Le parti de l'ancien régime et d'un système tout monarchique et théocratique fit brèche dans la place et bientôt s'en empara. Il était aussi suspect et aussi odieux au gros de la nation que le ministre favori avait pu l'être au parti de la Cour. Il finit par succomber devant l'opinion publique presque unanime, après un long exercice ministériel, durant lequel il avait pu opérer des réformes administratives utiles, mais où il avait proposé des lois funestes.

A cette heure de son renvoi, régnait Charles X qui, *s'il avait été autre*, aurait pu tirer parti de la situation et réparer les fautes commises. Mais le faible de Charles X était de ne *rien* comprendre aux choses de la société moderne et d'avoir toujours une pensée *de derrière*, une arrière-pensée d'ancien régime pur et simple, avec son ministère de Cour *in petto* pour le réaliser.

La société française qui, à cette date de 1828 (car 1828 et 1818 furent les deux instants critiques[1] de la Restauration), eût été assez disposée à s'accommoder des Bourbons raisonnables, avait affaire (les plus avisés le sentaient) à un Bourbon étroit et incorrigible.

Je l'ai dit ailleurs : on ne peut séparer une situation ou un régime politique des hommes qui le représentent et le personnifient. De là, Charles X étant donné, la folie des Ordonnances royales, suivie de la chute et de la catastrophe en 1830.

Or, quelle était la prétention de M. de Chateaubriand dès l'origine ? C'était, presque seul, ou plus et mieux que personne, de comprendre le régime nouveau, les institutions nouvelles, et d'être homme à s'en servir pour satisfaire à la fois la Dynastie et la France.

Il faut convenir que dans la première partie de sa carrière politique sous la Restauration, de 1814 à 1824, il remplit bien incomplétement ce programme.

Son entrée dans la politique par le pamphlet *de Buonaparte et des Bourbons* fut une insulte non-seulement au colosse qui s'écroulait, mais aussi à tous ceux qui avaient pris part de près ou de loin à ce régime impérial, à cette grandeur militaire. J'ai vu de droits et de nobles cœurs qui, même après des années, restaient ulcérés contre M. de Chateaubriand pour ce début d'incendiaire et qui ne purent jamais le lui pardonner. Un récent historien du Gouvernement parlementaire a écrit que cette brochure répondait à deux besoins du moment : « Elle donnait une voix, dit-il, à des sentiments longtemps réduits à se cacher et à se taire; elle apprenait à Paris et à la France quelle était la famille qui, après plus de vingt années, allait rentrer aux Tuileries. » Elle ne répondait, je le crois, qu'au besoin des passions les plus violentes et au zèle des énergumènes. Je ne pense pas que cette brochure ait été utile à rien, si ce n'est à ce

---

1. J'entends *critiques* dans le sens favorable : on semblait en voie d'une bonne solution.

Royalisme excessif et outrageux, qui, dès le premier jour, était un danger.

Ce serait une vue inexacte et fausse que d'aller aujourd'hui chercher dans *les Réflexions politiques* publiées en 1814, comme dans *la Monarchie selon la Charte,* publiée en 1816, les parties libérales et *selon la Charte* qu'elles contenaient, en les isolant de l'intention et du but. L'effet que firent alors ces pamphlets (car l'un de ces écrits était un pamphlet contre Carnot, comme l'autre un pamphlet contre M. Decazes), et l'effet qu'ils devaient produire, c'était d'irriter les hommes de l'opinion libérale et nationale, tous ceux qui tenaient grand compte des *intérêts révolutionnaires,* la bête noire de M. de Chateaubriand. Je prends les plus modérés d'entre eux, les moins liés aux fautes du passé et les plus sincèrement libéraux, les rédacteurs du *Censeur;* ils disaient, à propos des *Réflexions:*

« On est d'abord étonné que l'auteur, après soixante-six pages d'injures gratuites contre son adversaire (Carnot), arrive tout d'un coup, on ne sait comment, à la même conclusion que lui, savoir, que tous les Français n'ont rien de mieux à faire que de se rallier franchement à la Charte constitutionnelle, comme au *Palladium* de la tranquillité et du bonheur publics.

« Qu'était-il nécessaire que M. de Chateaubriand fît un livre pour n'établir aucune vérité nouvelle, et pour se traîner péniblement sur les pas de celui qu'il s'efforce en vain de dénigrer?...

« Il faudrait un ouvrage aussi volumineux que celui de M. de Chateaubriand pour relever toutes ses contradictions réfléchies, pour le suivre dans le labyrinthe de ses arrière-pensées. C'est par des personnalités atroces qu'il appelle à la réconciliation ; c'est par des insinuations perfides qu'il invite à la concorde : il dit qu'il faut verser de l'huile sur les plaies, pendant que sa main y répand des poisons. C'est en parlant d'humanité qu'il déchire les entrailles, c'est en invoquant la Religion qu'il plonge le poignard dans le sein. Quelle profanation de ce qu'il y a de plus sacré parmi les hommes. C'est Némésis parlant au nom de Jéhovah[1]. »

1. *Le Censeur,* t. III, p. 141-149 (1815).

Sans y voir tant de noirceur, il y a de la *Némésis* en effet dans tout ce qu'a écrit en politique M. de Chateaubriand : *Némésis* contre Bonaparte ; — *Némésis* contre Carnot et les hommes de la Révolution qui prennent d'abord la Charte au sérieux et ont la simplicité de s'y vouloir rallier ; — *Némésis* contre M. Decazes ; — *Némésis* contre M. de Villèle...

Tous ses écrits politiques sont semés de vues brillantes, d'aperçus historiques supérieurs, de pages d'éclat ; mais regardez-y bien, comme on y regardait tout naturellement alors, dans le temps même : c'est toujours agressif, blessant, irritant d'intention et d'application. Les royalistes et les *honnêtes gens* d'un côté, de l'autre les Révolutionnaires et les criminels ! ici les amis, là les ennemis ! les boucs et les brebis, le *bon grain* et l'*ivraie* : c'est en ces termes qu'il établit et maintient sa division tranchée de la France dans toute sa croisade antérieure à son ministère. Il voulait qu'on fît tout par les purs, et rien que par les purs.

Au sujet de *la Monarchie selon la Charte*, les rédacteurs du *Censeur Européen,* que j'aime à citer, non parce qu'ils sont *illustres* (ce qu'ils n'ont jamais été ni pu être, eux les plus ternes de tous les écrivains), mais parce qu'ils étaient honnêtes et sensés, disaient encore :

« Nous parlons de cet écrit, quoiqu'il soit déjà ancien, parce que nous croyons qu'il n'a pas été jugé d'une manière juste et convenable. On s'est évertué à en réfuter les principes, qui en général sont excellents ; on a à peine cherché à en dévoiler les intentions, qui nous paraissent détestables. Nous voulons réparer ces deux torts. Nous commencerons par rendre hommage à la doctrine que renferme l'ouvrage ; et puis nous tâcherons de faire connaître les vues dans lesquelles il semble avoir été publié...

« Les quarante premiers chapitres de l'ouvrage de M. de Chateaubriand sont consacrés à développer les principes du Gouvernement représentatif. Cette partie de son livre, quoiqu'elle ne renferme rien de neuf, ne laisse pas que d'être assez remarquable ; elle est un résumé très-net, très-concis, très-énergique, de ce qui a été écrit de plus raisonnable sur l'organisation d'une Monarchie constitutionnelle ; elle nous paraît, à beaucoup d'égards, digne de devenir le manuel de quiconque veut se former, en peu de temps, des idées justes sur cette matière...

« Mais qu'est-ce qui a déterminé M. de Chateaubriand à publier de telles vérités? Comment se trouvent-elles dans son livre? en forment-elles la partie principale ? a-t-il voulu offrir au public un manuel de droit politique? Tel n'a point été son objet ; sa Préface seule le prouve. Dès sa Préface, en effet, il tire le canon de détresse, et appelle tout le monde au secours. Or, s'il ne voulait qu'exposer des maximes de droit public, il est clair qu'il ne commencerait pas par faire tout ce tapage. Il se propose donc un autre objet. Cet objet est de demander au public aide et assistance contre les ministres, qu'il accuse d'une grande conspiration contre la Légitimité, contre la Religion, contre la Charte, contre le Roi, contre la Famille royale, mais qui, au fond, ne sont coupables que de vouloir arracher le pouvoir à la faction ultra-royaliste, au moment où cette faction croit enfin le tenir, au moment où elle croit en être incontestablement maîtresse. C'est là ce qui fait jeter les hauts cris à M. de Chateaubriand, ou plutôt au parti auquel il sert de trompette. C'est là ce qui fait sonner l'alarme à ce parti. N'étant pas soutenu cette fois par les baïonnettes étrangères, il est obligé d'invoquer l'appui de la nation française, de l'appeler au secours ; et comme il n'a pas beaucoup de chances d'en être écouté, il essaye, pour se faire entendre, de parler le langage de la liberté, et il fait, par l'organe de M. de Chateaubriand, la profession de foi si énergique et si libérale que nous venons d'analyser.

« Tel est l'objet de cette déclaration de principes. L'écrit où elle est renfermée n'est proprement que le Manifeste du parti des *Ultra* dans la lutte où ce parti s'est engagé l'année dernière avec les ministres, lutte où l'on ne parlait que de défendre la liberté, et où il ne s'agissait que d'envahir la puissance. Le livre de M. de Chateaubriand renferme la preuve complète que, pour le parti royaliste, il ne s'agissait en effet que de cela. Les maximes constitutionnelles, si vivement défendues dans la première partie, reçoivent un démenti formel dans la seconde[1]. »

Il est facile aujourd'hui et loisible à ceux qui écrivent, avec bien de la distinction d'ailleurs[2], l'histoire du Gouvernement parlementaire, de *trier* dans les livres et brochures de M. de Chateaubriand, d'en extraire des maximes théoriques et constitutionnelles exemplaires, et de dire que dès lors (en décembre 1814!) « il y eut un court moment où, grâce au talent de M. de Chateaubriand, l'union des Royalistes et des Constitutionnels parut près de s'accomplir, et où l'on put croire que, moyennant quelques concessions mutuelles, la Dynastie restaurée et la France libérale parviendraient à s'entendre. » Écrire ces choses, c'est avoir oublié combien, au sein d'un même parti, de simples nuances d'opinion créaient autrefois d'irritations et de griefs; c'est être devenu aussi coulant comme historien qu'on l'était peu, et qu'en général les hommes de parti le sont peu, dans la pratique politique; c'est de loin accorder trop aux ressemblances, lorsque de près, soi-même, on savait si bien le prix des différences.

Non, l'homme qui écrivit de M. Decazes : *Le pied lui a glissé dans le sang*, n'était point alors, ni avant ni un peu après, l'homme d'une fusion possible, et ce *pitoyable système de fusion et d'amalgame*, comme il l'appelait, était ce qu'il avait le plus en horreur à ce moment; il n'avait pas assez de paroles méprisantes pour le flétrir. Il prétendait gouverner la France par les seuls royalistes : il croyait ce gouvernement possible moyennant l'exaltation du sentiment dynastique et une liberté de presse entière où il eût déployé toutes ses flammes. Mais ces libertés qu'il invoquait si pleinement en principe auraient eu dans la pratique bien des contre-poids et des commentaires aggravants qu'il ne faut pas supprimer. Il prêchait la liberté, soit! mais il haïssait l'égalité. La loi du Recrutement elle-même, due au maréchal Saint-Cyr, il l'appelait *corruptrice de l'esprit de l'armée*. Il sonnait le tocsin contre tout ce qui s'est fait ou tenté alors de bon et de raisonnable.

---

1. *Le Censeur européen*, t. I, p. 236-249 (1817). 2. M. Duvergier de Hauranne.

C'est bien le même qui écrivait, dans son pamphlet (car c'en est un encore) sur *la Vie et la Mort du Duc de Berry*, ces pages à l'adresse des générations nouvelles :

« Tirons au moins de notre malheur une leçon utile, et qu'elle soit comme la morale de cet écrit.

« Il s'élève derrière nous une génération impatiente de tous les jougs, ennemie de tous les Rois ; elle rêve la République, et est incapable, par ses mœurs, des vertus républicaines. Elle s'avance ; elle nous presse ; elle nous pousse : bientôt elle va prendre notre place. *Buonaparte* l'aurait pu dompter en l'écrasant, en l'envoyant mourir sur les champs de bataille, en présentant à son ardeur le fantôme de la Gloire, afin de l'empêcher de poursuivre celui de la Liberté ; mais nous, nous n'avons que deux choses à opposer aux folies de cette jeunesse : la Légitimité escortée de tous ses souvenirs, environnée de la majesté des siècles ; la Monarchie représentative assise sur les bases de la grande Propriété, défendue par une vigoureuse Aristocratie, fortifiée de toutes les Puissances morales et religieuses. Quiconque ne voit pas cette vérité ne voit rien et court à l'abîme : hors de cette vérité, tout est théorie, chimère, illusion. »

La *vigoureuse aristocratie*, et toutes les puissances *morales et religieuses*, qu'il appelait de tous ses vœux, eurent pour commentaire naturel les projets de loi du ministère Villèle-Peyronnet, — loi d'aînesse, — loi du sacrilége, que M. de Chateaubriand essaya ensuite de repousser ; mais tel était, en 1820, et avant qu'il eût passé par le ministère pour tomber du ministère dans l'Opposition, — tel était l'état d'esprit de cet Achille du Royalisme ; telles étaient ses promesses, ses menaces et, il faut le dire, ses insultes aux générations survenantes, en attendant qu'il devînt tout à fait flatteur pour elles et caressant.

Car c'est là le point sur lequel j'insiste et où j'en veux venir : le Chateaubriand de 1828 n'était plus le même que celui-là, et c'est en quoi il se faisait illusion quand il se figurait que toute cette ligne politique chez lui était une et suffisamment consistante.

Arrivé au ministère en 1823, il se flatta, en effet, d'avoir fait la plus grande chose possible pour la Dynastie par la guerre d'Espagne : « Le fond de notre affaire, écrivait-il à M. de Marcellus (14 mai 1823), c'est, contre tout opposant, de rajeunir la vieille gloire de la maison de Bourbon, et de faire de ses princes des héritiers complets du *roi vaillant*, le Béarnais. »

Or on ne me fera jamais croire que le sous-lieutenant Carrel s'étant trouvé à la Bidassoa avec le drapeau tricolore pour y débaucher les soldats du drapeau blanc, Chateaubriand soit resté le même homme, l'homme de sa guerre d'Espagne et de la réhabilitation du drapeau blanc, lorsqu'il allait ensuite trinquer gaiement avec Carrel, même quand c'était par haine commune de Louis-Philippe.

L'homme qui faisait des avances à Béranger, à l'irréconciliable ennemi des Bourbons et à l'intime ami de Manuel, et qui lui faisait ces avances au lendemain des dernières chansons dénigrantes contre la Dynastie, à la veille de la chute de celle-ci, n'était plus le même que celui qui, de 1814 à 1823, voulait que l'on rompît tout pacte avec l'impiété, — que celui qui, ministre, s'applaudissait, se glorifiait, comme d'un triomphe personnel, de l'expulsion de Manuel arraché de son banc à la Chambre, et de cette violation des libertés parlementaires :

« Je ne sais, écrivait-il à M. de Marcellus (le 6 mars 1823), si mon Discours [1] réussira partout en Angleterre, mais son effet a été immense à Paris ; le gouvernement en est devenu cent fois plus fort. Il a précipité Manuel et son parti dans cette scène dont tout le monde rit ici. »

Tout le monde n'en riait pas. On était étonné et choqué en Angleterre de cet acte inconstitutionnel et exorbitant. M. de Mar-

1. Le Discours sur la loi relative à l'emprunt de 100 millions, qu'il avait prononcé à la Chambre des Députés le 25 février, et dans lequel il avait traité la question du droit d'intervention en général, et par rapport à l'Espagne en particulier.

cellus, alors chargé d'affaires à Londres, en écrivait très-sincèrement à M. de Chateaubriand :

« Votre dernière dépêche officielle me donnait des explications rassurantes sur les troubles qui ont précédé et suivi l'exclusion de M. Manuel; j'ai essayé de les faire comprendre à plusieurs ministres avec lesquels je dînais avant-hier chez lord Westmoreland. Ils blâment comme nous le langage de cet orateur, mais moins que nous ils s'en indignent : et si quelques-uns ont pensé qu'une pénalité devait s'appliquer à ces excès de la parole, tous ont jugé que l'*exclusion* était une peine trop sévère, et que le *silence imposé* suffisait. Ils ont unanimement condamné l'intervention définitive des gendarmes. Tout ce que, pour vous obéir, j'ai pu faire insérer dans les Journaux britanniques sur ce point sera inutile, et ne redressera pas l'opinion. Ceci touche à la représentation nationale, aux libertés parlementaires, et ces deux intérêts sont réglés et respectés ici depuis trop longtemps pour que je puisse réussir à rectifier même les préjugés qui s'y rattachent. — Vous ne sauriez croire combien hautement la conduite de la Chambre des Députés dans cette circonstance a été désapprouvée par la société, par le peuple, et même dans le Conseil des ministres. »

Cet écho de l'opinion anglaise ne ramenait pas du tout M. de Chateaubriand, qui continuait d'écrire à M. de Marcellus sur le même ton de mépris léger, et en méconnaissant également l'impression d'indignation très-vive produite en France sur la jeune opinion (10 mars 1823) :

« Vous aurez vu toute la farce de nos libéraux! Ils en sont bien honteux : ils n'ont pas pû, à propos de Manuel, ameuter quatre Savoyards. Ils boudent encore, mais on croit qu'ils reviendront voter le Budget. Nous sommes en plein succès. »

Je suis dans le vif de la question et au cœur de la contradiction flagrante. Il faut donc admettre ce qui a réellement été. Chateaubriand sorti, rejeté insolemment du ministère Villèle, devient un autre homme ; il retourne sa *Némésis* en sens inverse ; il reprend ses vieilles opinions, indifférentes au fond sur tant de points ; c'est un indépendant qui s'en moque pourvu qu'il se venge : il n'est plus l'ultra-royaliste, le conservateur violent, aristocratique et religieux, qui ne demandait que *sept hommes par département* pour brider la France : et s'il espère redevenir ministre, et cette fois ministre qui imposera ses conditions, c'est en s'appuyant sur d'autres que sur son ancien parti. Il a désormais de nouveaux amis, et d'une tout autre origine que les premiers.

Chateaubriand, en tant que politique, est donc et reste excessif, cassant, non élastique : il n'a jamais été d'un parti sans rompre avec l'autre. J'exprime cela en disant que les deux moitiés de Chateaubriand politique ne se rejoignent pas. Il n'avait pas en lui cette continuité, cet équilibre et cette modération nécessaire, jointe à la force, pour opérer l'union, la fusion entre les modérés des deux partis, si elle eût été possible et s'il y avait eu assez de modérés pour cela.

Je me figure que son rêve politique dans son beau (s'il l'a jamais eu bien entier et consistant, même à l'état de rêve) eût été, après avoir conquis la France au royalisme pur, une fois maître, de faire découler de haut, par pure libéralité et générosité, bien des choses, libérales en effet, mais sans aucun mélange ni soupçon d'origine révolutionnaire ; et je place ce moment en 1824, après le succès de la guerre d'Espagne ; mais le *pot au lait,* aussitôt plein, fut aussitôt renversé.

Et ici une autre question, qui s'ajoute d'elle-même, et qui ne se rapporte plus aux conditions principales du rôle, mais à des conditions accessoires et pourtant bien essentielles aussi : avait-il dans le caractère les qualités indispensables pour s'emparer de l'esprit du maître, de l'esprit et de la confiance du roi, et pour s'y maintenir en Cour, que ce roi eût été Charles X ou Louis XVIII, ou je dirai même tout autre en leur place ?

Poser une telle question, c'est y répondre. Il n'avait certes ni la patience, ni la dextérité, ni le ménagement et la souplesse, cette suite de petites choses qui sont souvent la condition des grandes et qui les rendent possibles. Premier ministre avec l'un ou l'autre des deux rois avec qui il eût fallu s'entendre et compter, on ne se figure pas qu'il eût pu y tenir longtemps : il serait arrivé un matin quelque aventure. « M. de Chateaubriand aime les *crises*, » disait M. Canning.

En un mot, M. de Chateaubriand comprenait assurément et la Restauration, et ce qu'elle apportait et ce qui lui manquait, et la société nouvelle ; il avait assez de supériorité d'esprit pour tout comprendre ; mais il ne comprenait tout cela que par saillies, par illuminations et successivement : il ne parut si bien embrasser tout d'abord la Charte que parce qu'il voulait s'en faire une arme contre des ministres fort incomplets, mais plus d'accord que lui cependant avec l'esprit de la Charte : plus tard il n'entra si bien dans l'esprit des générations assaillantes que parce qu'il avait rompu au fond avec son goût pour la Légitimité, et qu'il ne s'en souciait plus. Il ne recommença à s'en soucier que quand elle fut par terre.

De tout cela je conclus que Chateaubriand était bien loin d'être le ministre principal qui eût rendu la Restauration viable et possible ; ce n'était pas un homme d'État ni un vrai politique, bien que ce fût un publiciste des plus brillants ; c'était un homme de Lettres passé à la politique, un poëte désœuvré et dégoûté que la politique avait débauché sous les plus beaux prétextes. Et comment ne s'y fût-il point laissé prendre ? Il se sentait le goût de la polémique ; il avait l'instinct et le don de l'à-propos. Il avait le glaive en main, et l'art de s'en servir ; le carquois tout plein de flèches retentissantes, et l'art de les lancer : on résiste difficilement à ses talents.

Il mourut en se flattant, d'ailleurs, d'avoir été méconnu par tout un grand côté de lui-même ; il crut que son génie littéraire avait nui à la destinée de son génie politique. « Richelieu, a-t-il écrit quelque part, *dont le génie, heureusement pour lui, n'étoit deviné de personne,* est fait secrétaire d'État par la protection du maréchal d'Ancre. » Lui, il avait été deviné, c'était son malheur ; sa première gloire littéraire le dénonçait à tous : on le craignait, on était en garde : ainsi s'expliquait-il ses échecs et les piéges où il avait donné dans le cours si accidenté de sa seconde carrière ; l'amour-propre est ingénieux à se déguiser ses disgrâces ; — et c'est ainsi qu'il ne put être le Richelieu, pilote de la Restauration et sauveur de la Légitimité.

XXIV.

J'ai dit que les deux moitiés de Chateaubriand politique, la moitié ultra-royaliste d'avant 1824, et la moitié libérale depuis 1824, ne se rejoignent pas. On m'a répondu, et il a répondu lui-même qu'elles se rejoignent suffisamment, moyennant sa doctrine de l'entière liberté de la Presse qu'il a professée dans ces deux moitiés de sa carrière, et qui en fait comme le trait d'union. Je le sais bien. Il a été d'accord avec lui-même en cela, — non dans le but, mais dans le moyen. Usant merveilleusement et à la française de ce redoutable instrument d'action, il a longtemps prétendu qu'en laissant tout dire et imprimer, sauf une forte pénalité de répression, on aurait une France royaliste, une Chambre royaliste, un ministère royaliste. Il écrivait, même en 1828, cette phrase : « C'est par la liberté de la Presse que les droits des citoyens sont conservés, que justice est faite à chacun selon son mérite ; c'est la liberté de la Presse, quoi qu'on en puisse dire, qui, à l'époque de la société où nous vivons, est *le plus ferme appui du Trône et de l'Autel.* » Il écrivait encore : « Si cette liberté avoit existé sous nos premières Assemblées, *Louis XVI n'auroit pas péri.* » C'est être bien osé, que de savoir si bien, dans une pareille tempête, ce qui serait sorti des flots, en les supposant, s'il est possible, encore plus déchaînés. Il a rassemblé tout ce qui se peut dire en faveur de cette liberté dans le Discours qu'il devait prononcer à la Chambre des Pairs, en 1827, sur la loi relative à la police de la Presse. Il n'était pas resté au pouvoir assez longtemps pour être mis directement à l'épreuve. Avant d'y arriver, en 1820, il écrivait : « Des hommes d'État, amis de l'ordre, sans avoir recours à des mesures d'exception toujours odieuses, auroient bientôt trouvé le moyen d'arrêter ce débordement d'écrits impies, séditieux et calomniateurs. Mettez à la tête du ministère *une vertu active et vigoureuse,* et vous verrez s'évanouir devant elle l'audacieuse lâcheté du crime. » Il ne nous dit pas le moyen qu'aurait employé cette vertu, et le bouclier de Méduse dont elle se serait armée. Il tomba lui-même du pouvoir avant que ses collègues eussent essayé des mesures d'exception qui le révoltaient. Il les aurait repoussées toujours. Adversaire loyal, et plus sûr même aux adversaires qu'aux amis, aimant les coups d'épée, sachant les rendre au centuple à la face du soleil, c'était un magnifique duelliste de plume, un paladin que tentaient les hasards de la lice ; il croyait, comme Roland à Roncevaux, qu'il suffirait seul, au besoin, à pourfendre toute l'armée des infidèles, et qu'il n'en serait jamais réduit à sonner du cor d'ivoire pour appeler le vieux Charlemagne à son secours. Cette question de la liberté de la Presse, qui est si délicate, si impossible à traiter en France, soit que cette liberté triomphe, soit qu'elle pâtisse, et qui, dans tous les cas, ne se traiterait que devant des juges du camp intéressés, il l'entendait à la française, brillamment, populairement, en faisant appel à tous les échos, en ne doutant jamais de l'issue. Et puis, une fois lié et voué à une profession de foi éclatante, il était homme à dire : « Périsse ma cause, périsse le vaisseau lui-même et toute la machine, plutôt qu'un principe ! »

C'était un grand journaliste que Chateaubriand [1].

XXV.

Retiré de la lice, il jugeait tout autrement des résultats de cette liberté, et ne semblait plus croire que la vérité y gagnât en définitive, mais plutôt le contraire. En avril 1846, calomnié dans un article du *National*, au sujet d'un prétendu traité secret conclu à

---

[1]. Des articles polémiques de Chateaubriand, lisez (au tome VIII) ceux qu'il écrivait dans les *Débats* contre le ministère Villèle. « Voulez-vous réussir dans le gouvernement des États, étudiez le génie des peuples ; pour toute science, favorisez ce génie.... » C'est ainsi qu'il déclarait vivement, qu'il entamait cette guerre alerte et cruelle (juin 1824), piquant l'adversaire au vif, l'insultant pour ce qu'il n'a pas, et faisant, à tout coup, appel à l'honneur, « qui est, disait-il, l'esprit public de la France. » Ces articles sont de petits chefs-d'œuvre ; mais de la politique de Chateaubriand il ne faut guère relire que cela.

Vérone, il disait à M. de Marcellus, qui venait l'en entretenir, et qui était d'avis de publier une Réfutation détaillée : « En vérité, mon cher ami, je ne sais trop que vous conseiller... Faites ou ne faites pas, je vous en laisse entièrement le maître. Quant à moi, je ne dirai plus rien, et voici pourquoi. Vous aurez beau préciser, citer, rapprocher les dates, entasser des montagnes de négations,

Ossa sur Pélion, Olympe sur Ossa,

on ne vous croira pas plus qu'on ne m'a cru, ou, pour m'exprimer mieux, on nous croira l'un et l'autre, mais l'on dira tout le contraire... Il y a tant de gens qui n'ont jamais lu dans l'histoire que ce qu'ils vouloient y lire!... Je sens d'ailleurs que, tout innocent que je suis, les Journaux sur ce point, comme sur tant d'autres, auront toujours raison de moi et de ma candeur. J'aime donc mieux me rendre tout de suite et passer condamnation... Je vous le déclare, s'ils m'accusoient d'avoir assassiné mon père, je n'essaierois pas de le nier aujourd'hui, parce que demain ils me démontreroient, de quelque façon, que je me suis défait de ma mère aussi, et, sur ma seconde protestation, ils feroient entrevoir, en outre, que j'ai bien un peu guillotiné M. de Malesherbes... Misérables musiciens! qui torturent un instrument admirable pour en tirer des sons aigres et faux, au lieu de lui faire rendre de divins accords!... »

Cet *instrument admirable* est évidemment dans sa pensée la liberté de la Presse, dont on peut jouer, en effet, bien ou mal, et qui n'est qu'un instrument. Et sur ce que M. de Marcellus lui représentait qu'une calomnie peut à la fin prendre racine, qu'un mensonge n'est pas plutôt répété deux ou trois fois qu'il devient vérité : « Eh! que m'importe! mon cher ami, répliquait-il, croiriez-vous donc aussi à l'impartialité de l'histoire? Vous ne voulez pas voir comme on l'écrit de votre temps. Je suppose que, cédant, — vous, à votre susceptibilité que j'admire, — et moi, à l'influence de votre exemple, nous allions l'un et l'autre aujourd'hui nier, avec serment, si vous voulez, ce qui, à mon sens, en vaut si peu la peine ; voici ce qui va arriver. Demain tous les Journaux riposteront à nos démentis. Deux ou trois battront des mains, je vous l'accorde : mais comme ils sont nôtres, ils sont dès lors récusés. Parmi le reste, les plus impolis diront : *Ils nient, donc c'est vrai*; les plus rusés commenteront l'adage : *Tout mauvais cas est niable*; quelques-uns amplifieront ceci : *S'il ne l'a fait, il était bien capable de le faire.* Plusieurs, se croyant en voix, chanteront sur un air à eux :

> Si ce n'est lui, c'est donc son frère.
> — Il n'en a point. — C'est donc quelqu'un des siens... »

Comment concilier ce mépris final de la Presse et de la mauvaise foi irrémédiable qui en corrompait, selon lui, les jugements, avec son ancienne opinion, si intrépidement confiante, qu'il suffit de tout laisser imprimer pour que le bon droit surnage? Ceux qui tiennent pour la théorie première de M. de Chateaubriand sont libres de supposer que, dans cette conversation de 1846, il cédait à l'affaiblissement de l'âge, et qu'il baissait.....

XXVI.

A prendre Chateaubriand dans son ensemble et un peu largement, tant comme écrivain que comme homme, et en ayant surtout en idée le poëte, qu'avons-nous vu, que voyons-nous? — Une force première qui a survécu à tout ce qui aurait pu là recouvrir ou l'altérer, et qui a usé bien des milieux;

Toujours sauvage au fond et indompté jusque dans les coquetteries mondaines;

Parfois aimable comme un voyageur et sans aucun attachement;

Par moments, des gaucheries, des oublis, des inadvertances comme il en arriverait au grand Corneille;

Par moments, des persiflages et des fatuités, plus qu'il n'est permis à un Byron; — sa gaieté même alors est forcée; il se guinde et se gourme jusqu'aux dents;

Puis des arguties et une mauvaise foi de sophiste, comme un homme de parti ; — des sentiments de parade et de théâtre ;

A travers tout cela, de perpétuels jaillissements de talent et une élévation extraordinaire qui jette hors du connu : une grande nature primitive qui reprend le dessus et qui se donne espace ;

Une vanité d'homme de lettres ; — des dépits d'ambitieux, des étonnements quasi de parvenu, toutes les petitesses de la terre ; puis, tout d'un coup, une imagination étrange, mélancolique et radieuse, qui monte puissamment et se déploie dans les solitudes du ciel comme le condor.

Il y a du démon, du sorcier et de la fée dans tout vrai talent d'imagination : il faut qu'il opère le charme : raison, justesse, art, travail, esprit, mis ensemble bout à bout, n'y suffisent pas. M. de Chateaubriand avait de ce démon. Ce qu'il faut dire en terminant, c'est qu'il était un grand magicien, un grand enchanteur.

Et moralement même, ce que Chateaubriand a toujours eu, ce qu'il a su garder jusqu'à la fin bien mieux que ses successeurs, même les plus illustres, c'est la *dignité,* cette haute estime de soi et qui s'imposait aux autres. Il aimait sans doute la popularité, et il y sacrifia trop ; mais il vivait dans un temps où, pour la conquérir, on n'avait pas trop à flatter le populaire, à être plat ou grossier devant lui. La réputation venait à vous, et l'on ne courait pas après elle ; on ne la ramassait pas de toutes mains comme depuis. Il n'était pas homme à se baisser.

Tel nous a paru être au vrai, dans les principaux traits de sa physionomie, dans ses grandeurs, dans ses faiblesses, Celui que notre siècle, jeune encore, salua et eut raison de saluer comme son Homère.

SAINTE-BEUVE.

(Extrait de *Chateaubriand et son Groupe littéraire,* 2 volumes in-8°, chez *Garnier* frères.)

ESSAI

HISTORIQUE, POLITIQUE ET MORAL

SUR LES RÉVOLUTIONS

ANCIENNES ET MODERNES

CONSIDÉRÉES

DANS LEURS RAPPORTS AVEC LA RÉVOLUTION FRANÇOISE.

DÉDIÉ A TOUS LES PARTIS.

Experti invicem sumus ego ac fortuna.
TACITE.

[1] M DCC XVII.

---

1. Voyez la page 239.

AVIS SPÉCIAL

POUR NOTRE ÉDITION (1861)

Sur un exemplaire de l'*Essai sur les Révolutions* (première édition de Londres, 1797), que nous avons sous les yeux, M. de Chateaubriand, qui était encore en Angleterre, avait fait de sa main des retranchements et corrections en vue d'une seconde édition, qu'il croyait prochaine. Mais bientôt, oubliant ce premier objet, il porta en marge, en plusieurs endroits de cet exemplaire, ses remarques personnelles et confidentielles, tant sur les hommes que sur les choses. Il consigna le fonds de ses croyances ou plutôt de ses incrédulités à cette date de 1798, antérieure de quelques mois à peine à la conception du *Génie du Christianisme*. Nous donnerons ces notes, exactement copiées sur l'autographe, au bas des pages auxquelles elles se rapportent, et, pour les distinguer des autres, nous les désignerons sous le nom de *Notes de l'exemplaire confidentiel*.

Garnier frères.

La propriété de ces notes est réservée.

PRÉFACE GÉNÉRALE

(ÉDITION DE 1826)

Si j'avois été le maître de la fortune, je n'aurois jamais publié le recueil de mes ouvrages. L'avenir (supposé que l'avenir entende parler de moi) eût fait ce qu'il auroit voulu. Plus d'un quart de siècle passé sur mes premiers écrits sans les avoir étouffés ne m'a pas fait présumer une immortalité que j'ambitionne peut-être moins qu'on ne le pense. C'est donc contre mon penchant naturel, et aux dépens de ce repos, dernier besoin de l'homme, que je donne aujourd'hui l'édition de mes Œuvres. Peu importe au public les motifs de ma détermination, il suffit qu'il sache (ce qui est la vérité) que ces motifs sont honorables.

J'ai entrepris les *Mémoires* de ma vie : cette vie a été fort agitée. J'ai traversé plusieurs fois les mers; j'ai vécu dans la hutte des sauvages et dans le palais des rois, dans les camps et dans les cités. Voyageur aux champs de la Grèce, pèlerin à Jérusalem, je me suis assis sur toutes sortes de ruines. J'ai vu passer le royaume de Louis XVI et l'empire de Buonaparte; j'ai partagé l'exil des Bourbons, et j'ai annoncé leur retour. Deux poids qui semblent attachés à ma fortune la font successivement monter et descendre dans une proportion égale : on me prend, on me laisse; on me reprend dépouillé un jour, le lendemain on me jette un manteau, pour m'en dépouiller encore. Accoutumé à ces bourrasques, dans quelque port que j'arrive, je me regarde toujours comme un navigateur qui va bientôt remonter sur son vaisseau, et je ne fais à terre aucun établissement solide. Deux heures m'ont suffi pour quitter le ministère et pour remettre les clefs de l'hôtellerie à celui qui devoit l'occuper.

Qu'il faille en gémir ou s'en féliciter, mes écrits ont teint de leur couleur grand nombre des écrits de mon temps. Mon nom depuis vingt-cinq années se trouve mêlé aux mouvements de l'ordre social : il s'attache au règne de Buonaparte, au rétablissement des autels, à celui de la monarchie légitime, à la fondation de la monarchie constitutionnelle. Les uns repoussent ma personne, mais prêchent mes doctrines et s'emparent de ma politique en la dénaturant; les autres s'arrangeroient de ma personne si je consentois à la séparer de mes principes. Les plus grandes affaires ont passé par mes mains. J'ai connu presque tous les rois, presque tous les hommes, ministres ou autres, qui ont joué un rôle de mon temps. Présenté à Louis XVI, j'ai vu Washington au début de ma carrière, et je suis retombé à la fin sur ce que je vois aujourd'hui. Plusieurs fois Buonaparte me menaça de sa colère et de sa puissance, et cependant il étoit entraîné par un secret penchant vers moi, comme je ressentois une involontaire admiration de ce qu'il y avoit de grand en lui. J'aurois tout été dans son gouvernement si je l'avois voulu ; mais il m'a toujours manqué pour réussir une passion et un vice : l'ambition et l'hypocrisie.

De pareilles vicissitudes, qui me travaillèrent presque au sortir d'une enfance malheureuse, répandront peut-être quelque intérêt dans mes Mémoires. Les ouvrages que je publie seront comme les preuves et les pièces justificatives de ces Mémoires. On y pourra lire d'avance ce que j'ai été, car ils embrassent ma vie entière. Les lecteurs qui aiment ce genre d'études rapprocheront les productions de ma jeunesse de celles de l'âge où je suis parvenu : il y a toujours quelque chose à gagner à ces analyses de l'esprit humain.

Je crois ne me faire aucune illusion et me juger avec impartialité. Il m'a paru en relisant mes ouvrages, pour les corriger, que deux sentiments y dominoient : l'amour d'une religion charitable et un attachement sincère aux libertés publiques. Dans l'*Essai historique* même, au milieu d'innombrables erreurs, on distingue ces deux sentiments. Si cette remarque est juste, si j'ai lutté, partout et en tout temps, en faveur de l'indépendance des hommes et des principes religieux, qu'ai-je à craindre de la postérité? Elle pourra m'oublier, mais elle ne maudira pas ma mémoire.

Mes ouvrages, qui sont une histoire fidèle des trente prodigieuses années qui viennent de s'écouler, offrent encore auprès du passé des vues assez claires de l'avenir. J'ai beaucoup prédit, et il restera après moi des preuves irrécusables de ce que j'ai inutilement annoncé. Je n'ai point été aveugle sur les destinées futures de l'Europe; je n'ai cessé de répéter à de vieux gouvernements, qui furent bons dans leur temps et qui eurent leur renommée, que force étoit pour eux de s'arrêter dans des monarchies constitutionnelles, ou d'aller se perdre dans la république. Le despotisme militaire, qu'ils pourroient secrètement désirer, n'auroit pas même aujourd'hui une existence de quelque durée.

L'Europe, pressée entre un nouveau monde tout républicain et un ancien empire tout militaire, lequel a tressailli subitement au milieu du repos des armes, cette Europe a plus que jamais besoin de comprendre sa position pour se sauver. Qu'aux fautes politiques intérieures on mêle les fautes politiques extérieures, et la décomposition s'achèvera plus vite : le coup de canon dont on refuse quelquefois d'appuyer une cause juste, tôt ou tard on est obligé de le tirer dans une cause déplorable.

Vingt-cinq années se sont écoulées depuis le commencement du siècle. Les hommes de vingt-cinq ans qui vont prendre nos places n'ont point connu le siècle dernier, n'ont point recueilli ses traditions, n'ont point sucé ses doctrines avec le lait, n'ont point été nourris sous l'ordre politique qui l'a régi, en un mot ne sont pas sortis des entrailles de l'ancienne monarchie, et n'attachent au passé que l'intérêt que l'on prend à l'histoire d'un peuple qui n'est plus. Les premiers regards de ces générations cherchèrent en vain la légitimité sur le trône, emportée qu'elle étoit déjà depuis sept années par la révolution. Le géant qui remplissoit le vide immense que cette légitimité avoit laissé après elle, d'une main touchoit le bonnet de la liberté, de l'autre la couronne : il alloit bientôt les mettre à la fois sur sa tête, et seul il étoit capable de porter ce double fardeau.

Ces enfants qui n'entendirent que le bruit des armes, qui ne virent que des palmes autour de leurs berceaux échappèrent par leur âge à l'oppression de l'empire : ils n'eurent que les jeux de la victoire, dont leurs pères portoient les chaînes. Race innocente et libre, ces enfants n'étoient pas nés quand la révolution commit ses forfaits ; ils n'étoient pas hommes quand la restauration multiplia ses fautes ; ils n'ont pris aucun engagement avec nos crimes ou avec nos erreurs.

Combien il eût été facile de s'emparer de l'esprit d'une jeunesse sur laquelle des malheurs qu'elle n'a pas connus ont néanmoins répandu une ombre et quelque chose de grave ! La restauration s'est contentée de donner à cette jeunesse sérieuse des représentations théâtrales des anciens jours, des imitations du passé qui ne sont plus le passé. Qu'a-t-on fait pour la race sur qui reposent aujourd'hui les destinées de la France? Rien. S'est-on même aperçu qu'elle existoit? Non ; dans une lutte misérable d'ambitions vulgaires, on a laissé le monde s'arranger sans guide. Les débris du dix-huitième siècle, qui flottent épars dans le dix-neuvième, sont au moment de s'abîmer ; encore quelques années, et la société religieuse, philosophique et politique appartiendra à des fils étrangers aux mœurs de leurs aïeux. Les semences des idées nouvelles ont levé partout; ce seroit en vain qu'on les **voudroit** détruire : on pouvoit cultiver la plante naissante, la dégager de son venin, lui faire porter un fruit salutaire; il n'est donné à personne de l'arracher.

Une déplorable illusion est de supposer nos temps épuisés, parce qu'il ne semble plus possible qu'ils produisent encore, après avoir enfanté tant de choses. La foiblesse s'endort dans cette illusion; la folie croit qu'elle peut surprendre le genre humain dans un moment de lassitude et le contraindre à rétrograder. Voyez pourtant ce qui arrive.

Quand on a vu la révolution françoise, dites-vous, que peut-il survenir qui soit digne d'occuper les yeux? La plus vieille monarchie du monde renversée, l'Europe tour à tour conquise et conquérante, des crimes inouïs, des malheurs affreux recouverts d'une gloire sans exemple : qu'y a-t-il après de pareils événements? Ce qu'il y a? Portez vos regards au delà des mers. L'Amérique entière sort républicaine de cette révolution que vous prétendiez finie, et remplace un étonnant spectacle par un spectacle plus étonnant encore.

Et l'on croiroit que le monde a pu changer ainsi, sans que rien ait changé dans les idées des hommes! on croiroit que les trente dernières années peuvent être regardées comme non avenues, que la société peut être rétablie telle qu'elle étoit autrefois? Des souvenirs non partagés, de vains regrets, une génération expirante que le passé appelle, que le présent dévore ne parviendront point à faire renaître ce qui est sans vie. Il y a des opinions qui périssent comme il y a des races qui s'éteignent, et les unes et les autres restent tout au plus un objet de curiosité et de recherche dans les champs de la mort. Que loin d'être arrivée au but, la société marche à des destinées nouvelles, c'est ce qui me paroît incontestable. Mais laissons cet avenir plus ou moins éloigné à ses jeunes héritiers : le mien est trop rapproché de moi pour étendre mes regards au delà de l'horizon de ma tombe.

O France, *mon cher pays et mon premier amour!* un de vos fils, au bout de sa carrière, rassemble sous vos yeux les titres qu'il peut avoir à votre bienveillance maternelle. S'il ne peut plus rien pour vous, vous pouvez tout pour lui, en déclarant que son attachement à votre religion, à votre roi, à vos libertés vous fut agréable. Illustre et belle patrie, je n'aurois désiré un peu de gloire que pour augmenter la tienne.

AVERTISSEMENT DE L'AUTEUR

POUR L'ÉDITION DE 1826.

J'ai promis de réimprimer l'*Essai* sans y changer un seul mot : à cet égard j'ai poussé le scrupule si loin, que je n'ai voulu ni corriger les fautes de langue ni faire disparoître les hellénismes, latinismes et anglicismes qui fourmillent dans l'*Essai*. On a demandé cet ouvrage; on l'aura avec tous ses défauts. Il y a une omission dans le chiffre romain du millésime de l'édition de Londres : je l'ai maintenue, me contentant de la faire remarquer.

L'*Essai historique* n'a jamais été publié par moi qu'une seule fois : il fut imprimé à Londres en 1796, par Baylis, et vendu chez de Boffe en 1797. Le titre et l'épigraphe étoient exactement ceux qu'il porte dans la présente édition. L'*Essai* formoit un seul volume de 681 pages grand in-8°, sans compter l'avis, la notice, la table des chapitres et l'errata; mais, comme je le faisois observer dans l'ancien *Avis*, c'étoit réellement deux volumes réunis en un. J'ai été obligé de diviser en deux cette énorme production dans la présente édition, parce que, avec les notes critiques [1] et la préface nouvelle, l'*Essai*, en un seul volume, auroit dépassé 800 pages [2].

Dans l'intérêt de mon amour-propre, j'aurois mieux aimé donner l'*Essai* en un seul tome, et subir à la fois ma sentence, que me faire attacher deux fois au char de triomphe de ceux qui n'ont jamais failli; mais je ne saurois trop souffrir pour avoir écrit l'*Essai*.

On a réimprimé cet ouvrage en Allemagne et en Angleterre. La contrefaçon angloise n'est qu'un abrégé, fait sans doute dans une intention bienveillante, puisqu'on a supprimé ce qu'il y a de plus blâmable dans l'*Essai;* la contre-

---

1. Ces notes se distingueront des anciennes notes par ces lettres initiales N. ÉD. (NOUVELLE ÉDITION) : les anciennes notes sont indiquées par des *chiffres*, les nouvelles par des *lettres:* les notes sur les notes ont pour renvoi un *astérisque*. (1826.)

2. On voit que ce détail ne peut s'appliquer à notre édition, où l'*Essai* ne forme pas même un volume. Mais nous avons dû reproduire textuellement, à leur date, les préfaces et avertissements de l'auteur. (Garnier frères, 1861.)

façon allemande est calquée sur la contrefaçon angloise. Ces omissions ne tournent jamais au profit d'un auteur : on pourroit dire, en faisant allusion au passage de Tacite, qu'à ces funérailles d'un mauvais livre les morceaux retranchés paroissent d'autant plus qu'on ne les y voit pas. L'*Essai* complet n'existe donc que dans l'édition de Londres faite par moi en 1797, et dans l'édition que je donne aujourd'hui d'après cette première édition [1].

[1]. « Lorsqu'en 1826, pour faire taire certains mauvais bruits qui exagéraient la portée philosophique et la tendance d'incrédulité de ce premier ouvrage, l'auteur crut devoir le comprendre dans l'édition de ses Œuvres complètes il l'accompagna, comme c'était son droit, de Notes et de réfutations qui font aujourd'hui de cette lecture le plus singulier mélange. L'écrivain de 1826 se critique, se gourmande, se dément, se raille au passé sur tous les tons. Il se croit corrigé, mais il ne l'est pas. Ses Notes, je l'avoue, sont impatientantes : il ne se tance que pour se louer ; il nous fait souvenir à tout instant de ce mot de La Rochefoucauld qu'il cite : « On aime mieux dire du mal de soi que de n'en point parler. » Si, dix ans plus tard, en 1836, M. de Chateaubriand, vieilli et hors de la scène, dégagé davantage de son rôle officiel de 1826, n'ayant plus là en face de lui M. de Villèle et la Congrégation, et ce portefeuille de ministre du roi perdu d'hier et toujours en perspective, — s'il s'était mis à donner une troisième édition de l'*Essai*, je me figure, sans trop de crainte de me tromper, qu'il aurait fait d'autres Notes critiques sur et *contre* ses Notes de 1826, et qu'il aurait donné raison plus souvent à ce jeune et libre auteur qu'il était alors, au temps de Londres et dans les années de l'exil. » (*Chateaubriand et son groupe littéraire,* par M. *Sainte-Beuve,* 2 vol. in-8. 1861, chez Garnier frères).

PRÉFACE

(ÉDITION DE 1826)

Voici l'ouvrage que depuis longtemps j'avois promis de réimprimer; promesse que des âmes charitables avoient regardée comme un moyen de gagner du temps et d'imposer silence à mes ennemis, bien résolu que j'étois intérieurement, disoit-on, de ne jamais tenir ma parole. Avant de porter un jugement sur l'*Essai*, commençons par faire l'histoire de cet ouvrage.

J'avois traversé l'Atlantique avec le dessein d'entreprendre un voyage dans l'intérieur du Canada, pour découvrir, s'il étoit possible, le passage au nord-ouest du continent américain [a]. Par le plus grand hasard j'appris, au milieu de mes courses, la fuite de Louis XVI, l'arrestation de ce monarque à Varennes, et la retraite au delà de la Meuse, de la Moselle et du Rhin, de presque tout le corps des officiers françois d'infanterie et de cavalerie.

Louis XVI n'étoit plus qu'un prisonnier entre les mains d'une faction; le drapeau de la monarchie avoit été transporté par les princes de l'autre côté de la frontière : je n'approuvois point l'émigration en principe, mais je crus qu'il étoit de mon honneur d'en partager l'imprudence, puisque cette imprudence avoit des dangers. Je pensai que portant l'uniforme françois je ne devois pas me promener dans les forêts du Nouveau Monde quand mes camarades alloient se battre [b].

J'abandonnai donc, quoique à regret, mes projets, qui n'étoient pas eux-mêmes sans périls. Je revins en France; j'émigrai avec mon frère, et je fis la campagne de 1792.

---

[a] J'ai dit cela cent fois dans mes ouvrages, et notamment dans l'*Essai*.

[b] Je servois dans le régiment de Navarre, infanterie, avec rang de capitaine de cavalerie : c'étoit un abus de ce temps; j'avois obtenu les honneurs de la cour : or, comme on ne pouvoit monter dans les carrosses du roi que l'on n'eût au moins le grade de capitaine, il avoit fallu, par une fiction, qu'un sous-lieutenant d'infanterie devînt un capitaine de cavalerie.

Atteint, dans la retraite, de cette dyssenterie qu'on appeloit *la maladie des Prussiens*, une affreuse petite vérole vint compliquer mes maux. On me crut mort; on m'abandonna dans un fossé, où, donnant encore quelques signes de vie, je fus secouru par la compassion des gens du prince de Ligne, qui me jetèrent dans un fourgon. Ils me mirent à terre sous les remparts de Namur, et je traversai la ville en me traînant sur les mains de porte en porte. Repris par d'autres fourgons, je retrouvai à Bruxelles mon frère, qui rentroit en France pour monter sur l'échafaud. On osait à peine panser une blessure que j'avais à la cuisse, à cause de la contagion de ma double maladie.

Je voulois cependant, dans cet état, me rendre à Jersey, afin de rejoindre les royalistes de la Bretagne. Au prix d'un peu d'argent que j'empruntai, je me fis porter à Ostende : j'y rencontrai plusieurs Bretons, mes compatriotes et mes compagnons d'armes, qui avoient formé le même projet que moi. Nous nolisâmes une petite barque pour Jersey, et l'on nous entassa dans la cale de cette barque. Le gros temps, le défaut d'air et d'espace, le mouvement de la mer, achevèrent d'épuiser mes forces; le vent et la marée nous obligèrent de relâcher à Guernesey.

Comme j'étois près d'expirer, on me descendit à terre, et on m'assit contre un mur, le visage tourné vers le soleil, pour rendre le dernier soupir. La femme d'un marinier vint à passer; elle eut pitié de moi : elle appela son mari, qui, aidé de deux ou trois autres matelots anglois, me transporta dans une maison de pêcheurs, où je fus mis dans un bon lit; c'est vraisemblablement à cet acte de charité que je dois la vie. Le lendemain on me rembarqua sur le sloop d'Ostende. Quand nous ancrâmes à Jersey, j'étois dans un complet délire. Je fus recueilli par mon oncle maternel, le comte de Bédée, et je demeurai plusieurs mois entre la vie et la mort.

Au printemps de 1793, me croyant assez fort pour reprendre les armes, je passai en Angleterre, où j'espérois trouver une direction des princes; mais ma santé, au lieu de se rétablir, continua de décliner : ma poitrine s'entreprit; je respirois avec peine. D'habiles médecins consultés me déclarèrent que je traînerois ainsi quelques mois, peut-être même une ou deux années, mais que je devois renoncer à toute fatigue et ne pas compter sur une longue carrière.

Que faire de ce temps de grâce qu'on m'accordoit? Hors d'état de tenir l'épée pour le roi, je pris la plume. C'est donc sous le coup d'un arrêt de mort et, pour ainsi dire, entre la sentence et l'exécution, que j'ai écrit l'*Essai*

PRÉFACE.

historique. Ce n'étoit pas tout de connoître la borne rapprochée de ma vie, j'avois de plus à supporter la détresse de l'émigration. Je travaillois le jour à des traductions, mais ce travail ne suffisoit pas à mon existence; et l'on peut voir dans la première préface d'*Atala* à quel point j'ai souffert, même sous ce rapport. Ces sacrifices, au reste, portoient en eux leur récompense : j'accomplissois les devoirs de la fidélité envers mes princes, d'autant plus heureux dans l'accomplissement de ces devoirs, que je ne me faisois aucune illusion, comme on le remarquera dans l'*Essai*, sur les fautes du parti auquel je m'étois dévoué.

Ces détails étoient nécessaires pour expliquer un passage de la *Notice* placée à la tête de l'*Essai* et cet autre passage de l'*Essai* même : « Attaqué d'une maladie qui me laisse peu d'espoir, je vois les objets d'un œil tranquille. L'air calme de la tombe se fait sentir au voyageur qui n'en est plus qu'à quelques journées. » J'étois encore obligé de raconter ces faits personnels pour qu'ils servissent d'excuse au ton de misanthropie répandu dans l'*Essai*: l'amertume de certaines réflexions n'étonnera plus. Un écrivain qui croyoit toucher au terme de la vie, et qui, dans le dénûment de son exil, n'avoit pour table que la pierre de son tombeau, ne pouvoit guère promener des regards riants sur le monde. Il faut lui pardonner de s'être abandonné quelquefois aux préjugés du malheur, car ce malheur a ses injustices, comme le bonheur a ses duretés et ses ingratitudes. En se plaçant donc dans la position où j'étois lorsque je composai l'*Essai*, un lecteur impartial me passera bien des choses.

Cet ouvrage, si peu répandu en France, ne fut pas cependant tout à fait ignoré en Angleterre et en Allemagne; il fut même question de le traduire dans ces deux pays, ainsi qu'on l'apprend par la *Notice*. Ces traductions commencées n'ont point paru. Le libraire de Boffe, éditeur de l'*Essai*, en Angleterre, avoit aussi résolu d'en donner une édition en France : les circonstances du temps firent avorter ce projet. Quelques exemplaires de l'édition de Londres parvinrent à Paris. Je les avois adressés à MM. de La Harpe, Ginguené et de Sales, que j'avois connus avant mon émigration. Voici ce que m'écrivoit à ce sujet un neveu du poëte Lemierre :

« Paris, ce 15 juillet 1797.

. . . .

« D'après vos instructions, j'ai fait remettre par M. Say, directeur de *La Décade philosophique et littéraire*, à M. Ginguené, propriétaire lui-même de ce journal, la lettre et l'exemplaire qui lui étoient destinés. . . . . J'ai été moi-même chez M. de La Harpe : il m'a parfaitement reçu, a été vivement affecté à la lecture de votre lettre, et m'a promis de rendre compte de l'ouvrage avec tout l'intérêt et toute l'attention dont l'auteur lui-même paroissoit digne ; mais sur la demande que je lui ai faite d'une lettre pour vous, il m'a répondu que, pour des raisons particulières, il ne pouvoit écrire dans l'étranger.

« M. de Sales a été enchanté de votre ouvrage ; il me charge de toutes ses civilités pour vous. *Le Républicain françois*[a] n'a pas été moins satisfait du livre, et il en a fait un éloge complet. Plusieurs gens de lettres ont dit que c'étoit un très-bon supplément à l'*Anacharsis;* enfin, à quelques critiques près, qui tombent sur quelques citations peut-être oiseuses, et sur un ou deux rapprochements qui ont paru forcés, votre *Essai a eu le plus grand succès.* »

Malgré ce *grand succès* dont on flattoit ma vanité d'auteur, il est certain que si l'*Essai* fut un moment connu en France, il fut presque aussitôt oublié.

La mort de ma mère fixa mes opinions religieuses. Je commençai à écrire, en expiation de l'*Essai,* le *Génie du Christianisme.* Rentré en France en 1800, je publiai ce dernier ouvrage, et je plaçai dans la préface la confession suivante : « Mes sentiments religieux n'ont pas toujours été ce qu'ils sont aujourd'hui. Tout en avouant la nécessité d'une religion, et en admirant le christianisme, j'en ai cependant méconnu plusieurs rapports. Frappé des abus de quelques institutions et des vices de quelques hommes, je suis tombé jadis dans les déclamations et les sophismes. Je pourrois en rejeter la faute sur ma jeunesse, sur le délire des temps, sur les sociétés que je fréquentois ; mais j'aime mieux me condamner : je ne sais point excuser ce qui n'est point excusable. Je dirai seulement les moyens dont la Providence s'est servie pour me rappeler à mes devoirs.

« Ma mère, après avoir été jetée, à soixante-douze ans, dans des cachots, où elle vit périr une partie de ses enfants, expira sur un grabat, où ses malheurs l'avoient reléguée. Le souvenir de mes égarements répandit sur ses derniers jours une grande amertume. Elle chargea, en mourant, une de mes sœurs de me rappeler à cette religion dans laquelle j'avois été élevé. Ma sœur me manda les derniers vœux de ma mère. Quand la lettre me parvint au delà des mers, ma sœur elle-même n'existoit plus ; elle étoit morte aussi des suites de son emprisonnement. Ces deux voix, sorties du tombeau, cette mort, qui servoit d'interprète à la mort, m'ont frappé ; je suis devenu chrétien : je n'ai point cédé, j'en conviens, à de grandes lumières surnaturelles ; ma conviction est sortie du cœur : j'ai pleuré et j'ai cru. »

Ce n'étoit point là une histoire inventée pour me mettre à l'abri du repro-

---

[a] Journal du temps.

PRÉFACE.

che de variations quand l'*Essai* parviendroit à la connoissance du public. J'ai conservé la lettre de ma sœur.

Madame de Farcy, après avoir été connue à Paris par son talent pour la poésie, avoit renoncé aux muses ; devenue une véritable sainte, ses austérités l'ont conduite au tombeau. J'en puis parler ainsi, car le philanthrope abbé Carron a écrit et publié la vie de ma sœur. Voici ce qu'elle me mandoit dans la lettre que la préface du *Génie du Christianisme* a mentionnée:

« Saint-Servan, 1er juillet 1798.

« Mon ami, nous venons de perdre la meilleure des mères : je t'annonce à regret ce coup funeste (ici quelques détails de famille). . . . . Quand tu cesseras d'être l'objet de nos sollicitudes, nous aurons cessé de vivre. *Si tu savois combien de pleurs tes erreurs ont fait répandre à notre respectable mère,* combien elles paroissent déplorables à tout ce qui pense et fait profession non-seulement de piété, mais de raison ; si tu le savois, peut-être cela contribueroit-il à t'ouvrir les yeux, à te faire renoncer à écrire ; et si le ciel, touché de nos vœux, permettoit notre réunion, tu trouverois au milieu de nous tout le bonheur qu'on peut goûter sur la terre ; tu nous donnerois ce bonheur, car il n'en est point pour nous tandis que tu nous manques et que nous avons lieu d'être inquiètes de ton sort. »

Voilà la lettre qui me ramena à la foi par la piété filiale.

Tout alla bien pendant quelques années : mon second ouvrage avoit réussi au delà de mes espérances. N'ayant jamais manqué de sincérité, n'ayant jamais parlé que d'après ma conscience, n'ayant jamais raconté de moi que des choses vraies, je me croyois en sûreté par les aveux mêmes de la préface du *Génie du Christianisme;* et l'*Essai* étoit également oublié de moi et du public.

Mais Buonaparte, qui s'étoit brouillé avec la cour de Rome, ne favorisoit plus les idées religieuses : le *Génie du Christianisme* avoit fait trop de bruit, et commençoit à l'importuner. L'affaire de l'Institut survint; une querelle littéraire s'alluma, et l'on déterra l'*Essai*. La police de ce temps-là fut charmée de la découverte ; et comme elle n'étoit pas arrivée à la perfection de la police de ce temps-ci, comme elle se piquoit sottement d'une espèce d'impartialité, elle permit à des gens de lettres de me prêter leur secours. Toutefois, elle ne vouloit pas, comme je le dirai à l'instant, que ma défense se changeât en triomphe ; ce qui étoit bien naturel de sa part.

Je ne nommerai point l'adversaire qui me jeta le gant le premier, parce qu'au moment de la restauration, lorsqu'on exhuma de nouveau l'*Essai*, il me prévint loyalement des libelles qui alloient paroître, afin que j'avisasse au moyen de les faire supprimer. N'ayant rien à cacher, et ami sincère de la liberté de la presse, je ne fis aucune démarche; je trouvai très-bon qu'on écrivît contre moi tout ce qu'on croyoit devoir écrire.

Un jeune homme, appelé *Damaze de Raymond*, qui fut tué en duel quelque temps après, se fit mon champion sous l'empire, et la censure laissa paroître son écrit; mais le gouvernement fut moins facile quand, pour toute réponse à des *extraits* de l'*Essai*, je lui demandai la permission de réimprimer l'ouvrage *entier*.

Voici ma lettre au général baron de Pommereul, conseiller d'État, directeur général de l'imprimerie et de la librairie :

« Monsieur le baron,

« On s'est permis de publier des morceaux d'un ouvrage dont je suis l'auteur. Je juge d'après cela que vous ne verrez aucun inconvénient à laisser paroître l'ouvrage tout entier.

« Je vous demande donc, monsieur le baron, l'autorisation nécessaire pour mettre sous presse, chez Le Normant, mon ouvrage intitulé : *Essai historique, politique et moral sur les Révolutions anciennes et modernes, considérées dans leurs rapports avec la Révolution françoise.* Je n'y changerai pas un seul mot ; j'y ajouterai pour toute préface celle du *Génie du Christianisme.*

« J'ai l'honneur d'être, etc.

« Paris, ce 17 novembre 1812. »

Dès le lendemain M. de Pommereul me répondit la lettre suivante, écrite tout entière de sa main. En ce temps d'usurpation, on se piquoit de politesse, même avec un homme en disgrâce, même avec un émigré. M. de Pommereul refuse la permission que je lui demande; mais comparez le ton de sa lettre avec celui des lettres qui sortent aujourd'hui des bureaux d'un directeur général, ou même d'un ministre :

« Paris, ce 18 novembre 1812.

« A Monsieur de Chateaubriand,

« Je mettrai mardi prochain, monsieur, votre demande sous les yeux du ministre de l'intérieur; mais votre ouvrage, fait en 1797, est bien peu convenable au temps présent, et s'il devoit paroître aujourd'hui pour la première fois, je doute que ce pût être avec l'assentiment de l'autorité. On vous attaque sur cette production : nous ne ressemblons point aux journalistes qui admettent l'attaque et repoussent la défense, et la vôtre ne trouvera pour paroître aucun obstacle à la direction de la librairie.

J'aurai soin, monsieur, de vous informer de la décision du ministre sur votre demande de réimpression. Agréez, je vous prie, monsieur, la haute considération avec laquelle j'ai l'honneur d'être, etc.

« *Signé* baron DE POMMEREUL. »

Le 24 novembre, je reçus de M. de Pommereul cette autre lettre :

« Paris, ce 24 novembre 1812.

« A Monsieur de Chateaubriand,

« J'ai mis aujourd'hui, monsieur, sous les yeux du ministre de l'intérieur la lettre que vous m'avez fait l'honneur de m'écrire le 17 courant, et la réponse que je vous ai faite le 18. Son Excellence a décidé que l'ouvrage que vous demandez à réimprimer, puisqu'il n'a point été publié en France, doit être assujetti aux formalités prescrites par les décrets impériaux concernant la librairie. En conséquence, monsieur, vous devez, vous ou votre imprimeur, faire à la direction générale de l'imprimerie la déclaration de vouloir l'imprimer, et y déposer en même temps l'édition dont vous demandez la réimpression, afin qu'elle puisse passer à la censure.

« Agréez, monsieur, etc.

« *Signé* baron DE POMMEREUL. »

M. de Pommereul reconnoît, dans sa première lettre, que mon ouvrage, *fait en 1797, est bien peu convenable au temps présent* (l'empire), *et que s'il devoit paroître aujourd'hui* (sous Buonaparte) *pour la première fois il doute que ce pût être avec l'assentiment de l'autorité.* Quelle justification de l'*Essai !*

Dans sa seconde lettre, M. le directeur de la librairie m'ordonne de me soumettre à la *censure* si je veux réimprimer mon ouvrage. Il étoit clair que la censure m'auroit enlevé ce que je disois en éloge de Louis XVI, des Bourbons, de la vieille monarchie, et toutes mes réclamations en faveur de la liberté ; il étoit clair que l'*Essai* ainsi dépouillé de ce qui servoit de contrepoids à ses erreurs se seroit réduit à un extrait à peu près semblable à ceux dont je me plaignois. Force étoit donc à moi de renoncer à le réimprimer, puisqu'il auroit fallu le livrer aux mutilations de la censure.

Après tout, le gouvernement impérial avoit grandement raison : l'*Essai* n'étoit, ni sous le rapport des libertés publiques, ni sous celui de la monarchie légitime, un livre qu'on pût publier sous le despotisme et l'usurpation. La police se donnoit un air d'impartialité en laissant dire quelque chose en ma faveur, et rioit secrètement de m'empêcher de faire la seule chose qui pût réellement me défendre.

Enfin, le roi fut rendu à ses peuples : je parus jouir d'abord de la faveur que l'on croit, mal à propos, devoir suivre des services qui souvent ne méritent pas la peine qu'on y pense; mais enfin en proclamant le retour de la légitimité j'avois contribué à entraîner l'opinion publique, par conséquent j'avois choqué des passions et blessé des intérêts : je devois donc avoir des ennemis. Pour m'enlever l'influence qu'on craignoit de me voir prendre sur un gouvernement religieux, on crut expédient de réchauffer la vieille querelle de l'*Essai*. On annonça avec bruit un *Chateaubriantana*, une brochure du *Sacerdoce*, etc. C'étoient toujours des compilations de l'*Essai*[*]. Il y avoit dans ces nouvelles poursuites quelque chose qui n'étoit guère plus généreux que dans les premières; j'étois en disgrâce sous le roi, comme je l'étois sous Buonaparte, au moment où ces courageux critiques se déchaînoient contre moi. Pourquoi m'ont-ils laissé tranquille lorsque j'étois ministre? C'étoit là une belle occasion de montrer leur indépendance.

Je n'ai répondu à ces personnes bienveillantes que par cette note de la préface de mes *Mélanges de Politique* :

« Si je n'ai jamais varié dans mes principes politiques, je n'ai pas toujours embrassé le christianisme dans tous ses rapports d'une manière aussi complète que je le fais aujourd'hui. Dans ma première jeunesse, à une époque où la génération étoit nourrie de la lecture de Voltaire et de J.-J. Rousseau, je me suis cru un petit philosophe, et j'ai fait un mauvais livre. Ce livre, je l'ai condamné aussi durement que personne dans la préface du *Génie du Christianisme*. Il est bizarre qu'on ait voulu me faire un crime d'avoir été un esprit fort à vingt ans et un chrétien à quarante. A-t-on jamais reproché à un homme de s'être corrigé? L'écrivain vraiment coupable est celui qui ayant bien commencé finit mal, et non pas celui qui ayant mal commencé finit bien. Quoi qu'il en soit, si je pouvois anéantir l'*Essai historique*, je le ferois, parce qu'il renferme sous le rapport de la religion des pages qui peuvent blesser quelques points de discipline; mais puisque je ne puis l'anéantir, puisqu'on en extrait tous les jours un peu de poison, sans donner le contre-poison, qui se trouve à grandes doses dans le même ouvrage; puisqu'on l'a réimprimé par fragments, je suis bien aise d'annoncer à mes ennemis que je vais le faire réimprimer tout entier. Je n'y changerai pas un mot; j'ajouterai seulement des notes en marge.

---

[*] Je ne sais ni les titres ni le nombre de toutes ces brochures; je n'en ai jamais lu que ce que j'en ai vu par hasard dans les journaux; mais il y en avoit encore : *Esprit, Maximes et Principes de M. de Chateaubriand; Itinéraire de Pantin au Mont-Calvaire; M. de la Maison-Terne; Les Persécuteurs*, etc., et deux ou trois journaux ministériels pour la presse périodique.

… « Je prédis à ceux qui ont voulu transformer l'*Essai historique* en quelque chose d'épouvantable qu'ils seront très-fâchés de cette publication ; elle sera tout entière en ma faveur (car je n'attache de véritable importance qu'à mon caractère) ; mon amour-propre seul en souffrira. Littérairement parlant, ce livre est détestable et parfaitement ridicule; c'est un chaos où se rencontrent les jacobins et les Spartiates, la Marseillaise et les Chants de Tyrtée, un voyage aux Açores et le périple d'Hannon, l'éloge de Jésus-Christ et la critique des moines, les Vers dorés de Pythagore et les fables de M. de Nivernois, Louis XVI, Agis, Charles Ier, des promenades solitaires, des vues de la nature, du malheur, de la mélancolie, du suicide, de la politique, un petit commencement d'*Atala*, Robespierre, la Convention, et des discussions sur Zénon, Épicure et Aristote ; le tout en style sauvage et boursouflé [a], plein de fautes de langue, d'idiotismes étrangers et de barbarismes. Mais on y trouvera aussi un jeune homme exalté plutôt qu'abattu par le malheur, et dont le cœur est tout à son roi, à l'honneur et à la patrie. »

C'est cet engagement solennel de publier moi-même l'*Essai* que je viens remplir aujourd'hui.

Telle est l'histoire complète de cet ouvrage, de son origine, de la position où j'étois en l'écrivant, et des tracasseries qu'il m'a suscitées. Il faut maintenant examiner l'ouvrage en lui-même et les critiques de mes Aristarques.

Qu'ai-je prétendu prouver dans l'*Essai*? *Qu'il n'y a rien de nouveau sous le soleil*, et qu'on retrouve dans les révolutions anciennes et modernes les personnages et les principaux traits de la révolution françoise.

On sent combien cette idée, poussée trop loin, a dû produire de rapprochements forcés, ridicules ou bizarres.

Je commençai à écrire l'*Essai* en 1794, et il parut en 1797. Souvent il falloit effacer la nuit le tableau que j'avois esquissé le jour : les événements couroient plus vite que ma plume : il survenoit une révolution qui mettoit toutes mes comparaisons en défaut ; j'écrivois sur un vaisseau pendant une tempête, et je prétendois peindre comme des objets fixes les rives fugitives qui passoient et s'abîmoient le long du bord ! Jeune et malheureux, mes opinions n'étoient arrêtées sur rien ; je ne savois que penser en littérature, en philosophie, en

---

[a] Qu'il me soit permis d'être juste envers moi comme envers tout le monde : cette critique du style de l'*Essai* est outrée. C'est un jugement que j'avois prononcé *ab irato* sur l'ouvrage avant de l'avoir relu. On va voir bientôt que j'ai modifié ce jugement, et que je l'ai rendu, je crois, plus impartial.

morale, en religion. Je n'étois décidé qu'en matière politique : sur ce seul point je n'ai jamais varié.

L'éducation chrétienne que j'avois reçue avoit laissé des traces profondes dans mon cœur, mais ma tête étoit troublée par les livres que j'avois lus, les sociétés que j'avois fréquentées. Je ressemblois à presque tous les hommes de cette époque : j'étois né de mon siècle.

Si on m'a trouvé une imagination vive dans un âge plus mûr, qu'on juge de ce qu'elle devoit être dans ma première jeunesse, lorsque demi-sauvage, sans patrie, sans famille, sans fortune, sans amis, je ne connoissois la société que par les maux dont elle m'avoit frappé.

Avant d'imprimer des extraits de l'*Essai*, on colporta l'ouvrage entier mystérieusement, en répandant des bruits étranges. Pourquoi se donnoit-on tant de peine? Loin d'enfouir l'*Essai*, je l'exposois au grand jour, et je le prêtois à quiconque le vouloit lire. On prétendoit que j'en rachetois partout les exemplaires au plus haut prix [a]. Et où aurois-je trouvé les trésors que ces rachats m'auroient supposés? J'avois voulu réimprimer l'*Essai* sous Buonaparte, comme on vient de le voir : je n'en faisois donc pas un secret.

Quoi qu'il en soit, les mains officieuses qui firent d'abord circuler l'*Essai historique* perdirent leur travail : on s'aperçut que l'ouvrage lu de suite produisoit un effet contraire à celui qu'on en espéroit. Il fallut en venir au parti moins loyal, mais plus sûr, de ne le donner que par lambeaux, c'est-à-dire d'en montrer le mal et d'en cacher le bien.

On résolut d'ouvrir l'attaque du côté religieux, d'opposer quelques pages de l'*Essai* à quelques pages du *Génie du Christianisme;* mais une chose déconcertoit ce plan : c'étoit la préface du dernier ouvrage. Que pouvoit-on opposer à un homme qui s'étoit condamné lui-même avec tant de franchise?

Arrêté par cette préface, il vint alors en pensée de détruire l'autorité de mes aveux au moyen d'une calomnie : on sema le bruit que ma mère étoit morte avant la publication de l'*Essai*, et qu'ainsi la préface du *Génie du Christianisme* reposoit sur une fable.

Ceux qui disoient ces choses étoient-ils mes amis, mes proches? Avoient-ils vécu avec moi à Londres, reçu mes lettres, pénétré mes secrets? Pouvoient-ils, par leur témoignage, déterminer l'instant où j'avois répandu des pleurs?

---

[a] On vint un jour me proposer de racheter à une vente un exemplaire de l'*Essai* pour 300 francs. Je répondis que j'en avois deux exemplaires que je donnerois pour cent sous.

PRÉFACE.

S'ils étoient étrangers à toute ma vie, s'ils avoient ignoré mon existence jusqu'au jour où le public la leur avoit révélée, s'ils étoient en France lorsque je languissois dans la terre de l'exil, comment osoient-ils fonder une lâche accusation sur un fait qu'ils ne pouvoient ni savoir ni prouver? Ah! loin de moi la pensée que des hommes qui prétendoient fixer l'époque de mes malheurs avoient des raisons particulières de la connoître!

J'ai cité le texte même de la lettre de ma sœur, que j'ai entre les mains. Cette lettre est du 1er juillet 1798. Voici un autre document dont on ne niera pas l'authenticité :

« Extrait du registre des décès de la ville de Saint-Servan, 1er arrondissement du département d'Ille-et-Vilaine, pour l'an VI de la république, f° 35, r°, où est écrit ce qui suit :

« Le douze prairial an VI de la république françoise, devant moi Jacques Bourdasse, officier municipal de la commune de Saint-Servan, élu officier public le 4 floréal dernier, sont comparus Jean Baslé, jardinier, et Joseph Boulin, journalier, majeurs d'âge, et demeurant séparément en cette commune; lesquels m'ont déclaré que Apolline-Jeanne-Suzanne de Bédée, née en la commune de Bourseuil, le 7 avril mil sept cent vingt-six, fille de feu Ange-Annibal de Bédée et de Benigne-Jeanne-Marie de Ravenel, veuve de René-Auguste de Chateaubriand, est décédée au domicile de la citoyenne Gouyon, situé à La Ballue, en cette commune, ce jour, à une heure après midi : d'après cette déclaration, dont je me suis assuré de la vérité, j'ai rédigé le présent acte, que Jean Baslé a seul signé avec moi, Joseph Boulin ayant déclaré ne le savoir faire, de ce interpellé.

« Fait en la maison commune, lesdits jour et an. *Signé* Jean Baslé et Bourdasse.

« Certifié conforme au registre, par nous maire de Saint-Servan, ce 31 octobre 1812. *Signé* Tresvaux-Reselaye, adjoint.

« Vu pour légalisation de la signature du sieur Tresvaux-Reselaye, adjoint par nous juge du tribunal civil séant à Saint-Malo (le président empêché). A Saint-Malo, le trente-un octobre 1812. *Signé* Robiou[a]. »

La date de la mort de madame de Chateaubriand est du 12 prairial an VI

---

[a] Je prie le lecteur de remarquer mon exactitude. J'avois dit dans la préface du *Génie du Christianisme*, en 1802, que ma mère, après avoir été jetée dans les cachots et vu périr une partie de ses enfants, expira sur un grabat où ses malheurs l'avoient reléguée. La voici qui meurt dans une campagne isolée, où deux ouvriers, dont l'un ne sait pas écrire, témoignent seuls de sa mort.

de la république, c'est-à-dire du 31 mai 1798. La publication de l'*Essai* est des premiers mois de 1797; elle avoit dû même avoir lieu plus tôt, comme on le voit par le *Prospectus*, qui l'annonçoit pour la fin de 1796 [a]. Quelle critique que celle qui force un honnête homme à entrer dans de pareils détails, qui oblige un fils à produire l'extrait mortuaire de sa mère!

Battu par les faits, repoussé par les dates, on n'eut plus que la ressource banale de tronquer des passages pour dénaturer un texte. C'était avec des brochures d'une quarantaine de pages que l'on prétendoit faire connoître un livre de près de 700 pages, grand in-8°. Des fragments qui ne tenoient à rien de ce qui les précédoit ou de ce qui les suivoit dans le corps de l'ouvrage pouvoient-ils donner une idée juste de cet ouvrage? On transcrivoit quelques phrases hasardées sur le culte, mais on ne disoit pas que dans un chapitre adressé aux infortunés on trouvoit cet éloge de l'Évangile : « Un livre vraiment utile au misérable, parce qu'on y trouve la pitié, la tolérance, la douce indulgence, l'espérance plus douce encore, qui composent le seul baume des blessures de l'âme, ce sont les Évangiles. Leur divin auteur ne s'arrête point à prêcher vainement les infortunés : il fait plus, il bénit leurs larmes et boit avec eux le calice jusqu'à la lie. »

Cela, ce me semble, n'étoit pourtant pas trop incrédule.

Encore un passage de ce livre qui scandalisoit si fort ces chrétiens de circonstance, lesquels ne croient peut-être pas en Dieu, et ces hypocrites qui font de la haine, de l'or et des places avec la charité, la pauvreté et l'humilité de la religion : « Si la morale la plus pure et le cœur le plus tendre, si une vie passée à combattre l'erreur et à soulager les maux des hommes, sont les attributs de la divinité, qui peut nier celle de Jésus-Christ? Modèle de toutes les vertus, l'amitié le voit endormi dans le sein de Jean, ou léguant sa mère à ce disciple chéri; la tolérance l'admire avec attendrissement dans le jugement de la femme adultère; partout la pitié le trouve bénissant les pleurs de l'infortuné; dans son amour pour les enfants, son innocence et sa candeur se décèlent; la force de son âme brille au milieu des tourments de la croix, et son dernier soupir dans les angoisses de la mort est un soupir de miséricorde. » *Essai historique*, p. 578 de l'édition de Londres.

Quoi! c'est là ce que je disois quand je n'étois pas *chrétien!* Cet *Essai* doit être un livre bien étrange! Il ne sera pas inutile de faire remarquer que j'ai transporté ce portrait de Jésus-Christ dans le *Génie du Christianisme*, ainsi

---

[a] Voyez ce *Prospectus*, à la suite de cette préface.

PRÉFACE.

que quelques autres chapitres de l'*Essai*, et qu'ils n'y forment aucune disparate.

Telle phrase amphigourique pouvoit faire croire que dans l'*Essai* l'existence de Dieu est mise en doute ; on la saisissoit, mais on taisoit le chapitre sur l'*Histoire du Polythéisme*, qui commence ainsi : « Il est un Dieu : les herbes de la vallée et les cèdres du Liban le bénissent, etc. L'homme seul a dit : Il n'y a point de Dieu. Il n'a donc jamais, celui-là, dans ses infortunes, levé les yeux vers le ciel, etc. »

Je rassemble ailleurs dans l'*Essai* les objections que l'on a faites en tous temps contre le christianisme [a]; on croit que je vais conclure comme les esprits forts, et tout à coup on lit ce passage : « Moi, qui suis très-peu versé dans ces matières, je répéterai seulement aux incrédules, en ne me servant que de ma foible raison, ce que je leur ai déjà dit. Vous renversez la religion de votre pays, vous plongez le peuple dans l'impiété, et vous ne proposez aucun autre palladium de la morale. Cessez cette cruelle philosophie ; ne ravissez point à l'infortuné sa dernière espérance : qu'importe qu'elle soit une illusion si cette illusion le soulage d'une partie du fardeau de l'existence, si elle veille dans les longues nuits à son chevet solitaire et trempé de larmes ; si enfin elle lui rend le dernier service de l'amitié en fermant elle-même sa paupière, lorsque, seul et abandonné sur la couche du misérable, il s'évanouit dans la mort. » *Essai*, p. 624, même édition.

Retranchez ce paragraphe, et donnez le chapitre sans sa conclusion, je serai un véritable philosophe. Imprimez ces dernières lignes, et il faudra reconnoître ici l'auteur futur du *Génie du Christianisme*, l'esprit incertain qui n'attend qu'une leçon pour revenir à la vérité. En lisant attentivement l'*Essai*, on sent partout que la nature religieuse est au fond et que l'incrédulité n'est qu'à la surface.

Au reste, cet ouvrage est un véritable chaos : chaque mot y contredit le mot qui le suit. On pourroit faire de l'*Essai* deux analyses différentes : on prouveroit par l'une que je suis un sceptique décidé, un disciple de Zénon et d'Épicure ; par l'autre, on me feroit connoître comme un chrétien bigot, un esprit superstitieux, un ennemi de la raison et des lumières. On trouve dans cette rêverie de jeune homme une profonde vénération pour Jésus-Christ et pour l'Évangile, l'éloge des évêques, des curés, et des déclamations contre la cour

---

[a] J'ai pourtant soin de dire en rassemblant ces objections qu'elles ont été victorieusement réfutées par les meilleurs esprits, et qu'elles ne sont pas de moi.

de Rome et contre les moines ; on y rencontre des passages qui sembleroient favoriser toutes les extravagances de l'esprit humain, le suicide, le matérialisme, l'anarchie; et tout auprès de ces passages on lit des chapitres entiers sur l'existence de Dieu, la beauté de l'ordre, l'excellence des principes monarchiques. C'est le combat d'Oromaze et d'Arimane : les larmes maternelles et l'autorité de la raison croissante ont décidé la victoire en faveur du bon génie.

La position de ceux qui m'attaquoient sous l'empire étoit extrêmement fausse. Que me reprochoient-ils? Des principes qui étoient les leurs! Ils ne s'apercevoient pas qu'ils faisoient mon éloge en essayant de me calomnier; car s'il étoit vrai que l'*Essai* renfermât des opinions dont on prétendoit me faire un crime, que prouvoient-elles, ces opinions? Que j'avois conservé dans toutes les positions de ma vie une indépendance honorable; que moi-même, banni et persécuté, j'avois prêché la monarchie modérée à des gentilshommes bannis et la tolérance à des prêtres persécutés; que j'avois dit à tous la vérité; que, partageant les souffrances sans partager entièrement les opinions de mes compagnons d'infortune, j'avois eu le courage, assez rare, de leur déclarer que nous avions donné quelque prétexte à nos malheurs.

Ces principes, en contradiction avec le parti même que j'avois embrassé, prouvoient que j'étois le martyr de l'honneur, plutôt que l'aveugle soldat d'une cause dont je connoissois le côté foible; que je m'étois battu comme Falkland dans les camps de Charles Ier, bien que je n'eusse pas été aussi heureux que lui.

Ces principes prouvoient encore que ces bannis que l'on représentoit comme de vils *esclaves* attachés à la *tyrannie* par amour de leurs *priviléges* étoient pourtant des hommes qui reconnoissoient ce qu'il peut y avoir de noble dans toutes les opinions, qui ne rejetoient aucune idée généreuse, qui ne condamnoient dans la liberté que l'anarchie, qui confessoient loyalement leurs propres erreurs, en sachant supporter leurs infortunes, qui éclairés sur les abus de l'ancien gouvernement n'en servoient pas moins leur souverain au péril de leur vie, et qui participoient enfin aux lumières de leur siècle, sans manquer à leurs devoirs de sujets.

Ne pouvois-je pas encore dire à mes adversaires du temps de l'empire : Ou les principes philosophiques que vous me reprochez sont dans l'*Essai*, ou ils n'y sont pas. S'ils n'y sont pas, vous parlez contre la vérité; s'ils y sont, ces principes sont les vôtres : j'étois le disciple de vos erreurs; mes égarements sont de vous, mon retour à la vérité est de moi.

PRÉFACE.

On a supposé des motifs d'intérêt à mes opinions. J'aurois dans ce cas été bien malhabile ; car j'allois toujours enseignant des doctrines contraires à celles qui menoient à la faveur dans les lieux que j'habitois.

Dans l'étranger, je n'avois de l'émigration pour la cause de la monarchie que l'exil et tous les genres de misères, m'obstinant à parler des fautes qui avoient contribué à la chute du trône et prônant les libertés publiques.

Dans ma patrie, lorsque j'y revins, je trouvai les temples détruits, la religion persécutée, la puissance et les honneurs du côté de la philosophie ; aussitôt je me range du côté du foible, et j'arbore l'étendard religieux. Si je faisois tout cela dans des vues intéressées, ma méprise étoit grossière : quoi de plus insensé que de dire dans deux positions contraires précisément ce qui devoit choquer les hommes dont je pouvois attendre la fortune ?

J'avois annoncé dans ce que j'appelois, je ne sais pourquoi, la *Notice*, au lieu de la *Préface de l'Essai*, l'espèce de persécution que me susciteroit cet ouvrage.

« Que ce livre *m'attire beaucoup d'ennemis,* dis-je dans cette *Notice,* j'en suis convaincu. Si je l'avois cru dangereux, je l'eusse supprimé ; je le crois utile, je le publie. Renonçant à tous les partis, je ne me suis attaché qu'à celui de la vérité : l'ai-je trouvée ? Je n'ai pas l'orgueil de le prétendre. Tout ce que j'ai pu faire a été de marcher en tremblant, de me tenir sans cesse en garde contre moi-même, de ne jamais énoncer une opinion sans avoir auparavant descendu dans mon propre sein pour y découvrir le sentiment qui me l'avoit dictée. J'ai tâché d'opposer philosophie à philosophie, raison à raison, principe à principe : ou plutôt je n'ai rien fait de tout cela, j'ai seulement exposé les doutes d'un honnête homme*. »

Cette prophétie d'*un honnête homme* date de trente ans.

Enfin, d'autres censeurs de l'*Essai* vouloient bien me croire dégagé de tout intérêt matériel, mais ils m'accusoient de chercher le bruit.

Si dans l'espoir d'immortaliser mon nom j'avois embrassé la cause du crime et défendu des pervers, je me reconnoîtrois épris d'une coupable renommée. Mais si au contraire j'ai combattu en faveur des sentiments généreux partout où j'ai cru les apercevoir ; si j'ai parlé avec enthousiasme de tout ce qui me paroît beau et touchant sur la terre, la religion, la vertu, l'honneur, la liberté, l'infortune, il faudra convenir que ma passion supposée pour la célébrité sort du moins d'un principe excusable : on pourra me

---

* Voyez cette *Notice*, en tête de l'*Essai*.

plaindre; il sera difficile de me condamner. D'ailleurs, ne suis-je pas François? Quand j'aimerois un peu la gloire, ne pourrois-je pas dire à mes compatriotes : « Qui de vous me jettera la première pierre? »

Ainsi donc sous les rapports religieux l'*Essai* paroîtra beaucoup moins condamnable qu'on ne l'a supposé, et sous les rapports politiques il sera tout en ma faveur. Loin de prêcher le républicanisme, comme d'officieux censeurs l'ont voulu faire entendre, l'*Essai* cherche à démontrer au contraire que dans l'état des mœurs du siècle la république est impossible. Malheureusement je n'ai plus la même conviction. J'ai toujours raisonné dans l'*Essai* d'après le système de la liberté républicaine des anciens, de la liberté fille des mœurs; je n'avois pas assez réfléchi sur cette autre espèce de liberté, produite par les lumières et la civilisation perfectionnée : la découverte de la république représentative a changé toute la question. Chez les anciens, l'esprit humain étoit jeune, bien que les nations fussent déjà vieilles; la société étoit dans l'enfance, bien que l'homme fût déjà courbé par le temps. C'est faute d'avoir fait cette distinction que l'on a voulu, mal à propos, juger les peuples modernes d'après les peuples anciens; que l'on a confondu deux sociétés essentiellement différentes; que l'on a raisonné dans un ordre de choses tout nouveau, d'après des vérités historiques qui n'étoient plus applicables. La monarchie représentative est mille fois préférable à la république représentative : elle en a tous les avantages sans en avoir les inconvénients; mais si l'on étoit assez insensé pour croire qu'on peut renverser cette monarchie et retourner à la monarchie absolue, on tomberoit dans la république représentative, quel que soit l'état actuel des mœurs. Ces mœurs sont d'ailleurs loin d'être aussi corrompues qu'elles l'étoient au commencement de la révolution; les scandales domestiques sont aujourd'hui presque inconnus, la France est devenue plus sérieuse, et la jeunesse même a quelque chose d'austère.

Les personnages historiques sont en général jugés impartialement dans l'*Essai*. Il y a pourtant quelques hommes que j'ai traités avec trop de rigueur. Je les prie de pardonner à ces opinions sans autorité, nées du malheur et de l'inexpérience. La jeunesse est tranchante et présomptueuse; ses arrêts sont presque toujours sévères. En vieillissant, on apprend à excuser dans les autres les choses dont on s'est soi-même rendu coupable; on ne transforme plus les foiblesses en crimes, et l'on aime moins à compter les fautes que les vertus. C'est surtout pour ces jugements irréfléchis que je regrette de n'avoir pu corriger l'*Essai;* mais je me suis trouvé dans la dure nécessité de reproduire mes erreurs, et de me montrer au public avec toutes mes infirmités.

Je sais parfaitement que cette préface et les *notes critiques* de l'*Essai* ne changeront point l'opinion de la génération présente. Ceux qui aiment l'*Essai* tel qu'il est seront peut-être contrariés par les *notes* ; ceux qui trouvent l'ouvrage mauvais ne seront point désarmés. Ces derniers regarderont mes aveux comme non avenus, et reproduiront leurs accusations avec une bonne foi digne de leur charité.

Au fond, ces prétendus chrétiens ne disent pas ce qui leur déplaît. Ne croyez pas que ce soit le philosophisme de l'*Essai* qui les blesse : ce qu'ils ne peuvent me pardonner, c'est l'amour de la liberté qui respire dans cet ouvrage. Sous ce rapport les *notes* ne feront qu'aggraver mes torts. Loin d'être rentré dans le giron de l'*absolutisme*, je me suis endurci dans ma faute constitutionnelle. Qu'importe alors que je me sois amendé comme chrétien ? Soyez athée, mais prêchez l'arbitraire, la police, la censure, la sage indépendance de l'antichambre, les charmes de la domesticité, l'humiliation de la patrie, le goût du petit, l'admiration du médiocre, tous vos péchés vous seront remis.

Aussi en écrivant les *notes* je n'ai point espéré réformer le sentiment de mes contemporains ; mais la postérité viendra, et si j'existe pour elle, elle prononcera avec impartialité sur le livre et sur le commentaire. J'ose espérer qu'elle jugera l'*Essai* comme ma tête grise l'a jugé ; car en avançant dans la vie on prend naturellement de l'équité de cet avenir dont on approche.

Cependant des personnes prétendent qu'il ne seroit pas impossible que l'*Essai* fût reçu du public avec une faveur à laquelle je ne devois pas m'attendre : j'avoue que les raisons présumées de cette faveur, si elle a lieu, m'attristent autant qu'elles m'effrayent. Il me paroît certain à moi-même que si je publiois le *Génie du Christianisme* aujourd'hui pour la première fois il n'obtiendroit pas le succès populaire qu'il obtint au commencement de ce siècle ; il est certain encore que si j'avois donné en 1801 l'*Essai historique* au lieu du *Génie du Christianisme*, il eût été reçu avec un murmure d'improbation générale. Comment se fait-il maintenant que ce même *Essai* soit plus près des idées du jour sous la légitimité qu'il ne l'eût été sous l'usurpation ? Et comment arrive-t-il que le *Génie du Christianisme* est moins dans l'esprit de ce moment qu'il ne l'étoit à l'époque où je l'ai fait paroître ?

Quelles causes menaçantes ont pu produire dans l'opinion un effet si contraire à l'ordre naturel des temps et des événements ? Par quelle fatalité l'*Essai* seroit-il devenu le livre du présent, et le *Génie du Christianisme* le livre du passé? Les oppresseurs et les opprimés auroient-ils changé de place? Quelles fautes ont été commises, quelle route de perdition a-t-on suivie pour arriver à un pareil résultat? Se seroit-on trompé sur les moyens de rendre à la religion son éclat et sa véritable puissance? Auroit-on cru que cette religion, éclairée et généreuse, ne pouvoit prospérer que par l'extinction des lumières et la destruction des libertés publiques? Seroit-on parvenu à inquiéter les hommes les plus paisibles, les esprits les plus calmes, les plus modérés, en nous menaçant d'un retour à des choses impossibles, en livrant le pouvoir à une petite coterie hypocrite qui amèneroit une seconde fois, et pour toujours, la ruine du trône et de l'autel?

Qu'on y prenne garde : s'il y a encore une cause de destruction pour la monarchie, elle se trouve là où je l'indique. Ce n'est pas avec des doctrines de calomnie et d'intolérance que la religion trouvera des hommes capables de la défendre. De foibles mains, qui ne sentent pas même le poids du fardeau qu'elles ont à soulever, le laissent à terre sans pouvoir le déranger d'une seule ligne. Où sont les talents qui jadis venoient au secours des principes religieux et monarchiques quand ils étoient attaqués? Repoussés, ils se retirent, et laissent le combat à l'intrigue et à l'incapacité.

La France vouloit l'union dans la religion, la monarchie légitime, les libertés publiques, et l'on s'est plu à la désunir, à l'alarmer sur les objets de ses vœux. Le discrédit total du pouvoir administratif, la lassitude de tout, le mépris ou l'indifférence de l'opinion sur les choses les plus graves, voilà ce qui reste aujourd'hui de tant d'espérances. Derrière nous, une jeunesse ardente attend ce que nous lui laisserons pour le modifier ou le briser selon sa force, car elle ne continuera pas nos destinées.

Dans cette position, tout homme sage doit songer à lui; il doit se séparer de ce qui nous perd, pour trouver un abri au moment de l'orage.

C'est une triste chose que d'en être aux professions de foi, aux controverses religieuses, à ces querelles déplorables que l'on n'auroit jamais dû tirer de l'oubli; mais, enfin, puisqu'on nous a menés là, il faut prendre son parti. Placé entre l'*Essai* et le *Génie du Christianisme*, pour éviter toute fausse interprétation, je dois dire à quelles limites je me suis arrêté, afin qu'on ne me cherche ni en dedans ni en dehors de ces limites. Cette confession publique aura du moins l'avantage de montrer ce qui me paroissoit utile à faire pour le triomphe de la religion sous le règne du fils de saint Louis.

Je crois très-sincèrement : j'irois demain pour ma foi d'un pas ferme à l'échafaud.

PRÉFACE.

Je ne démens pas une syllabe de ce que j'ai écrit dans le *Génie du Christianisme*; jamais un mot n'échappera à ma bouche, une ligne à ma plume, qui soit en opposition avec les opinions religieuses que j'ai professées depuis vingt-cinq ans.

Voilà ce que je suis.

Voici ce que je ne suis pas.

Je ne suis point chrétien par patente de trafiquant en religion : mon brevet n'est que mon extrait de baptême. J'appartiens à la communion générale, naturelle et publique de tous les hommes qui depuis la création se sont entendus d'un bout de la terre à l'autre pour prier Dieu.

Je ne fais point métier et marchandise de mes opinions. Indépendant de tout, fors de Dieu, je suis chrétien sans ignorer mes foiblesses, sans me donner pour modèle, sans être persécuteur, inquisiteur, délateur, sans espionner mes frères, sans calomnier mes voisins.

Je ne suis point un incrédule déguisé en chrétien, qui propose la religion comme un frein utile aux peuples. Je n'explique point l'Évangile au profit du despotisme, mais au profit du malheur.

Si je n'étois pas chrétien, je ne me donnerois pas la peine de le paroître : toute contrainte me pèse, tout masque m'étouffe; à la seconde phrase, mon caractère l'emporteroit et je me trahirois. J'attache trop peu d'importance à la vie pour m'ennuyer à la parer d'un mensonge.

Se conformer en tout à l'esprit d'élévation et de douceur de l'Évangile, marcher avec le temps, soutenir la liberté par l'autorité de la religion, prêcher l'obéissance à la charte comme la soumission au roi, faire entendre du haut de la chaire des paroles de compassion pour ceux qui souffrent, quels que soient leur pays et leur culte, réchauffer la foi par l'ardeur de la charité, voilà, selon moi, ce qui pouvoit rendre au clergé la puissance légitime qu'il doit obtenir : par le chemin opposé, sa ruine est certaine. La société ne peut se soutenir qu'en s'appuyant sur l'autel; mais les ornements de l'autel doivent changer selon les siècles, et en raison des progrès de l'esprit humain. Si le sanctuaire de la divinité est beau à l'ombre, il est encore plus beau à la lumière : la croix est l'étendard de la civilisation.

Je ne redeviendrai incrédule que quand on m'aura démontré que le christianisme est incompatible avec la liberté; alors je cesserai de regarder comme véritable une religion opposée à la dignité de l'homme. Comment pourrois-je croire émané du ciel un culte qui étoufferoit les sentiments nobles et généreux, qui rapetisseroit les âmes, qui couperoit les ailes du génie, qui maudiroit les lumières au lieu d'en faire un moyen de plus pour s'élever à l'amour et à la contemplation des œuvres de Dieu? Quelle que fût ma douleur, il faudroit bien reconnoître malgré moi que je me repaissois de chimères : j'approcherois avec horreur de cette tombe où j'avois espéré trouver le repos, et non le néant.

Mais tel n'est point le caractère de la vraie religion ; le christianisme porte pour moi deux preuves manifestes de sa céleste origine : par sa morale, il tend à nous délivrer des passions ; par sa politique, il a aboli l'esclavage. C'est donc une religion de liberté : c'est la mienne.

En vain les hommes qui combattent la monarchie constitutionnelle nous disent qu'elle nous mènera au protestantisme, que le protestantisme, à son tour, nous conduira à la république, parce que le protestantisme, qui est l'indépendance en matière de religion, produit le républicanisme, qui est l'indépendance en matière de politique : cette assertion est repoussée par les faits. L'Allemagne est-elle républicaine parce qu'elle est en partie protestante? Les gouvernements les plus absolus ne se rencontrent-ils pas en Allemagne, tandis que plusieurs cantons de la Suisse sont catholiques? Venise et Gênes n'étoient-elles pas catholiques ? La population catholique des États-Unis n'augmente-t-elle pas d'une manière incroyable sans troubler l'ordre établi ? Toutes les nouvelles républiques espagnoles ne sont-elles pas catholiques, et le clergé de ces républiques, à quelques exceptions près, ne s'est-il pas montré plein de zèle dans la cause de l'indépendance ?

Il n'est donc pas vrai que la religion protestante soit plus favorable à la cause de la liberté que la religion catholique. Croire que notre liberté ne sera assurée que quand nous serons protestants, espérer que la monarchie absolue reviendroit si l'on rendoit au clergé catholique son ancien pouvoir politique, c'est une égale erreur. Les uns, à leur grand étonnement, pourroient voir la France protestante sous telle constitution despotique empruntée de telle principauté d'Allemagne, et les autres pourroient se réveiller républicains avec un clergé catholique, des moines mendiants et des ordres religieux de toutes les sortes.

Laissons donc là les théories pour ce qu'elles valent : en histoire comme en physique, ne prononçons que d'après les faits. Ne calomnions ni les protestants ni les catholiques; n'allons pas supposer que les premiers sont animés d'un esprit révolutionnaire, les seconds abrutis par un esprit de servitude. Renfermons-nous dans cet axiome : Il n'y a point de véritable religion sans liberté, ni de véritable liberté sans religion.

La querelle n'est point, après tout, entre les protestants et les catholiques, comme les habiles d'un parti voudroient le faire supposer ; elle est entre le philosophisme et le fanatisme.

Deux espèces d'hommes sont aujourd'hui le fléau de la société : d'une part, ce sont ces vieux écoliers de Diderot et de d'Alembert, qui se plaisent encore aux moqueries sur la *Bible*, aux déclamations de l'athéisme, aux insultes au clergé ; de l'autre, ce sont ces esprits bornés et violents, qui disent la religion en péril parce que nous avons une Charte, parce que les divers cultes chrétiens sont reconnus par l'État, et surtout parce que nous jouissons de la liberté de la presse. Les premiers nous ramèneroient les misérables mœurs du siècle de Louis XV ou les persécutions irréligieuses de la fin de ce siècle ; les seconds nous replongeroient dans la crasse et dans l'ignorance du bon vieux temps ; ceux-là extermineroient philosophiquement les prêtres ; ceux-ci brûleroient charitablement les philosophes. Ces impies et ces fanatiques acharnés à se détruire, s'ils étoient les maîtres, ne s'arrêteroient qu'au dernier bourreau et à la dernière victime, faute de pouvoir occuper à la fois le dernier échafaud et le dernier auto-da-fé.

Je termine ici cette trop longue préface. Les *Notes critiques* dont j'ai accompagné le texte de l'*Essai* achèveront de montrer ce que je pense de cet ouvrage. Je me suis loué quelquefois ; on voudra bien me pardonner cette impartialité, dont je n'ai pas, d'ailleurs, abusé : la brutalité de ma censure expiera la modération de ma louange. J'ose dire que je me suis traité avec une rigueur qui défiera la sévérité de la plus rude critique. Ce ne sont point de ces concessions auxquelles un auteur se résigne pour mettre à l'abri son amour-propre, pour se donner un air de franchise et de bonhomie, pour se glorifier en se rabaissant : ce sont de ces aveux que la vanité ne fait jamais, et qui coûtent à la nature humaine.

Si je ne parle point du style de l'*Essai*, c'est qu'il ne m'appartient pas de le juger : je dirai seulement qu'il est plus incorrect que celui de mes autres ouvrages, qu'il rend avec moins de précision ce qu'il veut exprimer, mais qu'il a la verve de la jeunesse, et qu'il renferme tous les germes de ce qu'on a bien voulu traiter avec quelque indulgence dans mes écrits d'un âge plus mûr. Il y a même un progrès sensible des premières pages de l'*Essai* aux dernières : les trois ans que je mis à élever cette tour de Babel m'avoient profité comme écrivain.

Un dernier mot. Si les préfaces de cette édition complète de mes Œuvres tiennent de la nature des mémoires, c'est que je n'ai pu les faire autrement.

J'écris vers la fin de ma vie : le voyageur prêt à descendre de la montagne jette malgré lui un regard sur le pays qu'il a traversé et le chemin qu'il a parcouru. D'ailleurs mes ouvrages, comme je l'ai déjà fait observer, sont les matériaux et les pièces justificatives de mes Mémoires : leur histoire est liée à la mienne de manière qu'il est presque impossible de l'en séparer. Qu'aurois-je dit dans des préfaces ordinaires? Que je donnois des éditions revues et corrigées? On s'en apercevra bien. Aurois-je pris occasion de ces réimpressions particulières pour traiter quelque sujet général? Mais de tels sujets entrent plus naturellement dans des espèces de mémoires qui peuvent parler de tout que dans un morceau d'apparat amené de loin, et fait exprès. C'est au lecteur à décider : si ces préfaces l'ennuient, elles sont mauvaises; si elles l'intéressent, j'ai bien fait de laisser aller ma plume et mes idées.

PROSPECTUS[1].

ESSAI

HISTORIQUE, POLITIQUE ET MORAL

SUR LES RÉVOLUTIONS

ANCIENNES ET MODERNES

CONSIDÉRÉES

DANS LEURS RAPPORTS AVEC LA RÉVOLUTION FRANÇOISE

DE NOS JOURS

OU EXAMEN DE CES QUESTIONS :

I. Quelles sont les révolutions arrivées dans les gouvernements des hommes ; quel étoit alors l'état de la société, et quelle a été l'influence de ces révolutions sur l'âge où elles éclatèrent et les siècles qui les suivirent ?

II. Parmi ces révolutions en est-il quelques-unes qui par l'esprit, les mœurs et les lumières des temps puissent se comparer à la révolution actuelle de France ?

III. Quelles sont les causes primitives de cette dernière révolution et celles qui en ont opéré le développement soudain ?

IV. Quel est maintenant le gouvernement de la France : est-il fondé sur de vrais principes, et peut-il subsister ?

V. S'il subsiste, quel en sera l'effet sur les nations et les autres gouvernements de l'Europe ?

VI. S'il est détruit, quelles en seront les conséquences pour les peuples contemporains et pour la postérité ?

DÉDIÉ A TOUS LES PARTIS

Experti invicem sumus ego ac fortuna.

3 vol. in-8°. Prix : 24 shillings pour les non-souscripteurs.

Le seul énoncé du titre de cet *Essai* suffit pour en faire apercevoir toute l'importance. C'est peut-être l'ouvrage le plus complet qui ait encore paru

---

1. Ce *Prospectus de l'Essai* fut publié à Londres, en 1796. On voit qu'il annonçoit le premier volume de l'*Essai* pour la fin de cette même année 1796.

sur les affaires présentes, si l'auteur, auquel il a coûté près de trois années d'études, a eu le bonheur de réussir dans la manière dont il l'a traité.

Les derniers livres de cet ouvrage, ne renfermant que de la politique, sont écrits en dialogue, à la manière de Platon, afin de répandre un peu de vie sur l'aridité de la matière. Au reste, l'auteur, qui a visité différentes parties du globe, et qui, par son titre d'*Essai*, a pu s'écarter çà et là sur sa route, s'est quelquefois permis d'insérer des morceaux de ses Voyages, et des digressions un peu étrangères, afin de plaire aux différents goûts des lecteurs, et de les délasser par la variété du style et des sujets.

On doit encore dire que cet ouvrage étant totalement indépendant de la question de la paix et de la guerre, des succès des François ou des alliés, l'acheteur ne court pas le risque de donner son argent le matin pour un livre que la gazette peut rendre inutile le soir.

Le premier volume de cet *Essai* paroîtra au plus tard au mois de décembre de cette année, et les deux autres suivront immédiatement. Ceux qui voudront souscrire sont priés d'envoyer leurs adresses à MM. Lowes, bookseller to Her Majesty, n° 22, Pall-Mall; J. de Boffe, Gerrard-street; Debrett, Piccadilly; A. Dulau et compagnie, n° 107, Wardour-street, où l'ouvrage se trouvera.

Prix de la souscription : une guinée en trois termes ; sept shillings à la livraison de chaque volume.

The public is respectfully informed that although this work may appear dear, yet it is, in fact, offered at the usual terms, for it might easily have been divided into 4 volumes at 5 s. and 6 d. each, as the actual volumes will contain considerably more than 400 pages, and when it is considered what a great expense, as well as loss of time, it has cost to the author in quotations from Greek, Latin, English writers, etc., etc., the public will no doubt candidly acknowledge that the price is fixed at the lowest terms possible, especially when the conveniency and benefit of the subscription is reflected on.

AVIS

SUR CETTE ÉDITION[a].

On s'apercevra aisément que ce n'est pas un seul volume que l'on donne ici au public, mais deux volumes brochés ensemble. L'intérêt de l'auteur eût été de les diviser, l'intersection naturelle se trouvant entre la première et la seconde partie; ces deux tomes séparés auroient alors coûté une demi-guinée; réunis, ils ne reviendront qu'à huit shillings. Malgré le bas prix auquel on livre cet ouvrage, on a soigné autant qu'il a été possible cette première édition; la seconde, qui se fait à Paris, est exactement la même[b], excepté qu'on a changé quelque chose dans la division des parties, pour éviter les contrefaçons de l'édition de Londres. On trouvera à la fin une table générale des matières et la liste des auteurs et des éditions cités dans le cours de l'ouvrage[c]. Au reste, il auroit fallu des cartes à l'*Essai historique*, mais mes moyens ne vont pas jusque là.

[a] C'est l'avis de l'éditeur de Londres de 1797. (N. ÉD.)
[b] Cette édition n'a jamais paru et n'a même jamais été commencée. (N. ÉD.)
[c] L'ouvrage n'ayant point été achevé, le catalogue des auteurs et des éditions cités n'a point paru. Je ne puis le donner aujourd'hui. (N. ÉD.)

NOTICE.

Lorsque je quittai la France j'étois jeune : quatre ans de malheur m'ont vieilli. Depuis quatre ans, retiré à la campagne, sans un ami à consulter, sans personne qui pût m'entendre, le jour travaillant pour vivre, la nuit écrivant ce que le chagrin et la pensée me dictoient, je suis parvenu à crayonner cet *Essai*. Je n'en ignore pas les défauts ; si le *moi* y revient souvent, c'est que cet ouvrage a d'abord été entrepris pour *moi*, et pour *moi* seul. On y voit presque partout un malheureux qui cause avec lui-même ; dont l'esprit erre de sujet en sujet, de souvenir en souvenir ; qui n'a point l'intention de faire un livre, mais tient une espèce de journal régulier de ses excursions mentales, un registre de ses sentiments, de ses idées. Le *moi* se fait remarquer chez tous les auteurs qui, persécutés des hommes, ont passé leur vie loin d'eux. Les solitaires vivent de leur cœur, comme ces sortes d'animaux qui, faute d'aliments extérieurs, se nourrissent de leur propre substance.

Hors quelques articles, que j'ai insérés selon les circonstances, j'ai laissé cet *Essai*, avec la brièveté des chapitres et la variété des notes, tel qu'il est originairement sorti de dessous ma plume, sans chercher à y mettre plus de régularité. Il m'a semblé que le désordre apparent qui y règne, en montrant tout l'intérieur d'un homme (chose qu'on voit si rarement), n'étoit peut-être pas sans une espèce de charme. Je ne sais cependant si on peut dire que cet ouvrage manque de méthode.

Ce premier volume, ou plutôt ces deux premiers volumes contiennent les révolutions de la Grèce, et forment en eux-mêmes un tout absolument indépendant des parties qui suivront. L'empressement avec lequel on a bien voulu demander cet ouvrage me flatte moins qu'il ne m'effraye ; ce qu'on commence par exalter sans raison, on finit souvent par le déprécier sans justice. D'ailleurs ma santé, dérangée[a] par de longs voyages, beaucoup de soucis, de veilles et d'études, est si déplorable, que je crains de ne pouvoir remplir immédiatement la promesse que j'ai faite concernant les autres volumes de l'*Essai historique*.

Que ce livre m'attire beaucoup d'ennemis, j'en suis convaincu. Si je l'avois cru dangereux, je l'eusse supprimé; je le crois utile, je le publie. Renonçant à tous les partis, je ne me suis attaché qu'à celui de la vérité: l'ai-je trouvée? Je n'ai pas l'orgueil de le prétendre. Tout ce que j'ai pu faire a été de marcher en tremblant, de me tenir sans cesse en garde contre moi-même, de ne jamais énoncer une opinion sans avoir auparavant descendu dans mon propre sein pour y découvrir le sentiment qui me l'avoit dictée. J'ai tâché d'opposer philosophie à philosophie, raison à raison, principe à principe, ou plutôt je n'ai rien fait de tout cela, j'ai seulement exposé les doutes d'un honnête homme.

N'ayant aucune cabale pour moi, aucune coterie qui me porte, aucun moyen d'argent ou d'intrigue pour faire circuler ou prôner mon livre, je dois m'attendre à rencontrer tous les obstacles des préjugés et des opinions. Je ne mendie d'éloges ni ne cours après des lecteurs. Si l'ouvrage vaut quelque chose, il sera connu assez tôt; s'il est mauvais, il restera dans l'oubli avec tant d'autres.

Une circonstance particulière m'oblige de toucher ici un article dont autrement il m'auroit peu convenu de parler. Quelques étrangers ayant, sur le prospectus, jugé trop favorablement de l'*Essai historique,* m'ont fait l'honneur de me le demander à traduire. L'homme de lettres allemand qui veut bien embellir mon ouvrage de son style ne m'a rien objecté particulièrement; mais la dame angloise qui traduit l'*Essai historique* m'a critiqué avec autant de grâce que de politesse. Elle me mandoit, par exemple, qu'elle ne pourroit jamais *se résoudre à traduire le passage qui se rapporte à M. de La Fayette.* Je fus étonné: je m'aperçus alors combien il est difficile d'entendre parfaitement tous les tours d'une langue qui n'est pas la nôtre. Cette dame avoit pris au sens littéral ces mots: *La Fayette est un scélérat!* Aucun François ne se méprendra à la vraie signification de cette phrase; mais puisque cette dame a pu s'y tromper, il est possible que d'autres étrangers tombent dans la même erreur. J'invite donc ceux d'entre eux qui parcourront cet *Essai* à faire atten-

---

[a] Voyez la Préface.

tion au passage indiqué ; ils verront sans doute aisément que l'expression est bien loin de dire en effet ce qu'elle semble dire à la lettre. J'ose me flatter d'avoir mis assez de mesure dans cet écrit pour qu'on ne m'accuse pas d'insulter grossièrement un homme qui n'est pas un grand génie sans doute, mais qu'on doit respecter par cela seul qu'il est malheureux [a].

[a] Il étoit à cette époque dans les prisons d'Ollmütz. (N. ÉD.)

ESSAI

HISTORIQUE, POLITIQUE ET MORAL

SUR LES RÉVOLUTIONS

ANCIENNES ET MODERNES

CONSIDÉRÉES

DANS LEURS RAPPORTS AVEC LA RÉVOLUTION FRANÇOISE.

LIVRE PREMIER.

PREMIÈRE PARTIE.

RÉVOLUTIONS ANCIENNES.

INTRODUCTION.

Qui suis-je, et que viens-je annoncer de nouveau aux hommes? On peut parler de choses passées; mais quiconque n'est pas spectateur désintéressé des événements actuels doit se taire. Et où trouver un tel spectateur en Europe? Tous les individus, depuis le paysan jusqu'au monarque, ont été enveloppés dans cette étonnante tragédie. « Non-seulement, dira-t-on, vous n'êtes pas spectateur, mais vous êtes acteur, et acteur souffrant, François malheureux, qui avez vu disparoître votre fortune et vos amis dans le gouffre de la révolution; enfin vous êtes un émigré. » A ce mot, je vois les gens sages, et tous ceux dont les opinions sont modérées ou républicaines, jeter là le volume sans chercher à en savoir davantage. Lecteurs, un moment. Je ne vous demande que de parcourir quelques lignes de plus. Sans doute je ne serai pas intelligible pour tout le monde ; mais quiconque m'entendra poursuivra la lecture de cet *Essai*. Quant à ceux qui ne m'entendront pas, ils feront mieux de fermer le livre ; ce n'est pas pour eux que j'écris [a].

Celui qui dit dans son cœur : « Je veux être utile à mes semblables, » doit commencer par se juger soi-même : il faut qu'il étudie ses passions, les préjugés et les intérêts qui peuvent le diriger sans qu'il s'en aperçoive. Si malgré tout cela il se sent assez de force pour dire la vérité, qu'il la dise ; mais s'il se sent foible, qu'il se taise. Si celui qui écrit sur les affaires présentes ne peut être lu également au directoire et aux conseils des rois, il a fait un livre inutile ; s'il a du talent, il a fait pis, il a fait un livre pernicieux. Le mal, le grand mal, c'est que nous ne sommes point de notre siècle. Chaque âge est un fleuve qui nous entraîne selon le penchant des destinées quand nous nous y abandonnons. Mais il me semble que nous sommes tous hors de son cours. Les uns (les républicains) l'ont traversé avec impétuosité, et se sont élancés sur le bord opposé. Les autres sont demeurés de ce côté-ci sans vouloir s'embarquer. Les deux partis crient et s'insultent, selon qu'ils sont sur l'une ou sur l'autre rive. Ainsi, les premiers nous transportent loin de nous dans des perfections imaginaires, en nous faisant devancer notre âge ; les seconds nous retiennent en arrière, refusent de s'éclairer, et veulent rester les hommes du quatorzième siècle dans l'année 1797 [b].

---

[a] Ce ton solennel, la morgue de ce début, dans un auteur dont le nom étoit inconnu et qui écrivoit pour la première fois, ce ton et cette morgue seroient comiques s'ils n'étoient l'imitation d'un jeune homme nourri de la lecture de J.-J. Rousseau, et reproduisant les défauts de son modèle. Le *moi* que l'on retrouve partout dans l'*Essai* m'est d'autant plus odieux aujourd'hui que rien n'est plus antipathique à mon esprit ; que ma disposition habituelle sur mes ouvrages n'est pas de l'orgueil, mais de l'indifférence, que je pousse peut-être trop loin. Au reste, j'avois été averti par mon instinct que cette manière n'étoit pas la mienne : on trouve dans la Notice ou Préface de l'ancienne édition des excuses peut-être assez touchantes de l'emploi que j'avois fait du *moi*. (N. ÉD.)

[b] Dis-je aujourd'hui autre chose que cela ? N'est-ce pas le fond de toutes les vérités politiques, de toutes les plaintes, de toutes les prévisions que l'on retrouve dans les *Réflexions politiques*, dans *La Monarchie selon la Charte*, dans *Le Conservateur*, dans mes *Opinions* à la chambre des Pairs, etc.? Il y a cependant trente années que cela est écrit. Mais où écrivois-je de la sorte? A Londres, dans l'exil, au milieu des victimes de la révolution. Il y avoit peut-être quelque courage à parler ainsi à un parti dans les rangs duquel j'étois et dont je partageois les souffrances. Cette fureur de dire la vérité à tout le monde explique assez bien les accidents de ma vie politique.

Je remarquerai une fois pour toutes, et pour n'y plus revenir, car je serois obligé

L'impartialité de ce langage doit me réconcilier avec ceux qui de la prévention contre l'auteur auroient pu passer au dégoût de l'ouvrage. Je dirai plus : si celui qui né avec une passion ardente pour les sciences y a consacré les veilles de la jeunesse ; si celui qui, dévoré de la soif de connoître, s'est arraché aux jouissances de la fortune pour aller au delà des mers contempler le plus grand spectacle qui puisse s'offrir à l'œil du philosophe, méditer sur l'homme libre de la nature et sur l'homme libre de la société, placés l'un près de l'autre sur le même sol ; enfin, si celui qui dans la pratique journalière de l'adversité a appris de bonne heure à évaluer les préjugés de la vie ; si un tel homme, dis-je, mérite quelque confiance, lecteurs, vous le trouvez en moi.

La position où je me trouve est d'ailleurs favorable à la vérité. Attaqué d'une maladie qui me laisse peu d'espoir, je vois les objets d'un œil tranquille[a]. L'air calme de la tombe se fait sentir au voyageur qui n'en est plus qu'à quelques journées.

Sans désirs et sans crainte, je ne nourris plus les chimères du bonheur, et les hommes ne sauroient me faire plus de mal que j'en éprouve. « Le malheur[1], » dit l'auteur des *Études de la Nature*, « le malheur ressemble à la montagne noire de Bember, aux extrémités du royaume brûlant de Lahore : tant que vous la montez, vous ne voyez devant vous que de stériles rochers ; mais quand vous êtes au sommet, vous apercevez le ciel sur votre tête, et le royaume de Cachemire à vos pieds[2]. »

---

de faire des notes à chaque page, je remarquerai que les doctrines politiques professées dans l'*Essai* sur la liberté et sur les gouvernements constitutionnels sont parfaitement conformes à celles que je prêche maintenant et que j'ai manifestées jusque sous le despotisme de l'usurpation, soit dans le *Génie du Christianisme,* soit dans quelques autres écrits. Je me tiens pour honoré de cette constance dans mes opinions politiques, qui ne s'est démentie ni dans l'exil sous l'impatience du malheur, ni pendant le règne de Buonaparte sous la menace de la force, ni à l'époque de la restauration sous l'influence de la prospérité. Quand on ne retrouveroit dans l'*Essai* que ce sentiment d'indépendance, il effaceroit à des yeux non prévenus beaucoup d'erreurs. Une main trop jeune, qui n'avoit encore été serrée par aucune main amie, n'a-t-elle pas pu s'égarer un peu en traçant une première ébauche ?

Ainsi ceux qui ont pu croire, par la vive expression de mon horreur pour les crimes révolutionnaires, que j'étois un ennemi des libertés publiques, et ceux qui ont pensé, d'après mon amour pour ces libertés, que j'approuvois les doctrines révolutionnaires, se sont également trompés. Ils vont relire de suite mes ouvrages : pour peu qu'ils veuillent faire la part de l'âge, des temps et des circonstances, je ne crains pas de m'en rapporter à leur bonne foi. (N. ÉD.)

[a] Voyez la Préface. (N. ÉD.)
1. *Chaumière indienne.*
2. Je crains d'avoir altéré quelque chose dans cette belle comparaison. J'en pré-

Le lecteur pardonnera aisément cette digression, qui ne sert après tout ici que de préface, et sans laquelle, plein de cette malheureuse défiance qui nous met en garde contre les opinions de l'auteur, il lui eût été impossible de continuer avec intérêt la lecture de cet ouvrage. Mais si j'ai pris tant de soin de lui aplanir l'entrée de la carrière, il doit à son tour me faire quelque sacrifice. O vous tous qui me lisez, dépouillez un moment vos passions en parcourant cet écrit sur les plus grandes questions qui puissent dans ce moment de crise occuper les hommes! Méditez attentivement le sujet avec moi. Si vous sentez quelquefois votre sang s'allumer, fermez le livre, attendez que votre cœur batte à son aise avant de recommencer votre lecture. En récompense, je ne me flatte pas de vous apporter du génie, mais un cœur aussi dégagé de préjugés qu'un cœur d'homme puisse l'être. Comme vous, si mon sang s'échauffe, je le laisserai se calmer avant de reprendre la plume : je causerai toujours simplement avec vous; je raisonnerai toujours d'après des principes. Je puis me tromper sans doute, mais si je ne suis pas toujours juste, je serai toujours de bonne foi. Ne vous hâtez pas de mépriser l'ouvrage d'un inconnu qui n'écrit que pour être utile. Enfin, si par des souvenirs trop tendres je laissois dans le cours de cet écrit tomber une larme involontaire, songez qu'on doit passer quelque chose à un infortuné laissé sans amis sur la terre, et dites : Pardonnons-lui en faveur du courage qu'il a eu d'écouter la voix de la vérité, malgré les préjugés si excusables du malheur.

EXPOSITION.

1. Quelles sont les révolutions arrivées autrefois dans les gouvernements des hommes? Quel étoit alors l'état de la société, et quelle a été

---

viendrai ici, une fois pour toutes : n'ayant rien sauvé de la révolution (excepté un petit nombre de notes), sans bibliothèque et sans ressources, je n'ai eu pour m'aider, dans l'obscurité de ma retraite, qu'une mémoire assez heureuse autrefois, mais aujourd'hui presque usée par le chagrin. On verra, à la conclusion de cet *Essai*, les difficultés innombrables qu'il m'a fallu surmonter. J'ai été souvent sur le point d'abandonner l'ouvrage, et de livrer le tout aux flammes*. Cependant je puis assurer les lecteurs que les inexactitudes qui ont pu se glisser dans mes citations sont de peu de conséquence, et que partout où le sujet l'a absolument exigé j'ai suspendu mon travail jusqu'à ce que je me fusse procuré les livres originaux. En cela, j'ai trouvé de grands secours chez les gentilshommes anglois, qui m'ont ouvert leurs bibliothèques avec une générosité qui fait honneur à leur philosophie. J'ai été pareillement redevable au révérend B. S., homme d'autant d'esprit que d'humanité, et auquel j'aime à rendre ici l'hommage public de ma reconnoissance.

* J'aurais bien fait de céder à la tentation. (N. ÉD.)

l'influence de ces révolutions sur l'âge où elles éclatèrent et les siècles qui les suivirent?

II. Parmi ces révolutions en est-il quelques-unes qui par l'esprit, les mœurs et les lumières des temps puissent se comparer à la révolution actuelle de France?

III. Quelles sont les causes primitives de cette dernière révolution, et celles qui en ont opéré le développement soudain?

IV. Quel est maintenant le gouvernement de France? Est-il fondé sur de vrais principes, et peut-il subsister?

V. S'il subsiste, quel en sera l'effet sur les nations et autres gouvernements de l'Europe?

VI. S'il est détruit, quelles en seront les conséquences pour les peuples contemporains et pour la postérité[a]?

Telles sont les questions que je me propose d'examiner. Quoiqu'on ait beaucoup écrit sur la révolution françoise, chaque faction se contentant de décrier sa rivale, le sujet est aussi neuf que s'il n'eût jamais été traité.

Républicains, constitutionnels, monarchistes, girondistes, royalistes, émigrés, enfin politiques de toutes les sectes[1], de ces questions bien ou mal entendues dépend votre bonheur ou votre malheur à venir. Il n'est point d'homme qui ne forme des projets de gloire, de fortune, de plaisir ou de repos; et nul cependant dans ce moment de crise ne peut se dire: « Je ferai telle chose demain, » s'il n'a prévu quel sera ce demain. Il est passé, le temps des félicités individuelles: les petites ambitions, les étroits intérêts d'un homme s'anéantissent devant l'ambition générale des nations et l'intérêt du genre humain[b].

---

[a] Ces questions me semblent clairement posées. Si elles embrassent des sujets qui occupent rarement la jeunesse, elles se ressentent aussi du caractère de la jeunesse : elles vont trop loin; elles veulent ramener tous les éléments de l'histoire à un centre de convergence impossible; non-seulement elles interrogent le passé, mais elles prétendent révéler l'avenir; elles sont toutes de théorie, et n'ont aucune utilité pratique; on y reconnoît à la fois l'audace et l'inexpérience d'un esprit que l'âge n'a point éclairé, et qui est prêt à faire abus de sa force. (N. ÉD.)

1. Je serai souvent obligé, pour me faire entendre, d'employer les divers noms de partis de notre révolution. J'avertis que ces noms ne signifieront, sous ma plume, que des appellations nécessaires à l'intelligence de mon sujet, et non une injure personnelle. Je ne suis l'écrivain d'aucune secte, et je conçois fort bien qu'il peut exister de très-honnêtes gens avec des notions des choses différentes des miennes. Peut-être la vraie sagesse consiste-t-elle à être non pas sans principes, mais sans opinions déterminées [*].

[b] Cette réflexion est aujourd'hui plus vraie que jamais. (N. ÉD.)

[*] On peut avouer les sentiments modérés exprimés dans cette note, mais le scepticisme de la dernière phrase est risible. (N. ÉD.)

En vain vous espérez échapper aux calamités de votre siècle par des mœurs solitaires et l'obscurité de votre vie; l'ami est maintenant arraché à l'ami, et la retraite du sage retentit de la chute des trônes. Nul ne peut se promettre un moment de paix : nous naviguons sur une côte inconnue, au milieu des ténèbres et de la tempête. Chacun a donc un intérêt personnel à considérer ces questions avec moi, parce que son existence y est attachée. C'est une carte qu'il faut étudier dans le péril pour reconnoître en pilote sage le point d'où l'on part, le lieu où l'on est et celui où l'on va, afin qu'en cas de naufrage on se sauve sur quelque île où la tempête ne puisse nous atteindre. Cette île-là est une conscience sans reproche.

VUE DE MON OUVRAGE.

Le défaut de méthode se fait ordinairement sentir dans les ouvrages politiques, bien qu'il n'y ait point de sujet qui demandât plus d'ordre et de clarté. Je tâcherai de donner une idée distincte de cet *Essai*, en disant un mot de ma manière :

1° J'examinerai les causes éloignées et immédiates de chaque révolution ;

2° Leurs parties historiques et politiques ;

3° L'état des mœurs et des sciences de ce peuple en particulier, et du genre humain en général, au moment de cette révolution ;

4° Les causes qui en étendirent ou en bornèrent l'influence ;

5° Enfin, tenant toujours en vue l'objet principal du tableau, je ferai incessamment remarquer les rapports ou les différences entre la révolution alors décrite et la révolution françoise de nos jours. De sorte que celle-ci servira de foyer commun, où viendront converger tous les traits épars de la morale, de l'histoire et de la politique[a].

Cette intéressante peinture occupera la majeure partie des quatre premiers livres, et servira de réponse à la première question.

L'examen de la troisième et celui de la seconde (déjà à moitié résolue) rempliront la troisième partie du quatrième livre.

Le cinquième livre, écrit en dialogue, sera consacré aux recherches sur la quatrième question.

Quelques sujets détachés se trouveront dans la première partie du

---

[a] Mêmes défauts que dans l'exposition : système de convergence qui ne pouvoit produire que des rapprochements historiques quelquefois curieux, mais presque toujours forcés. (N. ÉD.)

livre sixième, et la seconde du même livre contiendra les probabilités sur les deux dernières questions.

Ainsi l'ouvrage entier sera composé de six livres, les uns de deux, les autres de trois parties, formant en totalité quinze parties, subdivisées en chapitres [a].

De cette esquisse générale passons maintenant aux divisions particulières, et fixons d'abord la valeur que je donne au mot *révolution*, puisque ce mot reviendra sans cesse dans le cours de cet ouvrage.

Par le mot révolution je n'entendrai donc, dans la suite, qu'une conversion totale du gouvernement d'un peuple, soit du monarchique au républicain, ou du républicain au monarchique. Ainsi, tout État qui tombe par des armes étrangères, tout changement de dynastie, toute guerre civile qui n'a pas produit des altérations remarquables dans une société, tout mouvement partiel d'une nation momentanément insurgée, ne sont point pour moi des révolutions. En effet, si l'esprit des peuples ne change, qu'importe qu'ils se soient agités quelques instants dans leurs misères, et que leur nom ou celui de leur maître ait changé [b] ?

Considérées sous ce point de vue, je ne reconnoîtrai que cinq révolutions dans toute l'antiquité, et sept dans l'Europe moderne. Les cinq révolutions anciennes seront l'établissement des républiques en Grèce ; leur sujétion sous Philippe et Alexandre, avec les conquêtes de ce héros ; la chute des rois à Rome ; la subversion du gouvernement populaire par les Césars ; enfin le renversement de leur empire par les barbares [1].

La république de Florence, celle de la Suisse, les troubles sous le roi Jean, la Ligue sous Henri IV, l'union des provinces belgiques, les malheurs de l'Angleterre durant le règne de Charles Ier, et l'érection des États-Unis de l'Amérique en nation libre, formeront le sujet des sept révolutions modernes.

---

[a] Ces prétentions à la méthode et à la clarté sont très-mal fondées : il n'y a rien de plus embrouillé que ces divisions et ces subdivisions. (N. ÉD.)

[b] Raisonnable. (N. ÉD.)

1. L'irruption des barbares dans l'empire n'est pas proprement une révolution dans le sens que j'ai donné à ce mot. On en peut dire autant des guerres sous le roi Jean, et de la Ligue sous Henri IV, dont j'ai cependant fait des révolutions [*]. Quant aux barbares, il est aisé d'apercevoir que, formant le point de contact où s'unit l'histoire des anciens et des modernes, il m'étoit indispensable d'en parler. Quant aux deux autres époques, les troubles de la France dans ces temps-là sont trop fameux, offrent des caractères trop grands et des analogies trop frappantes pour ne pas les avoir considérées comme de véritables révolutions.

[*] On voit qu'à l'époque où j'écrivois l'*Essai* je songeois déjà à l'*Histoire de France*.

Au reste, je crayonnerai rapidement la partie de cet ouvrage consacrée à l'histoire ancienne, réservant les grands détails lorsque je parlerai des nations actuelles de l'Europe. Le génie des Grecs et des Romains diffère tellement du génie des peuples d'aujourd'hui, qu'on y trouve à peine quelques traits de ressemblance. J'aurois pu m'étendre sur les révolutions de Thèbes, d'Argos et de Mycènes; les annales de la Suède et de la Pologne, celles des villes impériales, les insurrections de quelques cités d'Espagne et du royaume de Naples, me présentoient des matériaux suffisants pour multiplier les volumes. Mais, en portant un œil attentif sur l'histoire, j'ai vu qu'une multitude de rapports qui m'avoient d'abord frappé se réduisoient, après un mûr examen, à quelques faits isolés totalement étrangers dans leurs causes et dans leurs effets à ceux de la révolution françoise. En m'arrêtant incessamment à chaque petite ville de la Grèce et de l'Allemagne, je serois tombé dans un cercle de répétitions aussi ennuyeuses que peu utiles. Je n'ai donc saisi que les grands traits, ceux qui offrent des leçons à suivre ou des exemples à imiter. Je n'ai pas prétendu écrire un roman dans lequel, pliant de force les événements à mon système [a], je n'eusse laissé après moi qu'un de ces monuments déplorables où nos neveux contempleront avec un serrement de cœur l'esprit qui anima leurs pères et béniront le ciel de ne les avoir pas fait naître dans ces jours de calamité. Je me suis proposé une fin plus noble en écrivant ces pages, je l'avouerai : l'espoir d'être utile aux hommes a exalté mon âme et conduit ma plume. Que si le plus grand sujet est celui dont on peut faire sortir le plus grand nombre de vérités naturelles; que si, fixant en outre la somme des vérités historiques, ce sujet mène à la solution du problème de l'homme, fut-il jamais d'objet plus digne de la philosophie que le plan qu'on s'est tracé dans cet ouvrage [b] ? Malheureusement l'exécution en est confiée à des mains trop inhabiles [c]. J'ai fait, par mon titre d'*Essai*, l'aveu public de ma foiblesse. Ce sera assez de gloire pour moi d'avoir montré la route à de plus beaux génies.

[a] Voilà la critique la plus juste qu'on puisse faire de l'*Essai* : j'avois le sentiment de la foiblesse de mon plan, et je faisois des efforts pour le cacher aux yeux du public et aux miens. (N. ÉD.)

[b] Et pourtant c'est un roman où les événements sont obligés, bon gré, mal gré, de se plier à un système. (N. ÉD.)

[c] Me voilà rendu à ma propre nature : Rousseau n'est plus pour rien dans cette manière d'écrire. (N. ÉD.)

CHAPITRE PREMIER.

PREMIÈRE QUESTION. — ANCIENNETÉ DES HOMMES.

« Quelles sont les révolutions arrivées autrefois dans le gouvernement des hommes, quel étoit alors l'état de la société, et quelle a été l'influence de ces révolutions sur l'âge où elles éclatèrent et les siècles qui les suivirent? »

Le seul énoncé de cette question suffit pour en démontrer l'importance. Le vaste sujet qu'elle embrasse remplira la majeure partie de cet ouvrage, et, servant de clef à nos derniers problèmes, en fera naître une foule de vérités inconnues. Le flambeau des révolutions passées à la main, nous entrerons hardiment dans la nuit des révolutions futures. Nous saisirons l'homme d'autrefois malgré ses déguisements, et nous forcerons le Protée à nous dévoiler l'homme à venir. Ici s'ouvre une perspective immense; ici j'ose me flatter de conduire le lecteur par un sentier encore tout inculte de la philosophie, où je lui promets des découvertes et de nouvelles vues des hommes [a]. Du tableau des troubles de l'antiquité passant à celui des nations modernes, je remonterai, par une série de malheurs, depuis les premiers âges du monde jusqu'à notre siècle. L'histoire des peuples est une échelle de misère dont les révolutions forment les différents degrés.

Si l'on considère que depuis le jour mémorable où Christophe Colomb aborda sur les rives américaines pas une des hordes qui vaguent dans les forêts du Nouveau Monde n'a fait un pas vers la civilisation, que cependant ces peuples étoient déjà loin de l'état de nature [1] à l'époque où on les a trouvés, on ne pourra s'empêcher de convenir que la forme la plus grossière du gouvernement n'ait dû coûter à l'homme des siècles de barbarie.

Qu'apercevons-nous donc au moment où l'histoire s'ouvre? De grandes nations déjà sur leur déclin, des mœurs corrompues, un luxe effroyable, des sciences abstraites [2], telles que l'astronomie, l'écriture

---

[a] Quelle assurance! l'excuse ici est la jeunesse. *De nouvelles vues des hommes!* mais il auroit fallu commencer par savoir ce que j'étois moi-même. (N. ÉD.)

1. Une observation importante à faire sur la lenteur avec laquelle les Américains se civilisent, c'est que la nature leur a refusé les troupeaux, ces premiers législateurs des hommes. Il est même très-remarquable qu'on a trouvé ces sauvages policés là précisément où il y avoit une espèce d'animal domestique [*].

2. Hérod., l. I et II; Diod., l. I et II.

[*] Observation assez curieuse. (N. ÉD.)

et la métaphysique des langues, arts dont l'achèvement semble demander la durée d'un monde ! Si on ajoute à cela les traditions des peuples : les Pasteurs de l'antique Égypte, paissant leurs gazelles dans les villes abandonnées et sur les monuments en ruine d'une nation inconnue, jadis florissante dans ces déserts[1] ; cette même Égypte comptant plus de cinq mille ans[2], depuis la fin de l'âge bucolique et l'érection de la monarchie sous son premier roi, Ménès, jusqu'à Alexandre ; la Chine fondant son histoire sur un calcul d'éclipses qui remonte jusqu'au déluge[3], au delà duquel ses annales se perdent dans des siècles innombrables ; l'Inde, enfin, offrant le phénomène d'une langue primitive, source de toutes celles de l'Orient, langue qui n'est plus entendue que des Bramins[4], et qui fut jadis parlée d'un grand peuple, dont le nom même a disparu de la terre, il est certain que le premier coup d'œil qu'on jette sur l'histoire des hommes suffiroit pour nous

1. *Voyage aux Sources du Nil*, par J. Bruce, t. III, liv. II, chap. II, p. 117, etc. — En admettant, avec Bruce, que les Pasteurs remplacèrent les anciens peuples de l'Égypte, je rejette le reste de son système, qui fait sortir les Pasteurs de l'Éthiopie. Il vous dit que les descendants de Cush, petit-fils de Noé, peuplèrent ces contrées *alors désertes;* et quelques pages après il ajoute que les Cushites trouvèrent auprès d'eux une nation puissante, les Pasteurs. Outre que les anciens historiens paroissent faire entendre que les Pasteurs entrèrent en Égypte par l'isthme de Suez, Bruce a ignoré un passage d'Eusèbe qui dit : *Æthiopes ab Indo flumine consurgentes juxta Ægyptum consederunt*. Et il fixe leur arrivée au règne d'Aménophis, avant la dix-neuvième dynastie, et vers le temps de la fondation de Sparte, environ 1500 ans avant l'ère vulgaire. Ainsi les Pasteurs auroient été les habitants primitifs de l'Éthiopie. D'ailleurs, selon Usserius, Sésostris étoit fils d'Aménophis. Celui-ci avoit régné glorieusement, et Sésostris, loin d'avoir à arracher son royaume des mains des Pasteurs victorieux, entreprit la conquête du monde, si nous en croyons Diodore de Sicile. Il faut donc placer le règne des Pasteurs dans une antiquité bien plus reculée que ne le fait le voyageur Bruce, et rejeter l'opinion, très-invraisemblable, que ces peuples venoient originairement de l'Éthiopie. Manéthon, dans sa seizième dynastie, les appelle expressément Φοινἰκες ξένοι, Phéniciens étrangers. Au reste, Josèphe rapporte que Tethmosis contraignit ceux-ci par un traité d'abandonner son empire, ce qui en feroit remonter l'époque vers l'an 2889 de la période Julienne. Mais ceci ne doit s'entendre que des derniers Pasteurs. Il est certain que ces peuples ravagèrent plusieurs fois l'Égypte (Manetho *apud Joseph. et Afric.;* Herod., lib. II, cap. c.; Diod., l. I, p. 48, etc. ; Euseb., *Chron.*, l. I, p. 13).

2. Suivant le calcul modéré de Manéthon. Si on admettoit le règne des dieux et des demi-dieux, il faudroit compter plus de vingt mille ans (Diod., liv. I, p. 41).

3. Duhalde, *Hist. de la Chine*, t. II, p. 2. — La première éclipse a été observée deux mille cent cinquante-cinq ans avant Jésus-Christ.

4. *Hist. of Ind. from the earlyest. Acc.* Robertson, *Appendix to his Disquis*. — La langue sanscrite ou sacrée vient enfin d'être révélée au monde. Nous possédons déjà la traduction de plusieurs poëmes, écrits dans cet idiome. La puissance et la philosophie des Anglois aux Indes ont fait à la république des lettres ce présent inestimable. (Voyez les auteurs cités ci-dessus.)

convaincre que notre courte chronologie en remplit à peine la dernière feuille, si les monuments de la nature ne démontroient cette vérité au delà de toute contradiction [1].

La destruction et le renouvellement d'une partie du genre humain est une autre conjecture également fondée. Les corps marins transportés au sommet des montagnes, ou enfouis dans les entrailles de la terre; les lits de pierre calcaire; les couches parallèles et horizontales des sols [2], se réunissent avec les traditions des Juifs [3], des Indiens [4], des Chinois [5], des Égyptiens [6], des Celtes [7], des Nègres [8], de l'Afrique

---

1. Buffon, *Th. de la Terre.* — J'avois recueilli moi-même un grand nombre d'observations botaniques et minéralogiques sur l'antiquité de la terre. J'ai compté sur des montagnes d'une hauteur médiocre, qui courent du sud-est au nord-ouest, par le 42ᵉ degré de latitude septentrionale en Amérique, jusqu'à treize générations de chênes, évidemment successives sur le même sol. On m'a montré en Allemagne une pierre calcaire seconde, formée des débris d'une pierre calcaire première : ce qui nous jette dans une immensité de siècles. M. M., célèbre minéralogiste de Paris, m'avoit assuré avoir trouvé auparavant cette même pierre dans les environs de Montmartre. A Gracioza, l'une des Açores, j'ai ramassé des laves si antiques, qu'elles étoient revêtues d'une croûte de mousse pétrifiée de plus d'un demi-pouce d'épaisseur. Enfin, à l'île Saint-Pierre, sur la côte désolée qui regarde l'île de Terre-Neuve, dont elle est séparée par une mer bruyante et dangereuse, toujours couverte d'épais brouillards, j'ai examiné un rocher formé de couches alternatives de lichen rouge qui avoit acquis la dureté du granit. Le manuscrit de ces voyages, dont on trouvera quelques extraits dans l'ouvrage que je donne ici au public, a péri, avec le reste de ma fortune, dans la révolution *.

2. Buffon, *Théor. de la Terre, Hist. des Hommes*, t. I; Carl., *Lettres sur l'Am.*
3. Genèse.
4. *Hist. of Ind. from the earlyest*, etc.
5. Duhalde, *Hist. de la Chine*, t. II.
6. Lucian., *de Dea Syria.* — Lucien rapporte l'histoire de la colombe de Noé.
7. Edda, *Mythol.*; Keyzl, *Ant. Sept.*, cap. II; Sched., *de Diis Germ.*
8. Koben's *Acc. of the C. of Good Hope*; Sparrm, *Voy. among the Hott.*, VI, chap. V. — Ce dernier auteur raconte que les Hottentots ont une si grande horreur de la pluie, qu'il est impossible de leur faire convenir qu'elle soit quelquefois nécessaire. Le voyageur suédois attribue la cause de cette singularité à des opinions religieuses; il est plus naturel de croire que cette antipathie tient à un sentiment confus des malheurs occasionnés par le déluge. Il est vrai que cette tradition a pu être portée en Afrique, soit par les mahométans qui y pénétrèrent dans le VIIIᵉ siècle (voy. *Geogr. Nubiens.*, trad. de l'arabe, et Léon, *Description de l'Afr.*), ou longtemps auparavant par les Carthaginois, dont quelques voyageurs modernes ont retrouvé des monuments jusque sur les bords du Sénégal et du Tigre. Cependant, si les Carthaginois ont suivi les opinions de leurs ancêtres les Phéniciens, ils ne croyoient pas au déluge.

---

* Oui, le manuscrit *tout à fait* primitif de ces voyages, mais non pas le manuscrit des *Natchez*, écrit à Londres, dans lequel une grande partie du manuscrit primitif a été conservée. (N. ÉD.)

et des sauvages [1] même du Canada, pour prouver la submersion du globe [2].

Posons donc pour base de l'histoire ces deux vérités : l'antiquité des hommes, et leur renouvellement après la destruction presque totale de la race humaine.

1. Laf., *Mœurs des Sauv.*, art. *relig.* — Le docteur Robertson, dans son excellente *Histoire de l'Amérique* (t. II, liv. iv, p. 25, etc.), adopte le système des premières émigrations à ce continent par le nord-est de l'Asie et le nord-ouest de l'Europe. D'après les voyages de Cook, et ceux encore plus récents des autres navigateurs, il paroît maintenant prouvé que l'Amérique méridionale a pu recevoir ses habitants des îles de la mer du Sud, de même que ces dernières reçurent les leurs des côtes de l'Inde qui en sont les plus voisines. Cette chaîne d'îles enchantées semble être jetée comme un pont sur l'Océan, entre les deux mondes, pour inviter les hommes à parcourir leurs domaines. Les rapports de langage et de religion entre les anciens Péruviens, les insulaires des Sandwich, d'Otahiti, etc. et les Malais donnent quelque solidité à cette conjecture. Il est alors plus que probable que la tradition du déluge se répandit en Amérique avec les peuples de l'Inde, de la Tartarie et de la Norvége.

(Voyez les tables comparées des langues à la fin des *Voyages de Cook*, et les extraits d'un dernier *Voyage à la recherche de M. de La Pérouse*. *Journal de M. Peltier*, n°⁸ 64-65.)

2. Il ne faut pas, au reste, se dissimuler une grande objection historique. Sanchoniathon le Phénicien, contemporain de Sémiramis, ne dit pas un seul mot du déluge. Il n'y a peut-être pas de monument plus curieux dans toute la littérature que les passages de cet auteur, échappés au ravage du temps dans les écrits de Porphyre et d'Eusèbe. Non-seulement on doit s'étonner du profond silence de ces fragments sur les deux fameuses traditions du déluge et de la chute de l'homme, ainsi que de l'explication que ces mêmes fragments nous donnent de l'origine du culte chez les Grecs, mais d'y trouver le plus ancien historien du monde athée par principes : c'est sans doute une circonstance de la nature la plus extraordinaire. Ces précieuses reliques de l'antiquité n'étant guère connues que des savants ; les lecteurs me sauront peut-être gré de les leur produire ici.

« La source de l'univers, dit Sanchoniathon, étoit un air sombre et agité, un chaos infini et sans forme. Cet air devint amoureux de ses propres principes, et il en sortit une substance mixte appelée Πόθος, ou le désir.

« Cette substance mixte fut la matrice générale des choses ; mais l'air ignoroit ce qu'il avoit produit. Avec celle-ci il engendra Môt (une vase fermentée), et de cet embryon germèrent toutes les plantes et le système de l'univers. »

L'auteur phénicien raconte ensuite que le soleil, la lune, les étoiles, sont des animaux intelligents qui se formèrent dans Môt, ou le limon, et que, la lumière ayant produit les tonnerres, les animaux, éveillés au bruit de la foudre, s'enfuirent dans les forêts, ou se précipitèrent dans les eaux. Ici Sanchoniathon cite les écrits de Taautus, dont il a tiré sa cosmogonie, et il fait Taautus même inventeur des lettres : ainsi, on ne peut imaginer une plus grande antiquité. L'historien passe à la génération des hommes, et dit :

« Du vent Colpias et de sa femme Baau furent engendrés deux mortels (mâle et femelle) appelés *Prologonus* et *Æon*. De ce premier couple naquirent *Genus* et *Genea*, qui dans une grande sécheresse étendirent leurs mains vers le soleil, s'écriant : *Beelsamin !* (en phénicien, Seigneur du ciel ; en grec, Ζεύς.) » De là l'ori-

Mais en ne commençant l'histoire qu'à l'époque très-incertaine du déluge, vous êtes loin d'avoir vaincu toutes les difficultés. Sanchoniathon ne vous apprend d'abord que la fondation des villes et des États. Cronus, fils du roi Ouranus, saisit son père auprès d'une fontaine, le fait cruellement mutiler, entreprend de longs voyages, dispense à son gré les empires, donnant à sa fille Athéna l'Attique, et au dieu Taautus l'Égypte [1]. Hérodote et Diodore vous introduisent ensuite dans le pays des merveilles. Ce sont des villes de vingt lieues de circuit, élevées comme par enchantement [2], des jardins suspendus dans les airs [3], des lacs entiers creusés de la main des hommes [4]. L'Orient se présente soudainement à nous dans toute sa corruption et dans toute sa gloire. Déjà trois puissantes monarchies se sont assises sur les ruines les unes

gine du grand nom de la divinité chez les Grecs. L'historien se moque de ceux-ci, pour n'avoir pas entendu l'expression phénicienne.

Sanchoniathon rapporte ainsi douze générations : Protogonus, Genus, Phos, Libanus, Memrumus, Agreus, Chrysor, Technites, Agrus, Amynus, Misor, Taautus, donnant aux uns l'invention de l'agriculture, aux autres celle des arts mécaniques, etc., montrant comment les divisions géographiques prirent leur nom de ceux de ces premiers hommes, telle que de Libanus, le Liban, et enfin la source de la plupart des divinités des Grecs qui déifièrent ces mortels par ignorance.

On remarque qu'à la dixième génération (Amynus), qui correspond à Noé dans la Genèse, Sanchoniathon passe immédiatement à Misor, sans qu'il paroisse même se douter du mémorable événement qui dut avoir lieu alors. « D'Agrus, dit-il, naquit Amynus, qui enseigna aux hommes à bâtir des villes ; d'Amynus, Misor le juste, etc. »

Concluons cette note par une remarque importante. On place Sanchoniathon (Porphyre) vers le temps de Sémiramis. Or, la reine assyrienne régnoit environ deux mille cent quatre-vingt-dix ans avant notre ère. Selon l'opinion commune, la première colonie égyptienne qui émigra aux côtes de la Grèce n'y parvint que dans l'année 1856 de la même chronologie ; et le système religieux n'y prit des formes permanentes que sous la législation de Cécrops, un peu plus de trois siècles après. Cependant l'auteur phénicien relève les méprises des Grecs sur les dieux, en parlant des premiers comme d'une nation déjà ancienne. Il y a plus : il nous apprend qu'Athéna, fille de Cronus, régna en Attique à une époque qu'il est difficile de déterminer, et qui renverseroit le système entier de notre chronologie. Je laisse à penser au lecteur ce qu'il faut croire maintenant de l'histoire et de l'origine moderne des Grecs, sans parler que * Diodore dans *Eusèbe*, Hérodote, Apollodore, Pausanias, confirment le récit de l'auteur phénicien par plusieurs passages. Au reste, si l'on suppose que Sanchoniathon vivoit deux ou trois siècles après Moïse, comme quelques savants le prétendent, on pallie toutes les difficultés. (SANCH., *apud.* Eus. *Præpar. Evang.*, lib. I, cap. X.)

1. SANCH., *apud.* Eus. *Præpar. Evang.*, lib. I, cap. X.
2. DIOD., lib. II, p. 95.   3. DIOD., *ibid.*, p. 98-99.
4. HÉROD., lib. I, c. CLXXXV.

des autres¹ ; partout des conquêtes démesurées, désastreuses aux vaincus, inutiles ou funestes aux vainqueurs². En Perse, une nation avilie³ et des satrapes exaltés⁴ ; en Égypte, un peuple ignorant et superstitieux⁵, des prêtres savants et despotiques⁶. Dans ce monde, où le palais de Sardanapale s'élève auprès de la hutte de l'esclave, où le temple de la Divinité ne rassemble que des misérables sous ses dômes de porphyre ; dans ce chaos de luxe et d'indigence, de souffrances et de voluptés, de fanatisme et de lumières, d'oppression et de servitude, laissons dormir inconnus les crimes des tyrans et les malheurs des esclaves. Un rayon émané de l'Égypte, après avoir lutté quelque temps contre les ténèbres de la Grèce, couvrit enfin de splendeurs ces régions prédestinées. Les hordes errantes qu'Inachus, Cécrops, Cadmus, avoient d'abord réunies, dépouillèrent peu à peu leurs mœurs sauvages, et se formant, à différentes époques, en républiques, nous appellent maintenant à la *première révolution* ª.

1. Les Assyriens, les Mèdes et les Perses.
2. Diodore, lib. ii, p. 90, etc.; Joseph., *Ant.*, lib. x, etc.
3. Plut., *in Apophthegm.* Senec., lib. iii, cap. xii, *De Benef.*
4. Plat., lib. iii *De Leg.*, p. 697 ; Xen., *Cyrop.*, lib. iv ; Senec., lib. v, *De Ira*, cap. xx.
5. Cic., lib. i *De Nat. Deor.;* Hérod., lib. i, lxv ; Diod., lib. i, p. 74, etc. ; Juven., *Satir.* xv.
6. Diod., lib. i, p. 88 ; Plut., *De Isid. et Osir.*

ª Je n'ai point voulu interrompre par des *notes* ce débordement d'observations et de *notes*. Qu'est-ce que cette confusion d'observations sur l'histoire des hommes et sur l'histoire naturelle veut dire? Que je doutois de la nouveauté du monde et de la chronologie de Moïse. Eh bien, dans ce même *Essai*, vingt passages prouveront que je croyois à l'authenticité historique des livres saints : je ne savois donc ce que je *croyois* et ce que je *ne croyois pas*.

Quant aux antiquités égyptiennes et chinoises, il est démontré aujourd'hui que ces prétendues antiquités sont extrêmement modernes. Le chinois, le sanscrit, les hiéroglyphes égyptiens, tout est pénétré, et tout se renferme dans la chronologie de Moïse. Le zodiaque de Denderah est venu se faire expliquer à Paris, et l'on a été obligé de reconnoître que des monuments réputés antédiluviens souvent ne remontoient pas au delà du second siècle de l'ère chrétienne. Depuis que l'esprit philosophique a cessé d'être l'esprit d'irréligion, on a cessé d'attacher de l'importance à l'âge du monde.

Quant aux monuments de l'histoire naturelle, les études géologiques de M. Cuvier n'ont laissé aucun doute et sur les races qui ont péri et sur le déluge universel. J'en étois encore dans l'*Essai* à l'histoire naturelle de Voltaire, aux coquilles des pèlerins et à toutes ces *savantes incrédulités*. Y a-t-il rien de plus puéril que ces générations de chênes que j'ai vues, de mes yeux vues, sur des montagnes de l'Amérique! L'écolier méritoit de recevoir ici une rude leçon. Si je ne la pousse pas plus loin, on voudra bien pardonner quelque chose à la commisération fraternelle. (N. ÉD.)

CHAPITRE II.

LES RÉPUBLIQUES GRECQUES. SI LE CONTRAT SOCIAL DES PUBLICISTES EST LA CONVENTION PRIMITIVE DES GOUVERNEMENTS.

Les républiques de la Grèce, considérées comme les premiers gouvernements populaires parmi les hommes[1], offrent un objet bien intéressant à la philosophie. Si les causes de leur établissement nous avoient été transmises par l'histoire, nous eussions pu obtenir la solution de ce fameux problème en politique, savoir : quelle est la convention originelle de la société ?

Jean-Jacques prononce et rapporte l'acte ainsi : « Chacun de nous met en commun sa personne et toute sa puissance sous la suprême direction de la volonté générale ; et nous recevons en corps chaque membre, comme partie indivisible du tout[2]. »

Pour faire un tel raisonnement ne faut-il pas supposer une société déjà préexistante ? Sera-ce le sauvage, vagabond dans ses déserts, à qui le *mien* et le *tien* sont inconnus, qui passera tout à coup de la liberté naturelle à la liberté civile, sorte de liberté purement abstraite, et qui suppose de nécesité toutes les idées antérieures de propriétés, de justice conventionnelle, de force comparée du tout à la partie, etc.? Il se trouve donc un état civil intermédiaire entre l'état de nature et celui dont parle Jean-Jacques. Le contrat qu'il suppose n'est donc pas l'original.

Mais quel est, dira-t-on, ce contrat primitif? C'est ici la grande difficulté.

Que si on reçoit, pour un moment, celui de Rousseau comme authentique, du moins est-il certain que ce pacte fondamental remonte au delà des sociétés dont nous nous formions quelque idée, puisque pas une des hordes sauvages qu'on a rencontrées sur le globe n'existoit sous un gouvernement populaire. Or, de ces deux choses l'une :

Ou il faut admettre, avec Platon[3], que le gouvernement monarchique, établi sur l'image d'une famille, est le seul qui soit naturel ;

---

1. Ceci n'est pas d'une exactitude rigoureuse. La république des Juifs commence à la sortie de ce peuple d'Égypte, l'an 1491 avant notre ère, et Tyr fut fondée l'an 1252 de la même chronologie. (*Genes.*; Joseph., *Antiq.*, lib. VIII, cap. II.)

2. *Contrat soc.*, liv. I, chap. VI.

3. Plat., lib. III, *De Leg.*, p. 680.

que conséquemment le contrat social ne peut être que d'une date subséquente ;

Ou que, s'il est original,

Les peuples, presque aussi fatigués de leur souveraineté, s'en sont déchargés sur un citoyen courageux ou sage.

D'ici cette immense question :

Comment du gouvernement primitif, en le supposant monarchique, les hommes sont-ils parvenus à concevoir le phénomène d'une liberté autre que celle de la nature?

Ou si l'on veut dire que la constitution primitive ait été républicaine :

Par quels degrés l'esprit humain, après des siècles d'observation, après l'expérience des maux qui résultent de tout gouvernement [a], a-t-il retrouvé la constitution naturelle, depuis si longtemps mise en oubli [b] ?

J'invite les lecteurs à méditer ce grand sujet. Le traiter ici seroit faire un ouvrage sur un ouvrage, et je n'écris que des essais. Dans les causes du renversement de la monarchie en Grèce, peu de choses conduisent à l'éclaircissement de ces vérités.

[a] On a fait grand bruit de cette phrase, qui, si elle signifie quelque chose, veut dire seulement qu'il y a des vices dans toutes les institutions humaines. Ce n'est d'ailleurs qu'une boutade empruntée au doute de Montaigne ou à l'humeur de Rousseau. (N. ÉD.)

[b] Ce chapitre suffiroit seul pour prouver ce que j'ai avancé dans une des préfaces de cette édition complète de mes œuvres, savoir que j'ai écrit sur la politique dans ma première jeunesse avec un goût aussi vif que sur des sujets d'imagination. Ce n'est donc pas, comme on a feint de le croire, la restauration qui m'a fait passer de la littérature à la politique.

On reconnoît encore ici les deux caractères qui distinguent ma politique : elle est toujours de bonne foi, et toujours monarchique, bien que favorable à la liberté. Malgré l'admiration que je professois alors pour J.-J. Rousseau, je combats vigoureusement le système de son *Contrat social*, et l'on va voir bientôt que cela me mène à conclure contre les républiques en faveur de la monarchie constitutionnelle. Il est plaisant qu'on ait voulu faire de moi, dans ces derniers temps, un républicain, parce que j'ai dit que si l'on n'adoptoit pas franchement la monarchie représentative, on iroit se perdre dans la république ; vérité qui me paroit démontrée jusqu'à l'évidence. Le despotisme militaire pourroit peut-être subsister un moment, mais sa durée est impossible dans l'état actuel de nos mœurs. Si l'armée est nombreuse, elle a tous les sentiments de la nation ; si elle est foible, la population la domine et l'entraîne. N'est pas d'ailleurs despote militaire qui veut ; on ne le devient qu'à force de combats et de conquêtes : pour établir l'esclavage chez un peuple, il faut à ce peuple de la gloire ou des malheurs. Encore une fois, abandonnez la monarchie constitutionnelle, et vous tombez de force dans la république. (N. ÉD.)

CHAPITRE III.

L'AGE DE LA MONARCHIE EN GRÈCE.

On ne peut jeter les yeux sur les premiers temps de la Grèce sans frémir. Si l'âge d'or coula dans l'Argolide, sous les pasteurs Inachus et Phoronée; si Cécrops donna des lois pures à l'Attique ; si Cadmus introduisit les lettres dans la Béotie, ces jours de bonheur fuirent avec tant de rapidité, qu'ils ont passé pour un songe chez la postérité malheureuse.

Les muses ont souvent fait retentir la scène des noms tragiques des Agamemnon, des Œdipe et des Thésée [1]. Qui de nous ne s'est attendri aux chefs-d'œuvre des Crébillon [a] et des Racine? A la peinture de ces fameux malheurs des rois, nous versions des larmes jadis, comme à des fables : témoins de la catastrophe de Louis XVI et de sa famille, nous pourrons maintenant y pleurer comme à des vérités [b].

Des massacres [2], des enlèvements [3], des incendies [4] ; des peuples entiers forcés à l'émigration par leur misère [5] ; d'autres se levant en masse pour envahir leurs voisins [6] ; des rois sans autorité [7], des grands factieux [8], des nations barbares [9] : tel est le tableau que nous présente la Grèce monarchie. Tout à coup, sans qu'on en voie de raisons apparentes, des républiques se forment de toutes parts. D'où vient cette transition soudaine? Est-ce l'opinion qui, comme un torrent, renverse subitement le trône? Sont-ce des tyrans qui ont mérité leur sort à force de crimes! Non. Ici on abolit la royauté par estime pour la royauté même, « nul homme, disent les Athéniens, n'étant digne de succéder à Codrus [10] »; là c'est un prince héritier de la couronne, qui établit lui-même la constitution populaire [11]. »

---

1. Eschyle, Sophocle, Euripide.
[a] Crébillon est ici singulièrement associé à Racine : ce sont jugements de collége. (N. ÉD.)
[b] Dans cet *Essai*, où je devois être *athée* et *républicain*, on me trouve presque à chaque page religieux, monarchique et fidèle à mes princes légitimes. (N. ÉD.)
2. Plut., *in Thes.*   3. Hom., *Iliad.*   4. *Id., ibid.*, lib. ix.
5. Herod., lib. i, cap. cxlv ; Strab., lib. xiii, p. 582; Pausan., lib. vii, cap. ii, p. 524.
6. Pausan., lib. ii, cap. xiii; Thucyd., liv. i, p. 2.
7. Plut., *in Thes.*; Diod., lib. iv, p. 266.
8. Pausan., cap. ii, p. 7.   9. Ælian., *Var. Hist.*, lib. iii, cap. xxxviii.
10. Meurs., *De Regib. Athen.*, lib. iii, cap. xi. — Ils reconnurent pour roi Jupiter
11. Plut., *in Lyc.*

Cette révolution singulière, différente dans ses principes de toutes celles que nous connoissons, a été l'écueil de la plupart des écrivains qui ont voulu en rechercher les causes [a]. Mably, effleurant rapidement le sujet, se jette aussitôt dans les constitutions républicaines [1], sans nous apprendre le secret qui fit trouver ces constitutions. Tâchons, malgré l'obscurité de l'histoire, de faire quelques découvertes dans ce champ nouveau de politique.

CHAPITRE IV.

CAUSES DE LA SUBVERSION DU GOUVERNEMENT ROYAL CHEZ LES GRECS. ELLES DIFFÈRENT TOTALEMENT DE CELLES DE LA RÉVOLUTION FRANÇOISE.

La première raison qu'on entrevoit de la chute de la monarchie en Grèce se tire des révolutions qui désolèrent si longtemps ce beau pays. Depuis la prise de Troie jusqu'à l'extinction de la royauté à Athènes, et même longtemps après, un bouleversement général changea la face de la contrée. Dans ce chaos de choses nouvelles, l'ordre des successions au trône fut violé [2]; les rois perdirent peu à peu leur puissance, et les peuples l'idée d'un gouvernement légal. Toutes les humeurs du corps politique, allumées par la fièvre des révolutions, se trouvoient à ce plus haut point d'énergie d'où sortent les formes premières et les grandes pensées : le moindre choc dans l'État étoit alors plus que suffisant pour renverser de frêles monarchies qui pouvoient à peine porter ce nom.

Nous trouvons dans l'esprit des riches une autre cause, non moins frappante, de la subversion du gouvernement royal en Grèce. Ceux-ci, profitant de la confusion générale pour usurper l'autorité, semoient les factions autour des trônes où ils aspiroient [3]. C'est un trait commun à toutes les révolutions dans le sens républicain, qu'elles ont rarement commencé par le peuple [b]. Ce sont toujours les nobles qui, en propor-

---

[a] Je soulève certainement ici une question nouvelle ; mais je promets avec témérité une solution que je ne donnerai pas. (N. ÉD.)

1. *Observat. sur l'Hist. de la Grèce*, p. 1-20.
2. PAUSAN., lib. II, cap. XIII et XVIII; VELL. PATERC., lib. I, cap. II.
3. DIOD., lib. IV; PAUSAN., lib. IX, cap. V.

[b] Observation digne de l'histoire; mais pour être logique, après m'être servi de l'adverbe *rarement*, il ne falloit pas dire ce sont *toujours* les nobles ; il falloit dire ce sont *presque toujours* les nobles. Je fais d'ailleurs le procès de l'aristocratie avec trop

tion de leur force et de leurs richesses, ont attaqué les premiers la puissance souveraine, soit que le cœur humain s'ouvre plus aisément à l'envie dans les grands que dans les petits, ou qu'il soit plus corrompu dans la première classe que dans la dernière, ou que le partage du pouvoir ne serve qu'à en irriter la soif; soit enfin que le sort se plaise à aveugler les victimes qu'il a une fois marquées. Qu'arrive-t-il lorsque l'ambition des grands est parvenue à renverser le trône? Que le peuple, opprimé par ses nouveaux maîtres, se repent bientôt d'avoir assis une multitude de tyrans à la place d'un roi légitime. Sans égard au prétendu patriotisme dont ces hommes s'étoient couverts, il finit par chasser la faction honteuse, et l'État, selon sa position morale, se change en république ou retourne à la monarchie [a].

Une troisième source de la constitution populaire chez les Grecs mérite surtout d'être connue, parce qu'elle découle essentiellement de la politique, et qu'elle n'a pas encore, du moins que je sache, été découverte par les publicistes; je veux dire l'accroissement du pouvoir des Amphictyons. Cette assemblée fédérative, instituée par le troisième roi d'Athènes [1], étendit peu à peu son autorité sur toute la Grèce [2]. Or, par le principe, il ne peut y avoir deux souverains dans un État. Une monarchie n'est plus là où il y a une convention souveraine en unité. Que si l'on dit que le conseil amphictyonique n'avoit que le droit de proposition, et ressembloit, dans ses rapports, aux diètes d'Allemagne, c'est faute d'avoir remarqué que

Ce n'étoient pas les envoyés des princes qui composoient l'assemblée, mais les députés des peuples [3];

Qu'une telle convention étoit propre à faire naître aux nations qu'elle représentoit l'idée des formes républicaines;

---

de rigueur. Pourquoi l'aristocratie est-elle disposée à mettre des obstacles au pouvoir d'un seul? C'est que son principe naturel est la liberté, comme le principe naturel de la démocratie est l'égalité. Aussi voyons-nous que les rois qui aspirent au despotisme détestent l'aristocratie, et qu'ils recherchent la faveur populaire, laquelle ils sont sûrs d'obtenir en sacrifiant les riches et les nobles au principe de l'égalité. Si l'aristocratie a souvent attaqué la puissance souveraine, c'est encore plus souvent la démocratie qui a livré la liberté à cette puissance. Mais remarquez qu'aussitôt que le monarque est parvenu au despotisme par le peuple, il ne veut plus du peuple, et retourne à l'aristocratie qu'il a proscrite; car si le peuple est bon pour faire usurper la tyrannie, il ne vaut rien pour la maintenir. (N. ÉD.)

[a] Ceci est imprimé en 1797 : la prédiction s'est vérifiée pour la France. (N. ÉD.)

1. On ignore le temps précis de l'institution de cette assemblée, et l'on varie également sur le nom de son auteur, les uns, tels que Pausanias, le nommant *Amphictyon*, les autres, tels que Strabon, *Acrisius*. En suivant l'opinion commune, l'époque en remonteroit vers le xve siècle avant notre ère.

2. Æschin., *e fals. Leg.*   3. Id., *ibid.*, Strab., p. 413.

Enfin, que les Amphictyons, favorisés de l'opinion publique, devoient tôt ou tard, par cet ambitieux esprit de corps naturel à toute société particulière, s'arroger des droits hors de leur institution, et que conséquemment, les monarchies devoient cesser tôt ou tard [1].

Mais la grande et générale raison de l'établissement des républiques en Grèce est qu'en effet ces républiques ne furent jamais de vraies monarchies [a] : je m'expliquerai par la suite sur cet important sujet [2].

Telles furent les causes éloignées et immédiates qui contribuèrent au développement de cette grande révolution. Mais, puisque l'histoire nous a laissé ignorer par quelle étonnante suite d'idées les hommes, vivant de tout temps sous des monarchies, trouvèrent les principes républicains, disons que quelques oppressions réelles, beaucoup d'imaginaires, la lassitude des choses anciennes et l'amour des nouvelles, des chances et des hasards, par qui tout arrive [b], enfin cette nécessité qu'on appelle la force des choses, produisirent les républiques, sans qu'on sût d'abord distinctement ce que c'étoit, et l'effet ayant dans la suite fait analyser la cause, les philosophes se hâtèrent d'écrire des principes.

Au reste, il seroit superflu de faire remarquer aux lecteurs que les sources d'où coula la révolution républicaine en Grèce n'ont rien, ou presque, rien de commun avec celles de la dernière révolution en France. Nous allons passer maintenant aux conséquences de la première. Je ne m'attacherai, comme tous les autres écrivains, qu'à l'histoire de Sparte et d'Athènes. Les annales des autres petites villes sont trop peu connues pour intéresser.

---

1. Dans les jugements que le corps amphictyonique prononçoit contre tel ou tel peuple, il avoit le droit d'armer toute la Grèce au soutien de son décret, et de séparer le peuple condamné de la communion du temple. Comment une foible monarchie auroit-elle pu résister à ce colosse de puissance populaire, secondé du fanatisme religieux *? (Diod., lib. XVI; Plut., *in Themist.*)

[a] Cette phrase est obscure. Qu'est-ce que des républiques qui ne furent jamais de vraies monarchies? Le fond de la pensée est ceci : les monarchies primitives de Rome et de la Grèce ne furent point de véritables monarchies dans le sens absolu du mot : pour se transformer en républiques, ces monarchies n'eurent pas besoin de changer leurs institutions : il leur suffit d'abolir le pouvoir royal. (N. ÉD.)

2. A la révolution de Brutus.

[b] Me voilà bien matérialiste : attendons quelques pages. (N. ÉD.)

* J'attribue trop de pouvoir au conseil amphictyonique; mais j'aurois dû remarquer qu'il renfermoit dans sa constitution fédérale le premier germe de la république représentative. (N. ÉD.)

CHAPITRE V.

EFFET DE LA RÉVOLUTION RÉPUBLICAINE SUR LA GRÈCE. ATHÈNES DEPUIS CODRUS JUSQU'A SOLON, COMPARÉE AU NOUVEL ÉTAT DE LA FRANCE.

Cette révolution fut bien loin de donner le bonheur à la Grèce. La preuve que le principe n'étoit pas trouvé, c'est que toutes les petites républiques se virent immédiatement plongées dans l'anarchie après l'extinction de la royauté. Sparte seule, qui fut assez heureuse pour posséder dans le même homme le révolutionnaire [a] et le législateur, jouit tout à coup du fruit de sa nouvelle constitution. Partout ailleurs les riches, sous le nom captieux de magistrats, s'emparèrent de l'autorité souveraine qu'ils avoient anéantie[1] ; et les pauvres languirent dans les factions et la misère[2].

Depuis le dévouement de Codrus à Athènes jusqu'au siècle de Solon, l'histoire est presque muette sur l'état de cette république. Nous savons seulement que l'archontat à vie, que les citoyens substituèrent d'abord à la royauté, fut dans la suite réduit à dix ans, et qu'ils finirent par le diviser entre neuf magistrats annuels[3].

Ainsi les Athéniens s'habituèrent par degrés au gouvernement populaire. Ils passèrent lentement de la monarchie à la république. Le statut nouveau étoit toujours formé en partie du statut antique. Par ce moyen on évitoit ces transitions brusques, si dangereuses dans les États, et les mœurs avoient le temps de sympathiser avec la politique. Mais il en résulta aussi que les lois ne furent jamais très-pures, et que le plan de la constitution offrit un mélange continuel de vérités et d'erreurs, comme ces tableaux où le peintre a passé par une gradation insensible des ténèbres à la clarté ; chaque nuance s'y succède doucement ; mais elle se compose sans cesse de l'ombre qui la précède et de la lumière qui la suit [b].

Cependant cette mobilité de principes devoit produire de grands maux. Les Athéniens, semblables aux François sous tant de rapports, en changeant incessamment l'économie du gouvernement, comme ces

---

[a] Expression hardie, mais peut-être juste. (N. ÉD.)
1. ARIST., *De Rep.*, t. II, lib. II, cap. XII.   2. PLUT., *In Solon*.
3. MEURS., *De Archont..* lib. I, cap. I, etc.
[b] Ces morceaux-là, et il y en a quelques-uns de semblables dans l'*Essai*, demandent peut-être grâce pour l'ouvrage et pour le jeune homme. (N. ÉD.).

derniers l'ont fait de nos jours, vivoient dans un état perpétuel de troubles[1]; car dans toute révolution il se trouve toujours de chauds partisans des institutions nouvelles, et des hommes attachés aux antiques lois de la patrie par les souvenirs d'une vie passée sous leurs auspices.

Comme en France encore, l'antipathie des pauvres et des riches étoit à son comble[2]. A Dieu ne plaise que je veuille fermer les oreilles à la voix du nécessiteux. Je sais m'attendrir sur le malheur des autres ; mais, dans ce siècle de philanthropie, nous avons trop déclamé contre la fortune. Les pauvres, dans les États, sont infiniment plus dangereux que les riches, et souvent ils valent moins qu'eux[a].

Le besoin d'une constitution déterminée se faisoit sentir de plus en plus. Dracon, philosophe inexorable, fut choisi pour donner des lois à l'humanité. Cet homme méconnut le cœur de ses semblables ; il prit les passions pour des crimes, et, punissant également du dernier supplice et le foible et le vicieux[3], il sembla prononcer un arrêt de mort contre le genre humain.

Ces lois de sang, telles que les décrets funèbres de Robespierre, favorisèrent les insurrections. Cylon, profitant des troubles de sa patrie, voulut s'emparer de la souveraineté. On l'assiège aussitôt dans la citadelle, d'où il parvient à s'échapper. Ses partisans, réfugiés dans le temple de Minerve, en sortent sous promesse de la vie, et on les sacrifie aussitôt sur l'autel des Euménides[4]. La France n'est pas la première république qui ait eu des lois sauvages et de barbares citoyens.

Ce régime de terreur passe, mais il ne reste à la place que relâchement et foiblesse. Les Athéniens, comme les François, abhorrèrent ces atrocités, et, comme eux aussi, ils se contentèrent de verser des pleurs stériles. Cependant le peuple, effrayé de son crime, s'imaginoit voir les vengeances de Minerve suspendues sur sa tête. Les dieux, secondant les cris de l'humanité, remplissoient les consciences de troubles ; et tel qui n'eût été qu'un pitoyable anthropophage dans la France in-

---

1. Hérod., lib. I, cap. LIX; Plut., *In Solon*.   2. *Id.*

[a] Comment a-t-on pu confondre dans mes écrits l'amour d'une liberté raisonnable avec le sentiment révolutionnaire, quand je montre partout la haine des crimes et des principes démagogiques ? Si j'ai fait quelques reproches aux rois, j'en ai fait également aux nobles et aux plébéiens. Je me défie de ces Brutus à la besace, qui commencent par changer leur poignard en une médaille de la police, et qui finissent par attacher des plaques et des rubans à leurs haillons républicains. Dans *Les Martyrs* j'ai mis un pauvre aux enfers avec un riche : il faut faire justice à tout le monde. (N. ÉD.)

3. Hérod., lib. I, pag. 87.   4. Thucyd., lib. I, cap. CXXVI; Plut., *In Solon*.

crédule fut touché de repentir à Athènes : tant la religion est nécessaire aux hommes [a] !

Pour apaiser ces tourments de l'âme, plus insupportables que ceux du corps, on eut recours à un sage nommé *Épiménide*[1]. Si celui-ci ne ferma pas les plaies réelles de l'État, il fit plus encore en guérissant les maux imaginaires. Il bâtit des temples aux dieux, leur offrit des sacrifices[2], et versa le baume de la religion dans le secret des cœurs. Il ne traitoit point de superstition ce qui tend à diminuer le nombre de nos misères ; il savoit que la statue populaire, que le pénate obscur qui console le malheureux, est plus utile à l'humanité que le livre du philosophe qui ne sauroit essuyer une larme [b].

Mais ces remèdes, en engourdissant un moment les maux de l'État, ne furent pas assez puissants pour les dissiper. Peu après le départ d'Épiménide les factions se rallumèrent. Enfin les partis fatigués résolurent de se jeter dans les bras d'un seul homme. Heureusement pour la république cet homme étoit Solon[3].

Je n'entrerai point dans le détail des institutions de ce législateur célèbre, non plus que dans celui des lois de Lycurgue : de trop grands maîtres en ont parlé. Je dirai seulement ce qui tend au but de mon ouvrage. Pour ne pas couper le sujet, nous allons continuer l'histoire d'Athènes jusqu'au bannissement des Pisistratides : nous reviendrons ensuite à Lacédémone.

CHAPITRE VI.

QUELQUES RÉFLEXIONS SUR LA LÉGISLATION DE SOLON. COMPARAISONS. DIFFÉRENCES.

Les gouvernements mixtes sont vraisemblablement les meilleurs, parce que l'homme de la société est lui-même un être complexe, et qu'à la multitude de ses passions il faut donner une multitude d'entraves. Sparte, Carthage, Rome et l'Angleterre, ont été, par cette raison, regardées comme des modèles en politique [b]. Quant à Athènes,

---

[a] Qu'est devenu mon matérialisme précédent? (N. ÉD.)

1. PLAT., *De Leg.*, lib. I, t. II.   2. STRAB., lib. X, pag. 479.

[b] Voilà un singulier athée! Trouve-t-on dans le *Génie du Christianisme* une page où l'accent religieux soit plus sincère et plus tendre ? (N. ÉD.)

3. PLUT., *In Solon*.

[b] C'est tout mon système politique clairement énoncé, franchement avoué, et tel que je le professe aujourd'hui. (N. ÉD.)

nous remarquerons ici qu'elle a réellement possédé ce que la France prétend avoir de nos jours : la constitution la plus démocratique qui ait jamais existé chez aucun peuple. Au mot *démocratie* on se figure une nation assemblée en corps délibérant sur ses lois ? Non. Cela signifie maintenant deux conseils, un Directoire, et des citoyens à qui l'on permet de rester chez eux jusqu'à la première réquisition [a].

Le législateur athénien et les réformateurs françois se trouvoient à peu près placés entre les mêmes dangers au commencement de leurs ouvrages. Une foule de voix demandoient la répartition égale des fortunes. Pour éviter le naufrage de la chose publique, Solon fut forcé de commettre une injustice. Il remit les dettes, et refusa le partage des terres [1]. Les assemblées nationales de France ont pensé différemment : elles ont garanti la créance à l'usurier, et divisé les biens des riches. Cela seul suffit pour caractériser la différence des deux siècles [b].

Dans les institutions morales nous trouvons les mêmes contrastes. Des femmes pures parurent indispensables à Athènes pour donner des citoyens vertueux à l'État [2], et le divorce n'étoit permis qu'à des conditions rigoureuses [3]. La France républicaine a cru que la Messaline qui va offrant sa lubricité d'époux en époux n'en sera pas moins une excellente mère.

« Qu'il soit chassé des tribunaux, de l'assemblée générale, du sacerdoce, disoit la loi à Athènes, qu'il soit rigoureusement puni, celui qui, noté d'infamie par la dépravation de ses mœurs, ose remplir les fonctions saintes de législateur ou de juge [4] ; que le magistrat qui se montre en état d'ivresse aux yeux du peuple soit à l'instant mis à mort [5] ! »

Ces décrets-là, sans doute, n'étoient pas faits pour la France. Que

---

[a] Cette moquerie de la constitution du Directoire étoit assez bonne alors ; mais c'est pourtant le principe de la division des pouvoirs posé dans cette constitution qui a sauvé la France. (N. ÉD.)

1. PLUT., *In Solon.*, pag. 87.

[b] Tous le créanciers n'étoient pas des usuriers, mais la remarque ne m'en semble pas moins importante. Jusqu'à présent la comparaison entre les anciennes révolutions et la révolution françoise peut se soutenir, et ne produit que ces rapprochements politiques plus ou moins vrais, plus ou moins ingénieux, auxquels Montesquieu lui-même s'est plu dans *L'Esprit des Lois* ; mais, en avançant, cette comparaison perpétuelle, surtout quand il s'agira des hommes et des ouvrages littéraires, deviendra le comble du ridicule. (N. ÉD.)

2. PLUT., *In Solon.*, pag. 90-91.   3. PET., *In Leg. Attic.*

4. ÆSCH., *In Tim.*

5. LAERT., *In Solon*. Apparemment que le parti de Drouet en s'insurgeant contre le Directoire se rappelle cette autre loi de Solon, par laquelle il étoit permis de tuer le magistrat qui conservoit sa place après la destruction de la démocratie.

fût devenue sous un pareil arrêt toute l'Assemblée constituante dans la nuit du 4 août 1789 [a] ?

Ceci mène à une triste réflexion. Fanatiques admirateurs de l'antiquité, les François [b] semblent en avoir emprunté les vices, et presque jamais les vertus. En naturalisant chez eux les dévastations et les assassinats de Rome et d'Athènes, sans en atteindre la grandeur, ils ont imité ces tyrans qui, pour embellir leur patrie, y faisoient transporter les ruines et les tombeaux de la Grèce.

Au reste, nous entrons ici sur un sol consacré, où chaque pouce de terrain nous offrira un nouveau sujet d'étonnement. Peut-être même pourrois-je déjà beaucoup dire ; mais il n'est pas encore temps. Lecteurs, je le répète, veillez, je vous en supplie, plus que jamais sur vos préjugés. C'est au moment où un coin du rideau commence à se lever que l'on est le plus sensible, surtout si ce que nous apercevons n'est pas dans le sens de nos idées.

On m'a souvent reproché de voir les objets différemment des autres [c] : cela peut être. Mais si on se hâte de me juger sans me laisser le temps de me développer à ma manière, si on se blesse de certaines choses avant de connoître la place que ces choses occupent dans l'harmonie générale des parties, j'ai fini pour ces gens-là. Je n'ai ni l'envie ni le talent de tout penser et de tout dire à la fois.

Je reviens.

CHAPITRE VII.

ORIGINE DES NOMS DES FACTIONS : LA MONTAGNE ET LA PLAINE.

Solon voulut couronner ses travaux par un sacrifice. Voyant que sa présence faisoit naître des troubles à Athènes, il résolut de s'en bannir

[a] Ce jugement est dur, mais il ne porte évidemment que sur l'état d'ivresse où l'on prétend que se trouvoient les membres de l'Assemblée constituante dans la nuit du 4 août 1789. J'examinerois aujourd'hui avec plus d'impartialité un fait historique avant d'en faire la base d'un raisonnement. (N. ÉD.)

[b] Il faut entendre ici non pas les François *en général*, mais les François de cette époque. (N. ÉD.)

[c] J'ai déjà fait une note sur ce ton suffisant, sur cette bouffissure de l'auteur de l'*Essai*. A peine aujourd'hui aurois-je assez d'autorité pour parler de moi avec tant d'importance. Pour dire avec quelque convenance *on m'a souvent reproché de voir, etc.*, il faudroit être depuis longtemps connu du public ; cela fait pitié quand c'est un écolier dont on ne sait pas même le nom qui, dans son premier barbouillage, affecte ces airs de docteur. (N. ÉD.)

par un exil volontaire. Il s'arracha donc pour dix ans [1] au séjour si doux de la patrie, après avoir fait promettre à ses concitoyens qu'ils vivroient en paix jusqu'à son retour. On s'aperçut bientôt qu'on n'ajourne point les passions des hommes.

Depuis longtemps l'État nourrissoit dans son sein trois factions qui ne cessoient de le déchirer. Quelquefois, réunies par intérêt ou tranquilles par lassitude, elles sembloient s'éteindre un moment ; mais bientôt elles éclatoient avec une nouvelle furie.

La première, appelée *le parti de la Montagne*, étoit composée, ainsi que le fameux parti du même nom en France, des citoyens les plus pauvres de la république, qui vouloient une pure démocratie [2]. Par l'établissement d'un sénat [3] et l'admission exclusive des riches aux charges de la magistrature [4], Solon avoit opposé une digue puissante à la fougue populaire ; et la Montagne, trompée dans ses espérances, n'attendoit que l'occasion favorable de s'insurger contre les dernières institutions. C'étoient les jacobins d'Athènes.

Le second parti, connu sous le nom de *la Plaine*, réunissoit les riches possesseurs de terres qui, trouvant que le législateur avoit trop étendu le pouvoir du petit peuple, demandoient la constitution oligarchique, plus favorable à leurs intérêts [5]. C'étoient les Aristocrates.

Enfin, sous un troisième parti, distingué par l'appellation de *la Côte*, se rangeoient tous les négociants de l'Attique. Ceux-ci, également effrayés de la licence des pauvres et de la tyrannie des grands, inclinoient à un gouvernement mixte, propre à réprimer l'un et l'autre [6] : ils jouoient le rôle des Modérés.

Athènes se trouvoit ainsi à peu près dans la même position que la France républicaine : nul ne goûtoit la nouvelle constitution ; tous en demandoient une autre, et chacun vouloit celle-ci d'après ses vues particulières. On voit encore ici la source d'où les François ont tiré les noms de partis qui les divisoient [a] : comme si mes malheureux

---

1. Plut., *In Solon*.　　2. Hérod. lib. I, cap. LIX; Plut., *In Solon*.
3. Hérod., lib, I, pag. 88.　　4. Arist., *De Rep.*, lib. II cap. XII, pag. 336.
5. Plut., *in Solon*. pag. 85.　　6. *Id., ibid*.

[a] Voici le commencement des rapprochements outrés. Comment a-t-il pu me tomber dans la tête que les trois partis athéniens, la *montagne*, la *plaine* et la *côte*, dont les noms ne désignoient que les opinions politiques de trois espèces de citoyens, comment, dis-je, a-t-il pu me tomber dans la tête que ces trois partis se retrouvoient dans trois sections de la Convention nationale? Lorsqu'une fois on s'est laissé dominer par une idée, et qu'on veut tout plier à cette idée, on avance niaisement les imaginations les plus creuses comme des faits indubitables. (N. ÉD.)

compatriotes n'avoient déjà pas trop de leurs haines nationales, sans aller remuer les cendres des factions étrangères parmi les ruines des États qu'elles ont dévorés !

CHAPITRE VIII.

PORTRAITS DES CHEFS.

Des mêmes causes les mêmes effets. Il devoit s'élever alors des tyrans à Athènes, comme il s'en est élevé de nos jours à Paris. Mais autant le siècle de Solon surpasse le nôtre en morale, autant les factieux de l'Attique furent supérieurs en talents à ceux de la France.

A la tête des montagnards on distinguoit Pisistrate[1] : brave[2], éloquent[3], généreux[4], d'une figure aimable[5] et d'un esprit cultivé[6]; il n'avoit de Robespierre que la dissimulation profonde[7], et de l'infâme d'Orléans[a] que les richesses[8] et la naissance illustre[9]. Il prit la route que ce dernier conspirateur a tâché de suivre après lui. Il fit retentir le mot *égalité*[10] aux oreilles du peuple; et tandis que la liberté respiroit sur ses lèvres, il cachoit la tyrannie au fond de son cœur.

Lycurgue avoit la confiance de la Plaine[11]. Nous ne savons presque rien de lui. C'étoit apparemment un de ces intrigants obscurs que le tourbillon révolutionnaire jette quelquefois au plus haut point du système, sans qu'ils sachent eux-mêmes comment ils y sont parvenus. Les aristocrates d'Athènes ne furent pas plus heureux dans le choix et le génie de leurs chefs que les aristocrates de France.

---

1. PLUT., *In Solon.*   2. HÉROD., lib. I, cap. LIX.
3. PLUT., *In Solon.*   4. *Id., ibid.*   5. ATHEN., lib. XII, cap. VIII.
6. CICÉR., *De Orat.*, lib. III, cap. XXXIV.   7. PLUT., *In Solon.*

[a] Pour tout commentaire à cette expression violente, je citerai ici en note un autre passage de l'*Essai*, qui se trouvera dans le chapitre XII de la seconde partie de cet *Essai*, et qui tombe à la page 457 de l'édition de Londres :

« Déjà un Bourbon, qui devoit être le plus riche particulier de l'Europe, a été obligé pour vivre d'avoir recours en Suisse au moyen employé par Denys à Corinthe. Sans doute le duc d'Orléans aura enseigné à ses pupilles les dangers d'une ambition coupable, et surtout les périls d'une mauvaise éducation. Il se sera fait une loi de leur répéter que le premier devoir de l'homme n'est pas d'être roi, mais d'être probe. Si ce mot paroît sévère, j'en appelle à ce prince lui-même, qu'on dit d'ailleurs plein de courage et de vertus naturelles. Qu'il jette les regards autour de lui en Europe, qu'il contemple les milliers de victimes sacrifiées chaque jour à l'ambition de sa famille. J'aurois voulu éviter de nommer son père. » (N. ÉD.)

8. HÉROD., lib. I, cap. LIX.
9. *Id.*, lib. V, cap. LXV.   10. PLUT., *In Solon.*   11. *Id., ibid.*

Il semble qu'il y ait des hommes qui renaissent à des siècles d'intervalle pour jouer chez différents peuples, et sous différents noms, les mêmes rôles dans les mêmes circonstances : Mégaclès et Tallien en offrent un exemple extraordinaire. Tous deux redevables à un mariage opulent de la considération attachée à la fortune [1], tous deux placés à la tête du parti modéré [2] dans leurs nations respectives, ils se font tous deux remarquer par la versatilité de leurs principes et la ressemblance de leurs destinées. Flottant, ainsi que le révolutionnaire françois, au gré d'une humeur capricieuse, l'Athénien fut d'abord subjugué par le génie de Pisistrate [3], parvint ensuite à renverser le tyran [4], s'en repentit bientôt après ; rappela les Montagnards [5], se brouilla de nouveau avec eux ; fut chassé d'Athènes, reparut encore [6], et finit par s'éclipser tout à coup dans l'histoire ; sort commun des hommes sans caractère : ils luttent un moment contre l'oubli qui les submerge, et soudain s'engloutissent tout vivants dans leur nullité.

Tel étoit l'état des factions à Athènes lorsque Solon, après dix ans d'absence, revint dans sa malheureuse patrie[a].

CHAPITRE IX.

PISISTRATE.

Après avoir erré sur le globe, l'homme, par un instinct touchant, aime à revenir mourir aux lieux qui l'ont vu naître, et à s'asseoir un moment au bord de sa tombe, sous les mêmes arbres qui ombragèrent son berceau. La vue de ces objets, changés sans doute, qui lui rappellent à la fois les jours heureux de son innocence, les malheurs dont ils furent suivis, les vicissitudes et la rapidité de la vie, ranime dans son cœur ce mélange de tendresse et de mélancolie, qu'on nomme *l'amour de son pays.*

Quelle doit être sa tristesse profonde, s'il a quitté sa patrie florissante,

---

1. Hérod., lib. vi, cap. cxxv-cxxxi. — Tous les papiers publiés sur les affaires de France. Mégaclès étoit riche, mais sa fortune fut considérablement augmentée par son mariage avec la fille de Clisthène, tyran de Sicyon.
2. Plut. *In Solon; Pap. publ.*, etc.
3. Plut., *In Solon.*, pag. 96.   4. Hérod., lib. i, cap. lxiv.
5. *Id., ibid.*   6. *Id., ibid.*

[a] Pisistrate et Robespierre, Mégaclès et Tallien! Je demande pardon au lecteur de tout cela. J'ai plus souffert que lui en relisant ces pages. Il y a peut-être quelque chose dans ces portraits, mais à coup sûr ce n'est pas la ressemblance. (N. éd.)

et qu'il la retrouve déserte ou livrée aux convulsions politiques ! Ceux qui vivent au milieu des factions, vieillissant pour ainsi dire avec elles, s'aperçoivent à peine de la différence du passé au présent; mais le voyageur qui retourne aux champs paternels, bouleversés pendant son absence, est tout à coup frappé des changements qui l'environnent : ses yeux parcourent amèrement l'enclos désolé ; de même qu'en revoyant un ami malheureux après de longues années, on remarque avec douleur sur son visage les ravages du chagrin et du temps. Telles furent sans doute les sensations du sage Athénien, lorsque après les premières joies du retour il vint à jeter les regards sur sa patrie[a].

Il ne vit autour de lui qu'un chaos d'anarchie et de misères. Ce n'étoient que troubles, divisions, opinions diverses. Les citoyens sembloient transformés en autant de conspirateurs. Pas deux têtes qui pensassent de même ; pas deux bras qui eussent agi de concert. Chaque homme étoit lui tout seul une faction ; et quoique tous s'harmoniassent de haine contre la dernière constitution, tous se divisoient d'amour sur le mode d'un régime nouveau[1].

Dans cette extrémité, Solon cherchoit un honnête homme qui en sacrifiant ses intérêts pût rendre le calme à la république. Il s'imagina le trouver à la tête du parti populaire ; mais s'il se laissa tromper un moment par les dehors patriotiques de Pisistrate, il ne fut pas longtemps dans l'erreur. Il sentit que de deux motifs d'une action humaine, il faut s'efforcer de croire à la bonne et agir comme si on n'y croyoit pas. Le sage, qui connoissoit les cœurs, sut bientôt ce qu'il devoit penser d'un homme riche et de haute naissance attaché à la cause du peuple. Malheureusement il le sut trop tard.

Sur le point de dénoncer la conspiration, il n'attendoit plus que de nouvelles lumières, lorsque Pisistrate se présente tout à coup sur la place publique, couvert de blessures qu'il s'étoit adroitement faites[2]. Le peuple ému s'assemble en tumulte. Solon veut en vain faire entendre sa voix[3]. On insulte le vieillard, on frémit de rage, on décrète par acclamation une garde formidable à cette illustre victime de la démocratie, que les nobles avoient voulu faire assassiner[4]. *O homines ad*

---

[a] A des taches près, que je n'ai pas voulu effacer, parce que je ne veux pas changer un seul mot à l'*Essai*, ce morceau rappellera peut-être au lecteur des sentiments et même des phrases que j'ai répandus et transportés dans mes autres ouvrages. Il y a quelque chose d'inattendu dans la manière dont ce morceau est amené, comme un délassement à la politique. L'exilé reparoît malgré lui, et entraîne un moment le lecteur dans un autre ordre d'images et d'idées. (N. ÉD.)

1. PLUT., *in Solon*.   2. HÉROD., lib. I, cap. LIX et LXIV.
3. PLUT., *in Solon*.   4. JUSTIN., lib. II, cap. VIII.

servitutem paratos ! Nous avons vu un tyran de la Convention employer la même machine.

Quiconque a une légère teinture de politique n'a pas besoin qu'on lui apprenne la conséquence de ce décret. Une démocratie n'existe plus là où il y a une force militaire en activité dans l'intérieur de l'État. Que penserons-nous donc des cohortes du Directoire? Pisistrate s'empara peu après de la citadelle[1], et, ayant désarmé les citoyens, comme la Convention les sections de Paris, il régna sur Athènes avec toutes les vertus, hors celles du républicain.

CHAPITRE X.

RÈGNE ET MORT DE PISISTRATE.

La victoire s'attachera au parti populaire toutes les fois qu'il sera dirigé par un homme de génie, parce que cette faction possède au-dessus des autres l'énergie brutale d'une multitude pour laquelle la vertu n'a point de charmes ni le crime de remords.

Après tout, le succès ne fait pas le bonheur : Pisistrate en est un exemple. Chassé de l'Attique par Mégaclès réuni à Lycurgue, il y fut bientôt rappelé par ce même Mégaclès, qui, changeant une troisième fois de parti, se vit à son tour obligé de prendre la fuite. Deux fois les orages qui grondent autour des tyrans renversèrent Pisistrate de son trône, et deux fois le peuple l'y replaça de sa main[2]. La fin de sa carrière fut plus heureuse. Il termina tranquillement ses jours à Athènes, laissant à ses deux fils, Hipparque et Hippias, la couronne qu'il avoit usurpée[3].

Au reste ces différentes factions avoient tour à tour, selon les chances de la fortune, rempli la terre de l'étranger d'Athéniens fugitifs. A la mort de Pisistrate, les modérés et les aristocrates se trouvoient émigrés dans plusieurs villes de la Grèce[4] : là nous allons bientôt les voir remplir avec succès le même rôle que de nos jours les constitutionnels et les aristocrates de France ont joué si malheureusement en Europe.

---

1. Plut., *in Solon.*
2. Herod., lib. I, cap. LXIV; Arist., lib. V, *De Rep.*, cap. XII.
3. Herod., *ibid.*; Arist., *ibid.*
4. Herod., lib. V, cap. LXII-XCVI.

CHAPITRE XI.

HIPPARQUE ET HIPPIAS. ASSASSINAT DU PREMIER. RAPPORTS.

Hippias et Hipparque montèrent sur le trône aux applaudissements de la multitude. Sages dans leur gouvernement[1] et faciles dans leurs mœurs[2], ils avoient ces vertus obscures que l'envie pardonne et ces vices aimables qui échappent à la haine. Peut-être eussent-ils transmis le sceptre à leur postérité; peut-être un seul anneau changé dans la chaîne des peuples auroit-il altéré la face du monde ancien et moderne, si la fatalité, qui règle les empires, n'avoit décidé autrement de l'ordre des choses[a].

Hipparque insulté par Harmodius, jeune Athénien plein de courage, voulut s'en venger par un affront public qu'il fit souffrir à la sœur de ce dernier[3]. Harmodius, la rage dans le cœur, résolut, avec Aristogiton, son ami, d'arracher le jour aux tyrans de sa patrie[4]. Il ne s'en ouvrit qu'à quelques personnes fidèles, comptant au moment de l'entreprise sur les principes des uns, les passions des autres, ou du moins sur ce plaisir secret qu'éprouvent les hommes à voir souffrir ceux qu'ils ont crus heureux. Par amour de l'humanité, il faut se donner de garde de remarquer que le vice et la vertu conduisent souvent aux mêmes résultats[b].

Le jour de l'exécution étant fixé à la fête des Panathénées, les assassins se rendirent au lieu désigné. Hipparque tomba sous leurs coups, mais son frère leur échappa. Heureux cependant s'il eût partagé la même destinée! Aristogiton, présenté à la torture, accusa faussement les plus chers amis d'Hippias[5], qui les livra sur-le-champ aux bourreaux. L'amitié offrit ce sacrifice, aussi ingénieux que terrible, aux mânes d'Harmodius, massacré par les gardes du tyran.

---

1. THUCYD., lib. VI, cap. LIV. 2. ATHEN., lib. XII, cap. VIII.

[a] Encore la *fatalité*, bientôt nous reverrons la religion : j'en étois au *que sais-je?* (N. ÉD.)

3. THUCYD., lib. VI, cap. LVI.

4. *Id., ib.*; PLAT., *in Hipparch.*, pag. 229.

[b] Cela est affreux et n'a pu être arraché qu'à la misanthropie d'un jeune homme qui se croit près de mourir, et qui n'a éprouvé que des malheurs, sans avoir rien fait pour les mériter. De pareils traits sont bien autrement condamnables que les sottes impiétés de l'*Essai*, qui n'étoient après tout que le sot esprit de mon siècle. (N. ÉD.)

5. SEN., *De Ira*, lib. II, cap. XXIII.

Depuis ce moment, Hippias, désabusé du pouvoir des bienfaits sur les hommes, ne voulut plus devoir sa sûreté qu'à sa barbarie[1]. Athènes se remplit de proscriptions : les tourments les plus cruels furent mis en usage; et les femmes, comme de nos jours, s'y distinguèrent par leur constance héroïque[2]. Les citoyens, poursuivis par la mort, se hâtèrent de quitter en foule une patrie dévouée; mais, plus heureux que les émigrés françois, ils emportèrent avec eux leurs richesses[3], et conséquemment leur vertu[a]. C'est ainsi que nous avons vu en France les massacres se multiplier, et de nouvelles troupes de fugitifs joindre leurs infortunés compatriotes sur des terres étrangères, lorsque après le prétendu assassinat d'un des satellites de Robespierre, le monstre se crut obligé de redoubler de furie.

CHAPITRE XII.

GUERRE DES ÉMIGRÉS. FIN DE LA RÉVOLUTION RÉPUBLICAINE EN GRÈCE.

Cependant les bannis sollicitoient au dehors les puissances voisines de les rétablir dans leurs propriétés. Ils firent parler l'intérêt de la religion[4] et celui d'un peuple qu'ils représentoient opprimé par des tyrans. Les Lacédémoniens prirent enfin les armes en leur faveur[5]. D'abord repoussés par les Athéniens, un hasard leur donna ensuite la victoire; les enfants d'Hippias étant tombés entre leurs mains, celui-ci, père avant que d'être roi, consentit pour les racheter à abdiquer sa puissance et à quitter en cinq jours l'Attique. Cette chute-là tire des larmes : on est fâché de voir un tyran finir par un trait dont bien peu d'honnêtes gens seroient capables.

On peut fixer à la retraite d'Hippias l'époque des beaux jours de la Grèce, et la fin de la révolution républicaine; car, quoiqu'il s'élevât encore quelques factieux à Athènes[6], de même qu'après une longue tempête il se forme encore des écumes sur la mer, ils s'évanouirent bientôt dans le calme. N'oublions pas cependant que les Lacédémoniens, qui en s'armant pour les émigrés n'avoient eu d'autre vue que de s'emparer de l'Attique, voyant leurs espérances déçues, voulurent

---

1. Thucyd., lib. vi, cap. lix.
2. Id.; Plin., lib. vii, cap. xxiii.   3. Hérod., lib. v.
a Terrible ironie. (n. éd.)
4. Hérod., lib. v.   5. Id., ibid.   6. Id., ibid., cap. lxvi.

rétablir sur le trône celui qu'ils en avoient chassé[1] : tant ces grands mots de justice générale et de philanthropie veulent dire peu de chose ! La soif de la liberté et celle de la tyrannie ont été mêlées ensemble dans le cœur de l'homme par la main de la nature : indépendance pour soi seul, esclavage pour tous les autres, est la devise du genre humain[a].

La réinstallation du tyran d'Athènes, proposée par les Spartiates au conseil amphictyonique, en fut rejetée avec indignation. Le malheureux Hippias se retira alors à la cour du satrape Artapherne, où bientôt, en attirant les armes du grand roi contre sa patrie, il ne fit que consolider la république qu'il prétendoit renverser.

C'est un des premiers princes qui, descendu du rang des monarques à l'humble condition de particulier, traîna de contrée en contrée ses malheurs, à charge à la terre, ayant partout à dévorer l'insolence ou la pitié des hommes[b].

Ici finit, comme je l'ai remarqué plus haut, la révolution populaire en Grèce. Mais, avant de passer aux caractères généraux et à l'influence de cette révolution sur les autres nations, il est nécessaire de revenir à Sparte.

CHAPITRE XIII.

SPARTE. LES JACOBINS.

Sparte se présente comme un phénomène au milieu du monde politique. Là nous trouvons la cause du gouvernement républicain non dans les choses, mais dans le plus grand génie qui ait existé. La force intellectuelle d'un seul homme enfanta ces nouvelles institutions d'où est sorti un autre univers. Il n'entre pas dans mon plan de répéter ici ce que mille publicistes ont écrit de Lacédémone. Voici seulement quelques réflexions qui se lient à mon sujet.

Le bouleversement total que les François, et surtout les jacobins, ont voulu opérer dans les mœurs de leur nation, en assassinant les

---

1. HÉROD., lib. V, cap. LXVI.

[a] Je ne voudrois pas avoir dit ici la vérité : j'espère que j'ai calomnié l'espèce humaine ; du moins je sais qu'en réclamant l'indépendance pour moi, je la souhaite également aux autres. (N. ÉD.)

[b] Si l'on retranchoit de cette histoire des Pisistratides quelques phrases relatives à la révolution françoise et à ses agents, elle ne seroit peut-être pas sans intérêt et sans vue ; elle est grave et triste. (N. ÉD.)

propriétaires, transportant les fortunes, changeant les costumes, les usages et le dieu même, n'a été qu'une imitation de ce que Lycurgue fit dans sa patrie. Mais ce qui fut possible chez un petit peuple encore tout près de la nature, et qu'on peut comparer à une pauvre et nombreuse famille, l'étoit-il dans un antique royaume de vingt-cinq millions d'habitants? Dira-t-on que le législateur grec transforma des hommes plongés dans le vice en des citoyens vertueux, et qu'on eût pu réussir également en France? Certes, les deux cas sont loin d'être les mêmes. Les Lacédémoniens avoient l'immoralité d'une nation qui existe sans formes civiles; immoralité qu'il faut plutôt appeler un désordre qu'une véritable corruption : une telle société, lorsqu'elle vient à se ranger sous une constitution, se métamorphose soudainement, parce qu'elle a toute la force primitive, toute la rudesse vigoureuse d'une matière qui n'a pas encore été mise sur le métier. Les François avoient l'incurable corruption des lois; ils étoient légalement immoraux, comme tous les anciens peuples soumis depuis longtemps à un gouvernement régulier. Alors la trame est usée, et lorsque vous venez à tendre la toile, elle se déchire de toutes parts.

Il y a plus, les grands changements que Lycurgue opéra à Lacédémone furent plutôt dans les règlements moraux et civils que dans les choses politiques. Il institua les repas publics et les leschès[1], bannit l'or et les sciences[2], ordonna les réquisitions d'hommes et de propriétés[3], fit le partage des terres, établit la communauté des enfants[4], et presque celle des femmes[5]. Les jacobins, le suivant pas à pas dans ces réformes violentes, prétendirent à leur tour anéantir le commerce,

---

1. Plut., *in Lyc.*; Pausanias, lib. III, cap. XIV, pag. 240. — Cette institution, unique dans l'antiquité (si l'on en excepte cette société d'Athènes à laquelle Philippe envoyoit de l'or pour l'encourager dans son insouciance des affaires de la patrie), est l'origine de nos clubs modernes. Les réquisitions forcées d'esclaves, de chevaux, etc., sont aussi de Lycurgue. Il semble que cet homme extraordinaire n'ait rien ignoré de ce qui peut toucher les hommes, qu'il ait embrassé à la fois tous les genres d'institutions les plus capables d'agir sur le cœur humain, d'élever leur génie, de développer les facultés de leurs âmes, et de lâcher ou de tendre le ressort des passions. Plus on étudie les lois de Lycurgue, plus on est convaincu que depuis on n'a rien trouvé de nouveau en politique. Lycurgue et Newton ont été deux divinités dans l'espèce humaine. Par l'affreuse imitation des jacobins, on va voir comment la vertu peut se tourner en vice dans des vases impurs : tant il est vrai encore que chaque âge, chaque nation a ses institutions, qui lui sont propres, et que la constitution la plus sublime chez un peuple pourroit être exécrable chez un autre. Au reste, les leschès avoient toutes les qualités des clubs; on s'y assembloit pour y parler de politique.

2. *Id., ibid.;* Isocr., *Panath.*, t. II.
3. Xenoph., *De Rep. Laced.*, pag. 681.
4. Plut., *in Lyc.* 5. *Id., ibid.*

extirper les lettres[1], avoir des gymnases[2], des philities[3], des clubs ; ils voulurent forcer la vierge, ou la jeune épouse, à recevoir malgré elle un époux[4] ; ils mirent surtout en usage les réquisitions, et se préparoient à promulguer les lois agraires.

Ici finit la ressemblance. Le sage Lacédémonien laissa à ses compatriotes leurs dieux, leurs rois et leurs assemblées du peuple[5], qu'ils possédoient de temps immémorial avec le reste de la Grèce. Il ne fit pas vibrer toutes les cordes du cœur humain en brisant à la fois imprudemment tous les préjugés ; il sut respecter ce qui étoit respectable ; il se donna de garde d'entreprendre son ouvrage au milieu des troubles, des guerres qui engendrent toutes les sortes d'immoralités. Il eut à surmonter de grandes difficultés sans doute, il fut même obligé d'employer une espèce de violence[6] ; mais il n'égorgea point les citoyens pour les convaincre de l'efficacité des lois nouvelles ; il chérissoit ceux-là même qui poussoient la haine de ses innovations jusqu'à le frapper[7]. C'est peut-être ici un des plus curieux de même qu'un des plus grands sujets commémorés dans les annales des nations. Qu'y a-t-il en effet de plus intéressant que de retrouver dans ce passage le plan original de cet étonnant édifice sur lequel les jacobins ont calqué la fatale copie qu'ils viennent de nous en donner ? Il mérite bien la peine qu'on s'y arrête pour en méditer les leçons. J'opposerai dans les chapitres suivants le tableau des réformations des jacobins à celui de

1. Le lecteur doit se rappeler les projets de Marat et de Robespierre, qui se trouvent dans tous les papiers et les brochures du temps. Sans doute il sait ces faits aussi bien que moi, sans que je sois obligé de citer une foule de journaux et de feuilles publiques. Quant à ceux qui ne connoissent pas la révolution, tant pis ou tant mieux pour eux ; mais qu'ils ne me lisent pas.
2. Les écoles républicaines.
3. Les repas publics de Sparte.
4. Ceci est bien connu par les décrets proposés dans la Convention pour obliger les femmes des émigrés, ou les jeunes filles au-dessous d'un certain âge, d'épouser ce qu'on appeloit des CITOYENS. Je raconterai à ce sujet ce que je tiens d'un témoin oculaire, dont je n'ai aucune raison de soupçonner la véracité. Dans le moment le plus violent de la persécution de Robespierre, lorsque les sœurs et les épouses des émigrés étoient jetées dans des cachots en attendant la mort, on leur envoyoit des brigands, soldats dans l'armée intérieure, qui leur disoient : « Citoyennes, nous sommes fâchés de vous l'apprendre, votre sort est décidé : demain la guillotine ;... mais il y a un moyen de vous sauver : épousez-nous, etc. ; » et ils les accabloient des propos les plus grossiers. Si on considère que ces exécrables monstres étoient peut-être des hommes qui avoient assassiné les frères et les maris de ces infortunées, l'atrocité et l'immoralité d'insulter des femmes couchées sur la terre, sans pain, sans vêtements, et plongées dans toutes les douleurs de l'âme et du corps, on ne pourra s'empêcher de frémir à la pensée des crimes dont l'espèce humaine est capable.
5. PLUT., in Lyc.   6. Id., ibid.   7. Id., ibid.

ces réformations de Lycurgue qui ont servi de modèle aux premières, et que j'ai brièvement exposées ci-dessus. Sans cette comparaison il seroit impossible de se former une idée juste des rapports et des différences des deux systèmes, considérés dans le génie, les temps, les lieux et les circonstances : ce sera alors au lecteur à prononcer sur les causes qui consolidèrent la révolution à Sparte, et sur celles qui pourront l'établir ou la renverser en France. Celui qui lit l'histoire ressemble à un homme voyageant dans le désert à travers ces bois fabuleux de l'antiquité qui prédisoient l'avenir[a].

CHAPITRE XIV.

SUITE.

Quoique les jacobins se soient indubitablement proposé Lycurgue pour modèle, ils sont cependant partis d'un principe totalement opposé. La grande base de leur doctrine étoit le fameux système de perfection [1] que je développerai dans la suite ; savoir, que les hommes

[a] Sparte et les jacobins ! Cependant ce premier chapitre peut à la rigueur se soutenir. Il est certain que les demi-lettrés, qui furent les premiers chefs des jacobins, affectèrent des imitations de Rome et de Sparte, témoin les noms d'homme et les diverses nomenclatures de choses qu'ils empruntèrent des Grecs et des Latins. Les chapitres qui suivent et qui, sortant des comparaisons générales, entrent dans les rapprochements particuliers, tombent dans ces ressemblances déraisonnables que j'ai tant de fois critiquées dans ces notes ; mais ils sont écrits avec une verve d'indignation, avec une jeunesse de haine contre le crime, qui doit faire pardonner ce qu'ils ont d'absurde dans le système de leur composition. Le style aussi me paroît s'élever dans ces chapitres, et il soutient la comparaison avec ce que j'ai fait de moins mal en politique et en histoire dans ces derniers temps de ma vie. Les personnes qui déterrèrent l'*Essai* pour me l'opposer ne l'avoient pas lu sans doute tout entier. Il est probable que ceux qui m'ont obligé de fournir contre moi au procès la pièce de conviction seront assez peu satisfaits de son contenu. (N. ÉD.)

1. Ce système (plus ou moins reçu par le reste des révolutionnaires, mais qui appartient particulièrement aux jacobins), sur lequel toute notre révolution est suspendue, n'est presque point connu du public. Les initiés à ce grand mystère en dérobent religieusement la connaissance aux profanes. J'espère être le premier écrivain sur les affaires présentes qui aura démasqué l'idole. Je tiens le secret de la bouche même du célèbre Chamfort, qui le laissa échapper devant moi un matin que j'étois allé le voir. Ce système de perfection a obtenu un grand crédit en Angleterre, parmi les membres de la SOCIÉTÉ CORRESPONDANTE. MM. T. et H. paroissent en avoir adopté les principes, de même que l'auteur du GÉNÉRAL JUSTICE, livre (quelle que soit d'ailleurs la différence entre mes opinions et celles de l'auteur) qui annonce des vues peu communes en politique. On trouvera tout ce qui a rapport à cet intéressant sujet dans la seconde partie du cinquième livre de cet ESSAI.

parviendront un jour à une pureté inconnue de gouvernement et de mœurs [a].

Le premier pas à faire vers le système étoit l'établissement d'une république. Les jacobins, à qui on ne peut refuser l'affreuse louange d'avoir été conséquents dans leurs principes, avoient aperçu avec génie que le vice radical existoit dans les mœurs, et que dans l'état actuel de la nation françoise l'inégalité des fortunes, les différences d'opinion, les sentiments religieux et mille autres obstacles, il étoit absurde de songer à une démocratie sans une révolution complète du côté de la morale [b]. Où trouver le talisman pour faire disparoître tant d'insurmontables difficultés? A Sparte. Quelles mœurs substituera-t-on aux anciennes? Celles que Lycurgue mit à la place des antiques désordres de sa patrie. Le plan étoit donc tracé depuis longtemps, et il ne restoit plus aux jacobins qu'à le suivre. Mais comment l'exécuter? Au moment de la promulgation de ses lois nouvelles la Laconie étoit dans une une paix profonde. Il étoit aisé à Lycurgue, moitié de gré, moitié de force, de faire consentir les propriétaires d'un petit pays au partage des terres et à l'égalité des rangs; il étoit aisé d'ordonner des armées en masse et des réquisitions forcées pour des guerres à venir, quand tout étoit tranquille autour de soi; il étoit aisé de transformer une monarchie en un gouvernement populaire chez une nation qui possédoit déjà les principes de ce dernier. Quelle différence de temps, de circonstances, entre l'époque de la réforme lacédémonienne et celle où les jacobins prétendoient l'introduire chez eux! Attaquée par l'Europe entière, déchirée par des guerres civiles, agitée de mille factions, ses places frontières ou prises ou assiégées, sans soldats, sans finances, hors un papier discrédité qui tomboit de jour en jour, le découragement dans tous les états, et la famine presque assurée : telle étoit la France, tel le tableau qu'elle présentoit à l'instant même qu'on méditoit de la livrer à une révolution générale. Il falloit remédier à cette complication de maux; il falloit établir à la fois par un miracle la république de Lycurgue chez un vieux peuple nourri sous une monarchie, immense dans sa population et corrompu dans ses mœurs,

---

[a] Le système de perfection n'est faux que pour ce qui regarde les mœurs : il est vrai pour tout ce qui est relatif à l'intelligence. (N. ÉD.)

[b] Les jacobins n'avoient point aperçu tout cela, et ils n'avoient point de génie : je leur prête des idées quand je ne devrois leur accorder que des crimes; mais les crimes ont quelquefois d'immenses résultats. Je mets aussi à tort sur le compte d'une poignée d'hommes sanguinaires ce qu'il faut attribuer à la nation : la défense de la patrie. Je fais trop d'honneur à des scélérats en les associant à une gloire qui suffit à peine pour noyer dans son éclat leur abominable souvenir. (N. ÉD.)

et sauver un grand pays sans armées, amolli dans la paix et expirant dans les convulsions politiques, de l'invasion de cinq cent mille hommes des meilleures troupes de l'Europe.

Ces forcenés seuls pouvoient en imaginer les moyens, et, ce qui est encore plus incroyable, parvenir en partie à les exécuter : moyens exécrables sans doute, mais, il faut l'avouer, d'une conception gigantesque. Ces esprits raréfiés au feu de l'enthousiasme républicain et, pour ainsi dire, réduits par leurs scrutins épuratoires à la quintessence du crime, déployèrent à la fois une énergie dont il n'y a jamais eu d'exemple et des forfaits que tous ceux de l'histoire mis ensemble pourroient à peine égaler.

Ils virent que pour obtenir le résultat qu'ils se proposoient les systèmes reçus de justice, les axiomes communs d'humanité, tout le cercle des principes adoptés par Lycurgue, ne pouvoient être utiles, et qu'il falloit parvenir au même but par un chemin différent. Attendre que la mort vînt saisir les grands propriétaires, ou que ceux-ci consentissent à se dépouiller, que les années déracinassent le fanatisme et vinssent changer les costumes et les mœurs, que des recrues ordinaires fussent envoyées aux armées, attendre tout cela leur parut douteux et trop long ; et comme si l'établissement de la république et la défense de la France, pris séparément, eussent été trop peu pour leur génie, ils résolurent de tenter les deux à la fois.

Les gardes nationales étant achetées, des agents placés à leurs postes dans tous les coins de la république, le mot communiqué aux sociétés affiliées, les monstres se bouchant les oreilles, ou s'arrachant, pour ainsi dire, les entrailles de peur d'être attendris, donnèrent l'affreux signal qui devoit rappeler Sparte de ses ruines. Il retentit dans la France comme la trompette de l'ange exterminateur : les monuments des fils des hommes s'écroulèrent, et les tombes s'ouvrirent.

CHAPITRE XV.

SUITE.

Au même instant mille guillotines sanglantes s'élèvent à la fois dans toutes les cités et dans tous les villages de la France. Au bruit du canon

---

1. On sait que les jacobins expulsoient à certaines époques périodiques tous ceux de leurs membres soupçonnés de modérantisme ou d'humanité, et on appeloit cela un scrutin épuratoire.

et des tambours, le citoyen est réveillé en sursaut au milieu de la nuit, et reçoit l'ordre de partir pour l'armée. Frappé comme de la foudre, il ne sait s'il veille : il hésite, il regarde autour de lui, il aperçoit les têtes pâles et les troncs hideux des malheureux qui n'avoient peut-être refusé de marcher à la première sommation que pour dire un dernier adieu à leur famille! Que fera-t-il? Où sont les chefs auxquels il puisse se réunir pour éviter la réquisition [1]? Chacun, pris séparément, se voit privé de toute défense. D'un côté, la mort assurée; de l'autre, des troupes de volontaires qui, fuyant la famine, la persécution et l'intolérance de l'intérieur, vont chercher dans les armées, ivres de vin, de chansons [2] et de jeunesse, du pain et la liberté. Ce citoyen, la guillotine sous les yeux, et ne trouvant qu'un seul asile, part le désespoir dans le cœur. Bientôt, rendu aux frontières, la nécessité de défendre sa vie, le courage, naturel aux François, l'inconstance et l'enthousiasme dont son caractère est susceptible, la paye considérable [a], la nourriture abondante, le tumulte, les dangers de la vie militaire, les femmes, le vin, et sa gaieté native, lui font oublier qu'il a été conduit là malgré lui; il devient un héros. Ainsi la persécution d'un côté et les récompenses de l'autre créent par enchantement des armées. Car une fois les premiers exemples faits et les réquisitions obéies, les hommes, par une pente imitative naturelle à leur cœur, s'empressent, quelles que soient leurs opinions, de marcher sur les traces des autres.

Voilà bien les rudiments d'une force militaire; mais il falloit l'organiser. Un comité, dont on a dit que les talents ne pouvoient être surpassés que par les crimes, s'occupe à lier ces corps déjoints. Et ne croyez pas que les tactiques anciennes des César et des Turenne soient recherchées : non. Tout doit être nouveau dans ce monde d'une ordonnance nouvelle. Il ne s'agit plus de sauver la vie d'un homme et de ne livrer bataille que quand la perte peut être au moins réciproque; l'art se réduit à un calcul de masse, de vitesse et de temps. Les armées se précipitent en nombre double ou triple pour les masses : les soldats et l'artillerie voyagent en poste de Nice à Lille, quant aux vitesses; et les temps sont toujours uns et généraux dans les attaques. On perdra dix mille hommes pour prendre ce bourg; on sera obligé de l'attaquer

---

1. J'ai déjà dit que l'idée des réquisitions vient de Sparte. Tous les citoyens étoient obligés de servir depuis l'âge de vingt ans jusqu'à soixante. Dans le cas d'urgence, les rois et les éphores pouvoient mettre les chevaux, les esclaves, les chariots, etc., en réquisition. (Voyez Plutarque et Xénophon.)

2. Les hymnes de Tyrtée à Sparte; ceux de Lebrun et de Chénier en France.

[a] La paye est de trop : souvent les soldats républicains étoient sans paye et sans vêtements. Les fortunes militaires n'ont commencé que sous l'empire. (N. ÉD.)

vingt fois [1] et vingt jours de suite; mais on le prendra. Quand le sang des hommes est compté pour rien, il est aisé de faire des conquêtes. Les déserteurs et les espions ne sont pas sûrs? C'est au milieu des airs que les ingénieurs vont étudier les parties foïbles des armées et assurer la victoire en dépit du secret et du génie. Le télégraphe fait voler les ordres, la terre cède son salpêtre, et la France vomit ses innombrables légions.

CHAPITRE XVI.

SUITE.

Tandis que les armées se composent, les prisons se remplissent de tous les propriétaires de la France. Ici on les note par milliers [2]; là on ouvre les portes des cachots pleins de victimes, et l'on y décharge du canon à mitraille [3]. Le coutelas des guillotines tombe jour et nuit. Ces machines de destruction sont trop lentes au gré des bourreaux; des artistes de mort en inventent qui peuvent trancher plusieurs têtes d'un seul coup [4]. Les places publiques inondées de sang deviennent impraticables; il faut changer le lieu des exécutions : en vain d'immenses carrières ont été ouvertes pour recevoir les cadavres, elles sont comblées; on demande à en creuser de nouvelles [5]. Vieillards de quatre-vingts ans, jeunes filles de seize, pères et mères, sœurs et frères, enfants, maris, épouses, meurent couverts du sang les uns des autres. Ainsi les jacobins atteignent à la fois quatre fins principales, vers l'établissement de leur république : ils détruisent l'inégalité des rangs, nivellent les fortunes, relèvent les finances par la confiscation des biens des condamnés, et s'attachent l'armée en la berçant de l'espoir de posséder un jour ces propriétés.

Cependant le peuple, qui n'est plus entretenu que de conspirations, d'invasion, de trahisons, effrayé de ses amis même et se croyant sur une mine toujours prête à sauter, tombe dans une terreur stupide. Les jacobins l'avoient prévu [a]. Alors on lui demande son pain, et il le

---

1. A Sparte, lorsqu'un premier combat avoit été désavantageux, le général étoit obligé d'en livrer un autre. (XÉNOPHON, *Hist. de Grèce*.)

2. A Nantes. (Voy. le *procès de Carrier*.)   3. A Lyon.

4. A Arras.   5. Voy. les *Messages à la Convention*.

[a] Les jacobins n'avoient rien prévu; ils tuoient pour tuer. La révolution étoit un combat entre le passé et l'avenir : le champ de carnage étoit partout; on ne songeoit qu'à triompher, sans s'inquiéter de ce que l'on feroit après la victoire. (N. ÉD.)

donne, son vêtement, et il s'en dépouille, sa vie, et il la livre sans regret [1]. Il voit au même moment se fermer tous ses temples, ses ministres sacrifiés et son ancien culte banni sous peine de mort [2]. On lui apprend qu'il n'y a point de vengeance céleste [3], mais une guillotine; tandis que par un jargon contradictoire et inexplicable, on lui dit d'adorer les vertus, pour lesquelles on institue des fêtes où de jeunes filles vêtues de blanc et couronnées de roses entretiennent sa curiosité imbécile, en chantant des hymnes en l'honneur des dieux [4]. Ce malheureux peuple, confondu, ne sait plus où il est, ni s'il existe. En vain il se cherche dans ses antiques usages, et il ne se retrouve plus. Il voit, dans un costume bizarre [5], une nation étrangère errer sur les places publiques. S'il demande ses jours de fête ou de devoirs accoutumés, d'autres appellations frappent son oreille. Le jour de repos a disparu. Il compte au moins que le retour fixe de l'année ramènera l'état naturel des choses et apportera quelque soulagement à ses maux : espérances déçues! Comme s'il étoit condamné pour jamais à ce nouvel ordre de misère, des mois ignorés semblent lui dire que la révolution s'étend jusqu'au cours des astres; et dans cette terre de prodiges, il craint de s'égarer au milieu des rues de la capitale, dont il ne reconnoît plus les noms [6].

En même temps que tous ces changements dérangent la tête du peuple, les notions les plus étranges viennent bouleverser son cœur. La fidélité dans le secret, la constance dans l'amitié, l'amour de ses enfants, le respect pour la religion, toutes les choses que depuis son enfance il *souloit* tenir bonnes et vertueuses, ne sont, lui dit-on, que de vains noms dont les tyrans se servent pour enchaîner leurs esclaves. Un républicain ne doit avoir ni amour, ni fidélité, ni respect que pour la patrie [7]. Résolus d'altérer la nation jusque dans sa source, les jacobins, sachant que l'éducation fait les hommes, obligent les citoyens à

---

1. Réquisitions de Sparte.
2. Pour y substituer le culte de la Grèce.
3. L'athéisme de la Convention est bien connu.
4. Imités de Lacédémone et de toute la Grèce. A Sparte, on plaçoit la statue de la Mort à côté de celle du Sommeil; ce qui a pu inspirer aux jacobins l'idée de l'inscription qu'ils vouloient graver sur les tombeaux : *La mort est l'éternel sommeil* (Pausan., lib. iii, cap. xviii).
5. Le bonnet des hommes et la presque nudité des femmes sont encore originairement de Sparte, quoique j'en donnerai d'autres exemples. (Meurs., *Miscell. Lacon.*, lib. i, cap. xvii.)
6. Les changements des noms des rues, des mois, etc., sont trop connus pour avoir besoin de notes.
7. Ici évidemment toute la morale de Lycurgue pervertie est pliée à leur vue. (Voy. Plut., *in Lyc.*)

envoyer leurs enfants à des écoles militaires, où on va les abreuver de fiel et de haine contre tous les autres gouvernements. Là, préparés par les jeux de Lacédémone à la conquête du monde [1], on leur apprend à se dépouiller des plus doux sentiments de la nature pour des vertus de tigres, qui ne leur nourrissent que des cœurs d'airain.

Tel étoit, ballotté entre les mains puissantes de cette faction, ce peuple infortuné, transporté tout à coup dans un autre univers, étonné des cris des victimes et des acclamations de la victoire retentissant de toutes les frontières, lorsque Dieu, laissant tomber un regard sur la France, fit rentrer ces montres dans le néant [2].

1. Les gymnases. On sait que le caractère dominant de Sparte étoit la haine des autres peuples et l'esprit d'ambition. « Où fixerez-vous vos frontières? » disoit-on à Agésilas. « Au bout de nos piques, » répondoit-il. Les François diront : « A la pointe de nos baïonnettes. »

2. J'ai vu rire de la minutie avec laquelle les François ont essayé de changer leur costume, leurs manières, leurs langage; mais le dessein est vaste et médité. Ceux qui savent l'influence qu'ont sur les hommes des mots en apparence frivoles, lorsqu'ils nous rappellent d'anciennes mœurs, des plaisirs ou des peines, sentiront la profondeur du projet.

Que si d'ailleurs on considère que ce sont les jacobins qui ont donné à la France des armées nombreuses, braves et disciplinées, que ce sont eux qui ont trouvé moyen de les payer, d'approvisionner un grand pays sans ressources et entouré d'ennemis; que ce furent eux qui créèrent une marine comme par miracle, et conservèrent par intrigue et argent la neutralité de quelques puissances; que c'est sous leur règne que les grandes découvertes en histoire naturelle se sont faites, et les grands généraux se sont formés; qu'enfin ils avoient donné de la vigueur à un corps épuisé, et organisé, pour ainsi dire, l'anarchie, il faut nécessairement convenir que ces monstres échappés de l'enfer en avoient apporté tous les talents.

Je n'ignore pas que depuis leur chute le parti régnant s'est efforcé de les représenter comme ineptes et ignorants; les *Campagnes de Pichegru*, dernièrement publiées à Paris, tendent à prouver qu'ils ne faisoient que détruire sans organiser. Ce livre, par sa modération, fait honneur à son auteur; mais je n'ai pas présenté des conjectures, j'ai rassemblé des faits. Au reste, on peut juger de la vigueur de ce parti par les secousses qu'il donne encore au gouvernement. Les jacobins sont évidemment la seule faction républicaine qui ait existé en France : toutes celles qui l'ont précédée ou suivie (excepté les brissotins) ne l'ont point été.

Après tout, je n'ai pas la folie d'avancer que les jacobins prétendissent ramener expressément le siècle de Lycurgue en France. La plupart ne surent même jamais qu'il eût existé un homme de ce nom. J'ai seulement voulu dire que les chefs de ce parti visoient à une réforme sévère, dont ils auroient sans doute après fait leur profit, et que Sparte leur en fournissoit un plan tout tracé. J'écris sans esprit de système*. Je ne cherche point de ressemblance où il n'y en a point, ni ne donne à de certains rapports des événements plus d'importance qu'ils n'en méritent. La foule des leçons devant moi est trop grande pour avoir besoin de recourir à des remarques fri-

---

* Tous les hommes qui ont embrassé un système ont la prétention de n'en pas avoir; je sentois si bien la foiblesse du mien que je le désavoue ici formellement. (N. ÉD.)

CHAPITRE XVII.

FIN DU SUJET.

Tels furent les jacobins. On a beaucoup parlé d'eux, et peu de gens les ont connus. La plupart se jettent dans les déclamations, publient les crimes de cette société, sans vous apprendre le principe général qui en dirigeoit les vues. Il consistoit, ce principe, dans le système de perfection vers lequel le premier pas à faire étoit la restauration des lois de Lycurgue. Nous avons trop donné aux passions et aux circonstances. Un trait distinctif de notre révolution, c'est qu'il faut admettre la voie spéculative et les doctrines abstraites pour infiniment dans ses causes. Elle a été produite en partie par des gens de lettres, qui, plus habitants de Rome et d'Athènes que de leur pays, ont cherché à ramener dans l'Europe les mœurs antiques [1]. Par cette légère esquisse, j'ai

voles. J'ai souvent regretté qu'un sujet si magnifique ne soit pas tombé en des mains plus habiles que les miennes.

1. Que ceci soit dit sans prétendre insulter aux gens de lettres de France. La différence d'opinion ne m'empêchera jamais de respecter les talents. Quand il n'y auroit que les rapports que j'ai entretenus autrefois avec plusieurs de ces hommes célèbres, c'en seroit assez pour me commander la décence. Je me souviendrai toujours avec reconnoissance que quelques-uns d'entre eux, qui jouissent à juste titre d'une grande réputation, tels que M. de La Harpe, ont bien voulu, en des jours plus heureux, encourager les foibles essais d'un jeune homme qui n'avoit d'autre mérite qu'un peu de sensibilité. Le malheur rend injuste. Nous autres émigrés avons tort de déprécier la littérature de France. Outre l'auteur que je viens de nommer, on y compte encore Bernardin de Saint-Pierre, Marmontel, Fontanes, Parny, Lebrun, Ginguené, Flins, Lemierre, Collin d'Harleville, etc. J'avoue que ce n'est pas sans émotion que je rappelle ici ces noms, dont la plupart reportent à ma mémoire d'anciennes liaisons et des temps de bonheur qui ne reviendront plus. Je remarque avec plaisir que MM. Fontanes, Lebrun et plusieurs autres semblent avoir redoublé de talents en proportion des maux qui affligent leurs compatriotes. On diroit que ce seroit le sort de la poésie que de briller avec un nouvel éclat parmi les débris des empires, comme ces espèces de fleurs qui se plaisent à couvrir les ruines.

D'un autre côté, les gens de lettres restés en France ont mis trop d'aigreur dans leurs jugements des gens de lettres émigrés. Je n'ai pas le bonheur de connoître ceux-ci autant que les premiers ; mais MM. Peltier, Rivarol, etc., occupent une place distinguée dans notre littérature. MM. d'Ivernois et Mallet-du-Pan ne sont pas à la vérité François ; cependant, comme ils écrivent dans cette langue, ainsi que le fit leur illustre compatriote Jean-Jacques, les émigrés peuvent s'honorer de leurs grands talents. La plupart des membres de l'Assemblée constituante, les Lally, les Mounier, les Montlosier, ont écrit d'une manière qui fait autant d'honneur à leur esprit qu'à leur cœur. Je voudrois qu'on fût juste ; comment l'être avec des passions*

* Je ne renie point les sentiments de bienveillance et de modération exprimés dans cette note ; je réformerois seulement quelques jugements. (N. ÉD.)

essayé de donner un fil aux écrivains qui viendront après moi. Que de choses me resteroient encore à dire ! mais le temps, ma santé, ma manière, tout me précipite vers la fin de cet ouvrage.

Ainsi, dès notre premier début dans la carrière tout fourmille autour de nous de leçons et d'exemples. Déjà Athènes nous a montré nos factions dans le règne de Pisistrate et la catastrophe de ses fils; Sparte vient de nous offrir dans ses lois des origines étonnantes. Plus nous avancerons dans ce vaste sujet, plus il deviendra intéressant. Nous avons vu l'établissement des gouvernements populaires chez les Grecs ; nous allons parler maintenant du génie comparé de ces peuples et des François, de l'état des lumières, de l'influence de la révolution républicaine sur la Grèce, sur les nations étrangères, enfin de la position politique et morale des mêmes nations à cette époque.

CHAPITRE XVIII.

CARACTÈRE DES ATHÉNIENS ET DES FRANÇOIS.

Quels peuples furent jamais plus aimables dans le monde ancien et moderne que les nations brillantes de l'Attique et de la France? L'étranger, charmé à Paris et à Athènes, ne rencontre que des cœurs compatissants et des bouches toujours prêtes à lui sourire. Les légers habitants de ces deux capitales du goût et des beaux-arts semblent formés pour couler leurs jours au sein des plaisirs. C'est là qu'assis à des banquets[1] vous les entendrez se lancer de fines railleries[2], rire avec grâce de leurs maîtres[3] ; parler à la fois de politique et d'amour, de l'existence de Dieu et du succès de la comédie nouvelle[4], et répandre profusément les bons mots et le sel attique, au bruit des chansons d'Anacréon et de Voltaire, au milieu des vins, des femmes et des fleurs[5].

Mais où court tout ce peuple furieux ? D'où viennent ces cris de rage dans les uns et de désespoir dans les autres ? Quelles sont ces victimes égorgées sur l'autel des Euménides[6] ? Quel cœur ces monstres à la

---

1. ÆSCHIN., *in Ctes.;* VOLT., *Contes et Mél.*
2. PLUT., *de Præcep. reip. ger.; Caract. de La Bruy.*
3. PLUT., *in Pericl.; Satir. Ménipp.; Noëls de la Cour,* etc.
4. PLUT., *Conviv.;* XÉNOPH., *ib.;* PLUT., *Sept. Sapient. Conviv.;* J.-J., *Confes.* et *N. Hél.*
5. ANACR., *Od.;* VOLT., *Corresp. gén.*   6. THUCYD.

bouche teinte de sang ont-ils dévoré[1]?... Ce n'est rien : ce sont ces Épicuriens que vous avez vus danser à la fête[2], et qui ce soir assisteront tranquillement aux farces de Thespis[3] ou aux ballets de l'Opéra.

A la fois orateurs, peintres, architectes, sculpteurs, amateurs de l'existence[4], pleins de douceur et d'humanité[5], du commerce le plus enchanteur dans la vie[6], la nature a créé ces peuples pour sommeiller dans les délices de la société et de la paix. Tout à coup la trompette guerrière se fait entendre; soudain toute cette nation de femmes lève la tête. Se précipitant du milieu de leurs jeux, échappés aux voluptés et aux bras des courtisanes[7], voyez ces jeunes gens, sans tentes, sans lits, sans nourriture, s'avancer en riant[8] contre ces

---

1. M. de Belzunce et plusieurs autres. J'ai vu moi-même un de ces cannibales assez proprement vêtu, ayant pendu à sa boutonnière un morceau du cœur de l'infortuné Flesselles. Deux traits que j'ai entendu citer à un témoin oculaire méritent d'être connus pour effrayer les hommes. Ce citoyen passoit dans les rues de Paris dans les journées des 2 et 3 septembre; il vit une petite fille pleurant auprès d'un chariot plein de corps, où celui de son père, qui venoit d'être massacré, avoit été jeté. Un monstre, portant l'uniforme national, qui escortoit cette digne pompe des factions, passe aussitôt sa baïonnette dans la poitrine de cette enfant; et pour me servir de l'expression énergique du narrateur, *la place aussi tranquillement qu'on auroit fait d'une botte de paille* sur une pile de morts, à côté de son père.

Le second trait, peut-être encore plus horrible, développe le caractère de ce peuple* à qui l'on prétend donner un gouvernement républicain. Le même citoyen rencontra d'autres tombereaux, je crois vers la porte Saint-Martin : une troupe de femmes étoient montées parmi ces lambeaux de chair, et, *à cheval sur les cadavres des hommes* (je me sers encore des mots du rapporteur), cherchoient avec des rires affreux à assouvir la plus monstrueuse des lubricités. Les réflexions ne serviroient de rien ici. Je dirai seulement que le témoin de cette exécrable dépravation de la nature humaine est un ancien militaire, connu par ses lumières, son courage et son intégrité*.

Hérodote raconte que les Grecs auxiliaires à la solde du roi d'Égypte contre Cambyse, ayant été trahis par leur général, qui déserta à l'ennemi, saisirent ses enfants, les égorgèrent, et en burent le sang à la vue des deux armées. Je dirai dans la suite les raisons pour lesquelles je semble m'appesantir sur ces détails.

2. Theophr., *Charact.*, cap. xv.

3. Thespis est l'inventeur de la tragédie; mais la grossièreté de ces premiers essais du drame peut être justement qualifiée de farce.

4. On sait l'attachement des Grecs à la vie. Homère n'a point craint de la faire regretter à Achille même. Avant la révolution je ne connoissois point de peuple qui mourût plus gaiement sur le champ de bataille que les François, ni de plus mauvaise grâce dans leur lit. La cause en étoit dans leur religion.

5. Plut., *in Pelop.*; *id., in Demosth.*; *Siècle de Louis XIV*; Duclos, *Consid. sur les mœurs*.

6. Plut., *de Præcep. Reip. ger.*; Lavater, *Physion.*; Smoll., *Voyage en France*.

7. Herod., lib. viii, cap, xxviii; Volt., *Henr.* et *Zaïre*.

8. Diod., lib. ix; Volt., *Henr.* et *Zaïre*; *Mémoires du général Dumouriez*.

* J'espère pourtant qu'il a été trompé. (N. éd.)

innombrables armées de vieux soldats, et les chasser devant eux comme des troupeaux de brebis obéissantes[1].

Les cours qui gouvernent sont pleines de gaieté et de pompe[2]. Qu'importent leurs vices? Qu'ils dissipent leurs jours au milieu des orages, ceux-là qui aspirent à de plus hautes destinées; pour nous, chantons[3], rions aujourd'hui. Passagers inconnus, embarqués sur le fleuve du temps, glissons sans bruit dans la vie. La meilleure constitution n'est pas la plus libre, mais celle qui nous laisse de plus de loisirs[4]... O ciel! pourquoi tous ces citoyens condamnés à la ciguë ou à la guillotine, ces trônes ensanglantés[5], ces troupes de bannis, fuyant sur tous les chemins de la patrie[6]?—Comment! ne savez-vous

---

1. HEROD., lib. IX, cap. LXX; *Mémoires du général Dumouriez*; *Campagnes de Pichegru.*

Léonidas, prêt à attaquer les Perses aux Thermopyles, disoit à ses soldats : « Nous souperons ce soir chez Pluton. » Et ils poussoient des cris de joie. Dans les dernières campagnes, un soldat françois, étant en sentinelle perdue, a l'avant-bras gauche emporté d'un coup de canon; il continue de charger sous son moignon, criant aux Autrichiens, en prenant des cartouches dans sa giberne : « Citoyens, j'en ai encore. »

Voltaire a peint admirablement ce caractère des François :

> C'est ici que l'on dort sans lit,
> Que l'on prend ses repas par terre.
> Je vois, et j'entends l'atmosphère
> Qui s'embrase et qui retentit
> De cent décharges de tonnerre :
> Et dans ces horreurs de la guerre
> Le François chante, boit et rit.
> Bellone va réduire en cendres
> Les courtines de Philipsbourg
> Par quatre-vingt mille Alexandres
> Payés à quatre sous par jour.
> Je les vois, prodiguant leur vie,
> Chercher ces combats meurtriers,
> Couverts de fange et de lauriers,
> Et pleins d'honneur et de folie.
> . . . .
> O nation brillante et vaine!
> Illustres fous, peuple charmant,
> Que la gloire à son char entraîne.
> Il est beau d'affronter gaîment
> Le trépas et le prince Eugène!
> . . . .

Le prince Eugène étoit de moins dans cette guerre-ci.

2. ATHEN., lib. XII, cap. VIII; *Louis XIV, sa Cour et le Régent.*
3. ANACR., Od.; *Vie privée de Louis XV et du duc de Richelieu.*
4. ATHEN., lib. IV; HEROD., lib. I, cap. LXII; *Recueils de Poésies, romans, etc.*
5. PLAT., *in Hipparch.*; HEROD., lib. V; *Conspiration de L.-P. d'Orléans et de Max. Robespierre.*
6. HEROD., lib. V.

pas que ce sont des tyrans qui vouloient retenir un peuple fier et indépendant dans la servitude ?

Inquiets et volages dans le bonheur, constants et invincibles dans l'adversité, nés pour tous les arts, civilisés jusqu'à l'excès durant le calme de l'État, grossiers et sauvages dans leurs troubles politiques, flottant comme un vaisseau sans lest au gré de leurs passions impétueuses, à présent dans les cieux, le moment d'après dans l'abîme, enthousiastes et du bien et du mal, faisant le premier sans en exiger de reconnoissance, le second sans en sentir de remords, ne se rappelant ni leurs crimes ni leurs vertus, amants pusillanimes de la vie durant la paix, prodigues de leurs jours dans les batailles, vains, railleurs, ambitieux, novateurs, méprisant tout ce qui n'est pas eux, individuellement les plus aimables des hommes, en corps les plus détestables de tous, charmants dans leur propre pays, insupportables chez l'étranger [1], tour à tour plus doux, plus innocents que la brebis

1. Voyez tous les auteurs cités aux pages précédentes. Les seuls traits nouveaux que j'aie ajoutés ici sont ceux qui commencent au mot *vains* et finissent au mot *étranger*. Ce malheureux esprit de raillerie et cette excellente opinion de nous-mêmes qui nous font tourner les coutumes des autres nations en ridicule, en même temps que nous prétendons ramener tout à nos usages, ont été bien funestes aux Athéniens et aux François. Les premiers s'attirèrent par ce défaut la haine de la Grèce, la guerre du Poloponèse, et mille troubles ; et c'est ce qui a valu aux seconds la même haine du reste de l'Europe, et les a fait chasser plus d'une fois de leurs conquêtes. Il est assez curieux de remarquer sur les anciennes médailles d'Athènes ce caractère général de la nation imprimé sur des fronts particuliers. On retrouve aussi le même trait parmi mes compatriotes. Il n'y a personne qui n'ait rencontré en France dans la société de ces hommes dont les yeux pétillent d'ironie, qui vous répondent à peine en souriant, et affectent les airs de la plus haute supériorité. Combien ils doivent paroître haïssables au modeste étranger qu'ils insultent ainsi de leurs regards ! Ce qu'il y a de déplorable, c'est que ces mêmes hommes ne portent que trop souvent sur leur figure la marque indélébile de la médiocrité. Ils seroient bien punis s'ils se doutoient seulement de la pitié qu'ils vous font, ou s'ils pouvoient lire dans le fond de votre âme l'humiliant « Comme je te vois, comme je te mesure. »

L'art de la physionomie offre d'excellentes études à qui voudroit s'y livrer. Notre siècle raisonneur a trop dédaigné cette source inépuisable d'instructions. Toute l'antiquité a cru à la vérité de cette science, et Lavater l'a portée de nos jours à une perfection inconnue. La vérité est que la plupart des hommes la rejettent parce qu'ils s'en trouveroient mal. Nous pourrions du moins porter son flambeau dans l'histoire. Je m'en suis servi souvent avec succès dans cette partie. Quelquefois aussi je me suis plu à descendre dans le cœur de mes contemporains. J'aime à aller m'asseoir, pour ces espèces d'observations, dans quelque coin obscur d'une promenade publique, d'où je considère furtivement les personnes qui passent autour de moi. Ici, sur un front à demi ridé, dans ces yeux couverts d'un nuage, sur cette bouche un peu entr'ouverte, je lis les chagrins cachés de cet homme qui essaye de sourire à la société ; là je vois sur la lèvre inférieure de cet autre, sur les deux rides descendantes des narines, le mépris et la connoissance des hommes percer à travers le

qu'on égorge, et plus féroces que le tigre qui déchire les entrailles de sa victime : tels furent les Athéniens d'autrefois, et tels sont les François d'aujourd'hui.

Au reste, loin de moi la pensée de chercher à diffamer le caractère des François. Chaque peuple a son vice national, et si mes compatriotes sont cruels, ils rachètent ce grand défaut par mille qualités estimables. Ils sont généreux, braves, pères indulgents, amis fidèles; je leur donne d'autant plus volontiers ces éloges, qu'ils m'ont plus persécuté [a].

CHAPITRE XIX.

DE L'ÉTAT DES LUMIÈRES EN GRÈCE AU MOMENT DE LA RÉVOLUTION RÉPUBLICAINE. SIÈCLE DE LYCURGUE.

Lorsque je parlerai des lumières dans cet Essai, je ne m'attacherai principalement qu'à la partie morale et politique. Ce qui regarde

masque de la politesse; un troisième me montre les restes d'une sensibilité native étouffée à force d'avoir été déçue, et maintenant recouverte par une indifférence systématique. Dans la classe la plus basse du peuple on rencontre quelquefois des figures étonnantes. Il y a quelque temps qu'au bas de Hay-Market, vis-à-vis le café d'Orange, je m'arrêtai à écouter un de ces Allemands qui tournent des orgues à cylindre. Je n'eus pas plus tôt jeté les yeux sur cet étranger que je fus frappé de son air grand et énergique, en même temps que le vice se montroit de toutes parts sur sa physionomie. Il joua un air devant notre groupe, puis se détourna froidement, en nous jetant un regard du plus souverain mépris, comme s'il nous avoit dit : « Je vous connois, race d'hommes; vous me prenez pour votre dupe, je n'attendois rien de vous. » Il est possible que ce malheureux fût né avec des qualités supérieures; jeté par la destinée dans un rang au-dessous de son génie, il peut avoir souffert de longues infortunes, être devenu vicieux par misère; et la même vigueur d'âme qui l'auroit conduit aux premières vertus en a peut-être fait un scélérat :

> Some mute inglorious Milton here may rest.
> Some village Hampden, etc.

Où seroient les Pichegru, les Jourdan, les Buonaparte sans la révolution? Mais je crains d'en avoir trop dit [*].

[a] J'ai transporté quelque chose de ce portrait des François dans le *Génie du Christianisme,* en parlant de la manière d'écrire l'histoire. Il y a dans tous ces chapitres des incorrections que les hommes qui savent leur langue apercevront, et qu'il m'a semblé inutile de relever : je n'en finirois pas. (N. ÉD.)

[*] Voici maintenant du Lavater et des promenades romanesques. Heureusement elles ne sont qu'en notes. Mais il est curieux de rencontrer le nom de Buonaparte jeté en passant, dans une note, avec ceux de quelques autres généraux. Tout émigré que j'étois, j'avois une admiration involontaire pour cette même gloire qui me fermoit les portes de ma patrie. (N. ÉD.)

les arts n'est pas, à proprement parler, de mon sujet : cependant j'en toucherai quelque chose, selon l'influence qu'ils auront eue sur les hommes dont j'écrirai alors l'histoire.

En commençant nos recherches au siècle de Lycurgue et les finissant à celui de Solon, nous voyons d'abord paroître Homère et Hésiode. Je n'entretiendrai point le lecteur de ces deux fameux poëtes. Qui n'a lu *L'Iliade* et *L'Odyssée?* qui ne connoît *Les Travaux et les Jours, La Théogonie, Le Bouclier d'Hercule?* Homère a donné Virgile à l'antique Italie, et le Tasse à la nouvelle, le Camoëns au Portugal, Ercilla à l'Espagne, Milton à l'Angleterre, Voltaire à la France, Klopstock à l'Allemagne : il n'a pas besoin de mes éloges.

Pour nous le côté intéressant des poëmes de ce sublime génie est leur action sur la liberté de la Grèce. Lycurgue les apporta à Sparte [1], et voulut que ses compatriotes y puisassent cet enthousiasme guerrier qui met les peuples à l'abri de la servitude étrangère. Solon fit des lois expresses en faveur de ce même Homère [2], qui comme historien ne s'offre pas sous des rapports moins précieux. Aux seuls Athéniens il donne le nom de peuple, aux Scythes l'appellation des plus justes des hommes [3], et souvent caractérise ainsi par un seul trait la politique et la morale de l'antiquité.

Les ouvrages d'Hésiode sont pleins des plus excellentes maximes. Le poëte ne voyoit pas les hommes sous des couleurs riantes. Il respire cette mélancolie antique qui semble être le partage des grands génies. On sait que Virgile a puisé dans *Les Travaux et les Jours* l'idée de ses *Géorgiques* [4]. C'est de la belle description de l'Age d'Or [5] qu'il a tiré ce morceau ravissant :

> O fortunatos nimium, sua si bona norint,
> Agricolas!

L'influence d'Hésiode sur son siècle dut être considérable, dans un temps où l'art d'écrire en prose étoit à peine connu. Ses poésies tendoient à ramener les hommes à la nature : et la morale, revêtue du charme des vers, a toujours un effet certain.

Thalès de Crète, poëte et législateur, dont nous ne connoissons plus que le nom, fut le précurseur des lois à Lacédémone [6]. Il consentit par amitié pour Lycurgue à se rendre à Sparte et à préparer, par la douceur de ses chants et la pureté de ses dogmes, les esprits à la révolution. Ces grands hommes savoient qu'il ne faut pas précipiter tout à

---

1. Plut., *in Lyc.* 2. Laert., *in Solon.* 3. *Il.*, lib. iv.
4. *Georg.*, lib. ii, v. 176. 5. Hesiod., *Oper. et Dies.* 6. Strabo, lib. x, p. 482.

coup les peuples dans les extrêmes, si l'on veut que les réformes soient durables. Il n'est point de révolution là où elle n'est pas opérée dans le cœur : on peut détourner un moment par force le cours des idées ; mais si la source dont elles découlent n'est changée, elles reprendront bientôt leur pente ordinaire [a].

Ainsi les philosophes de l'antiquité adoucissoient les traits de la sagesse en lui prêtant les grâces des muses. Parmi les modernes, les Anglois ont eu l'honneur d'avoir appliqué les premiers la poésie à des sujets utiles aux hommes. Quant à nous, nous avons été préparés aux bonnes mœurs par la *Pucelle* et d'autres ouvrages que je n'ose nommer [b].

CHAPITRE XX.

SIÈCLES MOYENS.

Le siècle qui suivit immédiatement celui de Lycurgue fournit les noms de quelques législateurs : mais leurs écrits ne nous sont pas parvenus.

Dans l'âge subséquent parut Tyrtée [1], dont les chants firent triompher l'injustice ; Archiloque, plein de crimes et de génie, qui donna le premier exemple d'un homme qui osa publier l'histoire intérieure de sa conscience à la face de l'univers [2] ; Hipponax [3], exhalant le fiel et la haine. L'esprit des temps perce à chaque vers de ces poëtes. La véhémence et l'enthousiasme dominent dans les passions qu'ils ont peintes.

---

[a] Observation fort juste ; et par la même raison, lorsqu'une révolution est opérée dans le *cœur*, c'est-à-dire dans les *idées*, dans les *mœurs* des hommes, rien ne peut empêcher ce fleuve de répandre ses eaux telles qu'elles sont à leur source. (N. ÉD.)

[b] Cela est vrai : aussi ne jouirons-nous pas de cette liberté, fille des mœurs, qui appartient à l'enfance des peuples ; mais nous pouvons avoir cette liberté, fille des lumières, qui naît dans l'âge mûr des nations. Quand j'écrivois l'*Essai*, je n'entendois encore bien que le système des républiques anciennes ; je n'avois pas fait assez d'attention à la découverte de la république représentative, qui, n'étant qu'une monarchie constitutionnelle sans roi, peut exister avec les arts, les richesses et la civilisation la plus avancée. La monarchie constitutionnelle avec un monarque est, selon moi, très-préférable à cette monarchie sans monarque ; mais il faut savoir adopter franchement la première si l'on ne veut être entraîné dans la seconde. (N. ÉD.)

1. Plut., *in Agid.*; Horat., *in Art. poet.* — Pour offrir sous un seul point de vue au lecteur le tableau des lumières et de l'esprit des temps, j'ai renvoyé au siècle de Solon la citation des poëtes nommés dans ce chapitre.

2. Quintil., lib. x, cap. i; Ælian., *Var. Hist.*, lib. x, cap. xiii.

3. *Anthol.*, lib. iii; Horat., *Epod.*, vi.

Ce fut le siècle de l'énergie, quoique ce ne fût pas celui de la plus grande liberté. La remarque n'est pas frivole : elle décèle cette fermentation qui devance et annonce le retour périodique des révolutions des peuples.

Dracon florissoit aussi à la même époque. Il avoit composé un ouvrage que J.-J. Rousseau nous a donné dans son sublime *Émile*[a]. C'étoit un traité de l'éducation[1], où, prenant l'homme à sa naissance, il le conduisoit à travers les misères de la vie jusqu'à son tombeau. Le destin des deux révolutions grecque et françoise fut d'être précédées à peu près par les mêmes écrits.

Épiménide chercha, comme Fénelon, à ramener les hommes au bonheur par l'amour et le respect des dieux[2]. Si je ne craignois de mêler les petites choses aux grandes, je dirois encore qu'il a payé son tribut à notre révolution, en fournissant à M. Flins[b] le sujet de son ingénieuse comédie[3].

Malheureusement nous n'avons ici que des différences. Quelle comparaison pourrions-nous découvrir entre les livres d'un âge moral et ceux des temps du régent et de Louis XV ? C'est en vain que nous nous abusons ; si, malgré Condorcet et la troupe des philosophes modernes, nous jugeons du présent par le passé ; si un siècle renferme toujours l'histoire de celui qui le suit, je sais ce qui nous attend[c].

CHAPITRE XXI.

SIÈCLE DE SOLON.

C'est ici l'époque d'une des plus grandes révolutions de l'esprit humain, de même qu'elle le fut d'un des plus grands changements en politique. Toutes les semences des sciences, fermentées depuis longtemps dans la Grèce, y éclatèrent à la fois. Les lumières ne parvinrent pas, comme de nos jours, au zénith de leur gloire; mais elles attei-

---

[a] Je parlerai plus loin de Rousseau et de son *sublime* Émile. (N. ÉD.)

1. ÆSCHIN., *in Timarc.*, p. 261.   2. STRABO, lib. x; LAERT., *in Epim.*

[b] Le nom de *Flins* est ici inattendu ; mais c'est un tribut qu'un jeune auteur payoit à une première liaison littéraire. J'avois beaucoup connu M. Flins, homme de mœurs douces, d'un esprit distingué, d'un talent agréable, et ami particulier de M. de Fontanes. (N. ÉD.)

3. *Réveil d'Épiménide.*

[c] Ce qui attendoit la république étoit le despotisme militaire, et je le prévoyois. (N. ÉD.)

gnirent cette hauteur médiocre d'où elles éclairent les hommes sans les éblouir. Ils y voient alors assez pour tenir le chemin de la liberté, et non pas trop pour s'égarer dans les routes inconnues des systèmes. Ils ont cette juste quantité de connoissances qui nous montrent les principes, sans avoir cet excès de savoir qui nous porte à douter de leur vérité. La tragédie prit naissance sous Thespis[1], la comédie sous Susarion[2], la fable sous Ésope[3], l'histoire sous Cadmus[4], l'astronomie sous Thalès[5], la grammaire sous Simonide[6]. L'architecture fut perfectionnée par Memnon, Antimachide ; la sculpture par une multitude de statuaires : mais surtout la philosophie et la politique prirent un essor inconnu. Une foule de publicistes et de législateurs parurent tout à coup dans la Grèce, et donnèrent le signal d'une révolution générale. Ainsi les Locke, les Montesquieu, les J.-J. Rousseau, en se levant en Europe, appelèrent les peuples modernes à la liberté.

Jetons d'abord un coup d'œil sur les beaux-arts[7].

CHAPITRE XXII.

POÉSIE A ATHÈNES. ANACRÉON, VOLTAIRE.
SIMONIDE, FONTANES, SAPHO, PARNY. ALCÉE, ÉSOPE. NIVERNOIS, SOLON, LES DEUX ROUSSEAU.

Pisistrate, en usurpant l'autorité souveraine, avoit senti que pour la conserver chez un peuple volage il falloit l'amuser par des fêtes : on retient plus facilement les hommes avec des fleurs qu'avec des chaînes. Il remplit sa patrie des monuments du génie et des arts[8]. Ses fils, imitant son exemple, firent de leur cour le rendez-vous des beaux esprits de la Grèce[9]. La capitale de l'Attique retentissoit, comme celle de la France, du bruit des vers et des orgies. Écoutons le chantre octogénaire de Téos, et le vieillard de Ferney, au milieu des cercles brillants de Paris et d'Athènes :

« Que m'importent les vains discours de la rhétorique ? Qu'ai-je besoin de tant de paroles inutiles ? Apprenez-moi plutôt à boire du jus vermeil de Bacchus, à folâtrer avec l'amoureuse Vénus aux cheveux d'or. Garçon, cou-

---

1. Hor., *in Art. poet.*   2. Arist., *De Poet.*, cap. iv.
3. Phæd., lib. i.   4. Suid., *in Cadm.*
5. Herod., lib. i, cap. lxxiv.   6. Cicer., *de Orat.*, lib. ii, cap. lxxxvi.
7. Je daterai désormais, jusqu'à la fin de cette révolution, du bannissement d'Hippias, olympiade 67.
8. Meurs., *in Pisistr.*, cap. ix.   9. Plat., *in Hipparch.*

ronne ma tête blanchie par les ans. Verse du vin pour assoupir mon âme. Bientôt tu me déposeras dans la tombe, et les morts n'ont plus de désirs[1]. »

> Si vous voulez que j'aime encore,
> Rendez-moi l'âge des amours :
> Au crépuscule de mes jours,
> Rejoignez, s'il se peut, l'aurore.
>
> Des beaux lieux où le dieu du vin
> Avec l'Amour tient son empire,
> Le temps qui me prend par la main
> M'avertit que je me retire.
>
> De son inflexible rigueur
> Tirons du moins quelque avantage :
> Qui n'a pas l'esprit de son âge
> De son âge a tout le malheur.
> . . . .
> Ainsi je déplorois la perte
> Des plaisirs de mes premiers ans ;
> . . . .
> Lorsque, du ciel daignant descendre,
> L'amitié vient à mon secours.
> Elle étoit peut-être aussi tendre,
> Mais moins belle que les amours.
>
> Touché de sa grâce nouvelle,
> Et de sa lumière éclairé,
> Je la suivis : mais je pleurai
> De ne pouvoir plus suivre qu'elle [2].

Si ces deux petits chefs-d'œuvre du goût et des grâces prouvent que la bonne compagnie est partout une et la même, et qu'on s'exprimoit à la cour d'Hipparque comme à celle de Louis XV et de Louis XVI, ils montrent aussi qu'un peuple qui pense avec tant de délicatesse s'éloigne à grands pas de la simplicité primitive et par conséquent approche des temps de révolutions[a].

Auprès d'Anacréon on voyoit briller Simonide, dont le cœur épanchoit sans cesse la plus douce philosophie : il excelloit à chanter les dieux. Mais lorsqu'il venoit à toucher sur sa lyre les notes plaintives de l'élégie, la tristesse et la volupté de ses accents[3] jetoient l'âme en un

---

1. ANACR., *Od.*, XXXVI.
2. VOLT., *Mélanges de poésie ; Stances sur la vieillese.*
[a] C'est voir beaucoup de grandes choses dans deux petits poëmes, que j'ai d'ailleurs raison d'appeler deux chefs-d'œuvre. (N. ÉD.)
3. QUINTIL., lib. X, cap. I, p. 631.

trouble inexprimable. Sa morale étoit vraie, quoiqu'elle tendît un peu à éteindre l'enthousiasme du grand. Il disoit que la vertu habite des rochers escarpés, où l'homme ne sauroit atteindre sans être entraîné dans l'abîme[1]; qu'il n'y a point de perfection[2], qu'il faut plaindre et non censurer nos foiblesses; que nous ne vivons qu'un moment, mourons pour toujours, et que ce moment appartient aux plaisirs[3].

Si quelque chose peut nous donner une idée de ce mélange ineffable de religion et de mélancolie répandu dans les vers du poëte de Céos, ce sont les fragments qu'on va lire. M. de Fontanes peut être appelé avec justice le Simonide françois. Tout mon regret est de ne pouvoir insérer le morceau dans son entier. Malheureusement le plan de cet Essai ne le permet pas.

Le poëme est intitulé *Jour des Morts*, et retrace une fête de l'église romaine qui se célèbre le second jour de novembre de chaque année.

> Déjà du haut des cieux le cruel Sagittaire
> Avoit tendu son arc et ravageoit la terre;
> Les coteaux et les champs, et les prés défleuris,
> N'offroient de toutes parts que de vastes débris;
> Novembre avoit compté sa première journée.
> Seul alors, et témoin du déclin de l'année,
> Heureux de mon repos, je vivois dans les champs.
> Eh! quel poëte épris de leurs tableaux touchants,
> Quel sensible mortel des scènes de l'automne
> N'a chéri quelquefois la beauté monotone?
> Oh! comme avec plaisir la rêveuse douleur
> Le soir foule à pas lents ces vallons sans couleur,
> Cherche les bois jaunis, et se plaît au murmure
> Du vent qui fait tomber la dernière verdure!
> Ce bruit sourd a pour moi je ne sais quel attrait.
> Tout à coup si j'entends s'agiter la forêt,
> D'un ami qui n'est plus la voix longtemps chérie
> Me semble murmurer dans la feuille flétrie.
> Aussi c'est dans ces temps où tout marche au cercueil,
> Que la religion prend un habit de deuil;
> Elle en est plus auguste, et sa grandeur divine
> Croit encore à l'aspect de ce monde en ruine.

Ici se trouve la peinture du prêtre, pasteur vénérable, qui console le vieillard mourant et soulage le pauvre affligé. L'homme

---

1. Plat., *in Protag.* 2. *Id., ibid.*
3. Stob., *Serm.* xcvi. — J'ai entre les mains quelques poésies de Simonide qui ne valent pas la peine d'être connues, ou n'ont aucun rapport avec mon sujet. J'apprends à l'instant qu'une traduction françoise de ce poëte vient d'arriver en Angleterre. J'ignore ce qu'elle contient, et si le traducteur a trouvé de nouveaux fragments.

juste se rend ensuite au temple. Après un discours analogue à la cérémonie,

> Il dit, et prépare l'auguste sacrifice.
> Tantôt ses bras étendus montroient le ciel propice;
> Tantôt il adoroit humblement incliné.
> O moment solennel ! Ce peuple prosterné,
> Ce temple dont la mousse a couvert les portiques,
> Ses vieux murs, son jour sombre et ses vitraux gothiques,
> Cette lampe d'airain qui, dans l'antiquité,
> Symbole du soleil et de l'éternité,
> Luit devant le Très-Haut, jour et nuit suspendue,
> La majesté d'un Dieu parmi nous descendue,
> Les pleurs, les vœux, l'encens, qui montent vers l'autel,
> Et de jeunes beautés qui, sous l'œil maternel,
> Adoucissent encor, par leur voix innocente,
> De la religion la pompe attendrissante;
> Cet orgue qui se tait, ce silence pieux,
> L'invisible union de la terre et des cieux,
> Tout enflamme, agrandit, émeut l'homme sensible;
> Il croit avoir franchi ce monde inaccessible
> Où sur des harpes d'or l'immortel Séraphin,
> Aux pieds de Jéhovah, chante l'hymne sans fin.
> C'est alors que sans peine un Dieu se fait entendre :
> Il se cache au savant, se révèle au cœur tendre;
> Il doit moins se prouver qu'il ne doit se sentir[1].

La foule, précédée de la croix, et mêlant ses chants sacrés au murmure lointain des tempêtes, marche vers l'asile des morts. Là la veuve pleure un époux, la jeune fille un amant, la mère un fils à la mamelle. Trois fois l'assemblée fait le tour des tombes; trois fois l'eau lustrale est jetée. Alors le peuple saint se sépare, les brouillards de l'automne s'entr'ouvrent, et le soleil reparoît dans les cieux[2].

Simonide eut une destinée à peu près semblable à celle des poëtes françois de nos jours. Il vit les deux régimes à Athènes : la monarchie sous les Pisistratides, et la république après leur expulsion. Témoin des victoires des Grecs sur les Perses, il les célébra dans des hymnes triomphales. Comblé des faveurs d'Hipparque, il l'avoit chanté, et il loua sans mesure les assassins de ce prince[3]. Les monarques tombés doivent s'attendre à plus d'ingratitude que

---

1. *Journal de Peltier*, n° XXI, vol. III, p. 273.
2. C'est un grand bonheur pour moi de retrouver jusque dans mon premier ouvrage la mémoire et le nom d'un homme qui devoit me devenir cher.
3. ÆLIAN., *Var. Hist.*, lib. VIII, cap. II.

les autres hommes, parce qu'ils ont conféré plus de bienfaits¹.

Cependant Anacréon et Simonide n'étoient pas les seuls poëtes qui eussent acquis l'immortalité. Toute la Grèce répétoit alors les vers de cette Sapho, si célèbre par ses vices et son génie. Il étoit encore donné à notre siècle de nous rappeler l'immoralité des goûts de la dixième muse. Je veux croire que ces mœurs ne se rencontroient pas parmi nous dans les rangs élevés, où la calomnie qui s'attache au malheur s'est plu à les peindre. Sapho eut encore une influence plus directe sur son siècle, en inspirant aux Lesbiennes l'amour des lettres². C'est ce qui fait naître les soupçons que l'ode suivante n'est pas propre à dissiper.

A SON AMIE.

Heureux qui près de toi pour toi seule soupire,
Qui jouit du plaisir de t'entendre parler,
Qui te voit quelquefois doucement lui sourire !
Les dieux dans son bonheur peuvent-ils l'égaler ?
Je sens de veine en veine une subtile flamme
Courir par tout mon corps sitôt que je te vois ;
Et, dans les doux transports où s'égare mon âme,
Je ne saurois trouver de langue ni de voix.
Un nuage confus se répand sur ma vue,
Je n'entends plus, je tombe en de douces langueurs ;
Et pâle, sans haleine, interdite, éperdue,
Un frisson me saisit, je tremble, je me meurs³.

Je déplorois, avec un bien bon ami, homme de toutes sortes de mérites, cette malheureuse flexibilité d'opinion qui a quelquefois obscurci les plus grandes qualités. Il me fit cette réflexion, qui prouve autant sa sensibilité que l'excellence de sa raison : « Ceux qui s'occupent de littérature, me dit-il, sont jugés trop rigoureusement du reste de la société. Nés avec une âme plus tendre, ils doivent être plus vivement affectés. De là le rapide changement de leurs idées, de leurs amours, de leurs haines, si surtout l'objet nouveau a quelque apparence de grandeur. D'ailleurs, la plupart sont pauvres, *et la première loi est de vivre.* » Encore une fois, j'ai professé trop respect pour les gens de lettres. Si j'avois eu l'intention de faire quelque application particulière (ce qui est bien loin de ma pensée), je n'eusse pas choisi l'article de M. de Fontanes, qui, dans les courts instants où j'ai eu le bonheur de le connoître, m'a paru avoir un caractère aussi pur que ses talents.

2. Suid., *in Sappho*. 3. Despr., *traduct. de Longin.*

Note de l'exemplaire confidentiel. — Fontanes m'a fait faire un dîner fort gai dans ma vie : nous étions pour convives moi, Ginguené, Flins, le chevalier de Parny ; La Harpe, qui prétendoit qu'il n'alloit plus à ces parties de *jeunes gens*, nous avoit envoyé sa *femme*. Mᵐᵉ du Fresnoy, la *poëtesse* et la maîtresse de Fontanes, y étoit ; et ce qu'il y a de bien françois, c'est que le mari y étoit aussi et qu'il ne s'apercevoit de rien. Grande chère, bon vin, pas trop *poëtes* : cependant nous ne pûmes nous empêcher de l'être *un peu*.

Opposons à ce fragment de la muse de Mitylène un passage du seul poëte élégiaque que la France ait encore produit[1]. Les mœurs des peuples se peignent souvent aussi bien dans des sonnets d'amour que dans des livres de philosophie.

DÉLIRE.

Il est passé, ce moment des plaisirs
Dont la vitesse a trompé mes désirs ;
Il est passé ! Ma jeune et tendre amie,
Ta jouissance a doublé mon bonheur.
Ouvre tes yeux noyés dans la langueur,
Et qu'un baiser te rappelle à la vie.
. . . .
Éléonore, amante fortunée,
Reste à jamais dans mes bras enchaînée.
. . . .
Pardonne tout, et ne refuse rien,
Éléonore, Amour est mon complice.
Mon corps frissonne en s'approchant du tien.
Plus près encor, je sens avec délice
Ton sein brûlant palpiter sous le mien.
Ah ! laisse-moi, dans mes transports avides,
Boire l'amour sur tes lèvres humides.
Oui, ton haleine a coulé dans mon cœur,
Des voluptés elle y porte la flamme ;

---

1. Je ne parle ni du chevalier de Bertin, ni de M. Lebrun, les élégies de ce dernier poëte n'étant pas encore publiées lorsque je quittai la France *. Je ne sais si elles l'ont été depuis.

* Lebrun est mort, et ses *Élégies* ont été publiées par M. Ginguené. (N. ÉD.)

Note de l'exemplaire confidentiel. — Le chevalier de Parny est grand, mince, le teint brun, les yeux noirs, enfoncés et fort vifs : nous étions liés. Il n'a pas de douceur dans la conversation. Un soir nous passâmes cinq heures ensemble, et il me parla d'Éléonore. Lorsqu'il étoit près de quitter l'île de France, lors de son dernier voyage, Éléonore lui envoya une négresse pour le prier d'aller la voir. Cette négresse étoit la même qui l'avoit introduit en de plus doux rendez-vous. Le vaisseau qui devoit ramener Parny en Europe étoit à l'ancre ; il devoit partir dans la nuit. Qu'on juge des sensations que l'amant d'Éléonore dut éprouver, lorsque après douze ans de silence il reçut ce message, au moment de son départ, par cette négresse ! Que de souvenirs ! Éléonore étoit blonde, assez grande, non belle, mais attrayante, mais respirant la volupté. Au reste, Parny m'a dit que les sites décrits par Saint-Pierre dans *Paul et Virginie* étoient faux ; mais Parny envioît Bernardin.

> Objet charmant de ma tendre fureur,
> Dans ce baiser reçois toute mon âme [1].

Je laisse à décider au lecteur qui, du Tibulle de la France ou de l'amante de Phaon, a peint la passion avec plus d'ivresse. Les deux poëtes semblent avoir fait couler dans leurs vers la flamme de ces soleils sous lesquels ils prirent naissance [2].

Il eût été curieux de voir comment Alcée, chassé de Mitylène par une révolution, chantoit les malheurs de l'exil et de la tyrannie [3]. Malheureusement il ne nous reste rien de ce poëte.

Le fabuliste Ésope florissoit aussi dans cet âge célèbre. Passant un jour à Athènes et trouvant les citoyens impatients sous le joug de Pisistrate, il leur dit :

Les grenouilles, s'ennuyant de leur liberté, demandèrent un roi à Jupiter. Celui-ci se moqua de leur folle prière. Elles redoublèrent d'importunité, et le maître de l'Olympe se vit contraint de céder à leurs clameurs. Il leur jeta donc une poutre qui fit trembler tout le marais dans sa chute. Les grenouilles, muettes de terreur, gardèrent d'abord un profond silence; ensuite elles osèrent saluer le nouveau prince et s'approcher de lui toutes tremblantes. Bientôt elles passèrent de la crainte à la plus indécente familiarité. Elles sautèrent sur le monarque, insultant à son peu d'esprit et à sa vertu tranquille. Nouvelles demandes à Jupiter. Cette fois-ci il leur envoya une cigogne, qui, se promenant dans ses domaines, se mit à croquer tous ceux de ses sujets qui se présentèrent. Alors ce furent les plaintes les plus lamentables. Le souverain des dieux refusa de les entendre :.... il voulut que les grenouilles gémissent sous un tyran, puisqu'elles n'avoient pu souffrir un bon roi [4].

Oh! comme toute la vérité de cette fable tombe sur le cœur d'un François! comme c'est là notre histoire!

Outre son immortel fabuliste, la France en compte un autre, qui a vu de près les malheurs de la révolution. M. de Nivernois n'a ni la simplicité d'Ésope ni la naïveté de La Fontaine; mais son style est plein de raison et d'élégance; on y retrouve le vieillard et l'homme de bonne compagnie.

LE PAPILLON ET L'AMOUR.

FABLE.

> Le papillon se plaignoit à l'Amour :
> Voyez, lui disoit-il un jour,

---

1. *Œuvres du chevalier de Parny*, t. I, *Poésies érot.*, liv. III, p. 80.
2. M. de Parny est né à l'île Bourbon.
3. Horat., lib. II, *Od.* XIII.   4. Ésop., *Fab.* XIX.

Voyez quel caprice est le vôtre !
Si jamais le destin a fait
Deux êtres vraiment l'un pour l'autre,
C'est vous et moi : le rapport est complet
Entre nous deux ; même allure est la nôtre,
Convenez-en de bonne foi.
Qui devroit donc, si ce n'est moi,
Guider de votre char la course vagabonde ?
Mais vous prenez pour cet emploi
Le seul oiseau constant qui soit au monde.
Laissez le pigeon roucouler
Avec l'Hymen, et daignez m'atteler
A votre char ; et qu'au gré du caprice
On nous voie ensemble voler ;
Car ainsi le veut la justice.
Ami, répond l'Amour, tu raisonnes fort bien ;
Je t'aime, et, je le sais, notre humeur se ressemble
Mais gardons-nous de nous montrer ensemble
Alors nous ne ferions plus rien.
Le vrai bonheur n'est que dans la constance ;
Et mes pigeons l'annoncent aux mortels :
Je les séduis par l'apparence ;
Si je ne les trompois, je n'aurois plus d'autels [1] [a].

Il est temps de donner au lecteur une relique précieuse de littérature. Comme législateur, Solon [2] est connu du monde entier ; comme poëte, il ne l'est que d'un petit nombre de gens de lettres. Il nous reste plusieurs fragments de ses élégies. Je vais les traduire ou les extraire, selon leur mérite ou leur médiocrité.

Illustres filles de Mnémosyne et de Jupiter Olympien ! Muses habitantes du mont Piérus ! écoutez ma prière. Faites que les dieux immortels m'envoient le bonheur ; que je possède l'estime de l'honnête homme. Pour mes amis toujours aimable et enjoué, que pour mes ennemis mon caractère soit triste et sévère : qu'aux uns je paroisse respectable, aux autres terrible.

Un peu d'or satisferoit mes désirs ; mais je ne voudrois pas qu'il fût le prix de l'injustice : tôt ou tard elle est punie. Les richesses que les dieux dispensent sont durables ; celles que les hommes amassent... les suivent, pour ainsi

---

1. *Journal de Peltier*, n° LXXIII.

[a] Ces vers ont une sorte d'élégance, mais ils ne valoient pas la peine d'être rappelés. Et à propos de quoi toutes ces citations de poëtes élégiaques, ce cours de littérature anacréontique ? A propos de la révolution françoise. (N. ÉD.)

2. J'aurois dû avertir plus tôt que l'ordre des dates n'a pas été strictement suivi dans ce chapitre. La succession naturelle des poëtes étoit : Alcée, Sapho, Ésope, Solon, Anacréon, Simonide. Des convenances de style m'ont obligé à faire ce léger changement, qui, au reste, doit être indifférent au lecteur.

dire, à regret, et se perdent bientôt dans les malheurs... Le triomphe du crime s'évanouit : Dieu est la fin de tout.

Semblable au vent qui trouble, jusque dans les profondeurs de l'abîme, les vastes ondes de la mer; au vent qui, après avoir ravagé les campagnes, s'élève tout à coup dans les cieux, séjour des immortels, et y fait renaître une sérénité inattendue, le soleil, dans sa mâle beauté, sourit amoureusement à la terre virginale, et les nuages brisés se dissipent : telle est la vengeance de Jupiter...

Toi qui caches le crime dans ton cœur, ne crois pas demeurer toujours inconnu. Immédiat ou suspendu, le châtiment marche à ta suite. Si la justice céleste ne peut t'atteindre, un jour viendra que tes enfants innocents porteront la peine des forfaits de leur père coupable. Hélas! tous tant que nous sommes, vertueux ou méchants, notre propre opinion nous semble toujours la meilleure, jusqu'à ce qu'elle nous soit fatale. Alors nous nous plaignons des dieux, parce que nous avions nourri de folles espérances !

. . . .

Le poëte continue à peindre l'imbécillité humaine : le malade incurable croit guérir, le pauvre attend des richesses ; les uns s'exposent sur les flots, d'autres déchirent le sein de la terre, etc.

La destinée dispense et les biens et les maux ; nous ne pouvons nous soustraire à ce qu'elle nous réserve. Il y a du danger dans les meilleures actions. Souvent les projets du sage échouent, et ceux de l'insensé réussissent.

. . . .

Le passage suivant est extrêmement intéressant, en ce qu'il peint l'état moral d'Athènes au moment de sa révolution.

La ville de Minerve ne périra jamais par l'ordre des destinées; mais elle sera renversée par ses propres citoyens. Peuple et chefs insensés, qui ne pouvez ni rassasier vos désirs ni jouir en paix de vos richesses, méritez vos malheurs à force de crimes !... Sans respect pour le droit sacré des propriétés, ou pour les trésors publics, chacun s'empresse de spolier le bien de l'État, insouciant des saintes lois de la justice. Celle-ci, cependant, dans le silence, compte les événements passés, observe le présent, et arrive à l'heure marquée pour la punition du crime. Voilà la première cause des maux de l'État : c'est là ce qui le fait tomber dans l'esclavage ; ce qui allume le feu de la sédition et réveille la guerre qui dévore la jeunesse. Hélas! la chère patrie est soudain accablée d'ennemis; des batailles, sources de pleurs, se livrent et sont perdues; le peuple indigent est vendu dans la terre de l'étranger, et indignement chargé de fers.

. . . .

Solon finit par exhorter ses concitoyens à changer de mœurs, et recommande surtout la justice : « Cette mère des bonnes actions, qui tempère les choses violentes, prévient l'exaltation, corrige les lois, réprime l'enthousiasme, et retient le torrent de la sédition dans des bornes[1]. »

Ces élégies politiques (qu'on me passe l'expression) sont accompagnées de quelques autres pièces de poésie d'une teinte différente. Le morceau sur l'homme, rapproché des stances de Jean-Baptiste Rousseau, offrira une comparaison piquante :

Jupiter donne les dents à l'homme dans les sept premières années de sa vie. Avant qu'il ait parcouru sept autres années il annonce sa virilité. Durant la période suivante ses membres se développent et un duvet changeant ombrage son menton. La quatrième époque le voit dans toute sa vigueur et fait éclater son courage. La cinquième l'engage à solenniser la pompe nuptiale et à se créer une postérité. Dans la sixième son génie se plie à tout, et ne se refuse qu'aux ouvrages grossiers du manœuvre. Dans la septième il acquiert le plus haut degré de sagesse et d'éloquence. La huitième y ajoute la pratique des hommes. A la neuvième commence son déclin. Que si quelqu'un parcourt les sept derniers ans de sa carrière, qu'il reçoive la mort sans l'accuser de l'avoir surpris[1].

ODE SUR L'HOMME.

Que l'homme est bien pendant sa vie
Un parfait miroir de douleurs !
Dès qu'il respire, il pleure, il crie,
Et semble prévoir ses malheurs.

Dans l'enfance, toujours des pleurs :
Un pédant, porteur de tristesse,
Des livres de toutes couleurs,
Des châtiments de toute espèce.

L'ardente et fougueuse jeunesse
Le met encore en pire état :
Des créanciers, une maîtresse,
Le tourmentent comme un forçat.

Dans l'âge mûr, autre combat :
L'ambition le sollicite ;
Richesses, honneurs, faux éclat,
Soin de famille, tout l'agite.

---

1. *Poet. Minor. Græc.*, p. 427.   2. *Ibid.*, p. 431.

> Vieux, on le méprise, on l'évite;
> Mauvaise humeur, infirmité,
> Toux, gravelle, goutte et pituite,
> Assiègent sa caducité.
>
> Pour comble de calamité,
> Un directeur s'en rend le maître.
> Il meurt enfin peu regretté.
> C'étoit bien la peine de naître[1] !

Solon et Jean-Baptiste n'ont pas dû représenter le même homme : ils se servoient de différents modèles. L'un travailloit sur le beau antique, l'autre d'après les formes gothiques de son siècle. Leurs pinceaux se sont remplis de leurs souvenirs.

Il me reste une chose pénible à dire. Le sévère auteur des lois contre les mauvaises mœurs, le restaurateur de la vertu dans sa patrie, Solon enfin, avoit pollué la sainteté du législateur par la licence de sa muse: Le temps a dévoré ces écrits, mais la mémoire s'en est conservée avec soin. Quelques lignes, qui bien qu'innocentes décèlent le goût des plaisirs, ont été avidement recueillies.

« Pour toi, commande longtemps dans ces lieux. . . . .
. . . .
Mais que Vénus, au sein parfumé de violettes, me fasse monter sur un vaisseau léger et me renvoie de cette île célèbre. Qu'en faveur du culte que je lui ai rendu elle m'accorde un prompt retour dans ma patrie.
. . . .

---

1. J.-B. Rousseau, t. I, *Od.*, liv. I. — Si je cite quelquefois des morceaux qui semblent trop connus, on doit se rappeler qu'il s'agit moins de poésies nouvelles que de saisir ce qui peut mener à la comparaison des temps et jeter du jour sur la révolution; que, par ailleurs, j'écris dans un pays étranger.

Note de l'exemplaire confidentiel. — Le Brun a toutes les qualités du lyrique; ses yeux sont âpres, ses tempes chauves, sa taille élevée; il est maigre, pâle, et quand il récite son *Exegi monumentum* on croiroit entendre Pindare aux jeux olympiques. Le Brun ne s'endort jamais qu'il n'ait composé quelques vers, et c'est toujours dans son lit, entre trois et quatre heures du matin, que l'esprit divin le visite. Quand j'allois le voir le matin, je le trouvois entre trois ou quatre pots sales, avec une vieille servante qui faisoit son ménage. « Mon ami, me disoit-il, ah! j'ai fait cette nuit quelque chose. Oh! si vous l'entendiez! » Et il se mettoit à *tonner* sa strophe, tandis que son perruquier, qui enrageoit, lui disoit : « Monsieur, tournez donc la tête; » et avec ses deux mains il inclinoit la tête de Le Brun, qui oublioit bientôt le perruquier et recommençoit à gesticuler et à déclamer.

« Les présents de Vénus et de Bacchus me sont chers, de même que ceux des muses qui inspirent d'aimables folies[1][a]. »

C'est ainsi que l'auteur du *Contrat social* et de l'*Émile* a pu écrire :

« Oh! mourons, ma douce amie! mourons, la bien-aimée de mon cœur! Que faire désormais d'une jeunesse insipide dont nous avons épuisé toutes les délices?. . . . .
Non, ce ne sont point ces transports que je regrette le plus. . . . . .
. . . .
Rends-moi cette étroite union des âmes que tu m'avois annoncée, et que tu m'as si bien fait goûter; rends-moi cet abattement si doux, rempli par les effusions de nos cœurs; rends-moi ce sommeil enchanteur trouvé sur ton sein; rends-moi ce réveil plus délicieux encore, et ces soupirs entrecoupés, et ces douces larmes, et ces baisers qu'une voluptueuse langueur nous faisoit lentement savourer, et ces gémissements si tendres durant lesquels tu pressois sur ton cœur ce cœur fait pour s'unir à lui[2]! »
. . . .

Bon jeune homme qui lis ceci, et dont les yeux brillent de larmes à cet exemple de la fragilité humaine, cultive cette précieuse sensibilité, la marque la plus certaine du génie. Pour toi, homme parfait, que je vois dédaigneusement sourire, descends dans ton intérieur, applaudis-toi seul, si tu peux, de ta supériorité : je ne veux de toi ni pour ami ni pour lecteur[3].

---

1. *Poet Minor. Græc.*, p. 431-33.

[a] Ces fragments des poésies de Solon, bien qu'ils soient assurément très-étrangers à la matière, ont un certain intérêt. Cette imbécile opinion moderne, née de l'envie pour consoler la médiocrité, que les talents littéraires sont séparés des talents politiques, se trouve encore repoussée par l'exemple de Solon. Le poëte n'a rien ôté au grand législateur, pas plus qu'il n'a ôté à Xénophon la science politique, à Cicéron l'éloquence, à César la vertu guerrière. Qui fut plus homme de lettres que le cardinal de Richelieu? L'auteur de l'*Esprit des Lois* est aussi l'auteur du *Temple de Gnide*; le grand Frédéric employoit plus de temps à faire des vers qu'à gagner des batailles, et le principal ministre d'Angleterre, aujourd'hui M. Canning, est un poete. (N. ÉD.)

2. *Nouv. Hél.*, t. II, première partie, p. 117.

3. Ne croiroit-on pas lire une de ces apostrophes grotesques que Diderot introduisoit dans l'*Histoire des deux Indes*, sous le nom de l'abbé Raynal? « O rivage d'Adjinga! tu n'es rien! mais tu as donné naissance à Élisa, etc. » (N. ÉD.)

CHAPITRE XXIII.

POÉSIE A SPARTE. PREMIER CHANT DE TYRTÉE ;
LE BRUN. SECOND CHANT DE TYRTÉE ; HYMNE DES MARSEILLOIS.
CHOEUR SPARTIATE ; STROPHES DES ENFANTS.
CHANSON EN L'HONNEUR D'HARMODIUS ;
ÉPITAPHE DE MARAT.

Tandis que Pisistrate et ses fils cherchoient par les beaux-arts à corrompre les Athéniens pour les asservir, les mêmes talents servoient à maintenir les mœurs à Lacédémone. C'est ainsi que le vice et la vertu savent faire un différent usage des présents du ciel.

Les vers de Tyrtée, qui commandoient autrefois la victoire, étoient encore redits par les Spartiates. Ils méritent toute la réputation dont ils jouissent. Rien de plus beau, de plus noble, que les fragments qui nous en restent. Je m'empresse de les donner au lecteur.

PREMIER CHANT GUERRIER.

. . . .
« Celui-là est peu propre à la guerre qui ne peut d'un œil serein voir le sang couler et ne brûle d'approcher l'ennemi. La vertu guerrière reçoit la couronne la plus éclatante ; c'est celle qui illustre un héros. Vraiment utile à son pays est le jeune homme qui s'avance fièrement au premier rang, y reste sans s'étonner, bannit toute idée d'une fuite honteuse, se précipite au-devant du danger, et, prêt à mourir, fait face à l'ennemi le plus proche de lui : vraiment excellent, vraiment utile est ce jeune homme. Les phalanges redoutables s'évanouissent devant lui : il détermine par sa valeur le torrent de la victoire. Mais si, le bouclier percé de mille traits, si, la poitrine couverte de mille blessures, il tombe sur le champ de bataille, quel honneur pour sa patrie, ses concitoyens, son père ! Jeunes et vieux, tous le pleurent. Il emporte avec lui l'amour d'un peuple entier. Sa tombe, ses enfants, sa postérité même la plus reculée attirent le respect des hommes. Non, il ne meurt point, le héros sacrifié à la patrie : il est immortel[1] ! . . . . . . »

Ce morceau est sublime. Il n'y a là ni fausse chaleur, ni torture de mots, ni toute cette enflure moderne dont Voltaire commençoit déjà à se plaindre[2], et que les La Harpe, et après lui plusieurs littérateurs

---

1. *Poet. Minor. Græc.*, p. 434.
2. VOLTAIRE, *Lettres à l'abbé d'Olivet sur sa Prosodie.*

distingués [1], cherchèrent en vain à contenir. Les François ont aussi célébré leurs combats. Voici comment M. Le Brun a chanté les victoires de la république :

CHANT DU BANQUET RÉPUBLICAIN,

POUR LA FÊTE DE LA VICTOIRE.

O jour d'éternelle mémoire,
Embellis-toi de nos lauriers !
Siècles! vous aurez peine à croire
Les prodiges de nos guerriers,
L'ennemi disparu fuit ou boit l'onde noire.

Sous des lauriers que Bacchus a d'attraits !
Enivrons, mes amis, la coupe de la gloire
D'un nectar pétillant et frais
Buvons, buvons à la Victoire,
Fidèle amante des François.
Buvons, buvons à la Victoire.

Liberté, préside à nos fêtes ;
Jouis de nos brillants exploits.
Les Alpes ont courbé leurs têtes,
Et n'ont pu défendre les rois :
L'Éridan conte aux mers nos rapides conquêtes.
Sous des lauriers que Bacchus a d'attraits ! etc.

L'Adda, sur ses gouffres avides,
Offre un pont de foudres armé :
Mars s'étonne! mais nos Alcides
Dévorent l'obstacle enflammé.
La Victoire a pâli pour ces cœurs intrépides.
Sous des lauriers que Bacchus a d'attraits ! etc.

Tout cède au bras d'un peuple libre,
Les rochers, les torrents, le sort ;
De ces coups dont gémit le Tibre,
Le Sud épouvante le Nord ;
Des balances de Pitt nous rompons l'équilibre.
Sous des lauriers que Bacchus a d'attraits ! etc.

Sa gaîté, fille du courage,
Par un sourire belliqueux

---

1. MM. Flins et Fontanes, dans *Le Modérateur;* M. Ginguené, dans *Le Moniteur*, et maintenant les rédacteurs de plusieurs feuilles périodiques qui paroissent rédigées avec élégance et pureté.

>   Déconcerte la sombre rage
>   De l'Anglois morne et ténébreux ;
>   Le François chante encore en volant au carnage.
>   Sous des lauriers que Bacchus a d'attraits ! etc.
>
>   Rival de la flamme et d'Éole,
>   Le François triomphe en courant :
>   Pareil à la foudre qui vole,
>   Il renverse l'aigle expirant ;
>   Le despote sacré tombe du Capitole.
>   Sous des lauriers que Bacchus a d'attraits ! etc.
>
>   . . . .
>
>   Sous la main de nos Praxitèles,
>   Respirez, marbres de Paros !
>   Muses, vos lyres immortelles
>   Nous doivent l'hymne des héros.
>   Il faut de nouveaux chants pour des palmes nouvelles.
>   Sous des lauriers que Bacchus a d'attraits ! etc. [1] [a].

Dans le second chant de Tyrtée qu'on va lire, ce poëte a déployé toutes les ressources de son génie. A la fois pathétique et élevé, son vers gémit avec la patrie ou brûle de tous les feux de la guerre. Pour exciter le jeune héros à la défense de son pays, il appelle toutes les passions, touche toutes les cordes du cœur. Ce fut sans doute un pareil chant qui ramena une troisième fois à la charge les Lacédémoniens vaincus, et leur fit conquérir la victoire, en dépit de la destinée.

SECOND CHANT GUERRIER.

« Qu'il est beau de tomber au premier rang en combattant pour la patrie ! Il n'est point de calamité pareille à celle du citoyen forcé d'abandonner son pays. Loin des doux lieux qui l'ont vu naître, avec une mère chérie, un père accablé sous le poids des ans, une jeune épouse et de petits enfants entre ses bras, il erre en mendiant un pain amer dans la terre de l'étranger. Objet du mépris des hommes, une odieuse pauvreté le ronge. Son nom s'avilit ; ses formes, jadis si belles, s'altèrent ; une anxiété intolérable, un mal intérieur s'attache à sa poitrine. Bientôt il perd toute pudeur, et son front ne sait plus rougir. Ah ! mourons s'il le faut pour notre terre natale, pour notre famille, pour la liberté ! Héros de Sparte, combattons étroitement serrés. Qu'aucun

---

1. Pelt., *Journ.*, n° LX, p. 484.

[a] Ce chant est véritablement un lieu commun. Sa médiocrité est d'autant plus **frappante**, qu'il est placé entre deux admirables chants de Tyrtée. (N. ÉD.)

de vous ne se livre à la crainte ou à la fuite. Prodigues de vos jours, dans une fureur généreuse précipitez-vous sur l'ennemi. Gardez-vous d'abandonner ces vieillards, ces vétérans, dont l'âge a roidi les genoux. Quelle honte si le père périssoit plus avant que le fils dans la mêlée, de le voir avec sa tête chenue, sa barbe blanche, se débattant dans la poussière et, lorsque l'ennemi le dépouille, couvrir encore de ses foibles mains sa nudité sanglante! Ce vieillard est en tout semblable aux jeunes guerriers; il brille des fleurs de l'adolescence. Vivant, il est adoré des femmes et des hommes; mort, on lui décerne une couronne. O Spartiates! marchons donc à l'ennemi. Marchons le pas assuré, chaque héros ferme à son poste et se mordant les lèvres [1]. »

L'hymne des Marseillois [2] n'est pas vide de tout mérite. Le lyrique a eu le grand talent d'y mettre de l'enthousiasme sans paroître ampoulé. D'ailleurs cette ode républicaine vivra, parce qu'elle fait époque dans notre révolution. Enfin, elle mena tant de fois les François à la victoire, qu'on ne sauroit mieux la placer qu'auprès des chants du poëte qui fit triompher Lacédémone. Nous en tirerons cette leçon affligeante : que dans tous les âges les hommes ont été des machines qu'on fait égorger avec des mots :

HYMNE DES MARSEILLOIS.

Allons, enfants de la patrie,
Le jour de gloire est arrivé.
Contre nous de la tyrannie
L'étendard sanglant est levé.
Entendez-vous dans les campagnes
Mugir ces féroces soldats?
Ils viennent jusque dans nos bras
Égorger nos fils, nos compagnes.
Aux armes, citoyens! formez vos bataillons.
Marchez, qu'un sang impur abreuve nos sillons!

CHŒUR.

Marchons, qu'un sang impur abreuve nos sillons!

---

1. *Poet. Minor. Græc.*, p. 441.
2. Je crois que l'auteur de cet hymne s'appelle M. de Lisle. Ce n'est pas le traducteur des *Géorgiques* *.

* On voit par cette note combien les choses les plus connues en France étoient ignorées en Angleterre pendant les guerres de la révolution. Ce n'est pas la poésie, c'est la musique qui fera vivre l'hymne révolutionnaire. Pour couronner tant de parallèles extravagants, il ne restoit plus qu'à comparer le chant en l'honneur des libérateurs de la Grèce à l'épitaphe de Marat. (N. ÉD.)

Que veut cette horde d'esclaves,
De traîtres, de rois conjurés?
Pour qui ces ignobles entraves,
Ces fers dès longtemps préparés?
François, pour nous : ah! quel outrage!
Quels transports il doit exciter!
C'est nous qu'on ose méditer
De rendre à l'antique esclavage!

Aux armes, citoyens! etc.

Quoi! des cohortes étrangères
Feroient la loi dans nos foyers!
Quoi! ces phalanges mercenaires
Terrasseroient nos fiers guerriers!
Grand Dieu! par des mains enchaînées
Nos fronts sous le joug se ploiroient!
De vils despotes deviendroient
Les maîtres de nos destinées!

Aux armes, citoyens! etc.

Tremblez, tyrans, et vous, perfides,
L'opprobre de tous les partis!
Tremblez! vos projets parricides
Vont enfin recevoir leur prix.
Tout est soldat pour vous combattre.
S'ils tombent, nos jeunes héros,
La terre en produit de nouveaux,
Contre vous tout prêts à se battre.

Aux armes, citoyens! etc.

. . . .

Amour sacré de la patrie,
Conduis, soutiens nos bras vengeurs.
Liberté! Liberté chérie!
Combats avec tes défenseurs!
Sous nos drapeaux que la victoire
Accoure à tes mâles accents;
Que tes ennemis expirants
Voint ton triomphe et notre gloire.

Aux armes, citoyens! formez vos bataillons.
Marchez, qu'un sang impur abreuve nos sillons!

CHŒUR.

Marchez, qu'un sang impur abreuve nos sillons!

Aux fêtes de Lacédémone, les citoyens chantoient en chœur :

LES VIEILLARDS.

Nous avons été jadis
Jeunes, vaillants et hardis.

LES HOMMES FAITS.

Nous le sommes maintenant,
A l'épreuve à tout venant.

LES ENFANTS.

Et nous un jour le serons,
Qui bien vous surpasserons [1].

C'est de là que les François ont pu emprunter l'idée de la strophe des enfants, ajoutée à l'hymne des Marseillois :

Nous entrerons dans la carrière
Quand nos aînés ne seront plus.
Nous y trouverons leur poussière
Et la trace de leurs vertus.
Bien moins jaloux de leur survivre
Que de partager leur cercueil,
Nous aurons le sublime orgueil
De les venger ou de les suivre [2].

Si les François paroissent l'emporter ici, à Sparte on voit les citoyens, à Paris le poëte.

Nous finirons cet article par les vers qu'on chantoit en l'honneur des assassins d'Hipparque, en Grèce, et par l'épitaphe que les François ont écrite à la louange de Marat. La misère et la méchanceté des hommes se plaisent à répéter les noms qui rappellent les malheurs des princes : la première y trouve une espèce de consolation ; la seconde se repaît des calamités étrangères : il n'y a qu'un petit nombre d'êtres obscurs qui pleurent et se taisent.

CHANSON

EN L'HONNEUR D'HARMODIUS ET D'ARISTOGITON.

Je porterai mon épée couverte de feuilles de myrte, comme firent Harmodius et Aristogiton, quand ils tuèrent le tyran et qu'ils établirent dans Athènes l'égalité des lois.

---

1. PLUT., *in Lyc.*, traduct. d'Amyot.
2. Dʳ MOORE'S *Journ.* — A la fête de l'Être-Suprême on ajouta encore plusieurs autres strophes pour les vieillards, les femmes, etc. On peut voir *Le Moniteur* du 20 prairial (8 juin) 1793.

Cher Harmodius, vous n'êtes point encore mort : on dit que vous êtes dans les îles des bienheureux, où sont Achille aux pieds légers, et Diomède, ce vaillant fils de Tydée.

Je porterai mon épée couverte de feuilles de myrte, comme firent Harmodius et Aristogiton, quand ils tuèrent le tyran Hipparque dans le temps des Panathénées.

Que votre gloire soit immortelle, cher Harmodius, cher Aristogiton, parce que vous avez tué le tyran et établi dans Athènes l'égalité des lois[1].

ÉPITAPHE DE MARAT.

Marat, l'ami du peuple et de l'égalité,
Échappant aux fureurs de l'aristocratie,
Du fond d'un souterrain, par son mâle génie,
Foudroya l'ennemi de notre liberté.
Une main parricide osa trancher la vie
De ce républicain toujours persécuté.
    Pour prix de sa vertu constante,
    La nation reconnaissante
Transmit sa renommée à la postérité[2].

Je demande pardon au lecteur de lui rappeler l'idée d'un pareil monstre par des vers aussi misérables ; mais il faut connoître l'esprit des temps.

CHAPITRE XXIV.

PHILOSOPHIE ET POLITIQUE DES SAGES ; LES ENCYCLOPÉDISTES[a].
OPINION SUR LE MEILLEUR GOUVERNEMENT :
THALÈS, SOLON, PÉRIANDRE, ETC. ; J.-J. ROUSSEAU, MONTESQUIEU.
MORALE : SOLON, THALÈS ; LA ROCHEFOUCAULD, CHAMFORT.
PARALLÈLE DE J.-J. ROUSSEAU ET D'HÉRACLITE. LETTRE A DARIUS ;
LETTRE AU ROI DE PRUSSE.

Tandis que les beaux-arts commençoient à briller de toutes parts dans la Grèce, la politique et la morale marchoient de concert avec eux. Il s'étoit formé une espèce de compagnie connue sous le nom *des Sages*, de même que de nos jours, en France, nous avons vu l'association des Encyclopédistes. Mais les Sages de l'antiquité méritoient cette

---

1. *Voyage d'Anacharsis*, t. I, p. 362, note IV.
2. *Moniteur* du 18 novembre 1793.
[a] Les Sages de la Grèce et les Encyclopédistes! Ah! bon Dieu! (N. ÉD.)

appellation : ils s'occupoient sérieusement du bonheur des peuples, non de vains systèmes : bien différents des sophistes qui les suivirent, et qui ressemblèrent si parfaitement à nos philosophes.

A la tête des Sages paroissoit Thalès, de Milet, astronome et fondateur de la secte ionique[1]. Il enseignoit que l'eau est le principe matériel de l'univers, sur lequel Dieu a agi[2]. Ce fut lui qui jeta en Grèce les premières semences de cet esprit métaphysique, si inutile aux hommes, qui fit tant de mal à son pays dans la suite, et qui a depuis perdu notre siècle.

Chilon, Bias, Cléobule sont à peine connus. Pittacus et Périandre, malgré leurs vertus, consentirent à devenir les tyrans de leur patrie : le premier régna à Mitylène, le second à Corinthe. Peut-être pensoient-ils, comme Cicéron, que la souveraineté préexiste non dans le peuple, mais dans les grands génies.

Voici les opinions de ces philosophes sur le meilleur des gouvernements :

Selon Solon, c'est celui où la masse collective des citoyens prend part à l'injure offerte à l'individu ;

Selon Bias, celui où la loi est le tyran ;

Selon Thalès, celui où règne l'égalité des fortunes ;

Selon Pittacus, celui où l'honnête homme gouverne, et jamais le méchant ;

Selon Cléobule, celui où la crainte du reproche est plus forte que la loi ;

Selon Chilon, celui où la loi parle au lieu de l'orateur ;

Selon Périandre, celui où le pouvoir est entre les mains du petit nombre[3].

Montesquieu laisse cette grande question indécise. Il assigne les divers principes des gouvernements, et se contente de faire entendre qu'il donne la préférence à la monarchie limitée. « Comment prononcerois-je, dit-il quelque part, sur l'excellence des institutions, moi qui crois que l'excès de la raison est nuisible, et que les hommes s'accommodent mieux des parties moyennes que des extrémités[4] ? »

« Quand on demande, dit J.-J. Rousseau, quel est le meilleur gouvernement, on fait une question insoluble, comme indéterminée ; ou, si l'on veut, elle a autant de bonnes solutions qu'il y a de combinaisons possibles dans les positions absolues ou relatives des peuples[5]. »

---

1. Diog. Laert., *in Thal.*   2. Cicer., lib. I, *De Nat. Deor.*, n° xxv.
3. Plat., *in Conv. sept. Sap.*   4. *Esprit des Lois.*
5. *Contrat soc.*, liv. III, chap. IX.

Posons la morale des Sages :

« Qu'en tout la raison soit votre guide. Contemplez le beau. Dans ce que vous entreprenez, considérez la fin[1]. Il y a trois choses difficiles : garder un secret, souffrir un injure, employer son loisir. Visite ton ami dans l'infortune plutôt que dans la prospérité. N'insulte jamais le malheureux. L'or est connu par la pierre de touche ; et la pierre de touche de l'homme est l'or. Connois-toi[2]. Ne faites pas aux autres ce que vous ne voudriez pas qu'on vous fît. Sachez saisir l'occasion[3]. Le plus grand des malheurs est de ne pouvoir supporter patiemment l'infortune. Rapporte aux dieux tout le bien que tu fais. N'oublie pas le misérable[4]. Lorsque tu quittes ta maison, considère ce que tu as à faire ; quand tu y rentres, ce que tu as fait[5]. Le plaisir est de courte durée ; la vertu est immortelle. Cachez vos chagrins[6]. »

Montrons notre philosophie :

« Il n'est pas si dangereux de faire du mal à la plupart des hommes que de leur faire du bien[7]. Les rois font des hommes comme des pièces de monnoie, ils les font valoir ce qu'ils veulent ; et l'on est forcé de les recevoir selon leur cours et non pas selon leur véritable prix[8]. On aime mieux dire du mal de soi que de n'en point parler[9]. Il y a à parier que toute idée publique, toute convention reçue, est une sottise, car elle a convenu au plus grand nombre[10]. Les gens foibles sont les troupes légères des méchants ; ils font plus de mal que l'armée même, ils infestent, ils ravagent[11]. Il faut convenir que pour être homme en vivant dans le monde il y a des côtés de son âme qu'il faut entièrement *paralyser*[12]. C'est une belle allégorie dans la *Bible* que cet arbre de la science du bien et du mal qui produit la mort. Cet emblème ne veut-il pas dire que lorsqu'on a pénétré le fond des choses la perte des illusions amène la mort de l'âme, c'est-à-dire un désintéressement complet sur tout ce qui touche les autres hommes[13] ? »

1. Plut., *in Solon.*; Laert., lib. i, § xlvi; Demosth., *De fals. Leg.*
2. Laert., lib. ii, § lxviii-lxxv; Herod., lib. i, pag. 44.
3. Plut., *Conviv. Sap.*; Strabo, lib. xiii, pag. 599.
4. Laert., lib. i, § lxxxii; Val. Max., lib. iii, cap. iii.
5. Laert., *ibid.*
6. Id., *ibid.*, § lxxxix; Plut., *Conviv.*; Herod., lib. i, pag. 3.
7. La Rochefoucauld, *Max.* 8. Id., *Max.* clxv. 9. Id., *Max.* cxl.
10. Chamfort, *Maximes, etc.*, pag. 37. 11. Id., *ibid.* 12. Id., pag. 56.
13. Id., p. 13. — J'invite le lecteur à lire le volume des *Maximes* de Chamfort (formant le quatrième volume des Œuvres complètes), publié à Paris par M. Ginguené, homme de lettres lui-même et ami du malheureux académicien. La sensibilité, le tour original, la profondeur des pensées, en font un des plus intéressants comme un des meilleurs ouvrages de notre siècle. Ceux qui ont approché M. Chamfort savent qu'il avoit dans la conversation tout le mérite qu'on retrouve dans ses écrits. Je l'ai souvent vu chez M. Ginguené, et plus d'une fois il m'a fait passer d'heureux moments, lorsqu'il consentoit, avec une petite société choisie, à accepter un souper dans ma famille. Nous l'écoutions avec ce plaisir respectueux qu'on sent à entendre un homme de lettres

Solon, prévoyant le danger des spectacles pour les mœurs, disoit à Thespis : « Si nous souffrons vos mensonges, nous les retrouverons bientôt dans les plus saints engagements. »

Jean-Jacques écrivoit à d'Alembert :

. . . .

« Je crois qu'on peut conclure de ces considérations que l'effet moral des théâtres et des spectacles ne sauroit jamais être bon ni salutaire en lui-même, puisqu'à ne compter que leurs avantages, on n'y trouve aucune sorte d'utilité réelle sans inconvénients qui ne la surpassent. Or, par une suite de

supérieur. Sa tête étoit remplie d'anecdotes les plus curieuses, qu'il aimoit peut-être un peu trop à raconter. Comme je n'en retrouve aucune de celles que je lui ai entendu citer dans la dernière publication de ses ouvrages, il est à croire qu'elles ont été perdues par l'accident dont parle M. Ginguené. Une entre autres, qui peint les mœurs du siècle avant la révolution, m'a laissé un long souvenir : « Un homme de la cour (heureusement j'ai oublié son nom) s'amusoit sur les boulevards à nommer à sa belle-fille, jeune et pleine d'innocence, les courtisans qui passoient dans leurs voitures, en l'invitant à en prendre un pour amant, lui racontant leurs intrigues avec telle, telle ou telle femme de la société. Et vous croyez, ajouta Chamfort, qu'un pareil ordre moral pouvoit longtemps exister ? »

Chamfort étoit d'une taille au-dessus de la médiocre, un peu courbé, d'une figure pâle, d'un teint maladif. Son œil bleu, souvent froid et couvert dans le repos, lançoit l'éclair quand il venoit à s'animer. Des narines un peu ouvertes donnoient à sa physionomie l'expression de la sensibilité et de l'énergie. Sa voix étoit flexible, ses modulations suivoient les mouvements de son âme ; mais dans les derniers temps de mon séjour à Paris elle avoit pris de l'aspérité, et on y démêloit l'accent agité et impérieux des factions. Je me suis toujours étonné qu'un homme qui avoit tant de connoissance des hommes eût pu épouser si chaudement une cause quelconque. Ignoroit-il que tous les gouvernements se ressemblent ; que RÉPUBLICAIN et ROYALISTE ne sont que deux mots pour la même chose ? Hélas ! l'infortuné philosophe ne l'a que trop appris.

J'ai cru qu'un mot sur un homme aussi célèbre dans la révolution ne déplairoit pas au lecteur. La Notice que M. Ginguené a préfixée à l'édition des œuvres de son ami doit d'ailleurs satisfaire tous ceux qui aiment le correct, l'élégant, le chaste. Mais pour ceux qui, comme moi, connurent la liaison intime qui exista entre M. Ginguené et M. Chamfort, qu'ils logeoient dans la même maison et vivoient pour ainsi dire ensemble, cette Notice a plus que de la pureté. En n'écrivant qu'à la troisième personne M. Ginguené a été au cœur, et la douleur de l'ami, luttant contre le calme du narrateur, n'échappe pas aux âmes sensibles. Au reste, je dois dire qu'en parlant de plusieurs gens de lettres que je fréquentai autrefois je remplis pour eux ma tâche d'historien, sans avoir l'orgueil de chercher à m'appuyer sur leur renommée. Lorsque j'ai vécu parmi eux, je n'ai pu m'asseoir à leur gloire : je n'ai partagé que leur indulgence [*].

---

[*] Outre l'impertinence de la comparaison de quelques maximes spirituelles de Chamfort avec les maximes des Sages de la Grèce, il y a complète erreur dans le jugement que je porte ici de Chamfort lui-même. Je rétracte dans toute la maturité de mon âge ce que j'ai dit de cet homme dans ma jeunesse. Il me seroit même impossible aujourd'hui de concevoir mon premier jugement si je ne me souvenois de l'espèce d'empire qu'exerçoit sur moi toute renommée littéraire. (N. ÉD.)

son inutilité même, le théâtre, qui ne peut rien pour corriger les mœurs, peut beaucoup pour les altérer. En favorisant tous nos penchants, il donne un nouvel ascendant à ceux qui nous dominent. Les continuelles émotions qu'on y ressent nous énervent, nous affoiblissent, nous rendent plus incapables de résister à nos passions; et le stérile intérêt qu'on prend à la vertu ne sert qu'à contenter notre amour-propre sans nous contraindre à la pratiquer[1]. »

Après ces premiers sages nous trouvons Héraclite d'Éphèse, qui semble avoir été la forme originale sur laquelle la nature moula, parmi nous, le grand Rousseau. De même que l'illustre citoyen de Genève, le philosophe grec fut élevé sans maître[2], et dut tout à la vigueur de son génie. Comme lui, il connut la méchanceté de nos institutions, et pleura sur ses semblables[3]; comme lui, il crut les lumières inutiles au bonheur de la société[4]; comme lui encore, invité à donner des lois à un peuple, il jugea que ses contemporains étoient trop corrompus[5] pour en admettre de bonnes; comme lui enfin, accusé d'orgueil et de misanthropie, il fut obligé de se cacher dans les déserts[6], pour éviter la haine des hommes.

Il sera utile de rapprocher les lettres que ces génies extraordinaires écrivoient aux princes de leur temps.

Darius, fils d'Hystaspe, avoit invité Héraclite à sa cour. Le philosophe lui répondit :

HÉRACLITE, AU ROI DARIUS, FILS D'HYSTASPE, SALUT.

Les hommes foulent aux pieds la vérité et la justice. Un désir insatiable de richesse et de gloire les poursuit sans cesse. Pour moi, qui fuis l'ambition, l'envie, la vaine émulation attachée à la grandeur, je n'irai point à la cour de Suze, sachant me contenter de peu, et dépensant ce peu selon mon cœur[7].

AU ROI DE PRUSSE.

A Motiers-Travers, ce 30 octobre 1762.

SIRE, — Vous êtes mon protecteur, mon bienfaiteur, et je porte un cœur fait pour la reconnoissance; je veux m'acquitter avec vous si je puis.

Vous voulez me donner du pain : n'y a-t-il aucun de vos sujets qui en manque ?

---

1. Œuvr. compl. de Rousseau, Lettre à d'Alemb., t. XII.
2. Heracl. ap. Diog. Laert., lib. ix.
3. Id., ibid.   4. Id., ibid.   5. ibid.   6. Id., ibid.   7. Id., ibid.

Otez de devant mes yeux cette épée qui m'éblouit et me blesse; elle n'a que trop bien fait son service, et le sceptre est abandonné. La carrière des rois de votre étoffe est grande, et vous êtes encore loin du terme. Cependant le temps presse, et il ne vous reste pas un moment à perdre pour y arriver. Sondez bien votre cœur, ô Frédéric! Pourrez-vous vous résoudre à mourir sans avoir été le plus grand des hommes?

Puissé-je voir Frédéric, le juste et redouté, couvrir enfin ses États d'un peuple heureux dont il soit le père! et J.-J. Rousseau, l'ennemi des rois, ira mourir au pied de son trône.

Que Votre Majesté daigne agréer mon profond respect[1].

La noble franchise de ces deux lettres est digne des philosophes qui les ont écrites. Mais l'humeur perce dans celle d'Héraclite; celle de Jean-Jacques, au contraire, est pleine de mesure[a].

On se sent attendrir par la conformité des destinées de ces deux grands hommes, tous deux nés à peu près dans les mêmes circonstances, et à la veille d'une révolution, et tous deux persécutés pour leurs opinions. Tel est l'esprit qui nous gouverne : nous ne pouvons souffrir ce qui s'écarte de nos vues étroites, de nos petites habitudes. De la mesure de nos idées nous faisons la borne de celles des autres. Tout ce qui va au delà nous blesse. « Ceci est bien, ceci est mal, » sont les mots qui sortent sans cesse de notre bouche. De quel droit osons-nous prononcer ainsi? avons-nous compris le motif secret de telle ou telle action? Misérables que nous sommes, savons-nous ce qui est bien, ce qui est mal? Tendres et sublimes génies d'Héraclite et de Jean-Jacques! que sert-il que la postérité vous ait payé un tribut de stériles honneurs?... Lorsque, sur cette terre ingrate, vous pleuriez les malheurs de vos semblables, vous n'aviez pas un ami[b].

1. *Œuvr. compl. de Rousseau*, t. XXVII, pag. 206.

[a] Non, la lettre de Rousseau n'est point pleine de mesure: elle cache autant d'orgueil que celle d'Héraclite. Dire à un roi : « Faites du bien aux hommes, et à ce prix vous me verrez, » c'est s'estimer un peu trop. Frédéric, en donnant de la gloire à ses peuples, pouvoit trouver en lui-même une récompense pour le moins aussi belle que celle que lui offroit le citoyen de Genève. Que le talent ait la conscience de sa dignité, de son mérite, rien de plus juste; mais il s'expose à se faire méconnoître quand il se croit le droit de morigéner les peuples, ou de traiter avec familiarité les rois. (N. ÉD.)

[b] J'ai relu les ouvrages de Rousseau, afin de voir s'ils justifieroient au tribunal de ma raison mûrie et de mon goût formé l'enthousiasme qu'ils m'inspiroient dans ma jeunesse.

Je n'ai point retrouvé le sublime dans l'*Émile,* ouvrage d'ailleurs supérieurement écrit quant aux formes du style, non quant à la langue proprement dite; ouvrage où l'on rencontre quelques pages d'une rare éloquence, mais ouvrage de pure théorie, et de tout point inapplicable.

On sent plus dans l'*Émile* l'humeur du misanthrope que la sévérité du sage : la

Cherchons le résultat de ce tableau comparé des lumières. Voyons d'abord quelle différence se fait remarquer entre les définitions du meilleur gouvernement.

société y est jugée par l'amour-propre blessé; les systèmes du temps se reproduisent dans les pages même dirigées contre ces systèmes, et l'auteur déclame contre les mœurs de son siècle tout en participant à ces mœurs. L'ouvrage n'est ni grave par la pensée, ni calme par le style; il est sophistique sans être nouveau; les idées visent à l'extraordinaire, et sont pourtant d'une nature assez commune. En un mot, la vérité manque à ce traité d'éducation, ce qui fait qu'il est inutile et qu'il n'en reste presque rien dans la mémoire.

La *Profession de foi du vicaire savoyard*, qui fit tant de bruit, a perdu l'intérêt des circonstances : ce n'est aujourd'hui qu'un sermon socinien assez ennuyeux, qui n'a d'admirable que l'exposition de la scène. Les preuves de la spiritualité de l'âme sont bonnes, mais elles sont au-dessous de celles produites par Clarke.

Dans ses ouvrages politiques, Rousseau est clair, concis, ferme, logique, pressant en enchaînant les corollaires, qu'il déduit souvent d'une proposition erronée. Mais, tout attaché qu'il est au droit social de l'ancienne école, il le trouble par le mélange du droit de nature. D'ailleurs, les gouvernements ont marché, et la politique de Rousseau a vieilli.

Rousseau n'est définitivement au-dessus des autres écrivains que dans une soixantaine de lettres de *La Nouvelle Héloïse* (qu'il faut relire, comme je le fais à présent même, à la vue des rochers de Meillerie), dans ses *Rêveries* et dans ses *Confessions*. Là, placé dans la véritable nature de son talent, il arrive à une éloquence de passion inconnue avant lui. Voltaire et Montesquieu ont trouvé des modèles de style chez les écrivains du siècle de Louis XIV; Rousseau, et même un peu Buffon, dans un autre genre, ont créé une langue qui fut ignorée du grand siècle.

Il faut dire toutefois que Rousseau n'est pas aussi noble qu'il est brûlant, aussi délicat qu'il est passionné : le travail se fait sentir partout, et l'auteur s'aperçoit jusque dans l'amant. Rousseau est plus poétique dans les images que dans les affections; son inspiration vient plus des sens que de l'âme; il a peu de la flamme divine de Fénelon; il exprime les sentiments profonds, rarement les sentiments élevés : son génie est d'une grande beauté, mais il tient plus de la terre que du ciel.

Il y a aussi une espèce de monde qui échappe au peintre de Julie et de Saint-Preux : il est douteux qu'il eût pu composer un roman de chevalerie. Eût-il été capable de concevoir *Tancrède* et *Zaïre*? C'est ce que je n'oserois assurer, comme, à en juger par l'*Émile*, je ne saurois dire si Rousseau eût pu élever le monument imité de l'antique que nous a laissé l'archevêque de Cambray.

Rousseau ne peut écrire de suite quelques pages sans que son éducation négligée et les habitudes [de la société inférieure où il passa la première et la plus grande partie de sa vie ne se décèlent. Il prend souvent aussi la familiarité pour la simplicité : si |Voltaire nous avoit parlé de ses déjeuners, il l'auroit fait d'une tout autre façon que le mari de Thérèse.

Je ne me reproche point mon enthousiasme pour les ouvrages de Rousseau; je conserve en partie ma première admiration, et je sais à présent sur quoi elle est fondée. Mais si j'ai dû admirer l'*écrivain*, comment ai-je pu excuser l'*homme*? Comment n'étois-je pas révolté des *Confessions* sous le rapport des faits? Eh quoi! Rousseau a cru pouvoir disposer de la réputation de sa bienfaitrice! Rousseau n'a pas craint de rendre immortel le déshonneur de Mme de Warens! Que dans l'exaltation de sa

Les Sages de la Grèce aperçurent les hommes sous les rapports moraux; nos philosophes, d'après les relations politiques. Les premiers vouloient que le gouvernement découlât des mœurs; les seconds, que les mœurs fluassent du gouvernement. Les légistes athéniens subséquents au temps des Lycurgue et des Solon s'énoncèrent dans le sens des modernes : la raison s'en trouve dans le siècle. Platon, Aristote, Montesquieu, Jean-Jacques vécurent dans un âge corrompu : il falloit alors refaire les hommes par les lois; sous Thalès, il falloit refaire les lois par les hommes. J'ai peur de n'être pas entendu. Je m'explique : les mœurs, prises absolument, sont l'obéissance ou la désobéissance à ce sens intérieur qui nous montre l'honnête et le déshonnête, pour faire celui-là et éviter celui-ci. La politique est cet art prodigieux par lequel on parvient à faire vivre en corps les mœurs antipathiques de plusieurs individus. Il faudroit savoir à présent ce que ce sens intérieur commande ou défend rigoureusement. Qui sait jusqu'à quel point la société l'a altéré? Qui sait si des préjugés, si inhérents à notre constitution que nous les prenons souvent pour la nature même, ne nous montrent pas des vices et des vertus là où il n'en existe pas? Quel nom, par exemple, donnerons-nous à la pudeur, la lâcheté, le courage, le vol, si cette voix de la conscience n'étoit elle-même [a]...? Mais gardons-nous de creuser plus

---

vanité le citoyen de Genève se soit considéré comme assez élevé au-dessus du vulgaire pour publier ses propres fautes (je modère mes expressions), libre à lui de préférer le bruit à l'estime. Mais révéler les foiblesses de la femme qui l'avoit nourri dans sa misère, de la femme qui s'étoit donnée à lui! mais croire qu'il couvrira cette odieuse ingratitude par quelques pages d'un talent inimitable, croire qu'en se prosternant aux pieds de l'idole qu'il venoit de mutiler il lui rendra ses droits aux hommages des hommes, c'est joindre le délire de l'orgueil à une dureté, à une stérilité de cœur dont il y a peu d'exemples. J'aime mieux supposer, afin de l'excuser, que Rousseau n'étoit pas toujours maître de sa tête : mais alors ce maniaque ne me touche point; je ne saurois m'attendrir sur les maux imaginaires d'un homme qui se regarde comme persécuté, lorsque toute la terre est à ses pieds, d'un homme à qui l'on rend peut-être plus qu'il ne mérite. Pour que la perte de la raison puisse inspirer une vive pitié, il faut qu'elle ait été produite par un grand malheur, ou qu'elle soit le résultat d'une idée fixe, généreuse dans son principe. Qu'un auteur devienne insensé par les vertiges de l'amour-propre; que toujours en présence de lui-même, ne se perdant jamais de vue, sa vanité finisse par faire une plaie incurable à son cerveau, c'est de toutes les causes de folie celle que je comprends le moins, et à laquelle je puis le moins compatir. (N. ÉD.)

[a] Qu'est-ce que j'ai voulu dire? En vérité, je n'en sais rien; je me croyois sans doute profond en faisant entendre, d'après les bouffonneries de Voltaire, que les peuples n'ayant pas les mêmes idées de la pudeur, du vol, etc., on ne savoit pas trop dans ce bas monde ce qui étoit vice et vertu; ensuite je renfermois ce grand secret dans mon sein, tout fier de m'élever jusqu'à la philosophie *holbachique*. Il est bien

avant dans cet épouvantable abîme. J'en ai dit assez pour montrer en quoi les publicistes des temps d'innocence de la Grèce et les publicistes de nos jours diffèrent ; il est inutile d'en dire trop.

En morale nous trouvons les mêmes dissonnances. Les Sages considérèrent l'homme sous les relations qu'il a avec lui-même ; ils voulurent qu'il tirât son bonheur du fond de son âme. Nos philosophes l'ont vu sous les connexions civiles, et ont prétendu lui faire prélever ses plaisirs, comme une taxe, sur le reste de la communauté. De là ces résultats de leurs sortes de maximes : « Respectez les dieux, connoissez-vous ; « achetez au minimum de la société, et vendez-lui au plus haut « prix. »

Voici, en quelques mots, la somme totale des deux philosophies : celle des beaux jours de la Grèce s'appuyoit tout entière sur l'existence du grand Être, la nôtre sur l'athéisme. Celle-là considéroit les mœurs, celle-ci la politique. La première disoit aux peuples : « Soyez vertueux, « vous serez libres. » La seconde leur crie : « Soyez libres, vous serez « vertueux. » La Grèce, avec de tels principes, parvint à la république et au bonheur : qu'obtiendrons-nous avec une philosophie opposée ? Deux angles de différents degrés ne peuvent donner deux arcs de la même mesure [a].

Nous examinerons l'état des lumières chez les nations contemporaines lorsque nous parlerons de l'influence de la révolution républicaine de la Grèce sur les autres peuples. Nous allons considérer maintenant cette influence sur la Grèce elle-même.

juste que je me donne une part des sifflets qui ont fait justice de cette philosophie. Pourtant, chose assez étrange, moi-même, dans ce chapitre, j'attaque les philosophes du xviiie siècle, et je ne vois pas qu'en les attaquant je suis tout empoisonné de leurs maximes. (N. ÉD.)

[a] On voit partout dans l'*Essai* que ma raison, ma conscience et mes penchants démentoient mon philosophisme, et que je retombe avec autant de joie que d'amour dans les vérités religieuses. On voit aussi que l'esprit de liberté ne m'abandonne pas davantage que l'esprit monarchique. La singulière comparaison tirée de la géométrie, que l'on trouve ici, me rappelle que, destiné d'abord à la marine (comme je le fus ensuite à l'église, et enfin au service de terre), mes premières études furent consacrées aux mathématiques, où j'avois fait des progrès rapides. J'étois servi dans ces études, comme dans celle des langues, par une de ces mémoires dont on partage souvent les avantages avec les hommes les plus communs. (N. ÉD.)

CHAPITRE XXV.

INFLUENCE DE LA RÉVOLUTION RÉPUBLICAINE SUR LES GRECS.
LES BIENS.

Les Grecs et les François, dans une tranquillité profonde, vivoient soumis à des rois qu'une longue suite d'années leur avoit appris à respecter. Soudain un vertige de liberté les saisit. Ces monarques, hier encore l'objet de leur amour, ils les précipitent à coups de poignard de leur trône. La fièvre se communique. On dénonce guerre éternelle contre les tyrans. Quel que soit le peuple qui veuille se défaire de ses maîtres, il peut compter sur les régicides. La propagande se répand de proche en proche. Bientôt il ne reste pas un seul prince dans la Grèce[1], et les François de notre âge jurent de briser tous les sceptres[a].

L'Asie prend les armes en faveur d'un tyran banni[2] : l'Europe entière se lève pour replacer un roi légitime sur le trône : des provinces de la Grèce[3], de la France[4], se joignent aux armes étrangères; et l'Asie, et l'Europe, et les provinces soulevées viennent se briser contre une masse d'enthousiastes, qu'elles sembloient devoir écraser. A l'hymne de Castor[5], à celui des Marseillois, les républicains s'avancent à la mort. Des prodiges s'achèvent au cri de *vive la liberté !* et la Grèce et la France comptent Marathon, Salamine, Platée, Fleurus, Weissembourg, Lodi[6].

Alors ce fut le siècle des merveilles. Également ingrats et capricieux, les Athéniens jettent dans les fers, bannissent ou empoisonnent leurs généraux[7] : les François forcent les leurs à l'émigration ou les massacrent[8]. Et ne croyez pas que les succès s'en affoiblissent : le premier homme, pris au hasard, se trouve un génie. Les talents sortent de la terre. Les Thémistocle succèdent aux Miltiade, les Aristide aux Thé-

---

1. Excepté chez les Macédoniens, que le reste des Grecs regardoit comme barbares. Alexandre (non le Grand) fut obligé de prouver qu'il étoit originaire d'Argos, pour être admis aux jeux olympiques.

[a] Voilà encore un de ces passages qui prouvent combien ceux qui prétendoient m'opposer cet ouvrage avoient raison de ne pas vouloir qu'on l'imprimât tout entier. (N. ÉD.)

2. Hérod., lib. v, cap. xcvi.   3. *Id.*, lib. vi, cap. cxii.
4. Turreau, *Guerre de la Vendée.*   5. Plut. *in Lyc.*
6. On verra tout ceci en détail dans la guerre Médique.
7. Hérod., lib. vi, cap. cxxxvi; Plut., *in Themist.*
8. Dumouriez, Custine.

mistocle, les Cimon aux Aristide[1] : les Dumouriez remplacent les Luckner, les Custine les Dumouriez, les Jourdan les Custine, les Pichegru les Jourdan, etc.

Ainsi, l'effet immédiat de la révolution sur les Grecs et sur les François fut : haine implacable à la royauté, valeur indomptable dans les combats, constance à toute épreuve dans l'adversité. Mais ceux-là, encore pleins de morale, n'ayant passé de la monarchie à la république que par de longues années d'épreuves, durent recevoir de leur révolution des avantages que ceux-ci ne peuvent espérer de la leur[a]. Les âmes des premiers s'ouvrirent délicieusement aux attraits de la vertu. Là l'esprit de liberté épura l'âge qui lui donna naissance et éleva les générations suivantes à des hauteurs que les autres peuples n'ont pu atteindre. Là on combattoit pour une couronne de laurier[2]; là on mouroit pour obéir aux saintes lois de la patrie[3]; là l'illustre candidat rejeté se réjouissoit que son pays eût trois cents citoyens meilleurs que lui[4]; là le grand homme injustement condamné écrivoit son nom sur la coquille[5], ou buvoit la ciguë[6]; là, enfin, la vertu étoit adorée; mais malheureusement les mystères de son culte furent dérobés avec soin au reste des hommes.

---

1. Plusieurs auteurs donnent le nombre aux noms propres ; je préfère de les laisser indéclinables.

[a] Ce ton est trop affirmatif ; j'étois trop près des événements pour les bien juger : toutes les plaies de la révolution étoient saignantes ; on n'apercevoit pas encore dans un amas de ruines ce qui étoit détruit pour toujours, et ce qui pouvoit se réédifier. Je ne faisois pas assez d'attention à la révolution complète qui s'étoit opérée dans les esprits ; et, ne voyant toujours que l'espèce de liberté républicaine des anciens, je trouvois dans les mœurs de mon temps un obstacle insurmontable à cette liberté. Trente années d'observation et d'expérience m'ont fait découvrir et énoncer cette autre vérité, qui, j'ose le dire, deviendra fondamentale en politique, savoir : qu'il y a une liberté fille des lumières. C'est aux rois à décider s'ils veulent que cette liberté soit monarchique ou républicaine ; cela dépend de la sagesse ou de l'imprudence de leurs conseils. (N. ÉD.)

2. PLUT., *in Cim.*, pag. 483.

3. 	Ὦ ζεῖν' ἀγγεῖλον Λακεδαιμονίοις, ὅτι τῇδε
	Κείμεθα, τοῖς κείνων πειθόμενοι νομίμοις.

4. PLUT., *in Lyc.*   5. *Id., in Aristid.*
6. PLAT., *in Phæd.*

CHAPITRE XXVI.

SUITE. — LES MAUX.

Si telle fut l'influence de la révolution républicaine sur la Grèce considérée du côté du bonheur, sous le rapport de l'adversité elle n'est pas moins remarquable. L'ambition, qui forme le caractère des gouvernements populaires, s'empara bientôt des républiques, comme il en arrive à présent à la France. Les Athéniens, non contents d'avoir délivré leur patrie, se laissèrent bientôt emporter à la fureur des conquêtes. Les armées des Grecs se multiplièrent sur tous les rivages. Nul pays ne fut en sûreté contre leurs soldats. On les vit courir comme un feu dévorant dans les îles de la mer Égée[1], en Égypte[2], en Asie[3]. Les peuples, d'abord éblouis de leurs succès gigantesques, revinrent peu à peu de leur étonnement lorsqu'ils virent que de si grands exploits ne tendoient pas tant à l'indépendance qu'aux conquêtes[4], et que les Grecs en devenant libres prétendoient enchaîner le reste du monde[5]. Par degrés il se fit contre eux une masse collective de haine[6], comme ces balles de neige qui, d'abord échappées à la main d'un enfant, parviennent en se roulant sur elles-mêmes à une grosseur monstrueuse. D'un autre côté, les Athéniens, enrichis de la dépouille des autres nations[7], commencèrent à perdre le principe du gouvernement populaire : la vertu[8]. Bientôt les places publiques ne retentirent plus que des cris des démagogues et des factieux[9]. Les dissensions les plus funestes éclatèrent. Ces petites républiques, d'abord unies par le malheur, se divisèrent dans la prospérité : chacune voulut dominer la Grèce. Des guerres cruelles, entretenues par l'or de la Perse, plus puissant que ses armes, s'allumèrent de toutes parts[10]. Pour mettre le

---

1. Plut., *in Them.*, p. 122; *Id., in Cim.* 2. Thucyd., lib. I, cap. cx.
3. Diod. Sic., lib. II, p. 47. 4. Plut., *in Cim.*, p. 489.
5. Plut., *in Cim.*, p. 489. 6. Thucyd., lib. I, cap. ci.
7. Thucyd., lib. I, cap. ci. 8. Plat., *De Leg.*, lib. IV, p. 706.
9. Aristot., *De Rep.*, lib. V, cap. III.
10. Il est impossible de multiplier les citations à l'infini. J'engage le lecteur à lire quelque histoire générale de la Grèce. Il y verra à l'époque dont je parle dans ce chapitre une ressemblance avec la France qui l'étonnera. Des villes prises et pillées sans pitié; des peuples forcés à des contributions; la neutralité des puissances violée; d'autres obligées par les Athéniens à se joindre à eux contre des États avec lesquels elles n'avoient aucun sujet de guerre; enfin, l'insolence et l'injustice portées à leur comble, les Athéniens traitant avec le dernier mépris les ambassadeurs des nations, et disant ouvertement qu'ils ne connoissoient d'autre droit que la force. (Voy. Thucyd., lib. V, etc., etc.)

comble aux désordres, l'esprit humain, libre de toute loi par l'influence de la révolution, enfanta à la fois tous les chefs-d'œuvre des arts et tous les systèmes destructeurs de la morale et de la société. Une foule de beaux esprits arrachèrent Dieu de son trône et se mirent à prouver l'athéisme [1]. Des multitudes de légistes publièrent de nouveaux plans de république; tout étoit inondé d'écrits sur les vrais principes de la liberté [2] : Philippe et Alexandre parurent.

CHAPITRE XXVII.

ÉTAT POLITIQUE ET MORAL DES NATIONS CONTEMPORAINES AU MOMENT DE LA RÉVOLUTION RÉPUBLICAINE EN GRÈCE. CETTE RÉVOLUTION CONSIDÉRÉE DANS SES RAPPORTS AVEC LES AUTRES PEUPLES. CAUSES QUI EN RALENTIRENT OU EN ACCÉLÉRÈRENT L'INFLUENCE.

Il est difficile de tracer un tableau des nations connues au moment de la révolution républicaine en Grèce, l'histoire à cette époque n'étant pleine que d'obscurités et de fables. J'essayerai cependant d'en donner une idée générale au lecteur.

D'abord, nous considérerons ces peuples séparément; ensuite, nous les verrons agir en masse, à l'article de la Perse, au temps de la guerre Médique. Prenant notre point de départ en Égypte, de là tournant au midi, et décrivant un cercle par l'ouest et le nord, nous reviendrons à la Perse, finir en Orient où nous aurons commencé. Placés à Athènes comme au centre, nous suivrons les rayons de la révolution qui en partent, ou qui vont aboutir aux nations placées sur les différents degrés de cette vaste circonférence.

CHAPITRE XXVIII.

L'ÉGYPTE.

Au moment du renversement de la tyrannie à Athènes, l'Égypte n'étoit plus qu'une province de la Perse. Ainsi elle fut exposée, comme

---

1. Cic., *De Nat. Deor.*; Laert., *in Vit. Philosoph.*
2. Plat., *De Rep.*; Arist., *De Rep.*, etc.

le reste de l'État dont elle formoit un des membres, à toute l'influence de la révolution grecque. Elle se trouvera donc comprise en général dans ce que je dirai de l'empire de Cyrus. Nous examinerons seulement ici quelques circonstances qui lui sont particulières.

De temps immémorial les Égyptiens avoient été soumis à un gouvernement théocratique [1]. Ainsi que les nations de l'Inde, dont ils tiroient vraisemblablement leur origine [a], ils étoient divisés en trois classes inférieures, de laboureurs, de pasteurs et d'artisans [2]. Chaque homme étoit obligé de suivre, dans l'ordre où le sort l'avoit jeté, la profession de ses pères, sans pouvoir changer d'études selon son génie ou les temps. Que dis-je ! ce n'eût pas été assez. Dans ce pays d'esclavage, l'esprit humain devoit gémir sous des chaînes encore plus pesantes : l'artiste ne pouvoit suivre qu'une ligne de ses études, et le médecin qu'une branche de son art [3].

Mais en redoublant les liens de l'ignorance autour du peuple ses chefs avoient aussi multiplié ceux de la morale. Ils savoient qu'il est inutile de donner des entraves au génie pour éviter les révolutions, si on ne gourmande en même temps les vices qui conduisent au même but par un autre chemin. Le respect des rois et de la religion [4], l'amour de la justice [5], la vertu de la reconnoissance [6], formoient le code de la société chez les Égyptiens ; et s'ils étoient les plus superstitieux des hommes, ils en étoient aussi les plus innocents.

L'Égypte de tous les temps avoit fait un commerce considérable avec les Indes. Ses vaisseaux alloient, par les mers de l'Arabie et de la Perse, chercher les épices, l'ivoire et les soies de ces régions lointaines. Ils s'avançoient jusqu'à la Taprobane, la Ceylan des modernes. Sur cette côte les Chinois et les nations situées au delà du cap Comaria [7] apportoient leurs marchandises, à l'époque du retour périodique des flottes égyptiennes, et recevoient en échange l'or de l'Occident [8].

Mais tandis que le peuple étoit livré, par système, aux plus affreuses

---

1. Diod., lib. i, p. 63.
[a] Cela n'est pas clair. (n. éd.)
2. Diod., lib. i, p. 67. 3. Hérod., lib. ii, cap. lxxxiv.
4. Hérod., lib. ii, cap. xxxvii.
5. Diod., lib. i, p. 70. — On connoit la coutume des Égyptiens du jugement après la mort, qui s'étendoit jusque sur les rois. Un autre usage non moins extraordinaire étoit celui par lequel le débiteur engageoit le corps de son père à son créancier. Ces lois sublimes sont trop fortes pour nos petites nations modernes : elles nous étonnent, elles nous confondent ; nous les admirons, mais nous ne les entendons plus, parce qu'il nous manque la vertu qui en faisoit le secret.
6. Hérod., lib. ii. 7. Comorin.
8. Robertson's *Disquisition, etc., concern. Ancient India*, sect. i.

ténèbres, les lumières se trouvoient réunies dans la classe des prêtres. Ils reconnoissoient les deux principes de l'univers ᵃ : la matière¹ et l'esprit². Ils appeloient la première *Athor,* et le second *Cneph*³. Celui-ci, par l'énergie de sa volonté, avoit séparé les éléments confondus, produit tous les corps, tous les effets, en agissant sur la masse inerte⁴. Le mouvement, la chaleur, la vie répandue sur la nature leur fit imaginer une infinité de moyens où ils voyoient une multitude d'actions. Ils crurent que des émanations du grand Être flottoient dans les espaces et animoient les diverses parties de l'univers⁵. Ils tenoient l'âme immortelle; et Hérodote prétend que ce furent eux qui enseignèrent les premiers ce dogme fondamental de toute moralité⁶ ᵇ. Ils adressoient cette prière au ciel dans leurs pompes funèbres : « Soleil, et vous, puissances qui dispensez la vie aux hommes, recevez-moi, et accordez-moi une demeure parmi les dieux immortels⁷. » D'autres sectes des prêtres enseignoient la doctrine de la transmigration des âmes⁸.

La physique, considérée dans tous les rapports de l'astronomie, la géométrie, la médecine, la chimie, etc., étoient cultivées par les prêtres égyptiens⁹ avec un succès inconnu aux autres peuples, et surtout aux Grecs au moment de leur révolution. La science sublime des gouvernements leur étoit aussi révélée. Pythagore, Thalès, Lycurgue, Solon, sortis de leur école, prouvent également cette vérité.

Les Égyptiens comptèrent des auteurs célèbres : les deux Hermès, le premier, inventeur¹⁰, le second, restaurateur des arts¹¹; Sérapis, qui enseigna à guérir les maux de ses semblables¹². Leurs livres ont péri dans les révolutions des empires, mais leurs noms sont conservés parmi ceux des bienfaiteurs des hommes. Si l'on en croit les alchimistes, la transmutation des métaux fut connue des savants d'Égypte¹³.

Au reste, c'est dans ce pays, dont tout amant des lettres ne doit prononcer le nom qu'avec respect, que nous trouvons les premières

---

ᵃ Il n'y a point deux principes dans l'univers, ou il faudroit admettre l'éternité de la matière, ce qui détruiroit toute véritable idée de Dieu. (N. ÉD.)

1. JABLONSK., *Panth. Ægypt.*, lib. I, cap. I. 2. PLUT., *Isis, Osiris.*
3. JABLONSK., *Panth, Ægypt.*, lib. I, cap. I; EUSEB., lib. III, cap. XI.
4. PLUT., *Isis, Osiris.*   5. JABLONSK., lib. II, cap. I, II.
6. Lib. II, cap. CXXIII.

ᵇ Me voilà bien éloigné du matérialisme. (N. ÉD.)

7. PORPHYR., *De Abstinent.*, lib. IV.   8. HEROD., lib. II, cap. CXXIII.
9. HEROD., lib. II, cap. CXXIII; DIOD., lib. I; STRABO, lib. XVII; JABLONSK., *Panth. Ægypt.*
10. ÆLIAN., *Hist.*, lib. XIV, cap. XXXIV.   11. HEROD., lib. II, cap. LXXXII.
12. PLIN., lib. II, cap. XIII.   13. *L'Égypte dévoilée.*

bibliothèques. Comme si la nature eût destiné cette contrée à devenir la source des lumières, elle y avoit fait croître exprès le papyrus [1] pour y fixer les découvertes fugitives du génie. Malheureusement les signes dans lesquels les prêtres enveloppoient leurs études ont privé l'univers d'une foule de connoissances précieuses. J'ai un doute à proposer aux savants. Les Égyptiens étoient vraisemblablement Indiens d'origine : la langue philosophique du premier peuple n'étoit-elle point la même que la langue hanscrite des derniers [2]? Celle-ci est maintenant entendue, ne seroit-il point possible d'expliquer l'autre par son moyen [a] ?

En rangeant sous sa puissance les diverses nations disséminées sur les bords du Nil, Cambyse favorisa la propagation des arts. Jusque alors les Égyptiens, jaloux des étrangers [3], ne les admettoient qu'avec la plus grande répugnance à leurs mystères [4]. Lorsqu'ils furent devenus sujets de la Perse, l'entrée de leur pays s'ouvrit alors aux amants de la philosophie. C'est de ce coin du monde que l'aurore des sciences commença à poindre sur notre horizon ; et l'on vit bientôt les lumières s'avancer de l'Égypte vers l'Occident, comme l'astre radieux qui nous vient des mêmes rivages.

CHAPITRE XXIX.

OBSTACLES QUI S'OPPOSÈRENT A L'EFFET DE LA RÉVOLUTION GRECQUE SUR L'ÉGYPTE. RESSEMBLANCE DE CE DERNIER PAYS AVEC L'ITALIE MODERNE.

En considérant attentivement ce tableau, on aperçoit deux grandes causes qui durent amortir l'action de la révolution grecque sur l'Égypte. La première se tire de la subdivision régulière des classes de la société. Cette institution donne un tel empire à l'habitude chez les peuples où elle règne, que leurs mœurs semblent éternelles comme leurs États. En vain de telles nations sont subjuguées ; elles changent de maître,

1. Plin., lib. xiii, cap. xi.
2. On devroit écrire *sanscrit*, qui est la vraie prononciation.
[a] J'adoptois trop absolument l'opinion des savants, qui font les Égyptiens originaires de l'Inde. Les progrès étonnants que M. Champollion a faits dans l'explication des hiéroglyphes n'ont point jusqu'à présent établi qu'il existât de rapport entre le sanscrit et la langue savante des Égyptiens. (N. ÉD.)
3. Diod., lib. i, p. 78; Strabo, *Geogr.*, lib. xvii, p. 1142.
4. Jamblich., *in Vit. Pyth.*

sans changer de caractère[1]. Elles ne sont pas, il est vrai, totalement à l'abri des mouvements internes : le génie des hommes, tout affaissé qu'il soit du poids des chaînes, les secoue par intervalles avec violence, comme ces Titans de la fable qui, bien qu'ensevelis dans les abîmes de l'Etna, se retournent encore quelquefois sous la masse énorme et ébranlent les fondements de la terre.

Auprès de ce premier obstacle s'en élevoit un second, d'autant plus insurmontable à l'esprit de liberté, qu'il tient à un ressort puissant de notre âme : la superstition. Les prêtres avoient trop d'intérêt à dérober la vérité au peuple[2], pour ne pas opposer toutes les ressources de leur art à l'influence d'une révolution qui eût démasqué leur artifice. L'homme n'a qu'un mal réel : la crainte de la mort. Délivrez-le de cette crainte, et vous le rendez libre. Aussi toutes les religions d'esclaves sont-elles calculées pour augmenter cette frayeur. La caste sacerdotale égyptienne avoit eu soin de s'entourer de mystères redoutables et de jeter la terreur dans les esprits crédules de la multitude par les images les plus monstrueuses[3]. C'est ainsi encore qu'ils appuyoient le trône de toute la force de leur magie, afin de gouverner et le prince, dont ils commandoient le respect au peuple, et le peuple, qu'ils faisoient obéir au prince. Si l'Égypte eût été une puissance indépendante au moment de la révolution grecque, elle auroit peut-être échappé à son influence; mais elle ne formoit plus qu'une province de la Perse, et elle se trouva enveloppée dans les malheurs de l'empire auquel le sort l'avoit asservie.

L'antique royaume de Sésostris offroit alors des rapports frappants avec l'Italie moderne : gouverné en apparence par des monarques, en réalité par un pontife maître de l'opinion, il se composoit de magnificence et de foiblesse[4]; on y voyoit de même de superbes ruines[5] et un peuple esclave, les sciences parmi quelques-uns, l'ignorance chez tous. C'est sur les bords du Nil que les philosophes de l'antiquité alloient puiser les lumières; c'est sous le beau ciel de Florence que l'Europe barbare a rallumé le flambeau des lettres[6]; dans les deux pays elles s'étoient conservées sous le voile mystérieux d'une langue

---

1. Comme à la Chine et aux Indes.
2. Outre la grande influence qu'ils avoient dans le gouvernement, leurs terres étoient exemptes d'impôts.
3. JABLONSK., *Panth. Ægypt.*
4. L'Égypte fut presque toujours conquise par ceux qui voulurent l'attaquer.
5. Dans sa plus haute prospérité, elle étoit couverte des monuments en ruine d'un peuple ancien qui florissoit avant l'invasion des Pasteurs.
6. Les Lycurgue, les Pythagore. — Sous les Médicis.

savante, inconnue au vulgaire [1]. Ce fut encore le lot de ces contrées d'être, dans leur âge respectif, les seuls canaux d'où les richesses des Indes coulassent pour le reste des peuples [2]. Avec tant de conformité de mœurs, de circonstances, l'Égypte et l'Italie durent éprouver à peu près le même sort, l'une au temps des troubles de la Grèce, l'autre dans la révolution présente. Entraînées, malgré elles, dans une guerre désastreuse, par l'impulsion coercitive d'une autre puissance, la première, province du grand empire des Perses, la seconde, soumise en partie à celui d'Allemagne, il leur fallut livrer des batailles pour la cause d'une nation étrangère et s'épuiser dans des querelles qui n'étoient pas les leurs [3]. Bientôt les ennemis victorieux tournèrent leurs armes et leurs intrigues, encore plus dangereuses, contre elles [4]. Ils soulevèrent l'ambition de quelques particuliers [5] ; et l'on vit la terre sacrée des talents ravagée par des barbares. Les Perses cependant parvinrent à arracher l'Égypte [6] des mains des Athéniens et de leurs alliés, mais ce ne fut qu'après six ans de calamités. Elle finit par passer sous le joug de ces mêmes Grecs, au temps des conquêtes d'Alexandre, conquêtes qu'on peut regarder elles-mêmes comme l'action éloignée de la révolution républicaine de Sparte et d'Athènes.

CHAPITRE XXX.

CARTHAGE.

Nous trouvons sur la côte d'Afrique les célèbres Carthaginois, qui, de tous les peuples de l'antiquité, présentent les plus grands rapports avec les nations modernes. Aristote a fait un magnifique éloge de leurs

---

1. La langue hiéroglyphique. — Le latin.
2. Tyr avoit quelques ports sur le golfe Arabique, mais elle les perdit bientôt. — Commerce de Florence, de Venise, de Livourne avec l'Égypte, avant la découverte du passage par le cap de Bonne-Espérance.
3. Dans la guerre Médique, que nous verrons incessamment.
4. THUCYD., lib. I, cap. CII.
5. Inarus, qui insurgea l'Égypte contre Artaxerxès, roi des Perses. Les François n'ont envahi l'Italie qu'en semant la corruption autour d'eux et en fomentant des insurrections à Gênes, à Rome, à Turin, etc.
6. Les Grecs y furent presque anéantis, étant obligés de se rendre à discrétion. Trop loin de leur pays, ils ne pouvoient en recevoir les secours nécessaires : la même position attirera, tôt ou tard, les mêmes désastres aux François en Italie, si la paix ne prévient l'effusion du sang.

institutions politiques[1]. Le corps du gouvernement étoit composé : de deux suffètes, ou consuls annuels ; d'un sénat ; d'un tribunal des cent, qui servoit de contre-poids aux deux premières branches de la constitution ; d'un conseil des cinq, dont les pouvoirs s'étendoient à une espèce de censure générale sur toute la législature ; enfin, de l'assemblée du peuple, sans laquelle il n'y a point de république [2][a].

Carthage adopta en morale les principes de Lacédémone. Elle bannit les sciences et défendit même qu'on enseignât le grec aux enfants[3]. Elle se mit ainsi à l'abri des sophismes et de la faconde de l'Attique. Il seroit inutile de rechercher l'état des lumières chez un pareil peuple. Je parlerai incessamment de la partie des arts, dans laquelle il avoit fait des progrès considérables.

Atroces dans leur religion, les Carthaginois jetoient, en l'honneur de leurs dieux, des enfants dans des fours embrasés[4], soit qu'ils crussent que la candeur de la victime étoit plus agréable à la divinité, soit qu'ils pensassent faire un acte d'humanité en délivrant ces êtres innocents de la vie avant qu'ils en connussent l'amertume.

Leurs principes militaires différoient aussi de ceux du reste de leur siècle. Ces marchands africains, renfermés dans leurs comptoirs, laissoient à des mercenaires, de même que des peuples modernes, le soin de défendre la patrie[5]. Ils achetoient le sang des hommes au prix de l'or acquis à la sueur du front de leurs esclaves, et tournoient ainsi au profit de leur bonheur la fureur et l'imbécillité de la race humaine.

Mais les habitants des terres puniques se distinguoient surtout par leur génie commerçant. Déjà ils avoient jeté des colonies en Espagne, en Sardaigne, en Sicile, le long des côtes du continent de l'Afrique, dont ils osèrent mesurer la vaste circonférence ; déjà ils s'étoient aventurés jusqu'au fond des mers dangereuses des Gaules et des îles Cassitérides[6]. Malgré l'état imparfait de la navigation, l'avarice, plus puissante que les inventions humaines, leur avoit servi de boussole sur les déserts de l'Océan [b].

---

1. Arist., *De Rep.*, lib. ii, cap. xi.

2. *Id., ibid.;* Polyb., lib. iv, p. 493 ; Just., lib. xix, cap. ii ; Corn. Nep., *in Annib.*, cap. vii.

[a] Le jeune auteur se plaît évidemment au détail de ces combinaisons politiques, qui rentrent dans son système favori. Il est vrai qu'il n'y avoit point de république sans assemblée du peuple, avant que la république représentative eût été trouvée. (N. ÉD.)

3. Just., lib. ii, cap. v. 4. Plut., *De Superst.*, p. 171. 5. Corn. Nep., *in Annib.*

6. Strabo, lib. v ; Diod., *ibid.;* Just., lib. xliv, cap. v ; Polyb., lib. ii ; Han., *Peripl.;* Herod., lib. iii, cap. cxxv. — Probablement les îles Britanniques.

[b] Je ne renie point ces derniers chapitres ; à quelques anglicismes près, je les écrirois aujourd'hui tels qu'ils sont. (N. ÉD.)

CHAPITRE XXXI.

PARALLÈLE DE CARTHAGE ET DE L'ANGLETERRE.
LEURS CONSTITUTIONS.

J'ai souvent considéré avec étonnement les similitudes de mœurs et de génie qui se trouvent entre les anciens souverains des mers et les maîtres de l'Océan d'aujourd'hui. Ils se ressemblent et par leurs constitutions politiques, et par leur esprit à la fois commerçant et guerrier[1]. Examinons le premier de ces deux rapports.

Que leurs gouvernements étoient les mêmes, c'est ce qui se prouve évidemment par les principes. La chose publique se composoit à Carthage, ainsi qu'en Angleterre, d'un roi[2] et de deux chambres : la première appelée *le sénat*, et représentant les communes; la seconde connue sous le nom du *conseil des cent*. Cette puissance, en s'ajoutant ou se retranchant, selon les temps, aux deux autres membres de la législature, devenoit, de même que les pairs de la Grande-Bretagne, le poids régulateur de la balance de l'État. Mais comment arrivoit-il que la constitution punique fût républicaine, et la constitution angloise monarchique? Par une de ces opérations merveilleuses de politique que je vais tâcher d'expliquer.

Supposons une proportion politique, dont les moyens soient P, S, R. Si vous intervertissez l'ordre de ces lettres, vous aurez des rapports différents, mais les termes resteront les mêmes. Le gouvernement de Carthage étoit composé de trois parties : le peuple, le sénat et les rois, P, S, R. Elle étoit une république, parce que le peuple en corps étoit législateur et formoit le premier terme de la proportion. Pour rendre cette constitution monarchique, sans en altérer les principes, c'est-à-dire sans la rendre despotique, qu'auroit-il fallu faire? Changer notre proportion, P, S, R, en cette autre, R, S, P, c'est-à-dire transposant les

---

1. Là finit la ressemblance. On ne peut comparer l'humanité et les lumières des Anglois avec l'ignorance et la cruauté des Carthaginois.

2. Les Grecs ont quelquefois appelé du nom de *roi* ce que nous connoissons sous celui de *suffète* : ceux-ci, comme nous l'avons vu, étoient au nombre de deux et changeoient tous les ans. Carthage eût-elle été gouvernée par un seul, conservant sa place à vie, sa constitution n'en auroit pas moins été républicaine, parce que tout découle du principe de l'assemblée ou de la non-assemblée générale du peuple. Je m'étonne que les publicistes n'aient pas établi solidement ce grand axiome, qui simplifie la politique et donne l'explication d'une multitude de problèmes, sans cela insolubles. (Voy. les auteurs cités aux notes 1 et 2 de la page 356, sur la forme du gouvernement.)

moyens extrêmes, P et R, le pouvoir législatif se trouvant alors dévolu aux rois et au sénat, en même temps que le peuple en retient encore une troisième partie. Mais si le peuple, n'étant plus qu'un tiers du législateur, continue d'exercer en corps ses fonctions, la proportion est illusoire, car là où la nation s'assemble en masse là existe une république. Le peuple dans ce cas ne peut donc qu'être représenté[1]. De là la constitution angloise. Et l'un et l'autre gouvernement seront excellents : le premier à Carthage, chez un petit peuple simple et pauvre[2] ; le second en Angleterre, chez une grande nation, cultivée et riche.

A présent, si dans notre proportion politique, après avoir changé les deux termes extrêmes, toujours en conservant les trois moyens primitifs P, S, R, nous voulions trouver la pire des combinaisons, que ferions-nous ? Ce seroit de n'admettre ni de roi ni de peuple, mais d'avoir je ne sais quoi qui en tiendroit lieu ; et c'est précisément ce que nous avons vu faire en France. En laissant dehors les deux termes P et R, la Convention a rejeté les deux principes sans lesquels il n'y a point de gouvernement. Les François ne sont points sujets, puisqu'ils n'ont point de roi ; ni républicains, parce que le peuple est représenté. Qu'est-ce donc que leur constitution ? Je n'en sais rien : un chaos qui a toutes les formes sans en avoir aucune, une masse indigeste où les principes sont tous confondus. Ou plutôt c'est le terme moyen de notre proportion S, multiplié par les deux extrêmes P et R ; c'est le sénat enflé de tout le pouvoir du roi et du peuple. Que sortira-t-il de ce corps gros de puissance et de passions ? Une foule de sales tyrans qui, nés et nourris dans ses entrailles, en sortiront tout à coup pour dévorer le peuple et le monstre politique qui les aura enfantés [a].

Quant aux autres colonnes de la législation punique, simples appen-

---

1. Cet important sujet sur la représentation du peuple sera traité à fond dans la seconde partie de cet ouvrage. J'y montrerai en quoi J.-J. Rousseau s'est mépris, et en quoi il a approché de la vérité sur cette matière, la base de la politique. Je ne demande que du temps. Il m'est impossible de tout mettre hors de sa place, de mêler tout.

2. L'État étoit opulent ; mais le citoyen, quoique riche d'argent, étoit pauvre de costumes et de goûts.

[a] N'est-il pas assez singulier de trouver cette algèbre politique dans la tête d'un auteur qui avoit déjà ébauché dans ses manuscrits les premiers tableaux de *René* et d'*Atala* ? Puisque l'on aime le *positif* dans ce siècle, j'espère que ce chapitre en renferme assez, et que cette précision mathématique, transportée dans la science des gouvernements, plaira aux esprits les plus sérieux. Ma politique, comme on le voit, n'est pas une politique de circonstance ; elle date de loin, elle est l'étude et le penchant de toute ma vie, et l'on pourroit croire que ce chapitre est extrait de *la Monarchie selon la Charte* ou du *Conservateur*. (N. ÉD.)

di[...]édifice, elles ne servoient qu'à en obstruer la beauté, sans ajout[...] la solidité de l'architecture.

Au reste, les gouvernements de Carthage et d'Angleterre, qui ont joui des mêmes applaudissements, ont aussi partagé les mêmes censures. Les peuples contemporains leur reprochèrent la vénalité et la corruption dans les places de sénateurs [1]. Polybe [2] remarque que ce peuple africain, si jaloux de ses droits, ne regardoit pas un pareil usage comme un crime. Peut-être avoit-il senti que de toutes les aristocraties, celle des richesses, lorsqu'elle n'est pas portée à un trop grand excès, est la moins dangereuse en elle-même, le propriétaire ayant un intérêt personnel au maintien des lois, tandis que l'homme sans propriétés tend sans cesse, par sa nature, à bouleverser et à détruire [a].

CHAPITRE XXXII.

LES DEUX PARTIS DANS LE SÉNAT DE CARTHAGE. HANNON. BARCA.

Mêmes institutions, mêmes choses, mêmes hommes, comme de moules pareils il ne peut sortir que des formes égales. Le sénat de Carthage, tel que le parlement d'Angleterre, se trouvoit divisé en deux partis, sans cesse opposés d'opinions et de principes [3]. Dirigées par les

---

1. POLYB., lib. VI, pag. 494.
2. *Id., ibid.* — Pour pouvoir être élu membre du sénat, il falloit à Carthage, comme en Angleterre, posséder un certain revenu. Aristote blâme cette loi, en quoi il a certainement très tort. Si la France avoit été protégée par un pareil statut, elle n'auroit pas souffert la moitié des maux qu'elle a éprouvés. On dit : Un J.-J. Rousseau n'auroit pu être député? C'est un malheur, mais infiniment moindre que l'admission des non-propriétaires dans un corps législatif. Heureusement les François reviennent à ce principe.

[a] J'aime à me voir défendré ainsi les principes conservateurs de la société; je me suis assez franchement critiqué pour avoir le droit de remarquer le bien quand je le rencontre dans cet ouvrage. Je dirai donc que je n'aperçois pas dans l'*Essai* une seule erreur politique une peu grave, un seul principe qui dévie de ceux que je professe aujourd'hui ; partout c'est la liberté, l'égalité devant la loi, la propriété, la monarchie, le roi légitime, que je réclame, tandis que les erreurs religieuses et morales sont malheureusement trop nombreuses. Mais dans ces erreurs mêmes il n'y a rien qui ne soit racheté par quelque sentiment de charité, de bienveillance, d'humanité. J'en appelle au lecteur de bonne foi : qu'il dise si je porte de l'*Essai*, sous ce rapport, un jugement trop favorable. (N. ÉD.)

3. Liv., lib. XXI.

plus grands génies et par les premières familles de l'État, ces factions éclatoient surtout en temps de guerres et de calamités nationales [1]. Il en résultoit pour la nation cet avantage, que les rivaux se surveillant afin de se surprendre, avoient un intérêt personnel à aimer la vertu, en tant qu'elle leur étoit personnellement utile, et à haïr le vice dans les autres.

L'histoire de ces dissensions politiques, au moment de la révolution républicaine en Grèce, ne nous étant pas parvenue, nous la considérerons dans un âge postérieur à ce siècle, en en concluant, par induction, l'état passé de la métropole africaine.

C'est à l'époque de la seconde guerre Punique que nous trouvons la flamme de la discorde brûlant de toutes parts dans le sénat de Carthage. Hannon, distingué par sa modération, son amour du bien public et de la justice, brilloit à la tête du parti qui, avant la déclaration de la guerre, opinoit aux mesures pacifiques [2]. Il représentoit les avantages d'une paix durable sur les hasards d'une entreprise dont les succès incertains coûteroient des sommes immenses et finiroient peut-être par la ruine de la patrie [3].

Amilcar, surnommé *Barca*, père d'Annibal, d'une famille chère au peuple, soutenu de beaucoup de crédit et d'un grand génie, entraînoit après lui la majorité du sénat. Après sa mort, la faction Barcine continua de se prononcer en faveur des armes. Sans doute, elle faisoit valoir l'injustice des Romains, qui, sans respecter la foi des traités, s'étoient emparés de la Sardaigne [4]. Ainsi la Hollande a amené de nos jours la rupture entre la France et l'Angleterre.

Durant le cours des hostilités, la minorité ne cessa de combattre les résolutions adoptées : tantôt elle s'efforçoit de diminuer les victoires d'Annibal, tantôt d'exagérer ses revers. Elle jetoit mille entraves dans la marche du gouvernement; et sans le génie du général carthaginois, son armée, faute de secours, périssoit totalement en Italie [5]. Vers la fin de la guerre, les partis changèrent d'opinions. Annibal, bien que de la majorité, après la bataille de Zama, parla avec chaleur en faveur

---

1. Comme au temps de la guerre d'Agathocle et de celle des Mercenaires.
2. Liv., lib. xxi. 3. *Id., ibid.* 4. Liv., lib. xxi; Polyb., lib. iii, pag. 162.
5. Liv., lib. xxiii, n°s 11, 14, 23. — Lorsqu'au récit de la bataille de Cannes un membre de la faction Barcine demandoit à Hannon s'il étoit encore mécontent de la guerre, celui-ci répondit « qu'il étoit toujours dans les mêmes sentiments, et que (supposé que CES VICTOIRES FUSSENT VRAIES) il ne s'en réjouissoit qu'autant qu'elles mèneroient à une paix avantageuse ». Ne croit-on pas entendre parler un membre de l'opposition? N'est-il pas étonnant qu'on doutât à Carthage, comme en Angleterre, des succès mêmes des armées? Ou plutôt cela n'est pas étonnant.

de la paix [1]. Un seul sénateur eut le courage de s'y opposer; Gisgon représenta que ses concitoyens devoient plutôt périr généreusement les armes à la main que se soumettre à des conditions honteuses [2]. L'homme illustre répliqua qu'on devoit remercier les dieux qu'en des circonstances si alarmantes les Romains se montrassent encore disposés à des négociations [3]. Son avis prévalut. L'on dépêcha en Italie des ambassadeurs du parti d'Hannon, qui, amusant leurs vainqueurs du récit de leurs querelles domestiques, se vantoient que, si l'on eût suivi d'abord leurs conseils, ils n'auroient pas été obligés de venir mendier la paix à Rome [4] [a].

CHAPITRE XXXIII.

SUITE. — MINORITÉ ET MAJORITÉ DANS LE PARLEMENT D'ANGLETERRE.

Les troubles qui commencèrent à agiter l'Angleterre vers la fin du règne de Jacques Ier donnèrent naissance aux deux divisions qui sont depuis cette époque restées distinctes dans le parlement de la Grande-Bretagne. L'opposition, d'abord connue sous le nom du *parti de la campagne* [5] (*country party*), traîna peu après le malheureux Charles Ier à l'échafaud. Sous le règne de son successeur, la minorité prit la célèbre appellation de *whig* [6], et sous un homme dévoré de l'esprit de faction, lord Shaftesbury, fut sur le point de replonger l'État dans les malheurs d'une révolution nouvelle [7]. Jacques II, par son imprudence, fit triompher le parti des whigs, et Guillaume III s'empara d'une des plus belles couronnes de l'Europe [8]. La reine Anne, longtemps gouvernée par les whigs, retourna ensuite aux tories. Le rappel du duc de Marlborough sauva la France d'une ruine presque inévitable [9]. Georges Ier, électeur de Hanovre, soutenu de toute la puissance des premiers, qui le portoient au trône, se livra à leurs conseils [10]. Ce fut sous le règne de Gorges II que la minorité commença à se faire connoître sous le nom de *parti de l'opposition*, qu'elle retient encore de

---

1. Polyb., lib. xv.   2. *Id., ibid.*; Liv., xxx.   3. *Id., ibid.*   4. Liv., *ibid.*

[a] Quoiqu'il y ait toujours quelque chose de forcé dans ce parallèle de l'Angleterre et de Carthage, il me semble moins étrange que les autres, et les faits historiques sont curieux. (N. ÉD.)

5. Hume's *Hist. of Engl.*, vol. vii.   6. *Id.*, vol. viii, cap. lxviii, pag. 126.
7. *Id., ibid.*, cap. lxix, pag. 166.   8. *Id.*, cap. lxxi, pag. 294.
9. Smoll., *Contin. to Hume's Hist. of Engl.*; Volt., *Siècle de Louis XIV.*
10. *Id.*, Smoll., *Contin.*, etc.

nos jours. Elle obtint alors plusieurs victoires célèbres. Elle renversa sir Robert Walpole, ministre qui, par son système pacifique, s'étoit rendu cher au commerce [1] [a]. Bientôt elle parvint à mettre à la tête du cabinet le grand lord Chatham, qui éleva la gloire de sa patrie à son comble, dans la guerre de 1754, si malheureuse à la France [2]. Lord Bute ayant succédé à lord Chatham, peu après l'avénement de Sa Majesté régnante au trône d'Angleterre, l'opposition perdit son crédit. Elle tâcha de le recouvrer dans l'affaire de M. Wilkes, membre du parlement, décrété pour avoir écrit un pamphlet contre l'administration [3]. Mais le fatal impôt du timbre, qui rappelle à la fois la révolution américaine et celle de la France, lui donna bientôt une nouvelle vigueur [4]. Telle est la chaîne des destinées : personne ne se doutait alors qu'un bill de finance, passé dans le parlement d'Angleterre en 1765, élèveroit un nouvel empire sur la terre, en 1782, et feroit disparoître du monde un des plus antiques royaumes de l'Europe, en 1789 [5].

1. Smoll, *Hist. of the House of Brunswick-Luneb.*
[a] Il falloit ajouter : « et odieux à la nation par son système de corruption. » (N. ÉD.)
2. Smoll., *Cont.*, etc. *Hist. of the House of Bruns.-Lun.*
3. Guth., *Geogr. Gram.*, pag. 342.
4. *Id.*, pag. 513; Ramsay's *Hist. of the Am. Revol.*
5. Une étincelle de l'incendie allumé sous Charles Ier tombe en Amérique en 1636 (émigration des puritains), l'embrase en 1765, repasse l'Océan en 1789 pour ravager de nouveau l'Europe. Il y a quelque chose d'incompréhensible dans ces générations de malheurs.

En songeant à l'empire américain d'aujourd'hui, on ne peut s'empêcher de jeter les yeux en arrière sur son origine. C'est une chose désolante et amusante à la fois que de contempler les pauvres humains, jouets de leurs propres faits, et conduits aux mêmes résultats par les préjugés les plus opposés. Les puritains avoient demandé à Dieu, avec prières, qu'il les dirigeât dans leur pieuse émigration, et que Dieu les conduisît au cap Cod, où ils périrent presque tous de faim et de misère. Bientôt après leurs ennemis mortels, les catholiques, viennent débarquer auprès d'eux sur les mêmes rivages. Une cargaison de graves fous, avec de grands chapeaux et des habits sans boutons, descendent ensuite sur les bords de la Delaware, etc. Que devoit penser un Indien regardant tour à tour les étranges histrions de cette grande farce tragi-comique que joue sans cesse la société ? En voyant des hommes brûler leurs frères dans la Nouvelle-Angleterre pour l'amour du ciel ; une autre race, en Pensylvanie, faisant profession de se laisser couper la gorge sans se défendre ; une troisième, dans le Maryland, accompagnée de prêtres bigarrés, couverts de croix, de grimoires, et professant tolérance universelle ; une quatrième, en Virginie, avec des esclaves noirs et des docteurs persécuteurs en grandes robes, cet Indien, sans doute, ne pouvoit s'imaginer que ces gens-là venoient d'un même pays. Cependant, tous sortoient de la petite île d'Angleterre, tous ne formoient qu'une seule et même nation. Quand on songe à la variété et à la complication des maladies qui fermentent dans un corps politique, on comprend à peine son existence.

Sur la foi des livres et des intéressés, au seul nom des Américains, nous nous enthou-

L'opposition crut avoir remporté un avantage signalé sur le ministre lorsqu'elle eut obtenu le rappel de ce trop fameux impôt; et il n'est pas moins certain que ce fut ce rappel même, encore plus que le bill, qui a causé la révolution des colonies [1].

Trois ministres se succédèrent rapidement, après cette première irruption du volcan américain. Les rênes du gouvernement s'arrêtèrent enfin entre les mains de lord North, qui, de même que ses prédécesseurs, avoit adopté le système des taxes d'outre-mer [2]. L'insurrection des Bostoniens, lors de l'envoi du thé de la compagnie des Indes, ne fut pas plus tôt connue en Angleterre, que l'opposition redoubla de zèle et d'activité. Lord Chatham reparut dans la chambre des pairs, et parla avec chaleur contre les mesures du cabinet. Sa motion étant rejetée par une majorité de cinquante-huit voix, les moyens coercitifs restèrent adoptés dans toute leur étendue.

siasmons de ce côté-ci de l'Atlantique. Nos gazettes ne nous parlent que des Romains de Boston et des tyrans de Londres. Moi-même, épris de la même ardeur lorsque j'arrivai à Philadelphie, plein de mon Raynal, je demandai en grâce qu'on me montrât un de ces fameux quakers, vertueux descendants de Guillaume Penn. Quelle fut ma surprise quand on me dit que si je voulois me faire duper, je n'avois qu'à entrer dans la boutique d'un frère, et que si j'étois curieux d'apprendre jusqu'où peut aller l'esprit d'intérêt et d'immoralité mercantile, on me donneroit le spectacle de deux quakers désirant acheter quelque chose l'un de l'autre et cherchant à se leurrer mutuellement! Je vis que cette société si vantée n'étoit, pour la plupart, qu'une compagnie de marchands avides, sans chaleur et sans sensibilité, qui se sont fait une réputation d'honnêteté parce qu'ils portent des habits différents de ceux des autres, ne répondent jamais ni oui, ni non, n'ont jamais deux prix, parce que le monopole de certaines marchandises vous force d'acheter avec eux au prix qu'ils veulent; en un mot, de froids comédiens qui jouent sans cesse une farce de probité, calculée à un immense intérêt, et chez qui la vertu est une affaire d'agiotage [*].

Chaque jour voyoit ainsi, l'une après l'autre, se dissiper mes chimères, et cela me faisoit grand mal. Lorsque par la suite je connus davantage les Américains, j'ai parfois dit à quelques-uns d'entre eux, devant qui je pouvois ouvrir mon âme : « J'aime votre pays et votre gouvernement, mais je ne vous aime point; » et ils m'ont entendu.

1. Les lords qui protestèrent contre ce rappel peuvent se vanter d'en avoir prédit les conséquences : « Because, the appearance of weakness and timidity in the government..... has a manifest tendency to draw on further insults, and, by lessening the respect of all His Majesty's subjects to the dignity of his crown... throw the whole Britisch empire into a miserable state of confusion, etc. » (*Copies of the two protests against the bill to repeal the Am. Sept. Act.* 8, pag. 10. Printed at Paris, 1766.)

2. RAMS., *Hist. of the* Am. REV.

* Cette note a paru dans le temps assez piquante, mais le ton en est peu convenable : c'est de la philosophie impie et de l'histoire à la manière de Voltaire. Les États-Unis et les Américains ont pris entre les gouvernements et les nations un rang qui ne permet plus de parler d'eux avec cette légèreté. (N. ÉD.)

Bientôt après le sang coula en Amérique. J'ai vu les champs de Lexington ; je me suis arrêté en silence, comme le voyageur aux Thermopyles, à contempler la tombe de ces guerriers des deux Mondes qui moururent les premiers, pour obéir aux lois de la patrie. En foulant cette terre philosophique, qui me disoit, dans sa muette éloquence, comment les empires se perdent et s'élèvent, j'ai confessé mon néant devant les voies de la Providence, et baissé mon front dans la poussière.

Grand exemple des malheurs qui suivent tôt ou tard une action immorale en elle-même, quels que soient d'ailleurs les brillants prétextes dont nous cherchions à nous fasciner les yeux et la politique fallacieuse qui nous éblouit ! La France, séduite par le jargon philosophique, par l'intérêt qu'elle crut en retirer, par l'étroite passion d'humilier son ancienne rivale, sans provocation de l'Angleterre, viola, au nom du genre humain, le droit sacré des nations. Elle fournit d'abord des armes aux Américains contre leur souverain légitime, et bientôt se déclara ouvertement en leur faveur. Je sais qu'en subtile logique on peut argumenter de l'intérêt général des hommes dans la cause de la liberté ; mais je sais que toutes les fois qu'on appliquera la loi du tout à la partie il n'y a point de vice qu'on ne parvienne à justifier. La révolution américaine est la cause immédiate de la révolution françoise. La France déserte, noyée de sang, couverte de ruines, son roi conduit à l'échafaud, ses ministres proscrits ou assassinés prouvent que la justice éternelle, sans laquelle tout périroit en dépit des sophismes de nos passions, a des vengeances formidables.

C'est une tâche pénible et douloureuse pour un François, dans l'État actuel de l'Europe, que la lecture de cette période de l'histoire américaine. Souvent ai-je été obligé de fermer le volume, oppressé par les comparaisons les plus déchirantes, par un profond et muet étonnement, à la vue de l'enchaînement des choses humaines. Chaque syllabe de Ramsay retentit amèrement dans votre cœur, lorsqu'on voit l'honnête citoyen vanter, contre sa propre conviction, la duplicité de la conduite de la France envers l'Angleterre. Mais lorsque avec un cœur brûlant de reconnoissance il vient à verser les bénédictions sur la tête de l'excellent Louis XVI ; lorsqu'il arrive à cet endroit où M. de La Fayette, recevant la première nouvelle du traité d'alliance, se jette avec des larmes de joie dans les bras de Washington ; qu'au même instant, la nouvelle volant dans l'armée au milieu des transports, le cri de : « Longue vie au roi de France ! » s'échappe involontairement à la fois de mille bouches et de mille cœurs, le livre tombe des mains, le coup de poignard pénètre jusqu'au fond des entrailles. Américains ! La Fayette, votre idole, n'est qu'un scélérat! Ces gentilhommes françois, jadis le sujet de vos éloges, qui ont versé leur sang dans vos batailles, ne sont que des misérables couverts de votre mépris, et à qui peut-être vous refuserez un asile! et le père auguste de votre liberté... un de vous ne l'a-t-il pas jugé [1] ? N'avez-vous pas juré amour et alliance à ses assassins sur sa tombe [a] !

Durant tout le reste de la guerre, l'opposition ne cessa de harceler les ministres, et devint de plus en plus puissante, en proportion des calamités nationales. C'étoit alors que M. Burke lançoit, comme la foudre, son éloquence sur la tête des ministres. Ce grand orateur, qui possède un des plus beaux talents dont l'homme ait été jamais dignifié, se surpassa lui-même dans ces circonstances. Il remonta jusqu'à la source des troubles des colonies, en traça fièrement les progrès, et, avec ce génie inspiré qui lui a fait tant de fois prévoir l'avenir, plaida la cause de la liberté américaine dans le langage sublime et pathétique de Démosthène.

Enfin, le 27 mars 1782, l'opposition remporta une victoire complète : le cabinet fut changé, et le marquis de Rockingham placé à la tête du gouvernement.

La paix étant rétablie entre les puissances belligérantes, l'opposition se joignit au parti du ministre disgracié. M. Fox et lord North formèrent ce qu'on appela la *coalition des chefs,* qui entraînoit après elle la majorité du parlement. Lord Shelburne, successeur du marquis de Rockingham, mort le 1er juillet 1782, fut obligé de se retirer, et M. Fox, lord North et le duc de Portland se saisirent du timon de l'État.

M. Fox n'occupa que quelques instants le ministère. Son fameux bill de la Compagnie des Indes ayant été rejeté dans la chambre des pairs, il remit peu après [2] les sceaux de son emploi, et M. Pitt remplaça le duc de Portland comme premier lord de la trésorerie.

1. Un étranger, non! un Américain, séant juge dans le procès de mort de Louis XVII O hommes! ô Providence!

[a] Je ne sais que dire des pages qui commencent à cette phrase, *j'ai vu les champs de Lexington,* et finissent à celle-ci : *n'avez vous pas juré amour et alliance à ses assassins sur sa tombe?* Mais, quelles que soient maintenant les hautes destinées de l'Amérique, je ne changerois pas un mot à ces pages, si je pouvois retrouver, pour les écrire, la chaleur d'âme qui n'appartient qu'à la jeunesse. Ainsi dans aucun temps mes systèmes politiques n'ont étouffé le cri de ma conscience : les succès, la gloire, l'admiration même, lorsque je l'éprouve, ne m'empêchent point de sentir ce qu'il y a d'injuste ou d'ingrat dans la conduite des hommes.

A l'époque où M. La Fayette étoit *émigré,* les Américains, partisans de notre révolution, blâmoient sa conduite : ils ont depuis récompensé magnifiquement ses services. (N. ÉD.)

2. Dans la nuit du 19 décembre 1783.

Les principales opérations du gouvernement depuis l'ascension de M. Pitt aux affaires ont été : 1° le bill de ce ministre concernant la Compagnie des Indes, du 5 juillet 1784 ; 2° celui du 18 avril 1785, en faveur d'une réforme parlementaire, rejeté par une majorité de soixante-quatorze voix ; 3° le plan de liquidation de la dette nationale, par l'établissement d'un fonds d'amortissement, 1786 [1][a] ; 4° l'acte de la traite des Nègres et de l'amélioration du sort de ces esclaves, 21 mai 1788. La nation étoit au faîte de la prospérité, et M. Pitt, qui n'avoit pas encore atteint sa trentième année, avoit montré ce que peut un seul homme pour la prospérité d'un État.

La maladie du roi, qui suivit peu de temps après, arracha la faveur du public à l'opposition, et couvrit le ministre de gloire. Sa Majesté, rendue aux vœux de tout un peuple, qui lui témoigna par des marques de joie (d'autant plus touchantes qu'elles couloient naturellement du cœur) à quel point elle étoit adorée, reprit bientôt les rênes de son empire, et elle continue à faire le bonheur de ceux qu'une fortune amie a rangés au nombre des sujets britanniques.

A la fin de cette courte histoire de l'opposition, nous placerons les portraits des deux hommes célèbres, depuis si longtemps l'objet des regards de l'Europe, et qui ont eu une si grande influence sur la révolution françoise.

CHAPITRE XXXIV.

M. FOX. M. PITT.

Tels que nous avons vus paraître à la tête de la minorité et de la majorité, dans le sénat de Carthage, les plus beaux talents et les premiers hommes de leur siècle, tels, différents de mœurs, d'opinions et d'éloquence, brillent dans le parlement d'Angleterre les deux grands orateurs dont nous essayons d'ébaucher une foible peinture.

M. Fox, plein de sensibilité et de génie, écoute son cœur lorsqu'il discourt, et se fait entendre ainsi aux cœurs sympathiques. Savant dans les lois de son pays, modéré dans ses sentiments politiques,

1. Un million annuel.

[a] Je n'ai pas attendu à être membre de la chambre des pairs pour m'occuper de l'économie politique : on voit que je savois ce que c'étoit que la liquidation d'une dette et un fonds d'amortissement quelque trentaine d'années avant que ceux qui parlent aujourd'hui de finances sussent peut-être faire correctement les quatre premières règles de l'arithmétique. (N. ÉD.)

connoissant la fragilité humaine, et réclamant pour les autres la même indulgence dont il peut avoir besoin pour lui, on le trouve rarement dans les extrêmes, ou, s'il s'y laisse entraîner quelquefois, ce n'est que par cette chaleur des temps, dont il est presque impossible de se défendre. Mais quand il vient à élever une voix touchante en faveur de l'infortuné, il règne, il triomphe. Toujours du parti de celui qui souffre, son éloquence est une richesse gratuite, qu'il prête sans intérêt au misérable ; alors il remue les entrailles, alors il pénètre les âmes ; alors une altération sensible dans les accents de l'orateur décèle tout l'homme ; alors l'étranger dans la tribune résiste en vain, il se détourne et pleure. Haine d'un parti, idole de l'autre, ceux-là reprochent à M. Fox des erreurs, ceux-ci exaltent ses vertus ; il ne nous appartient pas de prononcer. Lorsque le fracas des opinions et les fatigues d'une vie publique auront cessé pour cet homme célèbre, le moment de la justice sera venu ; mais, quel que soit le jugement de la postérité, les malheureux des temps à venir, qui forment la majorité dans tous les siècles, diront : « Il aima nos frères d'autrefois, il parla pour eux. »

Lorsque M. Pitt prend la parole dans la chambre des communes, on se rappelle la comparaison qu'Homère fait de l'éloquence d'Ulysse à des flocons de neige, descendant silencieusement du ciel. Émue, échauffée à la voix du représentant opposé, l'assemblée, pleine d'agitation, flotte dans l'incertitude et le doute : le chancelier de l'échiquier se lève, et sa logique, qui tombe avec grâce et abondance, vient éteindre une chaleur inutile, toujours dangereuse aux législateurs ; chacun, étonné, sent ses passions se refroidir ; le prestige du sentiment se dissipe ; il ne reste que la vérité.

Placé à la tête d'une grande nation, M. Pitt doit avoir pour ennemis et les hommes dont son rang élevé attire l'envie, et ceux dont il combat les opinions. Le texte des déclamations contre le ministre britannique est la guerre funeste dans laquelle l'Europe se trouve maintenant enveloppée. Les principes en ont été souvent discutés ; quant à la manière dont elle a été conduite, l'injustice des reproches qu'on a faits là-dessus au chancelier de l'échiquier doit frapper les esprits les plus prévenus. Veut-on prendre pour exemple des hostilités présentes les combats réguliers d'autrefois ? Où sont ces petits esprits qui calculent pertinemment ce qu'on auroit dû faire par ce qu'on a fait jadis, qui ne voient dans la lutte actuelle que des batailles perdues ou gagnées, et non le génie de la France dans les convulsions d'une crise amenée par la force des choses, déchirant, comme l'Hercule d'OEta, ceux qui osent l'approcher, lançant leurs membres ensanglantés sur les plaines cadavéreuses de l'Italie et de la Flandre, et s'apprêtant à tourner sur lui-même des mains forcenées? On pourroit soupçonner qu'il existe des époques inconnues, mais régulières, auxquelles la face du monde se renouvelle. Nous avons le malheur d'être nés au moment d'une de ces grandes révolutions : quel qu'en soit le résultat, heureux ou malheureux pour les hommes à naître, la génération présente est perdue : ainsi le furent celles du ve et du vi[e] siècle, lorsque tous les peuples de l'Europe, comme des fleuves, sortirent soudainement de leur cours. Qui seroit assez absurde pour exiger que M. Pitt pût vaincre, par des mesures ordinaires, la fatalité des événements? Il y a des circonstances où les talents sont entièrement inutiles : qu'on me donne le plus grand ministre, un Ximenès, un Richelieu, un J. de Witt, un Chatham, un Kaunitz, et vous le verrez se rapetisser et, pour ainsi dire, disparoître sous la pondération des choses et des temps actuels. Il ne s'agit plus des cabales obscures ou coupables de quelques cabinets intrigants, d'un champ disputé dans les déserts de l'Amérique : ce sont maintenant les masses irrésistibles des nations qui se heurtent et se choquent au gré du sort. Guerres au dehors, factions au dedans, mésintelligence de toutes parts ; des ennemis dont les opinions ne font pas moins de ravages que leurs armes, des peuples corrompus, des cours vicieuses, des finances épuisées, des gouvernements chancelants ; pour moi, je l'avouerai, ce n'est pas sans étonnement que je vois M. Pitt portant seul, comme Atlas, la voûte d'un monde en ruine [1][a].

1. Ce langage m'oblige à déclarer que je ne suis ni l'apologiste de la guerre ni celui de M. Pitt. Je ne connois ni ne connoîtrai vraisemblablement ce dernier; je n'attends ni ne demande rien de lui. Je n'aime point les grands, non que les petits vaillent mieux, mais parce que je ne sais point honorer l'habit d'un homme, et que mon opinion surtout n'en dépendra jamais. Né avec un cœur indépendant, j'exprimerai toujours hardiment ma pensée, en dépit de la fortune et des factions. J'ai donc parlé du chancelier de l'échiquier avec la même franchise que je l'aurois fait d'un autre homme. Est-ce d'après les déclamations des gazettes que je dois le juger? d'après les grossièretés que les François vomissent contre lui? Qu'on prouve, et je croirai ; mais, en attendant, qu'il me soit permis de penser pour moi. Parce que les jacobins ont commis des crimes, cela n'empêche pas de croire qu'une république est le meilleur de tous les gouvernements, lorsque le peuple a des mœurs; le pire de tous, lorsque le peuple est corrompu. Parce que tel démagogue insulte un homme, une nation, cela n'empêche pas d'estimer cet homme, cette nation, tandis que l'un et l'autre me paroissent estimables. Si j'avois eu de M. Pitt une opinion différente de celle que j'ai énoncée, je l'eusse exprimée avec le même courage ; je n'aurois pas mis un moment en balance ma sûreté personnelle, et ce qui m'eût semblé la vérité. Que si ce langage paroit extraordinaire, je le crois fait pour honorer et moi et l'homme d'État dont je parle ; que s'il s'offensoit de ce passage, je me suis trompé.

[a] Les éloges sont fort exagérés dans ce chapitre; mais c'est un tribut très-naturel de reconnoissance que je payois à l'hospitalité. Il y a d'ailleurs des choses vraies sur

CHAPITRE XXXV.

SUITE DU PARALLÈLE ENTRE CARTHAGE ET L'ANGLETERRE.
LA GUERRE ET LE COMMERCE.
ANNIBAL, MARLBOROUGH, HANNON, COOK ; TRADUCTION DU VOYAGE
DU PREMIER, EXTRAIT DE CELUI DU SECOND.

Il ne nous reste plus qu'à considérer Carthage et l'Angleterre dans leur esprit guerrier et commerçant.

J'ai déjà touché quelque chose de cet intéressant sujet. Ajoutons que, par un jeu singulier de la fortune, la rivale de Rome et celle de la France ne comptèrent chacune qu'un grand général : la première, Annibal ; la seconde, Marlborough[1]. Un parallèle suivi entre ces hommes illustres nous écarteroit trop de notre sujet ; il suffira de remarquer que, tous les deux employés contre l'antique ennemi de leur patrie, ils le réduisirent également à la dernière extrémité[2], et furent sur le point d'entrer en triomphe dans la capitale de son empire ; qu'on leur reprocha le même défaut, l'avarice ; enfin, que, tous deux rappelés dans leur pays, ils n'y trouvèrent que l'ingratitude.

Quant au commerce, en ayant déjà décrit l'étendue, je me contenterai de citer un fait peu connu. Carthage est la seule puissance maritime de l'antiquité qui, de même que l'Angleterre, ait imaginé les lois prohibitives pour ses colonies. Celles-ci étoient obligées d'acheter aux marchés de la mère patrie les divers objets dont elles se faisoient

---

la différence qui existoit entre la guerre de la révolution et les guerres qui l'avoient précédée. Je me reconnois à peu près tel que je suis aujourd'hui dans la note qui termine ce chapitre : je n'aime point les grands, souvent je n'estime point les petits, et mon opinion ne dépendra jamais de personne. Ma franchise avec M. Pitt est sincère, mais elle est risible. Étoit-il probable que le premier ministre d'Angleterre liroit jamais l'ouvrage obscur d'un obscur émigré ? (N. ÉD.)

1. Il y eut sans doute quelques grands généraux à Carthage et en Angleterre, mais aucun aussi célèbre qu'Annibal et Marlborough.

2. A présent, le siècle impartial convient qu'on ne doit pas juger Marlborough avec autant d'enthousiasme que nos pères ; il auroit fallu le voir aux prises avec les Condé et les Turenne pour bien juger de ses talents. Il n'eut jamais en tête que de mauvais généraux, et il agit presque toujours en conjonction avec le prince Eugène. La seule fois qu'il combattit contre un grand capitaine, je crois, à Malplaquet, il perdit vingt-deux mille hommes ; encore Villars n'avoit-il que des recrues qui n'avoient jamais vu le feu et manquoient de tout, même de pain. A la prise de Lille, Vendôme étoit subordonné au duc de Bourgogne. Annibal combattit les Fabius, les Scipion, etc.

besoin, et ne pouvoient s'adonner à la culture de telle ou telle denrée[1]. On juge par ce trait jusqu'à quel degré la vraie nature du commerce et les calculs du fisc étoient entendus de ce peuple africain; peut-être aussi y trouveroit-on la cause des troubles qui ne cessoient d'agiter les colonies puniques.

Que si encore deux gouvernements se livrent aux mêmes entreprises suggérées par des motifs semblables, on doit en conclure que ces gouvernements sont animés d'une portion considérable du même génie : or, nous voyons que ceux de Carthage et d'Angleterre furent souvent mus d'après de semblables principes vers des objets de prospérité nationale. Nous allons rapporter les deux voyages entrepris pour l'agrandissement du commerce dans l'ancien Monde et dans le Monde moderne : le premier, fait par ordre du sénat de Carthage, à une époque qui n'est pas exactement connue[2] ; le second, exécuté de nos jours par la munificence du roi de la Grande-Bretagne. Hannon, qui commandoit l'expédition carthaginoise, devoit, en entrant dans l'Océan par le détroit de Gades ou de Gadir[3], découvrir les terres inconnues en faisant le tour de l'Afrique, et jetant çà et là des colonies sur ses rivages. Sans l'usage de la boussole, avec une imparfaite connoissance du ciel et de frêles barques souvent conduites à la rame, lorsqu'on se représente qu'il auroit fallu affronter les tempêtes du cap de Bonne-Espérance, si longtemps la borne redoutable des navigateurs modernes, on ne peut que s'étonner du génie hardi qui poussoit les Carthaginois à ces entreprises périlleuses. Le dessein échoua en partie : de retour dans sa patrie, Hannon publia une relation de son voyage, et son journal, étant traduit en grec par la suite, nous a, par ce moyen, été conservé. La brièveté et l'intérêt de l'unique monument de littérature punique qui soit échappé aux ravages du temps[4] m'engagent à le donner ici dans son entier; nous placerons, selon notre méthode, un des morceaux les plus piquants du voyage de Cook auprès de celui de l'amiral carthaginois : on sait que le premier de ces deux navigateurs fut employé à la découverte d'un passage de la mer du Sud dans l'Atlantique, par les mers septentrionales de l'Amérique et de l'Asie[a].

1. Arist., *De Mirab. auscult.*, t. I, p. 1159.
2. Il est reconnu que ce voyage n'est pas de l'Hannon auquel on l'attribue, et qui devoit vivre vers le temps de l'expédition d'Agathocle en Afrique. Les uns font l'auteur de ce journal contemporain d'Annibal; d'autres le rejettent à un siècle qui approcheroit de la révolution de la Grèce dont nous parlons : peu importe au lecteur.
3. Cadix.
4. Il nous reste une scène en punique dans Plaute, et des fragments d'un ouvrage sur l'agriculture, traduits en latin, où l'on apprend le secret d'engraisser des rats.

[a] Je demande bien pardon de ce chapitre à la mémoire d'Annibal ; les citations

Voyage par mer et par terre, au delà des Colonnes d'Hercule, fait par Hannon, roi des Carthaginois, qui, à son retour, voua dans le temple de Saturne la relation suivante :

Le peuple de Carthage m'ayant ordonné de faire un voyage au delà des *Colonnes d'Hercule*, pour y fonder des villes liby-phéniciennes, je mis en mer avec une flotte de soixante vaisseaux à cinquante rames, ayant à bord une grande quantité de vivres, d'habits, et environ trente mille personnes, tant hommes que femmes.

Deux jours après que nous eûmes fait voile, nous passâmes le détroit de *Gades*, et jetâmes le lendemain sur la côte d'Afrique, dans un lieu où s'étend une plaine considérable, une colonie que nous appelâmes *Thymiaterium*. De là, cinglant à l'ouest, nous fîmes le cap Soloent sur la côte de Libye, promontoire couvert d'arbres, où nous élevâmes un temple à Neptune.

Dirigeant notre course à l'orient, après un demi-jour de navigation, nous atteignîmes, à peu de distance de la mer, la hauteur d'un lac[1] plein de grands roseaux, où nous vîmes des éléphants et plusieurs autres animaux sauvages paissant çà et là. A un jour de navigation de ce lac nous fondâmes plusieurs villes maritimes : Cytte, Acra, Mélisse, etc.

Durant notre relâche nous avançâmes jusqu'au grand fleuve Lixa, qui sort de la Libye, non loin des Nomades; nous y trouvâmes les Lixiens, qui s'occupent de l'éducation des troupeaux. Je demeurai quelque temps parmi eux et conclus un traité d'alliance.

Au-dessus de ces peuples habitent les Æthiopiens, nation inhospitalière, dont le pays est rempli de bêtes féroces et entrecoupé de hautes montagnes, où l'on dit que le Lixa prend sa source. Les Lixiens nous racontoient que ces montagnes sont fréquentées par les Troglodytes, hommes d'une forme étrange, et plus légers que les chevaux à la course. Je fis ensuite avec des interprètes deux journées au midi dans le désert.

A mon retour j'ordonnai qu'on levât l'ancre[2], et nous courûmes pendant vingt-quatre heures à l'est. Au fond d'une baie nous trouvâmes une petite île de cinq stades de tour, à laquelle nous donnâmes le nom de *Cernes*, et y laissâmes quelques habitants. J'examinai mon journal, et je trouvai que Cernes devoit être située sur la côte opposée à Carthage, la distance de cette île aux Colonnes d'Hercule étant la même que celle de ces mêmes colonnes à Carthage.

servent du moins ici à couvrir le vice du sujet. Je ne sais trop pourquoi le Périple d'Hannon et les voyages de Cook se trouvent compromis dans la révolution françoise, mais enfin ils sont amusants; il faut les prendre pour ce qu'ils sont, et oublier l'*Essai historique*. (N. ÉD.)

1. Il se trouve ici une difficulté dans le grec. On croiroit d'abord qu'Hannon a remonté une rivière, ensuite on le trouve formant des villes maritimes. J'ai suivi le sens qui m'a paru le plus probable.

2. Cette phrase n'est pas du texte, mais elle y est impliquée.

Nous reprîmes notre navigation, et après avoir traversé une rivière appelée *Chrèles*, nous entrâmes dans un lac où se formoient trois îles plus considérables que Cernes. Nous mîmes un jour à parvenir de ces îles jusqu'au fond du lac. De hautes montagnes en bordoient l'enceinte; nous y rencontrâmes des hommes couverts de peaux et habitants des bois, qui nous assaillirent à coups de pierres. Longeant les rives de ce lac, nous touchâmes à un autre fleuve large, couvert de crocodiles et de chevaux marins. De là nous revirâmes et gagnâmes l'île de Cernes.

De Cernes, portant le cap au sud, nous rangeâmes pendant douze jours une côte habitée par des Æthiopiens qui paroissoient extrêmement effrayés, et se servoient d'un langage inconnu même à nos interprètes.

Le douzième jour nous découvrîmes de hautes montagnes chargées de forêts, dont les arbres de différentes espèces sont parfumés. Après avoir doublé ces montagnes en deux jours de navigation, nous entrâmes dans une mer immense. Dans les parages avoisinant au continent s'élevoit une espèce de champ d'où nous voyions, durant la nuit, sortir, par intervalles, des flammes, les unes plus petites, les autres plus grandes. Les équipages ayant fait de l'eau, nous serrâmes le rivage pendant quatre jours, et le cinquième nous louvoyâmes dans un grand golfe que nos interprètes appeloient *Hesperum Ceras* (la Corne du soir). Nous nous trouvâmes par le gisement d'une île d'une latitude considérable. Un lac salin, dans lequel se formoit un îlot, occupoit l'intérieur de cette grande île. Nous mouillâmes par le travers de la terre et nous n'aperçûmes qu'une forêt. Mais pendant la nuit nous voyions des feux, et nous entendions le son des fifres, le bruit des timbales et les clameurs d'un peuple innombrable.

Saisis de frayeur, et recevant de nos devins l'ordre d'abandonner cette île, nous appareillâmes sur-le-champ, et côtoyâmes la terre de feu de Thymiaterium, dont les torrents enflammés se déchargent dans la mer. Le sol étoit si brûlant qu'on ne pouvoit y arrêter le pied. Nous tournâmes promptement le cap au large, et dans quatre jours nous fûmes portés de nuit à la hauteur d'un pays couvert de flammes, du milieu desquelles s'élevoit un cône de feu qui sembloit se perdre dans les nues. Au jour nous reconnûmes que c'étoit une haute montagne nommée *Theon Ochema*.

Ayant doublé les régions ignées, nous ouvrîmes, trois jours après, le golfe *Notu Ceras* (la Corne de l'Orient) au fond duquel gisoit[1] une île, avec un lac, un îlot, semblable à celle que nous avions déjà découverte. Ayant touché à cette île, nous la trouvâmes habitée par des sauvages. Le nombre des femmes dominoit infiniment celui des hommes. Celles-ci étoient toutes velues, et nos interprètes les appeloient *Gorilles*. Nous les poursuivîmes, mais sans pouvoir les atteindre. Ils fuyoient par des précipices avec une étonnante agilité, en nous jetant des pierres. Nous réussîmes cependant à prendre trois femmes. Nous fûmes obligés de les tuer pour éviter d'en être déchirés; nous

---

1. On croit que cette île, le terme de la navigation d'Hannon, est Sainte-Anne.

en avons conservé les peaux. — Ici nous tournâmes nos voiles vers Carthage, les vivres commençant à nous manquer[1].

Cook n'est plus. Ce grand navigateur a péri aux îles Sandwich, qu'il venoit de découvrir. Ses vaisseaux, maintenant commandés par les capitaines Clerke et Gore, prêts à appareiller, attendent en rade un vent favorable, tandis que le lieutenant de *La Résolution* fait, à la vue de la terre, la description suivante :

Les habitants des îles *Sandwich* sont certainement de la même race que ceux de la *Nouvelle-Zélande*, des îles de la *Société* et des *Amis*, de l'île de *Pâques* et des *Marquises*, race qui occupe, sans aucun mélange, toutes les terres qu'on connoît entre le quarante-septième degré de latitude nord et le vingtième degré de latitude sud, et le cent quatre-vingt-quatrième degré et le deux cent soixantième degré de longitude orientale. Ce fait, quelque extraordinaire qu'il paroisse, est assez prouvé par l'analogie frappante qu'on remarque dans les mœurs, les usages des diverses peuplades, et la ressemblance générale de leurs traits, et il est démontré d'une manière incontestable par l'identité absolue des idiomes.

. . . .

La taille des naturels des îles *Sandwich* est, en général, au-dessous de la moyenne, et ils sont bien faits ; leur démarche est gracieuse ; ils courent avec agilité, et ils peuvent supporter de grandes fatigues. Les hommes cependant sont un peu inférieurs du côté de la force et de l'activité aux habitants des îles des *Amis*, et les femmes ont les membres moins délicats que celles d'*O-Tahiti*. Leur teint est un peu plus brun que celui des O-Tahitiens ; leur figure n'est pas si belle. Un grand nombre d'individus des deux sexes ont cependant la physionomie agréable et ouverte : les femmes surtout ont de beaux yeux, de belles dents, et une douceur et une sensibilité dans le regard qui préviennent beaucoup en leur faveur. Leur chevelure est d'un noir brunâtre ; elle n'est pas universellement lisse comme celle des sauvages de l'*Amérique*, ni universellement bouclée comme celle des nègres de l'*Afrique* : elle varie à cet égard ainsi que celle des Européens.

. . . .

On a parlé souvent dans ce Journal de l'hospitalité et de l'amitié avec lesquelles nous fûmes reçus des insulaires : ils nous accueillirent presque toujours de la manière la plus aimable. Lorsque nous descendions à terre ils se disputoient le bonheur de nous offrir les premiers présents, de nous apprêter des vivres et de nous donner d'autres marques de respect. Les vieillards ne manquoient jamais de verser des larmes de joie ; ils paroissoient très-satisfaits quand ils obtenoient la permission de nous toucher, et ils ne cessoient de faire entre eux et nous des comparaisons qui annonçoient bien de l'humilité

---

1. *Geogr. Vet. Script. Græc. Minor.*, vol. I, p. 1-6.

et de la modestie. Les jeunes femmes ne furent pas moins caressantes, et elles s'attachèrent à nous sans aucune réserve, jusqu'au moment où elles s'aperçurent qu'elles avoient lieu de se repentir de notre intimité.

. . . .

Les habitants des îles *Sandwich* diffèrent de ceux des îles des *Amis* en ce qu'ils laissent presque tous croître leur barbe ; nous en remarquâmes un très-petit nombre, il est vrai, notamment le roi, qui l'avoient coupée, et d'autres qui ne la portoient que sur la lèvre supérieure. Ils arrangent leur chevelure d'une manière aussi variée que les autres insulaires de la mer du Sud ; mais ils suivent d'ailleurs une mode qui, autant que nous avons pu en juger, leur est particulière. Ils se rasent chaque côté de la tête jusqu'aux oreilles, en laissant une ligne de la largeur de la moitié de la main, qui se prolonge du haut du front jusqu'au cou : lorsque les cheveux sont épais et bouclés, cette ligne ressemble à la crête de nos anciens casques. Quelques-uns se parent d'une quantité considérable de cheveux faux qui flottent sur leurs épaules en longues boucles, tels qu'on en voit aux habitants de l'île de *Horn*, dont on trouve la figure dans la collection de M. Dalrymple : d'autres en font une seule touffe arrondie qu'ils nouent au sommet de la tête, et qui est à peu près de la largeur de la tête elle-même : plusieurs en font cinq à six touffes séparées. Il les barbouillent avec une argile grise mêlée de coquilles réduites en poudre, qu'ils conservent en boules, et qu'ils mâchent jusqu'à ce qu'elle devienne une pâte molle quand ils veulent s'en servir. Cette composition entretient le lustre de leur chevelure, et le rend quelquefois d'un jaune pâle.

. . . .

Une seule pièce d'une étoffe épaisse, d'environ dix à douze pouces de largeur, qu'ils passent entre les cuisses, qu'ils nouent autour des reins, et qu'ils appellent *maro*, forme en général l'habit des hommes. C'est le vêtement ordinaire des insulaires de tous les rangs. La grandeur de leurs nattes, dont quelques-unes sont très-belles, varie ; elles ont communément cinq pieds de long et quatre de large. Il les jettent sur leurs épaules et ils les ramènent en avant, mais ils s'en servent peu, à moins qu'ils ne se trouvent en état de guerre : comme elles sont épaisses et lourdes et capables d'amortir le coup d'une pierre et d'une arme émoussée, elles semblent surtout propres à l'usage que je viens d'indiquer. En général ils ont les pieds nus, excepté lorsqu'ils doivent marcher sur des pierres brûlées ; ils portent alors une espèce de sandales de fibres de noix de cocos tressées.

. . . .

Le vêtement commun des femmes ressemble beaucoup à celui des hommes. Elles enveloppent leurs reins d'une pièce d'étoffe qui tombe jusqu'au milieu des cuisses, et quelquefois, durant la fraîcheur des soirées, elles se montrèrent avec de belles étoffes qui flottoient sur leurs épaules, selon l'usage des O-Tahitiennes. Le *pau* est un autre habit qu'on voit souvent aux jeunes filles ; c'est une pièce d'étoffe la plus légère et la plus fine, qui fait plusieurs tours sur les reins, et qui tombe jusqu'à la jambe, de manière qu'elle ressemble exactement à un jupon court. Leurs cheveux sont coupés par derrière et ébouriffés sur le devant de la tête comme ceux des O-Tahitiens et des habitants de la *Nouvelle-Zélande;* elles diffèrent à cet égard des femmes des îles des *Amis*, qui laissent croître leur chevelure dans toute sa longueur. Nous vîmes à la baie de *Karakakooa* une femme dont les cheveux se trouvoient arrangés d'une manière singulière : ils étoient relevés par derrière et ramenés sur le front, et ensuite repliés sur eux-mêmes, de façon qu'ils formoient une espèce de petit bonnet.

. . . .
Il y a lieu de croire qu'ils passent leur temps d'une manière très-simple et peu variée. Ils se lèvent avec le soleil, et après avoir joui de la fraîcheur du matin, ils vont se reposer quelques heures. La construction des pirogues et des nattes occupe les *Erees;* les femmes fabriquent les étoffes, les *Towtows* sont chargés surtout du soin des plantations et de la pêche. Divers amusements remplissent leurs heures de loisir. Les jeunes garçons et les femmes aiment passionnément la danse, et les jours d'appareil ils ont des combats de lutte et de pugilat bien inférieurs à ceux des îles des *Amis*, comme on l'a observé plus haut.

. . . .
Il est évident que les naturels de ces îles sont divisés en trois classes. Les *Erees*, ou les chefs de chaque district, forment la première : l'un d'eux est supérieur aux autres, et on l'appelle à *Owhyhee*, *Eree-Taboo* et *Free-Moee :* le premier de ces noms annonce son autorité absolue et le second indique que tout le monde est obligé de se prosterner devant lui, ou, selon la signification de ce terme, de se coucher pour dormir en sa présence. La seconde classe est composée de ceux qui paroissent avoir des propriétés sans aucun pouvoir. Les *Towtows*, ou les domestiques, qui n'ont ni rang ni propriété, forment la troisième. . . . .
Il paroît incontestable que le gouvernement (*monarchique*) est héréditaire.

. . . .
Le pouvoir des *Erees* sur les classes inférieures nous a paru très-absolu. Des faits que j'ai déjà racontés nous montrèrent cette vérité presque tous les jours de notre relâche. Le peuple, d'un autre côté, a pour eux la soumission la plus entière, et cet état d'esclavage contribue d'une manière sensible à dégrader l'esprit et le corps des sujets. Il faut remarquer néanmoins que les chefs ne se rendirent jamais devant nous coupables de cruauté, d'injustice ou même d'insolence à l'égard de leurs vassaux, mais qu'ils exercent leur autorité les uns sur les autres de la manière la plus arrogante et la plus oppressive. J'en citerai deux exemples :

Un chef subalterne avoit accueilli avec beaucoup de politesse le *Master* de notre vaisseau, qui étoit allé examiner la baie de *Karakakooa*, la veille de l'arrivée de *La Résolution;* voulant lui témoigner de la reconnoissance, je le conduisis à bord quelque temps après, et je le présentai au capitaine Cook, qui l'invita à dîner avec nous. Pareea entra tandis que nous étions à table; sa physionomie annonça combien il étoit indigné de le voir dans une position si honorable; il le prit à l'instant même par les cheveux, et il alloit le traîner hors de la chambre ; notre commandant interposa son autorité, et après beaucoup d'altercations, tout ce que nous pûmes obtenir, sans en venir à une véritable querelle avec Pareea, fut que notre convive demeureroit dans la chambre, qu'il s'y assiéroit par terre, et que Pareea le remplaceroit à table. Pareea ne tarda pas à être traité aussi durement : lorsque Terreeobo arriva pour la première fois à bord de *La Résolution*, Maiha-Maiha, qui l'accompagnoit, trouvant Pareea sur le tillac, le chassa de la façon la plus ignominieuse : nous étions sûrs néanmoins que Pareea étoit un personnage d'importance.

. . . . . , ...

La religion des îles *Sandwich* ressemble beaucoup à celle des îles de la Société et des îles des *Amis*. Les *Moraïs*, les *Wattas*, les idoles, les sacrifices et les hymnes sacrés, sont les mêmes dans les trois groupes, et il paroît clair que les trois tribus ont tiré leurs notions religieuses de la même source. Les cérémonies des îles *Sandwich* sont, il est vrai, plus longues et plus multipliées ; et quoiqu'il se trouve dans chacune des terres de la mer du Sud une certaine classe d'hommes chargée des rites religieux, nous n'avions jamais rencontré de sociétés réunies de prêtres, lorsque nous découvrîmes les cloîtres de *Kakooa* dans la baie de *Karakakooa*. Le chef de cet ordre s'appeloit *Orano*, dénomination qui nous parut signifier quelque chose de très-sacré, et qui entraînoit pour la personne d'Omeeah des hommages qui alloient presque jusqu'à l'adoration. Il est vraisemblable que certaines familles jouissent seules du privilège d'entrer dans le sacerdoce, ou du moins de celui d'en exercer les principales fonctions. Omeeah étoit fils de Kaoo et oncle de Kaireekea ; ce dernier présidoit, en l'absence de son grand-père, à toutes les cérémonies religieuses du *Moraï*. Nous remarquâmes aussi qu'on ne laissoit jamais paroître le fils unique d'Omeeah, enfant d'environ cinq ans, sans l'environner d'une suite nombreuse, et sans lui prodiguer des soins tels que nous n'en avions jamais vu de pareils. Il nous sembla qu'on mettoit un prix extrême à la conservation de ses jours, et qu'il devoit succéder à la dignité de son père[1].

J'aurois en vain multiplié les mots pour faire sentir la disparité des siècles, aussi bien qu'on l'aperçoit par le rapprochement de ces deux voyages. Rien ne montre mieux l'esprit, les lumières de l'âge, le caractère des anciens, et surtout celui des Carthaginois, que le journal du suffète Hannon. L'ignorance de la nature et de la géographie, la superstition, la crédulité, s'y décèlent à chaque ligne. On ne sauroit encore s'empêcher de remarquer la barbarie des marins puniques. Bien que les femmes velues dont ils parlent ne fussent vraisemblablement qu'une espèce de singes, il suffisoit que l'amiral africain les crût de nature humaine pour rendre son action atroce. Quelle différence entre ce mélange grossier de cruautés et de fables et le bon Cook cherchant des terres inconnues, non pour tromper les hommes, mais pour les

---

1. *Troisième Voyage de Cook*, t. IV, cap. vii-viii, p. 61-112.

éclairer, portant à de pauvres sauvages les besoins de la vie, jurant tranquillité et bonheur sur leurs rives charmantes à ces enfants de la nature, semant parmi les glaces australes les fruits d'un plus doux climat, soigneux du misérable que la tempête peut jeter sur ces bords désolés, et imitant ainsi, par ordre de son souverain, la Providence, qui prévoit et soulage les maux des hommes[1] ; enfin, cet illustre navigateur resserré de toutes parts par les rivages de ce globe, qui n'offre plus de mers à ses vaisseaux, et connoissant désormais la mesure de notre planète, comme le Dieu qui l'a arrondie entre ses mains.

Cependant, il faut l'avouer, ce que nous gagnons du côté des sciences, nous le perdons en sentiment. L'âme des anciens aimoit à se plonger dans le vague infini ; la nôtre est circonscrite par nos connoissances. Quel est l'homme sensible qui ne s'est trouvé souvent à l'étroit dans une petite circonférence de quelques millions de lieues? Lorsque dans l'intérieur du Canada je gravissois une montagne, mes regards se portoient toujours à l'ouest, sur les déserts infréquentés qui s'étendent dans cette longitude. A l'orient, mon imagination rencontroit aussitôt l'Atlantique, des pays parcourus, et je perdois mes plaisirs. Mais à l'aspect opposé il m'en prenoit presque aussi mal. J'arrivois incessamment à la mer du Sud, de là en Asie, de là en Europe, de là... J'eusse voulu pouvoir dire, comme les Grecs : « Et là-bas! là-bas! la terre inconnue, la terre immense[a]! » Tout se balance dans la nature : s'il falloit choisir entre les lumières de Cook et l'ignorance d'Hannon, j'aurois, je crois, la foiblesse de me décider pour la dernière.

[1]. Si la philosophie a jamais rien présenté de grand, c'est sans doute lorsqu'elle nous montre les Anglois semant de graines nutritives les îles inhabitées de la mer du Sud. On se plaît à se figurer ces colonies de végétaux européens avec leur port, leur costume étranger, leurs mœurs policées, contrastant au milieu des plantes natives et sauvages des terres australes. On aime à se les peindre émigrant le long des côtes, grimpant les collines, ou se répandant à travers les bois, selon les habitudes et les amours qu'elles ont apportées de leur sol natal : comme des familles exilées qui choisissent de préférence, dans le désert, les sites qui leur rappellent la patrie. Qu'un malheureux François, Anglois, Espagnol, se sauve seul sur un rivage peuplé de ces herbes concitoyennes de son village; que, prêt à mourir de faim, il trouve soudain tout au fond d'un désert, à quatre mille lieues de l'Europe, le légume familier de son potager, le compagnon de son enfance, qui semble se réjouir de son arrivée, ce pauvre marin ne croira-t-il pas qu'un dieu est descendu du ciel?

[a] Je serois moins naïf aujourd'hui, et peut-être aurois-je tort. Quelque chose de la note sur les végétaux européens semés dans les îles étrangères se retrouve dans les *Mélanges littéraires*, article MACKENZIE. (N. ÉD.)

CHAPITRE XXXVI.

INFLUENCE DE LA RÉVOLUTION GRECQUE SUR CARTHAGE.

Carthage au moment de la fondation des républiques en Grèce se trouvoit, par rapport à celle-ci, dans la même position que l'Angleterre vis-à-vis de la France actuelle. Possédant à peu près la même constitution, les mêmes richesses, le même esprit guerrier et commerçant que la Grande-Bretagne ; séparée comme elle du pays en révolution par des mers ; aussi libre, ou plus libre, que ce pays même, elle étoit garantie de l'influence militaire de Sparte et d'Athènes par la supériorité de ses vaisseaux, et du danger de leurs opinions politiques par l'excellence de son propre gouvernement. Les peuples maritimes ont cet avantage inestimable, d'être moins exposés que les nations agricoles à l'action des mouvements étrangers. Outre la barrière naturelle qui les protège contre une force invasive, s'ils sont insulaires, ou placés sur un continent éloigné, la superfluité de leur population trouve sans cesse un écoulement au dehors, sans demeurer en un état croupissant de stagnation dans l'intérieur. Le reste des citoyens, occupé du commerce de la patrie, a peu le temps de s'embarrasser de rêveries politiques. Là où les bras travaillent, l'esprit est en repos.

Carthage encore lors de la chute des Pisistratides, élevée à l'empire des mers et à la traite du monde entier sur les débris du commerce de Tyr[1], comme l'Angleterre de nos jours sur les ruines de celui de la Hollande, approchoit du faîte de la prospérité. Par une autre ressemblance de fortune non moins singulière, elle crut devoir prendre une part active contre la révolution républicaine d'Athènes, en faveur de la monarchie. Xerxès, qui, en prétendant rétablir Hippias sur le trône, méditoit la conquête de l'Attique et du Péloponèse, engagea les Carthaginois à attaquer en même temps les colonies grecques en Sicile[2]. Amilcar, à la tête de plus de trois cent mille hommes et d'une flotte nombreuse, aborde à Panorme, et met le siége devant Himère[3]. Gélon accourt de Syracuse avec cinquante mille citoyens au secours de la place, tombe sur le général africain, détruit son armée, et le force de se jeter lui-même dans un bûcher allumé pour un sacrifice[4]. C'est ainsi qu'une fortune ennemie voulut nommer ensemble Himère et Dunkerque.

---

1. L'explication de ceci se trouve à l'article Tyr.   2. Diod., lib. xi, p. 1.
3. Diod., lib. xi, p. 16 et 22.   4. Herod., lib. vii, p. 168.

L'enthousiasme dans la victoire, le découragement dans la défaite, est un trait de caractère que les souverains des mers d'autrefois[1] ont possédé avec les maîtres de l'Océan de nos jours[2] : que de fois durant le cours des hostilités présentes, sans la mâle fermeté des ministres, l'Angleterre ne se seroit-elle pas jetée aux pieds de sa rivale !

La nouvelle de la destruction de l'armée n'arriva pas plus tôt en Afrique, que le peuple tomba dans le désespoir. Il voulut la paix à quelque prix que ce fût. On députa humblement vers Gélon, qui mérita sa victoire par la modération dont il en usa envers ses ennemis : il exigea seulement qu'ils payassent les frais de la campagne, qui ne s'élevoient pas au-dessus de deux mille talents[3].

Ainsi se termina pour les Carthaginois cette guerre si funeste à tous les alliés, qui eut encore cela de remarquable, qu'elle cessa peu à peu, telle que la guerre actuelle a déjà fini en partie, par les paix forcées et partielles des différents[4] coalisés. Depuis le traité entre l'Afrique et la Grèce, les deux pays vécurent longtemps en intelligence, et l'influence de la révolution républicaine du dernier, se trouvant arrêtée par les causes que j'ai ci-dessus assignées, se borna quant à Carthage au malheur passager que je viens de décrire[a].

---

1. Plut., *De Ger. Rep.*, p. 799.
2. Ramsay's *Revol. of Amer.*; d'Orléans, *Rév. d'Angl.*; Hume's *Hist. of Engl.*, etc., etc.
3. Herod., lib. vii; Diod, lib. xi. — 10,800,000 liv. de notre monnoie, en les supposant talents attiques, et 12,600,000 liv., en les comptant sur la valeur du talent d'Orient, ce qui est plus probable. Si nous avions le déchet exact des talents carthaginois, que l'on fit refondre à Rome à la fin de la seconde guerre Punique, nous saurions au juste la vérité. (Voy. Liv., lib. xxxii, n° 2.)
4. On verra ceci au tableau général de la guerre Médique.

[a] Le vice radical de tous ces parallèles, sans parler des bizarreries qu'ils produisent, est de supposer que la société à l'époque de la révolution républicaine de la Grèce étoit semblable à la société telle qu'elle existe aujourd'hui : or, rien n'étoit plus différent.

Les hommes avoient peu ou point de relations entre eux ; les chemins manquoient, la mer étoit inconnue ; on voyageoit rarement et difficilement ; la presse, ce moyen extraordinaire d'échange et de communication d'idées, n'étoit point inventée ; chaque peuple, vivant isolé, ignoroit ce qui se passoit chez le peuple voisin. Comparer la chute des Pisistratides à Athènes (qui d'ailleurs n'étoient que des usurpateurs de l'autorité populaire) à la chute des Bourbons en France ; rechercher laborieusement quelle fut l'influence républicaine de la Grèce sur l'Égypte, sur Carthage, sur l'Ibérie, sur la Scythie, sur la Grande-Grèce, trouver des rapports entre cette influence et l'influence de notre révolution sur les divers gouvernements de l'Europe, c'est un complet oubli, ou plutôt une falsification manifeste de l'histoire. Il est très-douteux que la Scythie, l'Égypte, et même Carthage, aient jamais entendu parler d'Hippias ; et si Carthage attaqua les colonies grecques à l'instigation du roi de Perse, on ne peut voir là qu'un de ces faits isolés, qu'un résultat de cette ambition particulière

CHAPITRE XXXVII.

L'IBÉRIE.

Sur le bord opposé du détroit de Gades, qui séparoit les possessions africaines de Carthage de ses colonies européennes, on trouvoit l'Ibérie, pays sauvage et à peine connu des anciens, à l'époque dont nous retraçons l'histoire. Il étoit habité par plusieurs peuples, Celtes d'origine, dont les uns se distinguoient par leur courage et leur mépris de la mort[1]; les autres, pleins d'innocence, passoient pour les plus justes des hommes[2]. Malheureusement leurs fleuves rouloient un métal qui

qui dans tous les temps a excité un peuple à profiter des divisions d'un autre peuple.

L'état de la société n'étoit point assez avancé chez les anciens pour que les idées politiques devinssent la cause d'un mouvement général. On vit quelques guerres religieuses, mais encore furent-elles rares et renfermées dans d'étroites limites. L'antiquité ne fit de grandes révolutions que par la conquête; les Perses, les Grecs, les Romains n'étendirent leur empire que par les armes : c'étoit la force physique et non la force morale qui régnoit. Quand cette force fut passée, il resta des dominateurs, quelques monuments des arts, quelques lois civiles, quelques ordonnances municipales, quelques règles d'administration, mais pas une idée politique.

Rome étoit déja formidable, elle étoit prête à étendre sa main sur l'Orient, que les Grecs connoissoient à peine son existence, qu'ils ignoroient et les révolutions et les lois du peuple qui alloit envahir leur patrie; et je prétendrois qu'une petite révolution domestique, advenue dans la petite ville de bois de Thémistocle, lorsque l'antiquité tout entière étoit encore à demi barbare, je prétendrois que cette petite révolution communiqua son mouvement à l'univers connu!

Dans les temps modernes même le contre-coup des révolutions a été plus ou moins fort, selon le degré de civilisation à l'époque où ces révolutions ont éclaté. La catastrophe de Charles Ier ne put avoir sur l'Europe, par mille raisons faciles à déduire, l'influence qu'a dû exercer l'assassinat juridique de Louis XVI. En remontant plus haut, le pape qui, au milieu de la France barbare, vint mettre la couronne sur la tête d'un roi de la seconde race, ne fit pas un acte aussi décisif pour certains principes que celui du pontife qui couronna Buonaparte au commencement du XIXe siècle.

Tout est donc faux dans les parallèles que j'ai prétendu établir. Il ne reste de ces rapprochements que quelques vérités de détails, indépendantes du fond et de la forme. (N. ÉD.)

1. STRABO, lib. III, p. 158; LIV., lib. XXVIII; MARIAN., SIL. ITAL., lib. I.
2. La Bétique, dont Fénelon fait une peinture si touchante. Le tableau n'est pas entièrement d'imagination ; il est fondé sur la vérité de l'histoire. Je ne sais où j'ai lu que Mariana a omis quelque chose sur l'origine des nations ibériennes, dans sa traduction en langue vulgaire de son *Histoire latine* originale. Malheureusement je ne possède que l'édition espagnole de cet excellent ouvrage.

les décela à l'avarice. Les Tyriens, pour l'obtenir, trompèrent d'abord leur simplicité[1]. Les Carthaginois bientôt les asservirent, et les forçant à ouvrir les mines, les y plongèrent tout vivants[2]. Si ce livre traversoit les mers, s'il parvenoit jusqu'à l'Indien enseveli sous les montagnes du Potose, il apprendroit que ses cruels maîtres ont autrefois, comme lui, péri esclaves sous leur terre natale, qu'ils y ont fouillé ce même or pour une nation étrangère apportée chez eux par les flots. Cet Indien adoreroit en secret la Providence et reprendroit son hoyau moins pesant.

Au reste, il est probable que les troubles de la Grèce réagirent sur les malheureux habitants de l'Ibérie. Carthage pour payer les frais de la guerre contre la Sicile multiplia sans doute les sueurs de ses esclaves[3]. A chaque écu dépensé par le vice en Europe, les larmes de sang coulent dans les abîmes de la terre en Amérique. C'est ainsi que tout se lie, et qu'une révolution, comme le coup électrique, se fait sentir au même instant à toute la chaîne des peuples.

CHAPITRE XXXVIII.

LES CELTES.

Par delà les Pyrénées habitoit un peuple nombreux, connu sous le nom de Celte, dont la puissance s'étendoit sur la Bretagne, les Gaules et la Germanie. Uni de mœurs et de langage, il ne lui manquoit que de se gouverner en unité, pour enchaîner le reste du monde.

Le tableau des nations barbares offre je ne sais quoi de romantique qui nous attire. Nous aimons qu'on nous retrace des usages différents des nôtres, surtout si les siècles y ont imprimé cette grandeur qui règne dans les choses antiques, comme ces colonnes qui paroissent plus belles lorsque la mousse des temps s'y est attachée. Plein d'une horreur religieuse, avec le Gaulois à la chevelure bouclée, aux larges bracca, à la tunique courte et serrée par la ceinture de cuir, on se plaît à assister dans un bois de vieux chênes, autour d'une grande pierre, aux mystères redoutables de Teutatès. La jeune fille, à l'air sauvage et aux yeux bleus, est auprès : ses pieds sont nus, une longue

---

1. Diod., lib. v, p. 312.
2. *Id.*, lib. iv, cap. cccxii; Polyb., lib. i'i.
3. L'Ibérie fournit aussi des soldats, ainsi que les Gaules et l'Italie, à Carthage, pour l'expédition contre Syracuse.

robe la dessine ; le manteau de canevas se suspend à ses épaules ; sa tête s'enveloppe du kerchef, dont les extrémités, ramenées autour de son sein et passant sous ses bras, flottent au loin derrière elle. Le Druide, sur le Cromleach, se tient au milieu, en blanc sagum, un couteau d'or à la main, portant au cou une chaîne et aux bras des bracelets de même métal : il brûle avec des mots magiques quelques feuilles du gui sacré, cueilli le sixième jour du mois, tandis que les eubages préparent dans la claie d'osier la victime humaine, et que les bardes, touchant foiblement leurs harpes, chantent à demi-voix dans l'éloignement Odin, Thor, Tuisco et Hela[1][a].

Le grand corps des Celtes se divisoit en une multitude de petits États, gouvernés par des iarles, ou chefs militaires. La partie politique et civile étoit abandonnée aux druides[2].

Cet ordre célèbre semble avoir existé de toute antiquité, et quelques auteurs même en ont fait la source d'où découlèrent les sectes sacerdotales de l'Orient[3]. Il se partageoit en trois branches : les druides, dépositaires de la sagesse et de l'autorité ; les bardes, rémunérateurs des actions des héros ; les eubages, veillant à l'ordre des sacrifices[4]. Ces prêtres enseignoient l'immortalité de l'âme[5], la récompense des vertus, le châtiment des vices[6], et un terme de la nature fixé pour un général bonheur[7]. Plusieurs nations ont cru dans ce dernier dogme, qui tire sa source de nos misères. L'espérance peut nous faire oublier nos maux, mais comme une liqueur enivrante qui nous tue.

Ce n'est pas ici le lieu de nous étendre sur les mœurs, les lumières, les coutumes des nations barbares, elles fourniront ailleurs un chapitre intéressant. A présent notre description formeroit un anachronisme, ce que nous savons d'elles étant postérieur au règne de Xerxès. Nous devons seulement montrer que les révolutions de la Grèce étendirent leur influence jusque sur ces peuples sauvages.

Une colonie phocéenne, pleine de l'amour de la liberté, qu'elle ne pouvoit conserver sur les rivages de l'Asie, chercha l'indépendance sous un ciel plus propice, et fonda dans les Gaules[8] l'antique Marseille.

---

1. Vid. Cæs., *De Bell. Gall.;* Tacit., *De Mor. Germ.;* Lucan.; Strabo; Henry's, *Hist. of Engl.;* View of the dress of the People of Engl.; Puffend., *De Druid.;* Pelloutier, *Lettres sur les Celtes;* Ossian's *Poew.;* les deux *Edda.*

[a] Voyez le livre des Gaules ; et Velléda, dans *Les Martyrs;* mais à quoi bon tout cela dans l'*Essai?* (N. ÉD.)

2. Cæs., *de Bell. Gall.,* lib. vi, cap. xiii ; Tacit., *de Mor. Germ.,* cap. vii.

3. Laert., lib. i.   4. Diod. Sic., lib. v, p. 308 ; Strabo, lib. iv.

5. Cæs., *De Bell. Gall.,* cap. xiv ; Val. Max., lib. ii, cap vi.

6. Les deux *Edda;* Sæmundus, *Snorro,* trad. lat.

7. Sæmundus, *Snorro,* trad. lat.; Strabo, lib. iv, p. 302.   8. L'an de Rome 165.

Bientôt les lumières et le langage de ces étrangers se répandirent parmi les druides[1]. Il seroit impossible de suivre dans l'obscurité de l'histoire les conséquences de ces innovations, mais elles durent être considérables ; nous savons que souvent la moindre altération dans le costume d'un peuple suffit seule pour le dénaturer.

Sans recourir aux conjectures, l'établissement des Phocéens dans les Gaules devint une des causes secondaires de l'esclavage de ces derniers. Fidèles alliés des Romains, les Marseillois ouvroient une porte aux armées des Césars et une retraite assurée en cas de revers[2]. Leur connoissance du pays, leur courage, leurs lumières, tout tournoit au désavantage des peuples Galliques[3]. C'est ainsi que les hommes sont ordonnés les uns aux autres. Les fils de leurs destinées viennent dans la main de Dieu ; l'un ne sauroit être tiré sans que tous les autres soient mus. Je finirai cet article par une remarque.

Les Marseillois, différents d'origine des autres peuples de la France, ont aussi un caractère à eux. Ils semblent avoir conservé le génie factieux de leurs fondateurs, leur courage bouillant et éphémère, leur enthousiasme de liberté. On nie maintenant le pouvoir du sang, parce que les principes du jour s'y opposent ; mais il est certain que les races d'hommes se perpétuent comme les races d'animaux[a]. C'est pourquoi les anciens législateurs vouloient qu'on n'élevât que les enfants forts et robustes, comme on prend soin de ne nourrir que des coursiers belliqueux.

CHAPITRE XXXIX.

L'ITALIE.

L'Italie à l'époque de la révolution républicaine en Grèce étoit, ainsi que de nos jours, divisée en plusieurs petits États à peu près

---

1. STRABO, lib. IV, p. 181. — L'auteur cité prétend que les Gaulois furent instruits dans les lettres par les Marseillois. Du temps de Jules César les premiers se servoient des caractères grecs dans leurs écrits. (*De Bell. Gall.*, lib. VI, cap. XIII.)

2. LIV., lib. XXI.

3. Comme au passage d'Annibal dans les Gaules. (Voyez TITE-LIVE, à l'endroit cité.) L'attachement de la république de Marseille pour les Romains, les différents services qu'elle leur rendit, tout cela est trop connu pour exiger plus de détails. (Voy. LIV., CÆS., POLYB., etc.)

[a] Cela est vrai ; mais aussi ces races s'appauvrissent, s'usent et dégénèrent comme les races d'animaux. (N. ÉD.)

semblables de mœurs et de langage. Nous les considérerons à la fois, pour éviter les détails inutiles.

La constitution monarchique régnoit généralement chez tous ces peuples[1].

Leur religion ressembloit à celle des Grecs ; ils y ajoutèrent l'art des augures[2].

Leurs costumes n'étoient pas sans luxe, leurs usages sans corruption[3]; l'un et l'autre y avoient été introduits par les cités de la Grande-Grèce.

Déjà ces nations comptoient quelques philosophes :

Tagès, le plus ancien d'entre eux, fut un imposteur, ou un insensé, qui inventa la science des présages[4].

Un autre auteur, inconnu, écrivit sur le système de la nature. Il disoit que le monde visible mit soixante siècles à éclore avant d'être habité, qu'il en dureroit encore soixante avant de se dissoudre, fixant à douze mille ans la période complète de son existence[5].

En politique, Romulus et Numa avoient brillé ; Plutarque a comparé celui-là à Thésée, et celui-ci à Lycurgue[6]. Le premier parallèle est aussi heureux que le second semble intolérable. Qu'avoient de commun les lois théocratiques du roi de Rome avec les institutions sublimes du législateur de Sparte[7a]? Plusieurs philosophes se sont enthousiasmés de Numa sur la seule idée qu'il étudia sous Pythagore. La chronologie a prouvé un intervalle de plus d'un siècle entre l'existence de ces deux sages. Que devient le mérite du premier? Il y a beaucoup d'hommes qu'on cesseroit d'estimer si on pouvoit ainsi relever toutes les erreurs de compte.

1. Liv., lib. i, n° 15; Vellei., Paterc., lib. i, cap. ix ; lib. v, n° 1; Macch., *Istor. Fior.*, lib. ii ; Denina, *Istor. del. Ital.*

2. Ovid., *Metam.* ; lib. xv, v. 558.

3. Au siècle le plus vertueux de Rome, le fils du grand Cincinnatus fut accusé de fréquenter le quartier des courtisanes. On connoît le luxe du dernier Tarquin. (Voy. Tite-Live.)

4. Ovid., *loc. cit.*

5. Suid., *verb. Tyrrhen.*, p. 519. — A la longueur des périodes près, ce système rappelle celui de Buffon. (Voy. *Théor. de la Terre.*)

6. *In Vit. Romul., Thes.*, etc.

7. La preuve du vice de ces lois, c'est qu'elles furent renversées cent années après, et que le sénat dans la suite fit brûler les livres de Numa retrouvés dans son tombeau.

a J'ai considérablement rabattu de mon admiration pour les lois de Lycurgue : tout ce qui blesse les lois naturelles a quelque chose de faux. Quant à Numa, mon philosophisme ne me permettoit pas alors de le traiter mieux. (n. éd.)

CHAPITRE XL.

INFLUENCE DE LA RÉVOLUTION GRECQUE SUR ROME.

A l'époque de l'établissement des républiques en Grèce, une grande révolution s'étoit pareillement opérée en Italie. L'année qui vit bannir le tyran de l'Attique vit aussi tomber celui du Latium[1]. Que si l'on considère les conséquences de ces deux événements, cette année passera pour la plus fameuse de l'histoire.

La réaction du renversement de la monarchie à Athènes fut vivement sentie à Rome. Brutus avoit été envoyé par Tarquin vers l'oracle de Delphes à l'époque de la chute d'Hippias[2]. Je ne puis croire que le cœur du patriote ne battit pas avec plus d'énergie lorsqu'en sortant de son pays esclave il mit le pied sur cette terre d'indépendance. Le spectacle d'un peuple en fermentation et prêt à briser ses fers dut porter la flamme dans le sang du magnanime étranger. Peut-être au récit de la mort d'Harmodius, racontée par quelque prêtre du temple, le front rougissant de Brutus dévoila-t-il toute la gloire future de Rome. Il retourna au bord du Tibre, non vainement inspiré de cet esprit qui agite une foible Pythie, mais plein de ce dieu qui donne la liberté aux empires et ne se révèle qu'aux grands hommes[a].

Rome dans la suite eut encore recours à la Grèce, et les Athéniens devinrent les législateurs du premier peuple de la terre[3]. Ceci tient à l'influence éloignée de la révolution dont je parlerai ailleurs.

Mais la politique verbeuse de l'Attique, qui entroit en Italie par le canal de la Grande-Grèce, trouva une barrière insurmontable dans l'heureuse ignorance des peuples de l'intérieur. Le citoyen, accoutumé aux exercices du champ de Mars, à l'obéissance des lois et à la crainte des dieux[4], n'alloit point dans des écoles de démagogie apprendre à

---

1. Plin., lib. xxxiv, cap. iv.

2. Tite-Live, qui rapporte ce voyage, n'en marque pas la durée; mais il dit que Brutus trouva à son retour les Romains se préparant à aller assiéger Ardée. Or, Tarquin fut chassé de Rome dans les premiers mois de cette entreprise. Hippias ayant quitté l'Attique l'année même de la mort de Lucrèce, il résulte que Brutus avoit fait le voyage de Delphes entre l'assassinat d'Hipparque et la retraite d'Hippias, c'est-à-dire entre la soixante-sixième et la soixante-septième olympiade*.

[a] Ces sentiments prouvent que ce n'est pas l'esprit d'opposition qui les fait manifester aujourd'hui. (N. ÉD.)

3. Liv., lib. III, cap. xxxi.   4. Plut., in F. Cam., in Num., lib. I.

* Je n'ai vu cette observation nulle part : elle valoit la peine d'être faite ; ses développements seroient féconds. (N. ÉD.)

vociférer sur les droits de l'homme et à bouleverser son pays. Les magistrats veilloient à ce que ces lumières inutiles ne corrompissent pas la jeunesse. Rome enfin opposa à la Grèce république à république, liberté à liberté, et se défendit des vertus étrangères avec ses propres vertus[a].

Que si l'on s'étonne de ceci, je n'ai pas dit *vertu*, mais *vertus*, choses totalement différentes, et que nous confondons sans cesse. La première est immuable, de tous les temps, de toutes les choses, les secondes sont locales, conventionnelles, vices ici, vertus ailleurs. Distinction peu juste, répliquera-t-on, puisque alors vous faites de la vertu un sentiment inné, et que cependant les enfants semblent n'en avoir aucune. Et pourquoi demander du cœur ses fonctions les plus sublimes, lorsque le merveilleux ouvrage est entre les mains de l'ouvrier?

Qu'on ne dise pas qu'il soit futile de s'attacher à montrer le peu d'influence que l'établissement des gouvernements populaires parmi les Grecs dut avoir à Rome, objectant que celle-ci étant républicaine, des républiques ne pouvoient agir sur elle. La France n'a-t-elle pas détruit Genève et la Hollande, ébranlé Gênes, Venise et la Suisse? N'a-t-elle pas été sur le point de bouleverser l'Amérique même? Sans vous, grand homme[b], qui avez daigné me recevoir, et dont j'ai visité la demeure avec le respect qu'on porte dans un temple, que seroit devenu tout votre beau pays?

CHAPITRE XLI.

LA GRANDE-GRÈCE.

Sur les côtes de l'Italie, les Athéniens, les Achéens, les Lacédémoniens, à différentes époques, avoient fondé plusieurs colonies, et c'est ce qu'on appeloit *la Grande-Grèce*. Entre ces cités, Sybaris, Crotone, Tarente, devinrent bientôt célèbres par leurs dissensions politiques, leurs mauvaises mœurs et leurs lumières. De même que les peuples dont elles tiroient leur origine, elles chérissoient la liberté, qu'elles ne savoient retenir. Tour à tour républiques, ou soumises à des tyrans,

---

[a] Je distinguois partout, comme je fais encore aujourd'hui, l'esprit démagogique de l'esprit de liberté, les fausses lumières de la lumière véritable. (N. ÉD.)

[b] Washington. La révolution françoise sans la fermeté de Washington auroit détruit le pacte fédéral. (N. ÉD.)

elles passoient, par un cercle de révolutions continuelles, de la licence la plus effrénée au plus honteux esclavage [1].

Vers le temps de la révolution des Pisistratides à Athènes, Pythagore de Samos, après de longs voyages, s'étoit enfin fixé à Crotone. Ce philosophe, un des plus beaux génies de l'antiquité, et le fondateur de la secte qui porte son nom, avoit puisé ses lumières parmi les prêtres de l'Égypte, de la Perse et des Indes [2]. Ses notions de la Divinité étoient sublimes : il regardoit Dieu comme une unité, d'où le sujet qu'il employa pour création s'étoit écoulé [3]. De son action sur ce sujet sortit ensuite l'univers [4]. De ceci il résultoit que tout émanant de Dieu, tout en formoit nécessairement partie ; et cette doctrine tomboit ainsi dans les absurdités du spinosisme [5]; avec cette différence que Pythagore admettoit le principe comme esprit, Spinosa comme matière [a].

Le dogme de la transmigration des âmes, que le sage Samien emprunta des Brachmanes et des gymnosophistes de l'Orient [6], est trop connu pour m'y arrêter. Quelque absurde qu'il nous paroisse cependant, puisqu'il est impossible de concevoir comment la mémoire, qui n'est qu'une image déposée par les sens, peut appartenir à l'esprit dégagé des premiers, on ne sauroit pas plus nier ce système que mille autres. Outre que la métempsychose réelle des corps le favorise, il donne en même temps la solution des difficultés concernant une autre vie [b], l'univers n'étant plus qu'un grand tout éternel, où rien ne s'anéantit, ni ne se crée. Ainsi la doctrine de Pythagore formoit un cercle ramenant de nécessité au même point ; car des principes de la transmigration on se retrouvoit à l'idée primitive que ce philosophe avoit du τὸν ὄν, ou *ce qui est*.

Si Pythagore s'étoit contenté de sonder l'abîme de la tombe, il auroit peu mérité la reconnoissance des hommes ; mais il s'occupa d'autres études plus utiles à la société. Son système de la nature étoit celui des *Harmonies* [7] développé de nos jours par Bernardin de Saint-Pierre,

---

1. STRABO, lib. VI; DIOD., lib. XII; VAL. MAX., lib. VIII, cap. VII.
2. JAMBLIC., *in Vit. Pith.*   3. LAERT., *in Pythag.*, lib. VIII.
4. STOB., *Ecl. Phys.*, lib. I, cap. XXV.   5. *Legat. pro Christ.*

[a] J'avois un grand penchant à l'étude de cette métaphysique religieuse : on peut s'en convaincre par les preuves métaphysiques de l'existence de Dieu placées dans les notes du *Génie du Christianisme*. (N. ÉD.)

6. Cependant il n'est pas certain que Pythagore ait parcouru la Perse et les Indes. Cette opinion n'ayant été soutenue que par des écrivains d'un siècle très-postérieur à celui du philosophe samien, Jamblicus est rempli de fables.

[b] Il faut sous-entendre *pour les Pythagoriciens*, car il est clair que je n'adopte pas ce système. (N. ÉD.)

7. JAMBL., *Vit. Pyth.*, cap. XIV; LAERT., *in Pyth.*, lib. VIII. — Selon le dernier.

qui a revêtu du style le plus enchanteur la morale la plus pure [1].

Le sage Samien, de même que l'ami de Jean-Jacques, représentoit l'univers comme un grand corps parfait dans sa symétrie, mû d'après des lois musicales et éternelles [2]. Des nombres harmoniques, dont le plus parfait étoit le quatre, selon Pythagore [3], et le cinq, d'après Saint-Pierre [4], formoient dans les choses une arithmétique mystérieuse, d'où découloient les secrets et les grâces de la nature [5]. L'éther étoit plein de la mélodie des sphères roulantes [6], et des dieux bienfaisants daignoient quelquefois se communiquer aux mortels dans leurs songes [7].

Le sage de la Grande-Grèce voulut joindre à la gloire du physicien la gloire, plus dangereuse, du législateur. Ainsi que celle de Bernardin, sa politique étoit douce et religieuse. Il ne recommandoit pas tant la forme du gouvernement que la simplicité du cœur [8], sûr qu'une bonne constitution découle toujours des mœurs pures. Avec une barbe vénérable descendant à sa ceinture, une couronne d'or dans ses cheveux blancs, une longue robe de lin d'Égypte, le vieillard Pythagore, délivrant au son des instruments [9] la plus aimable des morales aux peuples assemblés, offre un tout autre tableau que celui des législateurs de notre âge. Les succès du sage furent d'abord prodigieux. Une révolution générale s'opéra dans Crotone; mais bientôt, fatigués de leurs réformes, les citoyens dont il censuroit la vie l'accusèrent de conspirer contre l'État, ou plutôt contre leurs vices [10]. Ils brûlèrent vivants ses disciples dans leur collége, et le forcèrent lui-même à s'enfuir dans les bois, où il fit une fin malheureuse [11].

auteur cité, Pythagore disoit que la vertu, la santé, Dieu même, et tout l'univers, n'étoient que des harmonies.

1. Le génie mathématique de M. de Saint-Pierre offre encore d'autres ressemblances avec celui de Pythagore. La théorie des marées, par la fonte des glaces polaires, est une opinion, sinon une vérité prouvée, qui mérite la plus grande attention des savants et de tout amant de la philosophie de la nature *.

2. JAMBL., *Vit. Pyth.*; *Études de la Nature.*
3. HIEROCL., *in Aur. Carm.*; *Aur. Carm.*; ap. *Poet. minor. Græc.*
4. *Études de la Nature*, t. I-II.   5. *Ibid.*   6. JAMBL., *Vit. Pyth.*, cap. XIV.
7. LAERT., *ib.*, lib. VIII; *Paul et Virginie.* — Ce que Pythagore disoit de l'homme, qu'il est un microcosme ou un abrégé de l'univers, est sublime.
8. *Id., ibid.*, lib. VIII.
9. *Id., ib.*; JAMBL., cap. XXI, n° 100; ÆLIAN., lib. XII, cap. XXXII; PORPHYR.
10. PORPHYR., n° 20; JAMBL., cap. XXXI, n° 214.
11. La mort de Pythagore est diversement racontée. Diogène Laerce seul rapporte quatre opinions différentes.

* Cette opinion ne mérite pas l'attention des savants; si toutes les lois astronomiques et physiques ne détruisoient pas cette opinion, les derniers voyages du capitaine Parry dans les mers polaires suffiroient pour renverser la théorie des marées par la fonte des glaces. On peut se consoler de s'être trompé quelquefois quand on a fait *Paul et Virginie*. (N. ÉD.)

Les savants doutent que Pythagore ait laissé quelques ouvrages. Je vais donner au lecteur les *Vers dorés* qu'on lui attribue [1], ou du moins qui renferment sa doctrine. Ils sont au nombre de soixante-douze. Voici les plus remarquables :

Honore les dieux immortels tels qu'ils sont établis ou ordonnés par la loi. Respecte le serment avec toute sorte de religion. Il faut mourir, c'est le décret de ta destinée. La puissance habite auprès de la nécessité. Les gens de bien n'ont pas la plus grande part des souffrances. Les hommes raisonnent bien, les hommes raisonnent mal ; n'admire les uns ni ne méprise les autres. Ne te laisse jamais éblouir. Fais au présent ce qui ne t'affligera pas au passé. Commence le jour par la prière, tu connoîtras alors la constitution de Dieu et des hommes, la chaîne des êtres, ce qui les contient, ce qui les lie ; tu connoîtras, selon la justice, que l'univers est le même dans tous les lieux ; tu n'espéreras point alors ce qui n'est point, car tu sauras ce qui est, tu sauras que nos maux sont volontaires ; que nous ignorons que le bonheur soit près de nous ; qu'un bien petit nombre sait se délivrer de ses peines ; que nous roulons au gré du sort comme des cylindres mus par la discorde [2].

Si l'on médite attentivement les *Vers dorés*, l'on trouvera qu'ils renferment tous les principes des vérités morales, souvent enveloppés d'un voile de mystère qui leur prête un nouvel attrait. On trouve dans Bernardin de Saint-Pierre une multitude de pensées vraies, de réflexions attendrissantes, toujours revêtues du langage du cœur.

1. Quelques-uns les croient d'Empédocle. Tandis que je préparois ceci pour la presse, M. Peltier m'a fait le plaisir de me communiquer un livre qui m'auroit épargné bien du travail si j'en avois connu plus tôt l'existence. Ce sont les *Soirées littéraires*, qui s'étendent depuis le mois d'octobre 1795 jusqu'au mois de juin ou juillet 1796. Les traductions élégantes qu'on y trouve eussent servi d'ornement à ces Essais, en même temps qu'elles m'eussent sauvé la fatigue de traduire moi-même. Ceci n'est qu'un des plus petits inconvénients où l'on tombe à écrire loin des capitales et dans un pays étranger. Si dans les morceaux que mon sujet m'a forcé de choisir j'ai quelquefois donné à mes versions un sens autre que celui adopté par les auteurs des *Soirées littéraires*, sans doute la faute est de mon côté. D'ailleurs, on sent que je n'ai pas dû travailler sur le même plan ni sur une échelle aussi développée.
2. *Poet. Minor. Græc.*

Note de l'exemplaire confidentiel. — J'étois prié à dîner avec Bernardin chez Ginguené lors de la publication de la *Chaumière Indienne*. Je ne pus m'y rendre. On donnoit le soir l'opéra de *Paul et Virginie* aux Italiens. Mme F. et Mme L... y furent avec Bernardin. Il ne parut pas content du naufrage, et dit qu'il avoit éprouvé une tempête un peu plus redoutable que *celle-là* à l'île de Bourbon.

La mort est un bien pour tous les hommes; elle est la nuit de ce jour inquiet qu'on appelle la vie. Le meilleur des livres, qui ne prêche que l'égalité, l'amitié, l'humanité et la concorde, l'Évangile, a servi pendant des siècles de prétexte aux fureurs des Européens.:... Après cela, qui se flattera d'être utile aux hommes par un livre? Qui voudroit vivre s'il connoissoit l'avenir? Un seul malheur prévu nous donne tant de vaines inquiétudes! *La solitude est si* nécessaire au bonheur dans le monde même, qu'il me paroît impossible d'y goûter un plaisir durable de quelque sentiment que ce soit, ou de régler sa conduite sur quelque principe stable, si l'on ne se fait une solitude intérieure, d'où notre opinion sorte bien rarement, et où celle d'autrui n'entre jamais. Dans cette île, située sur la route des Indes... quel Européen voudroit vivre heureux, mais pauvre et ignoré? Les hommes ne veulent connoître que l'histoire des grands et des rois, qui ne sert à personne. Il n'y a jamais qu'un côté agréable à connoître dans la vie humaine : semblable au globe sur lequel nous tournons, notre révolution rapide n'est que d'un jour, et une partie de ce jour ne peut recevoir la lumière que l'autre ne soit livrée aux ténèbres. La vie de l'homme, avec tous ses projets, s'élève comme une petite tour, dont la mort est le couronnement. Il y a des maux si terribles et si peu mérités, que l'espérance même du sage en est ébranlée. La patience est le courage de la vertu. C'est un instinct commun à tous les êtres sensibles et souffrants de se réfugier dans les lieux les plus sauvages et les plus déserts, comme si des rochers étoient des remparts contre l'infortune, et comme si le calme de la nature pouvoit apaiser les troubles malheureux de l'âme [1].

CHAPITRE XLII.

SUITE. — ZALEUCUS. CHARONDAS.

Pythagore fut suivi de deux autres législateurs, Zaleucus et Charondas, qui brillèrent dans la Grande-Grèce, au moment de la gloire de la mère patrie [2].

Charondas s'appliqua moins à la politique qu'à la réforme de la morale : car telles mœurs, tel gouvernement. Voici ses principes :

« Frappez le calomniateur de verges. Livrez le méchant à son propre

---

1. *Paul et Virginie.*
2. Il y a ici un schisme entre les chronologistes. Plusieurs rejettent Charondas à deux siècles avant l'époque où je le place, et je crois même avec raison. Cependant les difficultés étant très-grandes, et des historiens célèbres ayant adopté l'ère que j'assigne, je me suis cru autorisé à la suivre.

cœur dans une profonde solitude : que quiconque se lie d'amitié avec lui soit puni. Que le novateur proposant un changement dans les lois antiques se présente la corde au cou, afin d'être étranglé si son statut est rejeté [1]. »

Zaleucus fondoit sa législation sur le principe du théisme : « Dieu, excellent, demande des âmes pures, charitables et aimant les hommes [2]. » Les lois somptuaires de ce philosophe montrent son peu de connoissance de l'humanité. Il crut bannir le luxe et dévoiler la corruption en laissant aux gens de mauvaises mœurs l'usage exclusif des riches parures [3]. Il ne vit pas qu'il n'en coûtoit au citoyen diffamé qu'un masque de plus, l'hypocrisie, pour paroître honnête homme. Ce n'étoit pas la peine de lui laisser ses vices et d'en faire de plus un comédien.

CHAPITRE XLIII.

INFLUENCE DE LA RÉVOLUTION D'ATHÈNES SUR LA GRANDE-GRÈCE.

L'influence de la révolution de la Grèce sur ses colonies d'Italie fut considérable et dans un sens excellent. Crotone et Sybaris au moment du renversement de la monarchie à Athènes étoient, de même que les colonies actuelles de la France, plongées dans les horreurs des guerres civiles [4], et ravagées par des brigands [5]. C'est une chose remarquable que les rameaux d'un État surpassent bientôt le tronc paternel en luxe et en beauté vicieuse. Des hommes laissés sur une côte déserte se croient tout à coup délivrés du frein des lois, et, loin de l'œil du magistrat, s'abandonnent aux désordres de la société, sans avoir les vertus de la nature. La fertilité d'un sol nouveau les élève bientôt à la prospérité : et de ces deux causes combinées résulte ce mélange de richesses et de mauvaises mœurs qu'on trouve dans les colonies.

Quoi qu'il en soit, la révolution républicaine de France a précipité la destruction des îles de l'Amérique, tandis que l'établissement du

---

1. STRABO, lib. XIV; *Charond. ap.* STOB., *Serm.* 42.
2. STOB., *Serm.* 42.   3. DIOD., lib. XII.
4. STRAB., lib. XIV; DIOD., lib. XII.
5. C'est ce qui se prouve par la mort de Charondas. On sait qu'il se perça de son épée, pour être entré en armes, contre ses propres lois, dans l'assemblée du peuple, en revenant de poursuivre des brigands.

gouvernement populaire à Athènes retarda au contraire celle des villes grecques d'Italie. Athènes, plaignant le sort de ces malheureuses cités, fit partir une nouvelle association de ses citoyens qui rétablit le calme et bâtit une ville[1] à laquelle Charondas donna des lois[2]. Mais ces réformes ne furent que passagères. La corruption avoit jeté des racines trop profondes pour être désormais extirpée et la maladie du corps politique ne pouvoit finir que par sa mort.

CHAPITRE XLIV.

LA SICILE.

A l'extrémité de la Grande-Grèce se trouve l'île de Sicile[3], où l'on comptoit déjà plusieurs villes célèbres. Nous ne nous arrêterons qu'à Syracuse, qui occupe une place si considérable dans l'histoire des hommes.

Archias, Corinthien, avoit jeté les fondements de cette colonie, vers la quatrième année de la dix-septième olympiade[4]. Depuis cette époque jusqu'aux beaux jours de la liberté en Grèce on ignore presque sa destinée. Si l'obscurité fait le bonheur, Syracuse fut heureuse.

Il lui en coûta cher pour ces instants de calme : on ne jouit point impunément de la félicité ; ce n'est qu'une avance que la nature vous a faite sur la petite somme des joies humaines. On n'est heureux que par exception et par injustice ; si vous avez eu beaucoup de prospérités, d'autres ont dû beaucoup souffrir, parce que la quantité des biens étant mesurée, il a fallu prendre sur eux pour vous donner ; mais tôt ou tard vous serez tenu à rembourser à gros intérêts : quiconque a été très-fortuné doit s'attendre à de très-grands revers. De ceci les Syracusains sont un exemple. Depuis le moment de l'invasion de Xerxès en Grèce jamais peuple n'offrit un plus étonnant spectacle ; une révolution étrange et continuelle commença son cours, et ne finit qu'à la prise de la métropole par les Romains. Ce fut une chose commune que de voir les rois tombés du faîte des grandeurs au

---

1. Turium. 2. Strabo, lib. xiv.
3. Elle porta tour à tour le nom de *Trinacrie*, *Sicanie* et *Sicile*, et avant tout celui de *pays des Lestrigons*. (Voy. Hom. et Virg.)
4. Dionys. Halicarn., *Antiq. Rom.*, lib. ii, p. 128.

plus bas degré de fortune : monarques aujourd'hui, pédagogues demain. N'anticipons pas ce grand sujet.

La forme du gouvernement en Sicile avoit été républicaine jusque vers le temps de la chute des Pisistratides à Athènes. Les mœurs, la politique, la religion, étoient celles de la mère patrie. Un historien, nommé *Antiochus,* plusieurs sophistes, quelques poëtes [1], avoient déjà paru. Bientôt cette île célèbre devint le rendez-vous des beaux-esprits de la Grèce. Ils y accoururent de toutes parts, alléchés par l'or des tyrans, qui s'amusoient de leur bavardage politique et de leurs dissensions littéraires [2].

CHAPITRE XLV.

SUITE.

Que la réaction du renversement de la monarchie en Grèce fut grande, prompte et durable sur la Sicile, c'est ce que nous avons déjà entrevu ailleurs [3]. Syracuse, par le contre-coup de la chute d'Hippias, se vit attaquée des Carthaginois. Elle obtint la victoire en même temps qu'elle se forgea des chaînes. Les Syracusains, par reconnoissance, élevèrent Gélon, leur général, à la royauté [4]. Ainsi, au gré de ces chances, mères des vertus et des vices, de la réputation et de l'obscurité, du bonheur et de l'infortune, la même révolution qui donna la liberté à la Grèce produisit l'esclavage en Sicile [a].

1. Stésichore, Parménide, etc.
2. Pindare appeloit, à la cour d'Hiéron, ses rivaux, Simonide et Bacchylide, des corbeaux croassants, et ceux-ci le rendoient en aussi bonne plaisanterie au lyrique. D'une autre part, le poëte Simonide débitoit gravement des maximes politiques au tyran cacochyme et de mauvaise humeur, qui sans doute se rappeloit que le flatteur d'Hipparque avoit aussi élevé les assassins de ce même prince aux nues. Pindare, de son côté, harassoit les muses pour célébrer les chevaux d'Hiéron, etc. Quand donc est-ce que les gens de lettres sauront se tenir dans la dignité qui convient à leur caractère ? Quand ne chanteront-ils que la vertu ? Quand cesseront-ils d'encenser les tyrans, de quelque nom que ceux-ci se revêtissent ? (Vid. ÆLIAN., lib. IV, cap. XVI; CIC., lib. I, *De Nat. Deor.*, 60; PIND., *Nem.* 3, etc.)
3. A l'article *Carthage.*   4. PLUT., *in Timol.*

[a] Je ne fais plus de notes sur ces rapprochements, parce que j'en ai assez prouvé ailleurs la futilité. J'en dis autant de mes aberrations philosophiques. Je reviens dans le paragraphe ci-dessus, aux chances de l'aveugle fortune; quelques lignes après je rentrerai dans les convictions intellectuelles. Rien ne montre mieux ma bonne foi : je n'étois fixé sur rien en morale et en religion. Plongé dans les ténèbres, je cherchois la lumière, que mon esprit et mon instinct me reproduisoient par intervalles. (N. ÉD.)

Un sujet plus aimable nous appelle. Il est doux de ramener ses yeux, fatigués du spectacle des vices, sur les scènes tranquilles de l'innocence. En traversant la mer Adriatique, nous allons chercher au bord de l'Ister [1] les vertus que nous n'avons pas su trouver sur les rivages de l'Italie. On peut s'arrêter quelques instants avec une sorte d'intérêt dans une société corrompue, mais le cœur ne s'épanouit qu'au milieu des hommes justes.

CHAPITRE XLVI.

LES TROIS AGES DE LA SCYTHIE ET DE LA SUISSE [2].
PREMIER AGE : LA SCYTHIE HEUREUSE ET SAUVAGE.

Les heureux Scythes, que les Grecs appeloient *barbares*, habitoient ces régions septentrionales qui s'étendent à l'est de l'Europe et à l'ouest de l'Asie. Un roi, ou plutôt un père, guidoit la peuplade errante. Ses enfants le suivoient plutôt par amour que par devoir. N'ayant que leur simplicité pour justice, pour lois que leurs bonnes mœurs, ils trouvoient en lui un arbitre pendant la paix, et un chef durant la guerre [3]. Et qu'auroient gagné les monarques voisins à attaquer une nation qui méprisoit l'or et la vie [4]? Darius fut assez insensé pour le faire. Il reçut de ses ennemis le symbole énergique, présage de sa ruine [5]. Il les envoya défier au combat par une vaine forfanterie : — « Viens attaquer les tombeaux de nos pères, » lui répondirent ces hommes pauvres et vertueux [6]. C'eût été une digne proie pour un tyran.

Libre comme l'oiseau de ses déserts, le Scythe, reposé à l'ombrage de la vallée, voyoit se jouer autour de lui sa jeune famille et ses nombreux troupeaux. Le miel des rochers, le lait de ses chèvres, suffisoient aux nécessités de sa vie [7], l'amitié au besoin de son cœur [8]. Lorsque les collines prochaines avoient donné toutes leurs herbes à ses brebis, monté sur son chariot couvert de peaux, avec son épouse et ses enfants,

---

1. Le Danube.
2. Je vais présenter au lecteur l'âge sauvage, pastoral-agricole, philosophique et corrompu, et lui donner ainsi, sans sortir du sujet, l'index de toutes les sociétés et le tableau raccourci, mais complet, de l'histoire de l'homme.
3. Just., lib. xi, cap. ii; Herod., lib. iv; Strabo, lib. vii; Arrian., lib. iv.
4. *Ib., ibid.*
5. Herod., lib. iv, cap. cxxxii. — Une souris, une grenouille et cinq flèches.
6. *Id., ibid.*, cap. cxxvi-cxxvii.   7. Just., lib. ii, cap. ii.
8 Lucian., *in Toxari*, p. 51.

il émigroit à travers les bois [1] au rivage de quelque fleuve ignoré, où la fraîcheur des gazons et la beauté des solitudes l'invitoient à se fixer de nouveau.

Quelle félicité devoit goûter ce peuple aimé du ciel ! A l'homme primitif sont réservées mille délices. Le dôme des forêts, le vallon écarté qui remplit l'âme de silence et de méditation, la mer se brisant au soir sur des grèves lointaines, les derniers rayons du soleil couchant sur la cime des rochers, tout est pour lui spectacle et jouissance. Ainsi je l'ai vu, sous les érables de l'Érié [2], ce favori de la nature [3], qui sent beaucoup et pense peu, qui n'a d'autre raison que ses besoins, et qui arrive au résultat de la philosophie, comme l'enfant, entre les jeux et le sommeil. Assis insouciant, les jambes croisées à la porte de sa hutte, il laisse s'écouler ses jours sans les compter. L'arrivée des oiseaux passagers de l'automne, qui s'abattent à l'entrée de la nuit sur le lac, ne lui annonce point la fuite des années, et la chute des feuilles de la forêt ne l'avertit que du retour des frimas. Heureux jusqu'au fond de l'âme, on ne découvre point sur le front de l'Indien, comme sur le nôtre, une expression inquiète et agitée. Il porte seulement avec lui cette légère affection de mélancolie qui s'engendre de l'excès du bonheur, et qui n'est peut-être que le pressentiment de son incertitude. Quelquefois, par cet instinct de tristesse particulier à son cœur, vous le surprendrez plongé dans la rêverie, les yeux attachés sur le courant d'une onde, sur une touffe de gazon agitée par le vent, ou sur les nuages qui volent fugitifs par-dessus sa tête, et qu'on a comparés quelque part aux illusions de la vie : au sortir de ces absences de lui-même, je l'ai souvent observé jetant un regard attendri et reconnoissant vers le ciel, comme s'il eût cherché ce je ne sais quoi inconnu qui prend pitié du pauvre sauvage.

Bons Scythes, que n'existâtes-vous de nos jours ! J'aurois été chercher parmi vous un abri contre la tempête. Loin des querelles insensées des hommes, ma vie se fût écoulée dans le calme de vos déserts ; et mes cendres, peut-être honorées de vos larmes, eussent trouvé sous vos ombrages solitaires le paisible tombeau que leur refusera la terre de la patrie [a].

---

1. Horat., lib. III, *Od.* XXIV.   2. Un des grands lacs du Canada.
3. Je supplée ici par la peinture du sauvage mental [*] de l'Amérique ce qui manque dans Justin, Hérodote, Strabon, Horace, etc., à l'histoire des Scythes. Les peuples naturels, à quelques différences près, se ressemblent; qui en a vu un a vu tous les autres.

[a] Ce chapitre est presque tout entier dans *René*, dans *Atala* et dans quelques paragraphes du *Génie du Christianisme*. (N. ÉD.)

[*] Qu'est-ce que cela veut dire ? (N. ÉD.)

CHAPITRE XLVII.

SUITE DU PREMIER AGE :
LA SUISSE PAUVRE ET VERTUEUSE.

Le voyageur qui pour la première fois entre sur le territoire des Suisses gravit péniblement quelque montée creuse et obscure. Tout à coup, au détour d'un bois, s'ouvre devant lui un vaste bassin illuminé par le soleil. Les cônes blancs des Alpes, couverts de neige, percent à l'horizon l'azur du ciel. Les fleuves et les torrents descendent de la cime des monts glacés, des plantes saxatiles pendent échevelées du front des grands blocs de granit, des chamois sautent une cataracte, de vieux hêtres sur la corniche d'une roche se groupent dans les airs, des capillaires lèchent les flancs d'un marbre éboulé, des forêts de pins s'élancent du fond des abîmes, et la cabane du Suisse agricole et guerrier se montre entre des aulnes dans la vallée.

Lorsque les mœurs d'un peuple s'allient avec le paysage qu'il vivifie, alors nos jouissances redoublent. L'ancien laboureur de l'Helvétie auprès de ses plantes alpines, d'autant plus robustes qu'elles sont plus battues des vents, végéta vigoureusement sur ses montagnes, toujours plus libre en proportion des efforts des tyrans pour courber sa tête. Adorer Dieu, défendre la patrie, cultiver son champ, chérir et l'épouse et les enfants que le ciel lui a donnés, telle étoit la profession religieuse et morale du Suisse [1]. Ignorant le prix de l'or [2], de même que le Scythe, il ne connoissoit que celui de l'indépendance. S'il paroissoit quelquefois au milieu des cours, c'étoit dans le costume simple et naïf du villageois, et avec toute la franchise de l'homme sans maître [3]. « Et j'en ay veu, dit Philippe de Comines, de ce village (Suitz)

---

1. *De Republ. Helvetior.*, lib. I, p. 50-58, etc.
2. Après avoir fait le récit de la bataille où Charles le Téméraire, duc de Bourgogne, fut tué par les Suisses, Philippe de Comines ajoute : « Les dépouilles de son host enrichirent fort ces pauvres gens de Suisses, qui de prime face ne connurent les biens qu'ils eurent en leur main, et par espécial les plus ignorants. Un des plus beaux et riches pavillons du monde fut départi en plusieurs pièces. Il y en eut qui vendirent une grande quantité de plats et d'écuelles d'argent pour deux grands blancs la pièce, cuidant que ce fust estaing. Son gros diamant (qui estoit un des plus gros de la chrestienté), où pendoit une grosse perle, fut levé par un Suisse; et puis remis dans son estuy; puis rejeté sous un chariot; puis le revint querir et l'offrir à un prestre pour un florin. Cestui-là l'envoya à leurs seigneurs, qui lui donnèrent trois francs, etc... »
3. On se trompe généralement sur les auteurs de l'indépendance des Suisses. Les

un estant ambassadeur, avec autres, en bien humble habillement, et néantmoins disoit son avis comme les autres. »

Les Scythes dans le monde ancien, les Suisses dans le monde moderne, attirèrent les yeux de leurs contemporains par la célébrité de leur innocence. Cependant la diverse aptitude de leur vie dut introduire quelques différences dans leurs vertus. Les premiers, pasteurs, chérissoient la liberté pour elle; les seconds, cultivateurs, l'aimoient pour leurs propriétés. Ceux-là touchoient à la pureté primitive; ceux-ci étoient plus avancés d'un pas vers les vices civils. Les uns possédoient le contentement du sauvage; les autres y substituoient peu à peu des joies conventionnelles. Peut-être cette félicité qui se trouve sur les confins où la nature finit et où la félicité commence seroit-elle la meilleure si elle étoit durable. Au delà des barrières sociales les peuples restent longtemps à la même distance de nos institutions; mais ils n'ont pas plus tôt franchi la ligne de marque, qu'ils sont entraînés vers la corruption sans pouvoir se retenir.

C'est ainsi que, malgré soi, on s'arrête à contempler le tableau d'un peuple satisfait. Il semble qu'en s'occupant du bien-être des autres on s'en approprie quelque petite partie. Nous vivons bien moins en

trois grands patriotes qui donnèrent la liberté à leur pays furent Stauffacher, Melchtal et Gautier-Furst. Les scènes tragiques qui préludèrent au soulèvement de l'Helvétie sont décrites au long dans l'*Helvetiorum Respublica*, je crois de Simler. Elles sont du plus extrême intérêt. L'aventure du vieux Henri, auquel le gouverneur de Landeberg fit arracher les yeux, celle du gentilhomme Wolffenschiesz avec la femme du paysan Conrad, la surprise des divers châteaux des ducs d'Autriche par les paysans, portent avec elles un air romantique qui, se mariant aux grandes scènes naturelles des Alpes, cause un plaisir bien vif au lecteur. Quant à l'anecdote de la pomme et de Guillaume Tell, elle est très-douteuse. L'historien de la Suède, Grammaticus, rapporte exactement le même fait d'un paysan et d'un gouverneur suédois*. J'aurois cité les deux passages s'ils n'étoient trop longs. On peut voir le premier dans Simler (*Helvet. Resp.*, lib. I, p. 58), et l'on trouve l'autre cité tout entier à la fin de *Coke's Letters on Switzerland*. A la page 62 du recueil intitulé : *Codex Juris Gentium*, publié par Guillaume Leibnitz, en 1593, on trouve le traité original d'alliance entre les trois premiers cantons, Uri, Schwitz et Underwalden; on y lit : « 1er mardi d'après la Saint-Nicolas, 1315. Au nom de Dieu. Amen... Nous, les paysans d'Hury, de Schuitz et d'Underwalden... sommes résolus, par les dessus dicts serments, que nul de nous des dicts pays ne permettra ni n'endurera être gouverné par seigneurs, ni recevoir aucun prince et seigneur. — Si aucun de nous (les dicts alliez), témérairement et par méchanceté, endommageroit un autre *par fou*, un tel ne sera jamais reçu pour paysan... » La vertu des bons Suisses se peint ici dans toute sa naïveté. C'est une chose singulière que l'orthographe du XIIIe siècle est plus aisée à lire que celle du XVe. J'ai aussi remarqué la même chose dans les vieilles ballades écossoises, qui se déchiffrent plus facilement que l'anglois de la même période.

* Ce fait est assez peu connu. (N. ÉD.)

nous que hors de nous. Nous nous attachons à tout ce qui nous environne. C'est à quoi il faut attribuer la passion que des misérables ont montrée pour des meubles, des arbres, des animaux. L'homme avide de bonheur, et souvent infortuné, lutte sans cesse contre les maux qui le submergent. Comme le matelot qui se noie, il tâche de saisir son voisin heureux, pour se sauver avec lui. Si cette ressource lui manque, il s'accroche au souvenir même de ses plaisirs passés, et s'en sert comme d'un débris avec lequel il surnage sur une mer de chagrins.

CHAPITRE XLVIII.

SECOND AGE :
LA SCYTHIE ET LA SUISSE PHILOSOPHIQUES.

J'eusse voulu m'arrêter ici ; j'eusse désiré laisser au lecteur l'illusion entière. Mais en retraçant la félicité des hommes à peine a-t-on le temps de sourire que les yeux sont déjà pleins de larmes.

Il n'est point d'asile contre le danger des opinions. Elles traversent les mers, pénètrent dans les déserts, et remuent les nations d'un bout de la terre à l'autre. Celles de la Grèce républicaine parvinrent dans les forêts de la Scythie ; elles en chassèrent le bonheur.

L'innocence d'un peuple ressemble à la sensitive, on ne peut la toucher sans la flétrir. Le malheur des Scythes fut de donner naissance à des philosophes qui ignorèrent cette vérité. Zamolxis, à une époque inconnue, introduisit parmi eux un système de théologie dont les principales teneurs étoient l'existence d'un Être suprême, l'immortalité de l'âme, et la doctrine de la prédestination pour les héros moissonnés sur le champ de bataille [1].

Ce père de la sagesse des Scythes fut suivi d'Abaris, député de sa nation à Athènes. Il pratiqua la médecine, et prétendoit voyager dans les airs sur une flèche qu'Apollon lui avoit donnée [2]. Il devint célèbre dans les premiers siècles de l'Église pour avoir été opposé à Jésus-Christ par les Platonistes.

Toxaris succéda en réputation à Abaris. Il abandonna sa femme et ses enfants pour aller étudier à Athènes, où il mourut, honoré pour sa probité et ses vertus [3].

---

1. Julian., *in Cæsaribus*; Suid., *Zamolx*. — Quelques-uns croient que Zamolxis étoit Thrace d'origine. Il n'est pas vrai qu'il fût disciple de Pythagore.
2. Jambl., *in Vit. Pyth.*, pag. 116-148; Bayle, à la lettre A : Abaris.
3. Lucian., *in Toxar*.

Mais le corrupteur de la simplicité antique des Scythes fut le célèbre Anacharsis. Il s'imagina que ses compatriotes étoient barbares, parce qu'ils vivoient selon la nature. Sa philosophie étoit de cette espèce qui ne voit rien au delà du cercle de nos conventions. Enthousiaste de la Grèce, il déserta sa patrie, et vint s'instruire auprès de Solon [1] dans l'art de donner des lois à ceux qui n'en avoient pas besoin. Il ne tarda pas à s'acquérir le nom de *sage,* qui convient si peu aux hommes, et se fit connoître par ses maximes. Il disoit que la vigne porte trois espèces de fruits : le premier, le plaisir ; le second, l'ivresse ; le troisième, le remords. A un Athénien d'une réputation flétrie qui lui reprochoit son extraction barbare, il répondit : « Mon pays fait ma honte ; vous faites la honte de votre pays [2]. » L'orgueil et la bassesse de ce mot sont également intolérables ; celui qui peut être assez lâche pour renier sa patrie est indigne d'être écouté d'un honnête homme. Ce philosophe disoit encore que les lois sont semblables aux toiles d'araignée, qui ne prennent que les petites mouches et sont rompues par les grosses. Au reste, il écrivit en vers de l'art de la guerre, et dressa un code des institutions scythiques. Les épîtres qui portent son nom sont controuvées.

Ainsi la philosophie fut le premier degré de la corruption des Scythes. Lorsque les Suisses étoient vertueux ils ignoroient les lettres et les arts. Lorsqu'ils commencèrent à perdre leurs mœurs, les Haller, les Tissot, les Gessner, les Lavater, parurent [3].

---

1. Plut., *in Solon.*   2. Laert., *in Anach.*
3. J'ai connu deux Suisses très-originaux. L'un ne faisoit que de sortir de ses montagnes, et me racontoit que dans son enfance il étoit commun qu'une jeune fille et un jeune homme destinés l'un à l'autre couchassent ensemble avant le mariage dans le même lit, sans que la chasteté des mœurs en reçût la moindre atteinte ; mais que dans les derniers temps on avoit été obligé, pour plusieurs raisons, de réformer cet usage. L'autre Suisse étoit un excellent horloger, depuis longtemps à Paris, et qui s'étoit rempli la tête de tous les sophismes d'Helvétius sur la vertu et le vice. Le mode d'éducation que cet homme avoit embrassé pour sa fille prouve à quel point on peut se laisser égarer par l'esprit de système. Il avoit suivi Lycurgue. Je voudrois bien en rapporter quelques traits, mais cela ne seroit possible qu'en les mettant en latin, et alors trop de lecteurs les perdroient. Il prétendoit, par sa méthode, avoir donné des sens de marbre à son enfant, et que la vue d'un homme ne lui inspiroit pas le moindre désir. Je ne sais à quel point ceci étoit vrai ; et je ne sais encore jusqu'à quel point un pareil avantage, en le supposant obtenu, eût été recommandable. J'ai vu sa fille ; elle étoit jeune et jolie.

CHAPITRE XLIX.

SUITE.
TROISIÈME AGE : LA SCYTHIE ET LA SUISSE CORROMPUES.
INFLUENCE DE LA RÉVOLUTION GRECQUE SUR LA PREMIÈRE,
DE LA RÉVOLUTION FRANÇOISE SUR LA SECONDE.

Ainsi la Scythie vit naître dans son sein des hommes qui, se croyant meilleurs que le reste de leurs semblables, se mirent à moraliser aux dépens du bonheur de leurs compatriotes. La révolution républicaine de la Grèce, en déterminant le penchant de ces génies inquiets, agit puissamment, par leur ressort, sur la destinée des nations nomades. Enflés du vain savoir puisé dans les écoles d'Athènes, les Abaris, les Anacharsis, rapportèrent dans leur pays une foule d'opinions et d'institutions étrangères, avec lesquelles ils corrompirent les coutumes nationales. Il n'est point de petit changement, même en bien, chez un peuple : pour dénaturer tels sauvages, il suffit d'introduire chez eux la roue du potier [1].

Anacharsis paya ses innovations de sa vie [2]; mais le levain qu'il avoit jeté continua de fermenter après lui. Les Scythes, dégoûtés de leur innocence, burent le poison de la vie civile [3]. Longtemps celle-ci paroît amère à l'homme libre des bois; mais l'habitude ne la lui a pas plus tôt rendue supportable, qu'elle se tourne pour lui en une passion enivrante; le venin coule jusqu'à ses os; un univers étrange, peuplé de fantômes, s'offre à sa tête troublée : simplicité, justice, vérité, bonheur, tout disparoît [4].

Le torrent des maux de la société ne se précipita pas chez les Scythes par une seule issue. Ces nations guerrières et pastorales trafiquoient de leur sang avec les puissances voisines [5], trop lâches ou trop foibles pour défendre elles-mêmes leur territoire. Athènes entretenoit une garde scythe [6], de même que les rois de France se sont longtemps entourés de braves paysans de la Suisse [7]. Ce fut le sort des anciens

---

1. Laert.; Suidas, *Anach.*; Strabo, lib. vii.
2. Il fut tué par son frère, d'un coup de flèche, à la chasse.
3. Strabo, lib. vii, pag. 331.   4. *Id., ibid.*
5. On trouve souvent dans les anciens historiens les Scythes servant à la solde des Perses. (Vid. Hérod. et Xénoph.) Louis XI fut le premier souverain à stipendier les cantons. (Voy. *Mémoires de Phil. de Com.*)
6. Suidas, *Toxar.*
7. Les Suisses ont été égorgés deux fois, et à peu près dans les mêmes circonstances, en défendant les rois de France contre ce peuple qui, disoit-on, chérissoit

habitants du Danube et de ceux de l'Helvétie de se distinguer au temps de l'innocence par les mêmes qualités, la fidélité et la simplesse[1], et par les mêmes vices au jour de la corruption, l'amour du vin et la soif de l'or[2]. Ces deux peuples combattirent à la solde des monarques pour des querelles autres que celles de la patrie. Neutres dans les grandes révolutions des États qui les environnoient, ils s'enrichirent des malheurs d'autrui, et fondèrent une banque sur les calamités humaines. Soumis en tout à la même fatalité, ils durent la perte de leurs mœurs aux peuples, ancien et moderne, qui ont eu le plus de ressemblance, les Athéniens et les François. A la fois objet de l'estime et des railleries de ces nations satiriques[3], le montagnard des Alpes et le pasteur de l'Ister apprirent à rougir de leur simplicité dans Paris et dans Athènes. Bientôt il ne resta plus rien de leur antique vertu, brisée sur l'écueil des révolutions. La tradition seule s'en élève encore dans l'histoire, comme on aperçoit les mâts d'un vaisseau qui a fait naufrage[a].

tant ses maîtres : la première à la journée des Barricades, du temps de la Ligue; la seconde de notre propre temps.

Davila (*Istor. del Guer. civil di Franc.*, t. III, pag. 282) rapporte ainsi le premier meurtre des Suisses : « Poichè fu sbarrata e fortificata la città — passando per ogni parte parola, con altissime e ferocissime voci, che si taglia a pezzi la soldatesca straniera, furono assaliti gli Svizzeri, nel cimiterio degl' Innocenti, ove serrati, e quasi per cosi dire imprigionati, non poterono far difesa di sorte alcuna, ma essendo nel primo impeto restati trentasei morti, gli altri si aresero senza contesa. Furono dal popolo con jattanza e con violenza grandissima svaligiati. Furono espugnate, nel medesimo tempo, tutte le altre guardie del Castelletto, etc. » On s'imagine voir la journée du 10 août.

1. Justin., lib. xi, cap. xi; Philip. de Com., *ib.*, De Rep. Helv., lib. i.
2. Strabo, *ib.*; Athen., lib. xi, cap. vii, pag. 427; *Dict. de la Suisse*.—On connoît les proverbes populaires d'Athènes et de Paris : *Boire comme un Scythe, boire comme un Suisse.*
3. On jouoit les Scythes sur le théâtre d'Athènes, comme on joue les Suisses sur ceux de Paris, pour leur prononciation étrangère du grec, du françois. Le grec n'étant plus une langue vivante, le sel des plaisanteries d'Aristophane est perdu pour nous. Je doute que ce misérable genre de comique fût d'un meilleur goût que la scène du Suisse dans *Pourceaugnac*.

[a] Ces trois chapitres sur les trois âges de la Scythie et de la Suisse sont la surabondance d'un esprit qui se plaît au tableau de la nature : ils ne sont pas plus dans le sujet de l'*Essai* que les trois quarts de l'ouvrage. J'étois alors, comme Rousseau, grand partisan de l'état sauvage, et j'en voulois à l'état social. Je me suis raccommodé avec les hommes, et je pense aujourd'hui, avec un autre philosophe du xviiie siècle, que le superflu est une chose assez nécessaire.

Il y a encore dans ces chapitres des pensées, des images, des expressions même, que j'ai transportées depuis dans mes autres ouvrages. (N. ÉD.)

CHAPITRE L.

LA THRACE. FRAGMENTS D'ORPHÉE.

L'Ister divisoit la Scythie de ces régions qui descendent en amphithéâtre jusqu'aux rivages du Bosphore. Ce pays, connu sous le nom général de *Thrace*, et conquis dernièrement par Darius, fils d'Hystaspe [1], se partageoit en plusieurs petits royaumes, les uns barbares, les autres civilisés. Plusieurs colonies grecques y avoient transporté les arts [2], et Miltiade l'avoit longtemps honoré de sa présence [3].

Nous savons peu de chose de ses premiers habitants, sinon qu'ils étoient cruels et guerriers [4]. Un de leurs usages mérite cependant d'être rapporté : à la naissance d'un enfant, les parents s'assembloient et versoient abondamment des larmes [5]. Cet usage est aussi philosophique qu'il est touchant.

Au reste, c'est à la Thrace que la Grèce doit le plus ancien et peut-être le meilleur de ses poëtes [6]. Ce que la fable ingénieuse a raconté de la douceur des chants d'Orphée [7] est connu de tous les lecteurs. Sans doute la magie des prodiges attribués à sa muse consistoit en une vraie peinture de la nature. Ce poëte vivoit dans un siècle à demi sauvage [8], au milieu des premiers défrichements des terres. Les regards étoient sans cesse frappés du grand spectacle des déserts, où quelques arbres abattus, un bout de sillon mal formé à la lisière d'un bois, annonçoient les premiers efforts de l'industrie humaine. Ce mélange de l'antique nature et de l'agriculture naissante, d'un champ de blé nouveau au milieu d'une vieille forêt, d'une cabane couverte de chaume auprès de la hutte native d'écorce de bouleau [a], devoit offrir à Orphée des images consonnantes à la tendresse de son génie ; et lorsqu'un amour malheureux eut prêté à sa voix les accents de la mélancolie [9],

---

1. HÉROD., lib. IV, cap. CXLIV.   2. *Id.*, lib VI.
3. *Id., ibid.*, cap. XL ; LACT., lib. VIII.
4. *Id.*, lib. VI ; JULIAN., *in Cæsaribus*.   5. *Id.*, lib. V.
6. DIOD. SIC., lib. IV, cap. XXV ; PLINE, *Hist. nat.*, lib. XXV, cap. II.
7. HOR., *Carm.*, lib. I, *Od.* XII ; VIRG., *Georg.*, lib. IV.
8. DIOD., lib. IV, cap. XXV.

[a] C'est en partie la peinture de la mission du père Aubry. (N. ÉD.)

9. VIRGILE, *Georg.*, lib. IV. — Le *Qualis populea* de Virgile a été traduit ainsi par l'abbé Delille :

> Telle sur un rameau, durant la nuit obscure,
> Philomèle plaintive attendrit la nature,
> Accuse en gémissant l'oiseleur inhumain
> Qui, glissant dans son lit une furtive main
> Ravit ces tendres fruits que l'amour fit éclore,
> Et qu'un léger duvet ne couvroit pas encore !

alors les chênes s'attendrirent, et l'enfer même parut touché.

De plusieurs ouvrages qu'on attribue à ce poëte, il n'y a que les fragments que je vais donner qui soient vraiment de lui[1]. *Les Argonautes* n'en sont pas.

Tout ce qui appartient à l'univers : l'arche hardie de l'immense voûte des cieux, la vaste étendue des flots indomptés, l'incommensurable Océan, le profond Tartare, les fleuves et les fontaines, les Immortels même, dieux et déesses, sont engendrés dans Jupiter.

Jupiter tonnant est le commencement, le milieu et la fin; Jupiter immortel est mâle et femelle; Jupiter est la terre immense et le ciel étoilé; Jupiter est la dimension de tout corps, l'énergie du feu et la source de la mer; Jupiter est roi, et l'ancêtre général de ce qui est. Il est un et tout, car tout est contenu dans l'être immense de Jupiter[2].

Il seroit difficile d'exprimer avec plus de grandeur un sujet plus sublime.

Comme province de l'empire des Perses, la Thrace eut sa part des malheurs que l'influence de la révolution grecque causa au genre humain. Les troupes marchèrent à travers ses campagnes[3] : et l'on peut juger des ravages que dut y commettre une armée de trois millions d'hommes indisciplinés. Mais ces calamités ne furent que passagères; et les Thraces, abrités de leurs forêts et de leurs mœurs sauvages, échappèrent à l'action prolongée de la chute de la monarchie à Athènes[4].

CHAPITRE LI.

LA MACÉDOINE. LA PRUSSE.

Près de la Thrace se trouvoit le petit royaume de Macédoine, dont la destinée a porté des ressemblances singulières avec la Prusse. D'abord, aussi obscur que la patrie des chevaliers teutoniques, il n'étoit connu des Grecs que par la protection qu'ils vouloient bien lui accorder. Peu

---

1. Il n'est pas même certain qu'ils en soient, mais cela est très-probable. Cicéron a nié qu'il eût jamais existé un Orphée.
2. *De Poes. Orphic.*; Apul., *De Mundo*.—On peut voir quelques autres fragments dans les *Poetæ minores Græci*, pag. 459.
3. Herod., lib. vii, cap. lix.
4. Un roi de Thrace se rendit célèbre pour avoir pris le parti des Grecs et fait crever les yeux à ses fils, qui avoient suivi Xerxès.

à peu, agrandi par des conquêtes, sa considération augmenta dans la proportion de celle de l'électorat de Brandebourg. Enfin, sous Philippe, il devint maître de la Grèce, et sous Alexandre, de l'univers. On ne sauroit conjecturer jusqu'à quel degré de puissance la Prusse, en suivant son système actuel, peut atteindre[a].

Le même génie semble avoir animé les souverains de ces deux États. La guerre, et surtout la politique, furent le trait qui les caractérisa. L'histoire nous peint les rois de Macédoine changeant de parti selon les temps et les circonstances[1] ; endormant leurs voisins par des traités et envahissant leur pays le moment d'après[2]. Je parlerai ailleurs du monarque régnant lors de l'expédition de Xerxès.

A l'époque dont nous retraçons l'histoire, les mœurs, la religion, les usages des Macédoniens, ressembloient à ceux du reste des Grecs. Seulement, plus reculés que ces derniers vers la barbarie, et par conséquent moins près de la corruption, ils n'avoient produit aucun philosophe dont le nom mérite d'être rapporté.

Que la chute d'Hippias à Athènes eut des conséquences sérieuses pour la Macédoine, c'est ce dont on ne sauroit douter. Le politique Alexandre, profitant des calamités des temps, sut se ménager adroitement entre les Perses et les Grecs ; et tandis qu'ils se déchiroient mutuellement, il recevoit l'or de Xerxès[3], et protestoit amitié à ses ennemis. Maintenant ainsi son pays tranquille, il l'enrichissoit de la dépouille de tous les partis, et durant que ceux-ci s'épuisoient dans une guerre funeste, il jeta les fondements de la grandeur future d'Alexandre. Destinée incompréhensible ! Xerxès fuit à Salamine devant le génie de la liberté ; et son or, resté dans un petit coin de la Grèce, va anéantir cette même liberté, et renverser l'empire de Cyrus !

---

[a] Le soldat héritier de la révolution a brisé bien des destinées. (N. ÉD.)

1. HÉROD., lib. v, cap. XVII-XXI ; *Id.*, lib. VIII, cap. CXL ; PLUT., *in Aristid.*, pag. 327. Amyntas, qui eut la bassesse de livrer ses femmes aux députés de Darius, permit à son fils Alexandre de faire égorger ces mêmes députés ; et ce même Alexandre eut l'adresse de se conserver, malgré cet outrage, dans les bonnes grâces de Xerxès, successeur de Darius. (HÉROD., lib. v, cap. XVII-XXI.)

2. DIOD., lib. XVI ; JUSTIN., lib. VII ; POLLÆN., *Stratag.* lib. IV, cap. XVII.

3. Je ne cite point, parce que je citerai ailleurs.

CHAPITRE LII.

ILES DE LA GRÈCE. L'IONIE.

Entre les côtes de l'Europe et de l'Asie se trouvent une multitude d'îles qui, au temps dont nous parlons, avoient reçu leurs habitants des différents peuples de la Grèce. Je n'entreprendrai point de les décrire, puisqu'elles forment elles-mêmes partie de l'empire des Grecs, et sont conséquemment comprises dans ce que je dis de la révolution générale de ces derniers.

Cependant il est nécessaire de faire quelques remarques sur les différences morales et politiques qui pouvoient se trouver entre ces insulaires et leurs compatriotes, sur les deux continents d'Europe et d'Asie, au moment de l'invasion des Perses.

La Crète étoit la plus considérable, comme la plus renommée de toutes ces îles. On sait que Lycurgue y avoit calqué ses institutions sur celles de Minos; mais les lois de ce monarque, par diverses causes de décadence, étoient tombées en désuétude[1]. Une démocratie turbulente avoit pris la place du gouvernement royal mixte[2], et les Crétois passoient au temps de l'expédition de Xerxès pour le peuple le plus faux et le plus injuste de la Grèce. Ils refusèrent de secourir les Athéniens contre les Mèdes[3].

Les autres îles, tour à tour soumises à de petits tyrans ou plongées dans la démocratie, flottoient dans un état perpétuel de troubles. Rhodes se distinguoit par son commerce[4], Lesbos par sa corruption[5], Samos par ses richesses[6]. Quelques-unes joignirent les Perses[7]; d'autres furent subjuguées[8]; un petit nombre adhéra au parti de la liberté[9].

---

1. Arist., *De Rep.*, lib. ii, cap. x. 2. *Id., ibid.* 3. Herod., lib. vii, cap. clxix.
4. Strabo, lib. xiv, pag. 654; Diod., lib. v, pag. 329.
5. Athen., lib. x. — Le savant abbé Barthélemy a appliqué la comparaison ingénieuse (d'Aristote) de la règle de plomb aux mœurs lesbiennes. Quelque erreur s'étant glissée dans l'impression, je prends la liberté de rétablir la citation avec tout le respect qu'on doit à la profonde érudition et au grand mérite. La citation, dans *Anacharsis*, est ainsi : Arist., *De Mor.*, lib. v, cap. xiv; lisez lib. v, cap. x. Le cinquième livre des *Mœurs* n'a que onze chapitres. Voici le passage original : « Rei enim non definitæ infinita quoque regula est, ut et structuræ Lesbiæ regula plombea. Nam ad lapidis figuram torquetur et inflectetur, neque regula eadem manet, sic et populi scitum ad res accommodatur. » (*Voyage d'Anach.*, vol. ii, pag. 52, cit. *u*.)
6. Plat., *in Pericl.*   7. Cypre, Paros, Andros, etc.   8. Eubée.
9. Salamine, Égine. Celle-ci s'étoit d'abord déclarée pour les Perses sous le règne de Darius; elle retourna ensuite à la cause de la patrie.

Enfin, on peut regarder les insulaires de la Grèce comme tenant le milieu entre la vertu de Sparte et d'Athènes et les vices des villes ioniennes, formant la demi-teinte par où l'on passoit des bonnes mœurs des Lacédémoniens à la corruption des Grecs asiatiques.

Quant à ces derniers, nous verrons bientôt comment ils devinrent les causes de la guerre Médique. En ne les considérant ici que du côté moral, la vertu n'étoit plus parmi les peuples de l'Ionie : voluptueux, riches, énervés par les délices du climat[1], on les eût pris pour ces esclaves que Xerxès traînoit à sa suite, si leur langage n'avoit décelé leur origine.

CHAPITRE LIII.

TYR. LA HOLLANDE.

Ainsi après avoir fait le tour de l'Europe nous rentrons enfin en Asie. Avant de décrire les grandes scènes que la Perse va nous offrir, il ne nous reste plus qu'à dire un mot d'une puissance maritime qui, bien que soumise à l'empire de Cyrus, a joué un rôle trop fameux dans l'antiquité pour ne pas mériter un article séparé dans cet ouvrage.

En quittant les villes de l'Ionie et s'avançant le long des côtes de l'Asie Mineure vers le nord, on trouve Tyr, cité célèbre dans tout l'Orient par son commerce et ses richesses.

Hypsuranius, dans les siècles les plus reculés, avoit jeté les fondements de cette capitale de la Phœnicie[2]. Elle se trouva déterminée vers le commerce par la même position qui y entraîne ordinairement les peuples, l'âpreté de son sol. Rarement les pays très-favorisés de la nature ont eu le génie mercantile[3].

Bientôt ce village formé, comme les premières cités de la Hollande, de méchantes huttes de pêcheurs couvertes de roseaux[4], devint une métropole superbe. Ses vaisseaux alloient lui chercher le produit crû des terres plus fécondes, et ses industrieux habitants le convertissoient, par leurs manufactures, aux voluptés ou aux nécessités de la vie. Le

---

1. Plut., *De Leg.*, lib. III, t. II, pag. 680; Herod., lib. VI.
2. Sanchoniat., apud Euseb., *Præpar. Evangel.* — Si je ne suis pas ici l'opinion commune, qui fait de Tyr une colonie de Sidon, c'est qu'il me paroit qu'on doit plutôt en croire un historien phénicien que des auteurs étrangers. (Voy. Just., lib. XVIII, cap. III.)
3. Il faut en excepter Carthage chez les anciens, et Florence chez les modernes.
4. Sanchoniat., apud Euseb., *Præpar. Evangel.*

Batavia des Phéniciens étoit la Bétique, d'où l'or couloit dans leurs États[1]. Ils recevoient de l'Égypte le lin, le blé, et les richesses de l'Inde et de l'Arabie[2]; les côtes occidentales de l'Europe leur fournissoient l'étain, le fer et le plomb[3]. Ils achetoient aux marchés d'Athènes l'huile, le bois de construction et les balles de livres[4]; à ceux de Corinthe, les vases, les ouvrages en bronze[5]. Les îles de la mer Égée leur donnoient les vins et les fruits[6]; la Sicile, le fromage[7]; la Phrygie, les tapis[8]; le Pont-Euxin, les esclaves, le miel, la cire, les cuirs[9]; la Thrace et la Macédoine, les bois et les poissons secs[10]. Ces marchands avides reportoient ensuite ces denrées chez les différents peuples; et Tyr, ainsi qu'Amsterdam, étoit devenu l'entrepôt général des nations.

La constitution de Phénicie paroît avoir été monarchique[11]; mais il est probable que l'oligarchie dominoit dans le gouvernement. La richesse des Tyriens, que les Écritures comparent aux princes de la terre[12], donne lieu à cette conjecture.

Dans les contrées où les hommes s'occupent exclusivement du commerce, les belles-lettres sont ordinairement négligées; l'esprit mercantile rétrécit l'âme; le commis qui sait tenir un livre de compte ouvre rarement celui du philosophe. Cependant la Phénicie fournit quelques noms célèbres. On y trouve Moschus et Sanchoniathon. Le premier est l'auteur du système des atomes, qui, d'abord reçu par Pythagore, fut ensuite adopté et étendu par Épicure[13]. Le second écrivit l'histoire de Phénicie, dont j'ai déjà cité plusieurs fragments, et de laquelle je vais extraire encore quelques nouveaux passages :

Et alors Hypsuranius habita à Tyr, et il inventa la manière de bâtir des huttes de roseaux. Et une grande inimitié s'éleva entre lui et son frère Usous, qui le premier avoit couvert sa nudité de la peau des bêtes sau-

1. Diod., lib. v, pag. 312.
2. Les Tyriens faisoient eux-mêmes le commerce de l'Inde, s'étant emparés de plusieurs ports dans le golfe Arabique. De là les marchandises étoient portées par terre à Rhinocolure, sur la Méditerranée, et frétées de nouveau pour Tyr. (Robertson's *Disquis. on the Anc. Ind.*, sect. I, p. 9.)
3. Herod., lib. III, cap. CXXIV.
4. Plut., *in Solon.*; Xenoph., *Exped. Cyr.*, lib. VII, pag. 412.
5. Cicer., *Tuscul.*, lib. IV, cap. XIV.   6. Athen., lib. I, cap. XXI, LII; *id.*, lib. III.
7. Aristoph., *in Vesp.*   8. *Id., in Av.*
9. Polyb., lib. IV, pag. 306; Demosth., *in Leptin.*, pag. 545.
10. Thucyd., lib, IV, cap. CVIII.
11. Nous trouvons des princes de Tyr et de Sidon dans l'histoire. Les Écritures sont notre guide à ce sujet. Mais les anciens entendoient les mots *princes* et *rois* si différemment des peuples modernes, qu'il ne faut pas se hâter d'en conclure la forme d'un gouvernement.
12. Isaïe, XXIII, 8.   13. Stobœi *Ecl. Phys.*, lib. I, cap. XIII.

vages. Et une violente tempête de vent et de pluie ayant frotté les branches les unes contre les autres, elles s'enflammèrent. Et la forêt fut consumée à Tyr. Et Usoüs prenant un arbre, après en avoir rompu les branches, fut le premier assez hardi pour s'aventurer sur les flots.

. . . .

Ils engendrèrent Agrus (un champ) et Agrotes (laboureur). La statue de celui-ci étoit particulièrement honorée; un ou plusieurs couples de bœufs promenoient son temple par toute la Phénicie. Et il est nommé dans les livres le plus grand des dieux [1].

Indépendamment des origines curieuses de la navigation et de l'agriculture que l'on trouve dans ce passage, la simplicité antique du récit, si bien en harmonie avec les mœurs qu'il rappelle, a quelque chose d'aimable. La Hollande se glorifie d'avoir produit Érasme, Grotius et une foule de savants, connus par leurs recherches laborieuses.

CHAPITRE LIV.

SUITE.

La Phénicie avoit éprouvé de grandes révolutions. De même que la Hollande, elle eut à soutenir des guerres mémorables, et les différents siéges de sa capitale reportent à la mémoire ceux de Harlem[a] et d'Anvers[2] au temps de Philippe II. Vers le milieu du sixième siècle avant notre ère, Tyr, après une résistance de treize années, fut prise et détruite de fond en comble par un roi d'Assyrie[3]. Les habitants échappés à la ruine de leur patrie bâtirent une nouvelle Tyr sur une île, non loin du continent où la première avoit fleuri. Cette cité passa tour à tour sous le joug des Mèdes et des Perses[4], et resta débile et

---

1. SANCHONIAT., apud EUSEB., *Præpar. Evangel.*, lib. I, cap. x.

[a] Tyr et Harlem! Le lecteur ne remarqueroit peut-être pas que je daigne à peine citer les livres saints en parlant de Tyr, mais que je fais un grand cas de Sanchoniathon. Quel esprit fort! Il y a pourtant des recherches dans ces divers chapitres, et c'est ce qui en rend la lecture supportable. (N. ÉD.)

2. BENTIVOGL...., *Istor. del. Guer. di Fiand.* — Bentivoglio a raconté au long, avec toute son afféterie ordinaire, les travaux de ces deux siéges. Le premier fut levé miraculeusement, les Hollandois ayant envahi le camp des Espagnols en bateaux, à la marée de l'équinoxe d'automne. Le second passa pour le chef-d'œuvre du grand Farnèse; il ressembla en quelque sorte à celui de Tyr par Alexandre. Anvers fut prise par la jetée d'une digue.

3. JOSEPH., *Antiq.*, lib. XVIII, cap. XI.

4. Elle suivit les révolutions des royaumes d'Orient auxquels elle étoit désormais sujette.

obscure jusqu'au temps de Darius, qui la rétablit dans ses anciens priviléges. Ce fut durant cette époque de calamité que Carthage s'étoit élevé sur ses débris.

A l'époque de la guerre Médique la Phénicie fut contrainte par ses maîtres à entrer dans la ligue générale contre la Grèce. Sans opinion à elle, elle prêta ses vaisseaux au grand roi[1], comme elle les auroit joints aux républiques si celles-ci eussent été d'abord les plus fortes. Vaincue à la bataille de Salamine[2], le commerce ferma bientôt cette plaie, et l'influence immédiate de la révolution grecque se borna pour les Tyriens à ce malheur passager, quoiqu'elle s'étendît sur eux par la suite et que Tyr tombât comme le reste de l'Orient devant Alexandre. Les froids négociants continuèrent à importer et exporter de pays en pays le superflu des nations, sans s'embarrasser des vains systèmes qui tourmentoient ces peuples. Tout leur génie étoit dans leurs balles d'étoffes, et on les voyoit, comme les Bataves, colporter les livres des beaux esprits du temps sans en avoir jamais ouvert un seul. Peut-être aussi l'habitant de Tyr trafiquoit-il de ses principes politiques ; car dans les temps de révolutions les opinions sont les seules marchandises dont on trouve la défaite[a].

CHAPITRE LV.

LA PERSE.

Nous montons enfin sur le grand théâtre. Après avoir considéré en détail les États par rapport à l'établissement des républiques en Grèce, et réciproquement cet établissement par rapport à ces divers États, nous allons maintenant contempler tous ces peuples se mouvant en masse sous l'influence générale de cette même révolution et ne faisant plus qu'un seul corps. Nous allons les voir se lever ensemble pour renverser des principes et un gouvernement qu'ils ne feront que

---

1. Ce furent les Phéniciens et les Égyptiens qui construisirent le pont de bateaux sur lequel Xerxès passa son armée. (Vid. Herodot.)

2. Les galères phéniciennes formoient l'aile gauche de l'escadre persane à la bataille de Salamine. Elles avoient en tête les Athéniens, et étoient commandées par un frère de Xerxès. Elles combattirent avec beaucoup de valeur. (Vid. Herod., lib. viii, cap. lxxxix.)

[a] Si je n'avois fait cette remarque il y a une trentaine d'années, ne la prendroit-on pas pour une allusion aux choses du jour ! (N. ÉD.)

consolider; et les efforts de ces alliés viendront, mal dirigés, tièdes et partiels, se perdre contre une communauté peu nombreuse, mais unie; peu riche, mais libre.

Je passe sous silence les Éthiopiens, les Juifs, les Chaldéens, les Indiens, quoiqu'à l'époque de la révolution grecque ils eussent déjà fait des progrès considérables dans les sciences. La somme de leur philosophie et de leurs lumières se réduisoit généralement à la foi dans un Être suprême, à la connoissance des astres et des secrets de la nature. Ils étoient, comme le reste du monde oriental, gouvernés par des rois et des sectes de prêtres qui, de même que leurs frères d'Égypte, se conduisoient d'après le système de mystère, afin de dompter les peuples, par l'ignorance, au joug de la tyrannie civile et religieuse. En Éthiopie, les membres de cette caste sacrée portoient le nom de *gymnosophistes*[1]; en Judée, celui de *lévites*[2]; dans la Chaldée, celui de *prêtres*[3]; en Arabie, celui de *zabiens*[4]; aux Indes, celui de *brachmanes*[5]. Chaque pays comptoit aussi ses grands hommes : les Éthiopiens reconnoissoient *Atlas*[6]; les Arabes, *Lokman*[7]; les Juifs, *Moïse*[8]; les Chaldéens, *Zoroastre*[9];-l'Inde, *Buddas*[10][a]. Les uns avoient écrit de la nature, les autres de l'histoire, plusieurs de la morale[11]. De tous ces ouvrages, les fables de Lokman et l'histoire de Moïse sont les seuls qui nous soient parvenus. Les livres qu'on attribue à Zoroastre[12] ne sont pas originaux.

La plupart de ces différentes contrées étant ou soumises à la cour de Suze ou ignorées des Grecs, il seroit inutile de nous y arrêter : revenons aux vastes États de Cyrus.

L'empire des Perses et des Mèdes au moment de la chute d'Hippias s'étendoit depuis le fleuve Indus, à l'est, jusqu'à la Méditerranée, à l'occident, et depuis les frontières de l'Éthiopie et de Carthage, au midi, jusqu'à celles des Scythes, au nord, comprenant

---

1. Diod., lib. xi.   2. La *Bible*.   3. Diod., lib. xi.
4. Hyde, *Rel. Pers.*, cap. iii. — Aussi gymnosophistes.
5. Strabo, lib. xv, p. 822.
6. Virg., *Æn.*, lib. iv, v. 480; lib. i, v. 745.
7. Lokm., *Fab.*, Epern. Édit.   8. *Genèse*.   9. Justin., lib. i, cap. ii.
10. Ce que nous savons de Buddas est très-incertain. Les partisans de l'ancienne religion, au moment de l'établissement du christianisme, opposoient Buddas à Jésus-Christ, disant que le premier avoit aussi été tiré du sein d'une vierge. (Vid. Saint Jérôme, *contra Jovin.*)

[a]. Me voilà mêlant *très-philosophiquement* les Juifs aux autres peuples, les lévites aux brachmanes, Moïse à Buddas! (N. éd.)

11. Vid. loc. cit.
12. Zoroastre l'ancien, ou le Chaldéen. Je parlerai de ceux du second Zoroastre.

un espace de 40 degrés en latitude et de plus de seize en longitude[1].

Formé par degrés des débris de plusieurs États, peu d'années s'étoient écoulées depuis que cet énorme colosse pesoit sur la terre. L'empire des Assyriens, qui en composoit d'abord la plus grande partie, fut conquis par les Mèdes vers le sixième siècle avant notre ère[2]. Le célèbre Cyrus, ayant réuni sur sa tête les couronnes de Perse et de Médie, renversa le trône de Lydie, qui florissoit sous Crésus dans l'Asie Mineure, vers le règne de Pisistrate à Athènes[3]. Cambyse, successeur de Cyrus, ajouta l'Égypte à ses possessions[4]; et Darius, fils d'Hystaspe, sous lequel commence la guerre mémorable des Perses et des Grecs, réunit à ses immenses domaines quelques régions de la Thrace et des Indes[5].

CHAPITRE LVI.

TABLEAU DE LA PERSE
AU MOMENT DE L'ABOLITION DE LA MONARCHIE EN GRÈCE.
GOUVERNEMENT. FINANCES. ARMÉES. RELIGION.

Principem dat Deus[a], maxime qui conduisit Charles Ier à l'échafaud, formoit tout le droit politique de la Perse[6]. De là nous pouvons concevoir le gouvernement.

Cependant l'autorité du grand roi n'étoit pas aussi absolue que celle des sultans de Constantinople de nos jours; il la partageoit avec un conseil qui composoit une partie du souverain[7].

Au civil, les lois étoient pures, et la justice scrupuleusement administrée par des juges tirés de la classe des vieillards[8]. Dans les cas graves, la cause étoit portée devant le roi[9].

Au criminel, la procédure se faisoit publiquement. On confrontoit

---

1. Huit cents lieues en latitude, et trois cents en longitude, estimant les degrés de longitude à environ dix-huit lieues les uns dans les autres sous ces parallèles.
2. Herod., lib. i, cap. xcv.
3. Xenoph., *Cyrop.*, lib. i, p. 2; lib. vii, p. 180, etc.
4. Herod., lib. iii, cap. vii.   5. *Id.*, lib. iv, cap. xliv-cxxvii.

[a] Le principe du droit divin pour les princes et celui de la souveraineté du peuple pour les nations ne doivent jamais être controversés par des esprits sages. Il faut jouir du pouvoir et de la liberté sans en rechercher la source; c'est de leur mélange que se compose la société, et leur origine est à la fois mystérieuse et sacrée. (N. ÉD.)

6. Plut., *in Themist.*, p. 125.   7. Herod., lib. iii, cap. lxxxviii.
8. Xenoph., *Cyrop.*   9. Herod., lib. i, cap. cxxxvii; lib. vii, cap. dcxciv.

l'accusateur à l'accusé, et celui-ci obtenoit tous les moyens de défense qu'il pouvoit croire favorables à son innocence ou à l'excuse de son crime[1]. Cette admirable coutume, que nous retrouvons en Angleterre, étoit remplacée en France par l'exécrable loi des interrogations secrètes[a].

Au moment de l'abolition de la monarchie en Grèce, la société avoit peut-être fait plus de progrès en Perse vers la civilisation qu'en aucune autre partie du globe. Un cours régulier d'administration mouvoit en harmonie tous les ressorts de l'empire. Les provinces se gouvernoient par des satrapes ou commandants délégués de la couronne[2]. Les armées et les finances étoient réduites en système[3] ; et, ce qui n'existoit alors chez aucun peuple, des postes, établies par Cyrus sur le principe de celles des nations modernes, lioient les membres épars de ce vaste corps[4]. Cet institut, après la découverte de l'imprimerie, tient le second rang parmi les inventions qui ont changé pour ainsi dire la race humaine, et il n'entre pas pour peu dans les causes de l'influence rapide que la révolution grecque eut sur la Perse. Il ne faudroit que l'usage des courriers employés aux relations communes de la vie pour renverser tous les trônes d'Orient aujourd'hui[b]. Chez les Mèdes, ils étoient réservés aux affaires d'État.

Les Perses différoient en religion du reste de la terre alors connue. Ils adoroient l'astre dont la flamme productive semble l'âme de l'univers[5]. Ils n'avoient ni les solennités de la Grèce, ni des monuments élevés à leurs dieux[6]. Le désert étoit leur temple, une montagne[7]

---

1. Diod., lib. xv.

[a] Toujours la haine de l'arbitraire et de l'oppression. Qui me l'inspiroit alors, moi pauvre émigré, moi fidèle serviteur du roi, sorti de la France avec lui pour la cause de la légitimité et de l'ancienne monarchie? Avois-je attendu la violence ou la corruption des systèmes administratifs sous la restauration pour m'élever contre l'injustice? En un mot, mon opposition à tout ce qui comprime les sentiments généreux est-elle née de mon ambition politique, ou la portai-je en moi dès les premiers jours de ma jeunesse, sans qu'elle se soit démentie un seul moment? (N. ÉD.)

2. Xenoph., *Cyrop.*, lib. viii.

3. Herod., lib. iii, cap. lxxxix-xci-xcv; lib. i, cap. cxcii; Strabo, lib. ii-xv; Xenoph., *Cyrop.*, lib. ix; Diod., lib. ii, p. 24. — Le revenu en argent se montoit à peu près à 90 millions de notre monnoie, en le reconnoissant en talents euboïques. Les provinces fournissoient la maison du roi et les armées en nature. Quant aux armées, elles étoient composées, comme les nôtres, de troupes régulières, en garnison dans les provinces, et de milices, obligées de marcher au premier ordre.

4. Xenoph., *Cyrop.*, lib. viii; Herod., lib. viii, cap. xcviii.

[b] Cela est hasardé, mais il y a quelque vérité dans la remarque. (N. ÉD.)

5. Xenoph., *Cyrop.*, lib. i, cap. cxxxi; Strabo, lib. xv.

6. Herod., *ibid.* — Ceci n'est vrai que de la religion primitive des Perses. Par la suite ils eurent des temples.

7. Herod., lib. i, cap. cxxxi.

leur autel, et la pompe de leurs sacrifices, le soleil levant suspendu aux portes de l'État, et jetant un premier regard sur les forêts, les cataractes et les vallées [1] [a].

CHAPITRE LVII.

TABLEAU DE L'ALLEMAGNE AU MOMENT DE LA RÉVOLUTION FRANÇOISE.

A l'époque de la chute de la royauté en France, l'Allemagne, de même que la Perse d'autrefois, présentoit un corps composé de diverses parties réunies sous un chef commun. Bien que Léopold n'eût pas de droit le même pouvoir sur les Cercles que Darius sur les Satrapies, il l'avoit néanmoins de fait. Le même abus prévaloit à l'égard de la dignité suprême; l'Empire Germanique, quoique électif, pouvant être regardé comme héréditaire [b].

Le système militaire de Joseph II jouissoit parmi nous de la même réputation que celui de Cyrus chez les anciens. Ces deux princes firent consister leurs principales forces en cavalerie [2], mais le second mettoit la sûreté de ses États dans les places fortifiées [3]; le premier crut devoir les détruire.

Les anabaptistes, les hernutes, les protestants, les catholiques se partageoient les opinions religieuses du moderne Empire d'Occident, de même que les adorateurs de Mithra [4], de Jéhovah [5], de Jupiter [6], de Brahma [7], d'Apis [8], occupoient l'antique puissance orientale.

Le régime féodal écrasoit le laboureur germanique, à peu près de la même manière que l'esclavage persan abattoit le sujet du grand roi. Cependant une différence considérable se fait sentir entre ces hommes malheureux. Elle consiste dans les mœurs. Celles du pre-

---

1. Hénod., lib. I, cap. CXXXI. — Il est probable que le nom de *Mithra*, sous lequel les Perses adoroient le soleil, étoit dans l'origine celui de quelque héros. On le trouve représenté, sur d'anciens monuments, monté sur un taureau, armé d'une épée, la tiare en tête. Quelques-uns de ces attributs conviennent à l'Apollon des Grecs.

[a] Mettez les fleuves au lieu des cataractes, et le tableau sera plus vrai. (N. ÉD.)

[b] Je suis tellement choqué de ces comparaisons, que toujours promettant de n'en plus parler, je ne puis m'en taire. Quel insigne parallèle veux-je établir entre l'Allemagne et la Perse antique, entre les Perses et les Allemands, entre Léopold et Darius? Pour m'infliger la seule peine que ces parallèles méritent, il suffit de rapprocher les noms. (N. ÉD.)

2. Xénoph., *Cyrop.* 3. *Id., ibid.* 4. Les Perses. 5. Les Juifs.
6. Les Ioniens. 7. Les peuples de l'Indus. 8. Les Égyptiens.

mier sont justes et pures, par la grande raison de son indigence. Il ne faut pas en conclure que l'Allemagne manque de lumières. J'ai trouvé plus d'instruction, de bon sens chez les paysans de cette contrée [1] que chez toute autre nation européenne, sans en excepter l'Angleterre, où le peuple est plein de préjugés. Une des principales causes qui sert à maintenir la morale parmi les Allemands vient de la vertu de leur clergé. J'en parlerai ailleurs [a].

CHAPITRE LVIII.

SUITE.
LES ARTS EN PERSE ET EN ALLEMAGNE. POÉSIE. KREESHNA. KLOPSTOCK. FRAGMENT DU POËME MAHABARAT, TIRÉ DU SANSCRIT. FRAGMENTS DU MESSIE. SACONTALA. ÉVANDRE.

Les jardins suspendus de Babylone, les vastes palais des rois, décorés de peintures et de statues, attestent le règne des beaux-arts dans l'empire de Cyrus. Ses immenses États, formés de mille peuples divers, devoient fournir une mine inépuisable de poésie, différente dans ses coloris, selon les mœurs et la nature dont elle réfléchissoit les teintes. Efféminée dans l'Ionie, superbe dans la pourpre du Mède, simple et agreste sur les montagnes de la Perse, voluptueuse dans les

---

[1]. En entrant, il y a quelques années, dans un mauvais cabaret, sur la route de Mayence à Francfort, j'aperçus un vieux paysan en guêtres, un bonnet sur la tête et un chapeau par-dessus son bonnet, tenant un bâton sous son bras, et déliant le cordon d'une bourse de cuir, pleine d'or, dont il payoit son écot. Je lui marquai mon étonnement qu'il osât voyager avec une somme assez considérable par des chemins remplis de Tyroliens et de Pandours. « C'est l'argent de mes bestiaux et de mes meubles, dit-il; et je vais en Souabe avec ma femme et mes enfants. J'ai vu la guerre : au moins les pauvres laboureurs étoient épargnés; mais ceci n'est pas une guerre, c'est un brigandage : amis, ennemis, tous nous pillent. » Le paysan apercevant l'ancien uniforme de l'infanterie françoise sous ma redingote, ajouta : « Monsieur, excusez. » — « Vous vous trompez, mon ami, repris-je ; j'étois du métier, mais je n'en suis plus; je ne suis rien qu'un malheureux réfugié comme vous. » — « Tant pis ! » fut sa seule réponse. Alors retroussant sous son chapeau quelques cheveux blancs qui passoient sous son bonnet, prenant d'une main son bâton, et de l'autre un verre à moitié vide de vin du Rhin, il me dit: « Mon officier, Dieu vous bénisse ! » Il partit après. Je ne sais pourquoi le TANT PIS et le DIEU VOUS BÉNISSE de ce bon homme me sont restés dans la mémoire.

[a] Je vais donc louer un clergé dans cet ouvrage philosophique ! J'avois un terrible besoin d'impartialité. (N. ÉD.)

Indes, elle chantoit, avec l'Arabe, le patriarche, au milieu de ses troupeaux et de sa famille, assis sous le palmier du désert [1] [a].

Je vais faire connoître aux lecteurs quelques morceaux précieux de littérature orientale. Je les tire du sanscrit [2], dont j'ai eu déjà occasion de parler plusieurs fois. J'y suis d'ailleurs autorisé, puisque l'empire persan s'étendoit sur une partie considérable des Indes.

1. JOB.

[a] L'*Essai historique*, comme *Les Natchez*, est la mine d'où j'ai tiré la plupart des matériaux employés dans mes autres écrits; mais au moins les lecteurs ne verront *Les Natchez* que dégagés de leur alliage. (N. ÉD.)

2. Une note sur le sanscrit peut faire plaisir à plusieurs lecteurs [*]. Le hanscrit, mieux le sanscrit, est, comme on le sait, la langue sacrée dans laquelle les livres des Brahmins sont écrits, langue qui n'est plus connue que d'eux seuls. Cette langue étoit autrefois si universelle dans l'Orient, que, selon M. Halhed, le premier Anglois qui soit parvenu à l'entendre, on la parloit depuis le golfe Persique jusqu'aux mers de la Chine. Les preuves qu'il en apporte sont tirées des inscriptions des différents coins de ce pays [**], et de la ressemblance entre les noms collectifs et les noms de nombre des langues vulgaires de ces contrées, et les noms collectifs et les noms de nombre du sanscrit; il étend même ceci au grec et au latin [***]. Le sanscrit n'étoit parlé que dans les rangs élevés de la société : il y avoit deux langues vulgaires pour le peuple. Cette singularité est mise hors de doute par les drames écrits dans ces trois dialectes. Les différents ouvrages traduits du sanscrit en anglois sont le *Mahabarat* et *Sacontala*, dont je cite des passages; *Heeto-Pades*, ou l'ouvrage original dont sont empruntées les fables d'Ésope et de Pilpay; les *Cinq Diamants*, ou les stances de cinq poëtes; une ode traduite de *Wulli*, et une partie du *Shaster*. Outre ces ouvrages d'agrément, le sanscrit en a fourni plusieurs de sciences, entre autres le fameux *Surya-Siddhànta*. Ce sont des tables astronomiques de la plus haute antiquité, et calculées sur des théorèmes de trigonométrie d'une vérité rigoureuse. La chronologie des Indiens se divisoit en quatre âges : 1º Le Suttee Jogue, ou l'âge de

[*] Cette note sur le sanscrit étoit assez curieuse dans son temps; aujourd'hui le sanscrit est si connu que mes citations n'ont plus d'intérêt. Comme je triomphois dans ces quatre *jogues* qui renfermoient tant de millions d'années! Quel bon démenti donné à la chronologie de Moïse! Hélas! il est arrivé qu'une connoissance plus approfondie de la langue savante de l'Inde a fait rentrer ces siècles innombrables dans le cercle étroit des traditions de la Bible. Bien m'en a pris d'être redevenu croyant, avant d'avoir éprouvé cette mortification. (N. ÉD.)

[**] Ceci n'est pas une raison probante, car l'alphabet sanscrit peut-être gravé sur des monnoies persanes, indiennes, etc., sans qu'il en résulte qu'on parlât la même langue dans ces divers pays. On sait qu'actuellement les Chinois et les Tartares s'entendent en s'écrivant, quoique leurs idiomes soient aussi différents l'un de l'autre que le turc l'est du françois. Les lettres chinoises ne sont que des caractères généraux, comme les chiffres arabes. Elles sont les signes de certaines idées, et chacun les traduit ensuite dans sa langue.

[***] Je suis assez tenté de croire qu'il y a eu autrefois une langue universelle. La ressemblance des anciens caractères grecs et romains avec les caractères arabes; les étymologies multipliées entre le sanscrit, les langues orientales, le grec, le latin, le celte, les dialectes de la mer du Sud et de l'Amérique, et beaucoup d'autres raisons qui ne sont pas de mon sujet, semblent venir à l'appui de cette conjecture. (Vidend., DANET., *Dictionn. d'Antiquit.*; COOK's *Voyages*; HALHED's *Grammar of the Benjal language*; SAVARY, *Voyage d'Égypte*; BRIGAND, *sur les langues*; HARRIS; HERMES.)

Le premier fragment est extrait du *Mahabarat*, poëme épique, d'environ quatre cent mille vers, composé par le brachmane Kreeshna Dioypayen Veïas, trois mille ans avant notre ère. De ce poëme, l'épisode appelé *Baghvat-Geeta* étoit le seul morceau publié par le traducteur anglois, M. Wilkins, en 1785.

Le sujet de cet ancien monument du génie indien est une guerre civile entre deux branches de la maison royale de Bhaurat.

Les deux armées, rangées en bataille, se disposent à en venir aux mains, lorsque le dieu Kreeshna, qui accompagne Arjoon, l'un des deux rois, comme Minerve Télémaque, invite son élève à faire avancer son char entre les combattants. Arjoon regarde : il n'aperçoit de part et d'autre que des pères, des fils, des frères, des amis prêts à s'égorger; saisi de pitié et de douleur, il s'écrie :

O Kreeshna! en voyant ainsi mes amis impatients du signal de la bataille, mes membres m'abandonnent, mon teint pâlit, le poil de ma chair se hérisse, tout mon corps tremble d'horreur; Gandew même, mon arc, échappe à ma main, et ma peau, collée à mes os, se dessèche. Lorsque j'aurai donné la mort à ces chers parents, demanderai-je encore le bonheur? Je n'ambitionne point la victoire, ô Kreeshna! Qu'ai-je besoin de plaisir ou de puissance? Qu'importent les empires, les joies, la vie même, lorsque ceux-là ne seront plus, ceux-là qui donnoient seuls quelque prix à ces empires, à ces joies, à cette vie? Pères, ancêtres, fils, petits-fils, oncles, neveux, cousins, parents et amis, vous voudriez ma mort, et cependant je ne souhaite pas la vôtre; non! pas même pour l'empire des trois régions de l'univers, encore bien moins pour cette petite terre[1].

La simplicité et le pathétique de ce fragment sont d'une beauté vraie; on s'étonne surtout de n'y point trouver cette imagination déréglée, ce luxe de coloris, caractère dominant de la poésie orientale. Tout y est dans le ton d'Homère; mais, après cette apostrophe d'Ar-

---

pureté. Sa durée fut de trois millions deux cent mille ans. Les hommes vivoient cent mille ans.

2º Le Tirtah Jogue (le tiers du monde corrompu). Sa période fut de deux millions quatre cent mille ans. La vie de l'homme étoit de dix mille ans.

3º Le Davapar Jogue (la moitié de la race humaine vicieuse) dura un million six cent mille ans. L'homme ne vécut plus que mille ans.

4º Le Colle Jogue (tous les hommes dépravés) est l'âge actuel, qui durera quatre cent mille ans, dont cinq mille sont déjà écoulés. Il est incroyable que ces traductions, qui nous paroissent si extravagantes, soient supportées par les calculs les plus certains d'astronomie. Mon autorité dans tout ceci est *Robertson's Historical Disquisitions.*

1. *Baghvat-Geeta*, p. 31.

joon, Kreeshna, pour lui prouver qu'il doit combattre, s'étend sur les devoirs d'un prince, s'engage avec son élève dans une longue controverse théologique et morale. Ici le mauvais goût et le prêtre se décèlent. Nous choisirons pour pendant à l'épique indien l'épique de la Germanie. La muse allemande, nourrie de la méditation des Écritures, a souvent toute la majesté, toute la simple magnificence hébraïque ; et l'on retrouve dans les froides régions de l'Empire l'enthousiasme et la chaleur du génie des poëtes d'Israel.

Klopstock, dans son poëme immortel, a peint la conjuration de l'enfer contre le Messie. Le sacrifice est prêt à s'accomplir ; les prêtres triomphent, et le Fils de l'homme est condamné. Suivi de sa mère, de ses disciples, des gardes romaines et de toute la Judée, il s'avance, chargé de sa croix, au lieu du supplice : il arrive sur Golgotha. Alors Éloa, envoyé par l'Éternel, distribue les anges de la terre autour de la montagne. Les uns s'assemblent sur des nuages, les autres planent dans les airs.

Gabriel va chercher les âmes des patriarches, et les place sur la montagne des Oliviers, pour être témoins du grand sacrifice ; Uriel en même temps amène toutes celles des races à naître. Le globe immense qu'elles habitoient reçoit l'ordre de voler vers le soleil et d'intercepter sa lumière. Satan, et tout l'enfer caché dans la mer Morte sous les ruines de Gomorrhe, contemple la Rédemption. Les innombrables esprits célestes qui peuplent les étoiles et les soleils, ceux qui environnent Jéhovah, ont l'œil attaché sur le Sauveur ; et le Saint des saints retiré dans sa profondeur incompréhensible compte les heures du grand mystère ; alors

Les bourreaux s'approchent de Jésus. Dans ce moment tous les mondes, avec un bruit qui retentissoit au loin, parvinrent au point de leur course, d'où ils devoient annoncer la réconciliation. Ils s'arrêtent ; insensiblement le mouvement des pôles se ralentit, et cessa tout à coup. Un vaste silence régnoit dans toute l'étendue de la création. La marche de tous les globes suspendue annonçoit dans les cieux les heures du sacrifice.... Les anges, interdits, étoient attentifs à ce qui alloit se passer. Jéhovah jeta un coup d'œil sur la terre, la vit prête à s'abîmer et la retint. Jéhovah, le dieu Jéhovah, avoit ses regards fixés sur Jésus-Christ... et les bourreaux le crucifièrent !.... A ce spectacle terrible, les anges et les patriarches restoient dans un morne silence. Le calme effrayant qui régnoit dans toute la nature étoit l'image de la mort. On auroit dit qu'elle venoit d'en détruire tous les habitants, et que rien d'animé n'existoit plus dans aucun monde.....

Bientôt l'obscurité couvrit la terre, où régnoit un profond silence, et ce silence morne augmentoit avec les ténèbres et l'inquiétude. Les oiseaux, devenus muets, s'envolèrent au fond des forêts ; les animaux cherchèrent un asile dans les cavernes et les fentes des rochers ; la nature entière étoit ensevelie dans un calme sinistre. Les hommes, respirant avec peine un air qui n'avoit plus de ressort, levoient les yeux vers le ciel, où ils cherchoient en vain la lumière. L'obscurité augmentoit de plus en plus ; elle devint universelle et effrayante, lorsque l'astre[1] eut entièrement occupé le disque du soleil ; toutes les plaines de la terre furent enveloppées dans les horreurs d'une nuit épouvantable...

Les couleurs de la vie reparurent sur le front du Messie, mais elles s'éteignirent rapidement et ne revinrent plus. Ses joues livides se flétrirent davantage, et sa tête, succombant sous le poids du jugement du monde, se pencha sur sa poitrine. Il fit des efforts pour la relever vers le ciel, mais elle tomba de nouveau. Les nuages suspendus s'étendirent autour de Golgotha, d'une manière lente et pleine d'horreur, comme les voûtes funèbres des tombeaux sur les cadavres que la pourriture dévore. Un nuage plus noir que les autres s'arrêta au haut de la Croix. Le silence, le calme affreux de la mort sembloit distiller de son sein. Les immortels en frissonnèrent. Un bruit inattendu, et qui n'avoit été précédé d'aucun autre bruit, sortit tout à coup des entrailles de la terre : les ossements des morts en tremblèrent, et le temple en fut ébranlé jusqu'au faîte.

Cependant le silence étoit rétabli sur la terre, et les hommes vivants, les morts, et ceux qui devoient naître, avoient les regards fixés sur le Rédempteur. En proie à toutes les douleurs, Ève regardoit son fils, qui succomboit insensiblement sous une mort lente et pénible. Ses yeux ne s'arrachoient de ce triste spectacle que pour se porter sur une mortelle qui se tenoit chancelante au pied de la Croix, la tête penchée, le visage pâle, et dans un silence semblable au silence de la mort. Ses yeux ne pouvoient verser de larmes : elle étoit sans mouvement..... « Ah ! dit en elle-même la mère du genre humain, c'est la mère du plus grand des hommes ; l'excès de sa douleur ne l'annonce que trop. Oui, c'est l'auguste Marie ; elle éprouve dans ce moment ce que je sentis moi-même lorsque je vis Abel auprès de l'autel, nageant dans les flots de son sang. Oui, c'est la mère du Sauveur expirant. » Elle fut tirée de ces pensées par l'arrivée de deux anges de la mort, qui venoient du côté de l'Orient. Ils planoient dans les airs d'un vol mesuré et majestueux, et gardoient un profond silence. Leurs vêtements étoient plus sombres que la nuit, leurs yeux plus étincelants que la flamme ; leur air annonçoit la destruction. Ils s'avançoient lentement vers la colline de la Croix, où le Juge suprême les avoit envoyés ; les âmes des patriarches, épouvantées, tombèrent sur la poussière de la terre, et sentirent l'impression de la mort et les horreurs du tombeau, autant que peuvent les sentir des substances indestructibles. Les deux génies redoutables, parvenus à la Croix, contemplent le Mourant, prennent leur vol, l'un à droite et l'autre à gauche ; et, d'un air morne et présageant la mort, ils volent sept fois autour de la Croix. Deux

---

[1]. L'astre occupé par les âmes à naître dont j'ai parlé.

ailes couvroient leurs pieds, deux ailes tremblantes couvroient leur face, et deux autres les soutenoient dans les airs, dont l'agitation produisoit un mugissement semblable aux accents lamentables de la mort. C'est ce bruit qui tonne aux oreilles d'un ami de l'humanité, lorsque des milliers de morts et de mourants nagent dans leur sang sur le champ de bataille, et qu'il fuit en détournant les yeux. Les terreurs de Dieu étoient répandues sur les ailes des deux anges, et retentissoient vers la terre ; ils voloient pour la septième fois, lorsque le Sauveur, accablé, releva sa tête appesantie, et vit ces ministres de la mort. Il tourna ses yeux obscurcis vers le ciel, et s'écria d'une voix qu'il tira du fond de ses entrailles, et qui ne put se faire entendre : « Cessez d'effrayer le Fils de l'homme ; je vous reconnois au bruit de vos ailes.... il m'annonce la mort... Cesse, Juge des mondes... cesse... » En disant ces mots, son sang sortit à gros bouillons... Alors les anges de la mort tournèrent leur vol bruyant vers le ciel, et laissèrent les spectateurs dans une surprise muette, et des réflexions plus inquiétantes et plus confuses sur ce qui se passoit à leurs yeux... et l'Éternel laissoit toujours sur le mystère un voile impénétrable [1]...

Les enfers, les cieux, les hommes, les générations écoulées et les générations à naître, les globes arrêtés dans leurs révolutions, le cours de l'univers suspendu, la nature couverte d'un voile, un Dieu expirant, quel tableau ! Sa sublimité fera excuser la longueur de la citation.

Le second fragment qui me reste à donner du sanscrit est d'un genre totalement opposé au premier. On a découvert parmi les Indiens une foule de pièces de théâtre écrites dans la langue sacrée, régulières dans leur marche et intéressantes dans leurs sujets. S'il étoit possible de douter de la haute civilisation des anciennes Indes, cette particularité seule suffiroit pour la prouver, en même temps qu'elle dépouille les Grecs de l'honneur d'avoir été les inventeurs du genre dramatique.

La scène indienne non-seulement admet le masque et le cothurne, mais elle emprunte encore la houlette. Elle se plaît à représenter les mœurs champêtres, et ne craint point de s'abaisser en peignant les tableaux de la nature. Sacontala, princesse d'une naissance illustre, avoit été élevée par un ermite dans un bocage sacré, où les premières années de sa vie s'étoient écoulées au milieu des soins rustiques et de l'innocence pastorale. Prête à quitter sa retraite chérie pour se rendre à la cour d'un grand monarque auquel elle étoit promise, les compagnes de sa jeunesse déplorent ainsi leur perte et font des vœux pour le bonheur de Sacontala :

1. *Messie*, chant VIII.

Écoutez, ô vous, arbres de cette forêt sacrée ! écoutez, et pleurez le départ de Sacontala pour le palais de l'époux ! Sacontala ! celle qui ne buvoit point l'onde pure avant d'avoir arrosé vos tiges ; celle qui, par tendresse pour vous, ne détacha jamais une seule feuille de votre aimable verdure, quoique ses beaux cheveux en demandassent une guirlande ; celle qui mettoit le plus grand de tous ses plaisirs dans cette saison qui entremêle de fleurs vos rameaux flexibles.

CHŒUR DES NYMPHES DES BOIS.

Puissent toutes les prospérités accompagner ses pas ! puissent des brises légères disperser, pour ses délices, la poussière odorante des riches fleurs ! Puissent les lacs d'une eau claire, et verdoyante sous les feuilles du lotos, la rafraîchir dans sa marche ! Puissent des branches ombreuses la défendre des rayons brûlants du soleil !

Sacontala sortant du bois et demandant à Cana, l'ermite, la permission de dire adieu à la liane Madhavi, *dont les fleurs rouges enflamment le bocage*, après avoir baisé *la plus radieuse de toutes les fleurs*, et l'avoir priée de lui *rendre ses embrassements avec ses bras amoureux*, s'écrie :

Ah ! qui tire ainsi les plis de ma robe ?

CANA.

C'est ton fils adoptif, le petit chevreau dont tu as si souvent humecté la bouche avec l'huile balsamique de l'ingoudi, lorsque les pointes du cusa l'avoient déchirée. Lui, que tu as tant de fois nourri dans ta main des graines du synmaka. Il ne veut pas quitter les pas de sa bienfaitrice.

SACONTALA.

Pourquoi pleures-tu, tendre chevreau ? Je suis forcée d'abandonner notre commune demeure. Lorsque tu perdis ta mère, peu de temps après ta naissance, je te pris sous ma garde. Mon père Cana veillera sur toi lorsque je ne serai plus ici. Retourne, pauvre chevreau, retourne, il faut nous séparer. (Elle pleure.)

CANA.

Les larmes, mon enfant, conviennent peu à ta situation. Nous nous reverrons ; rappelle tes forces. Si la grosse larme se montre sous tes belles paupières, que ton courage la retienne lorsqu'elle cherche à s'échapper. Dans notre passage sur cette terre, où la route tantôt plonge dans la vallée, tantôt gravit la montagne, et où le vrai sentier est difficile à distinguer, tes pas doivent être nécessairement inégaux ; mais suis la vertu, elle te montrera le droit chemin [1].

---

1. *Sacont.*, acte IV, p. 47, etc.

Si ce dialogue n'est pas dans nos mœurs, du moins il respire le calme et la fraîcheur de l'idylle. La dernière leçon de Cana, dans le style de l'apologue oriental, quoique venant inapropos, est pleine d'une aimable philosophie. Le Théocrite des Alpes va nous fournir pour l'Allemagne le parallèle de ce morceau.

Pyrrhus, prince de Krissa, et Arates, ami de Pyrrhus, ont envoyé, par ordre des dieux, le premier, son fils Évandre, le second, sa fille Alcimne, afin d'être élevés secrètement chez des bergers. L'amour touche le cœur d'Évandre et d'Alcimne, ils s'aiment sans connoître leur rang illustre. Les princes arrivent, révèlent le secret, les amants s'unissent. L'*Évandre* de Gessner n'est pas son meilleur ouvrage, mais il est curieux à cause de sa ressemblance avec *Sacontala*. Il y a quelque chose qui ouvre un vaste champ de pensées philosophiques à trouver l'esprit humain reproduisant les mêmes sujets, à cinq mille ans d'intervalle, d'un bout du globe à l'autre. Lorsque l'auteur de *Sacontala* florissoit sous le beau ciel de l'Inde, qu'étoit la barbare Helvétie?

Alcimne a appris sa naissance, elle est entourée de suivantes qui lui parlent des mœurs de la cour. Elle regrette, comme la princesse indienne, ses bois, ses moutons, sa houlette, et surtout ses amours.

LA DEUXIÈME SUIVANTE.

Permettez-moi de vous dire qu'il faut que vous renonciez aux mœurs de la campagne, pour suivre celles de la cour. Une grande dame doit savoir tenir son rang. Nous avons ordre de ne point vous quitter et de vous donner des leçons.

ALCIMNE.

J'aime mieux nos mœurs; elles sont simples, naturelles, et s'apprennent toutes seules. Parmi nous on ne voit personne en donner des leçons; on s'en moqueroit comme de quelqu'un qui voudroit apprendre à un oiseau un autre chant que le sien. Mais dites-moi quelque chose de la manière dont on vit à la ville. Je crains fort de ne pas la trouver de mon goût.

LA DEUXIÈME SUIVANTE.

Le matin, quand vous vous éveillez, ce qui n'est qu'à midi, car les dames du grand monde ne s'éveillent pas à l'heure des artisans...

ALCIMNE.

A midi! Je n'entendrois donc plus, le matin, le chant des oiseaux; je ne verrois donc plus le lever du soleil? Cela ne m'accommoderoit pas.

LA PREMIÈRE SUIVANTE.

Votre beauté ne manquera pas de vous faire beaucoup d'amants. Il faudra vous étudier à plaire à tous, et ne donner à chacun que peu d'espérance.

ALCIMNE.

Tous nos seigneurs m'ennuieront en me parlant d'amour, parce que je n'aimerai jamais que celui que j'aime déjà.

LA DEUXIÈME SUIVANTE.

Quoi! vous aimez déjà?

ALCIMNE.

Oui, sans doute; je ne rougis pas d'en convenir. J'aime un berger de tout mon cœur, et lui, il m'aime de tout le sien. Il est beau comme le soleil levant, charmant comme le printemps; le rossignol ne chante peut-être pas si bien que lui... Oui, mon bien-aimé, tu seras le seul que j'aimerai toujours. Ces arbres verts mourront, le soleil cessera d'éclairer ces belles prairies avant que ton Alcimne te soit infidèle. Oui, mon bien-aimé, je fais le serment...

LA DEUXIÈME SUIVANTE.

Ne le faites pas; votre père ne vous laissera point avilir jusque là votre illustre naissance.

ALCIMNE, avec colère.

Que voulez-vous dire, mon illustre naissance! Eh quoi! peut-il y en avoir qui ne soit noble et honorable? Oh! je n'entends rien à toutes vos leçons. Il faut y mettre moins d'esprit et plus de naturel. Non, je ne les comprendrai jamais. Mon père est raisonnable, j'en suis sûre. Il ne voudra pas que j'abandonne ce que j'aime le mieux au monde, et que j'aime ce que je hais le plus. Je ne vous quitterai qu'à regret, charmantes retraites, ombrages frais, occupations innocentes : je vous préférerai toujours au fracas de la ville; mais il faut que je vous quitte pour suivre un père que je chéris. Il ne sera pas venu me chercher ici pour me rendre malheureuse : oui, je serois malheureuse, plus que je ne puis dire, s'il vouloit me séparer de celui que j'aime plus que moi-même. Oh! ne me donnez pas ces inquiétudes, mes amies! N'est-il pas vrai que j'aurois tort de les avoir [1]?

---

1. *Évandre,* acte III, scène v.
^a La littérature allemande a réellement quelque ressemblance avec la littérature orientale; mais il est évident qu'à l'époque où j'analysois Klopstock, je connoissois peu la première, car comment n'aurois-je pas cité Wieland, Gœthe, etc.? J'ignorois les différentes révolutions que les auteurs et la langue germanique avoient rapidement éprouvées, j'en étois encore à Klopstock et à Gessner.

Je ne puis aujourd'hui trouver sublime ce que je regardois comme tel dans la composition du *Messie.* Toutes les fois que l'on sort de la peinture des passions, et

CHAPITRE LIX.

PHILOSOPHIE. LES DEUX ZOROASTRE. POLITIQUE.

Le nom du célèbre Zoroastre [1] rappelle le fondateur de la philosophie persane et celui de l'ordre des mages. De même que sa morale, ses dogmes étoient sublimes. Il enseignoit l'existence des deux principes, l'un bon, l'autre méchant, qui se disputoient l'empire de la nature [2]; la durée du premier embrassoit tous les temps écoulés et à venir. L'existence du second devoit passer avec le monde.

Cet ancien sage fut suivi, vers le temps de Darius, fils d'Hystaspe, d'un autre philosophe du même nom, qui altéra quelque chose à la doctrine de son prédécesseur. Tel que le premier Zoroastre, il admettoit les deux natures; mais il les dérivoit d'un être primitif, dont les regards immenses ne tomboient jamais sur la race imperceptible des hommes [3]. Il disoit que ces pouvoirs subordonnés régneroient tour à tour sur la terre, chacun durant une période de six mille années; que le méchant génie seroit à la fin subjugué par le bon, et qu'alors les habitants d'ici-bas, dépouillés de leur enveloppe grossière, sans besoins et dans un parfait état de bonheur, erreroient parmi des bois enchantés comme des ombres légères [4].

Les écrits du premier Zoroastre ont péri dans la révolution des empires; quelques-uns de ceux du second ont été sauvés. Le plus considérable d'entre eux est le *Zend* [5], qui existe encore parmi les anciens

---

que l'on se jette dans les inventions gigantesques, rien n'est plus facile que de remuer l'univers : il n'est pas besoin d'avoir du génie. Qu'on arrête les globes dans l'espace, qu'on fasse arriver des comètes, qu'on place dans des mondes divers les morts et les vivants, le passé et l'avenir, tout cela n'est qu'une stérile grandeur sans sublimité, une débauche d'imagination qui pourroit être le rêve d'un enfant, un conte de fées. Le morceau de Klopstock que j'ai cité n'offre pas un trait à retenir : l'auteur passe souvent auprès d'une beauté sans l'apercevoir. Quand les deux anges de la mort s'approchent du Christ, qui ne s'attend, par exemple, à quelque chose d'extraordinaire? Tout se réduit à des lieux communs sur la mort, et le poëte est si embarrassé de ses anges, qu'il se hâte de les renvoyer on ne sait où. (N. ÉD.)

1. Ce premier Zoroastre est le Zoroastre chaldéen, dont j'ai déjà parlé. Aristote le place six mille ans avant la prise de Troie.

2. Hyde raconte quelque chose de curieux au sujet du méchant pouvoir. Les Persans en écrivoient le nom en lettres inverties, il s'appeloit Arimanius, et le bon, Orosmade.

3. LAERT., lib. §§ 6-9.   4. PLUT., *Isis et Osiris*, t. II, p. 155.

5. Les mages ont formé un Épitomé de ce livre, sous le nom de *Sadder*, qu'ils lisent au peuple les jours de fête.

Persans dispersés sur les frontières des Indes. Ce livre sacré se divise en deux parties : l'une traite des cérémonies religieuses, l'autre renferme des préceptes moraux.

Nous possédons en outre les fragments d'un autre ouvrage du même philosophe, sous le titre des *Oracles de Zoroastre*[1].

La théorie des gouvernements semble aussi avoir été familière aux sages de la Perse. Quelques auteurs représentent Zoroastre l'ancien sous les traits d'un législateur; et Hérodote introduit ailleurs les seigneurs persans, après l'assassinat du mage, délibérant sur le mode de gouvernement à adopter pour l'empire. Othanès propose la démocratie. « Le tyran, dit-il, τὰ μὲν γάρ, ὕβρει κεκορημένος, ἔρδει πολλὰ καὶ ἀτάσθαλα τὰ δὲ φθόνῳ, tantôt gonflé de haine, tantôt d'orgueil, commet des actions horribles. » Mégabyse opine à l'oligarchie, et représente les fureurs du peuple. Darius parle en faveur de la royauté, et l'emporte[2].

Les mages et les autres prêtres soumis aux Perses excelloient dans les études de la nature. On peut juger de leurs connoissances en astronomie par une série d'observations de dix-neuf cent trois années, que Callisthène, philosophe grec attaché à la suite d'Alexandre, trouva à Babylone[3]. N'oublions pas la science mystérieuse appelée du nom de la secte qui la pratiqua[4]. La magie prouve deux choses : l'ignorance des peuples de l'Orient et les malheurs des hommes d'autrefois. On ne cherche à sonder l'avenir que lorsqu'on souffre au présent.

Il est impossible de supposer que tant de lumières pesassent dans un des bassins de la balance sans un contre-poids égal de corruption[a].

---

1. Patricius en publia trois cent vingt-trois vers à la suite de sa *Nova Philosophia de Universis*, imprimée à Ferrare en 1591. Je n'ai pu me procurer cet ouvrage assez tôt pour l'impression de cet article. Si je puis le découvrir, je donnerai la traduction de ces vers à la fin du volume.

2. Hérod., lib. iii, cap. lxxx.   3. Simpl., lib. ii, *de Cœlo*.

4. Diod. Sic., lib. xi, p. 83; Naudæi *Apol. pro Virg. Mag. Magiæ Suspect.*, cap. viii.

[a] En lisant avec attention l'*Essai*, on découvre sous le rapport politique que mon dessein est de prouver, sans admettre et sans rejeter le gouvernement républicain en théorie, que la république ne pourroit s'établir en France, parce que les mœurs n'y sont plus assez innocentes. Je faisois même de cette observation un principe général; en donnant pour contre-poids la corruption aux lumières, je ne supposois pas la république possible chez un vieux peuple civilisé. Ce système, né chez moi de l'étude des républiques anciennes, comme je l'ai déjà dit, étoit faux et même dangereux, en tant qu'appliqué à la société moderne : car il suivroit de là qu'aucune liberté ne pourroit exister chez une nation policée, et que la civilisation nous condamneroit à un éternel esclavage. Heureusement il n'en est pas ainsi : les lumières, quand elles sont descendues, comme aujourd'hui, dans toutes les classes sociales, composent

Aussi trouvons-nous qu'un affreux despotisme s'étendoit sur l'empire de Cyrus ; que les satrapes, devenus autant de petits tyrans dans leurs provinces, écrasoient les peuples prosternés à leurs pieds, et qu'un virus de luxe et de misère dévoroit et les grands et les petits[1]. Il résulte de ce tableau moral et politique de l'Orient considéré au moment de l'établissement des républiques en Grèce qu'il étoit arrivé à ce point de maturité où les révolutions sont inévitables, ou du moins à ce degré de connoissances et de vices qui rend une nation plus susceptible d'être ébranlée par la commotion des troubles politiques des États qui l'environnent. Favorisée par ces causes internes, l'influence de la révolution républicaine de la Grèce sur la Perse fut directe, prompte et terrible, parce qu'elle se trouva déterminée vers les armes, en conséquence des événements que je vais décrire.

Remarquons encore que le principal effet de la révolution françoise sur l'Allemagne s'est aussi dirigé par la voie militaire. Mais cet empire, étant dans une autre position morale que celui de Cyrus, ne peut avoir ni n'a à craindre les mêmes maux[a]. Voulez-vous prédire l'avenir, considérez le passé : c'est une donnée sûre qui ne trompera jamais, si vous partez du principe, les mœurs.

Avant d'entrer dans le détail de la guerre Médique et de la guerre présente, il faut dire un mot de la situation politique de la Perse et de l'Allemagne vues quelques moments avant ces grandes calamités.

une sorte de raison publique qui rend impossible l'établissement du despotisme, et qui produit pour la liberté le même effet que l'innocence des mœurs. Seulement, dans cet âge avancé du monde la liberté est plus aimable sous la forme monarchique que sous la forme républicaine, parce que le pouvoir exécutif placé dans une famille souveraine exclut les ambitions individuelles, toujours plus vives dans l'absence des mœurs. (N. ÉD.)

1. PLUT., *in Apophthegm.*, p. 213 ; PLAT., lib. III, *De Leg.*, p. 697 ; *Cyrop.*, lib. VIII, p. 239.

[a] Ces prédictions sont très-peu certaines : le passage des François en Allemagne, la réunion pendant plusieurs années de diverses provinces de cet empire à l'empire françois, et surtout les principes de la révolution ont laissé dans les populations germaniques un ébranlement considérable. La révolution françoise n'est pas d'ailleurs un fait isolé : le monde civilisé a marché, et continue de marcher vers un nouvel ordre de choses. La France, qui va toujours plus vite que les autres nations, les a devancées : par le mouvement de ses opinions et de ses armes, elle a sans doute pressé le pas de la foule autour d'elle, mais elle a trouvé partout les chemins préparés. La France n'a pas fait ce qui est, elle a seulement hâté la maturité d'un fruit qui tombera au jour marqué. (N. ÉD.)

CHAPITRE LX.

SITUATION POLITIQUE
DE LA PERSE A L'INSTANT DE LA GUERRE MÉDIQUE;
DE L'ALLEMAGNE A L'INSTANT DE LA GUERRE RÉPUBLICAINE[1].
DARIUS, JOSEPH, LÉOPOLD.

Ce fut sous le règne de Darius fils d'Hystaspe qu'éclata la fameuse guerre Médique[2], dont nous allons retracer l'histoire. Ce monarque semble avoir réuni dans sa personne les différentes qualités des empereurs d'Allemagne Joseph et Léopold. Réformateur et guerrier[3] comme le premier, législateur[4] comme le second, il eut à combattre à peu près la même fortune que celle des deux princes germaniques.

Le roi des Perses, en parvenant à la couronne, opéra une grande révolution religieuse. Les mages, jusque alors maîtres de l'opinion, et qui s'étoient même emparés du pouvoir suprême[5], reçurent de la main de Darius un coup mortel[6]. Non content de les avoir précipités d'un trône usurpé, il les attaqua à la source de leur puissance, et, substituant superstition à superstition, le culte des étoiles[7] à l'ancienne adoration du soleil, il les supplanta adroitement dans le cœur du peuple.

Ce fait, qui si l'on considère la circonstance des troubles de la Grèce devient extrêmement remarquable, et qui par lui-même est un très-grand événement[a], a à peine été recueilli des écrivains. Cependant les conséquences durent en être vivement senties. Si la science des hommes demeure en tout temps la même, et qu'il soit permis de

---

1. Je me servirai désormais de cette expression pour faire entendre la guerre présente, afin d'éviter les périphrases.
2. Les Grecs ne comptoient la guerre Médique que depuis l'invasion de Xerxès jusqu'à la défaite de Mardonius à Platée ; moi je comprendrai sous ce nom toute la période entre la bataille de Marathon sous Darius et la paix générale sous Artaxerxès. J'avertis que parlant désormais de la Perse et de l'Allemagne ensemble, pour sauver les longueurs et les tours traînants j'indiquerai seulement le changement d'un empire à l'autre par ce signe ——.
3. Hérod., lib. v, cap. lxxxix; lib. iv, cap. i; Plat., *De Leg*., lib. iii.
4. Plat., *ib*.; Diod., lib. i, p. 85.   5. Hérod., lib. iii, cap. lxxx.   6. *Id., ibid.*
7. On croit que ce fut le second Zoroastre qui rétablit l'ancien culte du soleil. Or ce Zoroastre vivoit sous Darius même. Ainsi les innovations de celui-ci n'auroient servi qu'à troubler ses États sans avoir obtenu le but qu'il s'étoit proposé. (Hyde, *Rel. Pers.*, p. 311; Bay. *Let. Z. Zor*.; Prideaux, p. 210; Suid., *in Zor*.)

[a] De tous les rapprochements présentés dans l'*Essai*, voilà le plus curieux et le fait historique le moins observé. (N. ÉD.)

raisonner de l'effet des passions, d'après la connoissance de ces passions, on peut hardiment conjecturer que l'insurrection de la Babylonie[1], peut-être même celle de l'Ionie, par des causes maintenant impossibles à découvrir, provinrent de ces innovations[2]. Qui sait jusqu'à quel degré elles n'influèrent point sur le sort des armes dans la guerre Médique, et par conséquent sur la destinée des Perses? Ces réformes sacerdotales de Darius et de Joseph dans leurs États, presque au moment de l'abolition de la monarchie en Grèce et en France, présentent un des rapports les plus intéressants de l'histoire.

Ce dernier prince n'eut pas plus tôt touché aux hochets sacrés, que les prêtres, alarmant les villes des Pays-Bas, leur persuadèrent qu'on en vouloit à leur liberté, lorsqu'il ne s'agissoit que de quelques couvents de moines inutiles. La révolte du Brabant a eu les suites les plus funestes. Le peuple, dompté seulement par la force des armes, froid dans la cause de ses maîtres, qu'il regardoit comme ses tyrans, loin d'épouser la querelle des alliés, a présenté aux François une proie facile. Observons encore la réaction de la justice générale : le clergé flamand soulève les Brabançons contre leurs souverains légitimes, pour sauver quelques parties de ses immenses richesses ; les républicains arrivent et s'emparent de tout [a].

Une guerre malheureuse venoit de désoler la Perse, — de ruiner l'Allemagne. Darius, dans son expédition de Scythie, avoit perdu une armée florissante[3]. — Les États de Joseph s'étoient épuisés pour seconder son entreprise contre la Porte. Mais ici se trouve une différence locale essentielle. Les troupes persanes en se rendant par la Thrace aux bords de l'Ister se rapprochèrent de la Grèce. — L'armée autrichienne en se jetant sur la Turquie s'éloignoit au

---

1. HEROD., lib. III, cap. CLX-CLXI.

2. Il est impossible qu'un ordre religieux de la plus haute antiquité, et qui gouvernoit le peuple à son gré, se laissât massacrer, proscrire, sans mettre en usage toutes les ressources de sa puissance. Et puisque Lucien nous apprend que de son temps les mages existoient dans tout leur éclat en Perse, il faut en conclure qu'ils obtinrent la victoire sur Darius. D'ailleurs, Pline et Arien parlent des mages tout-puissants sous Xerxès, et de ce prince lui-même comme d'un grand sectaire du second Zoroastre.

[a] Il y quelque chose d'assez bien jugé dans ces remarques, c'est dommage qu'elles soient gâtées par la manifestation d'un esprit antireligieux. Qu'il y ait eu des moines inutiles, tout le monde en convient : on peut être encore un bon catholique en convenant avec Fleury, et tant d'autres saints prêtres, que des abus s'étoient glissés dans le clergé; mais je ne veux point avoir recours à cette défense, et j'aime mieux dire ce qui est vrai : c'est que dans le paragraphe qui fait le sujet de cette note l'écrivain étoit imbu des doctrines de son siècle. (N. ÉD.)

3. STRAB., lib. VII, p. 305; HEROD., lib. IV, cap. MCCCXLI.

contraire des frontières de France. Cette chance de position a décidé en partie du succès de la guerre présente; car ou les empereurs se fussent déclarés plus tôt contre la république, et l'eussent trouvée moins préparée; ou les François eux-mêmes n'auroient su pénétrer dans le Brabant. Autres données, autres effets.

Joseph étant mort à Vienne, son frère Léopold, grand-duc de Toscane, lui succéda. Celui-ci, accoutumé, dans une position moins élevée, à un horizon peu étendu, ne put saisir l'immensité de la perspective lorsqu'il eut atteint à de hautes régions. La nature l'avoit doué de cette vue microscopique qui distingue les parties de l'infiniment petit et ne sauroit embrasser les dimensions plus nobles du grand. Il porta cependant avec Darius quelques traits de ressemblance: l'amour de la justice et la connoissance des lois. Mais le prince persan considéra ses sujets du regard du monarque qui dirige des hommes[1], et le prince germanique de l'œil du maître qui surveille un troupeau. L'un possédoit la chaleur et la libéralité du chef qui donne[2], l'autre la froideur et l'économie du dépositaire qui compte[3].

Tels étoient les monarques et l'état des deux empires lorsque la révolution républicaine de la Grèce et celle de la France firent éclater la guerre Médique dans l'ancien monde, — la guerre présente dans le monde moderne. Nous allons essayer d'en développer les causes[a].

1. Plut., *Apopht.*, t. II, p. 173.
2. Hérod., lib. iii, cap. cxxxii, etc.; lib. vi, cap. cxx.
3. Je juge ici d'après le livre des *Institutions toscanes* de Léopold, imprimé en italien, et que j'ai eu quelque temps entre les mains; en outre, sur ce que j'ai appris en Allemagne touchant cet empereur, et dans plusieurs conversations avec des Florentins; enfin, par l'histoire générale de l'Europe à cette époque. La justice cependant m'oblige de dire que j'ai trouvé des Allemands grands admirateurs des vertus de Léopold.

[a] Me voilà à la fin de ce qui forme dans cette édition (celle de 1826) le premier volume de l'*Essai*. Jamais coupable ne s'est imposé pénitence plus rude. Il ne faut pas croire que je n'aie pas souffert en me traitant comme je viens de le faire. Je défie la critique la plus malveillante d'aller au delà de la mienne, car je n'ai pas plus ménagé mon amour-propre que mes principes; je m'épargnerai encore moins dans les notes du second volume.

Néanmoins, qu'il me soit permis à présent de demander au lecteur ce qu'il pense de ce qu'il vient de lire? Est-ce là ce livre qui devoit révéler en moi un homme tout autre que l'homme connu du public? Que voit-on dans l'*Essai*? Est-ce un impie, un révolutionnaire, un factieux, ou un jeune homme accessible à tous les sentiments honnêtes, impartial avec ses ennemis, juste contre lui-même, et auquel dans le cours d'un long ouvrage il n'échappe pas un seul mot qui décèle une bassesse de cœur? L'*Essai* est certes un très-méchant livre; mais si l'on veut, si l'on ne doit accorder aucune louange à l'auteur, peut-on lui refuser de l'estime?

Littérairement parlant, l'*Essai* touche à tout, attaque tous les sujets, soulève une

CHAPITRE LXI.

INFLUENCE DE LA RÉVOLUTION RÉPUBLICAINE DE LA GRÈCE SUR LA PERSE ET DE LA RÉVOLUTION RÉPUBLICAINE DE LA FRANCE SUR L'ALLEMAGNE. CAUSES IMMÉDIATES DE LA GUERRE MÉDIQUE. DE LA GUERRE RÉPUBLICAINE. L'IONIE[1]. LE BRABANT.

Les différentes colonies que les Grecs avoient fondées sur les côtes de l'Asie Mineure étoient tombées peu à peu sous la puissance des rois de Lydie[2]. Celle-ci ayant été à son tour renversée par Cyrus, les villes d'Ionie passèrent alors sous le joug de la Perse[3].

Elles ne connurent cependant que le nom de l'esclavage. Leurs maîtres leur laissèrent leur ancien gouvernement populaire, et n'exigeoient d'elles qu'un léger tribut[4]; mais les habitants de ces cités, incapables de modération, ne connoissoient pas de plus grand tourment que le repos. Amollis dans le luxe et les voluptés, ils n'avoient conservé de la pureté de leurs mœurs primitives qu'une inquiétude toujours prête à les plonger dans les malheurs des révolutions, sans qu'ils fussent jamais assez vertueux pour en recueillir les fruits[5].

Les colonies grecques-asiatiques formoient un corps de républiques qui se gouvernoient par leurs propres lois sous la protection de la cour de Suze[6], de même que les États fédératifs des Pays-Bas sous la puissance des empereurs d'Allemagne. Plusieurs fois les premières avoient cherché à se soustraire à la domination de la Perse[7] sans avoir pu y parvenir. Dans la dix-neuvième année du règne de Darius, les peuples de l'Ionie se soulevèrent à la fois[8]. Le motif général de l'insurrection

---

multitude de questions, remue un monde d'idées, et mêle toutes les formes de style. J'ignore si mon nom parviendra à l'avenir; je ne sais si la postérité entendra parler de mes ouvrages; mais si l'*Essai* échappoit à l'oubli, tel qu'il est en lui-même cet *Essai*, et tel qu'il est surtout avec les *Notes critiques*, ce seroit un des plus singuliers monuments de ma vie. (N. ÉD.)

1. Je comprends sous le nom général de l'*Ionie* l'Ionie proprement dite, l'Éolide et la Doride.
2. HEROD., l. I, cap. VI.   3. *Id., ibid.*, cap. CXLI; THUCYD., lib. I, cap. XVI.
4. HEROD., lib. VI, cap. XLII-XLIII.
5. ATHEN., lib. XII, p. 526; HEROD., lib. IX, cap. CIV; THUCYD., lib. VI, cap. LXVII-LXXVII; XENOPH., *Instit. Cyr.*, p. 158; DIOD., lib. XIV; PAUSAN., lib. III.
6. HEROD., lib. I, cap. CXLIII; STRABO., lib. VIII, cap. CCCLXXXIV.
7. HEROD., lib. I, cap. VI.   8. *Id.*, lib. V, cap. XCVIII.

étoit ces plaintes vagues de tyrannie, le grand texte des factieux, et qui ne veut dire autre chose sinon qu'on a besoin d'expressions figurées pour éviter d'employer au sens propre, haine, envie, vengeance, et tous ces mots qui composent le vrai dictionnaire des révolutions.

— Le Brabant, autrefois partie du duché de Bourgogne, étant passé, après plusieurs successions, à la maison d'Autriche, demeura en possession de ses priviléges politiques, formant une espèce de république soumise à un grand empire.

Le caractère des Flamands, considéré au civil, présentoit encore des analogies frappantes avec celui des Grecs-Asiatiques. Indomptables dans leur humeur, les habitants des Pays-Bas tendoient sans cesse à s'insurger, sans autre raison qu'une impossibilité d'être paisibles. La république du brasseur Artavelle[1], le bannissement de plusieurs de leurs comtes[2], les révoltes sous Charles le Téméraire[3], les grands troubles sous Philippe II[4], ne prouvent que trop cette vérité. Les innovations de Joseph étoient plus que suffisantes pour soulever un peuple impatient et superstitieux. Dans un instant les Pays-Bas furent en armes; et l'empereur germanique s'aperçut trop tard qu'il avoit méconnu le génie des hommes[5][a].

CHAPITRE LXII.

DÉCLARATION DE LA GUERRE MÉDIQUE,
L'AN 1er DE LA LXIXe OLYMPIADE (505 ANS AV. J.-C.).
DÉCLARATION DE LA GUERRE PRÉSENTE, 1792.
PREMIÈRES HOSTILITÉS.

Durant que ceci se passoit en Ionie et dans le Brabant[b], de grandes scènes s'étoient ouvertes en Grèce et en France. Soulevées au nom de la liberté, ces deux contrées avoient chassé leurs princes et

1. FROISSART, chap. XXXIV; DAN., t. III, p. 418, etc.
2. FROISSART, *ibid.*; HUME's *Hist. of Engl.*, t. II, p. 395.
3. PHILIP. DE COMIN.
4 BENTIV., *Guer. di Fiand.*, lib. I, p. 10, etc.; lib. II; CAMDEN, *in Elizab.*
5. *Test. Pol. de Joseph.*

[a] Je n'ai aucune remarque à faire sur ce chapitre : c'est toujours la suite de ces comparaisons dont j'ai montré si souvent l'impertinence dans les notes précédentes. Comparer les voluptueux habitants de la *molle* Ionie, sous leur ciel enchanté, au milieu des arts, dans la patrie d'Homère et d'Aspasie, les comparer, dis-je, aux Brabançons, c'est une singulière débauche d'imagination, une merveilleuse faculté de voir tout ce qu'on veut. (N. ÉD.)

[b] L'Ionie et le Brabant! je parle de tout cela couramment. (N. ÉD.)

changé la forme de leur gouvernement. Dans le moment le plus chaud de cet enthousiasme, les Athéniens voient tout à coup arriver les ambassadeurs de l'Ionie révoltée, qui les supplient de secourir leurs concitoyens dans la cause commune de l'indépendance [1]. — Les députés du Brabant en insurrection font à Paris la même prière à l'Assemblée nationale.

L'impétuosité attique et françoise auroit bien désiré se précipiter dans la mesure proposée, mais l'heure n'étoit pas venue. On ne comptoit encore que des préparations peu avancées : un reste de crainte retenoit; d'ailleurs il étoit impossible, sans renoncer à toute pudeur, de rompre la paix avec la Perse, — avec l'Allemagne, dont on n'avoit aucun sujet de plainte. On renvoya donc les députés avec des paroles obligeantes, se contentant de fomenter sous main des troubles, auxquels on ne pouvoit encore prendre de part ouverte [2] [a].

Le prétexte ne tarda pas à se présenter. Hippias, dernier roi d'Athènes, s'étoit retiré à la cour d'Artapherne [3], frère de Darius, et satrape de Lydie. — Les princes frères de Louis XVI avoient cherché un refuge à la cour de Coblentz. — Aussitôt les Athéniens disent que Darius favorise le tyran; que celui-ci intrigue pour susciter des ennemis à sa patrie [4]. On députe vers Artapherne; on lui signifie qu'il ait à cesser de protéger la cause d'Hippias [5]. — Les François exigent de Léopold qu'il défende les rassemblements d'émigrés dans ses États et abandonne les princes fugitifs. — Artapherne répond ouvertement que si les Athéniens désirent se concilier la faveur du grand roi, il faut qu'ils rétablissent le fils de Pisistrate sur le trône [6]. — L'empereur

---

1. Hérod., lib. v, cap. lv.
2. On est forcé de concevoir ainsi la chose d'après le récit d'Hérodote, qui se contredit avec les faits qu'il rapporte lui-même. Il représente Aristagore à Athènes, vers le commencement de la seconde année de la révolte de l'Ionie, et il ajoute qu'il obtint le but de sa négociation; et cependant les Athéniens ne joignirent leur flotte aux Grecs-Asiatiques que l'année suivante. D'ailleurs, Plutarque, dans plusieurs endroits de ses ouvrages, et Platon, dans le troisième livre *des Lois*, confirment ce que j'avance ici. (Hérod., lib. v, cap. lv-xcvi-xcvii-xcix-ciii; Plut., *in Themist.*; *Id., De Glor. Athen.*; Plat., *De Leg.*, lib. iii.)

[a] Ceci est grave : je mets mes conjectures à la place de l'histoire, j'accuse et je n'apporte aucune preuve à l'appui de mon accusation. Le gouvernement françois essaya sans doute de propager les principes révolutionnaires, de soulever les peuples contre les rois; mais ce fut plus tard, sous le règne de la terreur, au milieu du désordre révolutionnaire; et dans ce passage il n'est encore question que de l'époque de l'Assemblée constituante. Je calomnie donc, sans m'en apercevoir, par une confusion de temps et par un anachronisme né de la préoccupation de mon système. (N. Éd.)

3. Hérod., lib. v, cap. xcvi.
4. *Id.*, lib. vi, cap. cii.
5. *Id.*, lib. v, cap. xcvi.
6. *Id., ibid.*

germanique semble obéir aux ordres de l'Assemblée nationale, en même temps qu'il tient secrètement une conduite opposée[a].

D'un autre côté, Darius se plaignoit de ce que les Grecs entretenoient la révolte des villes d'Ionie, et s'arrogeoient le droit de se mêler du gouvernement intérieur de ses provinces[1], à peu près de même que les princes allemands réclamoient contre les décrets de l'Assemblée nationale, qui s'étendoient sur leur territoire.

Il étoit impossible qu'au milieu de ces reproches mutuels les esprits conservassent longtemps la modération dont ils affectoient encore de se parer. Les partis, protestant toujours le désir de la paix, se préparoient secrètement à la guerre[2]. On s'aigrissoit de plus en plus. Hippias, à la cour de Suze, représentoit les Grecs comme des factieux ennemis de l'ordre et des rois[3]. — Les émigrés invoquoient l'Europe contre des régicides qui avoient juré haine éternelle à tous les trônes. — Les Grecs et les François disoient qu'on devoit se lever contre les tyrans qui menaçoient la liberté des peuples[4]. Les uns crient au républicanisme[5], les autres à l'esclavage[6]; on s'insulte, on vole aux armes. Les Athéniens et les patriotes de France, gagnant de vitesse le flegme oriental et allemand, se hâtent d'attaquer la Perse[7], — la Germanie. L'an 1er de la 69e olympiade, et l'année 1792 de notre ère, virent les premières hostilités de ces guerres trop mémorables. Les Athéniens se précipitèrent sur l'Asie Mineure, où ils brûlèrent Sardes[8]; — les François sur le Brabant, où ils se signalèrent de même par des incendies. Les uns et les autres, bientôt forcés à une fuite honteuse[9], se retirèrent, laissant après eux des flammes que des torrents de sang pouvoient seuls éteindre[a].

---

[a] Ce que je dis des Athéniens est appuyé d'une autorité historique; mais je n'offre au soutien de ce que je dis de l'Allemagne que mon propre récit : ce n'est pas assez. Remarquons en passant qu'on ne doit pas dire en bon françois, l'*empereur germanique*, c'est là du *style de réfugié*. (N. ÉD.)

1. HÉROD., lib. IV, cap. CV. 2. *Id.*, lib. V, cap. LV. 3. *Id.*, *ibid.*, cap. XCI.
4. *Id.*, *ibid.*, cap. CII.   5. *Id.*, *ibid.*, cap. XCVI. 6. *Id.*, *ibid.*, cap. XCVI.
7. Je commence la guerre Médique au moment où les Athéniens prirent une part active dans la révolte des Ioniens. Il n'y eut alors aucune déclaration formelle de guerre; elle n'eut lieu que lors de l'invasion de Xerxès.
8. HÉROD., lib. V, cap. CII.   9. *Id.*, *ibid.*, cap. CIII.

[a] Il faut bien me laisser faire des tableaux, puisque mon système le veut ainsi; mais je dois remarquer, pour la vérité historique, que je torture ici quelques passages d'Hérodote, et que je ne suis pas même exact dans le récit des premières hostilités des François en 1792. (N. ÉD.)

CHAPITRE LXIII.

PREMIÈRES CAMPAGNES.
AN III DE LA LXXIIe OLYMPIADE[1]. 1792.—PORTRAIT DE MILTIADE. PORTRAIT DE DUMOURIEZ. — BATAILLE DE MARATHON. BATAILLE DE JEMMAPES. — ACCUSATION DE MILTIADE; DE DUMOURIEZ.

Les Perses, ainsi que les Autrichiens, se déterminèrent à tirer de leurs ennemis une vengeance éclatante. Les premiers firent partir Datis à la tête de cent dix mille hommes, ayant sous lui le prince athénien Hippias[2]. — Les seconds s'avancèrent sous le roi de Prusse conduisant les frères de Louis XVI. L'armée asiatique, après s'être emparée de quelques îles voisines de l'Attique, descendit victorieusement à Marathon[3]. — Les troupes coalisées contre la France, s'étant saisies de plusieurs places frontières, se déployèrent dans les plaines de Champagne.

La plus extrême confusion se répandit alors en Grèce[4], — en France. Les uns, partisans de la royauté, se réjouissoient en secret de l'approche des légions étrangères[5]; d'autres, dont les opinions varient avec les événements, commençoient de s'excuser de leur patriotisme passé[6]; enfin, les amants de la liberté, exaltés par le danger des circonstances, sentoient leur courage s'augmenter en proportion des malheurs de la patrie[7] et je ne sais quoi de sublime qui tourmentoit leurs âmes[a].

Au nom de Miltiade, on frissonne d'un saint respect, non que l'éclat de ses victoires nous éblouisse, mais parce qu'il arracha son pays à la servitude[b]. Les qualités guerrières de cet homme fameux furent l'activité et le jugement[8]. Connoissant le caractère de ses compatriotes, il

---

1. Quatre cent quatre-vingt-dix ans avant J.-C.
2. HEROD., lib. VI, cap. XCIV-CII; PLAT., *De Leg.*, lib. III; CORN. NEP., *in Milt.*, cap. V.
3. HEROD., lib. VI, cap. CI; C. NEP., *in Milt.*
4. PLAT., *De Leg.*, lib. III.   5. HEROD., lib. VI, cap. CCCCXLII-CI.
6. *Id., ibid.*, cap. XLIII.   7. *Id., ibid.*

[a] Si l'on me demandoit ce que j'ai voulu dire par cette phrase, je ne saurois trop que répondre; mais telle qu'elle est, cette phrase, elle ne me déplaît pas, et je crois, sinon la comprendre, du moins la sentir. (N. ÉD.)

[b] C'est un émigré qui écrit cela. (N. ÉD.)

8. HEROD., lib. VI, cap. CXVI-CXX; C. NEP., *in Milt.*, PLUT., *in Arist.*

ne balança pas à les précipiter sur les Perses, à Marathon[1], certain que la réflexion étoit dangereuse à ces bouillants courages. Les traits du général athénien brilloient de ses vertus, dirai-je de ses vices? Un front large, un nez un peu aquilin, une bouche ferme et compressée, une vigueur de génie répandue sur tout son visage, montroient le redoutable ennemi des tyrans, mais peut-être l'homme un peu enclin lui-même à la tyrannie[2][a]. Le poignard d'un Brutus peut être aisément forgé dans le sceptre de fer d'un César; et les âmes énergiques, comme les volcans, jettent de grandes lumières et de grandes ténèbres.

De petites formes, de petits traits, un air remuant et pertinent, cachent cependant dans M. Dumouriez des talents peu ordinaires. On lui a fait un crime de la versatilité[b] de ses principes; supposé que ce reproche fût vrai, auroit-il été plus coupable que le reste de son siècle? Nous autres Romains de cet âge de vertu, tous tant que nous sommes, nous tenons en réserve nos costumes politiques pour le moment de la pièce; et moyennant un demi-écu, qu'on donne à la porte, chacun peut se procurer le plaisir de nous faire jouer avec la toge ou la livrée, tour à tour, un Cassius ou un valet[c].

Rassurés par la noble confiance de Miltiade, les Athéniens volèrent au combat. — Les François conduits par Dumouriez cherchèrent

---

1. HEROD., lib. VI, cap. CIX; PLUT., *ib.*, p. 321; CORN. NEP., *in Milt.*, cap. V.
2. Voyez les différentes têtes de Miltiade *en gemme*. J'ai dessiné celle dont je me sers d'après une excellente collection d'estampes antiques, gravées à Rome, en 1666, sur les originaux, et que le Rév. B. S. a bien voulu me communiquer.

[a] Portrait à la manière d'une mauvaise école. Je me montre plus rigoureux ici que les Athéniens, car à la seule inspection des traits d'un grand homme, plus ou moins bien reproduits par la gravure, je déclare Miltiade un peu enclin à la tyrannie. Cela prouve que j'aurois fait pendre les tyrans sur la mine. (N. ÉD.)

[b] Cette facilité de confronter les hommes d'un jour avec les hommes des siècles, de comparer des personnages vivants, dont le nom est à peine connu, à des personnages qui reposent depuis des milliers d'années dans la tombe, et dont le temps a sanctionné la gloire; cette facilité est un prodigieux exemple de la folie de l'esprit de système. Qu'il y a déjà loin du jugement que l'on prononçoit sur Dumouriez en 1794 à celui que l'on porte de ce général aujourd'hui. (N. ÉD.)

[c] La satire historique n'est pas l'histoire; la satire historique juge la société générale par les exceptions; on sacrifie une vérité à une phrase brillante. Il arrive cependant que des hommes remplis d'indulgence et de philanthropie ont quelquefois du penchant à la satire; mais alors elle n'est chez eux qu'une arme défensive, tandis que cette arme est offensive entre les mains des véritables satiriques.

Si je ne m'étois fait une loi de ne rien changer au texte de l'*Essai*, j'aurois effacé dans ces passages les incorrections d'un écrivain jeune et peu exercé. Par exemple, il falloit écrire ici : « Pour un peu d'argent qu'on donne à la porte, chacun peut se procurer le plaisir de nous faire jouer en toge ou en livrée le rôle d'un Cassius ou celui d'un valet. » (N. ÉD.)

l'armée combinée. Les Perses et les Prussiens, par la plus incroyable des inactions, sembloient paralysés dans leurs camps[1]. Bientôt les derniers furent contraints de se replier, en abandonnant leurs conquêtes, et les républicains marchèrent aussitôt en Flandre. Marathon et Jemmapes[2] ont appris au monde que l'homme qui défend ses foyers et l'enthousiaste qui se bat au nom de la liberté sont des ennemis formidables.

Un calme de peu de durée succéda à ces premières tempêtes. Les Athéniens et les François le remplirent de leur ingratitude. Miltiade et Dumouriez, ayant éprouvé quelques revers[3], furent accusés de royalisme[4] et de s'être laissé corrompre par l'or de la Perse[5] et de l'Autriche. Le premier expira dans les fers des blessures qu'il avoit reçues à la défense de la patrie[6], le second n'échappa à la mort que par la fuite[7].

CHAPITRE LXIV.

XERXÈS, FRANÇOIS.
LIGUE GÉNÉRALE CONTRE LA GRÈCE, CONTRE LA FRANCE.
RÉVOLTE DES PROVINCES.

Cependant l'empire d'Orient et celui d'Allemagne avoient changé de maîtres. Darius et Léopold[8] n'étoient plus. A ces monarques,

---

1. Il y avoit dix généraux dans l'armée athénienne qui devoient commander chacun à leur tour, mais ils cédèrent cet honneur à Miltiade. Celui-ci cependant attendit que le jour où il commandoit de droit fût arrivé pour donner la bataille. D'ici il résulte que la petite poignée de Grecs, se montant à dix mille Athéniens et mille Platéens, restèrent plusieurs jours en présence des cent dix mille Perses sans que ceux-ci songeassent à les attaquer. Quant au roi de Prusse, il se donna le plaisir pieux de réinstaller l'évêque de Verdun dans son siége épiscopal, et d'entendre les chanoines chanter la messe, à la grande satisfaction de tous les assistants.

2. Ces deux batailles, si semblables dans leurs effets pour la Grèce et pour la France, diffèrent totalement quant aux circonstances. Dix mille Athéniens défirent cent dix mille Perses, et cinquante mille François eurent bien de la peine à forcer dix mille Autrichiens. La retraite de Cleyrfayt, après la bataille, a passé pour un chef-d'œuvre d'art militaire. Les Perses perdirent six mille quatre cents hommes, les Grecs cent quatre-vingt-douze. J'ai vu deux prisonniers patriotes qui s'étoient trouvés à Jemmapes, et qui m'ont assuré que les François y laissèrent de douze à quinze mille tués. — La bataille de Marathon se donna le 29 septembre, 490 ans avant J.-C; — celle de Jemmapes, le 8 novembre 1792.

3. HEROD., lib. VI, cap. CXXXII; C. NEP., in Milt., cap. VII.

4. C. NEP., in Milt., cap. VIII. 5. HEROD., lib. VI, cap. CXXXVI.

6. Id., ibid.; C. NEP., in Milt., cap. VIII.

7. Mémoires du général Dumouriez.

8. Léopold ne vit pas la première campagne, puisqu'il mourut à Vienne, le jour

savants dans la connoissance des hommes et dans l'art de gouverner, succédèrent leurs fils, Xerxès et François[a]. Ces jeunes princes, placés au timon de deux grands États dans des circonstances orageuses, égaux en fortune, se montrèrent différents en génie. Le roi des Perses, élevé dans la mollesse, étoit aussi pusillanime[1] que l'empereur germanique, nourri dans les camps de Joseph, est courageux[2]. Ils semblent seulement avoir partagé en commun l'obstination de caractère[3]. Ils eurent aussi le malheur d'être trompés par leurs ennemis, qui s'introduisirent jusque dans leurs conseils[4].

Résolu de poursuivre vigoureusement la guerre, que son père lui avoit laissée avec la couronne[5], Xerxès assemble son conseil ; il y montre la nécessité de rétablir dans tout son lustre l'honneur de la Perse, terni aux champs de Marathon. « J'irai, dit-il, je traverserai les mers, je raserai la ville coupable, et j'emmènerai les citoyens captifs dans les fers[6]. » Les alliés ont aussi tenu à peu près le même langage.

Après un tel discours, on ne songea plus qu'aux immenses préparatifs de l'expédition projetée. Des courriers chargés des ordres de la cour de Suze se rendent dans les provinces pour hâter la marche des troupes[7]. En même temps une ligue générale de tous les États de l'Asie, de l'Afrique et de l'Europe se forme contre le petit pays de la Grèce. Les Carthaginois, prenant à leur solde des Gaulois, des Italiens, des Ibériens, se déclarent et signent un traité d'alliance offensive avec le

même que la guerre fut déclarée à Paris. Mais comme cette déclaration se fit en son nom, j'ai négligé de parler plus tôt de cet événement, qui ne change rien à la vérité des faits, et pouvoit nuire à l'ensemble du tableau.

[a] Le lecteur doit être accoutumé à ces rapprochements. Ne semble-t-il pas que je connoisse Xerxès aussi bien que le respectable empereur d'Autriche, qui vit encore? Je fais le dénombrement des deux armées des Perses et des Allemands, à peu près comme le noble chevalier de la Manche nommoit les généraux des deux grandes armées de moutons : « Ce chevalier, disoit-il, qui porte trois couronnes en champ d'azur est le redoutable Micolembo, grand-duc de Quirocie, etc. » (N. ÉD.)

1. PLAT., *De Leg.*, lib. III, p. 698.
2. François a donné les plus grandes marques de bravoure dans la guerre des Turcs, particulièrement un jour que, s'étant emporté fort loin à la poursuite des ennemis, il revint seul au camp, où on étoit dans les plus vives alarmes sur son compte. Je tiens ce fait du colonel des hussards de la garde du roi de Prusse.
3. PLAT., *De Leg.*, lib. III, p. 698.
4. Thémistocle fit plusieurs fois donner des avis à Xerxès en particulier, l'un avant, l'autre après la bataille de Salamine. — On dit que le cabinet de l'empereur est composé de gens entièrement vendus à la France.
5. Entre la première invasion de la Grèce par les Perses sous Darius, et la seconde, sous Xerxès, il se trouve un intervalle de dix ans, presque tout employé en préparatifs de guerre.
6. HÉROD., lib. VII, p. 382. 7. *Id., ibid.*, cap. XX.

grand roi¹. La Phénicie et l'Égypte équipent leurs vaisseaux pour la coalition². La Macédoine y joint ses forces³. De ses États proprement dits, la Médie et la Perse, Xerxès tire des troupes aguerries⁴. La Babylonie, l'Arabie, la Lydie, la Thrace et les diverses satrapies fournissent leur contingent à la ligue⁵, et une armée de trois millions de combattants s'assemble dans la plaine de Doriscus⁶.

Au bruit de ces préparatifs formidables, des provinces de la Grèce, soit par lâcheté, soit par opinion, se rangent du parti des étrangers⁷. Et l'on vit bientôt la Béotie, l'Argolide, la Thessalie et plusieurs îles de la mer Égée⁸ joindre leurs efforts à ceux des tyrans.

François, de son côté, faisoit des préparatifs immenses. Ses États de Hongrie, de Bohême, de Lombardie, etc., lui donnent d'excellents soldats; la Prusse le soutient de tout son pouvoir; les Cercles de l'empire mettent sur pied leurs légions; l'Angleterre, la Hollande, l'Espagne, la Sicile, la Sardaigne, la Russie, se combinent dans la ligue générale, et de nombreuses armées s'avancent sur toutes les frontières de la France. Aussitôt la Vendée, le Lyonnois, le Languedoc, s'insurgent; et la république naissante, attaquée au dedans et au dehors, se voit menacée d'une ruine prochaine.

Un très-petit nombre de peuples restèrent tranquilles spectateurs de ces grandes scènes. Dans le monde ancien on ne compta que ceux de la Crète⁹, de l'Italie¹⁰, de la Scythie. — Le Danemark, la Suède, la Suisse, et quelques autres petites républiques, demeurèrent neutres dans le monde moderne. Ni les Grecs ni les François n'eurent d'alliés au commencement de la guerre. Leurs armes leur en firent par la suite¹¹.

Afin que le lecteur puisse parcourir d'un coup d'œil ce tableau intéressant, je vais joindre ici une carte, où l'on a rangé les alliés de la guerre Médique et de la guerre républicaine sur deux colonnes, les peuples qui se correspondent opposés les uns aux autres, les provinces soulevées, les dates des batailles, des paix partielles, etc., etc.ᵃ

1. Diod., lib. II, p. 1-2, etc.
2. Herod., lib. VII, cap. LXXXIX-XCIX.
3. Id., ibid., cap. CLXXXV.
4. Id., ibid., cap. LX-LXXXVII.
5. Id., ibid.
6. Id., lib. VII; Isocrat., Panath., p. 305; Just., lib. II, cap. X; Plut., in Themist.
7. Herod., lib. VII, cap. XXXII; Diod., lib. II.
8. Herod., lib. VII, cap. CLXXXV; lib. VIII, cap. V; lib. IX, cap. XII.
9. Id., lib. VII, cap. CLXXI.
10. Encore l'Italie avoit-elle des troupes à la solde de Carthage.
11. Plut., in Cim.; Thucyd., lib. I, p. 66; Diod., lib. II, p. 47.

ᵃ Que de soins, que de recherches perdus! Les faits n'en sont pas moins curieux. (N. ÉD.)

TABLEAU

DES

PEUPLES COALISÉS CONTRE LA GRÈCE

DANS LA GUERRE MÉDIQUE.

PUISSANCES CONTINENTALES.

LA PERSE.

ÉTATS PROPREMENT DITS DU ROI DES PERSES.

La Perse.
La Médie.
La Babylonie.

SATRAPIES DE LA PERSE.

La Lydie.
L'Arménie.
La Pamphylie, etc.

ALLIÉS.

Divers peuples arabes.
Divers rois de Thrace.
La Macédoine.

PUISSANCES MARITIMES.

Carthage.
Tyr.
L'Égypte.
L'Ionie.

PROVINCES RÉVOLTÉES.

La Béotie.
L'Argolide.
Plusieurs îles de la mer Égée.

GRECS ÉMIGRÉS.

Hippias, prince d'Athènes, etc.

NATIONS NEUTRES.

Les Scythes.
Les peuples d'Italie.
Les Thessaliens.
Les Crétois,
Et quelques autres.

Les Grecs n'eurent aucun allié dans le commencement de la guerre.

**BATAILLES,
PAIX DIVERSES, CONQUÊTES,
PAIX GÉNÉRALE.**

Av. J.-C.
Années.

Les Grecs ravagent la Lydie, et sont repoussés.......... 504
Bataille de Marathon, 29 sept. ... 490
Coalition générale.......... 485
                   et suivantes.
Invasion des Perses........ 480
Combat des Thermopyles, août. . 480
Bataille de Salamine, 20 octobre. . 480
Carthage fait la paix, même année. ——
Bataille de Platée et de Mycale,
   19 septembre........... 479
La Béotie saccagée par les Grecs,
   même année........... ——
Les Macédoniens et diverses îles de
   la mer Égée concluent la paix
   avec les Grecs.......... 479
                   et suivantes.
Conquêtes, déprédations, tyrannie
   des Grecs, même année. ....
La Lycie, la Carie forcées par eux
   à se déclarer contre les Perses. . 470
La Thrace subjuguée........ 469
                   et suivantes.
Invasion de l'Égypte par les Grecs. 462
Ils y périssent........... 462
                   et suivantes.
Paix générale............ 449

Autant qu'on peut en juger par les différents relevés des batailles, il périt environ dix millions d'hommes par les armes dans la guerre des Perses et des Grecs.

TABLEAU
DES
PEUPLES COALISÉS CONTRE LA FRANCE
DANS LA GUERRE RÉPUBLICAINE.

PUISSANCES CONTINENTALES.	BATAILLES, PAIX DIVERSES, CONQUÊTES.	
		De notre ère. Années.
L'ALLEMAGNE.		
ÉTATS PROPREMENT DITS DE L'EMPEREUR.		
La Hongrie.	Les François tentent l'invasion du Brabant, et sont repoussés, 29 avril 1792.	1792
La Bohême.		
L'Autriche.		
Le Brabant.		
La Lombardie, etc.	Bataille de Jemmapes, 7 nov.	—
CERCLES DE L'EMPIRE.	Coalition générale, fév. et mars.	1793
La Bavière.	Invasion des Autrichiens, avril.	—
La Saxe.	Bataille de Maubeuge, 17 octobre.	—
Les électorats de Trèves, de Hanovre, etc.	La Vendée ravagée par les François, octobre.	—
ALLIÉS.	Bataille de Fleurus, 29 juin.	1794
La Russie.	Conquêtes, déprédations, tyrannie des François, 7 octobre.	—
Les princes d'Italie.		
L'Espagne.	Le roi de Prusse fait la paix, 5 avril.	1795
La Prusse.		
PUISSANCES MARITIMES.	Le roi d'Espagne et celui de Sardaigne contraints de traiter, 28 juin et suiv.	—
L'Angleterre.		
La Hollande.		
PROVINCES RÉVOLTÉES.	Le premier, environ un an après la pacification, forcé de se déclarer contre les alliés.	
La Vendée.		
Le Morbihan.		
Le Lyonnois.	Invasion de l'Italie par les François.	1796
La Provence.		
Et quelques autres départements.	Invasion de l'Allemagne, juin.	—
ÉMIGRÉS FRANÇOIS.	Les François y sont détruits, septembre.	—
Les Bourbons, etc.	Ouverture de paix générale, décembre.	—
NATIONS NEUTRES.		
Les Suisses.		
Le Danemark.		
La Suède.		
Les villes anséatiques.		
Les États-Unis d'Amérique.		
Les François n'eurent aucun allié dans le commencement de la guerre.	Environ un million d'hommes ont péri par les armes aux frontières, dans la Vendée et ailleurs. Je fais ce calcul, qui peut paroître modéré, sur l'addition des tués dans les différentes batailles, et d'après les *Mémoires sur la Vendée*, par le général Turreau.	

CHAPITRE LXV.

**CAMPAGNE
DE LA IVe ANNÉE DE LA LXXIVe OLYMPIADE**[1] (480 AV. J.-C.).
**CAMPAGNE DE 1793.
CONSTERNATION A ATHÈNES ET A PARIS.
BATAILLE DE SALAMINE. BATAILLE DE MAUBEUGE.**

Tout étant disposé pour l'invasion préméditée, Xerxès lève son camp et s'avance vers l'Attique, suivi de ses innombrables cohortes[2]. — Cobourg, généralissime des forces combinées, marche de même sur la France. Dans les armées florissantes de la Perse et de l'Autriche on voyoit briller également une foule de princes[a]. Les Alexandre, les Artémise, les rois de Cilicie, de Tyr, de Sidon[3]; — les York, les Orange, les Saxe. Bien différentes étoient les troupes opposées. Des citoyens obscurs, dont les noms même avoient été jusque alors ignorés, commandoient d'autres citoyens pauvres et leurs égaux[b]. Je ne ferai point le portrait de Thémistocle et d'Aristide, qui sauvèrent alors la Grèce. Si j'avois eu des hommes à leur opposer dans mon siècle, je n'eusse pas écrit cet *Essai*.

Tout céda à la première impulsion des forces combinées. Les Thermopyles, Thèbes, Platée, Thespies tombèrent devant les Perses[4]; — Valenciennes, Condé, le Quesnoi, devant les Autrichiens. Pour les premiers, il ne restoit plus qu'à marcher sur l'Attique; — pour les seconds, qu'à se jeter dans l'intérieur de la France.

Le trouble, la consternation, le désespoir qui régnoient alors à Athènes et à Paris ne sauroient se peindre. Les frontières forcées, les étrangers prêts à pénétrer dans le cœur de l'État, des soulèvements

---

1. Les jeux olympiques se célébrant dans l'été, il en résultoit qu'une campagne occupoit chez les Grecs la fin d'une année civile et le commencement de l'autre; par exemple, les trois derniers mois de la quatrième année de la soixante-quatorzième olympiade et les trois premiers de la soixante-quinzième, ainsi de suite. Je n'en marque qu'une, pour abréger.

2. Il avoit passé l'Hellespont au commencement du printemps de l'an 480 avant J.-C. Il séjourna un peu plus d'un mois à Doriscus. Ainsi il put recommencer sa marche vers la fin de mai.

[a] Je poursuis toujours mon dénombrement avec un sang-froid imperturbable; je découvrirai bientôt l'*invincible Timonel, de Carcassonne*, etc. (N. ÉD.)

3. HEROD., lib. VIII, cap. LXVIII.

[b] Bien : hors de mon système je retrouve la raison. (N. ÉD.)

4. HEROD., lib. VII, cap. CCCXXV; lib. VIII, cap. I.

dans plusieurs provinces, tout paroissoit inévitablement perdu. Pour comble de maux, une division fatale d'opinions parmi les patriotes achevoit d'éteindre jusqu'au moindre rayon d'espérance. La mort d'Hippias à Marathon [1], — la prise de Valenciennes, au nom de l'empereur, ne laissoient plus aux royalistes de la Grèce et de la France les moyens de douter des intentions des puissances coalisées. Tous les citoyens tomboient donc d'accord de la défense, mais personne ne s'entendoit sur le mode. Les Lacédémoniens opinoient à se renfermer dans le Péloponnèse [2]; un parti des Athéniens vouloit qu'on défendît la cité [3], un autre qu'on mît toutes ses forces dans la marine [4]. L'ambition des particuliers venoit à la traverse. Des hommes sans talents prétendoient à des places auxquelles les plus grands génies suffisoient à peine [5] [a]; Thémistocle écarta ses rivaux, détermina les citoyens à se porter sur leurs galères [6], et la patrie fut sauvée. — En France les avis étoient encore plus partagés. Chaque tête enfantoit un projet et s'efforçoit de le faire adopter aux autres. Ceux-ci ne voyoient de salut que dans les places fortifiées, ceux-là parloient de se retirer dans l'intérieur. Un plus grand nombre vouloit que la république se précipitât en masse sur les alliés. Ce dernier plan parut le meilleur, et son adoption ramena la victoire.

Cependant les diversités de sentiments, non moins fatales à leur cause, frappoient les armées conquérantes d'imbécillité et de foiblesse. Xerxès, épouvanté du combat des Thermopyles, flottoit incertain de la conduite qu'il devoit tenir [7]. Il apprenoit qu'une partie de la Grèce étoit assise tranquillement aux jeux olympiques [8], tandis qu'il ravageoit leur contrée, et il ne savoit qu'en croire [9]. Dans son conseil, le roi de Sidon se déclaroit en faveur d'une attaque immédiate sur les galères athéniennes [10]. Artémise, au contraire, représentoit qu'en tirant la guerre en longueur, les ennemis étoient infailliblement perdus [11]. —

---

1. Herod., lib. vi, cap. cxiv.   2. Id., lib. viii, cap. xl; Isocrat., p. 166.
3. Herod., lib. vii, cap. cxliii; Plut., in Cim.
4. Herod., lib. vii; Plut., in Themist.   5. Plut., in Themist.
[a] C'est ce qui arrive dans tous les temps, jusqu'au moment où le génie qui doit tout dominer paroisse. (N. ÉD.)
6. Plut., in Themist.   7. Herod., lib. vii, cap. ccx.
8. Comme les François aux fêtes de leur capitale, tandis que le prince de Cobourg prenoit Valenciennes. Ceci ne détruit point ce que j'ai dit plus haut, et est fondé sur la vérité de l'histoire. C'étoit le caractère des Grecs (comme c'est celui des François) : plongés le matin dans le plus grand trouble, à six heures du soir à la foire, et désespérés de nouveau en en sortant.
9. Herod., lib. viii, cap. xxvi.   10. Id., ibid., cap. lxviii.
11. Id., ibid.

Parmi les Autrichiens et leurs alliés, plusieurs maintenoient qu'il falloit s'emparer des villes frontières; le duc d'York se rangeoit de l'avis de marcher sur la capitale. Le sentiment de la reine d'Halicarnasse[1], — celui du prince anglois, furent rejetés et les opinions contraires adoptées. Ainsi, par cette destinée qui dispose des empires, des diverses mesures en délibération les Grecs et les François choisirent celles qui pouvoient seules les sauver; les Perses et les Autrichiens celles qui devoient nécessairement les perdre[a].

Aussitôt Xerxès se prépare à la célèbre action de Salamine. — Cobourg divise ses forces, bloque Maubeuge et envoie les Anglois attaquer Dunkerque. Il se passoit alors sur la flotte réunie des Grecs de ces grandes choses qui peignent les siècles, et qu'on ne retrouve qu'à des intervalles considérables dans l'histoire. La division s'étoit mise entre les généraux. Les Spartiates, toujours obstinés dans leurs projets, vouloient abandonner le détroit de Salamine et se retirer sur les côtes du Péloponnèse[2]. A cette mesure qui eût perdu la patrie, Thémistocle s'opposoit de tous ses efforts. Le général s'emportant lève la canne sur l'Athénien : « Frappe, mais écoute, » lui crie le grand homme[3], et sa magnanimité ramène Eurybiade à son opinion.

C'étoit la veille de la bataille de Salamine[b]. La nuit étoit obscure.

---

1. Herod., lib. VIII, cap. CXVIII.

[a] Malgré le duc d'York et la reine d'Halicarnasse, la réflexion n'est pas indigne de l'histoire. (N. ÉD.)

2. Herod., lib. VIII, cap. LVI.   3. Plut., in Themist.

[b] Je puis dire aujourd'hui de Salamine ce que je disois en 1796 de Lexington : *J'ai vu les champs de Salamine.* Qu'on me pardonne de citer ici un passage de l'*Itinéraire* :

« Vers les cinq heures du soir, nous arrivâmes à une plaine environnée de montagnes au nord, au couchant et au levant. Un bras de mer long et étroit baigne cette plaine au midi, et forme comme la corde de l'arc des montagnes; l'autre côté de ce bras de mer est bordé par les rivages d'une île élevée; l'extrémité orientale de cette île s'approche d'un des promontoires du continent : on remarque entre ces deux points un étroit passage. Je résolus de m'arrêter à un village bâti sur une colline qui terminoit au couchant, près de la mer, le cercle des montagnes dont j'ai parlé.

« On distinguoit dans la plaine les restes d'un aqueduc et beaucoup de débris épars au milieu du chaume d'une moisson nouvellement coupée; nous descendîmes de cheval au pied du monticule, et nous grimpâmes à la cabane la plus voisine : on nous y donna l'hospitalité.

« Tandis que j'étois à la porte, recommandant je ne sais quoi à Joseph, je vis venir un Grec qui me salua en italien. Il me conta tout de suite son histoire : il étoit d'Athènes, il s'occupoit à faire du goudron avec les pins des monts Géraniens; il étoit l'ami de M. Fauvel, et certainement je verrois M. Fauvel. Je répondis que je portois des lettres à M. Fauvel. Je fus charmé de rencontrer cet homme, dans l'espoir de tirer de lui quelques renseignements sur les ruines dont j'étois environné, et

Les cœurs sur la petite flotte des Grecs, agités par tout ce qu'il y a de cher aux hommes, la liberté, l'amour, l'amitié, la patrie, palpitoient sous un poids d'inquiétudes, de désirs, de craintes, d'espérances. Aucun œil ne se ferma dans cette nuit critique, et chacun veilloit en silence les feux des galères ennemies. Tout à coup on entend le sillage d'un vaisseau qui se glisse dans le calme des ténèbres. Il aborde à Salamine; un homme se présente à Thémistocle : « Savez-vous, lui dit-il, que vous êtes enveloppés, et que les Perses font le tour de l'île pour vous fermer le passage? — Je le sais, répond le général athénien; cela s'exécute par mon avis [1]. » Aristide admira Thémistocle ; celui-ci avoit reconnu le plus juste des Grecs.

— La veille de l'attaque du camp des Autrichiens par Jourdan, devant Maubeuge, fut un jour de crainte et d'anxiété. Jusque là les alliés, victorieux, n'avoient trouvé aucun obstacle, et les troupes françoises, découragées, ne rendoient presque plus de combat ; cependant le salut de la France tenoit à celui de la forteresse assiégée. Cette place tombée entraînoit la prise de plusieurs autres ; et les alliés, réunissant les forces qu'ils avoient eu l'imprudence de diviser, pénétroient sans opposition dans l'intérieur du pays. Il falloit donc saisir le moment, et faire un dernier effort pour arracher la patrie des mains des étrangers, ou s'ensevelir sous ses ruines.

Jourdan, le général françois chargé de cette importante expédition,

---

sur les lieux où je me trouvois. Je savois bien quels étoient ces lieux ; mais un Athénien qui connoissoit M. Fauvel devoit être un excellent cicérone. Je le priai donc de m'expliquer un peu ce que je voyois et de m'orienter dans le pays. Il mit la main sur son cœur, à la façon des Turcs, et s'inclina humblement : « J'ai entendu sou-
« vent, me répondit-il, M. Fauvel expliquer tout cela ; mais moi, je ne suis qu'un
« ignorant, et je ne sais pas si tout cela est bien vrai. Vous voyez d'abord au levant,
« par-dessus le promontoire, la cime d'une montagne toute jaune ; c'est le Telo-
« Vouni (le Petit-Hymette) ; l'île de l'autre côté de ce bras de mer, c'est Colouri ;
« M. Fauvel l'appelle *Salamine*, etc. »
Le Grec aujourd'hui ne fait plus de goudron, à moins que ce ne soit pour les vaisseaux de Miaulis ou de Canaris. Colouri a repris pour lui le nom de Salamine. Il connoît maintenant les monuments de sa race. Devenu antiquaire dans sa patrie, il a fouillé le champ de ses aïeux, déterré leur renommée et retrouvé la statue de la Gloire. Pour creuser cette terre féconde, il n'a eu besoin que du fer d'une lance. (N. ÉD.)

1. Plut., *in Themist.*, *in Aristid.* — Les Grecs étant prêts à se retirer, Thémistocle en fit donner avis à Xerxès, qui s'empressa de bloquer les passages par où la flotte ennemie eût pu s'échapper. Ainsi les Grecs se virent obligés de combattre dans ce lieu favorable, ce qui leur procura la victoire. Aristide, en passant à Salamine, s'aperçut du mouvement que faisoient les galères persanes pour envelopper celles d'Eurybiade ; et, ignorant le stratagème de Thémistocle, il donna avis du danger à celui-ci.

est un froid militaire, dont les talents, moins brillants que solides, n'ont été couronnés de succès que dans cette action importante et à Fleurus. Ayant tout disposé pour l'attaque, le soldat passa la nuit sous les armes, attendant, avec plus de crainte que d'espérance, le résultat de cette grande journée.

Du côté des alliés, tout étoit joie et certitude. — Xerxès, assis sur un trône élevé pour contempler sa gloire, fait placer des soldats dans des îles adjacentes, afin qu'aucun Grec sauvé de la ruine de ses vaisseaux ne puisse échapper à sa vengeance. — On comptoit tellement sur la victoire parmi les nations coalisées contre la France, qu'à chaque instant on annonçoit la prise de Dunkerque et de Maubeuge.

— Entre la côte orientale de l'île de Salamine[1] et le rivage occidental de l'Attique se forme un détroit en spirale, d'environ 40 stades[2] de long, et 8[3] de large. L'extrémité du détroit se trouve presque fermée par le promontoire Trophée de l'île, qui se jette à travers les flots dans la forme d'une lance. La première ligne des galères grecques s'étendoit depuis cette pointe au port Phoron, qui lui correspond sur la côte du continent opposé. La seconde ligne, parallèle à la première, se plaçoit immédiatement derrière, et ainsi successivement des autres, en remontant dans l'intérieur du détroit.

La première ligne des galères persanes, faisant face à celle des Grecs, se formoit en demi-lune, depuis la même pointe Trophée jusqu'au port Phoron; et les autres se rangeoient derrière, en dehors du détroit. Non-seulement par cette disposition les Perses perdoient l'avantage du nombre[4], mais encore leur ordre de bataille se trouvoit coupé[5] par la petite île Psyttalie, qui gît un peu au-dessous et en avant de l'embouchure du canal.

A l'aile gauche de l'armée navale des Perses étoient placés les Phéniciens, ayant en tête les Athéniens[6]; à l'aile droite les Ioniens, qui devoient combattre les Lacédémoniens, les Mégariens, les Éginètes[7]. Ariabignès[8] avoit le commandement général des galères médiques; Eurybiade[9], celui des vaisseaux des Grecs.

— Les Autrichiens, après avoir pris Valenciennes, s'avancèrent sur

---

1. C'est ici que le défaut de cartes se fait particulièrement sentir.
2. Environ deux lieues.   3. Un peu plus d'un tiers de lieue.
4. Hérod., lib. VIII, cap. LXI.   5. Diod., lib. II, p. 15.
6. Hérod., lib. II, cap. LXXXIII.   7. Id., ibid., cap. XV.
8. Il ne paroit pas, d'après Hérodote et Diodore, que la flotte persane eût un amiral en chef. Mais Ariabignès, frère de Xerxès, semble avoir eu le commandement principal.
9. Plut., in Themist.

Maubeuge, dont ils formèrent aussitôt le blocus. Le prince de Cobourg, avec une armée d'observation, couvroit les troupes qui se préparoient à assiéger la forteresse.

— Xerxès ayant donné le signal de la bataille, les Athéniens attaquèrent avec impétuosité les Phéniciens qui leur étoient opposés. Le combat fut opiniâtre, et soutenu longtemps avec une égale valeur. Mais enfin l'amiral persan, Ariabignès, s'étant élancé sur une galère ennemie, y demeura percé de coups[1]. Alors la confusion, augmentée par la multitude des vaisseaux que la position locale rendoit inutile, devint générale chez les Mèdes[2]. Tout fuit devant les Grecs victorieux; et la flotte innombrable du grand roi, qui un moment auparavant obscurcissoit la mer, disparut devant le génie d'un peuple libre.

— A Maubeuge, les François recouvrèrent ce brillant courage qu'ils avoient perdu depuis Jemmapes. Ils se précipitèrent sur les lignes ennemies avec cette volubilité[a] qui distingue leur première charge de celles de tous les autres peuples. Fossés, canons, baïonnettes, montagnes, fleuves, marais, rien ne les arrête. Ils se trouvent en mille lieux à la fois. Ils se multiplient comme les soldats de la terre. Ils grimpent, ils sautent, ils courent. Vous les avez vus dans la plaine, et ils sont au haut du retranchement emporté[b].

Les Autrichiens soutinrent le choc avec leur valeur accoutumée. Ces braves soldats, qu'aucun revers ne peut désespérer, qui seroient battus vingt ans de suite, et qui se battroient la vingtième année comme la première, repoussèrent partout leurs nombreux assaillants. Mais le prince de Cobourg, jugeant une plus longue résistance inutile, abandonna sa position, et Maubeuge fut délivré. Bientôt une colonne, commandée par Houchard, obligea les Anglois à lever le siége de Dunkerque; et les espérances de conquêtes s'évanouirent pour cette année.

C'est ainsi que la flotte persane, composée de diverses nations, — l'armée autrichienne, formée de même de différents peuples; ces coalisés, les uns traîtres[3], les autres pusillanimes[4], ceux-ci craignant des succès qui refléteroient trop de gloire sur tel ou tel général[5], telle ou telle nation; toute cette masse indigeste d'alliés fut brisée à Salamine

---

1. Hérod., lib. vii, cap. lxxx.   2. Diod., lib. ii.

[a] Lisez *vivacité*, à moins que je n'aie voulu dire que l'attaque des François est rapide comme la parole. (n. éd.)

[b] J'ai transporté quelque chose de cette peinture dans le combat des *Francs* dans *Les Martyrs*. (n. éd.)

3. Hérod., lib. viii, cap. lxxxiv.   4. *Id., ibid.*, cap. lxviii.
5. *Id.*, lib. ix, cap. lxvi-lxvii-lxviii.

et à Maubeuge. — Le grand roi repassa, dans une petite barque, en fugitif, cette même mer à laquelle il avoit donné des chaînes[1]; — Cobourg mit ses troupes en quartier d'hiver, et tous les partis, en attendant les événements futurs d'une nouvelle campagne, eurent le temps de méditer sur l'inconstance de la fortune et de déplorer leur folie.

CHAPITRE LXVI.

PRÉPARATION A UNE NOUVELLE CAMPAGNE. PORTRAITS DES CHEFS. MARDONIUS, — COBOURG; PAUSANIAS — PICHEGRU. ALEXANDRE, ROI DE MACÉDOINE.

Il s'en falloit beaucoup que le danger fût passé pour la Grèce et pour la France. Xerxès, en laissant après lui une armée de trois cent mille hommes choisis, avoit plus fait pour sa cause qu'en y traînant trois millions d'esclaves. — L'échec que les alliés avoient reçu devant les places assiégées n'étoit qu'un léger revers, qui pouvoit même tourner à leur profit, en leur enseignant une leçon utile. Ainsi on n'attendoit que le retour de la nouvelle année pour recommencer de toutes parts les hostilités : avant d'entrer dans le détail de cette campagne, nous dirons un mot des chefs qui s'y distinguèrent.

Mardonius, qui commandoit les troupes persanes demeurées en Grèce, étoit un satrape d'un rang élevé et allié au sang de ses maîtres[2]. Son ambition[3], trop immense pour son génie, en faisoit un de ces êtres disproportionnés qui paroissent grands parce qu'ils sont difformes. Vain, impatient, orgueilleux[4], il ne possédoit que le courage brutal du grenadier qui donne la mort sans pitié et la reçoit sans crainte[5][a].

— Placé à la tête des troupes alliées de l'Autriche, le prince de Cobourg, d'une naissance encore plus illustre que Mardonius, le surpassoit de même en qualités personnelles. A la fois brave et prudent,

---

1. Herod., lib. viii, cap. cxv.
2. *Id.*., lib. xvi, cap. xliii.   3. *Id.*, *ibid.*, cap. v.
4. *Id.*, lib. ix, cap. vi.   5. *Id.*, *ibid.*, cap. lxxi.

[a] En parlant de Mardonius, il falloit dire *du soldat*, et non *du grenadier*. Au reste, cette disproportion entre la capacité et l'ambition est une chose extrêmement commune, et une des plaies de la société; mais elle ne produit pas toujours une sorte de grandeur comme dans Mardonius : l'ambition est souvent placée dans des hommes si inférieurs sous tous les rapports, qu'ils n'ont pas même la force d'en porter le poids, et qu'ils en sont écrasés. (N. ÉD.)

il réunissoit les talents et les vertus militaires, l'art du général et la loyauté du soldat ª.

Pausanias, de la famille royale de Lacédémone, généralissime des armées combinées des Grecs, étoit un homme plein de jactance et de paroles magnifiques; toujours prêt à faire valoir ses grands services et à trahir son pays [1]. Il sauva la patrie aux champs de Platée, et la vendit quelques mois après au tyran de Suze [2].

— Pichegru, dont le nom plébéien, l'humble fortune et la modestie contrastent avec l'éclat de sa renommée, conduisoit les François aux combats. Cet homme extraordinaire, enfanté par la révolution, sut s'élever de l'obscurité d'une classe inférieure à la place la plus brillante de son pays, et redescendre avec non moins de grandeur à l'ombre de sa condition première [b].

Enfin, dans l'armée des Perses on remarquoit un homme appelé Alexandre, roi de Macédoine, qui, traître aux deux partis qu'il savoit ménager, trafiquoit de son honneur et de sa conscience avec le plus riche ou le plus fort. Avant le combat des Thermopyles, il donna avis aux Grecs du danger de leur position à la vallée de Tempé [3], et marcha avec Xerxès à Salamine. Après la défaite du monarque de l'Orient, il se dit l'ami des Athéniens, et les invita par humanité à se soumettre au tyran de l'Asie [4]. Aux champs de Platée, accompagnant Mardonius, il trahit ce général, pour se ménager une ressource en cas de revers; et avertit en personne Pausanias qu'il seroit attaqué le lendemain par les Mèdes [5]. Les Grecs, malgré leur haine des rois, respectèrent Alexandre par mépris [c]. Ils daignèrent peser sur les ressorts du mannequin vénal, tandis qu'il pouvoit leur être bon à quelque chose.

Je ne parlerai point du roi de Prusse.

ª C'est fort bien de faire des portraits, mais encore faut-il qu'ils ressemblent. Les talents du prince de Cobourg étoient au-dessous de ses autres qualités. (N. ÉD.)

1. CORN. NEP., *in Pausan.;* THUCYD., lib. I.

2. THUCYD., lib. I, cap. CXXXIV. — Étant condamné à mort à Sparte, il se retira dans un temple. On en mura les portes et le roi lacédémonien y périt.

[b] Ce portrait est tracé par un émigré en 1795 et 1796, avant que Pichegru eût embrassé la cause de la monarchie légitime, et plusieurs années avant la mort tragique de ce grand et infortuné général. L'impartialité du royaliste étoit ici une espèce de pressentiment. (N. ÉD.)

3. HÉROD., lib. VII, cap. CLXXII.   4. *Id.*, lib. VIII, cap. CXL.

5. PLUT., *in Aristid.*, p. 328.

[c] Il falloit s'arrêter à ce trait, et supprimer la mauvaise phrase qui termine ce chapitre. (N. ÉD.)

CHAPITRE LXVII.

CAMPAGNE DE L'AN 479 AVANT NOTRE ÈRE,
Ire ANNÉE DE LA LXXVe OLYMPIADE. CAMPAGNE DE 1794.
BATAILLE DE PLATÉE. — BATAILLE DE FLEURUS.
SUCCÈS ET VICES DES GRECS, — DES FRANÇOIS.
DIFFÉRENTES PAIX. PAIX GÉNÉRALE.

Tels étoient les généraux qui commandoient dans les campagnes mémorables dont nous retraçons l'histoire. Au retour de la saison favorable aux armes, les Perses et les Autrichiens reprirent le champ avec une nouvelle vigueur. Mardonius ravagea une seconde fois l'Attique[1]; — de son côté, le prince de Cobourg emporta Landrecies et obtint plusieurs avantages. Mais bientôt la fortune changea de face. Pausanias, évitant de combattre dans la plaine, attira enfin les ennemis sur un terrain qui leur étoit défavorable. — Pichegru, en envahissant la Flandre maritime, obligea les alliés à abandonner leurs conquêtes. Après des marches et des actions multipliées, les grandes armées grecques et persanes, — françoises et autrichiennes, se rencontrèrent au lieu marqué par la destinée.

La cause ordinaire des guerres est si méprisable, que le récit d'une bataille où vingt mille bêtes féroces se déchirent pour les passions d'un homme dégoûte et fatigue. Mais des citoyens s'ébranlant au moment de la charge contre une horde de conquérants; d'un côté, des fers ou un anéantissement politique par un démembrement; de l'autre, la liberté et la patrie : si jamais quelque chose de grand a mérité d'attirer les yeux des hommes, c'est sans doute un pareil spectacle. On le retrouve à Platée et à Fleurus, mais en des degrés d'intérêt fort différents. Les François, sans mœurs, ayant signalé leur révolution par les crimes les plus énormes, n'offrent pas le touchant tableau des Grecs, innocents et pauvres, d'ailleurs infiniment plus exposés que les premiers. Athènes n'existoit plus ; un camp sacré renfermoit tout ce qui restoit des fils, des pères, des dieux, de la patrie; desséchée par le souffle stérile de la servitude, une terre indépendante ne promettoit plus de subsistance en cas de revers. Mais les héros de Platée s'embarrassoient peu de l'avenir : prêts à faire un dernier sacrifice de sang à Jupiter Libérateur, qu'avoient-ils besoin de s'enquérir

---

1. HÉROD., lib. IX, cap. III.

s'ils auroient pu vivre demain esclaves, lorsqu'ils étoient sûrs de mourir aujourd'hui libres[a]?

Au midi de la ville de Thèbes, en Béotie, s'étend une grande plaine, traversée dans son extrémité méridionale par l'Asopus, dont le cours se dirige d'occident en orient, déclinant un degré nord. De l'autre côté du fleuve, la plaine continue et va se terminer au pied du mont Cithéron, formant ainsi entre la rivière et la montagne une étroite lisière d'environ douze stades[1] dans sa plus grande largeur.

Les Perses, occupant la rive gauche de l'Asopus avec trois cent cinquante mille hommes, déployoient leur nombreuse cavalerie dans la plaine, ayant des retranchements sur leur front, Thèbes et un pays libre sur leur derrière[2]. Les troupes combinées des Lacédémoniens, des Athéniens et des autres alliés, consistant en cent dix mille hommes d'infanterie, campoient sur le penchant du Cithéron. A peu près sur la même ligne on apercevoit à l'ouest les ruines de la petite ville de Platée, et entre cette ville et le camp des Grecs se trouvoit à moitié chemin la fontaine Gargaphie; de sorte que l'Asopus divisoit les deux armées ennemies.

Il s'y fit deux mouvements avant l'action générale.

Pausanias, manquant d'eau dans son premier emplacement, fit défiler ses troupes par la lisière dont j'ai parlé, et prit une nouvelle position aux environs de la fontaine Gargaphie[3]. Les Perses exécutèrent une marche parallèle sur le bord opposé du fleuve[4]. Le général lacédémonien, inquiété par l'ennemi, leva une seconde fois son camp, dans le dessein de se saisir d'une île formée à l'occident par deux branches de l'Asopus[5]; mais à peine avoit-il atteint Platée, que Mardonius, ayant traversé la rivière, vint fondre sur lui avec toute sa cavalerie[6]. Il fallut se former à la hâte[7]. Les Lacédémoniens, composant l'aile droite, se trouvèrent opposés aux Perses et aux Saces. Les Athéniens, à l'aile

---

[a] On ne dira pas, j'espère, en lisant cette page, que les émigrés détestoient la liberté, qu'ils aimoient les étrangers et qu'ils désiroient le démembrement de la France. Ici, plus de Don Quichottisme par système, l'impartialité de l'historien est complète; le sentiment de la patrie même ne l'aveugle pas, et tout en désirant le succès des François, tout en applaudissant à ce succès, il représente leur cause comme moins touchante que celle des Grecs; ce qui étoit la vérité.

Quand je parle aujourd'hui avec amour des libertés publiques, avec horreur de la servitude, j'en ai acquis le droit par ces pages écrites dans ma première jeunesse; mes doctrines politiques ne se démentent pas un seul moment. (N. ÉD.

1. Environ onze cents toises.
2. HEROD., lib. IX, cap. XV; PLUT., in Aristid.
3. Id., ibid., cap. XXII; DIOD., lib. II.   4. Id., ibid., cap. XXXII.
5. Id., ibid., cap. LI.   6. HEROD., lib. IX, cap. LVIII.   7. Id., ibid., cap. LVII.

gauche, eurent en tête les Grecs alliés de Xerxès. Le centre de l'armée, se trouvant rompu par des collines, n'avoit pu se développer.

— Charleroi venoit d'être emporté par les François, mais on ignoroit encore cette nouvelle dans le camp autrichien. Le prince de Cobourg, déterminé à secourir la place, et ayant reçu la veille un renfort de vingt mille Prussiens, s'avança le 26 juin (8 messidor) à trois heures du matin sur la Sambre. Son armée se montoit à cent mille hommes. La droite se trouvoit commandée par le prince d'Orange; la gauche, composée de Hollandois et d'émigrés, par Beaulieu; le prince de Lambesc étoit à la tête de la cavalerie. L'armée françoise se formoit de la réunion de l'armée de la Moselle, des Ardennes et du nord. Jourdan avoit le commandement en chef [1].

Enfin, le 3 de Boédromion [2], 2ᵉ année de la LXXVᵉ olympiade, et le 12 messidor de l'an III de la république [3] se levèrent : jours destinés par celui qui dispose des empires à renverser les projets de l'ambition et à étonner les hommes.

Les combats muets des anciens, où de longs hurlements [4] s'élevoient par intervalles du milieu du silence de la mort, étoient peut-être aussi formidables que nos batailles rugissantes des détonations de la foudre. Le paysan de Cithéron et celui des rives de la Sambre purent en contempler les diverses horreurs, et bénir en même temps le sort qui les fit naître sous le chaume. Platée et Fleurus brillèrent de toutes les vertus guerrières. Là, le Perse, exposé sous un frêle bouclier aux armes des Lacédémoniens, brise de ses mains, avec le courage le plus intrépide, la pique dont il est percé [5]. — Ici le grenadier hongrois assomme avec la crosse de son mousquet les François qui se multiplient autour de lui [6]. — Ailleurs les Athéniens peuvent à peine surmonter leurs compatriotes qui combattent dans les rangs ennemis [7]. — Les émigrés opposent aux soldats de Robespierre une valeur indomptée. La fortune enfin se déclare. Mardonius tombe au premier rang [8]. Ses troupes plient, sont enfoncées, poursuivies dans leur camp,

---

1. *Moniteur* du 12 messidor (30 juin).
2. 19 septembre 479 avant J.-C.
3. 20 juin 1794. Je me sers des formes révolutionnaires pour conserver la vérité des couleurs.
4. Diod., lib. II; Plut., *in Arist.;* Herod., lib. IX, cap. LXII.
5. Plut., *in Arist.*, p. 329.
6. Ce trait de la bataille de Fleurus, que des officiers présents m'ont conté, s'est renouvelé plusieurs fois dans la guerre présente, entre autres à Jemmapes, où les grenadiers hongrois, manquant de cartouches, assommoient avec une espèce de rage les François qui fourmilloient dans les retranchements.
7. Herod., lib. IX, cap. LXVII.   8. *Id., ibid.*, cap. LXX.

où on les égorge[1]. — Le prince de Cobourg, se reformant sous le feu de l'ennemi, se dispose à retourner à la charge, lorsqu'il apprend que Charleroi a capitulé, et il fait sonner la retraite. Deux cent mille[2] Perses tombèrent à Platée, — une multitude d'Autrichiens et de François à Fleurus; et les Grecs et les François perdent leurs vertus sur le même champ où ils obtiennent la victoire.

Depuis ce moment l'ambition des conquêtes et la soif de l'or remplacèrent l'enthousiasme de la liberté. Les Grecs, conduits par d'autres généraux non moins célèbres que les premiers[3], parcoururent les rivages de l'Asie, de l'Afrique, de l'Europe, brûlant, pillant, détruisant tout sur leur passage, levant des contributions forcées, et faisant vivre leurs armées à discrétion chez les nations vaincues. — Je n'ai pas besoin de rappeler au lecteur l'incendie de l'Italie, les réquisitions, les spoliations des temples; les ravages des François dans le Brabant, en Allemagne, en Hollande, etc. J'ai dit ailleurs quelle fut la conséquence d'une telle conduite pour la Grèce. Le peuple d'Athènes, volage et cruel, qui s'étoit le plus distingué dans ses coupables excès, s'attira d'abord la guerre des alliés, et finit par succomber dans celle du Péloponnèse.

Depuis la bataille de Platée jusqu'à la pacification générale, il s'écoula trente années. Mais dans cet intervalle les différents coalisés avoient traité partiellement avec le vainqueur. Les Carthaginois commencèrent[4], la Macédoine suivit; ensuite[5] les îles voisines et différents États. Les uns se rachetèrent à force d'argent[6], d'autres furent contraints de se déclarer contre les Perses[7]. Ceci nous retrace la Prusse, l'Espagne, les petits princes d'Italie et d'Allemagne. Enfin, Artaxerxès[8],

1. Hérod, lib. ix, cap. lxvii; Diod., lib. ii, p. 25.
2. Justin., lib. ii, cap. xiv. — Artabaze emmena quarante mille hommes : des cinquante mille Grecs auxiliaires, qui tinrent peu, excepté les Béotiens, je suppose que quarante mille échappèrent; tout le reste de l'armée, à l'exception de trois mille soldats, périt, disent les historiens. Or, cette armée étoit originairement de trois cent cinquante mille hommes, et même de six cent mille hommes, si nous en croyons Diodore. Ainsi mon calcul est modéré. Il est certain que les batailles étoient infiniment plus meurtrières avant l'invention de la poudre.
3. Ce paragraphe n'étant qu'une espèce de répétition de ce que j'ai dit ailleurs, je le laisse sans citation. Les autres généraux dont il est parlé ici sont Cimon, qui conquit la presqu'île de Thrace, et Myronidès, qui s'empara de la Phocide, de la Béotie, etc.
4. An 480 avant J.-C.
5. Probablement après la bataille de Platée et la défaite complète des Perses, an 479 avant J.-C.
6. Tels que Thasos, Scyros, etc.
7. Les villes de Carié et de Lycie (Vid. Plut., in Cim.; Thucyd., lib. i; Diod., lib. ii.)
8. Il avoit succédé à Xerxès, assassiné.

fatigué d'une guerre inutile, s'abaissa à demander la paix én suppliant. Voici les conditions qu'on daigna lui dicter : 1° Que ses galères armées ne pourroient naviguer dans les mers de la Grèce ; 2° que ses troupes ne s'approcheroient jamais à plus de trois jours de marche des côtes de l'Asie Mineure ; 3° qu'enfin, les villes ioniennes seroient déclarées indépendantes [1]. Puisque les Perses avoient eu la folie d'entreprendre la guerre, ils devoient la soutenir noblement, n'eût-ce été que pour obtenir des conditions moins honteuses. Ce traité d'Artaxerxès fut le coup mortel qui livra l'empire de Cyrus à Alexandre. Il en arriva au grand roi comme à plusieurs souverains de l'Europe actuelle : il conclut par lassitude une paix ignominieuse au moment où il auroit pu en commander une en vainqueur. Les Grecs n'étoient déjà plus les Grecs de Platée. On ne parloit plus à Athènes que de la conquête de l'Égypte, de Carthage, de la Sicile : agrandir la république, amener toutes les puissances enchaînées à ses pieds, étoit la seule idée qui demeurât en possession des esprits [2]. — Ainsi, nous avons vu les François ne savoir plus où fixer les limites de leur empire. Le Rhin durant un moment leur offroit une frontière trop resserrée. Lorsque Athènes se flatta de conquérir le monde, le jour qui devoit la livrer à Lysander étoit venu [a].

Ainsi passa ce fléau terrible, né de la révolution républicaine de la Grèce. Depuis la première invasion des Perses [3], sous Darius, l'an 490 avant notre ère, jusqu'à l'époque du traité de paix sous Artaxerxès, l'an 449, même chronologie, il étendit ses ravages dans une période de quarante-une années. Jamais guerre (de même que la présente) ne commença avec de plus flatteuses espérances de succès et ne finit par de plus grands revers.

1. Diod, lib. xii, p. 74.
2. Isocr., de Pæ., p. 402 ; Plut., in Pericl.
[a] Les tableaux et les rapprochements contenus dans ce chapitre me paroissent moins défectueux et plus intéressants que les autres ; ils finissent par un trait qui sembloit prédire Buonaparte et le résultat final de ses conquêtes. (N. éd.)
3. J'appelle la première invasion ce qui n'étoit effectivement que la seconde, Mardonius en ayant tenté une première sans succès avant Datis.

CHAPITRE LXVIII.

DIFFÉRENCE GÉNÉRALE ENTRE NOTRE SIÈCLE ET CELUI OU S'OPÉRA LA RÉVOLUTION RÉPUBLICAINE DE LA GRÈCE.

Après avoir examiné les rapports qui se trouvent entre la révolution républicaine de la Grèce et celle de la France, on ne peut sans partialité s'empêcher de considérer aussi leurs différences. Nous ne cherchons point à surprendre la foi de nos lecteurs et à diriger leur opinion. Notre désir est d'éloigner de cet ouvrage tout esprit de système, en exposant avec candeur la vérité[a]. Non que nous croyions qu'en cas que nous eussions le bonheur d'en approcher, elle nous valût autre chose que la haine des partis; mais il n'y a qu'une règle certaine de conduite: faire, autant qu'il est en nous, du bien aux hommes, et mépriser leurs clameurs.

Il en est des corps politiques comme des corps célestes; ils agissent et réagissent les uns sur les autres, en raison de leur distance et de leur gravité. Si le moindre accident venoit à déranger le plus petit des satellites, l'harmonie se romproit en même temps partout; les corps se précipiteroient les uns sur les autres; un chaos remplaceroit un univers, jusqu'au moment où toutes ces masses, après mille chocs et mille destructions, recommenceroient à décrire des courbes régulières dans un nouveau système.

En Grèce, une petite ville exile un tyran, et la commotion se fait sentir aussitôt aux extrémités de l'Europe et de l'Asie: mille peuples brisent leurs fers ou tombent dans l'esclavage; le trône de Cyrus est ébranlé, et le germe de tous les événements, de tous les troubles futurs se déploie. Chaque révolution est à la fois la conséquence et le principe d'une autre; en sorte qu'il seroit vrai à la rigueur de dire que la première révolution du globe a produit de nos jours celle de France.

Veut-on se convaincre de cette fatalité qui règle tout, qui se trouve en raison dernière de tout, et qui fait que si vous retranchiez un pied à l'insecte qui rampe dans la poussière, vous renverseriez des

---

[a] J'ai déjà signalé cette prétention de tous les hommes à système de n'avoir pas de système. Au surplus, presque tout ce chapitre est raisonnable: je ne dirois pas autrement et je n'écrirois pas autrement aujourd'hui. (N. ÉD.)

mondes[a] ; supposez, pour un moment, que l'événement le plus frivole se fût passé autrement à Athènes qu'il n'est réellement arrivé ; qu'il y eût existé un homme de moins, ou que cet homme n'eût pas occupé la même place ; par exemple, Épycide l'emportant sur Thémistocle : Xerxès réduisoit la Grèce en servitude ; c'en étoit fait des Socrate, des Platon, des Aristote ; le rusé Philippe vieillissoit sous le fouet de son maître, Alexandre mouroit sur le cothurne, ou brigand sur la croix tyrienne ; d'autres chances se développoient, d'autres États se levoient sur la scène ; les Romains rencontroient d'autres obstacles à combattre ; l'univers étoit changé.

Lorsqu'on vient à jeter les yeux sur l'état des hommes lors de l'établissement des gouvernements populaires à Sparte et à Athènes et sur la position des peuples à l'instant de l'abolition de la royauté en France, on est d'abord frappé d'une différence considérable. Au moment de la révolution de la Grèce, tout, ou presque tout, se trouvoit république ; — tout, ou presque tout, monarchie, à l'époque de la révolution françoise. Dans le premier cas, c'étoit des gouvernements populaires qui devoient agir sur des gouvernements populaires ; dans le second, une constitution républicaine heurtoit des constitutions royales. Or, plus les corps en collision sont de matière hétérogène, plus l'inflammation est rapide. Il faut donc s'attendre que l'effet des mouvements actuels de la France surpasse infiniment celui des troubles de la Grèce[b]. N'avançons rien sans preuve.

Où la plus grande secousse se fit-elle sentir à l'époque des troubles de ce dernier pays ? En Perse. Pourquoi ? Parce que ce fut là que les principes politiques se choquèrent avec le plus de violence. Mais ceci nous découvre une seconde disparité.

Le serf persan devint la proie du citoyen de la Grèce. Comment les républiques anciennes subsistoient-elles ? Par des esclaves. Comment nos pères barbares vivoient-ils si libres ? Par des esclaves. Il est même impossible de comprendre sur quel principe une vraie démocratie pourroit s'établir sans esclaves. Ainsi nos systèmes modernes excluent

[a] La fatalité vient mal à propos : le pied retranché à l'insecte dérangeroit un ordre de choses physiques pour établir un autre ordre de choses physiques, mais n'agiroit point sur un événement de l'ordre moral. Quoi qu'il en soit, les idées me semblent avoir trouvé leur juste expression. Le rusé Philippe, qui *auroit vieilli sous le fouet de son maître;* Alexandre, qui auroit été un *acteur tragique,* ou un *voleur de grands chemins,* si *Épicyde l'eût emporté sur Thémistocle,* sont de ces espèces de remarques dont chaque événement dérangé peut offrir une longue série. (N. ÉD.)

[b] L'expérience a prouvé la justesse de la réflexion ; mais en montrant si bien à présent l'énorme différence qui existe entre la révolution françoise et la révolution républicaine de la Grèce je bats en ruine mon propre système. (N. ÉD.)

de fait toute république parmi nous[a]. Je m'étonne que les François, imitateurs des anciens, n'aient pas réduit les peuples conquis en servitude. C'est le seul moyen de retrouver ce qu'on appelle la liberté civile[b].

Voilà donc deux différences fondamentales dans les siècles: l'une de gouvernement, l'autre de mœurs. N'y a-t-il point, dans le concours fortuit des choses, des circonstances qui déterminent, éloignent, hâtent, ou ralentissent l'effet de tel ou tel événement? C'est ce qu'il faut maintenant examiner.

La plupart des États contemporains des Athéniens et des Spartiates étoient éloignés de ces peuples célèbres. Par quel canal les lumières de ce petit coin du monde se seroient-elles répandues sur le globe? Les Grecs mêmes se soucioient-ils de les communiquer, ces lumières? Les anciens, attachés à la patrie, vivant et mourant sur le sol qu'ils savoient cultiver et défendre avec des mains libres, entretenoient à peine quelques liaisons les uns avec les autres. Parlant divers dialectes, sans le secours des postes, des grands chemins, de l'imprimerie, les nations vivoient comme isolées. De là une découverte en morale, en politique, ou en toute autre science périssoit aux lieux qui l'avoient vue naître, ou devenoit la proie d'un petit nombre d'hommes, qui n'avoient souvent que trop d'intérêt à la cacher au reste de la foule. Les peuples d'ailleurs, par leurs préjugés nationaux et par amour de la patrie, renfermoient soigneusement dans leur sein leurs connoissances et leur bonheur. Je doute que cette fraternité universelle des républicains du jour soit du bon coin de la grande antiquité[c].

Ici la dissemblance des temps se fait sentir dans toute sa force. Nos courriers, nos voies publiques, notre imprimerie, ont rendu presque tous les Européens citoyens du même pays. Une idée nouvelle, une découverte intéressante a-t-elle pris naissance à Londres, à Paris?

---

[a] Oui, toute république à la manière des anciens, toute république fondée sur les mœurs (lesquelles à leur tour produisoient et maintenoient la liberté), mais non pas cette république qui vient des progrès de la civilisation, de l'infiltration des lumières dans tous les esprits, si j'ose m'exprimer de la sorte, et d'où il résulte une autre espèce de liberté. Les peuples éclairés ne veulent plus servilement obéir; et les gouvernements, éclairés à leur tour, ne se soucient plus du despotisme. J'ai déjà remarqué, dans une note de l'*Essai*, qu'à l'époque où j'écrivois cet ouvrage je ne ne comprenois bien que la liberté fille des mœurs, je n'avois pas encore signalé cette autre liberté résultat d'une civilisation perfectionnée. (N. ÉD.)

[b] C'est *politique* qu'il falloit dire. (N. ÉD.)

[c] Voilà encore une page qui renverse de fond en comble mon système; et j'ai déjà fait précédemment une note précisément dans le même esprit, en réfutation de ce système. (N. ÉD.)

quelques semaines après elle parvient au paysan du Danube, à l'habitant de Rome, au sujet de Pétersbourg, à l'esclave de Constantinople, qui se l'approprient, la commentent, et en font leur profit en bien ou en mal. Les anciens visitèrent rarement les contrées étrangères, parce que les difficultés du déplacement étoient presque insurmontables. De nos jours, un voyage en Russie, en Allemagne, en Italie, en France, en Angleterre, que dis-je! autour du globe, n'est qu'une affaire de quelques semaines, de quelques mois, de quelques années calculées à une minute près. Il en est résulté que la diversité des langues, qui formoit dans l'antiquité un autre obstacle à la propagation des connoissances, n'en est plus un chez les modernes, les idiomes étrangers étant réciproquement entendus de tous les peuples.

Ainsi, lorsqu'une révolution arrivoit dans l'ancien monde, les livres rares, les monuments des arts disparoissoient ; la barbarie submergeoit une autre fois la terre, et les hommes qui survivoient à ce déluge étoient obligés, comme les premiers habitants du globe, de recommencer une nouvelle carrière, de repasser lentement par tous les degrés de leurs prédécesseurs. Le flambeau expiré des sciences ne trouvoit plus de dépôt de lumières où reprendre la vie. Il falloit attendre que le génie de quelque grand homme vînt y communiquer le feu de nouveau, comme la lampe sacrée de Vesta, qu'on ne pouvoit allumer qu'à la flamme du soleil lorsqu'elle venoit à s'éteindre. Il n'en est pas de même pour nous ; il seroit impossible de calculer jusqu'à quelle hauteur la société peut atteindre, à présent que rien ne se perd, que rien ne sauroit se perdre : ceci nous jette dans l'infini.

Je semble donc détruire dans ce chapitre ce que j'ai avancé dans le précédent[a] ; car je montre une telle différence de siècle qu'on ne sauroit conclure de l'un pour l'autre ; sans doute, pour plusieurs lecteurs que le système de perfection éblouit. Si c'étoit ici le lieu d'entrer dans cette discussion intéressante, je pourrois prouver aisément que notre position est réellement la même quant aux résultats que celle des anciens peuples ; que nous avons perdu en mœurs ce que nous avons gagné en lumières. Celles-ci semblent tellement disposées par la nature, que les unes se corrompent toujours en proportion de l'agrandissement des autres : comme si cette balance étoit destinée à prévenir la perfection parmi les hommes. Or, il est certain que les lumières ne donnent pas la vertu ; qu'un grand moraliste peut

---

[a] Sans doute, et très-bien même. La manière subtile dont je cherche ensuite à me raccrocher à mon système n'est pas admissible. Mon bon sens et mon amour de la vérité l'emportoient sur les rêves de mon esprit. (N. ÉD.)

être un malhonnête homme. La question du bonheur reste donc la même pour les peuples modernes et pour les anciens, puisqu'elle ne peut se trouver que dans la pureté de l'âme. Nous revenons donc à la même donnée, quant aux conséquences heureuses qu'on peut espérer de la révolution présente, quelles que soient d'ailleurs nos lumières, l'esprit n'agissant point sur le cœur. Et qui vous dira le secret de changer par des mots et des sciences la nature de l'âme, de déraciner les chagrins de ce sol défriché pour eux? Si l'homme, en dépit de la philosophie, est condamné à vivre avec ses désirs, il sera à jamais esclave, à jamais l'homme des temps d'adversité qui furent, l'homme de l'heure douloureuse où je vous parle, et des nouveaux siècles de misère qui s'avancent. Lorsque l'Être puissant qui tient dans sa main le cœur des hommes a voulu, dans les voies profondes de sa sagesse, resserrer cet organe de leur félicité, qu'importe que, pour les confondre, il ait élevé leurs têtes gigantesques au-dessus des sphères roulantes, si le cœur ne peut se perfectionner, si la morale reste corrompue malgré les lumières; république universelle, fraternité des nations, paix générale, fantôme brillant d'un bonheur durable sur la terre; adieu [a]!

Si l'influence immédiate de la révolution républicaine de la Grèce fut retardée par toutes les causes que nous venons d'assigner, il est à croire que la révolution françoise, dégagée de ces obstacles, aura un effet encore plus rapide, en cas qu'il ne se trouve point d'autres forces d'amortissement plus puissantes que la vélocité de son action. Ce n'est pas ici le lieu d'entrer dans cet examen; mais on peut douter que l'extinction de la royauté en France produise pour le genre humain des effets éloignés plus grands, plus durables que ceux qui résultèrent de l'abolition de la monarchie en Grèce. L'Attique, rendue à la liberté, se couvrit de tous les monuments des arts. Les Praxitèle, les Phidias, les Zeuxis, les Apelles, unirent les efforts de leur génie à ceux des Sophocle, des Euripide. Les lumières, disséminées dans les différentes parties du monde, vinrent se concentrer dans ce foyer commun, d'où les divers peuples les ont empruntées par la suite. Sans la Grèce, Rome demeuroit barbare : l'éloquence d'un Démosthène contenoit le

---

[a] Il y a du vrai dans tout cela. Les personnes qui ont lu mes ouvrages pourront remarquer que l'*Essai* est la mine brute où j'ai puisé une partie des idées que j'ai répandues dans mes autres écrits. Mais si l'homme est infini par la tête, ce qui est la vérité, rien ne peut empêcher l'ordre intellectuel d'aller toujours en se perfectionnant. La science politique, qui est de l'ordre intellectuel chez les vieux peuples, comme elle est de l'ordre moral chez les jeunes peuples, ne peut donc être arrêtée dans ses progrès par une corruption qui n'a pas de prise sur elle. (N. ÉD.)

germe de celle d'un Cicéron ; il falloit le sublime d'un Homère, la simplicité d'un Hésiode, et les grâces d'un Théocrite, pour former le triple génie d'un Virgile ; les loups de Phèdre n'eussent point parlé comme les hommes si ceux d'Ésope avoient été muets ; enfin, nous autres Celtes grossiers, sortis des forêts, nous ne compterions ni les Racine, ni les Boileau, ni les Montesquieu, ni les Pope, ni les Dryden, ni les Sidney, ni les Bacon, et mille autres ; et nous serions encore, comme nos pères, soumis à des Druides ou à des tyrans.

Heureux si les Grecs en acquérant des lumières n'eussent pas perdu la pureté des mœurs ! Heureux s'ils n'eussent échangé les vertus qui les sauvèrent de Xerxès contre les vices qui les livrèrent à Philippe ! Nous allons maintenant commencer cette seconde révolution, et nous terminerons ici la première partie du premier livre, après un dernier chapitre de réflexions. Nous passerons souvent ainsi, dans le cours de cet ouvrage, des lumières aux ténèbres, et du bonheur du genre humain à sa misère. Et pourquoi nous en plaindrions-nous ? Il est à croire que notre félicité a été calculée sur l'inconstance de nos désirs : la dose du bonheur nous a été mesurée, parce que notre cœur est insatiable. La nature nous traite comme des enfants malades, dont on refuse de satisfaire les appétits, mais dont on apaise les pleurs par des illusions et des espérances. Elle fait danser autour de nous une multitude de fantômes, vers lesquels nous tendons les mains sans pouvoir les atteindre ; et elle a poussé si loin l'art de la perspective, qu'elle a peint des Élysées jusque dans le fond de la tombe[a].

CHAPITRE LIX.

RÉCAPITULATION.

Ainsi j'ai montré l'action immédiate de la révolution républicaine de l'Attique sur la Perse. Elle fit insurger les peuples soumis à cet empire par le ressort des opinions, l'enveloppa dans une guerre funeste qui coûta la vie à des millions d'hommes, sans que les nations y gagnassent beaucoup de bonheur ou beaucoup de liberté. Il est vrai que la cour de Suze fut humiliée ; mais la Grèce en fut-elle plus heureuse ? Ses succès ne la corrompirent-ils pas ? Et le résultat de ces

---

[a] C'est toujours l'homme qui croit et qui veut douter. Par une foiblesse toute paternelle, j'ai été au moment de me faire grâce pour ces phrases. (N. ÉD.)

actions, si glorieuses en apparence, ne fut-il pas des vices et des fers?

Quant à l'effet éloigné produit sur l'empire de Cyrus par la chute de la royauté à Athènes, il n'est personne qui ignore la conquête de l'Asie et le nom d'Alexandre.

Tâchons de récapituler en peu de mots les différentes influences que l'établissement du gouvernement populaire en Grèce eut sur les nations contemporaines. De la somme de ces données doivent naître les vérités qui forment le but de nos recherches dans cet *Essai*.

La révolution républicaine de la Grèce agit :

Sur l'Égypte,

par la voie des armes. Elle y causa quelques malheurs passagers. Elle ne put avoir de prise sur les opinions, la subdivision des classes de la société et le système théocratique lui opposant des obstacles insurmontables.

Sur Carthage,

encore au militaire. La position locale, l'excellence du gouvernement punique sauvèrent celui-ci du danger des innovations et de l'exemple.

Dans l'Ibérie,

la réaction des troubles de l'Attique ne causa que des malheurs. Vraisemblablement l'esclave au fond de ses mines paya la liberté d'Athènes par des larmes et des sueurs.

Chez les Celtes,

elle apporta des lumières, et partant de la corruption[a]. Elle devint aussi la cause éloignée de la servitude de ces peuples, en facilitant les conquêtes des Romains.

En Italie,

l'influence de l'établissement des républiques grecques se dirigea vers la politique; il n'est pas même impossible qu'elle n'y eût produit la révolution de Brutus, par la circonstance du voyage de ce grand homme à Delphes presque au moment de l'assassinat d'Hipparque par Harmodius. Ceux qui savent comment les grandes conceptions naissent souvent des causes les plus triviales[1] ne mépriseront pas cette conjecture.

---

[a] Voilà le disciple de Rousseau. (N. ÉD.)

1. La chute d'une pomme a dévoilé à Newton le système de l'univers.

Dans la Grande-Grèce,

la révolution dont nous recherchons les effets agit au moral. Elle y occasionna quelques réformes utiles, mais passagères.

En Sicile,

elle produisit la guerre et la monarchie : l'une ne fut qu'un fléau d'un moment ; l'autre coûta longtemps des pleurs et du sang à Syracuse.

En Scythie,

son influence agit philosophiquement dans le sens vicieux ; les pasteurs pauvres et vertueux de l'Ister se laissèrent corrompre par l'attrait des sciences, et finirent par se livrer à celui de l'or.

Dans la Thrace,

elle ne causa que quelques ravages ; heureusement la barbarie des peuples les mit à couvert des effets politiques et moraux de la révolution républicaine de la Grèce.

Tyr, enfin,

n'échappa pas aux armes de cette révolution ; mais elle en évita la séduction par l'esprit commerçant et occupé de ses citoyens[a].

Nous avons parlé de la Perse au commencement de ce chapitre.

Le lecteur, sans doute, en parcourant cette échelle a déjà trouvé avec étonnement la vérité qui résulte de ses parties. Cette révolution si vantée, cette révolution qui mérite de l'être, cette révolution toute vertu, toute vraie liberté, n'a donc produit, en exceptant Rome et la Grance-Grèce, que des maux chez tous les autres peuples ? Quoi ! lorsqu'une nation devient indépendante, n'est-ce qu'aux dépens du reste des hommes ? La réaction du bien seroit-elle le mal ? L'histoire ne s'offre-t-elle pas ici sous une perspective nouvelle ? Un rayon de lumière ne pénètre-t-il pas dans le système obscur des choses, et n'entrevoit-on pas comment les nations sont respectivement ordonnées les unes aux autres ? Si les Grecs du temps d'Aristide en brisant leurs chaînes n'ont apporté que des maux au genre humain, que peut-on raisonnablement espérer (système de perfection à part) de l'influence de la révolution françoise ? Croirons-nous que tout va

---

[a] Cette récapitulation des influences de la révolution populaire de la Grèce paroit assez raisonnable quand on la voit dépouillée du cortége des comparaisons entre les temps et les hommes. (N. ÉD.)

devenir vertueux et libre, parce qu'il a plu aux François corrompus d'échanger un roi contre cinq maîtres[a]? Ici l'avenir s'entr'ouvre. Je laisse le lecteur à l'abîme de réflexions pénibles, de conjectures, de doutes, où ceci conduit.

CHAPITRE LXX.

SUJETS ET RÉFLEXIONS DÉTACHÉES.

* Après avoir parcouru un ouvrage, il nous reste ordinairement une multitude de pensées confuses et de réflexions incohérentes; les unes immédiatement liées au sujet du livre, les autres s'étendant au delà, et seulement formées par association. Je vais présenter ici cet effet naturel d'une première lecture, en rapportant mes idées détachées, telles que je les jetai, sans ordre, sur le papier, après avoir revu moi-même l'esquisse de mon travail. Je n'y ajouterai que ces nuances nécessaires pour diviser des couleurs trop heurtées. Il n'y a point d'ailleurs de perception si brusque dont on ne découvre la connexion intermédiaire avec une précédente, en y réfléchissant un peu; et c'est quelquefois une étude très-instructive de rechercher les passages secrets par où on arrive tout à coup d'une idée à une autre totalement opposée.

Lorsque, pour la première fois, je conçus le plan de ce livre, je revis les classiques, qui m'introduisoient aux révolutions de la Grèce. A chaque page une mer de réflexions, de rapports nouveaux, s'ouvroit devant moi. Étant parvenu à crayonner l'ébauche de la révolution décrite dans ce premier livre de l'*Essai*, je commençai à voir les objets un peu moins troubles, surtout lorsque j'eus examiné le côté de l'influence de cette révolution : partie toute nouvelle dans l'histoire et à laquelle je ne sache pas que personne ait encore songé. Élaguant une multitude de pensées secondes, je jetai sur le papier les notes suivantes, qui forment une espèce de résultat des vérités générales, qu'on peut tirer de la révolution républicaine de la Grèce.

Est-il une liberté civile? J'en doute. Les Grecs furent-ils plus heu-

---

[a] Il y a un côté vrai à ces réflexions; mais lorsqu'on place la révolution particulière de la France dans le mouvement de l'ordre social, dans la révolution générale qui s'opère visiblement parmi l'espèce humaine, ce n'est voir ni d'assez haut ni d'assez loin que de réduire la révolution françoise au seul fait du sacrifice d'un roi légitime et de l'établissement d'une usurpation. (N. ÉD.)

reux, furent-ils meilleurs après leur révolution? Non. Leurs maux changèrent de valeur nominale, la valeur intrinsèque resta la même.

Malgré mille efforts pour pénétrer dans les causes des troubles des États, on sent quelque chose qui échappe; un je ne sais quoi, caché je ne sais où, et ce je ne sais quoi paroît être la raison efficiente de toutes les révolutions. Cette raison secrète est d'autant plus inquiétante, qu'on ne peut l'apercevoir dans l'homme de la société. Mais l'homme de la société n'a-t-il pas commencé par être l'homme de la nature? C'est donc celui-ci qu'il faut interroger. Ce principe inconnu ne naît-il point de cette vague inquiétude, particulière à notre cœur, qui nous fait nous dégoûter également du bonheur et du malheur, et nous précipitera de révolution en révolution jusqu'au dernier siècle? Et cette inquiétude, d'où vient-elle à son tour? Je n'en sais rien : peut-être de la conscience d'une autre vie; peut-être d'une aspiration secrète vers la Divinité. Quelle que soit son origine, elle existe chez tous les peuples. On la rencontre chez le sauvage et dans nos sociétés. Elle s'augmente surtout par les mauvaises mœurs, et bouleverse les empires.

J'en trouve une preuve bien frappante dans les causes de notre révolution. Ces causes ont différé totalement de celles des troubles politiques de la Grèce, au siècle de Solon. On ne voit pas que les Athéniens fussent très-malheureux ou très-corrompus alors. Mais nous, qu'étions-nous au moral dans l'année 1789? Pouvions-nous espérer échapper à une destruction épouvantable? Je ne parlerai point du gouvernement : je remarque seulement que partout où un petit nombre d'hommes réunit pendant de longues années le pouvoir et les richesses, quels que soient d'ailleurs la naissance de ces gouvernants, plébéienne ou patricienne, le manteau dont ils se couvrent, républicain ou monarchique, ils doivent nécessairement se corrompre dans la même progression qu'ils s'éloignent du premier terme de leur institution. Chaque homme alors a ses vices plus les vices de ceux qui l'ont précédé : la cour de France avoit treize cents ans d'antiquité.

Un monarque foible et amateur de son peuple étoit aisément trompé par des ministres incapables ou méchants. L'intrigue faisoit et défaisoit chaque jour des hommes d'État; et ses ministres éphémères, qui apportoient dans le gouvernement leur ineptie et leurs cœurs, y apportoient encore la haine de ceux qui les avoient précédés. De là ce changement continuel de systèmes, de projets, de vues; ces nains politiques étoient suivis d'une nuée famélique de commis, de laquais, de flatteurs, de comédiens, de maîtresses. Tous ces êtres d'un moment se hâtoient de sucer le sang du misérable, et s'abîmoient bientôt devant une autre génération d'insectes, aussi fugitive et dévorante que la première.

Tandis que les folies et les imbécillités du gouvernement exaspéroient l'esprit du peuple, les désordres de l'ordre moral étoient montés à leur comble, et commençoient à attaquer l'ordre social d'une manière effrayante. Les célibataires avoient augmenté dans une proportion démesurée, et étoient devenus communs, même parmi les dernières classes. Ces hommes isolés, et par conséquent égoïstes, cherchoient à remplir le vide de leur vie en troublant les familles des autres. Malheur à un État où les citoyens cherchent leur félicité hors de la morale et des plus doux sentiments de la nature! Si d'un côté les célibataires se multiplioient, de l'autre les gens mariés avoient adopté des idées pour le moins aussi destructibles de la société. Le principe du petit nombre d'enfants étoit presque généralement reçu dans les villes en France; chez quelques-uns par misère, chez le plus grand nombre par mauvaises mœurs. Un père et une mère ne vouloient pas sacrifier les aisances de la vie à l'éducation d'une nombreuse famille, et l'on couvroit cet amour de soi des apparences de la philosophie. Pourquoi créer des êtres malheureux? disoient les uns: pourquoi faire des gueux? s'écrioient les autres. Je jette un voile sur d'autres motifs secrets de cette dépravation. Je ne dirai rien des femmes; meilleures que nous, elles n'ont que la foiblesse d'être ce que nous voulons qu'elles soient; la faute est à nous.

Si ces mœurs affectoient la société en général, elles influoient encore davantage sur chacun de ses membres en particulier. L'homme qui ne trouvoit plus son bonheur dans l'union d'une famille, qui souvent se défioit même du doux nom de père, s'accoutumoit à se former une félicité indépendante des autres. Rejeté du sein de la nature par les

---

Note de l'exemplaire confidentiel. — Les femmes valent infiniment mieux que les hommes : elles sont fidèles, sincères et constantes amies. Si elles cessent de vous aimer, au moins elles ne chercheront point à vous nuire; elles respecteront toujours leurs anciennes liaisons dans l'objet qu'elles ont une fois chéri. Elles ont de l'élévation dans la pensée, sont généreuses, obligeantes. Le plus grand génie que j'aie encore trouvé étoit chez une femme; cette femme existe. Que de grandes, d'excellentes qualités! Le bonheur suprême seroit sans doute de trouver une femme sensible qui fût à la fois votre amante et votre amie; il n'y auroit plus de malheur à craindre pour un homme qui posséderoit un pareil trésor.

mœurs de son siècle, il se renfermoit dans un dur égoïsme, qui flétrit jusqu'à la racine de la vertu. Pour comble de maux, en perdant le bonheur sur la terre, des bourreaux philosophes lui avoient enlevé l'espérance d'une meilleure vie. Dans cette situation, se trouvant seul au milieu de l'univers, n'ayant à dévorer qu'un cœur vide et solitaire qui n'avoit jamais senti un autre cœur battre contre lui, faut-il s'étonner que le François fût prêt à embrasser le premier fantôme qui lui montroit un univers nouveau ?

On s'écriera qu'il est absurde de représenter le peuple de la France comme isolé et malheureux ; qu'il étoit nombreux, florissant, etc. La population qui semble détruire mon assertion est une preuve pour elle, car elle n'étoit réelle que dans les campagnes, parce qu'il y existoit encore des mœurs ; or, on sait assez que ce ne sont pas les paysans qui ont fait la révolution. Quant à la seconde objection, il n'est pas question de ce que la nation sembloit être, mais de ce qu'elle étoit réellement. Ceux qui ne voient dans un État que des voitures, des grandes villes, des troupes, de l'éclat et du bruit, ont raison de penser que la France étoit heureuse. Mais ceux qui croient que la grande question du bonheur est le plus près possible de la nature, que plus on s'en écarte, plus on tombe dans l'infortune ; qu'alors on a beau avoir le sourire sur les lèvres devant les hommes, le cœur, en dépit des plaisirs factices, est agité, triste, consumé dans le secret de la vie : dans ce cas, on ne peut disconvenir que ce mécontentement général de soi-même, qui augmente l'inquiétude secrète dont j'ai parlé ; que ce sentiment de malaise que chaque individu porte avec soi, ne soient dans un peuple l'état le plus propre à une révolution.

Eh bien, c'étoit au moment que le corps politique, tout maculé des taches de la corruption, tomboit en une dissolution générale, qu'une race d'hommes, se levant tout à coup, se met, dans son vertige, à sonner l'heure de Sparte et d'Athènes. Au même moment, un cri de liberté se fait entendre : le vieux Jupiter, réveillé d'un sommeil de quinze cents ans, dans la poussière d'Olympie, s'étonne de se trouver à Sainte-Geneviève ; on coiffe la tête du badaud de Paris du bonnet du citoyen de la Laconie ; et tout corrompu, tout vicieux qu'il est, poussant de force le petit François dans les grandes vertus lacédémoniennes, on le contraint à jouer le Pantalon aux yeux de l'Europe, dans cette mascarade d'Arlequin.

O grands politiques, qui, prenant la raison inverse de Lycurgue, prétendez établir la démocratie chez un peuple à l'époque même où toutes les nations retournent par la nature des choses à la monarchie, je veux dire à l'époque de la corruption! O fameux philosophes, qui croyez que la liberté existe au civil, qui préférez le nombre cinq à l'unité, et qui pensez qu'on est plus heureux sous la canaille du faubourg Saint-Antoine que sous celle des bureaux de Versailles! Mais que falloit-il donc faire? Je l'ignore. Tout ce que je sais, c'est que puisque vous aviez la fureur de détruire, il falloit au moins rebâtir un édifice propre à loger des François, et surtout vous garder de l'enthousiasme des institutions étrangères. Le danger de l'imitation est terrible. Ce qui est bon pour un peuple est rarement bon pour un autre. Et moi aussi je voudrois passer mes jours sous une démocratie telle que je l'ai souvent rêvée, comme le plus sublime des gouvernements en théorie; et moi aussi j'ai vécu citoyen de l'Italie et de la Grèce; peut-être mes opinions actuelles ne sont-elles que le triomphe de ma raison sur mon penchant. Mais prétendre former des républiques partout, et en dépit de tous les obstacles, c'est une absurdité dans la bouche de plusieurs, une méchanceté dans celle de quelques-uns.

J'ai réfléchi longtemps sur ce sujet : je ne hais point une constitution plus qu'une autre, considérée abstraitement. Prises en ce qui me regarde comme individu, elles me sont toutes parfaitement indifférentes : mes mœurs sont de la solitude et non des hommes. Eh! malheureux, nous nous tourmentons pour un gouvernement parfait, et nous sommes méchants! Nous nous agitons aujourd'hui pour un gouvernement parfait, et nous sommes vicieux! bon, et nous sommes méchants! Nous nous agitons aujourd'hui pour un vain système, et nous ne serons plus demain! Des soixante années que le ciel peut-être nous destine à traîner sur ce globe, nous en dépenserons vingt à naître, et vingt à mourir, et la moitié des vingt autres s'évanouira dans le sommeil. Craignons-nous que les misères inhérentes à notre nature d'homme ne remplissent pas assez ce court espace, sans y ajouter des maux d'opinion? Est-ce un instinct indéterminé, un vide intérieur que nous ne saurions remplir, qui nous tourmente? Je l'ai aussi sentie, cette soif vague de quelque chose. Elle m'a traîné dans les solitudes muettes de l'Amérique et dans les villes bruyantes de l'Europe; je me suis enfoncé pour la satisfaire dans l'épaisseur des forêts du Canada, et dans la foule qui inonde nos jardins et nos temples. Que de fois elle m'a contraint de sortir des spectacles de nos cités, pour aller voir le soleil se coucher au loin sur quelque site sauvage! que de fois, échappé à la société des hommes, je me suis tenu immobile sur une grève solitaire, à contempler durant des heures, avec cette même inquiétude, le tableau philosophique de la mer! Elle m'a fait suivre autour de leurs palais, dans leurs chasses pompeuses, ces rois qui laissent après eux une longue renommée; et j'ai aimé, avec elle encore, à m'asseoir en silence à la porte de la hutte hospitalière, près du sauvage qui passe inconnu dans la vie, comme les fleuves sans nom de ses déserts. Homme, si c'est ta destinée de porter partout un cœur miné d'un désir inconnu; si c'est là ta maladie, une ressource te reste. Que les sciences, ces filles du ciel, viennent remplir le vide fatal qui te conduira tôt ou tard à ta perte. Le calme des nuits t'appelle. Vois ces millions d'astres étincelants, suspendus de toutes parts sur ta tête; cherche, sur les pas de Newton, les lois cachées qui promènent magnifiquement ces globes de feu à travers l'azur céleste; ou, si la Divinité touche ton âme, médite en l'adorant sur cet Être incompréhensible qui remplit de son immensité ces espaces sans bornes. Ces études sont-elles trop sublimes pour ton génie, ou serois-tu assez misérable pour ne point espérer dans ce Père des affligés qui consolera ceux qui pleurent? Il est d'autres occupations aussi aimables et moins profondes. Au lieu de t'entretenir des haines sociales, observe les paisibles générations, les douces sympathies, et les amours du règne le plus charmant de la nature. Alors tu ne connoîtras que des plaisirs. Tu auras du moins cet avantage, que chaque matin tu retrouveras tes plantes chéries; dans le monde, que d'amis ont pressé le soir un ami sur leur cœur, et ne l'ont plus trouvé à leur réveil! Nous sommes ici-bas comme au spectacle: si nous détournons un moment la tête, le coup de sifflet part, les palais enchantés s'évanouissent; et lorsque nous ramenons les yeux sur la scène, nous n'apercevons plus que des déserts et des acteurs inconnus.

Mais quelles que puissent être nos occupations, soit que nous vieillissions dans l'atelier du manœuvre ou dans le cabinet du philosophe, rappelons-nous que c'est en vain que nous prétendons être politiquement libres. Indépendance, indépendance individuelle, voilà le cri intérieur qui nous poursuit. Écoutons la voix de la conscience. Que nous dit-elle, selon la nature? « Sois libre. » Selon la société? « Règne. » Que si on le nie, on ment. Ne rougissons point, parce que j'arrache d'une main hardie le voile dont nous cherchions à nous couvrir à nos propres yeux. La liberté civile n'est qu'un songe, un sentiment factice que nous n'avons point, qui n'habite point dans notre sein: apprenons à nous élever à la hauteur de la vérité, et à mépriser les sentences de l'étroite sagesse des hommes. On nous insultera peut-être, parce qu'on ne nous entendra pas; les gens de bien nous accuseront de principes dangereux, parce que nous aurons été les chercher jusqu'au fond de leur âme, où ils se croyoient en sûreté, et que nous saurons exposer à la vue toute la petite machine de leur cœur. Rions des clameurs de la foule, contents de savoir que, tandis que nous ne retournerons pas à la vie du sauvage, nous dépendrons toujours d'un homme. Et qu'importe alors que nous soyons dévorés par une cour, par un directoire, par une assemblée du peuple?

Nous nous apercevons continuellement que nous nous trompons; que l'heure qui succède accuse presque toujours l'heure passée d'erreur; et nous irions déchirer et nous-mêmes et nos semblables pour l'opinion fugitive du matin, avec laquelle le soir ne nous retrouvera plus! Tout gouvernement est un mal, tout gouvernement est un joug; mais n'allons pas en conclure qu'il faille le briser. Puisque c'est notre sort que d'être esclaves, supportons notre chaîne sans nous plaindre; sachons en composer les anneaux de rois ou de tribuns selon les temps et surtout selon nos mœurs. Et soyons sûrs, quoi qu'on en publie, qu'il vaut mieux obéir à un de nos compatriotes riche et éclairé, qu'à une multitude ignorante, qui nous accablera de tous les maux.

Et vous, mes concitoyens! vous, qui gouvernez cette patrie toujours si chère à mon cœur, réfléchissez; voyez s'il est dans toute l'Europe une nation digne de la démocratie! Rendez le bonheur à la France, en la rendant à la monarchie, où la force des choses vous entraîne. Mais si vous persistez dans vos chimères, ne vous abusez pas. Vous ne réussirez jamais par le modérantisme. Allons, exécrables bourreaux, en horreur à vos compatriotes, en horreur à toute la terre, reprenez le système des jacobins; tirez de leurs loges vos guillotines sanglantes; et, faisant rouler les têtes autour de vous, essayez d'établir dans la France déserte votre affreuse république, comme la Patience de Shakspeare, « assise sur un monument, et souriant à la Douleur [a]! »

---

[a] Voilà, certes, un des plus étranges chapitres de tout l'ouvrage, et peut-être un des morceaux les plus extraordinaires qui soient jamais échappés à la plume d'un écrivain : c'est une sorte d'orgie noire d'un cœur blessé, d'un esprit malade, d'une imagination qui reproduit les fantômes dont elle est obsédée; c'est du Rousseau, c'est du René, c'est du dégoût de tout, de l'ennui de tout. L'auteur s'y montre royaliste par désespoir de ne pouvoir être républicain, jugeant la république impossible; il déduit hardiment les causes d'une révolution devenue, selon lui, *inévitable;* et il attaque en même temps avec la même hardiesse cette révolution. Ne trouvant rien ni dans le passé ni dans le présent qui puisse le satisfaire, il en conclut qu'un gouvernement quelconque est un mal; que la liberté *civile* (il veut dire *politique*) n'existe point; que tout se réduit à l'indépendance individuelle, d'où il part pour vous proposer de vous faire sauvage. Il ne sait comment exprimer ce qu'il sent; il crée une langue nouvelle; il invente les mots les plus barbares, et détourne d'autres

mots de leur acception naturelle. Assis sur le trépied, il est tourmenté par un mauvais génie : une seule chose lui reste au milieu de ce délire, le sentiment religieux.

J'avois entrepris de réfuter phrase à phrase ce chapitre, mais la plume m'est bientôt tombée des mains. Il m'a été impossible de me suivre moi-même à travers ce chaos : la folie des idées, la contradiction des sentiments, la fausseté des raisonnements, le néologisme, réduisoient tout mon commentaire à des exclamations de douleur ou de pitié. J'ai donc pensé qu'il valoit mieux me condamner tout à la fois à la fin de ce chapitre, et faire, la corde au cou, amende honorable au bon sens. Mais, cette exécution achevée, je dois dire aussi, avec la même impartialité, qu'il y a dans ce chapitre insensé une inspiration, de quelque nature qu'elle soit, qu'on ne retrouve dans aucune autre partie de mes ouvrages. (N. ÉD.)

FIN DE LA PREMIÈRE PARTIE.

SECONDE PARTIE.

CHAPITRE PREMIER.

SECONDE RÉVOLUTION, PHILIPPE ET ALEXANDRE.

Le théâtre change ; de la ressemblance des événements nous passons à celle des hommes. Jusque ici les tableaux se sont rapprochés par les sites, mais presque toujours les personnages ont différé. Maintenant, au contraire, les similitudes se montreront dans les groupes, les oppositions dans les fonds. Plus nous avancerons vers les temps de corruption, de lumières et de despotisme, plus nous retrouverons nos temps et nos mœurs. Souvent nous nous croirons transportés dans nos sociétés, au milieu des grandes femmes et des petits hommes, des philosophes et des tyrans ; des gens rongés de vice pousseront de grands cris de vertu ; de beaux livres sur la science de la liberté conduiront les peuples à l'esclavage : enfin nous allons nous revoir parmi les deux tiers et demi de sots et le demi-tiers de fripons dont nous sommes sans cesse entourés [a].

Périclès avoit pris le vrai sentier pour arriver au bonheur. Traitant le monde selon sa portée, lorsque la nécessité le forçoit d'y paroître, il s'y présentoit avec des idées communes et un cœur de glace. Mais le soir, renfermé secrètement avec Aspasie et un petit nombre d'amis choisis, il leur découvroit ses opinions cachées, et un cœur de feu. Les sots s'aperçurent de son mépris pour eux, car les sots ont un tact singulier sur cet article, et rien ne les chagrine tant que l'indiffé-

---

[a] Voilà mon siècle bien arrangé. (N. ÉD.)

Note de l'exemplaire confidentiel. — Il y a dans la société trois espèces de sots : les sots qui ne disent rien, les sots qui parlent et ne pensent point, et les sots qui pensent et parlent. Ceux-là sont les plus insupportables de tous. On me dit : « Vous fuyez le monde, vous devenez sauvage. » Je ne fuis pas le monde ; c'est le monde qui m'a chassé. « Vous êtes trop dur, trop intolérence du mépris. Ils accusèrent donc la tendre amie de Periclès; celui-ci parvint à peine à la sauver par ses larmes. Et qui cependant devoit prétendre plus que lui à la gratitude de ses concitoyens? Il y comptoit peu, ayant étudié les hommes. La reconnoissance est nulle chez le très-nécessiteux, parce que le sentiment du premier besoin absorbe tous les autres; elle existe quelquefois comme vertu chez le mécanique pauvre, mais non indigent; elle se change en haine dans l'individu placé immédiatement un rang au-dessous du bienfaiteur; elle pèse aux philosophes; les courtisans l'oublient. Il suit de là qu'il faut faire du bien au petit peuple par devoir, obliger l'artiste par satisfaction de cœur, n'avoir qu'une extrême politesse avec les classes mitoyennes, prêter seulement aux gens de lettres ce qu'ils peuvent exactement vous rendre, et ne donner aux grands que ce qu'on compte jeter par la fenêtre[a].

A ces petites caricatures de nos sociétés se mêleront aussi nos grandes scènes tragiques : la tyrannie, les proscriptions, les rois jugés et massacrés par les peuples, d'autres tombés du trône et réduits à gagner leur vie du travail de leurs mains; enfin nos hideuses révolutions, entourées du cortége de nos vices.

Expliquons le plan de cette partie.

On sent qu'il est impossible de suivre maintenant le cours régulier de l'histoire, ni même de s'attacher à de grands détails. Ce qui nous reste à peindre des Grecs consiste en cette partie qui s'étend depuis l'époque que nous avons traitée jusqu'au règne de Philippe et d'Alexandre, où Athènes et Lacédémone perdirent leur liberté, non de nom, mais de fait.

Dans cette période, qui, à la compter de l'année de la paix avec les Perses jusqu'à la bataille de Chéronée, renferme un espace de cent onze ans, nous saisirons seulement trois traits caractéristiques : le

---

[a] Singulier trait d'idée! Cette inclination à la satire se manifeste continuellement dans l'*Essai*. Il est visible dans tous ces passages que ce n'est qu'avec de grands efforts sur moi-même que je parviens à étouffer ce penchant au dédain et à l'ironie.

On s'aperçoit, au reste, que je commençois à écrire moins mal. Sous le rapport de l'art, l'*Essai* va se trouver à peu près de niveau avec mes ouvrages subséquents; il y restera cependant, toujours avec des idiotismes étrangers, quelque chose de fougueux et de déclamatoire. (N. ÉD.)

---

rant. » Je ne suis ni dur ni intolérant; je pardonne aisément les défauts : qui est-ce qui en a plus que moi? Mais pourquoi veut-on que je m'ennuie? pourquoi veut-on que je sacrifie continuellement ma pensée sur l'autel de la sottise?

renversement de la constitution et le règne des trente tyrans à Athènes, la chute de Denys le jeune à Syracuse, et, par extension, la condamnation d'Agis à Sparte. Nous verrons ainsi l'âge de corruption dans les trois principales villes grecques de l'ancien monde. Quant à la révolution même de Philippe, nous ne ferons que l'indiquer, parce qu'elle ne va pas directement au but de cet ouvrage ; mais en même temps nous nous étendrons sur le siècle d'Alexandre, dont les rapports avec le nôtre ont été si grands, considérés sous le jour philosophique. Au reste, nous avons donné, pour abréger, à cette seconde partie le nom général de *révolution de Philippe et d'Alexandre;* elle forme la seconde de cet *Essai*.

CHAPITRE II.

ATHÈNÉES. LES QUATRE CENTS[1].

Déjà vingt années de guerre ont désolé l'Attique[2]; une peste, non moins destructive, en a enlevé la plus grande partie des habitants et plongé le reste dans tous les vices ; Périclès n'est plus, et Alcibiade, fugitif depuis la malheureuse expédition de Sicile, après avoir dirigé quelque temps la ligue du Péloponnèse contre son pays, est maintenant retiré auprès de Tisapherne, satrape de Lydie.

Là, touché des malheurs dont il fut en partie l'instrument, il commence à tourner les yeux vers sa patrie. De leur côté, les citoyens d'Athènes, accablés sous le poids de leurs calamités, ayant à lutter à la fois contre toutes les forces du Péloponnèse et de l'Asie, ne voyoient de ressource que dans le génie de leur illustre compatriote. On entama donc des négociations avec Alcibiade; mais celui-ci, banni par le peuple, refusa de retourner à Athènes, à moins qu'on ne changeât la forme du gouvernement, en substituant l'oligarchie à la constitution démocratique. Le tyran vouloit faire sa couche avant de s'y reposer.

Une prompte réconciliation, à quelque prix que ce fût, étoit devenue d'une nécessité absolue. Agis, avec les forces lacédémoniennes, bloquoit Athènes par terre et occupoit les campagnes voisines, dont

---

1. Je suis ici exactement le viie livre de Thucydide; j'en préviens, afin de ne pas être obligé à chaque ligne de multiplier les *idem* et les *ibid*.

2. Il y avoit eu une trêve qui devoit durer cinquante ans, et qui fut rompue au bout de six ans et dix mois.

les habitants s'étoient réfugiés dans la capitale. D'un autre côté, l'armée athénienne tenoit l'île de Samos, qu'elle venoit d'emporter. De manière que les habitants de l'Attique se trouvoient divisés en deux parties : l'une servant aux expéditions du dehors, l'autre demeurée à la défense de la ville.

La proposition d'Alcibiade, malgré ces circonstances calamiteuses, ne passa pas sans une forte opposition de la part du peuple et des soldats : mais, comme il ne restoit que ce seul moyen d'échapper à une ruine presque inévitable, il fallut enfin se soumettre et consentir à l'abolition de la démocratie.

Alors commencèrent à Athènes les scènes tragiques qui se renouvelèrent bientôt après sous les trente tyrans. On ne sauroit se figurer une position plus affreuse que celle de cette malheureuse cité, ni qui ressemblât davantage à l'état de la France durant le règne de la Convention. Attaquée au dehors par mille ennemis, et prête à succomber sous des armes étrangères, une aristocratie dévorante vint consumer au dedans le reste de ses habitants. D'abord il fut décrété qu'il n'y auroit plus que les soldats et cinq mille citoyens à prendre part aux affaires de la république ; et, pour faire perdre à jamais l'envie de s'opposer aux mesures des conjurés, on se hâta de dépêcher tous ceux qui passoient pour être attachés à l'ancienne constitution. Le peuple et le sénat s'assembloient encore ; mais si quelqu'un osoit délivrer[a] une opinion contraire à la faction, il étoit immédiatement assassiné. Environnés d'espions et de traîtres, les citoyens craignoient de se communiquer ; le frère redoutoit le frère, l'ami se taisoit devant l'ami, et le silence de la terreur régnoit sur la ville désolée.

Ayant établi cette tyrannie provisoire, les conspirateurs procédèrent à l'achèvement d'une constitution. On nomma un comité des Dix, chargé de faire incessamment un rapport à ce sujet. Celui-ci, à l'époque fixée, donna son plan, qui consistoit à établir un conseil de quatre cents avec un pouvoir absolu, et le droit de convoquer les Cinq-Mille à sa volonté.

On jugea par le premier acte du nouveau gouvernement ce qu'on devoit attendre de sa justice. Les Quatre-Cents, armés de poignards et suivis de leurs satellites, entrèrent au sénat dont ils chassèrent les membres. Ils renversèrent ensuite les anciens établissements, firent massacrer ou exilèrent les ennemis de leur despotisme ; mais ils ne rappelèrent aucun des anciens bannis, dont ils avoient d'abord embrassé la cause, soit dans la crainte d'Alcibiade, soit pour jouir des

---

[a] Anglicisme. (N. ÉD.)

biens de ces infortunés. Je me figure le monde comme un grand bois, où les hommes s'entr'attendent pour se dévaliser[a].

Cependant l'armée, en apprenant les troubles d'Athènes, se déclara contre la nouvelle constitution. Alcibiade, que les tyrans avoient négligé, qui ne se soucioit ni de la démocratie ni de l'aristocratie et n'entretenoit pour les hommes qu'un profond mépris, ne se trouva pas plus disposé à favoriser les conspirateurs. Les soldats, de même que les troupes françoises, fiers de leurs exploits, remarquoient que, loin d'être payés par la république, c'étoient eux au contraire qui la faisoient subsister de leurs conquêtes, et qu'il étoit temps de mettre fin à tant de calamités, en marchant à la ville coupable.

Tandis que ces pensées agitoient les esprits, arrive un transfuge d'Athènes. On s'empresse autour de lui; les nouvelles les plus sinistres sortent de sa bouche. Il rapporte que le crime est à son comble; que les tyrans ravissent les épouses, égorgent les citoyens, et jettent dans les cachots les familles unies aux soldats par les liens du sang[1]. A ces mots, un cri d'indignation et de fureur s'élève du milieu de l'armée; elle jure d'exterminer les scélérats, chasse ses officiers, partisans de la faction aristocratique, en nomme de plus populaires, et rappelle à l'instant Alcibiade.

Tout annonçoit la chute des Quatre-Cents. Il se trouvoit parmi eux des hommes d'un talent extraordinaire : Antiphon, parlant peu, mais réviseur des discours de ses collègues; Phrynique, d'un esprit audacieux et entreprenant; Théramène, plein d'éloquence et de génie. La discorde ne tarda pas à se mettre parmi eux. Les hommes ressemblent peu à ces animaux justes dont parlent les voyageurs, qui, après avoir chassé en commun, divisent également le fruit de leurs fatigues : les factieux s'entendent sur la proie, presque jamais sur la dépouille. Théramène, sentant que le pouvoir leur échappoit, revenoit peu à peu à l'ancienne constitution, et se rangeoit du côté du peuple. Phrynique, par des motifs d'ambition, soutenoit le nouvel ordre de choses; et pour se ménager des ressources il députa secrètement à Sparte, et se mit à bâtir une forteresse au Pirée, afin d'y recevoir les ennemis et de s'y retirer lui-même en cas d'événement. Sur ces entrefaites, on apprend tout à coup qu'il vient d'être assassiné sur la place publique, comme Marat au milieu de ses triomphes. Théramène, maintenant à la tête du parti populaire, insurge les citoyens, et se saisit du général de la faction opposée. Les Quatre-Cents courent aux armes pour leur

---

[a] J'avois là une idée bien peu gracieuse du monde. Cette allure d'un esprit qui se permet tout est assez amusante. (N. ÉD.)

1. Ce rapport étoit exagéré.

défense. A l'instant même la flotte lacédémonienne se montre à l'entrée du Pirée ; le tumulte est à son comble. Théramène vole au port ; il parle aux soldats ; il leur représente que le fort a été élevé par les tyrans, non pour la sûreté de la place, mais pour y introduire l'ennemi de la patrie, dont les vaisseaux sont déjà en vue. La rage s'empare des troupes ; le fort, rasé jusqu'aux fondements, disparoît sous la main empressée d'une multitude furieuse ; l'abolition du tribunal des Quatre-Cents est prononcée par acclamation, les conjurés, épouvantés, s'échappent de la ville ; et la constitution populaire se rétablit, au milieu des bénédictions et des cris de joie de la foule.

Tels furent ces troubles passagers, où nous retrouvons si bien le caractère de ceux de la France. On y sent le même fonds d'immoralité et de vice intérieur. Nous apercevons un gouvernement flattant la soldatesque, et s'entourant du militaire, signe certain de ruine et de tyrannie. On y découvre un je ne sais quoi d'étroit en choses et en idées, qui fait qu'on s'imagine lire l'histoire de notre propre temps. Ce ne sont plus les Thémistocle, les Aristide, les Cimon : ce sont les Robespierre, les Couthon, les Barrère. Au reste, cette révolution d'Athènes tient à un principe politique que nous allons examiner avant de passer aux Trente Tyrans[a].

CHAPITRE III.

EXAMEN D'UN GRAND PRINCIPE EN POLITIQUE.

Par un principe généralement adopté des publicistes, les nations ont le droit de se choisir un gouvernement, et par un autre principe aussi fameux, « que tout pouvoir vient du peuple, » elles peuvent reprendre leurs droits et changer leur constitution. C'est ce que firent les Athéniens, qui consentirent à l'abolition de la démocratie et la rétablirent ensuite. Voyons où ces principes nous mènent.

Des trois partis qui composent la foule, les uns adoptent absolument ces propositions, et disent : Une nation a le droit de se choisir un gouvernement, parce que celle-ci étoit avant celui-là ; que la première est un corps réel, existant dans la nature, dont l'autre n'est qu'une modification, qu'une pensée. La loi ne peut être en ascension de l'effet à la cause, mais descendante du principe à la conséquence. Tout pouvoir

---

[a] Ce ne sont plus des comparaisons directes, mais quelques rapprochements généraux de faits et de personnages : le système devient supportable. (N. ÉD.)

découle ainsi du peuple, et il ne sauroit aliéner sa liberté, car le contrat est nul entre celui qui donne tout et celui qui n'engage rien ; entre tel qui ne sauroit acheter et tel qui n'a pas droit de vendre.

Les autres nient le tout, et les modérateurs jettent un voile religieux sur cet axiome.

Je ne puis penser de même ; cet air secret fait beaucoup de mal. Le peuple est un enfant ; présentez-lui un hochet dont il sorte des sons, si vous ne lui en expliquez la cause, il le brisera pour voir ce qui les produit. Pour moi, j'avoue hautement ce que je crois, et suis persuadé qu'en toute occasion la vérité, bien expliquée, est bonne à dire. Je reçois donc les deux principes, inattaquables dans leur base, et indisputables dans le raisonnement : mais en adoptant la majeure avec les républicains, voyons si nous admettrons le corollaire.

Conclurai-je que ce qui est rigoureusement vrai en logique soit nécessairement salutaire dans l'application ? Il y a des vérités abstraites qui seroient absurdes si on vouloit les réduire en vérités de pratique. Il y a des vérités négatives et des vérités de maux, que le titre de *vérités* ne rend pas pour cela meilleures. J'ai la fièvre, c'est une vérité ; est-ce une bonne chose que d'avoir la fièvre ? Le chaos où les deux propositions nous plongent est évident de soi. Le peuple a le pouvoir de se choisir un gouvernement, mais il a aussi celui de changer ce gouvernement, puisque toute souveraineté émane de lui. Ainsi, hier une république, aujourd'hui une monarchie, et demain encore une république. Par le premier droit, dira-t-on, une nation courroit les risques de tomber dans l'esclavage, comme à Athènes, si elle n'avoit le second pour se sauver. D'accord. Mais cette seconde faculté ne le livre-t-elle pas à la merci des factieux sans nombre qui ne vivent que dans les orages, des factieux qui, connoissant trop le penchant inquiet de la multitude, lui persuaderont incessamment que sa constitution du moment est la pire de toutes, par cela même qu'elle en jouit ? Et un éternel carnage et une éternelle révolution règneront parmi les hommes. Est-il d'ailleurs quelque puissance qui puisse rompre le soir les serments solennels que vous avez faits le matin ? L'honneur, les engagements les plus sacrés, que dis-je ? la morale même, ne sont qu'une folie si j'ai le droit incontestable de les violer, et si par cette violation je crois mériter non des reproches, mais des louanges. Quoi ! le manque de foi que vous puniriez dans l'individu, vous le récompenserez dans le corps collectif ! Y a-t-il donc deux vertus, l'une de l'homme et l'autre des nations ? O vertu ! peux-tu être autre qu'une ! Que si tu es double, tu es triple, quadruple, ou plutôt tu n'es rien qu'un être de raison, qui nivelle le scélérat et l'honnête homme, qu'un vain fantôme omniforme, modifié selon les cœurs et variant au souffle de l'opinion. Que deviendra l'univers?

Tel est l'abîme où nous font accourir ceux qui tiennent de loin devant nous ces lumières funestes, comme ces phares trompeurs que les brigands allument la nuit sur des écueils pour attirer les vaisseaux au naufrage. Voulez-vous encore vous convaincre davantage de l'illusion de ces préceptes? Examinez les contradictions où est tombée la Convention en voulant les faire servir à l'économie politique. C'étoit un crime digne de mort en France, à une certaine époque, d'oser soutenir qu'une nation n'eût pas le droit de se constituer. L'anarchie est venue, et les révolutionnaires n'ont point eu de honte de nier la proposition au soutien de laquelle ils avoient versé tant de sang. Ainsi ils sont réduits à abandonner la base de leur propre édifice, tandis qu'ils continuent d'en suspendre en l'air la coupole. Est-ce supériorité de talent ou foi menteuse? Pour moi, qui, simple d'esprit et de cœur, tire tout mon génie de ma conscience, j'avoue que je crois en théorie au principe de la souveraineté du peuple; mais j'ajoute aussi que si on le met rigoureusement en pratique, il vaut beaucoup mieux, pour le genre humain, redevenir sauvage et s'enfuir tout nu dans les bois [a].

[a] L'audace de ce chapitre est inconcevable; certes, je n'aurois pas aujourd'hui le courage de couper ainsi le nœud gordien. Aurois-je réellement trouvé dans ma jeunesse la manière la plus sûre de toucher à cette question de la souveraineté du peuple? Je me débarrasse de tous les raisonnements en faveur de cette souveraineté en la *reconnoissant*, et j'en évite tous les périls en la déclarant *impraticable* : je la tiens comme une vérité de la nature de la peste; la peste est aussi une vérité.

Au surplus, et je l'ai déjà dit dans ces *notes*, le droit divin pour le prince, la souveraineté pour le peuple, sont des mystères qu'aucun esprit raisonnable ne doit essayer de sonder. Il est tout aussi aisé, après tout, de nier la souveraineté du peuple que de l'admettre. Ce principe, que le peuple existoit avant le gouvernement, n'a aucune solidité; on répond fort bien que c'est, au contraire, le gouvernement qui, constituant les hommes en société, fait le peuple : supposez le gouvernement absent, il y a des individus, il n'y a point de nation.

Le principe de la souveraineté du peuple n'est d'ailleurs d'aucun intérêt pour la liberté : il y auroit même un danger réel à faire sortir la liberté du droit politique, car le droit politique est toujours contestable, susceptible d'interprétations et de modifications. La liberté a une origine plus assurée, elle sort du droit de nature : l'homme est né libre. Ce n'est point par sa réunion avec les autres hommes qu'il acquiert sa liberté; il la perd plus souvent qu'il ne la trouve dans les agrégations politiques; mais l'homme apporte dans la société son droit imprescriptible à la liberté. Dieu n'a soumis ce droit qu'à l'ordre, et n'a exposé ce droit à périr que par la violence des passions.

Il résulte de là que la liberté ne doit et ne peut supporter que le joug de la règle ou de la loi; qu'aucun souverain n'a d'autorité politique sur elle; que plus cette liberté est éclairée, moins elle est exposée à se perdre par les passions; qu'elle a pour ennemi principal le vice, pour sauvegarde naturelle la vertu. (N. ÉD.)

CHAPITRE IV.

LES TRENTE TYRANS. CRITIAS, MARAT. THÉRAMÈNE, SIEYÈS[a].

Quelques années après la révolution des Quatre-Cents, Athènes fut prise par les Lacédémoniens. Lysander, ayant fait abattre les murailles de la ville, y abolit la démocratie, et y nomma trente citoyens qui devoient s'occuper du soin de faire une nouvelle constitution[1]. Ces hommes pervers s'emparèrent bientôt de l'autorité remise entre leurs mains. Faisons connoître les principaux acteurs de cette scène sanglante.

A la tête des Trente Tyrans paroissoit Critias, philosophe et bel esprit de l'école de Socrate. Ce despote avoit tous les vices de ceux qui désolèrent si longtemps la France. Athée par principe, sanguinaire par plaisir, tyran par inclination[2], il renioit, comme Marat, Dieu et les hommes.

Théramène, son collègue, avec plus de talent, avoit aussi plus de souplesse. De même que Sieyès, amateur de la démocratie, il consentit cependant à devenir l'un des Quatre-Cents[3], renversa bientôt après leur autorité[4], et fut choisi de nouveau l'un des Trente, après la reddition d'Athènes[5].

La première opération de ces misérables fut de s'associer trois mille brigands et de tirer une garde de Lacédémone, prête à exécuter leurs ordres[6]. Lorsqu'ils se crurent assez forts, ils désarmèrent la cité, ainsi que la Convention les sections de Paris, excepté les Trois-Mille, qui conservèrent les droits des citoyens[7]. C'est encore de cette manière que les conjurés de France avoient fait des jacobins les seuls citoyens actifs de la république, tandis que le reste du peuple, plongé dans la nullité et la terreur, trembloit sous un gouvernement révolutionnaire.

Désormais certains de leur empire, les Trente lâchèrent la main au crime. Tous les Athéniens soupçonnés d'attachement à l'ancienne liberté, tous ceux qui possédoient quelque fortune furent enveloppés dans la proscription générale[8]. Critias disoit, comme Marat, qu'il fal-

---

[a] Oubliez le rapprochement des noms, Critias et Marat, Théramène et Sieyès, et il y a quelque intérêt historique dans ces chapitres. (N. ÉD.)

1. XÉNOPH., *Hist. Græc.*, lib. II; DIOD. SIC. lib. III.
2. XÉNOPH., *Hist. Græc.*, lib. II; ISOCRAT., *Areop.*, t. I, p. 330; BAYLE, *Crit.*
3. THUCYD., lib. VIII.   4. *Id. ibid.*   5. XÉNOPH., *Hist. Græc.*, lib. II.
6. *Id., ibid.*   7. *Id., ibid.*   8. *Id., ibid.*

loit, à tout hasard, faire tomber les principales têtes de la ville [1]. Les monstres en vinrent au point de choisir tour à tour un riche habitant qu'ils condamnoient à mort, afin de payer de la confiscation de ses biens les satellites de leur tyrannie [2]. Et comme si tout, dans cette tragédie, devoit ressembler à celle de Robespierre et de la Convention en France, les corps des citoyens massacrés étoient privés des honneurs funèbres [3].

Cependant Athènes n'étoit plus qu'un vaste tombeau habité par la terreur et le silence. Le geste, le coup d'œil, la pensée même devenoient funestes aux malheureux citoyens. On étudioit le front des victimes; et sur ce bel organe de vérité les scélérats cherchoient la candeur et la vertu, comme un juge tâche d'y découvrir le crime caché du coupable [4]. Les moins infortunés des Athéniens furent ceux qui, s'échappant dans les ténèbres de la nuit, alloient, dépouillés de tout, traîner le fardeau de leur vie chez les nations étrangères [5].

L'énormité de cette conduite ouvrit enfin les yeux à quelques-uns des tyrans. Théramène, quoique facile, avoit, au fond, du courage et du penchant à bien faire. Ces atrocités le firent frémir. Il s'y opposa avec magnanimité, et sa perte fut résolue [6]. Tallien, de même, détesté de Robespierre, se vit sur le point de succomber sous une dénonciation; mais, plus heureux ou plus adroit que l'Athénien, il détourna le poignard contre l'accusateur même. C'est ainsi que les chances disposent de la vie des hommes. Je vais rapporter l'une auprès de l'autre ces deux accusations célèbres; nous y verrons que les factions ont toujours parlé le même langage, cherché à s'accuser par les mêmes raisons et à s'excuser sur les mêmes principes. Je ne puis donner une meilleure leçon aux ambitieux, aux partisans des révolutions, que de leur montrer que dans tous les siècles elles n'ont eu qu'une issue pour ceux qui s'y sont engagés, la tombe [a].

---

1. Xenoph., *Hist. Græc.*, lib. ii.   2. *Id., ibid.*
3. Isocrat., *Areopag.*, t. I, p. 445; Demosth., *in Tim.;* Æschin., *in Ctesiph.* — Selon les derniers auteurs cités, il y eut à peu près de douze à quinze cents citoyens massacrés; mais, d'après Xénophon, le nombre paroîtroit avoir été bien plus considérable, comme j'aurai occasion de le faire remarquer ailleurs.
4. Xenoph., *Hist. Græc.*, lib. ii.   5. *Id. ibid.;* Diod., lib. xiv.
6. Xenoph., *Hist. Græc.*, lib. ii.

[a] Ami des libertés publiques, ennemi des révolutions, voilà comme je me montre partout et à toutes les époques de ma vie. Je suis convaincu qu'avec de la constance et de la raison on peut produire dans l'ordre politique les réformes nécessaires sans bouleverser la société, sans acheter la liberté par des injustices ou des crimes. (N. éd.)

CHAPITRE V.

ACCUSATION DE THÉRAMÈNE;
SON DISCOURS ET CELUI DE CRITIAS.
ACCUSATION DE ROBESPIERRE.

En abolissant les autorités constituées à Athènes, les Trente avoient laissé subsister le sénat, qui, subjugué par la terreur, ne pouvoit leur faire d'ombrage. Ce fut devant le tribunal que Critias dénonça Théramène. Le peuple, dans un morne silence, assistoit en tremblant au jugement de son dernier défenseur, tandis que les émissaires des tyrans, cachant des poignards sous leur robe, occupoient les avenues et entouroient les juges [1].

Les parties étant arrivées, Critias prit ainsi la parole :

« Sénateurs, on accuse notre gouvernement de sévérité, et on ne considère pas que c'est une malheureuse nécessité qui suit la réforme de tout État. Mais Théramène, lui, membre de ce gouvernement, n'est-il pas, en nous faisant ce reproche, plus coupable qu'un autre? Ah! il n'a pas appris aujourd'hui à conspirer! Se disant l'ami du peuple, il établit le pouvoir des Quatre-Cents. Jugeant que ceux-ci finiroient par succomber, il les abandonna bientôt et se rangea du parti contraire, d'où il en acquit le surnom de *Cothurne*. Sénateurs, celui qui trahit sa foi par intérêt seroit-il digne de vivre? Otez, par sa mort, un chef aux factieux, dont il entretient les espérances par son audace [2]. »

Alors Théramène :

« Qui de Critias ou de moi, sénateurs, est réellement votre ennemi? Je vous en fais juges. J'ai été de son avis lorsqu'il fit punir les délateurs; mais je me suis opposé à ce qu'on proscrivît les honnêtes gens: un Léon de Salamines, un Nicias, dont la mort épouvante les propriétaires, un Antiphon [3], dont la condamnation fait encore frémir tous ceux qui ont bien mérité de la patrie. J'ai réprouvé la confiscation des biens comme injuste, le désarmement des citoyens comme tendant à affoiblir l'État; j'ai opiné contre les gardes étrangères comme tyranniques, contre le bannissement des Athéniens comme dangereux à la sûreté de l'État. Ceux qui s'emparent de la fortune des autres,

---

1. Xenoph., *Hist. Græc.*, lib. ii. 2. Xenoph., *ibid.*
3. Antiphon, proscrit par les Trente, avoit entretenu à ses frais deux galères au service de la patrie durant la guerre du Péloponnèse. (Vid. Xenoph., *loc. cit.*)

qui condamnent les innocents au supplice, ne ruinent-ils pas en effet votre autorité, sénateurs? On m'accuse de versatilité. Est-ce à Critias à me faire ce reproche? Ennemi du peuple dans la démocratie, ennemi des hommes vertueux dans le gouvernement du petit nombre, il ne veut de la constitution populaire qu'avec la canaille, de la constitution aristocratique qu'avec la tyrannie[1]. »

Critias, s'apercevant que ce discours faisoit impression sur le sénat, appela ses satellites : « Voilà, dit-il, des patriotes qui ne sont pas disposés à laisser échapper le coupable. En vertu de ma souveraineté, j'efface Théramène du rôle des citoyens et le condamne à mort. » — « Et moi, s'écrie celui-ci, s'élançant sur l'autel, je demande que mon procès me soit fait selon la loi. Ne voyez-vous pas, Athéniens, qu'il est aussi aisé d'effacer votre nom du rôle de citoyens que celui de Théramène[2]? » Critias ordonne aux assassins de s'avancer; on arrache Théramène de l'autel[3]; le sénat, sous le coup du poignard, est obligé de garder le silence[4] : Socrate seul s'oppose courageusement, mais en vain, à l'infâme décret[5]. Le malheureux collègue de Critias, entraîné par les gardes, cherchoit en passant à travers la foule à attendrir le peuple[6]; mais le peuple se souvient-il des bienfaits[7]? Arrivé aux cachots des Trente, Théramène but avec intrépidité la

---

1. Xenoph., *Hist. Græc.*, lib. ii.   2. *Id., ibid.*
3. *Id., ib.*   4. *Id., ibid.*
5. Diod. Sic., lib. xvi; Xenoph., *Memor.*   6. Xenoph., *Hist. Græc.*, lib. ii.
7. Cela me rappelle la réflexion touchante de Velleius Paterculus sur Pompée, qui, croyant trouver un asile chez un roi comblé de ses bienfaits, n'y trouva que la mort. — *Sed quis*, dit l'historien, *beneficiorum servat memoriam? Aut quis ullam calamitosis deberi putat gratiam? Aut quando fortuna non mutat fidem?* Les fastueuses pyramides d'Égypte, bâties par les efforts réunis de tout un peuple; l'humble tombeau de sable du grand Pompée, élevé furtivement sur le même rivage par la piété d'un vieux soldat, durent offrir à César deux monuments bien extraordinaires de la vanité des choses humaines. Les peintres devroient chercher dans l'histoire des sujets de tableaux qui réuniroient à la fois la majesté de la morale et la grandeur de la nature. Le tombeau du rival de César pourroit offrir cette double pompe. Une mer agitée, les ruines de Carthage à moitié ensevelies dans le sable et sous le jonc marin, Marius contemplant l'orage, appuyé dans une attitude pensive sur le tronçon d'une colonne, où l'on distingue peut-être, en caractères puniques, les premières lettres brisées du nom d'*Annibal* : voilà le sujet d'un second tableau non moins sublime que le premier. L'histoire des Suisses en fournit un troisième. Le peintre représenteroit les trois grands libérateurs de l'Helvétie, vêtus de leurs simples habits de paysans, assemblés secrètement, dans un lieu désert, au bord d'un lac solitaire, et délibérant de la liberté de leur patrie au milieu des montagnes, des torrents, des forêts; le silence de la nature les environne, et ils n'ont pour témoin de cette sainte union que le Dieu qui entassa ces Alpes glacées et déroula ce firmament sur leurs têtes.

ciguë, et en jetant en l'air les dernières gouttes comme à un festin : « Voilà, dit-il, pour le beau Critias[1]. »

N'est-ce pas là la Convention? N'est-ce pas ainsi que ses membres se sont tant de fois traînés dans la boue, qu'ils se sont couverts d'accusations infâmes, tandis que l'opinion étoit enchaînée par des tribunes pleines d'assassins ? Le philosophe y voit plus : il y remarque que partout où les révolutions ont été durables, jamais de pareilles scènes ne les déshonorèrent. Que conclut-il de cette observation?

Une des époques les plus mémorables de notre révolution est sans doute celle de la chute de Robespierre. Ce tyran, auquel il ne restoit plus qu'un degré à franchir pour s'asseoir sur le trône, résolut d'abattre la tête du modéré Tallien, de même que Critias s'étoit défait de Théramène. Il reparut à la Convention après une longue absence. On auroit dit que le froid de la tombe colloit déjà la langue du misérable à son palais; obscur, embarrassé, confus, il sembla parler du fond d'un sépulcre. Une autre circonstance non moins remarquable, c'est que son discours, dont on avoit ordonné l'impression par la plus indigne des flatteries, n'étoit pas encore sorti de la presse que déjà l'homme tout-puissant qui l'avoit prononcé avoit péri du dernier supplice. *O altitudo!*

Enfin le jour des vengeances arriva. On conçoit à peine comment Robespierre, qui devoit connoître le cœur humain, fit dénoncer aux Jacobins les députés qu'il vouloit perdre; c'étoit les réduire au désespoir et les rendre par cela même formidables. Ils allèrent donc à la Convention, résolus de périr ou de renverser le despote. Celui-ci exerçoit encore un tel empire sur ses lâches collègues, qu'ils n'osèrent d'abord l'attaquer en face; mais, s'encourageant peu à peu les uns les autres, l'accusation prit enfin un caractère menaçant. Robespierre veut parler, les cris d'*à bas le tyran* retentissent de toutes parts. Tallien, sautant à la tribune : « Voici, dit-il, un poignard pour enfoncer dans le sein du tyran, si le décret d'accusation est rejeté. » Il ne le fut pas. Barrère, abandonnant son ami, et se portant lui-même pour délateur, fit pencher la balance contre le malheureux Robespierre. On l'arrête. Délivré par les jacobins, il se réfugie à l'hôtel de ville, où il essaye vainement d'assembler un parti. Mis hors de la loi par un décret de la Convention, déserté de toute la terre, il ne put même échapper à ses ennemis par ce moyen qui nous soustrait à la persécution des hommes, et la fortune le trahit jusqu'à lui refuser un suicide. Arraché par les gardes de derrière une table, où il avoit voulu

---

1. Xenoph., *Hist. Græc.*, lib. ii,

attenter à ses jours, il fut porté, baigné dans son sang, à la guillotine. Robespierre sans doute n'offroit par sa mort qu'une foible expiation de ses forfaits ; mais quand un scélérat marche à l'échafaud, la pitié alors compte les souffrances et non les crimes du coupable[a].

CHAPITRE VI.

GUERRE DES ÉMIGRÉS. EXÉCUTION A ÉLEUSINE. MASSACRES DU 2 SEPTEMBRE.

Après l'exécution de Théramène, aucun citoyen, hors le seul Socrate, n'osa s'opposer aux mesures des Trente. Cependant les émigrés, chassés au dehors par la tyrannie, n'avoient pu trouver un lieu où reposer leur tête. Lacédémone menaçoit de sa puissance quiconque recevroit ces infortunés[1]. C'est ainsi que la Convention a poursuivi les François expatriés, et que plusieurs États ont eu la lâcheté d'obéir. Thèbes[2] et Mégare seules donnèrent le courageux exemple que l'Angleterre a renouvelé de nos jours, et se firent un devoir d'accueillir l'humanité souffrante.

Bientôt les fugitifs se réunirent sous Thrasybule, citoyen distingué par ses vertus. Leur petite troupe, grosse seulement de soixante-dix héros, s'empara du fort Phylé. Les Trente y accoururent avec leur cavalerie, furent repoussés avec perte ; et, craignant un soulèvement dans Athènes, se retirèrent à Éleusine[3].

La manière dont ils en usèrent avec les habitants de cette ville (apparemment soupçonnés d'attachement au parti contraire) rappelle une des scènes les plus tragiques de la révolution françoise. Ayant fait ériger leur tribunal sur la place publique, on publia que chaque citoyen

---

[a] Il faut encore que je fasse remarquer pour la centième fois que l'*Essai* est l'ouvrage d'un émigré. On voit que cet émigré ne savoit rien ou presque rien des hommes auxquels la France alors étoit assujettie ; il prend pour des personnages vulgaires des factieux déjà rentrés dans leur obscurité naturelle. Mais les comparaisons sont ici moins choquantes, parce que Critias et Théramène sont eux-mêmes des acteurs communs et sans nom. Ce n'étoient pas pourtant des esprits violents que ces exilés qui éprouvoient de la pitié même pour Robespierre. (N. ÉD.)

1. Elle ordonna même qu'on les livrât aux Trente, et condamna à cinq talents d'amende quiconque leur donneroit un asile.

2. Thèbes poussa la générosité jusqu'à faire un édit contre ceux qui refuseroient de prêter main-forte à un émigré athénien.

3. XENOPH., *Hist. Græc.*, lib. II.

eût à venir inscrire son nom, sous prétexte d'un enrôlement. Lorsque la victime s'étoit présentée, on la faisoit passer par une petite porte qui donnoit sur la mer, derrière laquelle la cavalerie se trouvoit rangée sur deux haies. Le malheureux étoit à l'instant saisi et livré au juge criminel pour être exécuté[1]. A quelques différences près, on croit voir les massacres du 2 septembre.

Thrasybule ayant augmenté son parti, s'avança jusqu'au Pirée, dont il se saisit[2]. L'opinion commençoit à se tourner vers lui, et l'on se sentoit attendrir en voyant cette poignée d'honnêtes citoyens lutter contre une tyrannie puissante. Il n'y eut pas jusqu'à l'orateur Lysias qui n'envoyât cinq cents hommes[3] aux émigrés d'Athènes. Les Trente, avec leur armée, se hâtèrent de venir déloger Thrasybule. Celui-ci rangea aussitôt en bataille ses soldats, infiniment inférieurs en nombre à ceux de Critias, et posant à terre son bouclier : « Allons, mes amis, s'écriat-il en se montrant à ses compagnons d'infortune, allons, combattons pour arracher par la victoire nos biens, notre famille, notre pays des mains des tyrans. Heureux qui jouira de sa gloire ou recouvrera la liberté par la mort ! Rien de si doux que de mourir pour la patrie[4] ! »

Les fugitifs à ces mots se précipitèrent sur les troupes ennemies. Le combat étoit trop inégal pour que le succès fût longtemps douteux. D'un côté, la vengeance et la vertu ; de l'autre, le crime et sa conscience. Les tyrans furent renversés : Critias y perdit la vie, et le reste des Trente, épouvanté, se renferma dans Athènes[5].

Après l'action, les soldats des deux partis se parlèrent ; ceux qui combattirent sous Critias étoient du nombre des cinq mille habitants qui, comme je l'ai dit, avoient seuls conservé le droit de citoyens. Cléocrite, attaché au parti de Thrasybule, leur fit sentir la folie de se

---

1. Ceci demande une explication. Xénophon, qui rapporte ce fait dans le second livre de son Histoire, ne dit pas expressément *pour être exécuté*; il dit que le général de la cavalerie livra les citoyens au juge criminel ; que le lendemain les Trente assemblèrent les troupes, et leur déclarèrent qu'elles devoient prendre part à la *condamnation* des habitants d'Éleusine, puisqu'elles partageoient avec eux (les Trente) la même fortune. N'est-ce pas là un langage assez clair ? Quelques auteurs que j'ai déjà cités ont porté le nombre des suppliciés à Athènes à environ quinze cents; mais Xénophon fait dire à Cléocrite, dans un discours, que les Trente ont fait périr plus de citoyens en quelques mois de paix que la guerre du Péloponnèse en vingt-sept années de combat. S'il y a ici de l'exagération, il faut aussi qu'il y ait quelque chose de vrai. D'ailleurs, il seroit peut-être possible de montrer que l'expression grecque renferme le sens que je lui donne, si je voulois ennuyer le lecteur par une dissertation grammaticale. Il est donc, après tout, très-raisonnable de conclure qu'il y eut un massacre à Éleusine.

2. Xenoph., *Hist. Græc.*, lib. ii.

3. Just., lib. v, cap. ix. 4. Xenoph., *Hist. Græc.*, lib. ii. 5. *Id., ibid.*

déchirer pour les maîtres. Les Trois-Mille[a], mécontents de leurs anciens tyrans, en élurent dix autres qui ne se conduisirent pas moins criminellement que les premiers. Les Trente et leur faction s'enfuirent à Éleusine [1].

CHAPITRE VII.

ABOLITION DE LA TYRANNIE. RÉTABLISSEMENT DE L'ANCIENNE CONSTITUTION.

C'étoit une maxime du peuple libre de Sparte de soutenir partout la tyrannie. Si le principe n'est pas généreux, du moins est-il naturel. Nous cherchons à être heureux, mais nous ne pouvons souffrir le bonheur dans nos voisins. Les hommes ressemblent à ces enfants avides qui, non contents de leurs propres hochets, veulent encore saisir ceux des autres [b]. Les Lacédémoniens volèrent au secours des Trente. Lysander bloqua le Pirée [2]; c'en étoit fait des émigrés athéniens, lorsque les passions humaines vinrent les sauver et rendre la paix à leur patrie.

Pausanias, roi de Sparte, jaloux de la gloire de Lysander, eut l'adresse de se faire envoyer à Athènes avec une armée. Il livra un combat pour la forme à Thrasybule, et en même temps l'invita sous main à députer à Sparte quelques-uns de ses amis.

Ceux-ci y conclurent un traité par lequel la tyrannie fut abolie et l'ancien gouvernement rétabli dans sa première forme. Cette heureuse nouvelle étant apportée à Athènes, les partis se réconcilièrent, et Thrasybule, après avoir offert un sacrifice à Minerve, termina ainsi le discours qu'il adressoit à l'ancienne faction des Trente et des Dix: « Pourquoi voulez-vous nous commander, citoyens? Valez-vous mieux que nous? Avons-nous, quoique pauvres, convoité vos biens? et ne commîtes-vous pas mille crimes pour nous dépouiller des nôtres?... Je ne veux point rappeler le passé, mais apprenez de nous que souvent l'opprimé a plus de foi et de vertu que l'oppresseur. »

Les Trente et les Dix, retirés à Éleusine, voulurent encore lever des troupes pour se rétablir. Un tyran dans l'impuissance est un tigre muselé qui n'en devient que plus féroce. On marcha à ces misérables. Ils furent massacrés dans une entrevue. Ceux qui les avoient suivis firent un accommodement avec les vainqueurs, et une sage amnistie ferma toutes les plaies de l'État [3].

[a] Lisez les Cinq-Mille. (N. ÉD.)   1. Xénoph., *Hist. Græc.*, lib. II.
[b] Qui avoit pu me donner une idée aussi abominable de la nature humaine! (N. ÉD.)
2. Xénoph., *Hist. Græc.*, lib. II.   3. *Id., ibid.*

CHAPITRE VIII.

UN MOT SUR LES ÉMIGRÉS.

Je me suis fait une question en écrivant le règne des Trente. Pourquoi élève-t-on Thrasybule aux nues, et pourquoi ravale-t-on les émigrés françois au plus bas degré? Le cas est rigoureusement le même. Les fugitifs des deux pays, forcés à s'exiler par la persécution, prirent les armes sur des terres étrangères en faveur de l'ancienne constitution de leur patrie. Les mots ne sauroient dénaturer les choses : que les premiers se battissent pour la démocratie, les seconds pour la monarchie, le fait reste le même en soi. Ces différences d'opinions sur des objets semblables naissent de nos passions : nous jugeons le passé selon la justice, le présent selon nos intérêts.

Les émigrés françois, comme toute chose en temps de révolution, ont de violents détracteurs et de chauds partisans. Pour les uns ce sont des scélérats, le rebut et la honte de leur nation : pour les autres, des hommes vertueux et braves, la fleur et l'honneur du peuple françois. Cela rappelle le portrait des Chinois et des Nègres : tout bons, ou tout méchants. Si l'on convient qu'un grand seigneur peut être un fripon, qu'un royaliste peut être un malhonnête homme, cela ne suffit pas actuellement : un ci-devant gentilhomme est de nécessité un scélérat. Et pourquoi? Parce qu'un de ses ancêtres, qui vivoit du temps du roi Dagobert, pouvoit obliger ses vassaux à faire taire les grenouilles de l'étang voisin, lorsque sa femme étoit en couches.

Un bon étranger, au coin de son feu, dans un pays bien tranquille, sûr de se lever le matin comme il s'est couché le soir, en possession de sa fortune, la porte bien fermée, des amis au dedans et la sûreté au dehors, prononce, en buvant un verre de vin, que les émigrés françois ont tort et qu'on ne doit jamais quitter sa patrie; et ce bon étranger raisonne conséquemment. Il est à son aise, personne ne le persécute, il peut se promener où il veut sans crainte d'être insulté, même assassiné; on n'incendie point sa demeure, on ne le chasse point comme une bête féroce, le tout parce qu'il s'appelle Jacques et non pas Pierre, et que son grand-père, qui mourut il y a quarante ans, avoit le droit de s'asseoir dans tel banc d'une église, avec deux ou trois arlequins en livrée derrière lui[a]. Certes, dis-je, cet étranger pense qu'on a tort de quitter son pays.

---

[a] Je ne sais si cette manière de défendre mes compagnons d'infortune leur plaisoit beaucoup. (N. ÉD.)

C'est au malheur à juger du malheur. Le cœur grossier de la prospérité ne peut comprendre les sentiments délicats de l'infortune. Nous nous croyons forts au jour de la félicité; nous nous écrions : « Si nous étions dans cette position, nous ferions comme ceci, nous agirions de cette manière. » L'adversité vient-elle, nous sentons bientôt notre foiblesse, et avec des larmes amères nous nous rappelons les vaines forfanteries et les paroles frivoles du temps du bonheur.

Si l'on considère sans passion ce que les émigrés ont souffert en France, quel est l'homme maintenant heureux qui mettant la main sur son cœur ose dire : « Je n'eusse pas fait comme eux ? »

La persécution commença en même temps dans toutes les parties de la France; et qu'on ne croie pas que l'opinion en fut la cause. Eussiez-vous été le meilleur patriote, le démocrate le plus extravagant, il suffisoit que vous portassiez un nom connu pour être noble, pour être persécuté, brûlé, lanterné : témoin les Lameth et tant d'autres, dont les propriétés furent dévastées, quoique révolutionnaires et de la majorité de l'Assemblée constituante.

Des troupes de sauvages, excitées par d'autres sauvages, sortirent de leur antre. Un malheureux gentilhomme, dans sa maison de campagne, voyoit tour à tour accourir les paysans effrayés : « Monsieur, on sonne le tocsin; monsieur, les voici; monsieur, ils ont résolu de vous tuer; monsieur, fuyez, fuyez, ou vous êtes perdu !... » Au milieu de la nuit, réveillés par des cris de feu et de meurtre, si ces infortunés, échappés à travers mille périls de leurs châteaux réduits en cendres, vouloient, avec leurs épouses et leurs enfants à demi nus, se retirer dans les villes voisines, ils étoient reçus avec les cris de mort : « A la lanterne, l'aristocrate ! » Aussitôt la municipalité en ruban rouge, et à la tête de la populace, venoit, dans une visite solennelle, examiner s'ils n'avoient point d'armes. Que malheureusement un vieux couteau de chasse rouillé, un pistolet sans batterie, se trouvassent en leur possession, les vociférations de *traîtres*, de *conspirateurs*, de *scélérats* retentissoient de toutes parts. Ici on les traînoit à la Maison commune, pour rendre compte de prétendus discours contre le peuple; là, pour avoir entendu la messe, selon la foi de leurs pères; ailleurs, on les surchargeoit de taxes arbitraires, par d'infâmes décrets qui les obligeoient de payer sur le pied de leurs anciennes rentes, tandis que d'autres décrets, en abolissant ces rentes mêmes, ne leur avoient quelquefois rien laissé : taxes qui souvent surpassoient le revenu de la terre entière[1], tant ils étoient absurdes et méchants !

---

1. Ceci est arrivé à la mère de l'auteur. Pour payer les taxes de 1791 elle fut obligée d'ajouter au revenu de la terre taxée six mille livres de sa poche.

Dans l'abandon général et la persécution attachée à leurs pas, il restoit aux gentilshommes une ressource : la capitale. Là, perdus dans la foule, ils espéroient échapper par leur petitesse, contents de dévorer en paix dans quelque coin obscur le triste morceau de pain qui leur restoit : il n'en fut pas ainsi.

Il semble que l'on fit tout ce que l'on put pour les forcer à s'expatrier, et plusieurs pensent que c'étoit un plan de l'Assemblée pour s'emparer de leurs biens. Ces victimes dévouées étoient obligées de quitter Paris dans un certain temps donné. Le matin ils voyoient leur hôtel marqué de rouge ou de noir, signe de meurtre ou d'incendie. Ce fut alors qu'ils se trouvèrent dans une position si horrible que j'essayerois en vain de la peindre. Où aller? où fuir? où se cacher? Réduits à la plus profonde misère, encore pleins de l'amour de la patrie, on les vit à pied, sur les grands chemins, retourner dans les villes de province, où, plus connus, ils éprouvèrent tout ce qu'une haine raffinée peut faire souffrir. D'autres rentrèrent dans les ruines de leurs châteaux dévastés par la flamme. Ils y furent saisis et assassinés; quelques-uns rôtis, comme sous le roi Jean, à la vue de leur famille; plusieurs y virent leurs épouses violées avec la plus inhumaine barbarie. En vain les malheureux gentilshommes qui survécurent crioient : Nous sommes patriotes, nous vous cédons nos biens, notre vêtement, notre demeure; on insultoit à leurs cris, on redoubloit de rage : le désespoir les prit, et ils émigrèrent.

Voilà une partie des raisons sans réplique de l'émigration. Qui seroit assez absurde pour se laisser prendre aux déclamations des révolutionnaires, qui joignent la moquerie à la férocité, en condamnant des misérables sur un principe qu'ils ne leur ont pas permis de suivre? Vous m'assassinez, et vous m'appelez un traître si je crie! Vous mettez le feu à ma maison, et vous me condamnez à mort parce que je me sauve par la fenêtre! Et quel droit avez-vous de me punir comme déserteur? Laissant un moment à part votre barbarie, ne m'avez-vous pas, par des décrets multipliés, rendu incapable de toutes fonctions? Ne m'avez-vous pas condamné à la plus parfaite inactivité sous les peines les plus sévères? Et vous osez dire que la patrie avoit besoin de moi? Grand Dieu! quand la pudeur est perdue jusqu'à cet excès, tout raisonnement est inutile. Comme le philosophe dont parle Jean-Jacques, nous nous bouchons les oreilles, de peur d'entendre le cri de l'humanité, et nous argumentons.

Mais c'est dans cette conduite même que je découvre la vraie raison qui nous force à calomnier les émigrés. Nous avons été cruels envers eux: ils sont malheureux, et leur misère nous est à charge. Quand les hommes ont commis ou veulent commettre une injustice, ils commencent par accuser la victime : lorsqu'on jetoit des enfants dans le bûcher à Carthage, on faisoit battre les tambours et sonner les trompettes. Lorsqu'on m'a dit : Tel se plaint violemment de vous, j'en ai toujours conclu que ce tel méditoit de me faire quelque mal, ou que je lui avois fait du bien [a].

CHAPITRE IX.

DENYS LE JEUNE.

D'autres scènes nous appellent à Syracuse. Après avoir considéré longtemps des républiques, nous allons examiner des monarchies. Au reste, ce sont les mêmes passions, les mêmes vices, les mêmes vertus que nous retrouverons sous des appellations différentes. Le bandeau royal, celui de la religion, le bonnet de la liberté, peuvent déformer plus ou moins la tête des hommes, mais le cœur reste toujours le même.

Tandis que la tyrannie s'étoit glissée à Athènes, elle avoit aussi levé l'étendard en Sicile. Tranquille possesseur d'une autorité usurpée par la ruse, Denys l'ancien soutint trente-huit années sa puissance par des vices et des vertus : avec les premiers il extermina ses ennemis; avec les secondes il rendit son joug supportable [1] : en cela, comme Auguste, il proscrivit et régna.

A sa mort, son fils le remplaça sur le trône. Esprit médiocre, il ne se distinguoit de la foule que par l'habit qu'il portoit et le rang où le sort l'avoit fait naître. De même que plusieurs autres princes du monde ancien et du monde moderne, c'étoit un bon et aimable jeune homme, qui savoit caresser une femme, boire du Chio, rire agréablement, et qui croyoit qu'il suffisoit de s'appeler Denys et de ne faire de mal à personne pour être à la tête d'une nation [2].

---

[a] Ces sentiments de misanthropie sont ici plus excusables. Il faut dire, pour être juste, que toute l'émigration ne fut pas produite par la violence comme je l'avance ici, qu'une grande partie de cette émigration fut volontaire. La noblesse de province surtout, et les officiers de l'armée, émigrèrent par le plus noble sentiment d'honneur, et pour se réunir sous le drapeau blanc qu'avoient emporté leurs princes légitimes. Quel François fût resté dans ses foyers lorsqu'on lui envoyoit une quenouille? En défendant les émigrés, je ne défendois ma cause que sous le rapport de la fidélité et des souffrances, car mes opinions politiques n'étoient point représentées par celles de l'émigration. (N. ÉD.)

1. Diod., lib. xi-xv; *in Moral.; Id. in Dion.*
2. Diod., lib. xvi, p. 410; Plut., *in Dion., in Timol.;* Athen., lib. x, p. 436; Plat., *Epist.* vii.

Denys eût trouvé très-doux de jouer ainsi le roi à Syracuse ; et peut-être les peuples l'auroient-ils souffert, car, après tout, il importe peu qui nous gouverne [a]. Malheureusement le nouveau prince avoit un oncle philosophe [1].

[a] Je veux dire que tout gouvernement dans ce bas monde est une chose détestable, et que la perfection seroit de vivre pêle-mêle, sans aucune forme de gouvernement. Ces chapitres sont bien plus difficiles à combattre et à réfuter que les chapitres de la première partie, et ils sont bien plus dangereux que toutes les niaiseries anti-religieuses de l'*Essai*. Me croyant près de mourir, ayant pris les hommes en horreur par les crimes révolutionnaires, n'estimant point ce qui avoit précédé la révolution; n'aimant point ce qui l'avoit suivie, mes opinions intérieures alloient tout droit à l'anarchie et à la destruction de la société. Dans ma verve satirique, je n'épargnois pas plus les morts que les vivants, les anciens que les modernes, et je vais troubler les cendres de Pompée et de César, de Cicéron et de Brutus. (N. ÉD.)

1. Il faut bien se donner de garde, en lisant l'histoire ancienne, de tomber dans l'enthousiasme. Il y a toujours beaucoup à rabattre des idées exaltées que nous nous faisons des Grecs et des Romains. Dion étoit sans doute un grand homme; mais, au rapport de Platon même, il avoit beaucoup de défauts. Voici comme Cicéron parle de Pompée dans ses lettres à Atticus : « Tuus autem ille amicus, nos, ut ostendit, admodum diligit, amplectitur, amat, aperte laudat; occulte, sed ita ut perspicuum sit, invidet nihil come, nihil simplex, nihil ἐν τοῖς πολιτικοῖς honestum (in reb. quæ sunt reip.), nihil illustré, nihil forte, nihil liberum. » Et c'est ce même homme pour lequel le même Cicéron a écrit l'oraison *Pro lege Manilia*! Et ce fameux Brutus, ce vertueux régicide, vraisemblablement assassin de son père, dont Plutarque et tant d'autres nous ont laissé de si magnifiques éloges! Brutus avoit prêté de l'argent aux habitants de Salamine, et il veut que Cicéron force ces malheureux citoyens de payer l'intérêt de cette somme à quatre pour cent par mois, tandis que les plus grands usuriers, dit l'orateur romain, qui est justement révolté de la proposition, se contentent d'un pour cent! Brutus met dans ses sollicitations au sujet de cette affaire toute la chaleur et l'aigreur d'un malhonnête homme, jusque là qu'il cherche à faire nommer à la préfecture un misérable qui avoit tenu assiégés pour dettes, avec un parti de cavalerie, les sénateurs de Salamine, dont trois cents étoient morts de faim; et Brutus espère qu'une seconde exécution militaire lui fera obtenir son argent. « Je suis fâché, ajoute Cicéron, de trouver votre ami (Brutus) si différent de ce que je le croyois. » C'est dans ces mêmes lettres de Cicéron à Atticus qu'on lit cette anecdote, fort peu connue et qui mérite bien de l'être. Le trait est d'autant plus odieux, que Brutus réclamoit cet argent au nom de deux de ses amis, quoiqu'il lui appartînt réellement.

Quant au bon Cicéron lui-même, ses propres ouvrages et sa vie, écrite par Plutarque, nous font assez connoître ses foiblesses. Il est amusant de voir de quel air César lui écrivoit au sujet des guerres civiles : « Mon cher Cicéron, lui mande le tyran, restez tranquille; un bon citoyen comme vous ne doit se mêler de rien. » Et le pauvre Cicéron se désole. « Eh ! que deviendrai-je, mon cher Atticus, si j'allois être arrêté avec mes licteurs! Ah! grands dieux! on débite les plus mauvaises nouvelles! Si j'étois à ma maison de Tusculum! Mais je veux me retirer dans une île de la Grèce. Antoine ne le voudra pas. Que faire? etc. » Et il écrit une belle lettre à Antoine, qui arrive dans une litière avec trois comédiennes; ensuite il prononce les Philippiques, et Antoine montre la malheureuse lettre. Pour ce qui est de César, il

Dion commit une grande erreur : il méconnut le génie de Denys. Amant de la philosophie, il s'imagina que chacun devoit en avoir le goût comme lui. En voulant forcer le tyran de Sicile à s'élever au-dessus des bornes que la nature lui avoit prescrites, il ne fit que lui mettre mille idées indigestes dans la tête, et peut-être lui donner des vices dont les semences n'étoient pas dans son cœur. Savoir bien juger d'un homme, du langage qu'il faut lui parler, est un art extrêmement difficile. Un esprit d'un ordre supérieur est trop porté à supposer dans les autres les qualités qu'il se trouve, et va se communiquant sans cesse, sans s'apercevoir qu'il n'est pas entendu. C'est une nécessité absolue pour l'homme de génie de sacrifier à la sottise; quelqu'un me disoit qu'il se voyoit prodigieusement recherché de la société, parce qu'il étoit toujours plus nul que son voisin [a].

La réputation de Platon s'étendoit alors dans toute la Grèce. Dion persuada à Denys d'attirer le philosophe en Sicile[1]. Celui-ci, après quelques difficultés, consentit à venir donner des leçons au jeune prince[2]. Bientôt la cour se transforma en une académie; Denys du soir au matin argumentoit du meilleur et du pire des gouvernements[3]; mais il se lassa enfin de déraisonner sur ce qu'il ne comprenoit pas. Les courtisans murmurèrent; les soldats ne se soucioient pas beaucoup du *monde d'idées*[4], et la vertu philosophique étoit trop chaste pour le tyran. Dion fut exilé, et Platon le rejoignit peu de temps après en Grèce[5].

Le moraliste eut à peine quitté Syracuse, que Denys brûla du désir de le revoir. Dans les rois les désirs sont des besoins. Cette fois-ci

ne se cachoit point de ses vices. La proclamation de son collègue Bibulus : « Bithynicam reginam, eique regem antea fuisse cordi, nunc esse regnum; » et les vers des soldats :

> Gallias Cæsar subegit, Nicomedes Cæsarem :
> Ecce Cæsar nunc triumphat qui subegit Gallias;
> Nicomedes non triumphat, quæ subegit Cæsarem,

apprennent assez les désordres de la reine de Bythinie. Auguste, après avoir proscrit ses concitoyens dans sa jeunesse et obligé le père et le fils à mourir de la main l'un de l'autre, se faisoit amener dans sa vieillesse les jeunes vierges de ses États. Voilà les grands hommes de Rome. Je ne parle ni des Néron, ni des Tibère. Il paroît cependant singulier que Suétone n'ait pas rapporté ce que Tacite nous apprend du commerce incestueux d'Agrippine et de son fils, lui qui étoit si curieux de pareilles anecdotes.

[a] Je traite le public comme mon camarade; je le prends par le bras, je lui raconte familièrement ce que *quelqu'un* m'a dit ou ne m'a pas dit. Il est impossible d'être plus à l'aise. (N. ÉD.)

1. PLUT., *in Dion.*   2. *Id., ib.*   3. PLUT., *Epist.* VII, t. III.
4. PLUT., *in Tim.*, p. 29.   5. PLUT., *in Dion.*; PLAT., *Epist.* III.

il fallut que les philosophes de la Grande-Grèce engageassent pour sûreté leur parole au vieillard de l'Académie. Il y a je ne sais quoi d'aimable et de touchant dans cet intérêt de tout le corps des sages en un de leurs membres : lorsque Jean-Jacques fuyoit de pays en pays [a], peu importoit aux savants de la France, de l'Angleterre [1] et de l'Italie.

Platon, de retour auprès du tyran, voulut obtenir de lui le rappel de Dion [2]. Non-seulement Denys se montra inexorable, mais, sous un prétexte frivole, confisqua les biens de celui-ci, que jusque alors il avoit respectés [3]. Le philosophe, piqué de l'injustice qu'on faisoit à son ami, demanda la permission de se retirer; il l'obtint avec beaucoup de peine [4]. Le prince, demeuré seul avec ses vices et ses courtisans, se replongea dans les excès du despotisme et de la débauche. La mesure des maux du peuple monta à son comble et l'heure de la vengeance approchoit.

CHAPITRE X.

EXPÉDITION DE DION. FUITE DE DENYS. TROUBLES A SYRACUSE.

Dion, dépouillé de ses biens, et blessé au cœur par le divorce de son épouse, que Denys avoit donnée en mariage à l'un de ses favoris, résolut d'arracher la Sicile à la tyrannie [5]. Il se mit en mer avec deux vaisseaux et huit cents hommes [6] pour attaquer un prince qui

---

[a] Les prétendues persécutions éprouvées par Rousseau étoient pour la plus grande partie dans sa tête. Il fut condamné, il est vrai, pour quelques-uns de ses ouvrages, mais plusieurs autres écrivains dans le même cas se moquoient d'une condamnation qui ne faisoit qu'accroître leur renommée et dont la plus grande rigueur se réduisoit à prononcer quelques jours d'arrêts au château de Vincennes. Je ne veux pas dire qu'on n'avoit pas eu grand tort de décréter Rousseau de prise de corps : j'aime trop la liberté individuelle et la liberté de la pensée pour ne pas en revendiquer les droits; mais je dis qu'il ne faut rien exagérer, et qu'il n'est pas juste de donner le nom de *proscription*, d'*exil*, à ce qui n'avoit dans le fond rien de ce caractère odieux. (N. ÉD.)

1. Il y auroit de l'injustice à oublier que Hume donna l'hospitalité à Jean-Jacques; qu'il trouva dans le duc de Portland la protection d'un Mécène et les lumières de la philosophie; enfin, que S. M. britannique elle-même accorda une pension honorable à l'illustre réfugié.

2. PLAT., *Epist.* VII.   3. PLUT., *in Dion.*   4. *Id., ib.*
5. PLAT., *Epist.* VII; PLUT., *in Dion.*   6. DIOD., lib. VI, p. 413.

pos édoit des escadres et des armées[1] : mais il comptoit sur les vices du roi de Syracuse et sur l'inconstance du peuple : il ne s'étoit pas trompé.

Tout réussit : Denys se trouvoit absent, les Syracusains se soulevèrent. Dion entra dans la cité, et proclama le rétablissement de la

---

1. Mais Denys étoit alors sans finances, grande cause des révolutions[*]. On trouvera dans cet *Essai* trois ou quatre chapitres où il y a quelques recherches sur le système comparé des finances des anciens et des modernes. Ce sujet est obscur et m'a donné beaucoup de travail, ayant suivi pas à pas, autant que le sujet me l'a permis, l'état des impôts, des prêts, des opérations fiscales, depuis les premiers temps de l'histoire jusqu'à nos jours. On verra qu'il n'est pas improbable que les lettres de change ne fussent connues des anciens, et qu'en cela, comme en toute autre chose, notre supériorité n'est pas considérable. Quant au papier-monnoie, nous n'avons guère de quoi nous vanter, son usage a toujours été calamiteux. La France en présente un grand exemple; l'Amérique avoit été désolée auparavant par ce fléau. En 1775, le congrès décréta l'émission de bills de crédit pour la somme de deux millions de dollars, qui devoient être retirés graduellement de la circulation par des taxes, le premier retrait étant fixé au 31 novembre 1779. Plusieurs autres émissions suivirent; et au mois de février 1776, il y avoit déjà pour vingt millions de dollars en bills dans les États-Unis.

L'enthousiasme du peuple les soutint pendant quelque temps en paix; mais enfin, l'intérêt l'emportant sur le patriotisme, ils commencèrent à perdre. Le congrès continuant à multiplier le papier, la somme totale s'éleva bientôt à deux cent millions de dollars. Outre cette masse énorme, chaque État avoit encore ses bills particuliers, comme les départements de France leurs petits assignats. En 1779, les bills perdant vingt-sept et vingt-huit pour un, le congrès voulut avoir recours à un expédient que la Convention a employé depuis dans l'opération de ses mandats : c'étoit de remplacer l'ancien papier par le nouveau. Le premier devoit être brûlé progressivement, tandis que le second auroit été émis dans la proportion de vingt à un avec l'autre; en sorte que les deux cent millions de dollars en bills continentals se seroient trouvés rachetés par dix millions. L'opération étoit trop fallacieuse pour réussir, et le papier continua de tomber de plus en plus. Alors le congrès mit en usage pour soutenir ses bills tous les moyens dont se sont servis les révolutionnaires françois pour supporter leurs assignats. Il fixa un maximum au prix des denrées, à celui des journées d'ouvrier. Les dettes contractées en argent furent déclarées payables en papier; d'autres lois forçoient le marchand à recevoir les bills à leur valeur nominale, de vendre au même taux pour du papier que pour de l'argent; les biens des royalistes furent mis

---

[*] On a généralement cru, quand j'ai parlé de finances à la tribune, ou quand j'ai mieux fait pour mon pays, quand je me suis tu sur des opérations désastreuses, on a généralement cru que je commençois, comme tant d'autres, mon éducation financière. On s'est trompé : cette note de l'*Essai* et plusieurs passages de ce même ouvrage le prouveront. L'étude et la langue des finances me sont familières depuis longtemps; j'en avois pris le goût en Angleterre. En arrivant aux affaires dans mon pays, je n'étois étranger à aucune partie essentielle des devoirs que j'avois à remplir. Je ne sais si j'aurois été un bon ministre des finances, mais j'aurois pu avoir du moins cette ressemblance avec M. Pitt : l'État eût peut-être été obligé de faire les frais de mon enterrement. La maison de ce grand ministre étoit dans un complet désordre : tout le monde le voloit, et il ne pouvoit parvenir à régler les mémoires de sa blanchisseuse; je suis plus fort que tout cela. (N. ÉD.)

république[1]. Le tyran, accouru au bruit de cette nouvelle, hasarda une action, où il fut défait. Après plusieurs pourparlers, il se retira en Italie, laissant la citadelle, dont il avoit eu le bonheur de s'emparer, entre les mains de son fils[2].

Cependant la division régnoit dans la ville. Les uns soutenoient Dion, leur libérateur; les autres s'attachoient à Héraclide, qui proposoit des mesures populaires[3]. Celui-ci l'emporte, et Dion, poursuivi par les plus ingrats de tous les hommes, est obligé de se retirer avec un petit nombre d'amis fidèles au milieu d'une populace furieuse, prête à le déchirer[4].

Ce grand patriote avoit à peine abandonné Syracuse, que le parti de Denys, toujours bloqué dans la citadelle, fait une vigoureuse sortie, force les lignes des assiégeants, et les citoyens, épouvantés, députent humblement vers Dion, qui a la magnanimité de revenir à leur secours[5].

Il s'avançoit au milieu de la nuit vers la capitale, lorsqu'il reçoit tout à coup des courriers qui lui apportent l'ordre de se retirer de nouveau. Les soldats de Denys étoient rentrés dans la citadelle; le peuple, toujours lâche, avoit repris son audace; et le parti d'Héraclide, s'étant saisi des portes de la ville, comptoit en disputer l'entrée à la troupe de Dion[6].

Cependant un bruit sourd vient, roulant de proche en proche. Bientôt des cris affreux se font entendre. Des hurlements confus, des sons aigus, entrecoupés de grands silences, durant lesquels on distingue quelque voix lamentable et solitaire, comme d'un homme égorgé dans une rue écartée; enfin, tout l'effroyable murmure d'une ville en insurrection et en proie à l'ennemi monte à la fois dans les airs[7].

à l'encan. L'effet de ces mesures coercitives fut de créer la disette, de ruiner les propriétaires et de répandre l'immoralité. Il fallut bientôt rappeler ces décrets, et les bills, perdant quatre cents pour un en 1781, cessèrent enfin de circuler.

Ainsi s'opéra la banqueroute. C'est une chose extraordinaire, mais prouvée, que la chute d'un papier-monnoie n'a jamais opéré de grands mouvements dans un État: on en voit plusieurs raisons. A la première émission d'un papier, il a ordinairement toute sa valeur. Celui qui le reçoit alors, loin d'éprouver une perte, assez souvent y fait un gain. Lorsque le discrédit commence, le billet a changé de main; le capitaliste qui l'a reçu à perte le passe à un autre avec cette même perte; et le papier continue ainsi de circuler, pris et rendu au prix de change lors de la négociation; en sorte que la diminution est insensible d'un individu à l'autre. Il n'y a à souffrir considérablement que pour le créancier et celui entre les mains duquel le papier expire. Quant à l'État, les fortunes ayant seulement changé de main, il s'y trouve la même quantité de propriétaires qu'auparavant, et l'équilibre est conservé.

1. Plut., in Dion. 2. Id., ib. 3. Id., ib. 4. Id., ib.
5. Plut., in Dion.; Diod. Sic., lib. xvi. 6. Plut., in Dion. 7. Id., ib.

Un incendie général vient éclairer les horreurs de cette nuit, que le pinceau seul de Virgile[1] pourroit rendre. Les teintes scarlatines et mouvantes du ciel annoncent à Dion, encore loin dans la campagne[2], l'embrasement de la patrie. Un messager arrive à la hâte; il apprend aux soldats du philosophe guerrier que la garnison de la citadelle a fait une seconde sortie; qu'elle égorge femmes, enfants, vieillards; qu'elle a mis le feu à la ville; que le parti même d'Héraclide sollicite Dion de précipiter sa marche, et d'étouffer, dans le danger commun, tout ressentiment des injures passées[3].

Dion ne balance plus. Il entre dans Syracuse avec sa petite troupe de héros, aux acclamations des citoyens prosternés à ses pieds, qui le regardoient non comme un homme, mais comme un dieu, après leur ingratitude. Le philosophe patriote s'avançoit dans les rues à travers mille dangers, sur les cadavres des habitants massacrés, à la réverbération des flammes, entre des murs rouges et crevassés, tantôt plongé dans des tourbillons de fumée et de cendres brûlantes, tantôt exposé à la chute des toits et des charpentes embrasés qui crouloient de toutes parts autour de lui[4].

Il parvint enfin à la citadelle, où les troupes du tyran s'étoient rangées en bataille. Il les attaque, les force de se renfermer dans leur repaire, d'où elles ne sortirent plus que pour remettre la place, par capitulation, entre les mains des citoyens de Syracuse[5].

Dion, ayant rétabli le calme dans sa patrie, ne jouit pas longtemps du fruit de ses travaux[6]. Il périt assassiné[7], après s'être lui-même rendu coupable d'un assassinat. Callippe, le meurtrier, fut à son tour chassé par le frère de Denys, et Denys lui-même, sortant de sa retraite après dix ans d'interrègne, remonta sur le trône[8].

---

1. La description que les historiens nous ont laissée de l'embrasement de Syracuse a tant de traits de ressemblance avec celui de Troie, décrit par Virgile, qu'il ne me paroît pas impossible que ce poëte, dont on connoît d'ailleurs la vérité, et qui, ayant passé une partie de sa vie à la vue de la Sicile, devoit s'en rappeler sans cesse l'histoire, n'ait emprunté plusieurs choses de cet événement pour le second chant de son *Énéide;* à moins qu'on ne suppose que les historiens qui ont écrit après lui n'aient eux-mêmes imité l'épique latin.

2. A environ deux lieues.   3. Plut., *in Dion.*   4. *Id., ib.*   5. *Id., ib.*

6. Dion avoit entrepris avec les philosophes platoniciens d'établir en Sicile une de ces républiques idéales qui font tant de mal aux hommes. C'est peut-être la seule fois qu'on ait tenté de former le gouvernement d'un peuple sur des principes purement abstraits. Les François ont voulu faire la même chose de notre temps. Ni Dion ni les théoristes de France n'ont réussi, parce que le vice étoit dans les mœurs des nations. Il est presque incroyable combien l'âge philosophique d'Alexandre ressemble au nôtre.

7. Plut., *in Dion.*   8. Diod., lib. xvi, p. 532.

Platon connut mieux que Dion les hommes de son siècle. Il lui prédit qu'il ne causeroit que des maux, sans réussir[1]. C'est une grande folie que de vouloir donner la liberté républicaine à un peuple qui n'a plus de vertu. Vous le traînez de malheur en malheur, de tyran en tyran, sans lui procurer l'indépendance. Il me semble qu'il existe un gouvernement particulier, pour ainsi dire naturel à chaque âge d'une nation : la liberté entière aux sauvages, la république royale aux pasteurs, la démocratie dans l'âge des vertus sociales, l'aristocratie dans le relâchement des mœurs, la monarchie dans l'âge du luxe, le despotisme dans la corruption. Il suit de là que lorsque vous voulez donner à un peuple la constitution qui ne lui est pas propre, vous l'agitez sans parvenir à votre but, et il retourne tôt ou tard au régime qui lui convient, par la seule force des choses[a]. Voilà pourquoi tant de prétendues républiques se transforment tout à coup en monarchie sans qu'on en sache bien la raison : de tel principe, telle conséquence; de telles mœurs, tels gouvernements. Si des hommes vicieux bouleversent un État, quels que soient d'ailleurs leurs prétextes, il en résulte le despotisme. Les tyrans sont les remords des révolutions des méchants.

CHAPITRE XI.

NOUVEAUX TROUBLES A SYRACUSE. TIMOLÉON. RETRAITE DE DENYS.

Denys ne resta que deux années en possession de son trône. Les intraitables Syracusains se soulevèrent de nouveau. Ils appelèrent à leur secours un tyran voisin, nommé Icétas[2]. Celui-ci, loin de com-

---

1. PLAT., *Epist.* VII.

[a] Je combats ici avec avantage cette fureur de donner à des peuples des constitutions uniformes sans s'embarrasser du degré de civilisation où ces peuples sont parvenus. J'ai tenu le même langage à la tribune depuis dix ans, soit comme membre de l'opposition, soit comme ministre, souhaitant à toutes les nations une liberté mesurée sur l'étendue de leurs lumières. C'est le seul moyen d'élever les hommes à la liberté complète : autrement on échoue dans tout ce que l'on prétend faire pour cette liberté. Ma vieille raison approuve donc aujourd'hui ce que ma jeune raison disoit dans cette page il y a trente années; je ferai seulement observer que, raisonnant toujours ici d'après le système des républiques anciennes, et fondant la liberté uniquement sur les mœurs, j'oublie cette autre liberté qu'amènent les progrès de la civilisation. (N. ÉD.)

2. DIOD., lib. XVI, p. 457-479 ; PLUT., *in Timol.*

battre pour la liberté de la Sicile, ne cherchant qu'à se substituer à Denys, traita sous main avec les Carthaginois. Bientôt la flotte punique parut à la vue du port. L'ancien tyran étoit alors renfermé dans la citadelle, où il se défendoit contre le nouveau maître de la ville. Dans cette conjoncture, les citoyens opprimés envoyèrent demander du secours à Corinthe, leur mère patrie, et contre Denys, et contre Icétas et ses alliés[1]. Les Corinthiens, touchés des malheurs de leur ancienne colonie, firent partir Timoléon avec dix vaisseaux[2]. Le grand homme aborda en Sicile, et remporta un avantage sur Icétas. Denys, voyant s'évanouir ses espérances, se rendit au général corinthien, qui fit passer en Grèce, sur une seule galère, sans suite, avec une petite somme d'argent, celui qui avoit possédé des flottes, des trésors, des palais, des esclaves, et un des plus beaux royaumes de l'antiquité.

Peu de temps après Timoléon se trouva maître de Syracuse, battit les Carthaginois, et, appelant le peuple à la liberté, fit publier qu'on eût à démolir les citadelles des tyrans[3]. Les Syracusains se précipitent sur ces monuments de servitude; ils les nivellent à la terre; et fouillant jusque dans les sépulcres des despotes, dispersent leurs os dans les campagnes, comme on suspend dans les moissons la carcasse des bêtes de proie pour épouvanter leurs semblables[a]. On érigea des tribunaux de justice nationale sur l'emplacement même de cette forteresse, d'où émanoient les ordres arbitraires des rois. Leurs statues furent publiquement jugées et condamnées à être vendues. Une seule, celle de Gélon, fut acquittée par le peuple[4]. Le bon, le patriote Henri IV, qui n'étoit pas comme Gélon un usurpateur, n'a pas échappé aux républicains de la France. Les anciens respectoient la vertu, même dans leurs ennemis; et ceux qui accordèrent les honneurs de la sépulture à l'étranger Mardonius n'auroient pas laissé les cendres d'un Turenne, leur compatriote, au milieu d'une ostéologie de singes. Nous avons beau nous élever sur la pointe des pieds pour imiter les géants de la Grèce, nous ne serons jamais que de petits hommes[b].

1. Diod., lib. xvi, p. 467-470; Plut., *in Timol.*
2. Plut., *in Timol.*; Diod., lib. xvi, p. 462.
3. Plut., *in Timol.*

[a] L'image n'est que trop juste; mais il ne faut pas pousser la haine de la tyrannie jusqu'à approuver la violation des tombeaux. (N. ÉD.)

4. Diod., lib. xvi, p. 462; Plut., *in Timol.*

[b] C'est beaucoup d'humeur avec quelque vérité. Le sentiment d'indépendance qui respire dans toutes ces pages ne nuisoit point, comme on le voit, à mon attachement pour la famille de mes rois légitimes. On ne peut condamner plus sincèrement les excès révolutionnaires et aimer plus franchement la liberté. (N. ÉD.)

CHAPITRE XII.

DENYS A CORINTHE. LES BOURBONS.

Cependant Denys étoit arrivé à Corinthe. On s'empressa de venir repaître ses regards du spectacle d'un monarque dans l'adversité. Nous chérissons moins la liberté que nous ne haïssons les grands, parce que nous ne pouvons souffrir le bonheur dans les autres, et que nous nous imaginons que les grands sont heureux. Comme les rois semblent d'une autre espèce que le reste de la foule, au jour de l'affliction ils ne trouvent pas une larme de pitié. Voilà donc, dit chacun en soi-même, cet homme qui commandoit aux hommes, et qui d'un coup d'œil auroit pu me ravir la liberté et la vie. Toujours bas, nous rampons sous les princes dans leur gloire, et nous leur crachons au visage lorsqu'ils sont tombés[a].

Qu'eût dû faire Denys dans ses revers? Il eût dû savoir que les tigres et les déserts sont moins à craindre pour les misérables que la société. Il eût dû se retirer dans quelque lieu sauvage pour gémir sur ses fautes passées, et surtout pour cacher ses pleurs; ou plutôt il pouvoit, comme les anciens, se coucher et mourir. Un homme n'est jamais très à plaindre lorsqu'il a le droguiste ou le marchand de poignards à sa porte, et qu'il lui reste quelques *mines*[b].

L'âme de Denys n'étoit pas de cette trempe. Le tyran abandonné tenoit, on ne sait pourquoi, à l'existence. Peut-être quelque lien caché qu'il n'osoit découvrir, quelque sentiment secret... Denys n'étoit-il pas père, et les foiblesses du cœur n'attachent-elles pas à la vie? C'est un effet cruel de l'adversité qu'elle redouble notre sensibilité, en même temps qu'elle l'éteint pour nous dans le cœur des autres, et qu'elle

---

[a] Si l'espèce humaine étoit telle que je la voyois alors, il faudroit aller se noyer. Il est vrai que l'on crache au visage des princes quand ils sont tombés; reste à savoir si les princes, lorsqu'ils ont recouvré leur pouvoir, ne crachent pas au visage de ceux qui les ont servis. (N. ÉD.)

[b] Il ne me restoit plus, pour couronner l'œuvre, qu'à recommander le suicide. Si cent pages de l'*Essai* n'étoient en contradiction directe avec de tels principes, n'expioient ces incartades d'un esprit blessé, il n'y a point de reproche que l'on ne dût adresser à l'auteur d'un pareil livre. Si je pouvois chercher une excuse à des doctrines aussi pernicieuses, je ferois remarquer que c'est encore un sentiment généreux et même monarchique qui me les fait énoncer ici. J'aurois voulu que Denys se fût tué, plutôt que d'avilir à la fois sa personne et son sceptre, l'homme et le roi; le conseil est criminel, mais le motif de ce conseil est noble. (N. ÉD.)

nous rend plus susceptibles d'amitié lorsque l'heure des amis est passée.

Le prince de Syracuse offroit une grande leçon à Corinthe, où les étrangers s'empressoient de venir méditer ce spectacle extraordinaire. Le malheureux roi, couvert de haillons, passoit ses jours sur les places publiques ou à la porte des cabarets, où on lui distribuoit, par pitié, quelque reste de vin et de viande. La populace s'assembloit autour de lui, et Denys avoit la lâcheté de l'amuser de ses bons mots [1]. Il se rendoit ensuite dans les boutiques des parfumeurs, ou chez des chanteuses auxquelles il faisoit répéter leurs rôles, s'occupant à disputer avec elles sur les règles de la musique [2]. Bientôt, pour ne pas mourir de faim, il fut obligé de donner des leçons de grammaire dans les faubourgs aux enfants du petit peuple [3], et ce ne fut pas le dernier degré d'avilissement où le réduisit la fortune.

Une conduite aussi indigne a porté les hommes à en chercher les causes. Cicéron fait là-dessus une remarque cruelle [4]. Denys, dit-il, voulut dominer sur des enfants par habitude de tyrannie. Justin [5], au contraire, croit qu'il n'agissoit ainsi que dans la crainte que les Corinthiens ne prissent de lui quelque ombrage. Ne seroit-ce point plutôt le désespoir qui jeta le roi de Syracuse dans cet excès de bassesse? A force de l'insulter on le rendit digne d'insultes. Le malheur est une maladie de l'âme qui ôte l'énergie nécessaire pour se défaire de la vie; et lorsqu'un misérable sent que son caractère s'avilit, que la pitié des hommes ne s'étend plus sur lui, alors il se plonge tout entier dans le mépris, comme dans une espèce de mort.

Malgré le masque d'insensibilité que le monarque de Sicile portoit sur le visage, je doute que la borne de la place publique qui lui servoit d'oreiller durant la nuit, et qu'il partageoit peut-être avec quelque mendiant de Corinthe [6], fût entièrement sèche le matin. Plusieurs mots échappés à ce prince justifient cette conjecture.

Diogène, le rencontrant un jour, lui dit : « Tu ne méritois pas un pareil sort! » Denys, se trompant sur le motif de cette exclamation, et étonné de trouver de la pitié parmi les hommes, ne put se défendre d'un mouvement de sensibilité. Il repartit : « Tu me plains donc! je t'en remercie. » La simplicité de ce mot, qui devoit briser l'âme de Diogène, ne fit qu'irriter le féroce cynique. « Te plaindre! s'écria-t-il,

---

1. Plut., *in Timol.* 2. *Id., ib.*
3. *Id., ib.*, Cic., *Tusc.*, lib. III, n° 27; Just., lib. xxi; Lucian., *Somn.*, cap. xxiii; Val. Max., lib. vi, cap. ix.
4. Cic., *Tusc., ib.* 5. Just., lib. xxi, cap. v.
6. Val. Max., lib. vi, cap. ix.

tu te trompes, esclave : je suis indigné de te voir dans une ville où tu puisses jouir encore de quelques plaisirs[1]. » A Dieu ne plaise qu'une pareille philosophie soit jamais la mienne!

Dans une autre occasion, le même prince, importuné par un homme qui l'accabloit de familiarités indécentes, dit tranquillement : « Heureux ceux qui ont appris à souffrir[2]! »

Quelquefois il savoit repousser une injure grossière par une raillerie piquante. Un Corinthien, soupçonné de filouterie, s'approche de lui en secouant sa tunique, pour montrer qu'il ne cachoit point de poignard (manière dont on en usoit en abordant les tyrans) : « Fais-le en sortant, » lui dit Denys[3].

La fortune voulut mêler quelques douceurs à l'amertume de ses breuvages, pour en rendre le déboire plus affreux. Denys obtint la permission de voyager, et Philippe le reçut dans son royaume avec tous les honneurs dus à son rang. Pédagogue à Corinthe, roi encore à la table de celui de Macédoine, réduit de nouveau à la mendicité, ces étranges vicissitudes devoient bien apprendre au prince de Sicile la folie de la vie et la vanité des rôles qu'on y remplit. Du moins le père d'Alexandre s'honora-t-il en respectant l'infortune. Il ne put s'empêcher de dire à son hôte, en le voyant, avec une espèce de chaleur : « Comment avez-vous perdu un empire que votre père sut conserver si longtemps? » — « J'héritai de sa puissance, répondit Denys, et non de sa fortune[4]. » Ce mot-là explique l'histoire du genre humain. Un soir que les deux tyrans s'entretenoient familièrement dans une orgie, celui de la Grèce demanda à celui de Sicile quel temps son père, Denys l'ancien, prenoit pour composer un si grand nombre de poëmes : « Le temps que vous et moi mettons ici à boire, » répliqua gaiement le roi détrôné[5] [a].

Le sort voulut enfin terminer ce grand drame de l'école des rois par un dénoûment non moins extraordinaire que les autres scènes. Denys, réduit au dernier degré de misère, ou rendu fou de chagrin, s'engagea dans une troupe de prêtres de Cybèle, et l'on vit le monarque

---

1. Plut., *in Timol.* 2. Stob., *Serm.* 110.
3. Plut., *in Timol.*; Ælian., *Var. Hist.*, lib. iv, cap. xviii.
4. Ælian., *Var. Hist.*, lib. xii, cap. ix.
5. Plut., *in Timol.*

[a] Je n'ai pas tiré tout le parti que je pouvois tirer de cette entrevue de Denys et de Philippe. Denys l'ancien étoit un tyran assez remarquable; il eut un misérable fils. Philippe étoit un prince habile, qui eut pour héritier un des plus grands hommes dont l'histoire ait conservé le souvenir. Ce petit despote qui finissoit le royaume de Sicile, dînant avec le jeune Alexandre en qui alloit commencer un des trois grands royaumes du monde, formoit un contraste qui n'auroit pas dû m'échapper. (N. ÉD.)

de Syracuse, avec sa grosse taille [1] et ses yeux à moitié fermés [2], parcourant les villes et les bourgs de la Grèce, sautant et dansant en frappant un tympanon, et allant après tendre la main à la ronde, pour recevoir les chétives aumônes de la populace [3].

Si je me suis arrêté longtemps aux infortunes de Denys, on en sent assez la raison. Outre la grande leçon qu'elles présentent, l'Europe a devant les yeux, au moment où j'écris ceci, un exemple frappant, non des mêmes vices, mais presque des mêmes malheurs. Déjà un Bourbon, qui devoit être le plus riche particulier de l'Europe, a été obligé pour vivre d'avoir recours en Suisse au moyen employé par Denys à Corinthe. Sans doute le duc d'Orléans aura enseigné à ses pupilles les dangers d'une ambition coupable, et surtout les périls d'une mauvaise éducation. Il se sera fait une loi de leur répéter que le premier devoir de l'homme n'est pas d'être roi, mais d'être probe. Si ce mot paroît sévère, j'en appelle à ce prince lui-même, qu'on dit d'ailleurs plein de courage et de vertus naturelles [a]. Qu'il jette les regards autour de lui en Europe, qu'il contemple les milliers de victimes sacrifiées chaque jour à l'ambition de sa famille : j'aurois voulu éviter de nommer son père.

Le reste de la famille des Bourbons a éprouvé diverses calamités. L'héritier des rois, le souverain légitime de la France, erre maintenant en Europe à la merci des hommes [b]; et le maître de tant de palais seroit trop heureux de posséder dans quelque coin de la terre la moindre des cabanes de ses sujets.

Cependant si un royaume florissant, un peuple nombreux, une naissance illustre, se réunissent pour augmenter l'amertume des regrets de Louis, il ne sauroit craindre, comme les rois de l'antiquité, l'excès de l'indigence. Cette différence tient à l'état relatif des constitutions. Chez les anciens un prince fugitif ne rencontroit que des républiques,

---

1. Just., lib. xxi, cap. ii.
2. Athen., lib. x, p. 439; Just., *ib.*; Plut., *De Adul.*, t. II.
3. Ælian., *Var. Hist.*, lib. ix, cap. viii; Athen., lib. xii, cap. xi.

[a] Voyez la note *a*, p. 295. (N. ÉD.)

[b] Mes sentiments pour la monarchie de saint Louis et pour mes rois légitimes sont nettement exprimés ici; mais le parallèle entre Denys et les héritiers de tant de monarques offre la même impertinence qu'une foule d'autres rapprochements de l'*Essai*. Le petit tyran de quelques villes de la Sicile, fils d'un autre tyran, premier né de sa race, a-t-il avec la dynastie des Bourbons quelque rapport d'influence, de caractère et de grandeur? L'histrion royal descendu du trône pour danser dans une troupe de prêtres de Cybèle peut-il être nommé sans honte auprès de ce roi magnanime qui repoussa si noblement les propositions de l'usurpateur de sa couronne? Mais il me falloit, bon gré mal gré, des comparaisons, afin d'arriver à des réflexions plus ou moins justes, à des pages plus ou moins dans le sujet. (N. ÉD.)

qui insultoient à sa misère ; dans le monde moderne il trouve du moins d'autres princes, qui lui procurent les nécessités de la vie ª. S'il arrivoit que l'Europe se formât en démocraties, le dernier des monarques détrônés seroit aussi malheureux que Denys.

Depuis les premiers âges du monde jusqu'à la catastrophe des Bourbons en France, l'histoire nous offre un grand nombre de princes fugitifs et en proie aux douleurs, le partage commun des hommes. On remarque particulièrement chez les anciens le monarque aveugle qui parcouroit la Grèce appuyé sur son Antigone ; Thésée, le législateur, le défenseur de sa patrie, et banni par un peuple ingrat ; Oreste, suivi d'un seul ami ; Idoménée, chassé de Crète ; Démarate, roi de Sparte, retiré auprès de Darius ; Hippias, mort au champ de Marathon, en cherchant à recouvrer sa couronne ; Pausanias II, roi de Sparte, condamné à mort et sauvé par la fuite ; Denys à Corinthe ; Darius, fuyant seul devant Alexandre, et assassiné par ses courtisans ; Cléomène, digne successeur d'Agis, crucifié en Égypte, où il s'étoit retiré ; Antiochus Hiérax, réfugié chez Ptolémée, qui le jette dans les cachots ; Antiochus X, errant chez les Parthes et en Cilicie ; Mithridate, cherchant en vain un asile auprès de Tigrane, son gendre, et réduit à s'empoisonner ; à Rome, Tarquin chassé par Brutus, et soulevant en vain l'Italie en sa faveur ; une foule d'empereurs des deux empires qu'il seroit trop long d'énumérer [b]. Parmi les peuples modernes, on reconnoît en Afrique Gélimer [1], chassé du trône des Vandales et réduit à

ª Il y a quelque chose d'étroit, de sec et de vulgaire dans cette remarque. Je l'ai dit ailleurs, et plus noblement : un roi de France qui manque de tout est encore roi quand il peut dormir sur la terre enveloppé dans sa casaque fleurdelisée, ayant pour bâton le sceptre de saint Louis et pour épée celle d'Henri IV. (N. ÉD.)

[b] J'aurois dû au moins, dans ce catalogue des rois détrônés, nommer Persée, ne fût-ce que pour rappeler le trône d'Alexandre. (N. ÉD.)

1. Son histoire est touchante, et présente un des jeux les plus extraordinaires de la fortune. Le lendemain du jour que Gélimer sortit secrètement de Carthage, Bélisaire, dans le palais de ce prince des Vandales, servi par ses propres esclaves, dîna sur la table, dans les plats, et des viandes même préparées pour le repas du malheureux monarque. Le roi fugitif s'étant ensuite remis entre les mains du général romain, il fut conduit à Constantinople, où, après s'être prosterné devant Justinien, on lui donna quelque terre dans un coin de l'empire. (PROCOP., *Bell. Vandal.*, lib. I, cap. XXI, etc.) Ce bon Procope, qui raconte si naïvement ses songes, l'amour d'Honorius pour une poule nommée *Rome*, et les chansons des petits enfants qui disoient : « G. chassera B., et B. chassera G. », me fait ressouvenir qu'on trouve dans son Histoire de la guerre des Perses un chapitre intéressant sur la mer Rouge et le commerce des Indes, qui a, je crois, échappé au savant Robertson, dans sa *Disquisition*. On y apprend que l'on construisoit les vaisseaux sans clous pour cette navigation, en attachant seulement les planches avec des cordes, non à cause des

cultiver un champ de ses propres mains; en Italie, Lamberg, premier prince fugitif de l'Europe moderne; Pierre de Médicis, qui, sans Philippe de Commines, n'eût pu trouver une retraite à Venise; l'empereur Henri IV, fuyant devant son fils; le comte de Flandre, chassé par Artavelle; Charles V de France, dépouillé par la faction de Charles de Navarre; Charles VII, réduit à sa ville d'Orléans; Henri VI d'Angleterre, détrôné, puis rétabli, puis détrôné encore; Édouard IV, errant dans les Pays-Bas, privé de tout secours; Henri IV de France, chassé par la Ligue; Charles II d'Angleterre, obligé de dormir sur un chêne dans ses États, tandis que sa famille sur le continent étoit forcée de se tenir au lit, faute de feu; Gustave Vasa, retiré dans les mines; Stanislas, roi de Pologne, s'échappant déguisé de son palais; Jacques II, trouvant une cour en France, mais dont les descendants n'avoient pas un lieu où reposer leur tête[a]; Marie, portant son fils dans les rangs hongrois; enfin les Bourbons, terminant cette liste d'illustres infortunés. Dans ce catalogue de misères, chacun pourra satisfaire le penchant de son cœur : l'envie y verra des rois, la pitié des malheureux, et la philosophie des hommes.

CHAPITRE XIII.

AUX INFORTUNÉS.

Thrice happy you who look as from the shore
And have no venture in the wreck you see!

Ce chapitre n'est pas écrit pour tous les lecteurs : plusieurs peuvent le passer sans interrompre le fil[b] de cet ouvrage. Il est adressé à la classe des malheureux; j'ai tâché de l'écrire dans leur langue, qu'il y a longtemps que j'étudie[c].

rochers d'aimant, dit Procope, qui se pique alors d'incrédulité, mais pour les rendre plus légers[*]. (*De Bell. Pers.*, lib. I, cap. XVIII.)

[a] La France les repoussa; mais Rome, cette mère commune des infortunés, les accueillit. (N. ÉD.)

[b] On n'interrompt point le fil d'un ouvrage, on le rompt. Langue à part, cette phrase condamne tout le chapitre. C'est au lecteur à dire s'il veut qu'on le supprime. (N. ÉD.)

[c] On va voir en effet que j'ai examiné la question dans tous ses rapports, que je suis savant dans la science des infortunés. Je me délectois à parler du malheur : j'étois là comme un poisson dans l'eau. (N. ÉD.)

[*] Cette note est écrite à la diable, bien qu'elle soit assez curieuse. Mais à quoi bon tout cela, et les petits enfants qui chantent, et Honorius et Robertson, et le commerce des Indes, et les rochers d'aimant, etc., etc.? Érudition tout à fait digne du *Chef-d'œuvre d'un Inconnu*. (N. ÉD.)

Celui-là n'étoit pas un favori de la prospérité qui répétoit les deux vers qu'on voit à la tête de ce chapitre. C'étoit un monarque, le malheureux Richard II, qui, le matin même du jour où il fut assassiné, jetant à travers les soupiraux de sa prison un regard sur la campagne, envioit le pâtre qu'il voyoit assis tranquillement dans la vallée auprès de ses chèvres.

Quelles qu'aient été tes erreurs, innocent ou coupable, né sur un trône ou dans une chaumière, qui que tu sois, enfant du malheur, je te salue : *Experti invicem sumus, ego ac fortuna*.

On a beaucoup disputé sur l'infortune comme sur toute autre chose. Voici quelques réflexions que je crois nouvelles[a].

Comment le malheur agit-il sur les hommes? Augmente-t-il la force de leur âme? La diminue-t-il?

S'il l'augmente, pourquoi Denys fut-il si lâche?

S'il la diminue, pourquoi la reine de France déploya-t-elle tant de fortitude?

Prend-il le caractère de la victime? Mais s'il le prend pourquoi Louis, si timide au jour du bonheur, se montra-t-il si courageux au jour de l'adversité[b]? Et pourquoi ce Jacques II, si brave dans la prospérité, fuyoit-il sur les bords de la Boyne lorsqu'il n'avoit plus rien à perdre?

Seroit-ce que le malheur transforme[c] les hommes? Sommes-nous forts parce que nous étions foibles, foibles parce que nous étions forts? Mais le pusillanime empereur romain qui se cachoit dans les latrines de son palais au moment de sa mort avoit toujours été le même, et le Breton Caractacus fut aussi noble dans la capitale du monde que dans ses forêts.

Il paroît donc impossible de raisonner d'après une donnée certaine sur la nature de l'infortune.

Il est vraisemblable qu'elle agit sur nous par des causes secrètes, qui tiennent à nos habitudes et à nos préjugés, et par la position où nous nous trouvons relativement aux objets environnants. Denys, si vil à Corinthe, eût peut-être été très-grand entre les mains de ses sujets à Syracuse.

Autre recherche. Voilà le malheur considéré en lui-même ; examinons-le dans ses relations extérieures.

---

[a] J'ai un grand penchant à m'applaudir. (N. ÉD.)

[b] Je louois et j'admirois ces grandes victimes lorsque je ne demandois rien et n'avois rien à attendre de leurs héritiers. (N. ÉD.)

[c] Le verbe *transformer* ne s'emploie guère absolument; mais si je m'étois mis à relever les hardiesses de langue dans l'*Essai*, je n'en aurois pas fini. (N. ÉD.)

La vue de la misère cause différentes sensations chez les hommes. Les grands, c'est-à-dire les riches, ne la voient qu'avec un dégoût extrême ; il ne faut attendre d'eux qu'une pitié insolente, que des dons, des politesses, mille fois pires que des insultes.

Le marchand, si vous entrez dans son comptoir, ramassera précipitamment l'argent qui se trouve atteint : cette âme de boue confond le malheureux et le malhonnête homme.

Quant au peuple, il vous traite selon son génie. L'infortuné rencontre en Allemagne la vraie hospitalité ; en Italie, la bassesse, mais quelquefois des éclairs de sensibilité et de délicatesse ; en Espagne, la morgue et la lâcheté, parfois aussi de la noblesse ; le peuple françois, malgré sa barbarie, lorsqu'il s'assemble en masse, est le plus charitable, le plus sensible de tous envers le misérable, parce qu'il est sans contredit le moins avide d'or. Le désintéressement est une qualité que mes compatriotes possèdent éminemment au-dessus des autres nations de l'Europe. L'argent n'est rien pour eux, pourvu qu'ils aient exactement la vie. En Hollande, le malheureux ne trouve que brutalité ; en Angleterre, le peuple méprise souverainement l'infortune ; il sent, il frotte, il mord, il examine, il fait sonner son schilling, il ne voit partout que du cuivre ou de l'argent. Au reste, il est précisément le contraire du François. Autant les individus qui le composent feroient de bassesses pour quelques demi-couronnes, autant ils sont généreux pris en corps. Au fait, je ne connois point deux nations plus antipathiques de génie, de mœurs, de vices et de vertus, que les Anglois et les François, avec cette différence que les premiers recon-

---

Note de l'exemplaire confidentiel. — Les Anglois ont leurs défauts et leurs vertus comme tous les peuples. Le docteur G..., M. L..., et M. C... sont trois hommes d'un mérite rare, surtout le dernier, dont la sensibilité est exquise. Quel dommage qu'il n'ait pas vécu à Paris ! Là on l'auroit bientôt connu ; il eût été fêté et reçu partout, quoique peu riche. Mais en Angleterre l'homme le plus aimable est condamné à la retraite s'il n'a point d'argent. On ne demande point : « Cet homme a-t-il des talents ? » mais « A-t-il des guinées ? » Sans faire tort à toutes les bonnes et grandes qualités des Anglois, il faut convenir qu'il n'y a aucune comparaison entre la société de Londres et de Paris. Cela ne tient point aux femmes, la plupart du temps très-aimables, mais aux hommes, qui ne font que boire et compter la baisse ou la hausse du cours. Ce qu'il y a d'assez singulier, c'est que plusieurs Anglois et Angloises qui ont demeuré à Paris conviennent de la vérité des observations que je fais ici, et que cependant personne n'essaye d'altérer les usages barbares de leurs compatriotes.

noissent généreusement plusieurs qualités dans les derniers, tandis que ceux-ci refusent toute vertu aux autres[a].

Examinons maintenant si de ces diverses remarques on ne peut retirer quelques règles de conduite dans le malheur. J'en sais trois :

Un misérable est un objet de curiosité pour les hommes. On l'examine, on aime à toucher la corde des angoisses, pour jouir du plaisir d'étudier son cœur au moment de la convulsion de la douleur, comme ces chirurgiens qui suspendent des animaux dans des tourments, afin d'épier la circulation du sang et le jeu des organes[b]. La première règle est donc de cacher ses pleurs. Qui peut s'intéresser au récit de nos maux? Les uns les écoutent sans les entendre, les autres avec ennui, tous avec malignité. La prospérité est une statue d'or dont les oreilles ressemblent à ces cavernes sonores décrites par quelques voyageurs : le plus léger soupir s'y grossit en un son épouvantable.

La seconde règle, qui découle de la première, consiste à s'isoler entièrement. Il faut éviter la société lorsqu'on souffre, parce qu'elle est l'ennemie naturelle des malheureux ; sa maxime est : l'infortuné — coupable. Je suis si convaincu de cette vérité sociale, que je ne passe guère dans les rues sans baisser la tête.

Troisième règle : Fierté intraitable. L'orgueil est la vertu du malheur. Plus la fortune nous abaisse, plus il faut nous élever, si nous voulons sauver notre caractère. Il faut se ressouvenir que partout on honore l'habit et non l'homme. Peu importe que vous soyez un fripon, si vous êtes riche ; un honnête homme, si vous êtes pauvre. Les positions relatives font dans la société l'estime, la considération, la vertu. Comme il n'y a rien d'intrinsèque dans la naissance, vous fûtes roi à Syracuse, et vous devenez particulier malheureux à Corinthe. Dans la première position, vous devez mépriser ce que vous êtes ; dans la seconde, vous enorgueillir de ce que vous avez été ; non qu'au fond vous ne sachiez à quoi vous en tenir sur ce frivole avantage, mais pour vous en servir comme d'un bouclier contre le mépris attaché à l'infortune. On se familiarise aisément avec le malheureux ; et il se trouve sans cesse dans la dure nécessité de se rappeler sa dignité d'homme, s'il ne veut que les autres l'oublient.

---

[a] Il y avoit peut-être quelque courage à écrire ainsi en Angleterre ; mais il y a une transposition évidente dans le texte. Au lieu de dire : « Je ne connois point deux nations plus antipathiques... que les Anglois et les François... » Il faut lire : *Que les François et les Anglois*. (N. ÉD.)

[b] Cette idée abominable que j'ai des hommes me poursuit. Il y a incohérence dans les images. (N. ÉD.)

Enfin, vient une grande question sur le sujet de ce chapitre : que faut-il faire pour soulager ses chagrins ? Voici la pierre philosophale.

D'abord la nature du malheur n'étant pas parfaitement connue, cette question reste pour ainsi dire insoluble. Lorsqu'on ne sait où gît le siége du mal, où peut-on appliquer le remède?

Plusieurs philosophes anciens et modernes ont écrit sur ce sujet. Les uns nous proposent la lecture, les autres la vertu, le courage. C'est le médecin qui dit au patient : Portez-vous bien.

Un livre vraiment utile au misérable, parce qu'on y trouve la pitié, la tolérance, la douce indulgence, l'espérance, plus douce encore, qui composent le seul baume des blessures de l'âme ; ce sont les Évangiles. Leur divin auteur ne s'arrête point à prêcher vainement les infortunés, il fait plus : il bénit leurs larmes, et boit avec eux le calice jusqu'à la lie[a].

Il n'y a point de panacée universelle pour le chagrin, il en faudroit autant que d'individus. D'ailleurs la raison trop dure ne fait qu'aigrir celui qui souffre, comme la garde maladroite qui en tournant l'agonisant dans son lit pour le mettre plus à son aise ne fait que le torturer. Il ne faut rien moins que la main d'un ami pour panser les plaies du cœur, et pour vous aider à soulever doucement la pierre de la tombe.

Mais si nous ignorons comment le malheur agit, nous savons du moins en quoi il consiste : en une privation. Que celle-ci varie à l'infini : que l'un regrette un trône, l'autre une fortune, un troisième une place, un quatrième un abus: n'importe, l'effet reste le même pour tous. M*** me disoit : Je ne vois qu'une infortune réelle ; celle de manquer de pain. Quand un homme a la vie, l'habit, une chambre et du feu, les autres maux s'évanouissent. Le manque du nécessaire absolu est une chose affreuse, parce que l'inquiétude du lendemain empoisonne le présent. M*** avoit raison, mais cela ne tranche pas la question[b].

Car que faudroit-il faire pour se procurer ce premier besoin? Travailler, répondent ceux qui n'entendent rien au cœur de l'homme.

---

[a] J'ai déjà cité ce passage dans ma préface comme une preuve de mon *incrédulité*. (N. ÉD.)

[b] N'est-il pas étrange que je ne fasse aucune mention des peines morales, des douleurs paternelles, maternelles et filiales, de celles de l'amitié? Le secret de cet oubli, c'est que je vivois au milieu de l'émigration, où j'étois sans cesse frappé de la vue des maux physiques et des chagrins politiques. Aussi mettois-je au nombre des infortunes l'*indigence* et les *abus*. (N. ÉD.)

Nous supportons l'adversité non d'après tel ou tel principe, mais selon notre éducation, nos goûts, notre caractère, et surtout notre génie. Celui-ci s'il peut gagner passablement sa vie par une occupation quelconque s'apercevra à peine qu'il a changé de condition ; tandis que celui-là, d'un ordre supérieur, regardera comme le plus grand des maux de se voir obligé de renoncer aux facultés de son âme, de faire sa compagnie de manœuvres, dont les idées sont confinées autour du bloc qu'ils scient, ou de passer ses jours, dans l'âge de la raison et de la pensée, à faire répéter des mots aux stupides enfants de son voisin. Un pareil homme aimera mieux mourir de faim que de se procurer à un tel prix les besoins de la vie. Ce n'est donc pas chose si aisée que d'associer le nécessaire et le bonheur : tout le monde n'entendra pas ceci[a].

Ainsi nous ne sommes pas juges compétents du bon et du mauvais pour les autres : il ne s'agit pas de l'apparence, mais de la réalité.

Je m'imagine que les malheureux qui lisent ce chapitre le parcourent avec cette avidité inquiète que j'ai souvent portée moi-même dans la lecture des moralistes, à l'article des misères humaines, croyant y trouver quelque soulagement. Je m'imagine encore que, trompés comme moi, ils me disent : Vous ne nous apprenez rien ; vous ne nous donnez aucun moyen d'adoucir nos peines ; au contraire, vous prouvez trop qu'il n'en existe point. O mes compagnons d'infortune ! votre reproche est juste : je voudrois pouvoir sécher vos larmes, mais il vous faut implorer le secours d'une main plus puissante que celle des hommes[b]. Cependant ne vous laissez point abattre ; on trouve encore quelques douceurs parmi beaucoup de calamités. Essayerai-je de montrer le parti qu'on peut tirer de la condition la plus misérable ? Peut-être en recueillerez-vous plus de profit que de toute l'enflure d'un discours stoïque.

Un infortuné parmi les enfants de la prospérité ressemble à un gueux qui se promène en guenilles au milieu d'une société brillante : chacun le regarde et le fuit. Il doit donc éviter les jardins publics, le

---

[a] Il faut me passer cet éternel *moi* et ce ton de confidence que je prends avec les lecteurs. L'amour du raisonner que j'avois dans ma jeunesse, cette manière de faire une thèse de tout, ces argumentations en forme sur le malheur, ces aphorismes à l'usage des infortunés, s'éloignent tout à fait de la manière que j'employerois aujourd'hui dans un pareil sujet : les traits pourroient être semblables, mais la chaîne des idées ne seroit pas la même. (N. ÉD.)

[b] Ces cris religieux, échappés tout à coup et comme involontairement du fond de l'âme, prouvent mieux mes sentiments intérieurs que tous les raisonnements de la terre. (N. ÉD.)

fracas, le grand jour; le plus souvent même il ne sortira que la nuit. Lorsque la brune commence à confondre les objets, notre infortuné s'aventure hors de sa retraite, et, traversant en hâte les lieux fréquentés, il gagne quelque chemin solitaire, où il puisse errer en liberté. Un jour il va s'asseoir au sommet d'une colline qui domine la ville et commande une vaste contrée; il contemple les feux qui brillent dans l'étendue du paysage obscur, sous tous ces toits habités. Ici il voit éclater le réverbère à la porte de cet hôtel dont les habitants, plongés dans les plaisirs, ignorent qu'il est un misérable, occupé seul à regarder de loin la lumière de leurs fêtes, lui qui eut aussi des fêtes et des amis! Il ramène ensuite ses regards sur quelque petit rayon tremblant dans une pauvre maison écartée du faubourg, et il se dit : Là j'ai des frères[a].

Une autre fois, par un clair de lune, il se place en embuscade sur un grand chemin, pour jouir encore à la dérobée de la vue des hommes, sans être distingué d'eux; de peur qu'en apercevant un malheureux, ils ne s'écrient, comme les gardes du docteur anglois, dans *La Chaumière indienne* : Un paria! un paria!

Mais le but favori de ses courses sera peut-être un bois de sapins, planté à quelque deux milles de la ville. Là il a trouvé une société paisible, qui comme lui cherche le silence et l'obscurité. Ces sylvains solitaires veulent bien le souffrir dans leur république, à laquelle il paye un léger tribut; tâchant ainsi de reconnoître, autant qu'il est en lui, l'hospitalité qu'on lui a donnée[b].

Lorsque les chances de la destinée nous jettent hors de la société, la surabondance de notre âme, faute d'objet réel, se répand jusque sur l'ordre muet de la création, et nous y trouvons une sorte de plaisir que nous n'aurions jamais soupçonné. La vie est douce avec la nature.

---

[a] On retrouve quelque chose de ce passage dans *René*. (N. ÉD.)

[b] Qu'est-ce que ces sylvains?... — Des oiseaux? En vérité, je l'ignore, Jeannot Lapin pourroit bien être là dedans. Qui sait? (N. ÉD.)

Note de l'exemplaire confidentiel. — Ici j'ai peint toute ma vie en Angleterre. J'avois d'abord parlé à la première personne, mais il me semble que la troisième fait plus d'effet.

Au reste, le bonheur est une chimère; on ne console point les hommes avec des mots, quand le mal est à la source de l'âme, quand le cœur est brisé, quand nos amis ont disparu dans la tombe, quand l'âge des illusions est passé, cet âge où les chagrins fuient comme un songe, où nous voyons dans chaque homme un ami, dans chaque femme une maîtresse.

Pour moi, je me suis sauvé dans la solitude, et j'ai résolu d'y mourir, sans me rembarquer sur la mer du monde[a]. J'en contemple encore quelquefois les tempêtes, comme un homme jeté seul sur une île déserte, qui se plaît, par une secrète mélancolie, à voir les flots se briser au loin sur les côtes où il fit naufrage. Après la perte de nos amis[b], si nous ne succombons à la douleur, le cœur se replie sur lui-même; il forme le projet de se détacher de tout autre sentiment et de vivre uniquement avec ses souvenirs. S'il devient moins propre à la société, sa sensibilité se développe aussi davantage. Le malheur nous est utile, sans lui les facultés aimantes de notre âme resteroient inactives : il la rend un instrument tout harmonie, dont, au moindre souffle, il sort des murmures inexprimables. Que celui que le chagrin mine s'enfonce dans les forêts; qu'il erre sous leur voûte mobile; qu'il gravisse la colline, d'où l'on découvre d'un côté de riches campagnes, de l'autre le soleil levant sur des mers étincelantes, dont le vert changeant se glace de cramoisi et de feu; sa douleur ne tiendra point contre un pareil spectacle : non qu'il oublie ceux qu'il aima, car alors ses maux seroient préférables; mais leur souvenir se fondra avec le calme des bois et des cieux : il gardera sa douceur et ne perdra que son amertume. Heureux ceux qui aiment la nature ; ils la trouveront, et trouveront seulement elle au jour de l'adversité.

Telle est la première sorte de plaisir qu'on peut tirer du malheur; mais on en compte plusieurs autres. Je recommanderois particulièrement l'étude de la botanique, comme propre à calmer l'âme en détournant les yeux des passions des hommes, pour les porter sur le peuple innocent des fleurs. Armé de ses ciseaux, de son style, de sa lunette, on s'en va tout courbé, longeant les fossés d'un vieux chemin, s'arrêtant au massif d'une tour en ruine, aux mousses d'une antique fontaine, à l'orée septentrionale d'un bois; ou peut-être on parcourt des grèves que les algues festonnent de leurs grands falbalas frisés et couleur d'écaille fondue. Notre botanophile se plaît à rencontrer la *tulipa silvestris,* qui se retire comme lui sous les ombrages les plus solitaires; il s'attache à ces *lis* mélancoliques, dont le front penché semble rêver sur le courant des eaux. A l'aspect attendrissant du *convolvulus,* qui

---

[a] C'étoit vrai, et je n'aurois pas eu le temps de me lasser de cette solitude, puisque je me croyois au moment d'en trouver une autre plus profonde. (N. ÉD.)

[b] Voilà enfin les douleurs morales. (N. ÉD.)

Note de l'exemplaire confidentiel. — Je me trompe si ce chapitre ne réussit pas à Paris.

entoure de ses fleurs pâles quelque aune décrépit, il croit voir une jeune fille presser de ses bras d'albâtre son vieux père mourant; l'*ulex* épineux, couvert de ses papillons d'or, qui présente un asile assuré aux petits des oiseaux, lui montre une puissance protectrice du foible; dans les *thyms* et le *calamens*, qui embellissent généreusement un sol ingrat de leur verdure parfumée, il reconnoît le symbole de l'amour de la patrie. Parmi les végétaux supérieurs, il s'égare volontiers sous ces arbres dont les sourds mugissements imitent la triste voix des mers lointaines; il affecte cette famille américaine qui laisse pendre ses branches négligées comme dans la douleur; il aime ce saule au port languissant, qui ressemble, avec sa tête blonde et sa chevelure en désordre, à une bergère pleurant au bord d'une onde. Enfin il recherche de préférence, dans ce règne aimable, les plantes qui par leurs accidents, leurs goûts, leurs mœurs entretiennent des intelligences secrètes avec son âme [a][1].

Oh! qu'avec délices, après cette course laborieuse, on rentre dans sa misérable demeure chargé de la dépouille des champs! Comme si l'on craignoit que quelqu'un ne vînt ravir ce trésor, fermant mystérieusement la porte sur soi, on se met à faire l'analyse de sa récolte, blâmant ou approuvant Tournefort, Linné, Vaillant, Jussieu, Solander, Du Bourg. Cependant la nuit approche. Le bruit commence à cesser

[a] On retrouve quelques-unes de ces idées et de ces études dans le *Génie du Christianisme*. (N. ÉD.)

1. Je suis fâché que ce ne soit pas le botaniste de la duchesse de Portland (J. J.) qui ait appelé *portlandia* l'arbuste de la famille des rubiacées connu sous ce nom : la protectrice, le protégé et la plante se fussent prêté mutuellement des charmes, et la reconnaissance d'un grand homme eût vécu éternellement dans le parfum d'une fleur.

Note de l'exemplaire confidentiel. — C'est ce qui m'est arrivé vingt fois, mais malheureusement j'avois toujours l'inquiétude du lendemain. Je pourrois encore être heureux et à peu de frais; il ne s'agiroit que de trouver quelqu'un qui voulût me prendre à la campagne; je payerois ma pension après la guerre: là je pourrois écrire, herboriser, me promener tout à mon aise, pourvu que je ne fusse obligé de faire compagnie à personne, qu'on me laissât tranquille et livré à mon humeur sauvage. Ce qu'il y a de singulier, c'est que ce bonheur, qui a l'air si facile à obtenir, est cependant presque impossible; et je ne sais, après tout, si je voudrois moi-même demeurer chez des étrangers. Si la paix se fait, j'obtiendrai aisément ma radiation, et je m'en retournerai à Paris, où je prendrai un logement au Jardin des Plantes; je publierai mes *Sauvages*, et je reverrai toute ma société. Toute ma société! Combien je trouverai d'absents! M. Beding... m'avoit proposé de me donner le petit temple

au dehors, et le cœur palpite d'avance du plaisir qu'on s'est préparé. Un livre qu'on a eu bien de la peine à se procurer, un livre qu'on tire précieusement du lieu obscur où on le tenoit caché, va remplir ces heures de silence. Auprès d'un humble feu et d'une lumière vacillante, certain de n'être point entendu, on s'attendrit sur les maux imaginaires des Clarisse, des Clémentine, des Héloïse, des Cécilia. Les romans sont les livres des malheureux : ils nous nourrissent d'illusions, il est vrai ; mais en sont-ils plus remplis que la vie ?

Eh bien, si vous le voulez, ce sera un grand crime, une grande vérité, dont notre solitaire s'occupera : Agrippine assassinée par son fils. Il veillera au bord du lit de l'ambitieuse Romaine, maintenant retirée dans une chambre obscure, à peine éclairée d'une petite lampe. Il voit l'impératrice tombée faire un reproche touchant à la seule suivante qui lui reste, et qui elle-même l'abandonne ; il observe l'anxiété augmentant à chaque minute sur le visage de cette malheureuse princesse, qui dans une vaste solitude écoute attentivement le silence. Bientôt on entend le bruit sourd des assassins qui brisent les portes extérieures ; Agrippine tressaille, s'assied sur son lit, prête l'oreille. Le bruit approche, la troupe entre, entoure la couche ; le centurion tire son épée et en frappe la reine aux tempes ; alors : *Ventrem feri!* s'écrie la mère de Néron : mot dont la sublimité fait hocher la tête.

Peut-être aussi, lorsque tout repose, entre deux ou trois heures du matin, au murmure des vents et de la pluie qui battent contre vos fenêtres, écrivez-vous ce que vous savez des hommes. L'infortuné occupe une place avantageuse pour les bien étudier, parce que étant hors de leur route il les voit passer devant lui.

Mais, après tout, il faut toujours en revenir à ceci : sans les premières nécessités de la vie, point de remèdes à nos maux. Otway, en mendiant le morceau de pain qui l'étouffa ; Gilbert, la tête troublée par le chagrin, avalant une clef à l'hôpital, sentirent bien amèrement à cet égard, quoique hommes de lettres, toute la vanité de la philosophie[a].

---

[a] Dans un ouvrage bien composé, ce chapitre seroit un véritable hors-d'œuvre ; mais dans un ouvrage aussi incohérent que l'*Essai*, il importe peu que j'aie parlé des infortunés ou de toute autre chose. (N. ÉD.)

---

dans son parc, mais on voit trop de monde dans cette maison. J'aurois été assiégé sans cesse d'importuns et de visiteurs. D'ailleurs, ces femmes n'ont pas le sens commun, elles sont ignorantes et mal élevées ; en un mot, cela ne pouvoit me convenir. Je voudrois une retraite plus petite et plus tranquille, des gens honnêtes et aimables, et non des *Grands*.

CHAPITRE XIV.

AGIS A SPARTE[1].

La révolution des Trente Tyrans à Athènes eut des conséquences funestes pour la république imprudente qui l'avoit favorisée. Lysander, en faisant porter à Lacédémone l'or et l'argent de l'Attique, introduisit les vices de ce dernier pays dans sa patrie. Bientôt la simplicité des mœurs y passa pour grossièreté, la frugalité pour sottise, l'honnêteté pour duperie; et l'éphore Épitadès ayant publié une loi par laquelle on pouvoit aliéner le patrimoine de ses pères, toutes les propriétés passèrent entre les mains des riches; et les Spartiates, jadis si égaux en rang et en fortune, se trouvèrent divisés en un vil troupeau d'esclaves et de maîtres. Tel étoit l'état de la république de Lycurgue, lorsqu'il s'éleva à Lacédémone un roi digne des grands siècles de la Grèce. Agis, épris des charmes de la vertu, entreprit, dans l'âge où la plupart des hommes sentent à peine leur existence, de rétablir les lois et les mœurs de l'antique Laconie. Il s'ouvrit de ses desseins à la jeunesse lacédémonienne, qu'il trouva, contre son attente, plus disposée que les vieillards à favoriser son entreprise. On a remarqué la même chose en France au commencement de la révolution; il y a dans le bel âge une chaleur généreuse qui nous porte vers le bien, tant que la société n'a point encore dissipé la douce illusion de la vertu[a]. Cependant le roi de Lacédémone parvint à gagner trois hommes d'une grande influence, Lysander, Mandroclide et Agésilas; il réussit de même auprès de sa mère, Agésistrata.

Tout sembloit favoriser l'entreprise. Lysander avoit été nommé éphore, les dettes publiquement abolies, le roi Léonidas s'étoit vu forcé à la fuite, après une vaine opposition aux projets de son collègue Agis, et l'on avoit élu son gendre Cléombrotus à sa place. Enfin, il ne restoit plus qu'à procéder au partage des terres, lorsque Agésilas, qui jusque alors avoit secondé la révolution, trahit la cause de son parti, et fit changer la fortune.

Ce Spartiate possédoit de grandes propriétés, et se trouvoit en même

---

1. Voy. *Plutarque*.

[a] A présent que je suis vieux on pourroit me prendre pour un flatteur de la jeunesse lorsque je donne à cette jeunesse les louanges qu'elle mérite; mais on voit que je m'exprimois avec le même attachement et la même admiration pour elle lorsque j'étois dans ses rangs. (N. ÉD.)

temps écrasé de dettes. Il embrassa donc avidement l'occasion de se décharger de celles-ci, mais il ne voulut plus de la réforme aussitôt qu'elle atteignit ses biens. Ayant eu l'adresse de se faire nommer éphore, et Agis se trouvant absent, il exerça mille tyrannies. Les citoyens se voyant joués par Agésilas, et croyant que le jeune roi s'entendoit avec lui, se liguèrent ensemble et rappelèrent sous main Léonidas, ce roi exilé dont Cléombrotus occupoit la place.

Cependant Agis étoit de retour à Lacédémone; bientôt Léonidas y rentra lui-même en triomphe, et il ne resta plus pour Agis et Cléombrotus qu'à éviter sa vengeance et celle de la faction des riches, maintenant toute-puissante. Le dernier se rendit suppliant dans le temple de Neptune; et, sauvé peu après par la vertu de son épouse, il fut seulement condamné à l'exil. Il n'en arriva pas ainsi du jeune et malheureux prince Agis, réfugié dans le temple de Minerve. Je laisse parler le bon Amyot.

CHAPITRE XV.

CONDAMNATION ET EXÉCUTION D'AGIS ET DE SA FAMILLE.

« Ainsi, Leonidas ayant chassé Cleombrotus hors de la ville, et au lieu des premiers ephores, qu'il deposa, en ayant substitué d'autres, se mit incontinent à penser les moyens comment il pourroit avoir Agis : si tascha de lui persuader premierement qu'il sortist de la franchise du temple, et qu'il s'en allast avec luy à seureté exercer sa royauté, lui donnant à entendre que ses citoyens luy avoient pardonné tout le passé, à cause qu'ils cognoissoient bien qu'il avoit esté deceu et circonvenu par Agesilaus, comme jeune homme desireux d'honneur qu'il estoit. Toutefois pour cela Agis ne bougeoit point de sa franchise, ains avoit pour suspect tout ce que l'autre lui alleguoit : au moyen de quoi Leonidas se desporta de tascher de l'attirer et l'abuser par belles paroles : mais Amphares, Demochares et Arcesilaus alloient souvent le visiter et deviser avec luy, tant quelquefois qu'ils le menoient jusques aux estuves; puis, quand il s'y estoit estuvé et lavé, ils le ramenoient dedans la franchise du temple, car ils estoient ses familiers. Mais Amphares ayant de naguere emprunté d'Agesistrata quelques precieux meubles, comme tapisseries et vaisselle d'argent, entreprint de trahir, lui, sa mere et son ayeule, sous esperances que ses meubles qu'il avoit empruntez lui demoureroient. Et dit-on que ce fut lui qui, plus que nul autre, presta l'oreille à

Leonidas, et incita et irrita les ephores, du nombre desquels il estoit, à l'encontre de lui. Comme donques Agis eust accoustumé de se tenir tousiours le reste du temps dedans le temple, excepté que quelquefois il alloit jusques aux estuves, ils proposerent de le surprendre quand il seroit hors de la franchise. Si espierent un jour qu'il s'estoit estuvé, ainsi qu'ils avoient accoustumé lui, allerent au devant, et le saluerent, faisant semblant de le vouloir renvoyer, en devisant et raillant avec lui comme avec un jeune homme duquel ils se tenoient fort familiers; mais quand ils furent à l'endroit du destours d'une rue tournante qui alloit à la prison, Amphares mettant la main sur lui pource qu'il estoit magistrat, lui dit: « Je te fais prisonnier, Agis, et te mene devant les ephores pour rendre compte et raison de ce que tu as innové en l'estat de la chose publique. » Et lors, Demochares, qui estoit grand et puissant homme, luy jeta aussitost sa robe à l'entour du col et le tira par devant; les autres le poussoient par derrière comme ils avoient conspiré entre eux. Ainsi, n'y ayant personne aupres d'eux qui peust secourir Agis, ils firent tant qu'ils le traisnerent en prison, et incontinent y arriva Leonidas avec bon nombre de soldats estrangers, qui environnerent la prison par le dehors. Les ephores entrerent dedans, et envoyerent querir ceux du senat, qu'ils sçavoient bien estre de mesme volonté qu'eux : puis ils commanderent à Agis, comme par forme de procez, de dire pour quelle cause il avoit fait ce qu'il avoit remué en l'administration de la chose publique. Le jeune homme se prit à rire de leur simulation : et adonc Amphares lui dit qu'il n'estoit pas temps de rire, et qu'il falloit qu'il payast la peine de sa folle temerité. Un autre ephore faisant semblant de lui favoriser et de lui montrer un expédient pour eschapper de cette criminelle procédure, lui demanda s'il n'avoit pas esté seduit et constraint à ce faire par Agesilas et par Lysander. Agis respondit qu'il n'avoit esté enduit ne forcé de personne, mais qu'il l'avoit fait seulement pour ensuivre l'ancien Lycurgus, ayant voulu remettre la chose publique en mesme estat que lui jadis l'avoit ordonnée. Le mesme ephore lui demanda s'il se repentoit pas de ce qu'il avoit fait. Le jeune homme respondit franchement qu'il ne se repentiroit jamais de chose si sagement et si vertueusement entreprinse, encore qu'il vist la mort toute certaine devant ses yeux. Alors ils le condamnèrent à mourir, et commandèrent aux sergents de le mener dans la Decade, qui est un certain lieu de la prison, là où on estrangle ceux qui sont condamnez à mourir par justice. Et Demochares voyant que les sergents n'osoient mettre la main sur lui, et que semblablement les soldats estrangers refuyoient et avoient en horreur une telle exécution, comme chose contraire à tout droit divin et humain, de mettre la main sur la personne d'un roi, en les menaçant et leur disant injures, traisna lui-mesme Agis dedans cete chartre : car plusieurs avoient desia entendu sa prinse, et y avoit ja grand tumulte à la porte de la prison, et force lumieres, torches, et y accoururent aussitost la mere et l'ayeule d'Agis, qui crioient et requeroient que le roi de Sparte peust avoir justice, et que son procez lui soit fait par ses citoyens. Cela fut cause de faire haster et precipiter son execution, pour que ses ennemis eurent peur qu'on ne le recourust par force la nuict d'entre leurs mains s'il arrivoit encore plus de gens. Ainsi estant Agis mené à la fourche, aperçut en allant l'un des sergents qui ploroit et se tourmentoit, auquel il dit : Mon ami, ne te tourmente point pour pitié de moi, car je suis plus homme de bien que ceux qui me font mourir si meschamment et si malheureusement; et, en disant ces paroles, il bailla volontairement son col au cordeau. Cependant Amphares sortit à la porte de la prison, là où il trouva Agesistrata, mere d'Agis, qui se jeta à ses pieds ; et lui, la relevant comme pour la familiarité et l'amitié qu'il avoit euë avec elle, lui dit qu'on ne feroit force ni violence à Agis, et qu'elle le pouvoit aller voir si bon lui sembloit ; elle pria qu'on laissast entrer sa mere quand et elle. Amphares respondit que rien ne l'empeschoit, et ainsi les met dedans toutes deux, faisant refermer les portes de la prison apres elles. Mais entrées qu'elles furent, il bailla au sergent Archidamia la première à executer, laquelle estoit fort ancienne et avoit vescu jusqu'à son extreme vieillesse en plus grand honneur et plus de dignité qu'aucune autre dame de la ville. Celle-là executée, il commanda à Agesistrata d'entrer apres, et elle voyant le corps de son fils mort et estendu et sa mere encore pendue au gibet, aida elle-mesme aux bourreaux à la despendre, et l'estendit au long du corps de son fils ; et, après l'avoir accoustrée et couverte, se jeta par terre auprès du corps de son fils en le baisant au visage : Hélas ! dit-elle, ta trop grande bonté, douceur et clemence, mon fils, sont cause de ta mort et de la nostre. Adonc Amphares, qui regardoit de la porte ce qui se passoit au dedans, oyant ce qu'elle disoit, entra sur ce poinct et lui dit en colere : Puisque tu as esté consentante du faict de ton fils, tu souffriras aussi mesme peine que lui. Lors Agesistrata se relevant pour estre estranglée : Au moins, dit-elle, puisse ceci profiter à Sparte. Ce cas estant divulgué par la ville et les trois corps portez hors de la prison, la crainte des magistrats ne peut estre si grande que les citoyens de Sparte ne montrassent evidemment qu'ils en estoient fort deplaisants, et qu'ils ne haïssent de mort Leonidas et Amphares, estimant qu'il n'avoit oncques esté commis un si cruel, si malheureux ni si damnable forfait en Sparte, depuis que les Doriens estoient venus habiter le Peloponnese : car les ennemis mesme en bataille ne mettoient pas volontiers les mains sur les rois lacedemoniens, ains s'en destournoient s'il leur estoit possible pour la crainte et reverence qu'ils portoient à leur majesté... Il est certain que cet Agis fut le premier des rois que les ephores firent mourir, pour avoir voulu faire de tres belles choses et tres convenables à la gloire et dignité de Sparte estant en l'aage en laquelle, quand les hommes faillent, encore leur pardonne-t-on, et ayant eu ses amis plus juste occasion de se plaindre de lui que non pas ses ennemis pour ce qu'il sauva la vie à Leonidas et se fia aux autres comme la plus douce et la plus humaine creature du monde qu'il estoit[1]. »

On a pu remarquer dans cette histoire touchante plusieurs circonstances semblables à celles qui ont accompagné la mort de Louis : l'appel au peuple refusé, l'injustice et l'incompétence des juges, etc. Je vais donner l'esquisse rapide de la condamnation de Charles Ier, roi d'Angleterre, et de celle de Louis XVI, roi de France, afin que le lecteur trouve ici rassemblés sous un seul point de vue les trois plus grands événements de l'histoire.

CHAPITRE XVI.

JUGEMENT ET COMDAMNATION DE CHARLES Ier. ROI D'ANGLETERRE.

Le grand projet de juger Charles avoit depuis longtemps été développé dans le conseil secret de Cromwell[2] ; mais soit que celui-ci ne

---

1. Page 529, t. II. Paris, 1619.
2. On connoît les farces religieuses que ce grand homme employa pour se faire autoriser dans son crime. J'ai entre les mains une collection de pamphlets du temps de Cromwell, en trois gros volumes large in-8°. Il est presque impossible de les parcourir, tant ils sont dégoûtants et vides de faits; mais en même temps ils peignent d'une manière frappante l'esprit et les malheurs du siècle où ils furent écrits. Ce sont, pour la plupart, des espèces de sermons politiques, d'une absurdité et d'un ridicule qui passent toute croyance. Je rapporterai l'inscription de quelques-uns de ces étranges monuments des révolutions pour amuser le lecteur : « A tender visitation of the Father's Love to all the Elect-Children, or an epistle unto the righteous congregation who in the light are gathered and are worshippers of the Father in spirit and truth; » Tendre visitation de l'amour du Père à tous les enfants élus, ou une épître aux très-justes congrégations qui sont assemblées dans la lumière et sont les adorateurs du Père en esprit et en vérité. « A few words of ten-

pût faire tremper le parlement dans son crime, tandis que ce corps étoit encore intègre, soit par tout autre motif, l'exécution du dessein s'étoit trouvée suspendue. Aussitôt que les communes furent réduites à un petit nombre de scélérats dévoués aux ordres du tyran, il lui fut aisé de faire jouer l'étonnante tragédie.

On chargea un comité d'enquérir dans la conduite de Sa Majesté britannique, et, sur le rapport qui en fut fait, la chambre basse nomma une haute cour de justice, composée de cent trente-trois

---

der counsel unto the Pope, with all that walk that way; » Quelques tendres avis au pape, et à tous ceux qui suivent ce chemin. « An alarm to all flesh with an invitation to the true seeker; » Alarme à la chair, avec une invitation au vrai chercheur. En voilà bien assez. Il faut faire connoître maintenant le style de ces productions littéraires.

« An alarm to all flesh, etc.

« Howle, howle, shrieck, bawl and roar, ye lustfull, cursing, swearing, drunken, lewd, superstitious, devilish, sensual, earthly inhabitants of the whole earth; bow, bow you most surly trees and lofty oaks; ye tail cedars and low shrubs, cry out aloud; hear, hear ye, proud waves, and boistrous seas, also listen, ye uncircumcised; stiff necked and mad-raging bubbles, who even hate to be reformed.

« In the name of the Lord God of gods, King of kings, hear, hear, repent, repent forthwith, repent, for, be as sure as the Lord liveth, you shall feel... the irresistible and the mighty hand of the All-Mighty... for behold, his invincible, glittering, invisible sword is on his thigh... then shall the Bashan oaks, Ismael and Diveses of this of generation, roar and reel, yea shake and quake, look upward and downward, and curse their leaders and their God which now is their lust, bellyes, superstitions and pleasures. Horror shall lay hold on their right, and terror shall seize upon their left; and every man's hands shall be upon his loyns, and the cry shall be « who wills hew « us any good? » And an unparalleled dart of amazement shall pierce quite through the liver of the Champion, etc.

« Hurlez, hurlez, criez, beuglez, rugissez, ô vous libidineux, maudits, jureurs, ivrognes, impurs, superstitieux, diaboliques, sensuels, habitants terrestres de la terre. Courbez-vous, courbez-vous, ô vous arbres très-dédaigneux; et vous, chênes élevés, vous, hauts cèdres et petits buissons, criez de toutes vos forces; écoutez, écoutez, vagues orgueilleuses, et vous, mers indomptables; écoutez-moi, vous, écume roide, nue, incirconcise et enragée, qui haïssez la réforme.

« Au nom du Seigneur, Dieu des dieux, et Roi des rois, écoutez, écoutez, repentez-vous, repentez-vous; oui, repentez-vous, car, soyez-en aussi sûrs que de l'existence du Seigneur, vous sentirez la main puissante et irrésistible du Tout-Puissant... Oh! voyez! son épée invincible, brillante, invisible, est sur sa cuisse... Alors les chênes de Basham, d'Ismaël et de Divesses, de cette génération, rugiront et râleront; ils trembleront même et craqueront, ils regarderont en haut et en bas, et maudiront leurs chefs et leur Dieu, qui sont maintenant leurs jouissances, leur ventre et leurs superstitions et leurs plaisirs. L'horreur saisira leur main droite, la terreur la main gauche; chaque homme mettra le poing sur sa hanche, et s'écriera : « Qui veut nous « montrer le bien?... » Et un incroyable dard de surprise percera d'outre en outre le foie du champion, etc. »

Le reste est de la même force. Je suis fâché que l'auteur d'un pareil écrit ait eu

membres, pour juger Charles Stuart, roi d'Angleterre, comme coupable de trahison envers la nation. Cromwell et Ireton étoient du nombre des juges, Cook accusateur pour le peuple, Bradshaw président.

Le bill fut rejeté par les pairs, mais les communes passèrent outre; et le colonel Harrison, fils d'un boucher, et le plus furieux démagogue d'Angleterre, reçut ordre d'amener son souverain à Londres.

La cour étoit séante à Westminster. Charles parut dans cet antre de mort au milieu de ses assassins avec les cheveux blancs de l'infortune et la sérénité de l'innocence[1]. Depuis dix-huit mois, accoutumé à

la modestie de cacher son nom; car il n'est pas d'un certain Georges Fox, qui joue un grand rôle dans mon recueil.

Je finirai cette note par quelques vers d'un jeune quaker, qui se trouvent dans cette même collection : les beaux-arts y figurent auprès de la saine logique.

> Dear friend J. C., with true unfeigned love
> In the salute. . . . .
> . . . .
> Feel me, dear friend; a member joyntly knit
> To all, in Christ, in heavenly places sit;
> And there, to friends no stranger would I be,
> Though they my face, as outward, ne'er did see.
> For truly, friend, I dearly love and own
> All travelling souls, who truly sigh and groan
> For the adoption which sets free from sin, etc.

« Mon cher ami Jésus-Christ, je te baise avec un amour sans réserve... Touche-moi, cher ami, moi membre conjointement uni à tous en Christ, qui est assis aux lieux célestes. Là, je ne serois point étranger parmi les amis; j'aime tendrement, et je l'avoue, les âmes voyageuses qui soupirent et gémissent véritablement pour l'adoption qui rachète les péchés. »

Ce sont de tels hommes que Butler a peints si admirablement, surtout dans le second chant de la deuxième partie d'*Hudibras*, où il trace de main de maître le tableau raccourci de la révolution de Cromwell. Les amateurs ne doivent pas négliger ce morceau friand, trop long pour être cité.

1. Charles n'étoit pas innocent sans doute, mais il l'étoit de ce dont on l'accusoit; il l'étoit par l'incompétence des juges qui osoient le condamner, de l'aveu même de l'auteur de la *Detection of the Court*, de celui de l'histoire *of Independency*. Les lecteurs qui se sont arrêtés aux citations de cet *Essai* auront pu remarquer que j'ai poussé l'impartialité jusqu'à citer toujours ensemble, autant que cela étoit possible, deux auteurs d'un parti contraire*.

* On ne peut nier cependant que le parlement d'Angleterre, ou une commission nommée par ce parlement, pouvoit faire valoir, en essayant d'excuser son crime, des *précédents* que la Conven-

---

Note de l'exemplaire confidentiel. — Charles n'étoit pas innocent; et qu'importe! n'étoit-il pas malheureux?

contempler les scènes trompeuses de la vie du fond d'une prison solitaire, il n'espéroit plus rien des hommes, et il parut devant ses juges dans toute la splendeur du malheur. Il seroit difficile d'imaginer une conduite plus noble et plus touchante. De prince ordinaire devenu monarque magnanime, il refusa avec dignité de reconnoître l'autorité de la cour. Trois fois il fut conduit devant ses bourreaux, et trois fois il déploya les talents d'un homme supérieur, la majesté d'un roi et le calme d'un héros. Il eut à y souffrir des peines de plusieurs espèces. Des soldats demandoient sa mort à grands cris et lui crachoient au visage, tandis que le peuple fondoit en larmes et l'accabloit de bénédictions. Charles étoit trop grand pour être ému de ces injures atroces, mais trop tendre pour n'être pas touché de ces témoignages d'amour : ce ne sont pas les outrages, ce sont les marques de bienveillance qui brisent le cœur des infortunés[1].

A la quatrième confrontation, les juges condamnèrent à mort Charles Stuart, roi d'Angleterre, comme traître, assassin, tyran et ennemi de la république. Trois jours lui furent accordés pour se préparer.

De toute la famille royale il ne restoit en Angleterre que la princesse Élisabeth et le duc de Glocester. Charles obtint la permis-

---

[1]. O Lord, let the voice of his blood (Christ) be heard for my murderers, louder than the cry of mine against them.

O deal not with them as blood-thirsty and deceitful men; but overcome their cruelty with thy compassion and my charity. *Icon Basilike*, p. 289. Tels étoient les souhaits du malheureux Charles pour ses cruels ennemis. L'*Icon* et le *Testament* de Louis ont fait plus de royalistes que n'auroient pu faire les édits de ces princes dans toute leur prospérité. Les écrits posthumes nous intéressent : il semble que ce soit une voix qui s'élève du fond de la tombe ; l'effet surtout en est prodigieux s'ils nous découvrent les vertus cachées d'un homme que nous avons persécuté et nous font sentir le poids de notre ingratitude. Malgré les plaisanteries de Milton et le silence de Burnet, quoique les preuves externes soient contre l'authenticité de l'*Icon*, les preuves internes sont si fortes, que je suis persuadé, comme Hume, qu'il est écrit de la main de Charles.

tion nationale n'avoit pas. Les limites qui ont séparé de tout temps dans la Grande-Bretagne l'aristocratie de la monarchie sont extrêmement confuses. L'omnipotence parlementaire est aujourd'hui un dogme politique chez nos voisins ; le parlement s'est cru plus d'une fois le droit de déposer et de juger ses rois, témoin l'histoire de Richard II. Que le parlement ait été l'instrument de l'ambition du duc de Lancastre en 1399, ou de Cromwell en 1640, ou de Guillaume en 1688, peu importe : il partoit toujours du principe que lui parlement avoit le droit de faire ce qu'il faisoit.

Mais dans la monarchie françoise il n'y avoit rien d'équivoque : si le parlement de Paris commença en 1589 le procès d'Henri III, ce ne fut qu'une monstrueuse usurpation, laquelle ne pouvoit pas créer un droit. Le parlement sous Cromwell pouvoit se dire héritier du parlement sous Richard II ; mais quand la Convention auroit eu la prétention de descendre des états généraux, elle n'auroit pu en faire dériver son autorité régicide, car les états généraux ne s'étoient jamais arrogé le droit de juger leur souverain. (N. ÉD.)

sion de dire un dernier adieu à cet aimable enfant, qui sous les traits naïfs de l'innocence sembloit déjà porter le cœur sympathique d'un homme. Durant les trois jours de grâce, l'intrépide monarque dormit d'un profond sommeil au bruit des ouvriers qui dressoient l'appareil de son supplice.

Le trente de janvier 1649 le roi d'Angleterre fut conduit à l'échafaud, élevé à la vue de son palais, raffinement de barbarie qui n'a pas été oublié par les régicides de France. On avoit eu soin d'entourer le lieu du sacrifice d'une foule de soldats, de peur que la voix de la victime ne parvînt jusqu'au peuple, rangé au loin dans une morne épouvante. Charles, voyant qu'il ne pouvoit se faire entendre, voulut du moins laisser en mourant une grande leçon à la postérité : il reconnut que le sang de l'innocent qu'il avoit autrefois permis de répandre rejaillissoit justement sur lui. Après cet aveu, il présenta hardiment la tête au bourreau, qui la fit voler d'un seul coup[1].

---

1. Les temps dans lesquels nous vivons et la nature de mes études m'ont fait désirer de voir l'endroit où Charles Ier fut exécuté. Je demeurois alors dans le Strand. J'arrivai, après bien des passages déserts, par des derrières de maisons et des allées obscures, jusqu'au lieu où l'on a érigé très-impolitiquement la statue de Charles II, montrant du doigt le pavé arrosé du sang de son père. A la vue des fenêtres murées de Whitehall, de cet emplacement qui n'est plus une rue, mais qui forme avec les bâtiments environnants une espèce de cour, je me sentis le cœur serré et oppressé de mille sentiments. Je me figurois un échafaud occupant le terrain de la statue, les gardes angloises formant un bataillon carré, et la foule se pressant au loin derrière. Il me sembloit voir tous ces visages, les uns agités par une joie féroce, les autres par le sourire de l'ambition, le plus grand nombre par la terreur et la pitié ; et maintenant ce lieu si calme, si solitaire, où il n'y avoit que moi et quelques manœuvres qui équarrissoient des pierres en sifflant avec insouciance. Que sont devenus ces hommes célèbres, ces hommes qui remplirent la terre du bruit de leur nom et de leurs crimes, qui se tourmentoient comme s'ils eussent dû exister toujours ? J'étois sur le lieu même où s'étoit passée une des scènes les plus mémorables de l'histoire, quelles traces en restoit-il*? C'est ainsi que l'étranger dans quelques années demandera le lieu où périt Louis XVI, et à peine des générations indifférentes pourront le lui dire**. Je regagnai mon appartement plein de philosophie et de tristesse, et plus que jamais convaincu par mon pèlerinage de la vie, et du peu, du très-peu d'importance de ses plus grands événements.

* Quelque chose de ce sentiment a passé dans le récit de *René*. Voyez cet épisode. (N. ÉD.)

** Non pas, car le lieu où a péri Louis XVI est consacré aux fêtes publiques : la joie perpétuera la mémoire de la douleur, et quand on ira danser aux Champs-Élysées, quand on tirera des pétards sur la place arrosée du sang du juste, il faudra bien se souvenir de l'échafaud du roi-martyr. (N. ÉD.)

CHAPITRE XVII.

M. DE MALESHERBES. EXÉCUTION DE LOUIS XVI.

La monarchie françoise n'existoit plus. Le descendant d'Henri IV attendoit à chaque instant que les régicides consommassent le crime, et le crime fut résolu.

De tous les serviteurs de Louis XVI un seul étoit resté à Paris. Ce digne vieillard, le plus honnête homme de la France, de l'aveu même des révolutionnaires, s'étoit tenu éloigné de la cour durant la prospérité du monarque. Ce fut sans doute un beau spectacle que de voir M. de Malesherbes, honoré de soixante-douze années de probité, se rendre non au palais de Versailles, mais dans les prisons du Temple pour défendre seul son souverain infortuné, lorsque les flatteurs et les gardes avoient disparu. De quel front les prétendus républicains osoient-ils regarder à leur barre l'ami de Jean-Jacques, celui qui dans tout le cours d'une longue vie s'étoit fait un devoir de prendre la défense de l'opprimé contre l'oppresseur, et qui, de même qu'il avoit protégé le dernier individu du peuple contre la tyrannie des grands, venoit à présent plaider la cause d'un roi innocent contre les despotes plébéiens du faubourg Saint-Antoine? Ah! il étoit donné à notre siècle de contempler le vénérable magistrat revêtu de la chemise rouge, monté sur un tombereau sanglant, et mené à la guillotine entre sa fille, sa petite-fille et son petit-fils, aux acclamations d'un peuple ingrat, dont il avoit tant de fois pleuré la misère. Qu'on me pardonne ce moment de foiblesse : Vertueux Malesherbes! s'il est vrai qu'il existe quelque part une demeure préparée pour les bienfaiteurs des hommes, vos mânes illustres, réunis à ceux de l'auteur de l'*Émile*[a], habitent maintenant ce séjour de paix. D'autres[b], plus heureux que moi, ont mêlé leur sang au vôtre[1] : c'étoit ma destinée de traîner

---

[a] Je ne veux point déshériter Rousseau du ciel que je lui ai donné dans ma jeunesse ; mais je dois dire que l'âme de M. de Malesherbes ne ressembloit en rien à celle du citoyen de Genève. Le doute misérable exprimé dans cette phrase n'est qu'une contradiction de plus dans cet amas de contradictions que j'ai appelé *Essai historique*. (N. ÉD.)

[b] Mon frère. (N. ÉD.)

1. Ce que l'on sent trop n'est pas toujours ce qu'on exprime le mieux, et je ne puis parler aussi dignement que je l'aurois désiré du défenseur de Louis XVI. L'alliance qui unissoit ma famille à la sienne me procuroit souvent le bonheur d'approcher de

---

Note de l'exemplaire confidentiel. — Il étoit grand-père de mon frère, du côté de la femme de ce dernier, Mlle de Rosambo. Mon frère, sa femme, Mlle de

après vous sur la terre une vie désormais sans illusions et pleine de regrets.

Mais pourquoi parlerois-je du jugement de Louis XVI ? Qui en ignore les circonstances ? Qui ne sait que tout fut inutile contre un torrent

lui. Il me sembloit que je devenois plus fort et plus libre en présence de cet homme vertueux, qui au milieu de la corruption des cours avoit su conserver dans un rang élevé l'intégrité du cœur et le courage du patriote. Je me rappellerai longtemps la dernière entrevue que j'eus avec lui. C'étoit un matin ; je le trouvai par hasard seul chez sa petite-fille. Il se mit à me parler de Rousseau avec une émotion que je ne partageois que trop. Je n'oublierai jamais le vénérable vieillard voulant bien condescendre à me donner des conseils, et me disant : « J'ai tort de vous entretenir de ces choses-là ; je devrois plutôt vous engager à modérer cette chaleur d'âme qui a fait tant de mal à votre ami (J. J.). J'ai été comme vous, l'injustice me révoltoit ; j'ai fait autant de bien que j'ai pu, sans compter sur la reconnoissance des hommes. Vous êtes jeune, vous verrez bien des choses ; moi j'ai bien peu de temps à vivre. » Je supprime ce que l'épanchement d'une conversation intime et l'indulgence de son caractère lui faisoient alors ajouter. De toutes ses prédictions, une seule s'est accomplie : je ne suis rien, et il n'est plus. Le déchirement de cœur que j'éprouvai en le quittant me sembla dès lors un pressentiment que je ne le reverrois jamais.

M. de Malesherbes auroit été grand si sa taille épaisse ne l'avoit empêché de le paroître. Ce qu'il y avoit de très-étonnant en lui, c'étoit l'énergie avec laquelle il s'exprimoit dans une vieillesse avancée. Si vous le voyiez assis sans parler, avec ses yeux un peu enfoncés, ses gros sourcils grisonnants et son air de bonté ! vous l'eussiez pris pour un de ces augustes personnages peints de la main de Le Sueur. Mais si on venoit à toucher la corde sensible, il se levoit comme l'éclair ; ses yeux à l'instant s'ouvroient et s'agrandissoient : aux paroles chaudes qui sortoient de sa bouche, à son air expressif et animé, il vous auroit semblé voir un jeune homme dans toute l'effervescence de l'âge ; mais à sa tête chenue, à ses mots un peu confus, faute de dents pour les prononcer, vous reconnoissiez le septuagénaire. Ce contraste redoubloit les charmes que l'on trouvoit dans sa conversation, comme on aime ces feux qui brûlent au milieu des neiges et des glaces de l'hiver.

M. de Malesherbes a rempli l'Europe du bruit de son nom ; mais le défenseur de Louis XVI n'a pas été moins admirable aux autres époques de sa vie que dans les

---

Rosambo, âgée de vingt-deux ans, sa grand'mère, Mme la présidente de Rosambo, et son aïeul M. de Malesherbes, ont tous été guillotinés ensemble le même jour, à la même heure. J'appris cette catastrophe par la gazette, lorsque j'étois à faire mon triste dîner. Et comme on ne me connoissoit pas par mon vrai nom, l'Anglois qui lisoit le papier lut les noms avec indifférence, sans se douter du mal qu'il me faisoit. J'eus assez de courage pour ne pas m'écrier, mais je fus obligé de me retirer.

Note de l'exemplaire confidentiel. — Il me disoit une autre fois : « Nous ne nous ferons jamais à la *cour;* » et il avoit raison. Une autre fois encore il me disoit : « Condorcet a été mon ami, mais à présent je ne me ferois aucun crime (*sic*) de l'assassiner. » Je n'ai pas rapporté ce mot, parce que les *honnêtes gens* en auroient été scandalisés. O petits hommes !

ADIEUX DE LOUIS XVI A SA FAMILLE

de crimes et de factions? Agis, Charles et Louis périrent avec tout l'appareil et toute la moquerie de la justice. Laissons d'Orléans observer son roi et son parent, la lorgnette à la main, et prononçant *la mort*, à l'effroi même des scélérats. Fions-nous-en à la postérité, dont la voix tonnante gronde déjà dans l'avenir; à la postérité, qui, juge incorruptible des âges écoulés, s'apprête à traîner au supplice la mémoire pâlissante des hommes de mon siècle[a].

Le fatal 21 de janvier 1793 se leva, pour le deuil éternel de la France. Le monarque, averti qu'il falloit mourir, se prépara avec sérénité à ce grand acte de la vie : sa conscience étoit pure et la religion lui ouvroit les cieux. Mais que de liens il avoit eu auparavant à rompre sur la terre! Louis avoit vu son épouse, il avoit vu aussi sa fille et son jeune fils qui couroit parmi les gardes en demandant la grâce de son père : tant d'angoisses ne déchirèrent jamais le cœur d'un homme.

L'heure étoit venue. Le carrosse attendoit à la porte. Louis descendit avec son confesseur. Il ne put s'empêcher, dans la cour, de jeter un regard vers les fenêtres de la reine, où il ne vit personne : ce regard-là dut peindre bien de la douleur. Cependant le roi étoit monté dans la voiture, qui rouloit lentement au milieu d'un morne silence; Louis, répétant avec son confesseur les prières des agonisants, savouroit à longs traits la mort. Il arrive enfin à la place où l'instrument de destruction étoit élevé à la vue du palais de Henri IV. Louis, descendu de la voiture, voulut au moins protester de son innocence : « Vous n'êtes pas ici pour parler, mais pour mourir, » lui dit un barbare. Ce

derniers instants qui l'ont si glorieusement couronnée. Patron des gens de lettres, le monde lui doit l'*Émile*, et l'on sait que c'est le seul homme de cour, le maréchal de Luxembourg excepté, que Jean-Jacques ait sincèrement aimé. Plus d'une fois il brisa les portes des bastilles; lui seul refusa de plier son caractère aux vices des grands, et sortit pur des places où tant d'autres avoient laissé leur vertu. Quelques-uns lui ont reproché de donner dans ce qu'on appelle *les principes du jour*. Si par principes du jour on entend haine des abus, M. de Malesherbes fut certainement coupable. Quant à moi, j'avouerai que s'il n'eût été qu'un bon et franc gentilhomme, prêt à se sacrifier pour le roi son maître et à en appeler à son épée plutôt qu'à sa raison, je l'eusse sincèrement estimé, mais j'aurois laissé à d'autres le soin de faire son éloge.

Je me propose d'écrire la vie de M. de Malesherbes, pour laquelle je rassemble depuis longtemps des matériaux. Cet ouvrage embrassera ce qu'il y a de plus intéressant dans le règne de Louis XV et de Louis XVI. Je montrerai l'illustre magistrat mêlé dans toutes les affaires du temps. On le verra patriote à la cour, naturaliste à Malesherbes, philosophe à Paris. On le suivra au conseil des rois et dans la retraite du sage. On le verra écrivant d'un côté aux ministres sur des matières d'État, de l'autre entretenant une correspondance de cœur avec Rousseau sur la botanique. Enfin, je le ferai voir disgracié par la cour pour son intégrité, et voulant porter sa tête sur l'échafaud avec son souverain.

[a] Qu'en disent les accusateurs de l'*Essai*? est-ce là le *révolutionnaire*? (N. ÉD.)

fut alors que l'on vit un des meilleurs rois qui aient jamais régné sur la France, lié sur une planche ensanglantée, comme le plus vil des scélérats, la tête passée de force dans un croissant de fer et attendant le coup qui devoit le délivrer de la vie : et comme s'il ne fût pas resté un seul François attaché à son souverain, ce fut un étranger qui assista le monarque à sa dernière heure, au milieu de tout son peuple. Il se fait un grand silence : « Fils de saint Louis ! vous montez aux cieux, » s'écrie le pieux ecclésiastique en se penchant à l'oreille du monarque. On entend le bruit du coutelas qui se précipite [a].

[a] Ceux qui aiment les libertés publiques en sont-ils moins attachés à leurs princes et moins fidèles au malheur ?

Il reste un étrange monument du courage de Louis XVI ; monument pour ainsi dire aussi infernal que le testament de ce monarque est divin : le ciel et l'enfer se sont entendus pour louer la victime. Je veux parler de la lettre de Sanson, bourreau de Paris. L'original même de cette lettre m'a été confié par mon digne et honorable ami M. le baron Hyde de Neuville, l'homme des sacrifices à la royauté, si bien traité par les ministres du roi. J'ai tenu, je tiens encore dans ce moment même ce papier sur lequel s'est traînée la main sanglante de Sanson, cette main qui a osé toucher la tête de mon roi, qui a fait tomber cette tête sacrée et l'a présentée au peuple épouvanté.

La lettre de Sanson a été donnée par celui qui en étoit propriétaire à M. Tastu, imprimeur, qui a très-noblement refusé de la vendre à des étrangers, quelque prix qu'ils en aient offert. C'est un monument de remords, de douleur, de gloire et de vertu, qui appartient à la France : c'est un papier de famille qui doit rester au trésor des chartes, dans les archives de la maison de Bourbon. Peu de jours avant la clôture de la dernière session, M. Aimé Martin, secrétaire-rédacteur de la chambre des députés, homme aussi connu par ses talents comme écrivain que par ses sentiments comme royaliste, parla de la lettre de M. Sanson à M. le baron Hyde de Neuville. Celui-ci fut d'abord saisi d'horreur; mais bientôt en lisant la lettre il n'y vit plus que le dernier rayon mis à la couronne du roi-martyr.

M. Hyde de Neuville avoit plus qu'un autre des droits à devenir l'un des instruments de la Providence pour la plus grande manifestation de cette lettre. On sait à quels dangers il fut exposé pendant le procès du roi. Ce fut appuyé sur le bras de ce fidèle sujet que M. de Malesherbes quitta la barre de la Convention, après être venu pour la dernière fois implorer les bourreaux de Louis XVI. Vingt années de périls ont succédé à cet acte de courage. Et où étoient ceux qui frappent aujourd'hui mon honorable ami ?

Aucun doute ne peut s'élever sur l'authenticité de la lettre de Sanson : l'écriture et la signature de cet homme sont trop connues ; il a certifié *conforme* la plupart de nos crimes et de nos malheurs. D'ailleurs cette lettre a été imprimée dans un journal révolutionnaire du temps, appelé *Le Thermomètre du jour*, et, autant qu'il m'en souvient, elle fut répétée dans le journal de Peltier à Londres.

Voici l'article du *Thermomètre*; il est du 13 février 1793, n° 410, p. 356. Cette dernière partie de l'historique de la lettre de Sanson a été fournie par M. Aimé Martin.

L'article du *Thermomètre* a pour titre : *Anecdote très-exacte sur l'exécution de Louis Capet*; et on lit ce qui suit :

« Au moment où le *condamné* monta sur l'échafaud (c'est Sanson l'exécuteur des

CHAPITRE XVIII.

TRIPLE PARALLÈLE : AGIS, CHARLES ET LOUIS.

Ainsi les Grecs virent tomber Agis, roi de Sparte; ainsi nos aïeux furent témoins de la catastrophe de Charles Stuart, roi d'Angleterre;

hautes œuvres criminelles qui a raconté cette circonstance, et qui s'est servi du mot *condamné*), je fus surpris de son assurance et de sa fermeté; mais au roulement des tambours qui interrompit sa harangue, et au mouvement simultané que firent mes garçons pour saisir le condamné, sur-le-champ sa figure se décomposa; il s'écria trois fois de suite précipitamment : *Je suis perdu.* Cette circonstance, réunie à une autre que Sanson a également racontée, savoir que le condamné avoit copieusement soupé la veille et fortement déjeuné le matin, nous apprend que Louis Capet avoit été dans l'illusion jusqu'à l'instant de sa mort, et qu'il avoit compté sur sa grâce. Ceux qui l'avoient maintenu dans cette illusion avoient eu sans doute pour objet de lui donner une contenance assurée, qui pourroit en imposer aux spectateurs et à la postérité; mais le roulement des tambours a dissipé le charme de cette fausse fermeté, et les contemporains, ainsi que la postérité, sauront actuellement à quoi s'en tenir sur les derniers moments du tyran condamné. »

« Le bourreau ayant lu cette note (c'est M. Aimé Martin qui parle) crut devoir réclamer contre tous les faits qu'elle renferme; et le lundi 18 février 1793 *Le Thermomètre du jour* contenoit un article ainsi conçu :

« Le citoyen Sanson, exécuteur des jugements criminels, m'a écrit (disoit le rédac-
« teur du *Thermomètre*) pour réclamer contre un article inséré dans le n° 410 du
« *Thermomètre*, dans lequel on lui fait raconter les dernières paroles de Louis Capet.
« *Il déclare que ce récit est de toute fausseté.* »

« Je ne suis pas l'auteur de cet article (continue le rédacteur), il a été tiré des
« *Annales patriotiques* par Carra, qui en annonce le contenu comme certain. Je l'in-
« vite à se rétracter. J'invite aussi le citoyen Sanson à me faire parvenir, comme il
« me le promet, le récit exact de ce qu'il sait sur un événement qui doit occuper une
« grande place dans l'histoire. Il est intéressant pour le philosophe d'apprendre
« comment les rois savent mourir. »

« Cette leçon terrible (c'est encore M. Aimé Martin qui parle), que des assassins osoient demander au nom de la philosophie, ne leur fut point refusée. Au milieu de la multitude frappée d'épouvante, un seul témoignage étoit possible, un seul étoit irrécusable! La Providence permit que celui qui avoit versé le sang devint l'historien de la victime; et la main du bourreau, puisqu'il faut le nommer, traça cette page sanglante, qui pénétra à la fois d'horreur et de respect[*]. » Le jeudi 21 février 1793, un mois juste après la mort de la victime, *Le Thermomètre* publia la lettre suivante. On la donne avec toutes ses fautes d'orthographe : c'est un *original* auquel il n'est pas permis de toucher.

Citoyen,

Un voyage d'un instant a été la cause que je n'ais pas eu l'honneur de répondre à l'invitation que vous me faite dans votre Journal au sujet de Louis Capet. Voici suivant ma promesse l'exacte

---

[*] ci finit le récit de M. Aimé Martin.

ainsi a péri sous nos yeux Louis de Bourbon, roi de France. Je n'ai rapporté en détail l'exécution du second que pour montrer jusqu'à quel point les jacobins ont porté l'imitation dans l'assassinat du der-

véritée de ce qui c'est passé. Descendant de la voiture pour l'exécution, on lui a dit qu'il faloit ôter son habit. Il fit quelques difficultés en disant qu'on pouvoit l'exécuter comme il étoit. Sur la représentation que la chose étoit impossible, il a lui même aidé à ôter son habit. Il fit encore la même difficulté lorsqu'il cest agit de lui lier les mains, qu'il donna lui même lorsque la personne qui lacompagnoit lui eût dit (que c'étoit un dernier sacrifice. Alors ? il s'informa sy les tembours batteroit toujour. Il lui fut répondu que l'on n'en savoit rien, et c'étoit la véritée. Il monta l'échafaud et voulut foncer sur le devant comme voulant parler. Mais ? on lui representa que la chose étoit impossible encore, il se l'aissa alors conduire a l'endroit où on l'attachat et où il s'est écrié très-haut : Peuple je meurs innocent. Ensuitte se retournant vers nous, il nous dit : Messieurs, je suis innocent de tout ce dont on m'inculpe. Je souhaite que mon sang puisse cimenter le bonheur des François. Voilà citoyen ses dernières et ses véritables paroles.

« L'espèce de petit débat qui se fit au pied de l'echafaud roulloit sur ce qu'il ne croyoit pas nécessaire qu'il otat son habit et qu'on lui liat les mains. Il fit aussi la proposition de se couper lui même les cheveux.

« Et pour rendre homage à la véritée, il a soutenu tout cela avec un sang froid et une fermeté qui nous a tous étonnés. Je reste très-convaincu qu'il avoit puisé cette fermetée dans les principes de la religion dont personne plus que lui ne paroissoit pénétrée ny persuadé.

« Vous pouvez être assuré, citoyen, que voilà la véritée dans son plus grand jour.

« J'ai l'honneur destre, citoyen,
« Votre concitoyen,
« *Signé* Sanson.

« Paris, ce 20 février 1793, l'an IIe de la république françoise. »

On est presque généralement étonné, en lisant cette lettre, de l'angélique douceur de la victime et de la naïveté de cet homme de sang, qui parle de ce qui s'est passé comme un ouvrier parleroit de son ouvrage.

Louis XVI déclare *qu'on pouvoit l'exécuter comme il étoit*. Sur la représentation que la chose étoit impossible, *il aide lui-même à ôter son habit*. Même difficulté quand il s'agit de lier les mains à cet autre Christ, qui donne ensuite lui-même ses mains royales, *lorsque la personne* (le confesseur que le bourreau n'ose nommer) *qui l'accompagnoit lui eut dit que c'étoit un dernier sacrifice*. Louis XVI déclare qu'il meurt innocent, et souhaite que *son sang puisse cimenter le bonheur des François*. C'est le bourreau qui a entendu ces paroles testamentaires, et qui les redit à la France! *Voilà, citoyen,* dit-il, *ses dernières et ses véritables paroles!*

Le bourreau rend compte *du petit débat qui se fit au pied de l'échafaud* entre lui et la victime : il ne s'agissoit que d'ôter l'habit au roi, de lui lier les mains et de lui couper les cheveux! Tel étoit *le petit débat* entre Sanson et le fils de saint Louis!

Mais que dire des dernières paroles du bourreau lui-même, paroles qui diffèrent tellement du reste de la lettre, qu'on hésiteroit à croire qu'elles sont de l'auteur de cette lettre, s'il ne s'y trouvoit la faute de langue la plus grossière, et si ce document n'étoit tout entier de la main de Sanson. *Je reste très-convaincu qu'il avoit puisé cette fermeté* (Louis XVI) *dans les principes de la religion, dont personne plus que lui ne paroissoit pénétré ni persuadé.*

Ne croit-on pas entendre le centenier chargé de garder Jésus glorifier Dieu malgré lui au moment où le Juste expire, en disant : *Certe hic homo justus est!* Cet aveu de Sanson est peut-être un des plus grands triomphes que jamais la religion ait obtenus.

S'il étoit permis de mêler des réflexions étrangères à un sujet aussi sacré, je ferois

nier. J'ose dire plus : si Charles n'avoit pas été décapité à Londres, Louis n'eût vraisemblablement pas été guillotiné à Paris[a].

Si nous comparons ces trois princes, la balance, quant à l'innocence, penche évidemment en faveur d'Agis et de Louis. L'un et l'autre furent pleins d'amour pour leurs peuples; l'un et l'autre succombèrent en voulant ramener leurs sujets à la liberté et à la vertu ; tous les deux méconnurent les mœurs de leur siècle. Le premier dit aux Spartiates corrompus : Redevenez les citoyens de Lycurgue; et les Spartiates le sacrifièrent. Le second donna aux François à goûter le fruit défendu : « Tout ou rien, » fut le cri.

Charles, dans une monarchie limitée, avoit envahi les droits d'une nation libre : Louis, dans une monarchie absolue, s'étoit continuellement dépouillé des siens en faveur de son peuple.

Les trois monarques, bons, compatissants, moraux, religieux, eurent toutes les vertus sociales. Le premier étoit plus philosophe, le second plus roi, le troisième plus homme privé : la destinée se servit de défauts diamétralement opposés dans leurs caractères pour leur faire commettre les mêmes erreurs et les conduire à la même catastrophe : l'esprit de système dans Agis, l'obstination dans Charles, et le manque de vouloir dans Louis. Tous les trois, modérés et sincères, se firent accuser tous les trois de despotisme et de duplicité; le roi de Lacédémone en s'attachant avec trop d'ardeur à ses notions exaltées; le roi d'Angleterre en n'écoutant que sa volonté; le roi de France en ne suivant que celle des autres[b].

Quant aux souffrances, Louis au premier coup d'œil semble avoir laissé loin derrière lui Agis et Charles[1]. Mais qui nous transportera à Lacédémone? Qui nous fera voir le digne imitateur de Lycurgue obligé de se tenir caché dans un temple pour prix de sa vertu, et, en attendant la mort, méditant au pied des autels sur l'ingratitude des

---

remarquer qu'à l'époque de la mort de Louis XVI la presse étoit libre : on massacroit, il est vrai, les écrivains royalistes, mais cela ne les dégoûtoit pas; et ils auroient enfin ramené le roi légitime si Robespierre et ensuite le Directoire n'avoient eu recours à la censure des geôliers et des bourreaux. C'est donc à la liberté de la presse, le 21 janvier 1793, que nous devons le testament de Louis XVI et la lettre de Sanson. Il y a pourtant aujourd'hui des prétendus hommes d'État qui pensent, comme le pensoit Robespierre, qu'on ne peut gouverner sans la censure. (N. ÉD.)

[a] Je le crois encore aujourd'hui. (N. ÉD.)

[b] Cela me semble écrit avec impartialité. (N. ÉD.)

1. Il ne faut pas oublier qu'Agis, Charles et Louis furent tous les trois condamnés, au mépris des lois de la plus commune justice, et d'après une manifeste violation de toutes les formes légales [*]. En sorte que s'il étoit possible d'admettre le principe que le peuple a le droit de juger ses chefs, principe qui détruiroit toute société humaine,

[*] Très-juste. (N. ÉD.)

hommes? Qui nous introduira auprès du malheureux Charles, abandonné de l'univers entier? Qui nous le montrera à Carisbrook avec sa barbe négligée, sa tête vénérable blanchie par les chagrins, aidant le matin au pauvre vieillard, sa seule compagnie, à allumer son feu; le reste du jour livré à une vaste solitude, et veillant dans les longues nuits sur sa triste couche, pour entendre retentir les pas des assassins dans les corridors de la prison¹? Enfin qui nous ouvrira les portes du Temple? Qui nous introduira auprès du roi de France, à peine vêtu, livré à des barbares qui l'obsédoient sans cesse, et le cœur fendu de douleur au spectacle des misères de son épouse et de ses enfants incessamment sous ses yeux! Voyons Agis trahi par ses amis, traîné à travers les rues de Sparte au tribunal du crime; le tendre Charles dans Whitehall, tenant son fils sur ses genoux, et donnant à l'enfant attentif un dernier conseil et un dernier baiser; Louis, dans le Temple, disant le fatal adieu à sa famille : le roi de Lacédémone étranglé ignominieusement dans le cachot des scélérats, et bientôt suivi au tombeau par sa mère et son aïeule auguste; le roi d'Angleterre sur l'échafaud, se dépouillant à la vue de son peuple, et se préparant à la mort; le roi de France au pied de la guillotine, les cheveux coupés, la chemise ouverte, et les mains liées derrière le dos. Terminons ce parallèle affligeant pour l'humanité. Monarque ou esclave, guerrier ou philosophe, riche ou pauvre, souffrir et mourir, c'est toute la vie. Entre les malheurs du roi et ceux du sujet il n'y a pour la postérité que cette différence qui se trouve entre deux tombeaux, dont l'un, chargé d'un marbre douloureux, se fait voir durant quelques années, tandis que l'autre, couvert d'un peu d'herbe, ne forme qu'un petit sillon que les enfants du voisinage, en se jouant, ont bientôt effacé sous leurs pas ᵃ ².

il n'en resteroit pas moins certain encore qu'Agis, Charles et Louis furent assassinés. Néron, tout justement condamné qu'on puisse le penser, ne le fut cependant que par contumace. Conrad fut indignement massacré à Naples. Élisabeth n'avoit pas plus de droit sur Marie Stuart que Charles d'Anjou sur Conrad. La reine de France ne fut pas même écoutée. Ces observations sont de la plus haute importance, et prouvent beaucoup dans l'histoire des peuples et des hommes.

1. Charles s'attendoit à être secrètement assassiné.

ᵃ Voici de la philosophie fort mal à propos. Certainement pour l'homme *qui meurt*, qu'il soit roi ou sujet, la mort est absolument la même chose; mais pour les hommes qui vivent, la mort d'un roi puissant est d'une tout autre importance que la mort d'un sujet obscur. La tête de Louis XVI en tombant a fait tomber la tête de plusieurs millions d'hommes. Et qu'importe à la France que la tête de mon frère ait roulé sur l'échafaud, ou que celle de mon cousin, Armand de Chateaubriand, ait été percée d'une balle à la plaine de Grenelle? (N. ÉD.)

2. Je n'aime point à écrire l'histoire de mon temps. On a beau tâcher de faire jus-

CHAPITRE XIX.

QUELQUES PENSÉES.

Je ne ferai que quelques courtes réflexions sur ces événements fameux. Les grands crimes comme les grandes vertus nous étonnent. Tout ce qui fait événement plaît à la multitude. On aime à être

tice, on doit toujours craindre que quelque passion cachée ne conduise votre plume. Lorsque je me trouve donc obligé de parler d'un homme de mon siècle, je me fais ces questions : L'ai-je connu? M'a-t-il fait du bien? M'a-t-il fait du mal? Ne m'a-t-on point prévenu pour ou contre lui? Ai-je entendu discuter les deux côtés de la question? Quelle est ma passion favorable? Ne suis-je point sujet à l'enthousiasme, à la trop grande pitié, à la haine, etc.? Et malgré tout cela, j'écris encore en tremblant. J'avouerai donc que j'ai approché de Louis XVI, qu'il avoit accordé des grâces à ma famille et à moi-même, quoique leur objet n'ait jamais été rempli. Cependant, mon caractère étoit si antipathique avec la cour ; j'avois un tel mépris pour certaines gens, et je le cachois si peu ; je me souciois si peu encore de ce qu'on appeloit *parvenir*, que j'étois comme les confidents dans les tragédies, qui entrent, sortent, regardent et se taisent*. Aussi S. M. ne m'a-t-elle jamais parlé que deux fois dans ma vie, la première lorsque j'eus l'honneur de lui être présenté, la seconde à la chasse. Il me semble donc que je n'ai eu aucun motif d'intérêt secret dans ce que j'ai dit plus haut du roi de France, et je crois que c'est avec candeur et impartialité que j'ai rendu justice à ses vertus. Quant à son innocence, elle est même avouée des jacobins.

Louis étoit d'une taille avantageuse ; il avoit les épaules larges, le ventre prédominant ; il marchoit en roulant d'une jambe sur l'autre. Sa vue étoit courte, ses yeux à demi fermés, sa bouche grande, sa voix creuse et vulgaire. Il rioit volontiers aux éclats ; son air annonçoit la gaieté, non peut-être cette gaieté qui vient d'un esprit supérieur, mais cette joie cordiale de l'honnête homme, qui naît d'une conscience sans reproche. Il n'étoit pas sans connoissances, surtout en géographie ; au reste, il avoit ses foibles comme les autres hommes. Il aimoit, par exemple, à jouer des tours à ses pages ; à guetter, à cinq heures du matin, au travers des fenêtres du palais, les seigneurs de sa cour qui sortoient des appartements. Si à la chasse vous passiez entre le cerf et lui, il étoit sujet à des emportements comme je l'ai éprouvé moi-même. Un jour qu'il faisoit une chaleur étouffante, un vieux gentilhomme de ses écuries qui l'avoit suivi à la chasse, se trouvant fatigué, descendit de cheval, et, se couchant sur le dos, s'endormit à l'ombre. Louis vint à passer par là, et apercevant le bonhomme,

---

* Je me peignois il y a trente ans comme je me suis peint dans la préface générale de cette édition. On trouvera peut-être qu'il y a de l'ingénuité dans ces aveux. (N. ÉD.)

Il est à remarquer qu'à cet endroit se trouvaient dans l'exemplaire que nous appelons *confidentiel*, de la main de Chateaubriand, quelques mots qui probablement n'étoient pas à la louange de Louis XVI. Un des lecteurs a jugé à propos d'en enlever la plus grande partie, en arrachant la marge à cet endroit. On ne peut plus rétablir le sens.

remué, à s'empresser à faire foule; et tel honnête homme qui plaint son souverain légitime massacré par une faction seroit cependant bien fâché de manquer sa part du spectacle, peut-être même trompé, s'il n'alloit pas avoir lieu[a]. Voilà la raison pour laquelle les révolutions où il a péri des rois éblouissent tant les hommes, et pour laquelle les générations suivantes sont si fort tentées de les imiter : lorsqu'on mène des enfants à une tragédie, ils ne peuvent dormir à leur retour, si l'on ne couche auprès d'eux l'épée ou le poignard des conspirateurs qu'ils ont vus. D'ailleurs il y a toujours quelque chose de bon dans une révolution, et ce quelque chose survit à la révolution même. Ceux qui sont placés près d'un événement tragique sont beaucoup plus frappés des maux que des avantages qui en résultent; mais pour ceux qui s'en trouvent à une grande distance l'effet est précisément inverse; pour les premiers, le dénoûment est en action, pour les seconds en récit. Voilà pourquoi la révolution de Cromwell n'eut presque point d'influence sur son siècle, et pourquoi aussi elle a été copiée avec tant d'ardeur de nos jours. Il en sera de même de la révolution françoise, qui, quoi qu'on en dise, n'aura pas un effet très considérable sur les générations contemporaines, et peut-être bouleversera l'Europe future[b].

Mais la grande différence qui se fait sentir entre les troubles de Sparte sous Agis, ceux de l'Angleterre sous Charles Ier, et ceux de la

trouva plaisant de le réveiller. Il descend donc lui-même de cheval, et, sans avoir intention de blesser son ancien serviteur, lui laisse tomber une pierre assez lourde sur sa poitrine. Celui-ci se réveille, et, dans le premier mouvement de la douleur et de la colère, s'écrie : « Ah! je vous reconnois bien là! voilà comme vous étiez dans votre enfance : vous êtes un tyran, un homme cruel, une bête féroce. » Et il se mit à accabler le roi d'injures. S. M. regagne vite son cheval, moitié riant, moitié fâché d'avoir fait mal à cet homme, qu'il aimoit beaucoup, et disant en s'en allant : « Oh! il se fâche! il se fâche! il se fâche! »

Ces petits traits, tout misérables qu'ils puissent paroître, peignent le caractère mieux que les grandes actions, qui ne sont pour la plupart du temps que des vertus de parade, et d'ailleurs n'ôtent rien du respect que l'on doit avoir pour Louis. L'innocence de ses mœurs, sa haine de la tyrannie, son amour pour son peuple, en feront toujours aux yeux d'un homme impartial un monarque estimable et digne d'éloges. Louis n'a que trop prouvé que parmi les hommes il vaut mieux pour notre intérêt être méchant que foible.

[a] C'est abominable. (N. ÉD.)

[b] Oserois-je dire que tout ce paragraphe étoit digne d'un meilleur ouvrage que l'*Essai*? Quand je l'écrivois, ce paragraphe, la France élevoit partout des républiques; je prévoyois que ces républiques ne seroient pas de longue durée, mais je prévoyois aussi les conséquences éloignées de la révolution, et j'avois raison de les prévoir; j'avois le courage d'écrire *qu'il y a toujours quelque chose de bon dans une révolution*. (N. ÉD.)

France sous Louis, vient surtout des hommes. A qui peut-on comparer parmi nous un Lysander, patriote ferme, intègre et modèle des vertus antiques? un Cromwell, cachant sous une apparence vulgaire tout ce qu'il y a de grand dans la nature humaine; profond, vaste et secret comme un abîme, roulant une ambition de César dans une âme immense, trop supérieur pour être connu de ses collègues, hors du seul Hampden, qui l'avoit su pénétrer?

Lui opposerons-nous le sombre Robespierre, méditant des crimes dans la cavernosité de son cœur, et grand de cela même qu'il n'avoit pas une vertu?

Rapprocherons-nous du vertueux Hampden, qui l'eût été même dans la Rome du premier Brutus, ce Mirabeau, à la fois législateur, chef de parti, orateur, nouvelliste, historien, d'une politique incommensurable, savant dans la connoissance des hommes, à la fois le plus grand génie et le cœur le plus corrompu de la révolution [a]?

Lorsqu'il se trouve de telles disproportions entre les hommes, il doit en exister de très-grandes entre les temps où ces hommes ont vécu. Mais nous verrons ceci ailleurs; et il faut maintenant revenir sur nos pas au siècle d'Alexandre.

CHAPITRE XX.

PHILIPPE ET ALEXANDRE.

Tandis que Denys tomboit à Syracuse, qu'Athènes étoit en proie aux factions, un tyran s'étoit élevé en Macédoine. Le caractère de Philippe est trop connu, et n'entre pas assez dans le plan de cet *Essai* pour que je m'y arrête. Il me suffira de remarquer que Philippe est le père de cette politique moderne, qui consiste à troubler pour recueillir, à corrompre pour régner. En vain Démosthène le foudroya de son éloquence; le roi de Macédoine, avançant dans l'ombre tant qu'il se sentit foible, leva le masque aussitôt qu'il se trouva fort. Les Grecs alors se réveillèrent, mais trop tard, et leur bel édifice à la liberté, élevé avec tant de périls au milieu de mille tempêtes, s'écroula dans les plaines de Chéronée, devant le génie de deux hommes qui vinrent encore changer la face de l'univers.

[a] J'ai déjà fait remarquer que le nom de *Buonaparte* ne se rencontre dans l'*Essai* qu'une seule fois, et dans une note où ce nom fameux est jeté comme par hasard avec quelques autres noms. Mirabeau avoit *du génie*, mais ce n'étoit pas un *grand génie*: il y a exagération. (N. ÉD.)

CHAPITRE XXI.

SIÈCLE D'ALEXANDRE.

Si l'âge d'Alexandre diffère du nôtre par la partie historique, il s'en rapproche du côté moral. Ce fut alors que s'éleva, comme de nos jours, une foule de philosophes, qui se mirent à douter de Dieu, de l'univers et d'eux-mêmes. Jamais on ne poussa plus loin l'esprit de recherches. On écrivoit sur tout, on analysoit tout, on disséquoit tout. Point de petit sentier de politique, point de subtilité métaphysique qu'on n'eût soigneusement examinés. Les peuples, instruits de leurs droits, connoissant toutes les espèces de gouvernement, possédoient bien plus que des livres qui leur apprenoient à être libres ; ils avoient les traditions de leurs ancêtres et leurs tombeaux aux champs de Marathon. Ils jouissoient même des formes républicaines, vains jouets que les tyrans leur laissèrent, comme on permet aux enfants de toucher des armes dont ils n'ont pas la force de faire usage : grand exemple qui renverse nos systèmes sur l'effet des lumières[a]. Il prouve qu'il ne suffit pas de raisonner sciemment sur la vertu pour parvenir à l'indépendance ; qu'il faut l'aimer, cette vertu, et que tous les moralistes de l'univers ne sauroient en donner le goût lorsqu'on l'a une fois perdu. Les siècles de lumières, dans tous les temps, ont été ceux de la servitude ; par quel enchantement le nôtre sortiroit-il de la règle commune? Les rapprochements des philosophes anciens et modernes qui vont suivre mettront le lecteur à même de juger jusqu'à quel point l'âge d'Alexandre ressembla au nôtre. On verra que, loin d'avoir rien imaginé de nouveau, nous sommes demeurés, excepté en histoire naturelle, fort au-dessous de la Grèce. On remarquera qu'à l'instant où les sophistes commencèrent à attaquer la religion et les idées reçues du peuple, celui-ci se trouva lié des chaînes de Philippe.

D'après les données de l'histoire, je ne puis m'empêcher de trembler sur la destinée future de la France[b].

---

[a] Pas du tout. Dans l'antiquité l'esprit humain étoit jeune, bien que les peuples fussent déjà vieux ; c'est faute d'avoir fait cette distinction que l'on a voulu mal à propos juger les nations modernes d'après l'histoire des nations anciennes ; que l'on a confondu deux sociétés essentiellement différentes. J'ai déjà dit cela dans ma Préface, et montré vingt fois dans ces *Notes critiques* d'où provenoit mon erreur. (N. ÉD.)

[b] Le despotisme a suivi la république en France, et j'avois raison de trembler, mais je me trompe dans le reste de ce passage, et toujours par la préoccupation où je

CHAPITRE XXII.

PHILOSOPHES GRECS.

Deux beaux génies, vivant à peu près dans le même temps, devinrent les fondateurs des diverses classes philosophiques de la Grèce.

Thalès fut le père de l'école ionique, Pythagore celui de l'école italique; j'ai parlé ailleurs de leurs systèmes[1]. Traçons rapidement la philosophie des fondateurs des principales sectes de ces deux écoles[2], nous bornant à Platon, Aristote, Zénon, Épicure et Pyrrhon.

Platon[3]. La sagesse, prise dans toute l'étendue platonique du mot, est la connoissance de ce qui est[4].

Philosophie, selon Platon, veut dire désir de science divine[5]. Elle se divise en trois classes : philosophie de dialectique, philosophie de théorie, philosophie de pratique[6]. Je passe la première.

Philosophie de théorie. Rien ne se fait de rien. De là deux principes de toute éternité : Dieu et la matière. Le premier imprima le mouvement et l'ordre à la seconde. Dieu ne peut rien créer, il a tout arrangé[7].

Dieu, le principe opposé à la matière, est un Être entièrement spirituel, bon par excellence, intelligent dans le degré le plus supé-

---

suis de cette liberté des anciens fondée sur les mœurs. On verra bientôt une note de l'*Essai* où je combats moi-même le système qui me domine ici. (N. ÉD.)

1. Thalès : l'eau, principe de création. Pythagore : système des harmonies. J'ajouterai que Thalès trouva en mathématiques les théorèmes suivants : les angles opposés aux sommets sont égaux; les angles faits à la base du triangle isocèle sont égaux. Si deux angles et un côté d'un triangle sont égaux à deux angles et un côté d'un autre triangle, les deux triangles sont égaux. Pythagore découvrit ces belles vérités : dans un triangle rectangle le carré de l'hypothénuse est égal à la somme des carrés faits sur les deux autres côtés; les seuls polygones qui puissent remplir un espace autour d'un point donné sont le triangle équilatéral, le quadrilatère et l'hexagone : le premier pris six fois, le second quatre, le troisième trois. De toutes les manières de démontrer le carré de l'hypothénuse, celle de Bezout me semble la plus claire*.

2. Voir au verso les arbres de ces deux écoles. (*Note de l'éditeur.*)

3. Platon, né avant J.-C., 429, ol. LXXXVII, 3ᵉ année; mort avant J.-C., 347, ol. CVIII.

4. *In Phædro*, p. 278.   5. *Protag.*, p. 313.   6. *Resp.*, lib. VI, p. 495.

7. TIM., p. 28; DIOG. LAERT., lib. III; PLUT., *De Gen. Anim.*, p. 78.

* J'ai parlé ailleurs de mon premier penchant pour les mathématiques; il faut pardonner cette note à un jeune homme élevé d'abord pour le service de la marine. (N. ÉD.)

ARBRE IONIQUE.

THALÈS.
SES DISCIPLES SUCCESSIFS :
ANAXIMÈNE, ANAXAGORE, ARCHÉLAÜS, SOCRATE.

De l'école de Socrate sortiront cinq principaux rameaux, subdivisés en d'autres branches, telles qu'on les voit tracées ci-dessous.

SOCRATE.

SECTE MÉGARIQ.	SECTE ÉLIQUE.	SECTE ACADÉMIQUE.	SECTE SYRÉNAÏQUE.	SECTE CYNIQUE.
EUCLIDE.	PHŒDON.	PLATON.	ARISTIPPE.	ANTISTHÈNE.
(Bienôt éteinte.)	Système de dialectique, ou l'art de tout prouver rien.	(Bienôt éteinte.) Pure doctrine de Socrate : la raison et la morale	*Speusippe, Polémon, Cratès.* Moyenne Académie, Nouvelle Académie, Carnéades. *Aristote. Secte immense des Péripatéticiens, des Académiques.* Système de la chaîne des êtres : Dialectique. Académiques Système de spiritualité. Moyenne le Doute. Nouvelle Académie, un doute moi	(Bienôt éteinte.) Système du plaisir des sens.	Toute action naturelle est bonne de soi. Mépris de *Zénon, Grande secte des Stoïques.* (Branche des Fortitude d'âme. Fatalité. Cynique.

ARBRE ITALIQUE.

PYTHAGORE.

Ses disciples sont peu connus jusqu'à Empédocle : sous celui-ci l'école se divise en trois sectes.

EMPÉDOCLE.

SECTE ÉLÉATIQUE.	SECTE ÉPICURIENNE.	SECTE PYRRHONIENNE.
LEUCIPPE, DÉMOCRITE, ET QUELQUES AUTRES.	ÉPICURE.	PYRRHON.
Système des atomes. Athéisme.	Système des atomes perfectionné. Doctrine du *Ses Disciples.*	Système du Doute universel. *Ses Disciples.*

rieur¹, mais non omnipuissant, car il ne peut subjuguer la propension au mal de la matière².

Dieu a arrangé le monde d'après le modèle existant de toute éternité en lui-même³, d'après cette raison de la Divinité, qui contient les moules incréés des choses passées, présentes et à venir. Les idées de l'Essence spirituelle vivent d'elles-mêmes, comme êtres distincts et réels⁴. Les objets visibles de cet univers ne sont que les ombres des idées de Dieu, qui forment seules les vraies substances⁵.

Enfin, outre ces idées préexistantes, la Divinité fit couler un souffle de sa vie dans l'univers, et en composa un troisième principe mixte, à la fois esprit et matière, appelé l'âme du monde⁶.

Tel est le système théologique de Platon, d'où l'on prétend que les chrétiens ont emprunté leur mystère de la Trinité.

Au reste, Platon admettoit l'immortalité de l'âme⁷ qui devoit retourner, après la mort du corps, à Dieu, dont elle étoit émanée⁸. Quant à la politique, j'en parlerai ailleurs; j'observe seulement ici que Platon admettoit la monarchie comme le meilleur gouvernement.

*Aristote*⁹ divisoit la philosophie en trois sortes, de même que Platon ; sans parler de sa malheureuse dialectique, qui a si longtemps servi de retraite à l'ignorance, je ne m'arrête qu'à sa métaphysique.

La doctrine des péripatéticiens est le système célèbre de la chaîne des êtres. Aristote remonte d'action en action, et prouve qu'il faut qu'il existe quelque part un premier agent du mouvement. Or ce premier mobile de toute chose incréée et mue est la seule substance en repos. Elle n'a de nécessité ni quantité ni matière. Quant au problème insoluble, savoir : comment l'âme agit sur le corps, le Stagirite croyoit avoir répondu en attribuant le phénomène à un acte immédiat de la volonté du Moteur universel¹⁰.

Il n'en savoit pas davantage sur la nature de l'âme, qu'il appeloit une parfaite énergie ; non le premier mouvement, mais un principe de mouvement, etc.¹¹ : il la tenoit immortelle.

---

1. *De Leg.*, p. 886; *Tim.*, p. 30. 2. *Polit.*, p. 174. 3. *Tim.*, p. 249.
4. *Tim.*, p. 249. 5. *Respub.*, lib. vii, p. 515. 6. *Tim.*, p. 34.
7. Tout singulier que cela puisse paroître, il y a eu des auteurs qui ont prétendu que Platon ne croyoit point à l'immortalité de l'âme, et ce n'est pas sans raison.
8. *Tim.*, p. 298.
9. Aristote, né avant J.-C., 384, ol. xcix, 1ʳᵉ année; mort avant J.-C., 332, ol. cxiv, 2ᵉ année.
10. *De Gen. Anim.*, lib. ii, cap. iii; *Met.*, lib. ii, cap. vi, etc.; *De Cœlo*, lib. xi, cap. iii, etc.
11. *De Gen. Anim.*, lib. ii, cap. iv; lib. iii, cap. xi.

Zénon[1], *père de la secte stoïcienne*. La philosophie est un effort de l'âme vers la sagesse, et dans cet effort consiste la vertu [2].

Le monde s'arrangea par sa propre énergie. La nature est ce tout qui comprend tout et dont tout ne peut être que membre ou partie. Ce tout se compose de deux principes, l'un actif, l'autre passif, non existant séparés, mais unis ensemble. Le premier s'appelle *Dieu*, le second *matière*. Dieu est un pur éther, un feu qui enveloppe la surface extérieure et convexe du ciel : la matière est une masse inerte et à repos [3].

Outre les deux principes, il en existe un troisième, auquel Dieu et la matière sont également soumis. Ce principe est la chaîne nécessaire des choses; c'est cet effet qui résulte des événements, et est en même temps la cause inévitable : c'est la fatalité [4].

Dieu, la matière, la fatalité, ne font qu'un. Ils composent à la fois les roues, le mouvement, les lois de la machine, et obéissent, comme parties, aux lois qu'ils dictent comme tout [5].

Les stoïciens affirmoient encore que le monde périra alternativement par l'eau et le feu, pour renaître ensuite sous la même forme [6]; que l'homme a une âme immortelle, et ils admettoient, comme l'Église romaine, les trois états de récompense, de purification et de punition dans une autre vie, ainsi que la résurrection des corps après l'embrasement général du monde [7].

Épicure [8]. La philosophie est la recherche du bonheur. Le bonheur consiste dans la santé et la paix de l'âme. Deux espèces d'études y conduisent : celle de la physique et celle de la morale.

1. Zénon, né avant J.-C., 359, ol. cxcv, 2ᵉ année; mort avant J.-C., 261, ol. cxxix, 1ʳᵉ année.
2. Plut., *De Plac. Phil.*, lib. iv; Sen., *Ep.* lxix.
3. Laert., lib. v; Stob., *Eccl. Phys.*, cap. xiv; Sen., *Consol.*, cap. xxix.
4. Cic., *De Nat. Deor.*, lib. i; Anton., lib. vii.   5. Loc. cit.
6. Cic., *De Nat. Deor.*, lib. iii, cap. xlvi; Laert., lib. vii; Senec., *Ep.* ix, xxxvi, etc.
7. Senec., *Ep.* xc; Plut., *Resign. Stoic.*, p. 31; Laert., lib. viii; Sen., *Ad Marc.*; Plut., *De Fac. Lun.*, p. 383.
8. Épicure, né avant J.-C., 343, ol. cix, 3ᵉ année; mort avant J.-C., 270, ol. cxxvii, 2ᵉ année.

Note de l'exemplaire confidentiel. — Voilà mon système, voilà ce que je crois. Oui, tout est chance, hasard, fatalité dans ce monde, la réputation, l'honneur, la richesse, la vertu même : et comment croire qu'un Dieu intelligent nous conduit. Voyez les fripons en place, la fortune allant au scélérat, l'honnête homme volé, assassiné, méprisé. Il y a peut-être un Dieu, mais c'est le Dieu d'Épicure; il est trop grand, trop heureux pour s'occuper de nos affaires, et nous sommes laissés sur ce globe à nous dévorer les uns les autres.

L'univers subsiste de toute éternité. Il n'y a que deux choses dans la nature : les corps et le vide [1].

Les corps se composent de l'agrégation de parties de matière infiniment petites ou d'atomes.

Les atomes ont un mouvement interne : la gravité. Leur motion se feroit dans le plan vertical [2] si, par une loi particulière, ils ne décrivoient une ellipse dans le vide [3].

La terre, le ciel, les planètes, les étoiles, les animaux, l'homme compris, naquirent du concours fortuit de ces atomes; et lorsque la vertu séminale du globe se fut évaporée, les races vivantes se perpétuèrent par la génération [4].

Les membres des animaux, formés au hasard, n'avoient aucune destination particulière. L'oreille concave n'étoit point creusée pour entendre, l'œil convexe poli pour voir; mais ces organes se trouvant propres à ces différents usages, les animaux s'en servirent machinalement, et de préférence à un autre sens [5].

Il y a des dieux, non que la raison nous les montre, l'instinct seul nous le dit. Mais ces dieux, extrêmement heureux, ne se mêlent ni ne peuvent se mêler des choses humaines. Ils résident au séjour inconnu de la pureté, des délices et de la paix [6].

Morale. Deux espèces de plaisirs : le premier consiste en un parfait repos d'esprit et de corps; l'autre en une douce émotion des sens, qui se communique à l'âme. Par plaisir il ne faut pas entendre cette ivresse de passions qui nous subjugue, mais une tranquille absence de maux. Cet état de calme à son tour ne doit pas être une profonde apathie, un marasme de l'âme, mais cette position où l'on se sent lorsque toutes les fonctions mentales et corporelles s'accomplissent avec une paisible harmonie. Une vie heureuse n'est ni un torrent rapide ni une eau léthargique, mais un ruisseau qui passe lentement et en silence, répétant dans son onde limpide les fleurs et la verdure de ses rivages [7].

---

1. Lucret., lib. II; Laert., lib. X.
2. Épicure imagina ce mouvement de déclinaison pour éviter de tomber dans le système des fatalistes, qui exclut de droit toute recherche du bonheur. Mais l'hypothèse est absurde; car si ce mouvement est une loi, il est de nécessité : et comment une cause obligée produira-t-elle un effet libre?
3. Lucret., lib. II; Laert., lib. X.
4. Lucret., lib. V-X; Cic., *De Nat. Deor.*, lib. I, cap. VIII-IX.
5. Lucret., lib. IV-V.
6. Lucret., lib. X; Cic., *De Nat. Deor.*
7. Laert., lib. X; Cic., *Tuscul.*, lib. III, cap. XVII; *De F.*, lib. I, cap. XI-XVII.

Tel étoit le système charmant d'Épicure, si longtemps calomnié. Quant à Pyrrhon, le vrai scepticisme antique n'étoit pas tant une négative universelle qu'une indifférence de tout. Le Pyrrhonien ne rejetoit pas l'existence des corps, les accidents du chaud et du froid, etc.; mais il disoit qu'il croyoit apercevoir et sentir telle ou telle chose, savoir si cette chose étoit réellement, et sans qu'il importât qu'elle fût ou qu'elle ne fût pas. Dieu est ou n'est pas ; tel corps paroît rond, carré, ovale ; il semble qu'il neige, que le soleil brille : voilà le langage du sceptique[a][1].

Nous devons moins considérer ce qu'il y a de vrai ou de faux dans ces systèmes, que l'influence qu'ils ont eue sur le bonheur des peuples où ils furent enseignés. Nous examinerons ailleurs cette influence. Nous remarquerons seulement ici que, par leur teneur, ils s'élevoient directement contre les institutions morales, religieuses et politiques de la Grèce. Aussi les prêtres et les magistrats de la patrie s'y opposèrent-ils avec vigueur; ils sentoient qu'ils attaquoient l'édifice jusqu'à la base; que des livres qui prêchoient monarchie dans une république, athéisme ou déisme chez des nations pleines de foi devoient amener tôt ou tard la destruction de l'ordre social. Ainsi les philosophes grecs, de même que les nôtres, se trouvoient en guerre

---

[a] L'explication de ces systèmes a paru aux critiques du temps prouver quelque lecture. J'aimois passionnément la métaphysique; mais que n'aimois-je pas ? Je me plaisois à l'algèbre comme à la poésie, et j'avois pour l'érudition historique le goût d'un véritable bénédictin. (N. ÉD.)

1 Il reste toujours contre le pyrrhonisme une objection insurmontable dans les vérités mathématiques. Que les corps ne soient que la modification de mes sens, à la bonne heure; mais les choses géométriques existent d'elles-mêmes. Les propriétés du cylindre, du polygone, de la tangente, de la sécante, etc., me sont démontrées à l'évidence, soit que je me considère comme corps ou comme esprit. Il y a donc quelque chose qui ne m'appartient pas, qui ne sauroit être une combinaison de mes pensées, parce que toute vérité qui peut se démontrer (il n'y a que les vérités mathématiques de cette espèce) est d'elle-même. D'ailleurs, si je suis esprit, ou partie du tout, Dieu ou matière, comment la quantité mesurée de la ligne deviendroit-elle l'effet d'une cause incommensurable? Dès lors qu'il se trouve quelque chose hors de moi, le système des scepticiens s'écroule; car quoique je ne puisse prouver la réalité de tel objet, j'ai lieu de croire à son identité, à moins qu'on n'admît les vérités mathématiques comme les *nombres de Pythagore* ou le *monde d'idées de Platon*. Dans ce cas, elles seroient le vrai Dieu tant cherché des philosophes *.

* On voit par cette note même, où je combats de si bonne foi le pyrrhonisme, combien j'étois loin au fond de l'athéisme et du matérialisme. (N. ÉD.)

Note de l'exemplaire confidentiel. — Charmant sans doute; mais il ne donne pas la solution du problème du monde comme celui des fatalistes.

ouverte avec leur siècle. Mais ils disoient la vérité. Et qu'importe? la vérité simple et abstraite ne fait pas toujours la vérité complexe et relative. Ne précipitons point le cours des choses par nos opinions. Un gouvernement est-il mauvais, une religion superstitieuse, laissons agir le temps, il y remédiera mieux que nous. Les corps politiques, quand on les abandonne à eux-mêmes, ont leurs métamorphoses naturelles, comme les chrysalides. Longtemps l'animal, entouré de chaînes qu'il s'est lui-même forgées, languit dans le sommeil de l'abjection, sous l'apparence la plus vile, lorsqu'un matin, aux regards surpris, il perce les murs de sa prison, et, déployant deux ailes brillantes, s'envole dans les champs de la liberté; mais si par une chaleur factice vous cherchez à hâter le phénomène, souvent le ver meurt dans l'opération délicate, et, au lieu de reproduire la vie et la beauté, il ne vous reste qu'un cadavre et des formes hideuses[a].

Avant de passer à ce grand sujet, de l'influence des opinions sur les mœurs et les gouvernements des peuples[b], rapprochons nos philosophes de ceux de la Grèce.

CHAPITRE XXIII.

PHILOSOPHES MODERNES. DEPUIS L'INVASION DES BARBARES JUSQU'A LA RENAISSANCE DES LETTRES.

L'Italie, la France, la Grande-Bretagne étant tombées sous le joug des peuples du Nord, une philosophie barbare s'étendit sur l'Occident en même temps que la haine des sciences régnoit dans ceux qui auroient pu les protéger. C'étoit alors que des empereurs faisoient des lois pour bannir les *mathématiciens* et les *sorciers*[1]; que les papes incendioient les bibliothèques de Rome[2][c]. On étudioit avec ardeur

[a] L'image est peut-être trop prolongée, mais elle renferme une grande vérité : il n'y a de révolution durable que celle que le temps amène graduellement et sans efforts. (N. ÉD.)

[b] Ici mon système devient raisonnable; il est impossible de nier l'influence de l'opinion sur les mœurs. (N. ÉD.)

1. *Cod. Just.*, lib. x, tit. xviii, *Cod. Theod. de Pagan.*, p. 37.

2. Sarisbériens. POLICRAT., lib. ii-viii, cap. ii-vi. — Grégoire fit brûler la belle bibliothèque du temple d'Apollon formée par les empereurs romains.

[c] C'est fort bien de ne pas vouloir qu'on brûle les livres; mais pourquoi vouloir mettre au nombre des *calamités* du temps le nom donné aux notes de musique par Guido Arétin? Quelle est la transition entre l'étude du *Trivium* et les premières syllabes d'une strophe de l'*Ut queant laxis?* Et comment les ouvrages d'Aristote ont-ils

dans les cloîtres le *Trivium* et le *Quadrivium*[1]. Un moine[2] inventoit les notes de musique sur l'*Ut queant laxis*[3] ; et pour comble de maux, vers le XIIe siècle reparurent les ouvrages d'Aristote. Alors on vit se former cette malheureuse philosophie scolastique, qui se composoit des subtilités de la dialectique péripatéticienne et du jargon mystique de Platon.

Bientôt la nouvelle secte se divisa en *nominalistes, albertistes, occamistes, réalistes*. Souvent les champions en vinrent aux mains, et les papes et les rois prenoient parti pour et contre. Entre les nouveaux philosophes brillèrent Thomas d'Aquin, Albert, Roger Bacon ; et avant eux, Abailard, qu'il ne faut pas oublier. Il y a des morts dont le simple nom nous dit plus qu'on ne sauroit exprimer[a][4].

comblé les maux commencés par *ut, ré, mi, fa, sol, la ?* Je savois tout cela il y a trente ans. (N. ÉD.) .

1. ALCUIN., *Op. Fab. Bibl. Lat. Med.*, t. I, p. 134. — La science du Trivium et du Quadrivium étoit toute renfermée dans ces deux vers fameux :

Gramm. loquitur, *Dia.* vera docet, *Rhet.* verba colorat.
Mus. canit, *Ar.* numerat, *Geo.* ponderat, *Ast.* colit astra.

2. Guido Arétin. Il trouva l'expression des six notes sur l'hymne de Paul Diacon :

Ut queant laxis *re*sonare fibris
*Mi*ra gestorum *fa*muli tuorum,
*Sol*ve pollutis *la*biis reatum
Sancte Johannes.

3. WEIZIUS, *in Heortologio*, p. 263.

[a] Il faut convenir que c'est accrocher subtilement une note à un mot. Voici, à propos d'Abailard, un assez long morceau de mes *Voyages en Amérique*. On y retrouve la description de la cataracte de Niagara, description que j'ai transportée dans *Atala*. J'entre dans un récit assez circonstancié sur mes projets de découverte dans l'Amérique septentrionale. Ce ne sont donc ni les voyages de Mackensie ni les dernières expéditions des Anglois qui m'ont fait dire que j'avois voulu autrefois tenter la découverte du passage dans les mers polaires, au nord-ouest du Canada, découverte que poursuit dans ce moment même le capitaine Franklin. Mon projet avoit précédé toutes ces entreprises ; en voilà la preuve consignée dans l'*Essai* publié à Londres en 1797, il y a vingt-neuf ans. C'est ainsi que la Providence m'a placé plusieurs fois à l'entrée de diverses carrières, où j'ai toujours eu en perspective le but le plus difficile et le plus éloigné ; elle m'a mis tour à tour à la main le bâton de voyageur, l'épée du soldat, la plume de l'écrivain et le portefeuille du ministre. (N. ÉD.)

4. J'ai bien éprouvé une fois dans ma vie cet effet d'un nom. C'étoit en Amérique. Je partois alors pour le pays des sauvages, et je me trouvois embarqué sur le paquebot de New-York à Albany par la rivière d'Hudson. La société des passagers étoit nombreuse et aimable, consistant en plusieurs femmes et quelques officiers américains. Un vent frais nous conduisoit mollement à notre destination. Vers le soir de la première journée, nous nous assemblâmes sur le pont pour prendre une collation

Cependant Constantinople venoit de passer sous le joug des Turcs, et le reste des philosophes grecs fugitifs trouvèrent un asile en Italie.

de fruits et de lait. Les femmes s'assirent sur les bancs du gaillard, et les hommes se mirent à leurs pieds. La conversation ne fut pas longtemps bruyante ; j'ai toujours remarqué qu'à l'aspect d'un beau tableau de la nature on tombe involontairement dans le silence. Tout à coup je ne sais qui de la compagnie s'écria : « C'est auprès de ce lieu que le major André fut exécuté. » Aussitôt voilà mes idées bouleversées ; on pria une Américaine très-jolie de chanter la romance de l'infortuné jeune homme ; elle céda à nos instances, et commença à faire entendre une voix timide, pleine de volupté et d'émotion. Le soleil se couchoit ; nous étions alors entre de hautes montagnes. On apercevoit çà et là, suspendues sur des abîmes, des cabanes rares qui disparoissoient et reparoissoient tour à tour entre des nuages mi-partis blancs et roses, qui filoient horizontalement à la hauteur de ces habitations. Lorsque au dessus de ces mêmes nuages on découvroit la cime des rochers et les sommets chevelus des sapins, on eût cru voir de petites îles flottantes dans les airs. La rivière majestueuse, tantôt coulant nord et sud, s'étendoit en ligne droite devant nous, encaissée entre deux rives parallèles comme une table de plomb ; puis tout à coup, tournant à l'aspect du couchant, elle courboit ses flots d'or autour de quelque mont qui, s'avançant dans le fleuve avec toutes ses plantes, ressembloit à un gros bouquet de verdure noué au pied d'une zone bleue et aurore. Nous gardions un profond silence ; pour moi, j'osois à peine respirer. Rien n'interrompoit le chant plaintif de la jeune passagère, hors le bruit insensible que le vaisseau, poussé par une légère brise, faisoit en glissant sur l'onde. Quelquefois la voix se renfloit un peu davantage lorsque nous rasions de plus près la rive ; dans deux ou trois endroits elle fut répétée par un foible écho : les anciens se seroient imaginé que l'âme d'André, attirée par cette mélodie touchante, se plaisoit à en murmurer les derniers sons dans les montagnes. L'idée de ce jeune homme, amant, poëte, brave et infortuné, qui, regretté de ses concitoyens et honoré des larmes de Washington, mourut dans la fleur de l'âge pour son pays, répandoit sur cette scène romantique une teinte encore plus attendrissante. Les officiers américains et moi nous avions les larmes aux yeux ; moi, par l'effet du recueillement délicieux où j'étois plongé ; eux, sans doute, par le souvenir des troubles passés de la patrie, qui redoubloit le calme du moment présent. Ils ne pouvoient contempler sans une sorte d'extase de cœur ces lieux naguère chargés de bataillons étincelants

Note de l'exemplaire confidentiel. — On applaudira à Paris, on blâmera peut-être à Londres. Et que m'importe Londres ! Est-ce les émigrés que je dois prendre pour juges ? Parmi les Anglois, il y en a plusieurs dont je désirerois obtenir le suffrage. Mais comment la généralité pourroit-elle juger du style d'un livre écrit dans une langue étrangère ? Je me dis et me dirai toujours : Que penseront La Harpe, Fontanes, Bernardin de Saint-Pierre ? C'est le seul moyen de faire quelque chose de passable. Si je me mets à écrire pour M. P..., M. B..., il vaut beaucoup mieux retourner bêcher la terre. Au fait, il n'y a que deux classes qui jugent dans le public, les gens de lettres et les femmes, les uns raisonnablement, les autres avec sensibilité ; cette manière-là vaut bien l'autre.

Note de l'exemplaire confidentiel. — Ces temps sont bien loin de moi ; ils ne reviendront plus.

Les lettres commencèrent à revivre de toutes parts : Dante et Pétrarque avoient paru. Celui-ci est plus connu par ses *Canzone* que par ses

et retentissants du bruit des armes, maintenant ensevelis dans une paix profonde, éclairés des derniers feux du jour, décorés de la pompe de la nature, animés du doux sifflement des cardinaux et du roucoulement des ramiers sauvages, et dont les simples habitants, assis sur la pointe d'un roc, à quelque distance de leurs chaumières, regardoient tranquillement notre vaisseau passer sur le fleuve au dessous d'eux.

Au reste, ce voyage que j'entreprenois alors n'étoit que le prélude d'un autre bien plus important, dont à mon tour j'avois communiqué les plans à M. de Malesherbes, qui devoit les présenter au gouvernement. Je ne me proposois rien moins que de déterminer par terre la grande question du passage de la mer du Sud dans l'Atlantique par le nord. On sait que, malgré les efforts du capitaine Cook et des navigateurs subséquents, il est toujours resté un doute. Un vaisseau marchand, en 1786, prétendit avoir entré, par le 48° lat. N., dans une mer intérieure de l'Amérique septentrionale, et que tout ce qu'on avoit pris pour la côte, au nord de la Californie, n'étoit qu'une longue chaîne d'îles extrêmement serrées. D'une autre part, un voyageur parti de la baie d'Hudson a vu la mer par les 72° de lat. N., à l'embouchure de la rivière du *Cuivre*. On dit qu'il est arrivé l'été dernier une frégate que l'amirauté d'Angleterre avoit chargée de vérifier la découverte du vaisseau marchand dont j'ai parlé, et que cette frégate confirme la vérité des rapports de Cook. Quoi qu'il en soit, voici sommairement le plan que je m'étois tracé :

Si le gouvernement avoit favorisé mon projet, je me serois embarqué pour New-York. Là j'eusse fait construire deux immenses chariots couverts, traînés par quatre couples de bœufs. Je me serois procuré en outre six petits chevaux, pareils à ceux dont je me suis servi dans mon premier voyage. Trois domestiques européens et trois sauvages des Cinq Nations m'eussent accompagné. Quelques raisons m'empêchent de m'étendre davantage sur les plans que je comptois suivre : le tout forme un petit volume en ma possession, qui ne seroit pas inutile à ceux qui explorent des régions inconnues. Il me suffira de dire que j'eusse renoncé à parcourir les déserts de l'Amérique s'il en eût dû coûter une larme à leurs simples habitants. J'aurois désiré que parmi ces nations sauvages *l'homme à longue barbe* longtemps après mon départ eût voulu dire l'ami, le bienfaiteur des hommes.

Enfin, tout étant préparé, je me serois mis en route, marchant directement à l'ouest, en longeant les lacs du Canada jusqu'à la source du Mississipi, que j'aurois reconnue. De là descendant, par les plaines de la haute Louisiane, jusqu'au 40ᵉ degré de latitude nord, j'eusse repris ma route à l'ouest, de manière à attaquer la côte de la mer du Sud, un peu au-dessus de la tête du golfe de Californie. Suivant ici le contour des côtes, toujours en vue de la mer, j'aurois remonté droit au nord, tournant le dos au Nouveau-Mexique. Si aucune découverte n'eût arrêté ma marche, je me fusse avancé jusqu'à l'embouchure de la grande rivière de *Cook*, et de là jusqu'à celle de la rivière du *Cuivre*, par les 72 degrés de latitude septentrionale. Enfin, si nulle part je n'eusse trouvé un passage, et que je n'eusse pu doubler le cap le plus nord

---

Note de l'exemplaire confidentiel. — Les yeux du vertueux Malesherbes pétilloient lorsque je l'entretenois de mes voyages. On auroit dit qu'il alloit lui-même s'exposer aux dangers dont je l'occupois.

traités *De Contemptu Mundi; De sua ipsius et aliorum Ignorantia*, quoique ce dernier ouvrage vaille mieux que la plupart de ses sonnets.

de l'Amérique, je serois rentré dans les États-Unis par la baie d'Hudson, le Labrador et le Canada.

Tel étoit l'immense et périlleux voyage que je me proposois d'entreprendre pour le service de ma patrie et de l'Europe. Je calculois qu'il m'eût retenu (tout accident à part) de cinq à six ans. On ne sauroit mettre en doute son utilité. J'aurois donné l'histoire des trois règnes de la nature, celle des peuples et de leurs mœurs, dessiné les principales vues, etc., etc.

Quant à ce qui est des risques du voyage, ils sont grands sans doute ; mais je suppose que ceux qui calculent tous les dangers ne vont guère voyager chez les sauvages. Cependant on s'effraye trop sur cet article. Lorsque je me suis vu exposé en Amérique, le péril venoit toujours du local et de ma propre imprudence, mais presque jamais des hommes. Par exemple, à la cataracte de Niagara, l'échelle indienne qui s'y trouvoit jadis étant rompue, je voulus, en dépit des représentations de mon guide, me rendre au bas de la chute par un rocher à pic d'environ deux cents pieds de hauteur. Je m'aventurai dans la descente. Malgré les rugissements de la cataracte et l'abîme effrayant qui bouillonnoit au-dessous de moi, je conservai ma tête, et parvins à une quarantaine de pieds du fond. Mais ici le rocher lisse et vertical n'offroit plus ni racines ni fentes où pouvoir reposer mes pieds. Je demeurai suspendu par la main à toute ma longueur, ne pouvant ni remonter ni descendre, sentant mes doigts s'ouvrir peu à peu de lassitude sous le poids de mon corps, et voyant la mort inévitable : il y a peu d'hommes qui aient passé deux minutes dans leur vie comme je les comptai alors, suspendu sur le gouffre de Niagara. Enfin mes mains s'ouvrirent, et je tombai. Par le bonheur le plus inouï je me trouvai sur le roc vif, où j'aurois dû me briser cent fois, et cependant je ne me sentois pas grand mal ; j'étois à un demi-pouce de l'abîme, et je n'y avois pas roulé : mais lorsque le froid de l'eau commença à me pénétrer, je m'aperçus que je n'en étois pas quitte à aussi bon marché que je l'avois cru d'abord. Je sentis une douleur insupportable au bras gauche ; je l'avois cassé au-dessus du coude. Mon guide, qui me regardoit d'en haut, et auquel je fis signe, courut chercher quelques sauvages, qui avec beaucoup de peine me remontèrent avec des cordes de bouleau et me transportèrent chez eux.

Ce ne fut pas le seul risque que je courus à Niagara : en arrivant, je m'étois rendu à la chute, tenant la bride de mon cheval entortillée à mon bras. Tandis que je me penchois pour regarder en bas, un serpent à sonnettes remua dans les buissons voisins ; le cheval s'effraye, recule en se cabrant et en approchant du gouffre ; je ne puis désengager mon bras des rênes, et le cheval, toujours plus effarouché, m'entraîne après lui. Déjà ses pieds de devant quittoient la terre, et accroupi sur le bord de l'abîme, il ne s'y tenoit plus que par la force des reins. C'en étoit fait de moi, lorsque l'animal, étonné lui-même du nouveau péril, fait un dernier effort, s'abat en dedans par une pirouette, et s'élance à dix pieds loin du bord.

Lorsque j'ai commencé cette note, je ne comptois la faire que de quelques lignes : le sujet m'a entraîné. Puisque la faute est commise, une demi-page de plus ne m'exposera pas davantage à la critique, et le lecteur sera peut-être bien aise qu'on lui dise un mot de cette fameuse cataracte du Canada, la plus belle du monde connu.

Elle est formée par la rivière Niagara, qui sort du lac Érié et se jette dans l'Ontario. A environ neuf milles de ce dernier lac se trouve la chute : sa hauteur perpendiculaire peut être d'environ deux cents pieds. Mais ce qui contribue à la rendre si

Mais Laure, Vaucluse sont de doux noms, et les hommes se prennent plus aisément par le cœur que par la tête. Pic de La Mirandole, Politien, Ficinus et mille autres furent des prodiges d'érudition [1]. Érasme suivit : ses *Lettres* et son *Éloge de la Folie* sont pleins d'esprit et d'élégance. Bientôt les réformateurs de l'Église romaine attaquèrent plus vigoureusement encore la secte scolastique [2]. On commença à faire revivre les autres philosophies de la Grèce. Gassendi renouvela peu après la secte d'Épicure [3], et se rendit célèbre par son génie astronomique. Trois hommes enfin, Jordan Bruno, Jérôme Cardan et François Bacon s'élevèrent en Europe, et, dédaignant de marcher sur les pas des Grecs, se frayèrent une route nouvelle : en eux commence la *philosophie moderne.*

violente, c'est que depuis le lac Érié jusqu'à la cataracte le fleuve arrive toujours en déclinant par une pente rapide, dans un cours de près de six lieues, en sorte qu'au moment même du saut c'est moins une rivière qu'une mer impétueuse, dont les cent mille torrents se pressent à la bouche béante d'un gouffre. La cataracte se divise en deux branches, et se courbe en un fer à cheval d'environ un demi-mille de circuit. Entre les deux chutes s'avance un énorme rocher creusé en dessous, qui pend avec tous ses sapins sur le chaos des ondes. La masse du fleuve qui se précipite au midi se bombe et s'arrondit comme un vaste cylindre au moment qu'elle quitte le bord, puis se déroule en nappe de neige, et brille au soleil de toutes les couleurs du prisme : celle qui tombe au nord descend dans une ombre effrayante comme une colonne d'eau du déluge. Des arcs-en-ciel sans nombre se courbent et se croisent sur l'abîme, dont les terribles mugissements se font entendre à soixante milles à la ronde. L'onde, frappant le roc ébranlé, rejaillit en tourbillons d'écume qui, s'élevant au-dessus des forêts, ressemblent aux fumées épaisses d'un vaste embrasement. Des rochers démesurés et gigantesques, taillés en forme de fantômes, décorent la scène sublime; des noyers sauvages, d'un aubier rougeâtre et écailleux, croissent chétivement sur ces squelettes fossiles. On ne voit auprès aucun animal vivant, hors des aigles qui en planant au-dessus de la cataracte, où ils viennent chercher leur proie, sont entraînés par le courant d'air et forcés de descendre en tournoyant au fond de l'abîme. Quelque *carcajou* tigré, se suspendant par sa longue queue à l'extrémité d'une branche abaissée, essaye d'attraper les débris des corps noyés des élans et des ours que la remole jette à bord; et les serpents à sonnettes font entendre de toutes parts leurs bruits sinistres.

1. Fabr., *Bibl. Gr.*, v. 10, p. 278; Shelborn, *Amœnitat. Leter.*, t. I, p. 18; *Vita a J. Fr. Pico in Bates Vet. Select.*
2. *Declarationes ad Heildelbergentes*, apud Werensdorf.
3. Sorbière, *De Vit. Gass., Præf., Synt. Phil. Epic.*; Bayle.

CHAPITRE XXIV.

SUITE. DEPUIS BACON JUSQU'AUX ENCYCLOPÉDISTES.

Le chancelier lord Bacon[1], un de ces hommes dont le genre humain s'honore, a laissé plusieurs ouvrages. C'est à son traité *On the Advancement of Learning* et à celui du *Novum Organum Scientiarum* qu'il doit particulièrement son immortalité.

Dans le premier, il examine en son entier le cercle des sciences, classant chaque chose sous sa faculté, facultés dont il reconnoît quatre : l'âme, la mémoire, l'imagination, l'entendement. Les sciences s'y trouvent réduites à trois : la poésie, l'histoire, la philosophie. Dans le second ouvrage, il rejette la méthode de raisonner par syllogismes ; il propose seulement la physique expérimentale pour seul guide dans la nature. C'est ainsi que ce grand homme ouvrit à ceux qui l'ont suivi le vrai chemin de la philosophie, et que chacun, écoutant son génie, sut désormais où se placer[2].

Tandis que Bacon brilloit en Angleterre, Campanella[3] florissoit en Italie. Cet homme extraordinaire attaqua vigoureusement les préjugés de son siècle, et tomba lui-même dans le vague des systèmes. Plongé vingt-sept ans dans les cachots[4], il y vécut comme une salamandre, au milieu du feu de son génie, n'ayant ni plume ni papier pour lui ouvrir une issue au dehors. Ses écrits étincellent[5], mais on y remarque une tête déréglée. Au reste, il admettoit l'âme du monde de Platon, etc.

Hobbes[6], contemporain de Bacon, publia plusieurs ouvrages : son livre *De la Nature humaine*, son traité *De Corpore Politico*, son *Leviathan* et sa *Dissertation sur l'homme* sont les plus considérables. En politique, il trouva à peu près les principes du *Contrat Social* de J.-J. Rousseau ; mais il soutient les opinions les plus destructives de la société. Il avance que l'autorité, non la vérité, doit faire le principe de la loi ; que le magistrat suprême qui punit l'innocent pèche contre Dieu, mais non contre la justice ; qu'il n'y a point de propriétés, etc.

---

1. Né en 1560, mort en 1626.   2. Voyez les ouvrages cités.
3. Né en 1568, mort en 1639.
4. Pour une prétendue conspiration contre le roi d'Espagne.
5. Entre autres les ouvrages intitulés : *Philosophia rationalis : de Libris propriis; Civitas Solis*.
6. Né en 1588, mort en 1679.

En morale, il dit que l'état de nature est un état de guerre, que la félicité consiste en un continuel passage de désir en désir[1].

Descartes[2] fit revivre le pyrrhonisme, et ouvrit les sources du déluge de la philosophie moderne. La seule vérité, selon lui, consistoit en son fameux argument, *je pense, donc j'existe*. Il admettoit les idées innées, l'existence de la matière. Il expliquoit l'action de l'âme sur le corps d'après les principes de Platon[3]. On connoît ses tourbillons en physique.

Leibnitz publia son système des *Monades*, par lesquelles il entendoit une simple substance sans parties. Mais cette substance varie en propriétés et relations, et c'est de ces diverses modifications apparentes que résultent plusieurs dans l'unité. Cela rentre dans les *Nombres* de Pythagore et les *Idées* de Platon. Leibnitz[4] est l'auteur du *Calcul différentiel*[5].

Spinosa[6] rappelle l'athée par excellence. Il admettoit une substance universelle, laquelle substance a en elle-même tous les principes de modification : elle est Dieu. Tout vient ainsi de Dieu : le mort et le mourant, le riche et le pauvre, l'homme qui sourit et celui qui pleure, la terre, les astres, tout cela se passe et est en Dieu[7].

Locke[8] a laissé dans son traité *On human Understanding* un des plus beaux monuments du génie de l'homme. On sait qu'il y détruit la doctrine des idées innées ; qu'il explique la nature de ces idées, les dérivant de deux sources : la sensation et la réflexion[9].

Grotius[10] après Machiavel, Mariana, Bodin[11], fut un des premiers à faire revivre en Europe la politique. Son livre *De Jure Belli et Pacis* manque de méthode, et s'étend au delà de son titre. Il part d'ailleurs d'une majeure douteuse : la sociabilité de l'homme[a]. Au reste, on y trouve du génie et de l'érudition.

1. Voyez les ouvrages cités, particulièrement *Le Leviathan*.
2. Né en 1596, mort en 1650.
3. Vid. *Princip. Phil., Medit. Phil., De Prima Phil.*
4. Né en 1646, mort en 1701.
5. Vid. Theodicea, *Calculus differentialis*, etc. — Un monument littéraire, bien plus précieux que la correspondance des encyclopédistes, est celle de Newton, Clarke et Leibnitz ; par exemple, Leibnitz faisant part à Newton de sa découverte de son *Calcul différentiel*, et Newton lui demandant son avis sur sa *Théorie des Marées*.
6. Né en 1632, mort en 1677.
7. *Tractat. Theolog.; Politic., Or. pro Chr.*, Bayl. Spin.
8. Né en 1632, mort en 1704.   9. *Essay on hum. Underst.*
10. Né en 1583, mort en 1645.
11. Sidney écrivit quelque temps après. Il ne faut pas confondre ce Sidney, écrivain d'un excellent *Traité sur le Gouvernement*, avec le Sidney auteur de l'*Arcadie*.

[a] Eh bien, vais-je nier aussi la sociabilité de l'homme ? (N. ÉD.)

Puffendorf[1] a déployé moins de génie que Grotius dans son traité *De Jure Naturæ et Gentium*; mais on y apprend davantage, par l'excellent plan de l'ouvrage. Il y part de la morale pour remonter à la politique (le seul chemin par où on puisse arriver à la vérité), considérant l'homme dans ses rapports avec Dieu lui-même et ses semblables [a].

L'universel scepticisme de Bayle[2] se fait apercevoir dans ses écrits. Il y détruit tous les systèmes des autres, sans en élever un lui-même[3]. Il passe avec raison pour le plus grand dialecticien qui ait existé.

Malebranche[4] a laissé un nom célèbre. Les deux opinions les plus extraordinaires qui aient peut-être été jamais avancées par aucun philosophe se trouvent dans sa *Recherche de la Vérité*. Il y affirme que la pensée ne se produit pas de l'entendement, mais découle immédiatement de Dieu, et que l'esprit humain communique directement avec la Divinité, et voit tout en elle[5].

Rappeler ces grands hommes qui travailloient en même temps à l'*Histoire naturelle* seroit trop long et hors du sujet de cet ouvrage. Copernic, qui rendit à l'univers son vrai système[6], perdu depuis Pythagore; Galilée, qui inventa le télescope, découvrit les satellites de Jupiter, l'anneau de Saturne, etc.[7]; enfin l'immortel Newton, qui traça le chemin aux comètes, vit se mouvoir tous les mondes, pénétra dans le principe des couleurs, et vola pour ainsi dire à Dieu le secret de la nature[8]; tous ces hommes illustres précédèrent les encyclopédistes, dont il me reste à parler.

---

1. Né en 1631, mort en 1694.

[a] J'avois du moins étudié quelque chose de mon métier avant d'être ambassadeur. (N. ÉD.)

2. Né en 1647, mort en 1706. 3. *Dict.; Resp. ad Provincial.; Quend.*
4. Né en 1638, mort en 1715. 5. *Recherches de la Vérité.*
6. *De Orbium Cœlest. Revol.*
7. VIVIANI, *Vit. Gal.; Act. Phil.; Systema Cosmicum.*
8. *Philosophiæ naturalis Principia mathematica.* — On ne sait lequel admirer le plus des trois grands hommes que je viens de nommer, lorsqu'on les voit s'élever les uns après les autres de merveille en merveille. Je ne puis m'empêcher d'observer qu'on doit à Galilée les vérités importantes : que l'espace parcouru dans la chute des corps est en raison du carré des temps, que le mouvement des projectiles se fait dans la courbe parabolique *.

---

* Toujours mes chères mathématiques : cela prouve du moins que je n'avois pas la mauvaise habitude d'écrire avant d'avoir lu, habitude trop commune dans ce siècle. (N. ÉD.)

CHAPITRE XXV.

LES ENCYCLOPÉDISTES[1].

Il seroit impossible d'entrer dans le détail de la philosophie des encyclopédistes : la plupart sont déjà oubliés, et il ne reste d'eux que la révolution françoise[2]. Traiter de leurs livres n'est pas plus facile; ils n'y ont point exposé de systèmes complets. Nous voyons seulement par plusieurs ouvrages de Diderot qu'il admettoit le pur athéisme, sans en apporter que de mauvaises raisons[3][a]. Voltaire n'entendoit rien en métaphysique : il rit, fait de beaux vers, et distille l'immoralité. Ceux qui se rapprochent encore plus de nous ne sont guère plus forts en raisonnement. Helvétius a écrit des livres d'enfants, remplis de sophismes que le moindre grimaud de collége pourroit réfuter. J'évite de parler de Condillac et de Mably, je ne dis pas de Jean-Jacques et de Montesquieu, deux hommes d'une trempe supérieure aux encyclopédistes.

Quel fut donc l'esprit de cette secte? La destruction. Détruire, voilà leur but; détruire, leur argument. Que vouloient-ils mettre à la place des choses présentes ? Rien. C'étoit une rage contre les institutions de leur pays, qui, à la vérité, n'étoient pas excellentes; mais enfin quiconque renverse doit rétablir[b], et c'est la chose difficile, la chose qui doit nous mettre en garde contre les innovations. C'est un effet de notre foiblesse que les vérités négatives sont à la portée de tout le monde, tandis que les raisons positives ne se découvrent qu'aux

---

1. Je comprends sous ce nom non-seulement les vrais encyclopédistes, mais encore les philosophes qui les ont suivis jusqu'à notre temps.

2. Qu'il soit bien entendu qu'ils n'en sont pas la seule cause, mais une grande cause. La révolution françoise ne vient point de tel ou tel homme, de tel ou tel livre : elle vient des choses. Elle étoit inévitable; c'est ce que mille gens ne veulent pas se persuader. Elle provient surtout du progrès de la société à la fois vers les lumières et vers la corruption; c'est pourquoi on remarque dans la révolution françoise tant d'excellents principes et de conséquences funestes. Les premiers dérivent d'une théorie éclairée; les secondes de la corruption des mœurs. Voilà le véritable motif de ce mélange incompréhensible des crimes entés sur un tronc philosophique; voilà ce que j'ai cherché à démontrer dans tout le cours de cet *Essai* *.

3. Cela n'est pas vrai de tous ses ouvrages, mais résulte de leur ensemble; il est même déiste en plusieurs endroits de ses écrits : il est difficile d'être conséquent.

[a] *Sans en apporter que de mauvaises raisons.* Comme j'arrangeois la langue! Quel barbare! (N. ÉD.)

[b] C'est du bon sens. (N. ÉD.)

* Si j'ai écrit quelque chose de bon dans ma vie, il faut y comprendre cette note. (N. ÉD.)

grands hommes. Un sot vous dira aisément une bonne raison contre, presque jamais une bonne raison pour.

Ayant à parler ailleurs des encyclopédistes[1], je finirai ici leur article, après avoir remarqué que si l'on trouve que je parle trop durement de ces savants, estimables à beaucoup d'autres égards, et moi aussi je leur rends justice de ce côté-là[a]. Mais j'en appelle à tout homme impartial : qu'ont-ils produit? Dois-je me passionner pour leur athéisme? Newton, Locke, Bacon, Grotius, étoient-ils des esprits foibles, inférieurs à l'auteur de *Jacques le Fataliste,* à celui des *Contes de mon Cousin Vadé*? N'entendoient-ils rien en morale, en physique, en métaphysique, en politique? J.-J. Rousseau étoit-il une petite âme? Eh bien, tous croyoient au Dieu de leur patrie; tous prêchoient religion et vertu. D'ailleurs, il y a une réflexion désolante : étoit-ce bien l'opinion intime de leur conscience que les encyclopédistes publioient? Les hommes sont si vains, si foibles, que souvent l'envie de faire du bruit les fait avancer des choses dont ils ne possèdent pas la conviction[b], et après tout, je ne sais si un homme est jamais parfaitement sûr de ce qu'il pense réellement[b].

Avant de parler de l'influence que les beaux esprits du siècle d'Alexandre et ceux du nôtre eurent sur leur âge respectif, nous allons les présenter aux lecteurs rassemblés. Nous choisirons les plus aimables, pour donner une idée de leurs ouvrages et de leur style : de là nous passerons au tableau de leurs mœurs; et nous aurons ainsi une petite histoire complète de la philosophie et des philosophes.

CHAPITRE XXVI.

PLATON, FÉNELON, J.-J. ROUSSEAU. LA RÉPUBLIQUE DE PLATON, LE TÉLÉMAQUE, L'ÉMILE.

Si les grâces de la diction, la chaleur de l'imagination, un je ne sais quoi dans l'expression de mystique et d'intellectuel, qui ressemble au langage des anges, font le grand, le sublime écrivain, Platon en mérite le titre. Peut-être sa manière ressemble-t-elle plus à celle du vertueux

---

1. A l'article Christianisme.

[a] De quel coté? (N. ÉD.)

[b] Suis-je un athée? Réflexion très-juste : on a un million d'exemples de cette déplorable vanité. (N. ÉD.)

[c] Naïveté comique. (N. ÉD.)

archevêque de Cambrai qu'au style de Jean-Jacques; mais celui-ci, d'une autre part, s'en est rapproché davantage par son sujet. Nous allons offrir le beau groupe de ces trois génies, qui renferme tout ce qu'il y a d'aimable dans la vertu, de grand dans les talents, de sensible dans le caractère des hommes.

Platon, dans sa *République*, Fénelon, dans son *Télémaque*, Jean-Jacques dans son *Émile*, ont cherché l'homme moral et politique.

Le premier divise sa *République* en trois classes [1] : le peuple ou les mécaniques, les guerriers qui défendent la patrie, et les magistrats qui la dirigent. L'éducation du citoyen commence à sa naissance. Sans doute de tendres parents s'empressent autour de son berceau : Non. Porté dans un lieu commun [2], il attend qu'un lait inconnu vienne satisfaire à ses besoins; et sa propre mère, qui ne le reconnoît plus, nourrit auprès de lui le fils de l'étrangère.

Lorsque le citoyen commence à entrer dans l'âge de l'adolescence, le gymnase occupe ses instants.

La première chose qui y frappe sa vue, c'est la pudeur sans voile, et les formes [a] de la jeune fille souillées, comme une rose, dans la poussière de l'arène [3]. Son œil s'accoutume à parcourir les grâces nues, et son imagination perd les traits du beau idéal. Privé d'une famille, il ne pourra avoir une amante; et lorsque la patrie aura choisi pour lui une compagne [4], il sera peu après obligé de rompre ses premiers liens, pour recevoir dans la couche nuptiale non une vierge timide et rougissante, mais une épouse banale [5], pour qui les baisers n'ont plus de chasteté ni l'amour de mystères.

Si parmi ces enfants communs de la patrie il s'en trouve un qui par la beauté de ses traits, les indices de son génie décèle le grand homme futur, on l'enlève à la foule [6], on l'instruit dans les sciences; il va ensuite combattre avec les autres à la défense de la patrie. A mesure qu'il avance en âge, on lui confie les plus importants emplois, et bientôt on lui découvre les causes secrètes de la nature. Un philosophe lui dévoile le grand être. Il apprend à se détacher des choses humaines : voyageur dans le monde intellectuel, il se dépouille pour ainsi dire de son corps, il s'associe à la sagesse divine, dont la nôtre n'est que l'ombre; et lorsque cinquante années d'étude et de méditations l'ont rendu d'une nature supérieure à ses semblables, alors il

---

1. Plat., *De Rep.*, lib. ii, p. 273, etc.   2. *Id. ibid.*, lib. v, p. 460.
[a] *Les formes.* Mauvais jargon du temps, emprunté des arts. (N. éd.)
3. Plat., *De Rep.*, lib. v, p. 452, etc.   4. *Id., ib.*, lib. v, p. 459.
5. *Id. ib.*, lib. v, p. 447.   6. *Id. ib.*, lib. vi, p. 486.

redescend sur la terre, et devient un des magistrats de la patrie[1].
Tel est l'homme politique de Platon. Le divin disciple de Socrate, dans le délire de sa vertu, vouloit spiritualiser les hommes terrestres; et pour les rendre pareils à Dieu, il commençoit par opprimer le peuple en établissant un corps de janissaires, par faire des législateurs métaphysiciens, et par enlever à tous la piété maternelle, l'amour conjugal, que la nature donne aux tigres même dans leurs déserts. Des enfants communs! Oh! blasphème philosophique! Plus heureuse cent fois la femme indigente de nos cités, qui mendie ses premiers besoins en portant son fils dans ses bras! La société l'abandonne, mais la nature lui reste; elle ne sentira point l'inclémence des hivers si dans ses haillons elle peut trouver un coin de manteau pour envelopper son tendre fruit. La faim même qui la dévore, elle l'oublie si sa mamelle donne encore la nourriture accoutumée au cher enfant qui sourit à ses larmes et presse son sein maternel de ses petites mains[a].

Fénelon vit mieux que Platon l'état de la société. Son jeune homme moral quitte le lieu de sa naissance pour aller chercher son père. La Sagesse, sous la figure de Mentor, l'accompagne. Le premier pas qu'il fait dans la carrière est, comme dans la vie, vers le malheur. La mort le menace en Sicile; échappé à ce danger, l'esclavage et la pauvreté l'attendent en Égypte : les dieux et les lettres viennent à son secours. Prêt à retourner dans sa patrie, la main du Sort le saisit de nouveau et le replonge dans les cachots. Là, du haut d'une tour, il passe ses jours à contempler les flots qui se brisent au loin sur les rivages et les mortels agités par la tempête. Tout à coup un grand combat attire ses regards; il voit tomber un roi despotique, dont la tête sanglante, secouée par les cheveux, est montrée en spectacle au peuple qu'il opprimoit.

Télémaque quitte l'Égypte, et la tyrannie la plus affreuse se montre à lui en Phénicie. Il abandonne cette terre d'esclavage et arrive à celle des plaisirs. Le jeune homme va succomber : tout à coup la Sagesse se présente à lui; il fuit avec elle cette île empoisonnée, et, durant une navigation tranquille il écoute les discours divins sur Dieu et la vertu, qui rouvrent son cœur aux voluptés morales.

Bientôt à l'horizon on découvre des montagnes, dont le sommet se colore des premières réfractions de la lumière. Peu à peu la Crète s'avance au-devant du vaisseau. Des moissons verdoyantes, des champs

---

1. PLAT., *De Rep.*, lib. VI, p. 503-505; lib. VII, p. 517.
[a] J'ai transporté quelque chose de ceci dans le *Génie du Christianisme*, mais le morceau entier est mieux dans l'*Essai*. (N. ÉD.)

d'oliviers, des villages champêtres, des cabanes riantes entrecoupées de bouquets de bois, toute l'île enfin se déploie en amphithéâtre sur l'azur calme et brillant de la mer.

Quelle baguette magique a créé cette terre enchantée? Un bon gouvernement. Ici le spectacle d'un peuple heureux développe au jeune homme le secret des lois et de la politique. Il y apprend que le gouverné n'est pas fait pour le gouvernant, mais celui-ci pour le premier. Toujours croissant en sagesse, Télémaque refuse, par amour de la patrie, la royauté qu'on lui offre. Il s'embarque, après avoir mis un philosophe à la tête des Crétois; et Vénus, irritée de ses mépris, l'attend avec l'Amour à l'île de Calypso.

Ici il ne sent point cette volupté grossière qui subjuguoit son corps à Cypre. Ce qu'il éprouve tient d'une nature céleste, et règne à la fois dans son âme et dans ses sens. Ce ne sont plus des beautés hardies, dont les grâces faciles n'offrent rien à deviner au désir; ce sont les tresses flottantes d'Eucharis qui voilent des charmes inconnus; c'est la modestie, c'est la pudeur de la vierge qui aime et n'ose avouer son amour, mais l'exhale comme un parfum autour d'elle.

D'une autre part, une passion dévorante consume la malheureuse Calypso. La jalousie, plus dévorante encore, marbre ses yeux de taches livides. Ses joues se creusent; elle rugit comme une lionne. Télémaque, effrayé, ne trouve d'abri qu'auprès d'Eucharis, que la déesse est prête à déchirer, tandis que l'enfant Cupidon, au milieu de cette troupe de nymphes, s'applaudit en riant des maux qu'il a faits.

C'en est fait; le jeune homme succombe, il va périr : la Sagesse se présente à lui, l'entraîne vers le rivage. Insensible à la vertu, Télémaque ne voit qu'Eucharis; il voudroit baiser la trace de ses pas, et il demande à lui dire au moins un dernier adieu. Mais des flammes frappent soudain sa vue; elles s'élèvent du vaisseau que Minerve avoit bâti, et que l'Amour vient de consumer. Une secrète joie pénètre dans le cœur du fils d'Ulysse, la Sagesse prévoit le retour de sa foiblesse, saisit l'instant favorable, et, poussant son élève du haut d'un roc dans les flots, s'y précipite avec lui.

Télémaque aborde à la nage un vaisseau arrêté à la vue de l'île. Là il retrouve un ancien ami. Celui-ci raconte la mort d'un tyran, et lui fait la peinture d'un peuple heureux selon la nature. Le jeune homme, au milieu de ces doux entretiens, croyant arriver dans sa patrie, touche à des rives étrangères. Des tours à moitié élevées, des colonnes entourées d'échafauds, des temples sans comble, annoncent une ville qui s'élève. Là règne Idoménée, chassé de Crète par ses sujets.

Ici Télémaque reçoit les dernières leçons. Le tableau des cours et de leurs vices passe devant ses yeux ; l'homme vertueux banni, le fripon en place, les ambitions, les préjugés, les passions des rois, les guerres injustes, les plans faux de législation, enfin, non l'excès de la tyrannie, mais ce mal général, peut-être pis encore, qui règne dans les gouvernements corrompus, est développé aux yeux de l'élève de Minerve. Après être descendu aux enfers, après y avoir vu les tourments réservés aux despotes et les récompenses accordées aux bons rois ; après avoir supporté les fatigues de la guerre et chéri une flamme licite pour l'épouse qu'il se choisit, Télémaque retourne dans sa patrie, instruit par la sagesse et l'adversité ; également fait désormais pour commander ou obéir aux hommes, puisqu'il a vaincu ses passions.

Le défaut de cet immortel ouvrage vient de la hauteur de ses leçons, qui ne sont pas calculées pour tous les hommes. On y trouve des longueurs, surtout dans les derniers livres. Mais ceux qui aiment la vertu et chérissent en même temps le beau antique ne doivent jamais s'endormir sans avoir lu le second livre de *Télémaque*. L'influence de cet ouvrage de Fénelon a été considérable ; il renferme tous les principes du jour : il respire la liberté, et la révolution même s'y trouve prédite. Que l'on considère l'âge où il a paru, et l'on verra qu'il est un des premiers écrits qui ont changé le cours des idées nationales en France [a].

« Tout est bien sortant des mains de l'Auteur des choses, tout dégénère entre les mains de l'homme. » C'est ainsi que commence l'*Émile*, et cette phrase explique tout l'ouvrage. Jean-Jacques prend, comme Platon, l'homme dans ses premiers langes ; il recommande le sein maternel. Il veut qu'aussitôt que l'enfant ouvre ses yeux à la lumière il soit soumis sur-le-champ à la nécessité, la seule loi de la vie : s'il pleure, on ne l'apaise point ; s'il demande un objet, on l'y porte. La louange, le blâme, la frayeur, le courage, sont des ressorts de l'âme, dont il ignore même le nom. Dieu demande toute la force de la raison pour le comprendre, on n'en parle donc point à l'*Émile* de Jean-Jacques.

Aussitôt qu'il sort des mains des femmes, on le remet entre les mains de son ami, non de son maître, il n'en a point. L'étude difficile de celui-ci est de ne rien lui apprendre. Émile ne sait ni lire ni écrire, mais il connoît sa foiblesse ; et tous les jours, dans ses jeux, quelques accidents lui font désirer de s'instruire des lettres, des mathématiques et des autres arts. Il en est ainsi pour lui des idées morales et

---

[a] Il me semble par ces pages que j'avois appris à écrire. (N. ÉD.)

civiles. On a bien pris garde de lui enseigner ce que c'est que la justice, la propriété*ᵃ*; mais un joueur de gobelets, un jardinier, et mille autres hasards, développent graduellement dans son cerveau le système des choses relatives.

Émile ne sait point rester où il s'ennuie, veiller lorsqu'il veut dormir. S'il a faim, il mange; s'il ne peut satisfaire ses besoins ou ses désirs, il ne murmure point : ne connoît-il pas la nécessité.

Courageux, il ne l'est point parce qu'il faut l'être, mais parce qu'il ignore le danger. La mort, il ne sait ce que c'est. Il a vu mourir, et cela lui semble bon, parce que c'est une chose naturelle, et surtout une nécessité.

Cependant Émile a appris une question. A quoi cela est-il bon? demande-t-il lorsqu'il voit faire quelque chose qu'il ne connoît pas. Souvent on ne répond point à cette question; et Émile, par hasard, ne manque pas de trouver tôt ou tard lui-même la raison dont il s'enquéroit.

Mais l'âge des passions s'avance, et l'on commence à entendre gronder l'orage. L'élève de Jean-Jacques a appris dans ses jeux non-seulement les principes des sciences abstraites, mais ceux des arts mécaniques, tels que la menuiserie; car, quoique Émile soit riche, il peut être exposé aux révolutions des États. « Vous vous fiez, dit Jean-Jacques, à l'ordre actuel de la société, sans songer que cet ordre est sujet à des révolutions inévitables, et qu'il vous est impossible de prévoir ni de prévenir celle qui peut regarder vos enfants. Le grand devient petit, le riche devient pauvre, le monarque devient sujet. Les coups du sort sont-ils si rares que vous puissiez compter d'en être exempt? Nous approchons de l'état de crise et du siècle des révolutions. *Je tiens pour impossible que les grandes monarchies de l'Europe aient encore longtemps à durer; toutes ont brillé, et tout État qui brille est sur son déclin. J'ai de mon opinion des raisons plus particulières que cette maxime; mais il n'est pas à propos de les dire, et chacun ne le voit que trop*ᵇ ¹. »

ᵃ Phrase inintelligible, qui veut dire : *On ne lui a pas enseigné.* (N. ÉD.)

ᵇ Je n'ai rien à rétracter des éloges que je donne ici à Rousseau dans le *texte* et dans la *note*. Quant à mon jugement général sur ses ouvrages, je renvoie le lecteur à la note *a*, p. 130 à 132. (N. ÉD.)

1. Tome XI, p. 85, de Londres, 1781. — Voilà le fameux passage de l'*Émile.* Il y a plusieurs choses à remarquer ici. La première est la clarté avec laquelle Jean-Jacques a prédit la révolution présente. La seconde a rapport à sa célèbre idée de faire apprendre un métier à chaque enfant. Comme on s'en moqua à l'époque de la publication de l'*Émile!* Comme on trouvoit le philosophe ridicule! Je n'ai pas besoin de demander si nous en sentons maintenant la vérité. Il y a beaucoup de nos seigneurs françois qui seroient trop heureux maintenant de savoir faire le métier

Enfin Émile parvient à l'âge de la raison, et Dieu va lui être dévoilé. Un philosophe sensible se rend un matin au sommet d'une haute colline, au bas de laquelle coule le Pô, tandis que le soleil levant projette l'ombre des arbres dans la vallée. Après quelques instants de silence et de recueillement, inspirés par ce beau spectacle et par les idées qu'il fait naître de la Divinité, le vicaire savoyard prouve l'existence du grand Être, non d'après des raisonnements métaphysiques,

d'Émile. Ils recevroient par jour leur demi-couronne, ou leurs quatre shillings, et seroient citoyens utiles du pays où le sort les auroit jetés.

La troisième remarque, et la plus importante, tient à la nature du passage même. Il est clair que non-seulement Jean-Jacques avoit prévu la révolution, mais encore les horreurs dont elle seroit accompagnée. Il annonce que le dessein d'Émile est d'émigrer. Comment le républicain Jean-Jacques auroit-il pu avoir une telle pensée s'il n'avoit entrevu l'espèce de gens qui feroient une révolution en France, s'il n'avoit jugé par l'état des mœurs du peuple qu'une révolution vertueuse étoit impossible ? Sans doute le sensible philosophe, qui disoit qu'une révolution qui coûte la vie à un homme est une mauvaise révolution, n'auroit pas célébré celle de la France. J'ai entendu une discussion très-intéressante, au sujet de Voltaire et de Rousseau, dans une société de gens de lettres qui les avoient connus, par ailleurs grands partisans de la révolution. On examinoit quelle auroit été vraisemblablement la conduite du poëte et du philosophe s'ils avoient vécu jusqu'à la révolution. Il fut conclu à l'unanimité qu'ils auroient été des aristocrates. Voltaire, disoit-on, n'auroit jamais pu oublier sa qualité de gentilhomme du roi ni pardonner l'apothéose de Jean-Jacques. Quant à celui-ci, l'horreur du sang répandu en auroit fait un antirévolutionnaire décidé. Ces remarques sont très-justes, et peignent les deux hommes ; mais quelle force de génie dans Rousseau d'avoir à la fois prédit la révolution et ses crimes ! et quelle incroyable circonstance que ses écrits mêmes aient servi à les amener !

Il paroit encore que Rousseau prévoyoit plusieurs autres catastrophes. Je ne sais, mais s'il m'étoit permis de m'expliquer, j'aurois peut-être quelque chose d'intéressant à dire à ce sujet. Si l'Angleterre doit éprouver une révolution, elle sera totalement différente de celle de France *, parce que, d'après mille raisons, trop longues à détailler, les partis en viendroient à une guerre civile ouverte et non à un carnage sourd comme dans ma patrie. Si l'Angleterre évite le sort dont elle est menacée, ce ne sera que par beaucoup de prudence et de justice dans le gouvernement. Au reste, l'idée de Jean-Jacques de faire apprendre un métier à Émile n'est que ce que disoit Néron lorsqu'on lui reprochoit l'ardeur avec laquelle il se livroit à l'étude de la musique ; il répondoit par une fameuse phrase grecque. « Un artiste vit partout. » Il est singulier que la pensée d'un philosophe ne soit que le mot d'un tyran.

* Sans doute, parce qu'il y a une aristocratie puissante dans la Grande-Bretagne, et que l'aristocratie n'étoit plus rien en France. Non-seulement les hautes classes de la société en Angleterre se sauveront avec la prudence et la justice que je leur recommande, mais elles se sauveront encore mieux en dirigeant les idées nouvelles, et se mettant, comme elles l'ont fait toujours, à la tête des siècles à mesure qu'ils se succèdent. Ainsi ces hautes classes, n'étant jamais dépassées par les classes qui les suivent, conservent tous leurs droits à une supériorité naturelle. Il faut aussi se souvenir qu'il n'y a point de peuple proprement dit en Angleterre, excepté dans les grandes villes ; tout est client et patron comme dans l'ancienne Rome. Cela rend une révolution populaire presque impossible. Quand les prolétaires ou les ouvriers se soulèvent, les propriétaires s'arment ; on tue quelques-uns des plus mutins, et tout est fini. (N. ÉD.)

mais sur le sentiment qu'il en trouve dans son cœur. Un Dieu juste, bienfaisant et aimant les humains, est le seul que reconnoisse Émile. Il confesse dans les Évangiles une morale tendre et sublime; mais il n'y voit qu'un homme[a].

L'amour a ses droits sur le cœur de l'élève de Jean-Jacques, mais il veut une femme telle que son imagination éprise de la vertu se plaît à la lui peindre. Il la rencontre enfin dans une retraite. La modestie, la grâce, la beauté, règnent sur le front de Sophie. Émile brûle, et ne peut l'obtenir. Son ami l'arrache à son ivresse pour le mener parcourir l'Europe. La passion du jeune homme amoureux survit au temps et à l'absence; il revient, épouse sa maîtresse, et trouve le bonheur[b].

Quoi! c'est à cela que se réduit l'Émile! Sans doute; et Émile est autant au-dessus des hommes de son siècle qu'il y a de différence entre nous et les premiers Romains. Que dis-je! Émile est l'homme par excellence; car il est l'homme de la nature. Son cœur ne connoît point les préjugés. Libre, courageux, bienfaisant, ayant toutes les vertus sans y prétendre, s'il a un défaut, c'est d'être isolé dans le monde, et de vivre comme un géant dans nos petites sociétés.

Tel est le fameux ouvrage qui a précipité notre révolution. Son principal défaut est de n'être écrit que pour peu de lecteurs. Je l'ai quelquefois vu entre les mains de certaines femmes qui y cherchoient des règles pour l'éducation de leurs enfants; et j'ai souri. Ce livre n'est point un livre pratique; il seroit de toute impossibilité d'élever un jeune homme sur un système qui demande un concours d'êtres environnants qu'on ne sauroit trouver; mais le sage doit regarder cet écrit de Jean-Jacques comme son trésor. Peut-être n'y a-t-il dans le monde entier que cinq ouvrages à lire : l'*Émile* en est un[c].

Je commettrois un péché d'omission impardonnable si je finissois cet article sans parler de l'influence que l'*Émile* a eue sur ce siècle. J'avance hardiment qu'il a opéré une révolution complète dans l'Europe moderne, et qu'il forme époque dans l'histoire des peuples. L'éducation depuis la publication de cet ouvrage s'altéra totalement en France; et qui change l'éducation change les hommes. Quel dut être l'étonnement des nations lorsque Rousseau, sortant du cercle obscur

---

[a] Voilà ce que j'ai appelé dans mon jugement général un sermon socinien. (N. ÉD.)

[b] Rousseau a peint avec moins de charme l'épouse dans Sophie que l'amante dans Julie : le caractère de son talent s'arrangeoit mieux de l'ardeur d'une couche illégitime que de la chasteté du lit conjugal. (N. ÉD.)

[c] Cela est risible à force d'être exagéré. Qu'il me soit permis de renvoyer encore le lecteur à la note de la page 120. (N. ÉD.)

des opinions reçues, aperçut au delà la lumière de la vérité ; que, brisant l'édifice de nos idées sociales, il montra que nos principes, nos sentiments même, tenoient à des habitudes conventionnelles sucées avec le lait de nos mères ; que par conséquent nos meilleurs livres, nos plus justes institutions, n'avoient point encore montré la créature de Dieu ; que nous existons comme dans une espèce de monde factice ! L'étonnement, dis-je, dut être grand lorsque Rousseau vint à jeter parmi ses contemporains abâtardis l'homme vierge de la nature [a].

Je ne fais point ces réflexions sur l'immortel *Émile* sans un sentiment douloureux. La Profession de foi du Vicaire Savoyard, les principes politiques et moraux de cet ouvrage, sont devenus les machines qui ont battu l'édifice des gouvernements actuels de l'Europe, et surtout celui de la France [b], maintenant en ruine. Il s'ensuit que la vérité n'est pas bonne aux hommes méchants ; qu'elle doit demeurer ensevelie dans le sein du sage, comme l'espérance au fond de la boîte de Pandore. Si j'eusse vécu du temps de Jean-Jacques, j'aurois voulu devenir son disciple ; mais j'eusse conseillé le secret à mon maître. Il y a plus de philosophie qu'on ne pense au système de mystère adopté par Pythagore et par les anciens prêtres de l'Orient.

CHAPITRE XXVII.

MŒURS COMPARÉES DES PHILOSOPHES ANCIENS ET DES PHILOSOPHES MODERNES.

Si les philosophes anciens et modernes ont eu, par leurs opinions, la même influence sur leur siècle, ils n'eurent cependant ni les mêmes passions ni les mêmes mœurs.

Tout le monde a entendu parler du tonneau de Diogène. Ménédus de Lampsaque paroissoit en public revêtu d'une robe noire, un cha-

---

[a] Il ne jeta point parmi ses contemporains un homme *vierge*, mais un homme factice, qui n'étoit en rapport avec rien de ce qui existoit ; son Émile n'est que le songe d'un système, la création d'un sophiste, l'être imaginaire qui n'a de réel que le rabot dont il est armé. (N. ÉD.)

[b] Je n'ai pu m'empêcher de faire dans ce passage la part aux faits ; mais je suis si épris de Rousseau, que je ne puis me résoudre à le trouver coupable ; j'aime mieux soutenir qu'on a abusé de ses principes, que je m'obstine à trouver bons, même en avouant qu'ils ont fait un mal affreux ; j'aime mieux condamner le genre humain tout entier que le citoyen de Genève. Quelle infatuation ! (N. ÉD.)

peau d'écorce sur la tête, où l'on voyoit gravés les douze signes du zodiaque; une longue barbe descendoit à sa ceinture; et, monté sur le cothurne tragique, il tenoit un bâton de frêne à la main. Il se prétendoit un esprit revenu des enfers pour prêcher la sagesse aux hommes [1].

Anaxarque, maître de Pyrrhon, étant tombé dans une ravine, celui-ci refusa gravement de l'en retirer, parce que toute chose est indifférente de soi; et qu'autant valoit demeurer dans un trou que sur la terre [2].

Lorsque Zénon marchoit dans les villes, ses amis l'accompagnoient, dans la crainte qu'il ne fût écrasé par les voitures : il ne se donnoit pas la peine d'échapper à la fatalité [3].

Démocrite s'enfermoit, pour étudier, dans les tombeaux [4]; et Héraclite broutoit l'herbe de la montagne [5].

Empédocle, voulant passer pour une divinité, se précipita dans l'Etna; mais le volcan ayant rejeté les sandales d'airain de cet impie, sa fourbe fut découverte [6]. Cette fable des Grecs est ingénieuse. Ne veut-elle pas dire que les dieux savent punir l'orgueil du philosophe superbe, en le dénonçant à l'humanité par quelques parties viles et honteuses de son caractère [a]?

Nos philosophes modernes gardèrent au moins plus de mesure. Spinosa, il est vrai, vivoit avec ses chiens, ses oiseaux, ses chats; et J.-J. Rousseau portoit l'habit arménien [7]; mais aucun ne s'en est allé dans les faubourgs prêchant la sagesse à la canaille assemblée, et je doute que celui qui auroit voulu se loger dans un tonneau eût été laissé tranquille par la populace de nos villes : tant nos mœurs diffèrent de celles des anciens !

Mais si les sophistes de la Grèce affectèrent l'originalité de conduite, ils ne se distinguèrent pas moins par la chasteté et la pureté de leurs mœurs [b]. Ils s'occupoient tous des autres exercices des citoyens, et supportoient comme eux les travaux de la patrie. Solon, Socrate, Charondas, et mille autres, furent non-seulement de grands philosophes, mais de grands guerriers. La frugalité, le mépris des plaisirs, toutes les vertus morales brilloient dans leur caractère.

1. Suid.; Athen., lib. iv, p. 162.   2. Laert., *lib. in Pyrrhon.*
3. *Id.*, lib. vii.   4. *Id.*, lib. ix, *in Dem.*   5. *Id.*, *ib.*, *in Heracl.*
6. *Id.*, lib. viii; Lucian; Strab., lib. vi; Hor., *Ars poet.*

[a] Décidément j'aime beaucoup la liberté dans l'*Essai*, et fort peu les philosophes, dont je ne me moque ici peut-être pas trop mal. (N. ÉD.)

7. Rousseau portoit cet habit par nécessité. Il me semble pourtant qu'il auroit pu en choisir un un peu moins remarquable.

[b] Pas Diogène au moins. (N. ÉD.)

Nos philosophes, bien différents, enfermés dans leur cabinet, brochoient le matin des livres sur la guerre, où ils n'avoient jamais été, sur le gouvernement, où ils n'avoient jamais eu de part, sur l'homme naturel, qu'ils n'avoient jamais étudié que dans les sociétés de la capitale ; et après avoir écrit un chapitre rigide contre le luxe, la corruption du siècle, le despotisme des grands, ils s'en alloient le soir flatter ceux-ci dans nos cercles, corrompre la femme de leur voisin, et partager tous les vices du monde.

« Vieux fou, vieux gueux ! » se disoit Diderot, âgé de soixante-deux ans, et amoureux de toutes les femmes, « quand cesseras-tu donc de t'exposer à l'affront d'un refus ou d'un ridicule[1] ? »

« Voici de quoi composer votre paradis, » disoit Mme de Rochefort à Duclos, « du pain, du vin, du fromage et la première venue[2]. »

Helvétius, par ailleurs honnête homme et bon homme (mot dont on a trop mésusé, et qu'il faut faire revenir à sa première valeur), Helvétius, marié, se faisoit amener chaque nuit une nouvelle maîtresse par son valet de chambre, qui les cherchoit autant qu'il pouvoit dans la classe honnête du peuple. Mme de ... n'a pas, dit-on, été à l'abri des caresses du vieillard de Ferney, dont l'immoralité est d'ailleurs bien connue[3][a].

J'ai entendu Chamfort conter une anecdote curieuse sur Jean-Jacques. Il avoit vu (Chamfort) des lettres du philosophe genevois à une femme, dans lesquelles celui-ci employoit toute la séduction de son éloquence pour prouver à cette même femme que l'adultère n'est pas un crime. Voulez-vous savoir le secret de ces lettres, ajoutoit Chamfort, « l'ami des mœurs étoit amoureux ».

Enfin, personne n'ignore que les mains du grand chancelier Bacon n'étoient pas pures ; que Hobbes, ce philosophe si hardi dans ses

---

1. CHAMF., *Pens., Max.*   2. *Id., ibid.*
3. Je ne parle pas des sales romans sortant de la plume de la plupart de nos philosophes.

[a] Puisque j'ai eu le courage d'écrire une pareille page, je suis obligé d'avouer que les faits qu'elle contient sont encore au dessous de la vérité. Tous les mémoires publiés depuis l'apparition de l'*Essai* nous montrent des philosophes du xviiie siècle bien misérables par les mœurs. On peut voir ces détails scandaleux dans les écrits de Grimm, de Mme d'Épinay, des secrétaires de Voltaire, etc., etc. Les mœurs de nos réformateurs littéraires ne valoient pas mieux que les mœurs de la cour, contre lesquelles ils jetoient de si hauts cris ; et les Mémoires de M. de Besenval et de Lauzun n'offrent rien de plus immoral que ceux que je viens de citer. La société tout entière étoit en décomposition ; les philosophes, qui appeloient de leurs vœux la révolution, comme les courtisans qui la redoutoient, ne valoient pas mieux les uns que les autres. (N. ÉD.)

écrits, ne put se résoudre à mourir[1]; et qu'excepté Fénelon et Catinat, les mœurs des philosophes [a] de notre âge diffèrent totalement de celles des anciens sages de la Grèce.

A Dieu ne plaise que je révèle la turpitude de ces grands hommes [b], par une malignité que je ne trouve point dans mon cœur! Malgré leurs foiblesses, je les crois des plus honnêtes gens de notre siècle; et il n'y a pas un de nous, qui les blâmons, qui les valions au fond du cœur; mais j'ai été contraint, contre mon goût, de faire apercevoir ces différences, parce qu'elles mènent à des vérités essentielles au but de cet *Essai*.

Il doit résulter de ce tableau que nos philosophes modernes, vivant plus dans le monde et selon le monde que les anciens, ont dû mieux peindre la société, et connoître davantage les passions et leurs ressorts. De là il résulte que les ouvrages, plus calculés pour leur siècle, ont dû avoir une influence plus rapide sur leurs contemporains que les livres des Platon et des Aristote. Aussi voyons-nous qu'il s'est écoulé moins d'années entre la subversion des principes en France et le règne des encyclopédistes [c], qu'entre la même subvention des principes en Grèce et le triomphe des sophistes. Cependant, et les premiers et les seconds parvinrent à renverser les lois et les opinions de leurs pays. La recherche de l'influence des philosophes de l'âge d'Alexandre sur leur siècle et de celle des philosophes modernes sur notre propre temps demande à présent toute l'attention du lecteur.

1. Hume's *Hist. of England*, vol. VII, p. 346; Bayle, *Art. Hob.*

[a] Par quelle étrange aberration d'esprit remonté-je jusqu'à Bacon, Fénelon et Catinat, en parlant des philosophes de notre âge? (N. éd.)

[b] *Ces grands hommes!* Je ne veux pas parler sans doute de Diderot et de D'Alembert? Je réclame ici contre mon humilité, et je crois valoir tout autant *que les plus honnêtes gens de notre siècle*. (N. éd.)

[c] Je ne me suis point réconcilié avec les philosophes du xviiie siècle: j'ai très-bien fait de les traiter comme je l'ai fait dans l'*Essai*. Je ne puis souffrir des hommes qui croyoient qu'on peut rendre un peuple libre *en étranglant le dernier roi avec le boyau du dernier prêtre,* et qui vouloient substituer, pour le triomphe des lumières, la lecture d'un roman obscène à celle de l'Évangile. Je vois avec joie qu'ils tombent tous les jours en discrédit parmi notre raisonnable jeunesse, et j'en augure bien pour l'avenir. L'incrédulité n'est pas plus une preuve de la force de l'esprit qu'une marque de l'indépendance du caractère. La superstition déplaît aujourd'hui, l'hypocrisie est en horreur, mais le siècle rejette également les turpitudes irréligieuses et le fanatisme philosophique. On traite gravement la liberté, et l'on a cessé de vouloir en faire une impie ou une prostituée. (N. éd.)

CHAPITRE XXVIII.

DE L'INFLUENCE DES PHILOSOPHES GRECS DE L'AGE D'ALEXANDRE SUR LEUR SIÈCLE ET DE L'INFLUENCE DES PHILOSOPHES MODERNES SUR LE NOTRE.

C'est une grande question que celle-là : savoir comment la philosophie agit sur les hommes ; si elle produit plus de bien que de mal, plus de mal que de bien ; comment elle détermine les révolutions, et dans quel sens elle les détermine, et jusqu'à quel point un peuple qui ne se conduiroit que d'après des systèmes philosophiques seroit heureux.

Nous n'embrasserons pas cette question générale, qui nous mèneroit trop loin, et nous considérerons seulement la philosophie, par l'influence qu'elle a eue sur la Grèce et sur la France, en nous bornant à la politique et à la religion. Un essai est un livre pour faire des livres ; il ne peut passer pour bon qu'en raison du nombre de fœtus d'ouvrages qu'il renferme. D'ailleurs le sujet que je traite s'étend si loin, et mes talents sont si foibles, que je tâche de me circonscrire ; d'une autre part, le temps se précipite, et je me fatigue.

CHAPITRE XXIX.

INFLUENCE POLITIQUE.

On aperçoit une différence considérable entre l'âge philosophique d'Alexandre et le nôtre, considérés du côté de leur influence politique. Les divers écrits sur le gouvernement qui parurent en Grèce à cette époque devinrent le signal d'une révolution générale dans les constitutions des peuples. L'Orient commua ses institutions despotiques en des monarchies plus modérées, tandis que les républiques grecques rentrèrent sous le joug des tyrans.

Les livres de nos publicistes modernes ont développé au contraire une révolution totalement opposée. Des États populaires se sont érigés sur les débris des trônes ; ceci naît d'une position relative différente dans les siècles.

Lorsque les Platon, les Aristote publièrent leurs *Républiques*, la

Grèce possédoit encore les formes de ce gouvernement. Le disciple de Socrate et le Stagyrite n'apprenoient donc rien de nouveau aux peuples; et n'avoient-ils pas les lois des Solon et des Lycurgue? Nous pénétrons ici dans les replis du cœur de l'homme. Quel gouvernement les philosophes légistes d'Athènes exaltèrent-ils dans leurs écrits comme le meilleur? Le monarchique[1]. Pourquoi? Parce qu'ils avoient senti les inconvénients du populaire; mais non, disons plutôt parce qu'ils ne possédoient pas le monarchique. L'état où nous vivons nous semble toujours le pire de tous; et mille petites passions honteuses, que nous n'osons nous avouer, nous font continuellement haïr et blâmer les institutions de notre patrie. Si nous descendions plus souvent dans notre conscience pour examiner les grandes passions du patriotisme et de la liberté qui nous éblouissent, peut-être découvririons-nous la fourbe. En les touchant avec l'anneau de la vérité, nous verrions ces magiciennes, comme celle de l'Arioste, perdre tout à coup leurs charmes empruntés, et reparoître sous les formes naturelles et dégoûtantes de l'intérêt, de l'orgueil et de l'envie[a]. Voilà le secret des révolutions.

Du moins les philosophes grecs en vantant la monarchie suivoient-ils en cela les mœurs du peuple, désormais trop corrompues pour admettre la constitution démocratique[b]. Les livres de ces hommes célèbres durent avoir une très-grande influence sur les opinions de ceux qui, se trouvant à la tête de l'État, pouvoient beaucoup pour en altérer les formes. Démosthène eut beau crier contre Philippe, plusieurs pensoient à Athènes que son gouvernement n'étoit pourtant pas si mauvais. Leurs préjugés contre les rois s'étoient adoucis par la lecture des ouvrages politiques, et bientôt la Grèce passa sans murmurer sous l'autorité royale.

Jean-Jacques, Mably, Raynal en embouchant la trompette républicaine trouvèrent l'Europe endormie dans la monarchie. Le peuple, réveillé, ouvrit les yeux sur des livres qui ne prêchoient qu'innovations et changements; un torrent de nouvelles idées se précipita dans les têtes. Le relâchement des mœurs, l'enthousiasme des choses nouvelles, l'envie des petits et la corruption des grands, le souvenir des oppressions monarchiques, et plus que cela la fureur des systèmes qui s'étoit glissée parmi les courtisans mêmes, tout seconda l'influence de l'esprit philosophique, et jeta la France dans une révolution républicaine. Car

---

1. Je ne cite point; j'ai cité en mille endroits.

[a] Cela est vrai pour les individus, cela n'est pas vrai pour les nations. (N. ÉD.)

[b] L'observation est très-vraie en ce qui regarde les anciens, elle est fausse pour nous. (N. ÉD.)

par la même raison que les publicistes grecs vantèrent le gouvernement royal, les publicistes françois célébrèrent la constitution populaire [a].

Ainsi l'influence politique des philosophes de l'âge d'Alexandre et de ceux de notre siècle agit dans le sens le plus contraire. En Grèce elle produisit la monarchie, en France la république; mais il ne faut pas admettre trop promptement ces vérités. La France affecte maintenant des formes qu'on appelle démocratiques; les conservera-t-elle? Voilà la question [b]. Si nous partons des mœurs, nous trouvons que celles des peuples de la Grèce au moment de la révolution d'Alexandre étoient à peu près au même degré de corruption que les mœurs des François à l'instant de l'institution de leur république: or, ces mœurs produisirent l'esclavage à Athènes; sera-ce un livre de plus ou de moins qui les rendra mères de la liberté à Paris [c]?

Passons à l'influence religieuse des philosophes. Je n'ai pas besoin de faire remarquer que religion et politique se tiennent de si près, que beaucoup de choses que j'ai supprimées dans ce chapitre, et qu'on trouvera dans les suivants, auroient pu tomber également sous l'article que je viens de traiter.

CHAPITRE XXX.

INFLUENCE RELIGIEUSE.

C'est ici que les philosophes de la Grèce et ceux de la France ont eu par leurs écrits une influence absolument la même sur leur âge respectif. Ils renversèrent le culte de leur pays, et en introduisant le doute de l'athéisme amenèrent les deux plus grandes révolutions dont il soit resté des traces dans l'histoire. Ce fut l'altération des opinions religieuses qui produisit en partie la chute du colosse romain; altération

[a] C'est chercher une trop petite cause à de trop grands effets; c'est attribuer des révolutions qui ont changé la face du monde à un mouvement d'humeur et à un esprit de contradiction, tandis que les causes réelles de ces révolutions venoient du changement graduellement opéré dans les croyances religieuses et politiques. (N. ÉD.)

[b] Cette question a été promptement résolue; le despotisme militaire est sorti de la démocratie françoise, et de ce despotisme est née à son tour la monarchie constitutionnelle, sorte de monarchie qui est l'heureuse alliance de l'ordre qu'apporte le pouvoir royal et de la liberté que donne le pouvoir populaire. (N. ÉD.)

[a] Raisonnement dont le vice est toujours dans la comparaison insoutenable entre l'ordre politique et moral des peuples anciens, et l'ordre politique et moral des peuples modernes (N. ÉD.)

commencée par les sectes dogmatiques d'Athènes ; et c'est le même changement d'idées religieuses dans le peuple qui a causé de nos jours le bouleversement de la France et renouvellera dans peu la face de l'Europe. Je vais essayer de rappeler toutes mes forces pour terminer ce volume par ce grand sujet. Il faut pour bien l'entendre donner l'histoire du polythéisme et du christianisme. Loin d'ici celui qui chérit ses préjugés. Que nul qui n'a un cœur vrai et simple ne lise ces pages. Nous allons toucher au voile qui couvre le Saint des saints, et nos recherches demandent à la fois le recueillement de la religion, l'élévation de la philosophie et la pureté de la vertu[a].

CHAPITRE XXXI.

HISTOIRE DU POLYTHÉISME, DEPUIS SON ORIGINE JUSQU'A SON PLUS HAUT POINT DE GRANDEUR.

Il est un Dieu. Les herbes de la vallée et les cèdres du Liban le bénissent, l'insecte bruit ses louanges, et l'éléphant le salue au lever du soleil ; les oiseaux le chantent dans le feuillage, le vent le murmure dans les forêts, la foudre tonne sa puissance, et l'Océan déclare son immensité ; l'homme seul a dit : Il n'y a point de Dieu.

Il n'a donc jamais, celui-là, dans ses infortunes, levé les yeux vers le ciel ? Ses regards n'ont donc jamais erré dans ces régions étoilées, où les mondes furent semés comme des sables ? Pour moi, j'ai vu, et c'en est assez, j'ai vu le soleil suspendu aux portes du couchant dans des draperies de pourpre et d'or. La lune, à l'horizon opposé, montoit comme une lampe d'argent dans l'orient d'azur. Les deux astres mêloient au zénith leurs teintes de céruse et de carmin. La mer multiplioit la scène orientale en girandoles de diamants, et rouloit la pompe de l'Occident en vagues de roses. Les flots calmés, mollement enchaînés l'un à l'autre, expiroient tour à tour à mes pieds sur la rive, et les premiers silences de la nuit et les derniers murmures du

---

[a] N'ai-je pas l'air d'un homme qui se sent au moment de commettre une grande faute, et qui cherche à la justifier d'avance en voulant la faire passer pour une action méritoire ? Quel droit avois-je d'invoquer la religion, la philosophie, la vertu, lorsque j'allois, de la main la plus téméraire, essayer d'ébranler les bases de l'ordre social ? Et pourtant il est vrai que dans ces mêmes pages je repousse avec horreur l'athéisme, et que dans mes raisonnements, non sans vue, s'ils sont sans prudence, j'annonce le renouvellement de la *face de l'Europe*. (N. ÉD.)

jour luttoient sur les coteaux, au bord des fleuves, dans les bois et dans les vallées[a].

O toi que je ne connois point! toi, dont j'ignore et le nom et la demeure; invisible architecte de cet univers, qui m'as donné un instinct pour te sentir et refusé une raison pour te comprendre, ne serois-tu qu'un être imaginaire, que le songe doré de l'infortune? Mon âme se dissoudra-t-elle avec le reste de ma poussière? Le tombeau est-il un abîme sans issue ou le portique d'un autre monde? N'est-ce que par une cruelle pitié que la nature a placé dans le cœur de l'homme l'espérance d'une meilleure vie à côté des misères humaines? Pardonne à ma foiblesse, Père des miséricordes! non, je ne doute point de ton existence; et soit que tu m'aies destiné une carrière immortelle, soit que je doive seulement passer et mourir, j'adore tes décrets en silence, et ton insecte confesse ta Divinité[b].

Lorsque l'homme sauvage, errant au milieu des déserts, eut satisfait aux premiers besoins de la vie, il sentit je ne sais quel autre besoin dans son cœur. La chute d'une onde, la susurration du vent solitaire, toute cette musique qui s'exhale de la nature, et qui fait qu'on s'imagine entendre les germes sourdre dans la terre, et les feuilles croître et se développer, lui parut tenir à cette cause cachée. Le hasard lia ces effets locaux à quelques circonstances heureuses ou malheureuses de ses chasses; des positions relatives d'un objet ou d'une couleur le

---

[a] J'ai repris ces images et ces descriptions pour le *Génie du Christianisme*, où on les retrouve plus pures et plus correctes. (N. ÉD.)

[b] Au commencement de ce paragraphe, je doute de l'existence de Dieu; quelques lignes plus bas je n'en doute plus, et j'arrive enfin à m'arranger d'avoir une âme ou de n'en point avoir, tout cela par soumission aux décrets de la Divinité. Mon respect pour Dieu est si grand, que je consens à me faire matérialiste : quel excellent déiste! et comme tout est logique et concluant dans cette philosophie de collège!

Ici ma besogne s'abrège, et ma réfutation est faite par moi-même depuis longtemps : c'est surtout contre cette dernière partie de l'*Essai* que j'ai écrit le *Génie du Christianisme*. (N. ÉD.)

Note de l'exemplaire confidentiel. — Quelquefois je suis tenté de croire à l'immortalité de l'âme; mais ensuite la raison m'empêche de l'admettre. D'ailleurs, pourquoi désirerois-je l'immortalité? Il paroît qu'il y a des peines mentales totalement séparées de celles du corps, comme la douleur que nous sentons à la perte d'un ami, etc. Or, si l'âme souffre par elle-même, indépendamment du corps, il est à croire qu'elle pourra souffrir également dans une autre vie, conséquemment l'autre monde ne vaut pas mieux que celui-ci. Ne désirons donc point survivre à nos cendres, mourons tout entiers, de peur de souffrir ailleurs. Cette vie-ci doit corriger de la manie d'*être*.

frappèrent aussi en même temps : de là le Manitou du Canadien, et la Fétiche du Nègre, la première de toutes les religions.

Cet élément du culte, une fois développé, ouvrit la vaste carrière des superstitions humaines. Les affections du cœur se changèrent bientôt dans les plus aimables des dieux ; et le sauvage en élevant le *mont* du tombeau à son ami, la mère en rendant à la terre son petit enfant, vinrent chaque année, à la chute des feuilles de l'automne, le premier répandre des larmes, la seconde épancher son lait sur le gazon sacré. Tous les deux crurent que ce qu'ils avoient tant aimé ne pouvoit être insensible à leur souvenir ; ils ne purent concevoir que ces absents si regrettés, toujours vivants dans leurs pensées, eussent entièrement cessé d'être ; qu'ils ne se réuniroient jamais à cette autre moitié d'eux-mêmes. Ce fut sans doute l'Amitié en pleurs sur un monument qui imagina le dogme de l'immortalité de l'âme et la religion des tombeaux[a].

Cependant l'homme, sorti de ses forêts, s'étoit associé à ses semblables. Des citoyens laborieux, secondés par des chances particulières, trouvèrent les premiers rudiments des arts, et la reconnoissance des peuples les plaça au rang des divinités. Leurs noms, prononcés par différentes nations, s'altérèrent dans des idiomes étrangers. De là le Thoth des Phéniciens, l'Hermès des Égyptiens, et le Mercure des Grecs[1]. Des législateurs fameux par leur sagesse, des guerriers redoutés par leur valeur, Jupiter, Minos, Mars, montèrent dans l'Olympe. Les passions des hommes se multipliant avec les arts sociaux, chacun déifia sa foiblesse, ses vertus ou ses vices : le voluptueux sacrifia à Vénus, le philosophe à Minerve, le tyran aux déités infernales[2]. D'une autre part, quelques génies favorisés du ciel, quelques âmes sensibles aux attraits de la nature, un Orphée, un Homère, augmentèrent les habitants de l'immortel séjour. Sous leurs pinceaux, les accidents de la nature se transformèrent en esprits célestes : la Dryade se joua dans le cristal des fontaines ; les Heures, au vol rapide, ouvrirent les portes du jour ; l'Aurore rougit ses doigts, et cueillit ses pleurs sur les feuilles de roses humectées de la fraîcheur

---

[a] Voici à peu près le même texte purgé du philosophisme : « Les derniers devoirs qu'on rend aux hommes seroient bien tristes s'ils étoient dépouillés des signes de la religion. La religion a pris naissance aux tombeaux, et les tombeaux ne peuvent se passer d'elle : il est beau que le cri de l'espérance s'élève du fond du cercueil, et que le prêtre du Dieu vivant escorte au monument la cendre de l'homme ; c'est en quelque sorte l'immortalité qui marche à la tête de la mort. » (*Génie du Christianisme*, quatrième partie, liv. III, chap. I.) (N. ÉD.)

1. SANCHON., *apud* EUSEB.   2. APPOLL., etc.

du matin ; Apollon monta sur son char de flammes ; Zéphyre, à son aspect, se réfugia dans les bois, Téthys rentra dans ses palais humides[1], et Vénus, qui cherche l'ombre et le mystère, enlaçant de sa ceinture le beau chasseur Adonis[2], se retira avec lui et les Grâces dans l'épaisseur des forêts.

Des hommes adroits, s'apercevant de ce penchant de la nature humaine à la superstition, en profitèrent. Il s'éleva des sectes sacerdotales, dont l'intérêt fut d'épaissir le voile de l'erreur. Les philosophes se servirent de ces idées des peuples pour sanctifier de bonnes lois par le sceau de la religion[3] ; et le polythéisme, rendu sacré par le temps, embelli du charme de la poésie et de la pompe des fêtes, favorisé par les passions du cœur et l'adresse des prêtres, atteignit vers le siècle de Thémistocle et d'Aristide à son plus haut point d'influence et de solidité.

CHAPITRE XXXII.

DÉCADENCE DU POLYTHÉISME CHEZ LES GRECS, OCCASIONNÉE PAR LES SECTES PHILOSOPHIQUES ET PLUSIEURS AUTRES CAUSES.

Mais tandis que le polythéisme voyoit se multiplier ses temples, une cause de destruction avoit germé dans son sein. Les écoles de Thalès et de Pythagore voyoient chaque jour s'augmenter leurs disciples. Les ravages de la peste, les malheurs de la guerre du Péloponnèse, la corruption des mœurs toujours croissante, avoient relâché graduellement les liens sociaux. Bientôt la philosophie, qui s'étoit longtemps traînée dans l'ombre, se montra à découvert. Platon, Aristote, Zénon, Épicure, et mille autres, levèrent l'étendard contre la religion de leur pays, et érigèrent l'autel du matérialisme, du théisme, de l'athéisme. Le lecteur se rappelle leurs systèmes. Qu'y avoit-il de plus opposé aux opinions reçues sur la nature des dieux ? N'ébranloient-ils pas les idées religieuses de la Grèce jusqu'à la base ? Et pourquoi ce déchaînement contre le culte national ? Des atomes, des mondes d'idées, des chaînes d'êtres, valoient-ils mieux qu'un Jupiter vengeur du crime et protecteur de l'innocence ? Il y avoit bien peu de philosophie dans cette philosophie-là.

---

1. Hom., *Iliad.*; Hesiod., *Theog. Poes.*; Orph., etc.
2. Bion, *apud Poet. Minor. Græc.*   3. Thucyd., Plut., Herod., etc.

Les poëtes, imitant les sophistes de leur âge, osèrent mettre sur le théâtre des principes métaphysiques¹. Les prêtres et les magistrats firent quelques efforts pour arrêter le torrent : on obligea les dramatistes à se rétracter; plusieurs philosophes furent condamnés à l'exil, d'autres même à la mort ². Mais ils trouvèrent le moyen d'échapper, et bientôt ils devinrent trop nombreux pour avoir rien à craindre. La même chose est exactement arrivée parmi nous, et dans les deux cas une grande révolution a eu lieu : toutes les fois que la religion d'un État change, la constitution politique s'altère de nécessité ᵃ. Nous voyons, par l'exemple de la Grèce, à quel point l'esprit systématique peut nuire aux hommes : les sectaires ne pouvoient pas, comme les nôtres, avoir le prétexte des mauvaises institutions de leur pays, puisqu'ils vivoient sous les lois des Solon et des Lycurgue, et cependant ils ne purent s'empêcher d'en saper les fondements. C'est qu'il faut que les hommes fassent du bruit, à quelque prix que ce soit. Peu importe le danger d'une opinion, si elle rend son auteur célèbre; et l'on aime mieux passer pour un fripon que pour un sot ᵇ.

Les changements moraux et politiques des États vinrent à leur tour attaquer les principes du polythéisme. Les peuples, désormais soumis à des maîtres, n'avoient plus les grands intérêts de la patrie à consulter à Delphes. Que leur faisoit d'apprendre de l'oracle si ce seroit Alexandre, Antipater, Démétrius ou d'autres tyrans qui les gouverneroient? Ceux-ci, de leur côté, sûrs de leur puissance en voyant la corruption des nations, s'embarrassoient peu d'envoyer de riches présents à la Pythie; et la superstition ne leur étant plus nécessaire, ils se firent eux-mêmes philosophes. Ainsi l'ancien culte tomboit de jour en

---

1. EURIPID., ARISTOPH.
2. XENOPH., *Hist. Græc.*; PLUT., *Mor.*; PLAT., *in Phæd.*; LAERT.; PLUT., etc.

ᵃ Cela est vrai, et j'énonçois cela, comme on le voit, longtemps avant les écrivains qui ont cherché à faire de la liaison de la religion et de la politique un argument pour attaquer ce que nous avons. Ces écrivains ont interverti l'axiome, et ils ont dit : Lorsque la constitution d'un État change, la religion de cet État change nécessairement; ainsi nous deviendrons protestants, parce que nous avons une monarchie constitutionnelle, principe aussi absurde en logique que faux en histoire. (N. ÉD.)

ᵇ Rien n'est plus étrange que la disposition de mon esprit dans tout cela. Je partage en partie les opinions de ces mêmes philosophes contre lesquels je m'élève; j'adopte intérieurement leurs principes, et je repousse extérieurement l'application qu'ils en ont faite. Que voulois-je donc? Que les philosophes joignissent l'hypocrisie à l'impiété? Non, sans doute; et pourtant telle seroit la conclusion qu'il faudroit nécessairement tirer de mon amour pour leurs doctrines et de ma haine pour leurs personnes. Le fait est que je n'étois qu'un blanc-bec de sophiste, dont les idées et les sentiments en opposition produisoient ces misérables incohérences. (N. ÉD.)

jour : il ne se soutenoit désormais que par la machine extérieure des fêtes. Plus on devenoit tiède en matière de religion, plus on en apercevoit l'absurdité. Le double sens de l'oracle n'étoit plus la majesté d'un dieu, mais la fourberie d'un prêtre; on s'amusoit à le surprendre en défaut; les phénomènes de la nature, expliqués par la physique, perdirent leur divinité, et les lumières arrachèrent du Panthéon les dieux que l'ignorance y avoit placés. Telle étoit la décadence du polythéisme en Grèce lorsque les Romains soumirent la terre à leur joug. Les religions naissent de nos craintes et de nos foiblesses, s'agrandissent dans le fanatisme et meurent dans l'indifférence [a].

CHAPITRE XXXIII.

LE POLYTHÉISME A ROME JUSQU'AU CHRISTIANISME.

La réduction de la Grèce en province romaine fut l'époque de la décadence de la religion en Italie. L'esprit philosophique émigra à la capitale du monde. Bientôt tout ce qu'il y eut de grand à Rome en fut attaqué[1]. Les Caton, les Brutus, en pratiquèrent les vertus; les Lucrèce, les Cicéron, en développèrent les principes; et les Tibère et les Néron, les vices.

Une autre cause, particulière aux Romains, contribua à la chute du polythéisme; l'admission des dieux étrangers au Panthéon national. En répandant la confusion dans les objets de foi, on affoiblit la religion dans les cœurs. Bientôt les Romains, encore républicains, mais corrompus, tombèrent dans l'apathie du culte. Il n'y a que les peuples très-libres ou très-esclaves qui soient essentiellement religieux. Les premiers, par leurs vertus, se rapprochent de la Divinité; les seconds se réfugient au pied de son trône, par l'instinct de leurs malheurs. L'honnête homme et l'infortuné sont rarement incrédules : le vice l'est presque toujours [b].

Mais un homme extraordinaire [c] avoit paru dans l'Orient. Le com-

---

[a] Toute cette page est bonne, appliquée au polythéisme. (N. ÉD.)

1. Dès avant cette époque la philosophie avoit été connue à Rome, comme le montre Cicéron au commencement du quatrième livre des *Tusculanes*. Il y parle d'un Amafanius qui écrivit de la philosophie, et forma une secte nombreuse. Mais je ne sais où on a pris que cet Amafanius enseignoit la doctrine d'Épicure. Cicéron garde là-dessus un profond silence.

[b] Voilà mon bon génie revenu au milieu de toutes mes folies. (N. ÉD.)

[c] Ce bon génie ne m'a pas conduit bien loin. (N. ÉD.)

CHAPITRE XXXIV.

HISTOIRE DU CHRISTIANISME DEPUIS LA NAISSANCE DU CHRIST JUSQU'A SA RÉSURRECTION[1].

Il existoit un peuple haï des autres peuples; nation esclave et cruelle, qui, hors un législateur, un roi et quelques poëtes d'un beau génie, n'avoit jamais produit un seul grand homme. Le Dieu de Sinaï étoit son Dieu. Ce n'étoit point, comme le Jupiter des Grecs, une divinité revêtue des passions humaines, mais un Dieu tonnant, un Dieu sublime, qui entre toutes les cités de la terre choisit la ville de Jacob pour y être adoré.

Parmi ce peuple juif, l'Éternel avoit dit qu'une Vierge, de la maison de David, écraseroit la tête du serpent et enfanteroit un Homme-Dieu. Et cependant les siècles s'étoient écoulés, et Jérusalem gémissoit sous le joug d'Auguste, et le grand monarque tant attendu n'avoit point encore paru.

Tout à coup le bruit se répand que le Sauveur a vu le jour dans la Judée. Il n'est point né dans la pourpre, mais dans l'humble asile de l'indigence; il n'a point été annoncé aux grands et aux superbes, mais les anges l'ont révélé aux petits et aux simples; il n'a point réuni autour de son berceau les heureux du monde, mais les infortunés; et par ce premier acte de sa vie il s'est déclaré de préférence le Dieu du misérable.

Si la morale la plus pure et le cœur le plus tendre, si une vie passée à combattre l'erreur et à soulager les maux des hommes sont les attributs de la Divinité, qui peut nier celle de Jésus-Christ? Modèle de toutes les vertus, l'amitié le voit endormi sur le sein de Jean, ou léguant sa mère à ce disciple chéri; la tolérance l'admire avec attendrissement, dans le jugement de la femme adultère; partout la pitié le trouve bénissant les pleurs de l'infortuné; dans son amour pour les enfants, son innocence et sa candeur se décèlent; la force de son âme brille au milieu des tourments de la croix; et son dernier soupir, dans les angoisses de la mort, est un soupir de miséricorde.

---

1. Je ne marque point les dates, parce qu'elles se trouvent aux chapitres des philosophes modernes.

CHAPITRE XXXV.

ACCROISSEMENT DU CHRISTIANISME JUSQU'A CONSTANTIN.

Le Christ, dans sa glorieuse ascension, ayant disparu aux yeux des hommes, ses disciples, doués de son esprit, se disséminèrent dans les contrées voisines : bientôt ils passèrent en Grèce et en Italie. Nous avons vu les diverses raisons qui tendoient alors à affoiblir le culte de Jupiter ; quelle fut la surprise des peuples lorsque les apôtres, sortis de l'Orient, vinrent étonner leur esprit par des récits de prodiges et consoler leur cœur par la plus aimable des morales! Ils étoient esclaves, et la nouvelle religion ne prêchoit qu'égalité; souffrants, et le Dieu de paix ne chérissoit que ceux qui répandent des larmes ; ils gémissoient écrasés par des tyrans, et le prêtre leur chantoit, *deposuit potentes de sede, et exaltavit humiles*. Enfin, Jésus avoit été pauvre comme eux, et il promettoit un asile aux misérables dans le royaume de son père. Quelle divinité du paganisme pouvoit dans le cœur du foible et du malheureux balancer le nouveau Dieu qu'on offroit à ses adorations? Qu'avoit le plébéien à espérer d'un Élysée où l'on ne comptoit que des princes et des rois?

Voilà les grands moyens qui favorisèrent la propagation du christianisme. Aussi est-il remarquable qu'il se glissa d'abord dans les classes indigentes de la société. Les disciples furent bientôt assez nombreux pour former une secte. On la persécuta, et conséquemment on l'accrut. Les premiers chrétiens, trompant les bourreaux, se déroboient au supplice et s'affermissoient dans leur culte. Une religion a bien des charmes lorsque prosterné au pied des autels, dans le silence redoutable des catacombes, on dérobe aux regards des humains un Dieu persécuté; tandis qu'un prêtre saint, échappé à mille dangers, et nourri dans quelque souterrain par des mains pieuses, célèbre peut-être à la lueur des flambeaux, devant un petit nombre de fidèles, des mystères que le péril et la mort environnent.

Des martyrs, des miracles populaires, les vices des Néron[1] et des Caligula, tout concourut à multiplier la nouvelle doctrine. Après avoir essayé de la doctrine, les empereurs songèrent à s'en servir. Constantin

---

1. Suétone nous apprend comment l'impie Néron en usoit avec les dieux : *Religionum usquequaque contemptor, præter unius deæ Syriæ Hanc mox ita sprevit, ut urina contaminaret.*

arbora l'étendard de la croix, et les dieux du paganisme tombèrent du Capitole[a].

CHAPITRE XXXVI.

SUITE.
DEPUIS CONSTANTIN JUSQU'AUX BARBARES.

La religion chrétiennne ne fut pas plus tôt solidement établie qu'elle se divisa en plusieurs sectes[1]. On vit alors ce qu'on avoit ignoré jusqu'à ce temps, je veux dire un caractère nouveau de culte. On vit des hommes se jeter dans tous les écarts de l'imagination, et se persécuter les uns les autres pour des mots qu'ils n'entendoient pas. Les prêtres durant ces troubles commencèrent à acquérir une influence que ceux du polythéisme n'avoient jamais eue et à jeter les fondements de la grandeur des papes.

Julien voulut faire un dernier effort en faveur des dieux de l'Olympe. Il abjura le christianisme; et en qualité de guerrier, de politique et de philosophe il avoit une triple raison de s'opposer aux progrès du christianisme. Il sentoit que partout où une nouvelle religion s'établit l'État court à une révolution inévitable; mais il étoit trop tard pour y remédier, et en cela Julien se trompa.

Il ne se contenta pas d'attaquer le christianisme par la force civile, il le fit encore par le sel de ses écrits[b]. Plusieurs philosophes s'exer-

---

[a] Ces deux derniers chapitres ont été transportés presque tout entiers dans le *Génie du Christianisme*, et ils méritoient cet honneur : c'est l'excuse et l'expiation de tout ce qui va suivre. Quand je suis chrétien ainsi, sans vouloir l'être, il y a un accent de vérité dans ce que j'écris qui ne se trouve point au fond de mes radotages philosophiques. Pour tout homme de bonne foi, la question est jugée par ces deux chapitres. J'étois chrétien et très-chrétien avant d'être chrétien. (N. ÉD.)

1. Les Ariens, etc.

[b] « L'Église sous l'empereur Julien fut exposée à une persécution du caractère le plus dangereux. On n'employa pas la violence contre les chrétiens, mais on leur prodigua le mépris. On commença par dépouiller les autels; on défendit ensuite aux fidèles d'enseigner et d'étudier les lettres. Mais l'empereur, sentant l'avantage des institutions chrétiennes, voulut, en les abolissant, les imiter; il fonda des hôpitaux et des monastères, et, à l'instar du culte évangélique, il essaya d'unir la morale à la religion, en faisant prononcer des espèces de sermons dans les temples.

Les sophistes dont Julien étoit environné se déchaînèrent contre le christianisme; Julien même ne dédaigna pas de se mesurer avec les Galiléens. L'ouvrage qu'il écrivit contre eux ne nous est pas parvenu; mais saint Cyrille, patriarche d'Alexandrie, en cite des fragments dans la réfutation qu'il a faite, et que nous avons encore. Lorsque Julien est sérieux, saint Cyrille triomphe du philosophe; mais lorsque

cèrent aussi sur le même sujet : on opposoit aux miracles de Jésus ceux de divers imposteurs. Les poëtes, d'un autre côté, trouvant que Belzébuth et Astaroth entroient mal dans le mètre de Virgile, regrettoient Pluton et l'ancien Tartare.

Les chrétiens ne manquoient pas de champions, qui réussirent à railler les dieux du Panthéon, que Lucien avoit déjà traînés dans la boue. Julien ayant péri dans son expédition contre les Perses, la croix sortit triomphante.

Mais le moment critique étoit arrivé. Constantin, en divisant l'empire et réformant les légions, lui avoit porté un coup mortel. Les malheurs de la famille de ce prince ébranlèrent le système romain ; les opinions religieuses vinrent augmenter le désordre : des myriades de barbares se précipitèrent sur toutes les frontières. Théodose soutint un moment le choc ; le calme avoit reparu, quand tout à coup le destructeur de l'empire, le génie des Huns, qui du mur de la Chine s'étoit durant trois siècles avancé en silence à travers les forêts, jeta un cri formidable dans le désert. A la voix du fantôme, les Goths, épouvantés, se précipitèrent dans l'empire. Valens tomba du trône de l'Orient, et peu après un roi d'Italie régna sur le patrimoine des Brutus[1].

CHAPITRE XXXVII.

SUITE. CONVERSION DES BARBARES.

Si le christianisme avoit trouvé dans les malheurs des hommes une cause de ses premiers succès, cette cause agit dans sa plus grande force au moment de l'invasion des barbares. Un bouleversement général de propriétés et de libertés eut lieu en même temps dans tout le monde connu. On écrasoit les hommes comme des insectes : lorsque les Vandales ne pouvoient prendre une ville, ils massacroient leurs prisonniers ; et abandonnant leurs cadavres à l'ardeur du soleil autour de la cité assiégée, ils y communiquoient la peste[2].

Toute autorité étant donc dissoute au civil, les prêtres seuls pou-

---

l'empereur a recours à l'ironie, le patriarche perd ses avantages. » (*Génie du Christianisme*, première partie, liv. I, chap. I.)

1. Vidend. FLEURY *Hist. Ecclésiast.*; *Hist. August.*; GIBB., *Rise and fall of the Roman Empire*; DE GUINES, *Hist. des Huns et des Tartares*; MONTESQUIEU, *Causes de la Grandeur et de la Décadence des Romains*.

2. ROBERTSON, *Hist. of Charles V*, vol. I.

voient protéger les peuples. Ce qui restoit encore d'habitants attachés à l'ancien culte se rangea sous la bannière du christianisme. Si jamais la religion a paru grande, c'est lorsque, sans autre force que la vertu, elle opposa son front auguste à la fureur des barbares, et, les subjuguant d'un regard, les contraignit de dépouiller à ses pieds leur férocité native[a].

On conçoit aisément comment des sauvages, sortis de leurs forêts, n'ayant aucun préjugé religieux antérieur à déraciner, se soumirent à la première théologie que le hasard leur offrit. L'imagination est une faculté active, à la fois écho et miroir de la nature qui l'environne : celle de l'homme des bois, frappée du spectacle des déserts, des cavernes, des torrents, des montagnes, se remplit de murmures, de fantômes, de grandeur. Présentez-lui alors des objets intellectuels, elle les saisira avidement, surtout s'ils sont incompréhensibles, car la mort de l'imagination, c'est la connoissance de la vérité.

D'autres raisons facilitoient encore la conversion des barbares au christianisme. A mesure qu'ils émigroient vers le sud, en quittant les régions sombres et tempétueuses du septentrion, ils perdoient l'idée de leur culte paternel, inhérent au climat qu'ils habitoient. Un ciel rasséréné ne leur montroit plus dans les nuages les âmes des héros décédés ; ils ne retenoient plus à la pâle lueur de la lune des bruyères désertes, des vallées solitaires, où l'on entendoit derrière soi les pas légers des fantômes ; des ombres irritées ne saisissoient plus la cime des pins dans leur course ; le météore ne reposoit plus entre les rameaux du cerf, au bord du torrent bleuâtre ; le brouillard du soir avoit cessé d'envelopper les tours, la bouffée de la nuit de siffler dans les salles abandonnées du guerrier ; le vent du désert de soupirer dans l'herbe flétrie, et autour des quatre pierres moussues de la tombe[1] : enfin, la religion de ces peuples s'étoit dissipée avec les orages, les nues et les vapeurs du Nord[2].

---

[a] Mais en vérité n'est-ce pas là le *Génie du Christianisme* tout pur, et ne suis-je pas dans ces paragraphes l'apologiste plutôt que le détracteur de la religion ? (N. ÉD.)

1. Les *deux Edda* ; MALLET, *Introd. à l'Hist. du Dan.* ; OSSIAN.

2. Si je cite Ossian avec d'autres auteurs, c'est que je suis, avec le docteur Blair en Angleterre, M. Gœthe en Allemagne et plusieurs autres, un de ces esprits crédules auxquels les plaisanteries de Johnson n'ont pu persuader qu'il n'y eût pas quelque chose de vrai dans les ouvrages du barde écossais. Que Johnson, lorsqu'on lui demandoit s'il connoissoit beaucoup d'hommes capables d'écrire de pareils poëmes, ait répondu : « Oui, plusieurs hommes, plusieurs femmes, plusieurs enfants, » le mot est gai, mais ne prouve rien. Il me paroît singulier que dans cette dispute célèbre on ait oublié de citer la collection du ministre Smith, qui cote le celte

D'ailleurs le nouveau culte qu'on leur offroit n'étoit pas si étrange aux dogmes de leurs pères qu'on l'a généralement cru. Si Jéhovah créa Adam et Ève, Odin aussi avoit formé de limon le brave Askus et la belle Emla : Henœrus leur donna la raison ; et Lœdur, versant dans leurs veines les flots d'un sang pur, ouvrit leurs yeux à la vie[1].

Enfin les rois barbares, déjà politiques, embrassèrent le christianisme pour obtenir des empires ; et les hommes, ayant changé de mœurs, de langage, de religion, ayant perdu jusqu'au souvenir du passé, crurent être nouvellement créés sur la terre[2].

CHAPITRE XXXVIII.

DEPUIS LA CONVERSION DES BARBARES JUSQU'A LA RENAISSANCE DES LETTRES. LE CHRISTIANISME ATTEINT A SON PLUS HAUT POINT DE GRANDEUR.

Au milieu de ces orages, les prêtres, croissant de plus en plus en puissance, étoient parvenus à s'organiser dans un système presque inébranlable. Des sectes de solitaires, vivant à l'abri des cloîtres, formoient les colonnes de l'édifice ; le clergé régulier, classé de même en ordres distincts et séparés, exécutoit les décrets du pontife romain, qui sous le nom modeste de *pape* s'étoit placé par degrés à la tête du gouvernement ecclésiastique. L'ignorance, redoublant alors ses voiles, servoit à donner à la superstition une apparence plus formidable ; et l'Église, environnée de ténèbres qui agrandissoient ses formes, marchoit comme un géant au despotisme.

continuellement au bas des pages, et propose une édition de l'original des poëmes d'Ossian par souscription. On trouve dans cette collection de Smith un chant sur la mort de Gaul, où il y a des choses extrêmement touchantes, particulièrement Gaul expirant de besoin sur un rivage désert, et nourri du lait de son épouse*.

1. BARTHOLIN, *Antiq. Dan.*

> Askum et Emlam, omni conatu destitutos,
> Animam nec possidebant, rationem nec habebant,
> Nec sanguinem, nec sermonem, nec faciem venustam :
> Animam dedit Odinus ; rationem dedit Henærus ;
> Lœdur sanguinem addidit et faciem venustam.

2. DANIEL, *Hist. de France;* GRÉG. DE TOURS, liv. I; HUME's *Hist. of Engl.;* HENRY's *id.,* etc.

* Je ne suis plus convaincu de l'authenticité des poëmes d'Ossian ; au lieu de croire aujourd'hui que le celte d'Ossian a été traduit en anglois par Macpherson, je crois, au contraire, que l'anglois de Macpherson a été traduit en celte par les bons Écossois amoureux de la gloire de leur pays. (N. éd.)

Ce fut après le règne de Charlemagne et la division de son empire que le christianisme atteignit à son plus haut point de grandeur. Les guerres civiles d'Italie, connues sous le nom des guerres des guelfes et des gibelins, offrent un caractère neuf à quiconque n'a pas étudié les hommes. Les papes, attaqués par les empereurs, avoient contre eux la moitié des peuples d'Italie, qui les regardoient comme des tyrans et des scélérats; et cependant un édit de la cour de Rome détrônoit tel ou tel souverain, l'obligeoit à venir pieds et tête nus se morfondre en hiver sous les fenêtres du pontife, qui daignoit enfin lui accorder une absolution humblement demandée à genoux[1]. Rome religieuse se trouvoit alors mêlée dans toutes les affaires civiles, et disposoit des couronnes comme des hochets de sa puissance.

Les croisades qui suivirent bientôt après forment époque dans l'histoire du christianisme[2], parce qu'en adoucissant les mœurs par l'esprit de chevalerie elles préparèrent la voie au retour des lettres. C'étoit alors que les sires de Créqui, embrassant leur écu, abandonnoient leur manoir pour aller en quête de royaumes et d'aventures. Ces bons chevaliers se trouvoient-ils sans armes dans un péril imminent, ils se jetoient tous aux pieds les unes des autres, comme le rapporte le sire de Joinville, en s'entre-demandant naïvement l'absolution. Avoient-ils la lance au poing au milieu des dangers, ils se disoient en riant : « Biaux sires, et en fairons moult récits à les damselles. »

CHAPITRE XXXIX.

DÉCADENCE DU CHRISTIANISME
OCCASIONNÉE PAR TROIS CAUSES : LES VICES DE LA COUR DE ROME, LA RENAISSANCE DES LETTRES, ET LA RÉFORMATION.

C'est de l'époque des croisades qu'il faut dater la décadence de la religion chrétienne. Les papes, expulsés d'Italie, s'étoient retirés pendant quelque temps à Avignon; et la création des anti-papes en faisant naître des schismes affoiblissoit l'autorité de l'Église. D'une autre part, les pontifes, subjugués par le luxe et l'ivresse de la puissance, s'étoient plongés dans tous les vices. L'athéisme public de quelques-uns, l'effronterie et le scandale de leur vie privée, ne

---

1. DENIN., *Ist. d'It.*; MACCHIAV., *Ist. Fiorent.*; ABB., *Chron. d'Allem.*; HAIN., *Chron.*; GIAN., *Ist. di Nap.*
2. VERT., *Hist. des Crois.*; *Mém. de Joinv.*

devoient pas beaucoup servir au maintien du culte chez les peuples. Le clergé, aussi dépravé que son chef, se livroit à tous les excès ; et les couvents servoient de repaire à la crapule et à la débauche[1].

Dans ces circonstances, un grand événement vint porter un coup mortel au christianisme. L'empire d'Orient étant tombé sous le joug des Turcs, le reste des savants grecs se réfugia auprès des Médicis en Italie. Par un concours singulier de choses, l'imprimerie avoit été découverte en Occident quelque temps avant l'arrivée de ces philosophes, comme si elle eût été préparée pour la réception des illustres fugitifs. J'ai parlé ailleurs de la renaissance des lettres et de ses effets. Elle fut bientôt suivie de la réformation ; de sorte que le christianisme eut à soutenir coup sur coup des attaques dont il ne s'est jamais relevé[a].

CHAPITRE XL.

LA RÉFORMATION.

C'est une grande époque dans l'Europe moderne que celle de la réformation. Dès que les hommes commencent à douter en religion, ils doutent en politique. Quiconque ose rechercher les fondements de son culte ne tarde pas à s'enquérir des principes de son gouvernement. Quand l'esprit demande à être libre, le corps aussi veut l'être : c'est une conséquence naturelle[b].

---

1. DANTE, *Inferno*; PETR., *Lett.*; MACCHIAV., *Ist. Fiorent.*

[a] Il y a quelque chose de vrai, historiquement parlant, dans ce sens que je viens de dire du christianisme depuis la conversion des barbares jusqu'à la réformation ; mais on sent un ennemi dans l'historien : l'esprit de satire perce de toutes parts. Quant au christianisme, qui *ne s'est jamais relevé des attaques qu'il a eu à soutenir*, c'est une erreur capitale que d'en avoir jugé ainsi. La religion chrétienne n'a point péri dans la révolution ; elle ne périra point chez les hommes, parce qu'elle a ses racines dans la nature divine et dans la nature humaine. La foi pourra changer de pays ; mais elle subsistera toujours, selon la parole de Dieu. (N. ÉD.)

[b] J'expose ici dans quatre lignes deux ou trois vérités sur lesquelles on a élevé depuis de gros ouvrages remplis de déclamations contre les libertés publiques. Il n'y a point de mal à s'enquérir des principes de son gouvernement pour s'y attacher quand ils sont bons, pour les réformer quand ils sont mauvais ; je ne vois aucune raison de mettre un bandeau sur les yeux des hommes afin de les faire marcher droit. Je sais bien, il est vrai, que celui qui prétend guider les hommes a un grand intérêt à leur laisser ce bandeau, parce qu'il peut alors les conduire où il veut et comme il veut. Le christianisme, de son côté, ne craint pas plus la lumière que la liberté ne la craint ; plus on l'examinera, plus on le trouvera digne d'admiration et

Érasme avoit préparé le chemin à Luther; Luther ouvrit la voie à Calvin; celui-ci à mille autres. L'influence politique de la réformation se trouvera dans les révolutions qui me restent à décrire. En la considérant seulement ici sous le rapport religieux, on peut remarquer que les diverses sectes qu'elle engendra produisirent sur le christianisme le même effet que les écoles philosophiques de la Grèce sur le polythéisme : elles affoiblirent tout le système sacerdotal. L'arbre, partagé en rameaux, ne poussa plus vigoureusement sa tige unique, et devint ainsi plus aisé à couper branche à branche. Je ne puis quitter l'article de la réformation sans faire une réflexion de plus. Pourquoi toutes ces scènes de carnage? La Ligue[1] où l'on vit, comme de nos

d'amour. Il n'est pas bien d'ailleurs de vouloir faire de la religion et de la politique une cause commune; il s'ensuivroit que quand un peuple est esclave il faudroit qu'il le restât éternellement, dans la peur de toucher aux choses saintes. Ce seroit faire un tort immense à la foi que de l'associer aux injustices du despotisme. (N. ÉD.)

1. *Esprit de la Ligue.* — On trouve dans les *Lettres de Pasquier* deux passages intéressants sur les malheurs que les révolutions ont causés à la France, et surtout à la capitale de ce royaume. Je les citerai tous les deux.

Le premier a rapport aux guerres civiles du temps de Charles VI. Pasquier, après avoir parlé de la population et de la richesse de Paris sous Charles V, ajoute :

« Pendant que furieusement nostre ville s'amusa de soustenir le party bourguignon, elle deuint, sans y penser, toute deserte, et commencerent ces grands hostels de Flandres, Artois, Bourbon, Bourgongne, Nesles, et plusieurs autres, seruir de nids à corneilles, au lieu où au precedent c'estoient receptacles de princes, ducs, marquis et comtes. I'ai leu dans vn liure escript à la main, en forme de papier iournal, que de ce temps-là il y auoit vn loup qui tous les mois passoit au trauers de la ville, lequel ils appelloyent *le Courtout,* estant le peuple tant accoutumé de le voir, qu'il n'en faisoit que rire. Chose qui se faisoit, ou pour les massacres qui se commettoient dans Paris, et pour les cadaures qui y pouuoient estre (n'y ayant animal qui ait le flair si subtil comme le loup), ou parce que la ville estoit lors grandement deshabitee. Quoy que soit s'estant sur les troubles du Bourguignon et Orleannois entre la guerre de l'Anglois et du François, il faut tenir pour chose tres certaine que la ville de Paris vint en grande souffrette, veu qu'en l'histoire mesdisante du roy Louys vj, nous trouuons que, pour la repeupler, il voulut faire comme Romulus auoit fait autrefois dans Rome, et donner toute impunité des mesfaits precedents, et rappel de ban à tous ceux qui s'y voudroient habituer. Mais plus grande demonstration ne pouuez vous auoir de ceste pauureté et solitude que de l'ordonnance qui se trouue aux vieux registres du Chastellet, par laquelle il estoit permis de mettre en criees les lieux vagues de la ville; et si pendant les six semaines il ne se trouuoit nul proprietaire qui s'y opposast, le lieu demeuroit à celui qui se le faisoit adiuger. Aussi quand nous lisons dans nos vieux tiltres et enseignements quelques maisons et heritages, tant en la ville qu'es champs, vendus à non prix, tant s'en faut que ce soit vn argument de la felicité de ce temps-là, qu'au contraire c'est vne demonstration tres certaine du malheur qui estoit lors en regne, par la longue suite des troubles. » (T. I, liv. x, p. 655.)

Si dans une histoire de la révolution actuelle on traduisoit mot à mot en françois

jours, les François traîner les entrailles fumantes de leurs victimes, dévorer leurs cœurs encore palpitants, leurs chairs encore tièdes; et, fouillant dans les sépulcres, couvrir le sol de la patrie des carcasses à moitié consumées de leur pères? Pourquoi ces troubles des Pays-Bas, où le duc d'Albe joua le premier acte de la tragédie de

le morceau suivant du même auteur, personne ne se douteroit qu'il s'agit de la Ligue. « Il y a longtemps que ie ronge ie ne sçay quelle humeur melancholique dans moi, qu'il faut maintenant que ie vomisse en vostre sein. Ie crain, ie croy, ie voi presentement la fin de nostre republique. Nous ne pouuons denier que n'ayons vn grand roi; toutes fois si Dieu ne l'aduise d'un œil de pitié, il est sur le poinct ou de perdre sa couronne ou de voir son royaume tout renuersé. — Le vray subside dont le prince doit faire fonds est de la bienveillance de ses subiects. La plus grande partie de ceux qui ont esté pres du roy ont estimé n'auoir plus beau magazin pour s'accroistre qu'en lui fournissant memoires à la ruine du pauure peuple, c'est-à-dire la ruine de lui-même : dignes certes, ces malheureux ministres, d'vne punition plus horrible que celuy qu'on tire à quatre chevaux, pour auoir voulu attenter contre la maiesté de son prince. D'autant qu'en conservant leur grandeur par ces damnables inuentions, ils ont mis leur maistre en tel desarroy que nous le voyons maintenant...

« Dieu doua nostre roy de plusieurs grandes benedictions, qui luy sont particulieres; mais comme il est né homme, aussi ne peut-il estre accomply de tant de bonnes parties qu'il n'ait des imperfections. Y a-t-il aucun seigneur (ie n'en excepterai vn) de ceux qui ont eu part en ses bonnes graces qui ait, ie ne diray point resisté (ce mot seroit mal mis en œuvre contre un roy), mais qui ne se soit estudié de fauoriser en toutes choses ses opinions, ores qu'elles se fouruoyassent à l'œil, du chemin de la raison? On le voyoit naturellement enclin à vne liberalité. C'estoit vne inclination qu'il tenoit de la royne sa mere; vertu vraiment royale, quand elle ne se desborde à la foule et oppression des subiects : qui est celuy qui par ses importunitez extraordinaires n'en ait abuzé?... Le malheur veut que nul de ses principaux officiers qui estoient près de luy ne la controolle. Voilà comment un grand et beau prince se laissant en premier lieu emporter par ses volontez, puis vaincu par les importunitez des siens, enfin non secouru de ceux qui pour la necessité de leurs charges y deuoient auoir l'œil, il n'a pas esté mal aisé de voir toutes nos affaires tomber au desordre et confusion telle que nous voyons aujourd'hui.

« Sur ce pied a esté bastie la ruine de nostre France; premierement par ie ne sçay quelle malheureuse inuention de contents (qui ont rendu tous les gens de bien malcontents), lesquels ne pouuans à la longue fournir aux liberalitez extraordinaires du roy, ont eu recours à une infinité de meschants edicts, non pour subuenir aux necessitez publiques, ains pour en faire dons, voire au milieu des troubles, à vns et autres. Et pour leur faire sortir effect, on a forcé les seigneurs des cours souueraines de les passer, tantost par la presence du roy, tantost des princes du sang : liberalité qui ne s'estoit jamais pratiquee en autre republique que la nostre. Et si l'argent n'y estoit prompt, pour suppleer à ce deffaut, la malignité du temps produisit vne vermine de gens, que nous appellasmes par vn nouueau mot *partisans*, qui avançoient la moitié ou tiers du denier, pour auoir le tout : race vrayement de viperes, qui ont fait mourir la France, leur mere, aussi tost qu'ils furent esclos.

« On adiousta à tout cela, pour chef-d'œuure de nostre malheur, vn esloignement des princes et des grands seigneurs, et auancement des moindres près du roy. Je vous racompte tout cecy en gros; car si j'auoy entrepris de vous particularizer en

Robespierre[1]? les massacres des paysans d'Allemagne, les guerres civiles d'Écosse[2]? la révolution de Cromwell, durant laquelle des malheureux, entassés dans les cales humides des vaisseaux, périssoient empoisonnés les uns par les autres[3]? Pourquoi, dis-je, ces abominables spectacles? Parce qu'un moine s'avisa de trouver mauvais que le pape n'eût pas donné à son ordre plutôt qu'à un autre la commission de vendre des indulgences en Allemagne! Pleurons sur le genre humain[a].

detail, et par le menu, comme toutes ces choses se sont passees, l'encre me deffaudroit plus tost que la matiere. Mais quel fruit a produit tout ce mesnage? Vne oppression de tous les subiects, vne pauureté par tout le royaume, vn mescontentement general des grands, vne haine de presque tout le peuple encontre son roy. Et puis au bout de tout cela, que pouuions nous attendre autre chose que ce meschef, qui nous est ces iours passez aduenu?... Tant de novalitez mises sus à la foule des paures subiects sans subiect, estoient autant de malignes humeurs ramassees au corps de nostre republique, lesquelles ne nous promettoient autre chose que ce grand esclat de scandale que nous avons veu dans Paris. C'estoit vn pus, c'estoit vne bouë qui couuoit dans nous, à laquelle le medecin supernaturel a voulu donner vent, lors que nul de nous n'y pensoit. Le roy mesme l'a fort bien recogneu; quand soudain apres estre arriué à Chartres, pour donner quelque ordre à ce mal, il a reuoqué trente malheureux edicts et encore promis par autres lettres patentes de n'user plvs de contents. Pleust à Dieu que deux mois auparavant il les eust reuoquez de son seul instinct, affin que ceux que ie voy contre luy vlcerez eussent estimé luy devoir totalement ceste grace, et non au scandale aduenu. Mais c'est un mal commun à tous roys, de ne recognoistre iamais leurs fautes quand ils sont visitez de Dieu... De ma part, ie ne pense point que iamais roy ait receu vn plus grand affront de son peuple (il faut que ceste parole à notre tres grande honte m'eschape) que celui qu'a receu le nostre. Que luy, qui a son retour de la Beauce avoit esté receu auec tant de congratulations et applaudissements du Parisien, six ou sept mois apres ait esté caressé de telle façon qu'auons veu, en la iournée des Barricades, mesmes dans vne ville qu'il auoit aimée et cherie par-dessus toutes les autres. Que le ieudy et vendredy qu'il demeura dans la ville, on ne veit iamais plus grand chaos et emotion populaire, et le samedy soudain que l'on fust adverty de son partement, nous veismes un raquoisement inopiné de toutes choses : signe malheureux et trop expres de la haine qu'on luy porte. » (*Id.*, liv. XII, p. 796, etc.)

1. BENTIVOG., GROTIUS, STRADA, etc.   2. ROBERTSON's *Hist. of Scotland*.
3. HUME, WHITELOCK, WALKER, etc.

[a] Ce chapitre avoit bien commencé pour la réformation; c'est dommage, pour le philosophisme, qu'il ait fini aussi mal. Il paroît que je n'étois dans l'*Essai* ni pour *Genève* ni pour *Rome*. (N. ÉD.)

CHAPITRE XLI.

DEPUIS LA RÉFORMATION JUSQU'AU RÉGENT.

Lorsque les tempêtes élevées par la réformation se furent apaisées, le Vatican reparut, mais à moitié en ruine. Il avoit perdu l'orgueil de ses murs, et ses combles entr'ouverts étoient sillonnés de ses propres foudres, que la fureur de l'orage avoit repoussées contre lui. Les rois et les papes, en s'opposant par des mesures violentes aux innovations religieuses, n'avoient fait qu'irriter les esprits. Petite et foible dans le calme, la liberté devient un géant dans la tempête.

Entre les conséquences funestes qui résultèrent de ces troubles pour la religion, une ne doit pas être omise. Les révolutions ravagent les mœurs dans leur cours, comme ces sources empoisonnées qui font mourir les fleurs sur leur passage. L'œil de la loi, fermé pendant les convulsions d'un État, ne veille plus sur le citoyen, qui lâche les rênes à ses passions et se plonge dans l'immoralité; il faut ensuite des années, quelquefois des siècles, pour épurer un tel peuple. Ce fut évidemment le cas en Europe, après les troubles dont je viens de parler; et la religion, qui se calcule toujours sur les mœurs, dut, en proportion de la relaxation de celles-ci, perdre beaucoup de son influence.

Cependant, l'harmonie s'étant rétablie, les hommes reportèrent les yeux en arrière, et commencèrent à rougir de leur folie. Les lumières, toujours croissantes, secondoient ce penchant à haïr ce qui sembloit la cause de tant de maux. En matière de foi il n'est point de bornes; aussitôt qu'on cesse de croire quelque chose, on cessera bientôt de croire le tout. Rabelais, Montaigne, Mariana étonnèrent les esprits par la nouveauté et la hardiesse de leurs opinions politiques et religieuses. Hobbes et Spinosa, levant ensuite le masque, se montrèrent à découvert; et bientôt après, Louis XIV donna à l'Europe le dernier exemple de fanatisme national, par la révocation de l'édit de Nantes [1].

---

[1]. Je ne parle pas des scènes scandaleuses de la populace de Londres contre les catholiques, en 1680.

CHAPITRE XLII.

LE RÉGENT. LA CHUTE DU CHRISTIANISME S'ACCÉLÈRE.

Enfin le régent parut, et de cette époque il faut dater presque la chute totale du christianisme[a]. Le duc d'Orléans brilloit de génie, de grâces, d'urbanité; mais il étoit l'homme le plus immoral de son siècle et le moins fait pour gouverner une nation volage, sur laquelle les vices de ses chefs avoient tant d'influence lorsqu'ils étoient aimables. Ce fut alors qu'on vit naître la secte philosophique, cause première[b] et finale de la révolution présente. Lorsque les nations se corrompent, il s'élève des hommes qui leur apprennent qu'il n'y a point de vengeance céleste.

Le bouleversement que Law[1] opéra dans l'État par son papier ne contribua pas peu à ébranler la morale du peuple. Intérêt et cœur humain sont deux mots semblables[c]. Changer les mœurs d'un État, ce n'est qu'en changer les fortunes. Dans les accès du désespoir, et dans le délire des succès, tout sentiment de l'honnête s'éteint, avec cette différence que le parvenu conserve ses vices et l'homme tombé perd ses vertus.

La presse, cette invention céleste et diabolique[d], commençoit à vomir les chansons, les pamphlets, les livres philosophiques. Chaque poste annonçoit au citoyen; tantôt l'inceste d'un père, l'exécrable mort d'un cardinal, des débauches que la plume d'un Suétone rougiroit de décrire; et en payant les taxes il soldoit à la fois et les vils courtisans et les troupes qui le forçoient à leur obéir. Le mépris, puis la rage, étoient les sentiments qui devoient s'emparer du cœur de ce citoyen[e].

[a] Toujours la *chute du christianisme!* Le christianisme ne tomboit point; les mœurs seulement se corrompoient. Et quand la religion chrétienne se seroit affoiblie en France, cela voudroit-il dire qu'elle s'éteint également dans le reste du monde? (N. ÉD.)

[b] Il falloit mettre au lieu de *cause première*, cause seconde. (N. ÉD.)

1. Dans les projets de cet étranger, on retrouve le plan littéral exécuté de nos jours par Mirabeau l'aîné : le payement de la dette nationale en papier, la vente des biens du clergé, etc.

[c] Cela n'est pas vrai en France. (N. ÉD.)

[d] La presse n'est diabolique que lorsqu'elle n'est pas réglée par des lois. Si vous l'enchaînez par l'arbitraire, c'est-à-dire par la censure, elle perd ce qu'elle a de céleste, et ne conserve que ce qu'elle a de diabolique. Personne n'approuve les abus de la presse; mais c'est aux lois seules à prévenir et à punir les abus. (N. ÉD.)

[e] J'ai raison dans mon indignation contre la régence. La régence et le règne de Louis XV sont deux époques de notre histoire qu'on ne sauroit assez maltraiter. (N. ÉD.)

Que le peuple alors apprenne le secret de sa force, et l'État n'est plus.

Ce fut sous le règne suivant qu'éclata la secte encyclopédique dont j'ai déjà touché quelque chose. Je vais, comme je l'ai promis, la considérer à présent dans ses rapports religieux et politiques avec les institutions de la France.

CHAPITRE XLIII.

LA SECTE PHILOSOPHIQUE SOUS LOUIS XV.

Cet esprit d'innovation et de doute qui prit naissance sous le régent fit en peu de temps des progrès rapides. On vit enfin sous Louis XV se former une société des plus beaux génies que la France ait produits : les Diderot, les D'Alembert, les Voltaire[a]. Deux grands hommes seulement, et les deux plus grands, refusèrent d'en être, Jean-Jacques Rousseau et Montesquieu[b] : de là la haine de Voltaire contre eux, et surtout contre le premier, l'apôtre de Dieu et de la morale. Cette société disoit avoir pour fin la diffusion des lumières et le renversement de la tyrannie : rien de plus noble sans doute ; mais le vrai esprit des encyclopédistes étoit une fureur persécutante de systèmes, une intolérance d'opinions qui vouloit détruire dans les autres jusqu'à la liberté de penser ; enfin, une rage contre ce qu'ils appeloient l'*infâme*, ou la religion chrétienne, qu'ils avoient résolu d'exterminer[c].

Ce qu'il y a de bien étonnant dans l'histoire du cœur humain, c'est que le despote Frédéric étoit de cette coalition qui sapoit la base du pouvoir des princes. Le monument le plus extraordinaire de littérature qui existe est peut-être la correspondance entre Diderot, Voltaire, d'Alembert et le roi de Prusse. C'est là qu'à chaque page on s'étonne de voir les philosophes jetant le manteau dont ils se revêtoient pour la

---

[a] Diderot et D'Alembert placés au nombre des plus beaux génies que la France ait produits est une chose parfaitement ridicule. (N. ÉD.)

[b] Non, Voltaire les vaut, et Buffon se place, comme écrivain, auprès de ces trois grands hommes. (N. ÉD.)

[c] Bien jugé, très-bien jugé, selon mon âge mûr : les encyclopédistes étoient les plus intolérants des hommes, et c'est pour cela que je ne les puis souffrir. Je les regarde comme des hypocrites de liberté, comme de faux apôtres de philosophie, qui prenoient l'honneur de leur vanité blessée pour un sentiment d'indépendance, leurs mauvaises mœurs pour un retour au droit naturel, et leur fureur irréligieuse pour de la sagesse. Ce ne sont point leurs doctrines qui ont produit ce qu'il y a de bon au fond de notre révolution ; nous ne leur devons dans cette révolution que le massacre des prêtres, les déportations à la Guiane, et les échafauds. (N. ÉD.)

foule; le monarque, déposant le masque royal, traiter de fable la morale de la terre, parler hardiment de liberté entre eux, en réservant l'esclavage pour le peuple stupide, se jouer de ce qu'il y a de plus sacré, et se jeter les uns aux autres, ballotter d'une main criminelle et puissante les hommes et leurs opinions comme de vains jouets.

Telle étoit cette fameuse secte qui, sous Louis XV, commença à s'étendre et à détruire la morale en France; ses progrès furent étonnants. L'infatigable Voltaire ne cessoit de répéter : Frappons, écrasons l'infâme. Une foule de petits auteurs, pour être regardés du grand homme, se mirent à écrivailler à l'exemple de leur maître. Le bon ton fut bientôt d'être incrédule. Jean-Jacques avoit beau crier d'une voix sainte : « Peuple, on vous égare; il est un Dieu vengeur des crimes et rémunérateur des vertus; » les efforts du sublime athlète furent vains contre le torrent des philosophes et des prêtres, ennemis mortels réunis pour persécuter le grand homme[a].

Tandis que les principes religieux étoient combattus par une troupe de philosophes, d'autres attaquoient la politique; car il est remarquable que la secte athée déraisonnoit pitoyablement en matière d'État[b]. Montesquieu, J.-J. Rousseau, Mably, Raynal[c], vinrent malheureusement éclairer des hommes qui avoient perdu cette force et cette pureté d'âme nécessaires pour faire un bon usage de la vérité. Depuis la révolution chaque faction a déchiré ces illustres citoyens, les jacobins Montesquieu, les royalistes Jean-Jacques; cela n'empêchera pas que l'immortel *Esprit des Lois* et le sublime *Émile*, si peu entendu, ne passent à la dernière postérité. Quant au *Contrat Social*, comme on en retrouve une partie dans l'*Émile*, que ce n'est d'ailleurs qu'un extrait d'un grand ouvrage, qu'il rejette tout et ne conclut rien, je crois que, dans son état actuel d'imperfection, il a fait peu de bien et beaucoup de mal[d] : je suis seulement étonné que les républicains du jour l'aient pris pour leur règle; il n'y a pas de livre qui les condamne davantage.

Ainsi, au moment que le peuple commença à lire, il ouvrit les yeux

---

[a] Ai-je dans le *Génie du Christianisme* rien de plus fort, rien de plus énergique contre le philosophisme antireligieux? J'oppose très-bien ici Rousseau aux autres philosophes. (N. ÉD.)

[b] Cela est vrai : l'athéisme n'est bon à rien; il n'est qu'une preuve de la foiblesse de l'esprit et de la médiocrité des talents. (N. ÉD.)

[c] Mably et Raynal, avec Montesquieu et Rousseau, ce sont de ces associations que l'on fait dans la jeunesse, lorsque le jugement n'est pas formé et que le goût est incertain. (N. ÉD.)

[d] Je juge bien le *Contrat Social*, et très-mal l'*Émile*. (N. ÉD.)

sur des écrits qui ne prêchoient que politique et religion : l'effet en fut prodigieux. Tandis qu'il perdoit rapidement ses mœurs et son ignorance, la cour, sourde au bruit d'une vaste monarchie qui commençoit à rouler en bas vers l'abîme où nous venons de la voir disparoître, se plongeoit plus que jamais dans les vices et le despotisme. Au lieu d'élargir ses plans, d'élever ses pensées, d'épurer sa morale, en progression relative à l'accroissement des lumières, elle rétrécissoit ses petits préjugés, ne savoit ni se soumettre à la force des choses ni s'y opposer avec vigueur. Cette misérable politique, qui fait qu'un gouvernement se resserre quand l'esprit public s'étend, est remarquable dans toutes les révolutions : c'est vouloir inscrire un grand cercle dans une petite circonférence ; le résultat en est certain. La tolérance s'accroît, et les prêtres font juger à mort un jeune homme qui, dans une orgie, avoit insulté un crucifix : le peuple se montre incliné à la résistance, et tantôt on lui cède mal à propos, tantôt on le contraint imprudemment : l'esprit de liberté commence à paroître, et on multiplie les lettres de cachet. Je sais que les lettres ont fait plus de bruit que de mal ; mais après tout une pareille institution détruit radicalement les principes. Ce qui n'est pas loi est hors de l'essence du gouvernement, est criminel. Qui voudroit se tenir sous un glaive suspendu par un cheveu sur sa tête, sous prétexte qu'il ne tombera pas ? A voir ainsi le monarque endormi dans la volupté, des courtisans corrompus, des ministres méchants ou imbéciles, le peuple perdant ses mœurs ; les philosophes les uns sapant la religion, les autres l'État ; des nobles ou ignorants ou atteints des vices du jour ; des ecclésiastiques à Paris la honte de leur ordre, dans les provinces pleins de préjugés, on eût dit d'une foule de manœuvres s'empressant à l'envi de démolir un grand édifice[a].

Depuis le règne de Louis XV la religion ne fit plus que décliner en France ; et elle s'est enfin évanouie[b] avec la monarchie dans le gouffre de la révolution.

Pour compléter l'histoire du christianisme, je vais maintenant montrer les armes avec lesquelles les philosophes modernes sont parvenus à le renverser, de même que j'ai expliqué les systèmes par lesquels les sophistes grecs ébranlèrent le polythéisme. Il y a cependant entre eux cette différence, que les Platon et les Aristote se contentèrent de publier des dogmes nouveaux, sans attaquer directement la religion de leur pays ; tandis que les Voltaire et les D'Alembert,

---

[a] Courageusement jugé, et aussi bien écrit que je puisse écrire. (N. ÉD.)

[b] La religion, encore une fois, ne s'est pas évanouie. Quand la monarchie passeroit, la religion resteroit. (N. ÉD.)

sans énoncer d'autres opinions, se déchaînèrent contre le culte de leur patrie: en cela bien plus immoraux que les sectaires d'Athènes[a].

J'avertis que dans les chapitres qui vont suivre je n'y suis plus pour rien. Simple narrateur des faits, je rapporte, comme mon sujet m'y oblige, les raisonnements des autres sans les admettre[b]. Il est nécessaire de faire connoître les causes qui nous ont plongés dans la révolution actuelle; or celles-ci sont d'entre les plus considérables.

CHAPITRE XLIV.

OBJECTIONS DES PHILOSOPHES CONTRE LE CHRISTIANISME. OBJECTIONS PHILOSOPHIQUES.

On peut diviser les différentes objections des philosophes contre le christianisme en quatre sortes: 1° objections philosophiques proprement dites; 2° objections historiques et critiques; 3° objections contre le dogme; 4° objections contre la discipline. Voyons les premières.

Objections philosophiques[1]. La création est absurde. Quelle volonté peut tirer une parcelle de matière du néant? Toutes les raisons imaginables ne renverseront jamais cet axiome commun : Rien ne se fait de rien. Mais les Écritures mêmes ne l'admettent pas, le néant:

---

[a] On ne peut être ni plus impartial ni plus sévère. Si je suis un philosophe dans l'*Essai*, il faut convenir que les philosophes n'ont jamais eu un confrère d'une humeur plus aigre et plus désagréable. (N. ÉD.)

[b] Passage bien remarquable dans l'*Essai!* Il suffiroit seul pour me laver des reproches que l'on a voulu me faire comme antichrétien. On ne peut prétendre que ces paroles soient une précaution de l'écrivain; car il n'y a pas de trace d'hypocrisie ou de frayeur dans l'*Essai :* rien n'y est caché; je ne capitule ni avec les choses ni avec les hommes, j'écris tout avec l'outrecuidance d'un jeune homme. Je ne cherchois donc point par ces paroles à me mettre à l'abri de l'avenir. Je disois simplement la vérité; je disois que j'allois rapporter les raisonnements des autres *sans les admettre;* que je n'étois pour rien dans les chapitres qui alloient suivre : ce sont pourtant ces chapitres qui ont servi principalement d'acte d'accusation contre moi. En vérité, plus on lit l'*Essai*, plus on l'examine, et moins on me trouve coupable. Cependant, je ne prétends point me faire un bouclier du passage qui donne lieu à cette note; j'ai eu tort, très-grand tort, de rapporter les objections des philosophes contre le christianisme; d'autant plus tort qu'il est évident que je m'y complais, que tout en disant qu'elles ne sont pas de moi, ce qui est vrai, j'ai pourtant l'air d'y applaudir. (N. ÉD.)

1. Il seroit impossible de citer à chaque ligne les auteurs dont ces raisonnements sont empruntés, parce qu'ils se trouvent répétés d'un bout à l'autre de leurs livres, et qu'il faudroit pour ainsi dire noter toutes les pages. Je les rassemblerai donc en commun à la fin de chaque chapitre.

et l'*Esprit de Dieu reposoit sur les eaux.* Voilà donc la matière coexistante avec l'esprit ; voilà donc un chaos.

Dieu, dites-vous, a été l'architecte? Ce n'est plus le système chrétien. Mais voyons si cela même peut être admis.

Si Dieu a arrangé la matière, c'est un être impuissant et borné. Le chaos était la première forme, et de nécessité la meilleure, puisqu'elle est la forme naturelle ; puisque les vices, les souffrances, les chagrins y dorment passifs. Qu'a fait Dieu? Il a tout séparé, tout divisé, et en classant les maux il n'a fait qu'un monde vulnérable dans toutes ses parties d'un univers engourdi et tranquille ; il a donné une âme à la douleur, et rendu les peines sensibles[a]. Il s'est donc mépris, et son prétendu ordre est un affreux désordre.

Mais nous vous abandonnons la majeure. Nous supposons, pour un moment, que tout est émané de Dieu. Ce Dieu, en créant l'homme, lui a dit : Tu ne pécheras point, ou tu mourras ; et il avoit prévu qu'il pécheroit et qu'il mourroit : Tu seras bon, vertueux, ou je te condamnerai aux peines de l'enfer ; et Dieu savoit qu'il ne seroit ni bon ni vertueux, et c'étoit lui qui l'avoit créé ! Dieu, répondez-vous, vous a fait libre? Ce n'est pas là la question. A-t-il prévu que je tomberois, que je serois à jamais malheureux? Oui, indubitablement. Eh bien, votre Dieu n'est plus qu'un tyran horrible et absurde. Il donne aux hommes des passions plus fortes que leur raison, et il s'écrie : Je t'ai donné la raison ! — Sans doute, et les passions aussi ; et tu savois que celles-ci l'emporteroient ; et tu prévis, des millions de siècles avant ma naissance, que je serois vicieux, que je serois condamné à ton tribunal aux éternelles douleurs. Qui t'obligeoit à me tirer du néant? Qui te forçoit, Être tout-puissant, à faire un misérable? Ne pouvois-tu me rendre fort et vertueux au degré nécessaire pour me rendre heureux? Tu te crées des victimes et tu les insultes au milieu des tourments, en leur parlant d'un franc arbitre, sur des choses que ta prescience t'avoit fait connoître de toute éternité ; et qui, par la raison même que tu les avois prévues, devoient nécessairement arriver !

Dieu ne pouvoit vous empêcher de naître dans la chaîne des êtres où votre place se trouvoit marquée : — d'accord ; mais ceci n'est plus

---

[a] Voyez, pour la réfutation de toutes ces belles choses, les *Notes et Éclaircissements du Génie du Christianisme.* (N. ÉD.)

Note de l'exemplaire confidentiel. — (*A-t-il prévu que je tomberois,* etc.). Cette objection est insoluble et renverse de fond en comble le système chrétien. Au reste, personne n'y croit plus.

le dieu des Juifs, c'est la destinée, autre système qui a ses inconvénients. Vous vous retranchez dans le grand argument, et vous dites que nous ne pouvons pas plus comprendre le grand Être qu'un ciron ne sauroit comprendre un homme : cette raison, excellente en elle-même, ne prouve rien pour les Écritures. Je m'en tiens à ce que je ne puis comprendre Dieu ; et là-dessus je n'ai pas plus de motifs d'en croire Moïse que Platon, excepté que celui-ci raisonne mieux que celui-là.

Je passe une multitude d'autres raisons philosophiques, telles que celles tirées des diverses espèces de l'homme, de l'ancienneté du globe, etc.; et je viens aux raisons historiques et critiques[1].

CHAPITRE LXV.

OBJECTIONS HISTORIQUES ET CRITIQUES.

Les prophètes d'Israel avoient depuis longtemps annoncé la mission du fils de Dieu. Et il est venu, ce fils de Dieu ; et la lettre des prophètes a été accomplie.

Une chose n'est pas prédite parce qu'elle arrivera, mais elle arrive parce qu'elle est prédite. De cela les évangiles mêmes font preuve ; ils ont la naïveté de nous dire à chaque ligne : « Et Jésus fit cette chose, *afin que la parole du prophète fût accomplie.* » Mais, sans nous arrêter à combattre votre futile argument, nous vous montrerons que cette annonce du Christ ne vient que de la honteuse ignorance des Juifs : ils convertirent en prédictions le calendrier céleste des Égyptiens, qu'ils n'entendoient pas. Là on voyoit tout le mystère de la Vierge et de son fils, qui ne signifioit autre chose que le lever et le coucher de diverses constellations. Les Hébreux en sortant d'Égypte emportèrent ces signes, et les transformèrent bientôt en des fables les plus absurdes.

Il y a bien plus : c'est qu'il n'est pas du tout démontré qu'il exista jamais un homme appelé Jésus, qui se fit crucifier à Jérusalem. Quelles sont vos preuves de ce fait? Les Évangiles. Admettriez-vous dans un procès comme valides des papiers visiblement écrits par l'une des parties? Nous raisonnons ici comme si nous croyions à l'authenticité du Nouveau Testament (ce que nous sommes bien loin de faire, comme on le verra par la suite). Loin de rien trouver dans l'histoire qui admette la vérité de l'existence du Christ, nous voyons,

---

1. BAYLE; *Lettres de Diderot au roi de Prusse;* TOLAND; VOLT., *Dictionn. Philosoph.;* HUME's *Philosoph. Essay;* LE BOUCHER, BUFFON, etc.

d'après les auteurs latins, qui parlent avec le dernier mépris de la secte naissante [1], que les Évangiles n'étoient pas même entendus à la lettre par les premiers chrétiens. C'étoient des espèces d'allégories, des mystères auxquels on se faisoit initier comme à ceux d'Éleusis.

Mais encore il vous a plu de supprimer une multitude d'évangiles, que vous appelez apocryphes, qui cependant ne le sont pas plus que les autres. Là on remarque tant de contradictions (contradictions que vous n'avez pu même faire disparoître des Évangiles que vous nous avez laissés), qu'il faut nécessairement en conclure que dans le principe l'histoire du Christ étoit un conte, qu'on brodoit selon son bon plaisir.

Les premiers schismes de l'Église viennent à l'appui de cette opinion. Les Pères ne s'entendoient pas plus sur le fond que sur la forme. Comment se peut-il qu'étant si près de l'événement ils ignorassent la vérité? Il est trop clair, par ce choc de sentiments opposés, que le système chrétien n'étant pas encore formé, chacun le modifioit à sa manière. Rien ne paroît donc moins prouvé que l'existence du Christ.

Allons plus loin. Admettons la réalité de sa vie et l'authenticité des Évangiles. De la simple lecture de ceux-ci résulte le renversement de la divinité de Jésus. Nous voyons que tout ce qu'il y avoit d'honnêtes gens à Jérusalem, les prêtres, les magistrats, enfin cette classe d'hommes que dans tous les temps on croit de préférence à la populace regardoit le Christ comme un imposteur, qui cherchoit à se faire un parti. On lui demanda des miracles publics, et il ne put en faire; mais il ressuscitoit, il est vrai, des morts parmi la canaille. Dans ses réponses il ne s'explique jamais clairement; il parle obscurément, comme l'oracle de Delphes. Quant à sa résurrection, un peu de vin et d'argent aux gardes en explique tout le mystère. A qui apparut-il après sa sortie triomphante du tombeau? A ses disciples, à des femmes crédules, à des gens qui avoient intérêt à prolonger l'imposture. Il ne se montra pas aux prêtres, au peuple, aux magistrats, qui le virent expirer, et qui étoient bien sûrs qu'il n'étoit plus. Passons aux dogmes [2].

---

[1]. « Afflicti suppliciis christiani, genus hominum superstitionis novæ ac maleficæ. » (SUET., *in Neron.*) Tacite n'en parle guère mieux.

[2]. Voyez les auteurs cités au chapitre précédent.

CHAPITRE XLVI.

OBJECTIONS CONTRE LE DOGME.

Il paroît, par les preuves internes et externes, que les Évangiles ne furent jamais prêchés par Jésus ni écrits par ses disciples. Ils furent, en toute probabilité, composés à Alexandrie, dans les premiers siècles de l'Église.

Après les conquêtes d'Alexandre et l'érection du royaume égyptien par les Ptolémées, les écoles de la Grèce furent transférées à Alexandrie, où elles prirent un nouvel éclat. De la situation de cette cité, qui formoit le passage entre l'Orient et l'Occident, il en résulta que les opinions des brachmanes des Indes, des mages de la Perse, des anciens prêtres de l'Égypte et des philosophes de l'Ouest, vinrent se concentrer dans ce foyer commun d'erreurs et de lumières. C'est au milieu de la bibliothèque d'Alexandrie et de cette foule de sectes que les Évangiles furent visiblement compilés. Ils sont un mélange de diverses doctrines recueillies dans un corps et revêtues du langage figuré de l'Orient. Leur auteur ou leurs auteurs furent sans doute doués d'un beau génie et d'une âme sensible. En rassemblant la morale de tous les sages, la simplicité, la pureté des leçons de Socrate, l'élévation des principes de Confucius, de Moïse, ils y mêlèrent une tendresse de cœur qui leur étoit propre, et en y faisant entrer le roman touchant et allégorique du Christ ils parvinrent à répandre le plus grand charme sur leur ouvrage. Telle est l'histoire de la partie morale des Évangiles ; quant aux dogmes, les voici :

Le mystère de la Trinité est emprunté de l'école de Platon : Dieu, l'esprit, ou les idées, l'âme du monde, ou le Fils incorporé à la matière [1]. Du Whisnou des brachmanes vient le mystère de l'Incarnation [2], qui correspond d'ailleurs à l'âme du monde des académiques. La

---

1. Voyez les différents systèmes aux articles des philosophes grecs et persans. Il y a eu des modernes qui ont avancé que Jésus-Christ n'étoit autre chose que Platon, qu'on disoit aussi sorti du sein d'une vierge. Les Indiens avoient de même une trinité : Sree-Mun Narrain, Mhah Letchimy, une belle femme (comme le fils, emblème de l'amour), et le serpent, ou l'esprit (*Sketches on the Mythology and Customs of the Hindoos*, p. 11.) « These persons, » dit l'auteur du livre cité, « are supposed by the Hindoos to be wholly indivisible. The one is three, and the three are one. » (P. 12.)

2. Whisnou n'étoit pas le seul dieu des Indiens qui se fût incarné. Voici l'histoire d'une des incarnations de Sree-Mun Narrain : « Sree-Mun Narrain, la grande divinité des Indiens, avec ses inséparables associés Mhah Letchimy et le Serpent, résolut de

Vierge, comme nous l'avons déjà dit, renferme un emblème astronomique. La persécution, le martyre et la résurrection du Christ ne sont que le dogme allégorique persan concernant le bon et le mauvais principe, dans lequel le méchant triomphe et détruit d'abord le bon ; ensuite le bon renaît et subjugue à son tour le méchant. La doctrine de la rénovation des choses et de la résurrection des corps après l'incendie général du globe se tire de la secte de Zénon, ou des fatalistes. Il seroit aisé, disoient les philosophes, de morceler ainsi tous vos Évangiles et d'en montrer les pièces de rapport, mais tenons-nous-en ici : il suffit d'avoir fait voir où vos dogmes fondamentaux ont été puisés. Nous allons maintenant parler de la discipline de votre Église[1].

s'incarner, pour corriger d'énormes abus qui s'étoient glissés parmi les hommes. Narrain prit la figure du guerrier Ram ; Letchimy devint sa femme, sous le nom de Seetah Devee ; et le Serpent métamorphosé joua le personnage de Letchimum, frère et compagnon de Ram. Un jour qu'ils voyageoient dans un désert, Ram se trouvant obligé de quitter Seetah la confia jusqu'à son retour à la garde de son frère Letchimum. Celui-ci demeura quelque temps avec sa belle-sœur sans qu'il lui arrivât aucun accident ; mais un fameux magicien ayant aperçu Seetah en devint éperdument amoureux. Pour la séparer de son fidèle gardien, il se tranforma en un oiseau du plus brillant plumage. La foible épouse de Ram n'eut pas plus tôt remarqué le perfide oiseau qu'elle supplia Letchimum de l'attraper. C'est en vain que celui-ci représente le danger : désir de femme est irrésistible ; Seetah, sourde à toutes les raisons, dans un moment de dépit accuse son beau-frère d'avoir des vues criminelles sur elle. A cette horrible accusation, Letchimum ne balance plus ; mais avant de quitter l'ingrate beauté pour courir après l'oiseau il trace un cercle autour d'elle, en lui apprenant que tandis qu'elle se tiendra dans cet espace elle n'a rien à craindre. A peine est-il parti que le magicien, prenant la forme d'un vieillard décrépit, s'approche de Seetah, et la supplie de lui procurer un peu d'eau pour apaiser une soif ardente. La malheureuse et compatissante épouse de Ram franchit le cercle fatal, et devient la proie du cruel enchanteur. »

L'auteur dont je tire cette historiette se tait sur la suite de l'aventure. Il paroît seulement que le magicien n'obtint pas le but de sa perfidie ; car lorsque Ram eut retrouvé Seetah, ne se fiant pas trop aux protestations de sa femme, il ordonna l'épreuve par le feu. Seetah marcha sur les fers rouges ; « mais ses pieds, dit l'auteur, bronzés par l'innocence, les foulèrent comme un lit de fleurs. » (*Sketches of the Mythology of the Hindoos*, p. 74-81.)

1. *Les Ruines* de Volney et les auteurs précédents.

CHAPITRE XLVII.

OBJECTIONS CONTRE LA DISCIPLINE.

Vous dites que c'est Dieu lui-même qui a établi votre Église, où tout respire une origine divine. En vérité, il faut que vous supposiez les hommes bien sots ou bien ignorants.

Votre hiérarchie de cardinaux, d'archevêques, d'évêques, de prêtres, de diacres, de sous-diacres, sont des institutions égyptiennes. Là se trouvoit un hiérophante, d'où découloit une suite de prêtres, qui diminuoient d'ordre et de pouvoir en raison de leur plus ou moins d'éloignement du chef suprême. L'Occident, et l'Orient surtout, vous fournirent le modèle de vos cérémonies et de vos costumes. Vous imitâtes les chœurs d'enfants, la marche sur deux colonnes, les oscillations de l'encensoir, la génuflexion et le chant à de certains signaux réguliers, d'après les pompes attiques et romaines. Vous retenez de nos jours, dans vos cérémonies funèbres, l'air qu'on chantoit à Athènes dans des occasions semblables au siècle de Périclès; et plusieurs de vos sectes marchent encore dans la sandale grecque.

La tenture, l'exposition des tableaux, la suspension des lampes, le dais, les vases d'or et d'argent, vous viennent de l'Orient. Mais que disons-nous? vous portez sur vous-mêmes les marques du paganisme, sans vous en apercevoir. La tonsure sur votre tête, l'étole à votre cou, l'hostie et le sacrement rayonnant dans vos mains, ne sont-ils pas les mêmes symboles qui parmi les prêtres de la Perse représentoient le disque et les rayons de l'astre qu'on y adoroit? Si les mages revenoient parmi nous, ne croiroient-ils pas en voyant vos mitres, vos robes, vos surplis, vos chapes, que vous êtes des membres de leurs sectes disséminés chez des peuples barbares?

Les détails de vos cérémonies offrent les mêmes rapports. On sait que la communion est une institution judaïque. L'époque de vos fêtes correspond exactement à celle des fêtes chez les anciens. Vous avez conservé même dans vos prières les formes latines. La messe des Rameaux, dans le XIe siècle, où le peuple répétoit trois fois en chorus le cri d'un âne après l'*Ite missa est,* cachoit une des allégories les plus obscènes de l'antiquité. Le carnaval, avant le jour des Cendres, n'étoit qu'un reste des bacchanales. Enfin, il est clair que vous dérivez votre discipline des prêtres du polythéisme [1].

---

1. SAINT-FOIX, *Essai sur Paris. Les Ruines* de Volney et les auteurs cités.

Nous ne condamnons pas ceci absolument, ajoutoient les philosophes, nous vous en voulons seulement de n'être pas de bonne foi et de vouloir faire passer tout cela comme provenant d'une origine céleste [a]. Nous sentons fort bien que vous n'auriez jamais converti les peuples au christianisme sans la solennité du culte. C'est en quoi nous préférons la secte romaine. Il est ridicule d'être luthérien, calviniste, quaker, etc., de recevoir à quelques différences près l'absurdité du dogme et de rejeter la religion des sens, la seule qui convienne au peuple. Il n'est pas plus difficile de croire le tout qu'une partie, et lorsqu'on admet l'incarnation il n'en coûte pas davantage d'adopter la présence réelle.

Telles étoient les objections des philosophes modernes contre le christianisme ; objections dont je n'ai extrait qu'une très-petite partie. Je suis bien fâché que mon sujet ne me permette pas de rapporter les raisons victorieuses avec lesquelles les Abadie, les Houteville, les Bergier, les Warburton ont combattu leurs antagonistes, et d'être obligé de renvoyer à leurs ouvrages [b].

Moi, qui suis très-peu versé dans ces matières, je répéterai seulement aux incrédules, en ne me servant que de ma propre raison, ce que je leur ai déjà dit : « Vous renversez la religion de votre pays, vous plongez le peuple dans l'impiété, et vous ne proposez aucun autre palladium de la morale. Cessez cette cruelle philosophie; ne ravissez point à l'infortuné sa dernière espérance : qu'importe qu'elle soit une illusion, si cette illusion le soulage d'une partie du fardeau de l'existence; si elle veille dans les longues nuits à son chevet solitaire et trempé de larmes ; si enfin elle lui rend le dernier service de l'amitié, en fermant elle-même sa paupière, lorsque seul et abandonné sur la couche du misérable il s'évanouit dans la mort [c] ? »

---

[a] Jamais l'Église n'a prétendu que les vêtements de ses prêtres, les ornements de ses autels, etc., eussent une origine céleste. J'ai mieux raisonné dans le *Génie du Christianisme*, lorsque, pour faire aimer la majesté de notre culte, j'ai montré qu'il se rattachoit aux plus nobles coutumes de l'antiquité et aux traditions historiques les plus vénérables. (N. ÉD.)

[b] Puisque j'avois cité contre la religion d'aussi misérables autorités que celles de Diderot, de Toland, de Saint-Foix, etc., je pouvois bien citer pour la religion les Abadie, les Warburton, les Clarke, etc. (N. ÉD.)

[c] J'ai cité ce paragraphe dans la Préface de l'*Essai* : réuni à celui où je déclare que *je rapporte les objections des autres sans les admettre*, il détruit en grande partie l'effet de ces misérables et odieux chapitres. (N. ÉD.)

Note de l'exemplaire confidentiel: — Oui, qui ont débité des platitudes; mais j'étois bien obligé de mettre cela, à cause des sots.

CHAPITRE XLVIII.

DE L'ESPRIT DES PRÊTRES CHEZ LES ANCIENS
ET CHEZ LES MODERNES,
CONSIDÉRÉ DANS UN GOUVERNEMENT POPULAIRE.

Nous avons consacré la fin de ce premier livre à des recherches sur les religions. Les prêtres tiennent de si près à ce sujet, et leur influence a été si grande dans tous les siècles, qu'on ne peut s'empêcher d'en dire un mot en parlant du culte. Au reste, ceci demanderoit un volume, et je n'ai que quelques chapitres à y consacrer.

J'entends par prêtres des ministres dévoués au service de l'autel, qui ont souvent des vertus, quelquefois des vices, vivent des préjugés du peuple, comme mille autres états, ne sont ni moins ni plus fripons que le reste de leur siècle, ni meilleurs ni pires que les autres hommes[a].

Ceux de l'antiquité nous offrent un esprit un peu différent de ceux de notre âge : ceci tient aux positions politiques des nations. Distinguons donc entre les prêtres dans un État monarchique et les prêtres dans une république. Commençons par les derniers.

Chez les Grecs et chez les Romains l'influence du sacerdoce étoit considérable ; mais l'État se trouvant administré sous une forme populaire, l'intérêt des prêtres penchoit du côté de la liberté. Lorsqu'on alloit consulter l'oracle de Delphes, les réponses du dieu se faisoient généralement dans le sens de l'indépendance ; cependant il se ménageoit toujours adroitement une porte de retraite, et les trépieds des tyrans étoient suspendus aux voûtes du temple, comme ceux des patriotes. En cela, les prêtres anciens et les prêtres modernes se ressembloient parfaitement.

Autre ressemblance. La caste religieuse d'Athènes n'étoit guère moins persécutante que les ministres du christianime[b]. Les sophistes s'en trouvoient aussi mal en Grèce que les encyclopédistes en France ; mais comme la loi dans le premier pays protégeoit le citoyen, lorsque la charge d'*impiété* n'étoit pas prouvée, le magistrat renvoyoit l'accusé. Pour claquemurer parmi nous un philosophe à la Bastille, il

---

[a] Quoique dur, le jugement est impartial. Mais le mot de fripon, qui vient sans cesse sous ma plume en parlant du siècle, est très-peu poli. (**N. ÉD.**)

[b] Les ministres de la *philosophie* ont-ils été moins *persécutants* que les ministres du christianisme? (**N. ÉD.**)

ne falloit pas tant de cérémoniesᵃ. Venons maintenant aux différences.

D'abord, une très-importante se présente. Les prêtres des Grecs avoient un pouvoir considérable sur la masse du peuple, mais ils n'en exerçoient aucun sur les particuliers : les nôtres, au contraire, nous environnoient, nous assiégeoient. Ils nous prenoient au sortir du sein de nos mères, et ne nous quittoient plus qu'après nous avoir déposés dans la tombe. Il y a des hommes qui font le métier de vampires, qui vous sucent de l'argent, le sang, et jusqu'à la pensée ᵇ.

Seconde différence. Chez les anciens, surtout à Rome, les prêtres ignoroient ce système d'association, qui communique tant de force aux choses religieuses. Les ministres des dieux, dispersés dans l'État, ne s'appuyoient point les uns les autres, et par conséquent ne pouvoient, comme individus, devenir dangereux à la liberté. La constitution hiérarchique de l'Église romaine chez les peuples modernes infusoit dans tout le clergé un esprit de corps trop formidable. Au reste, les gardiens du culte en Grèce, graves, posés, vertueux, se tenoient dans la mesure de leur profession ᶜ. Nos abbés en manteau court exhiboient à Paris le vice, le ridicule et la sottise ᵈ; et l'on concevroit à peine comment des hommes pouvoient ainsi se donner en spectacle, si l'on ne connoissoit la bêtise et la friponnerie du monde. Lorsque je vois les différents personnages de la société, je me figure ces escrocs qui se rendent exprès sur les promenades publiques, bizarrement vêtus. Tandis que la foule hébétée se rassemble à considérer le bout de ruban rouge, bleu, noir, dont le pasquin est bariolé,

---

ᵃ Ici, je suis extrêmement injuste, même historiquement parlant. On condamnoit très-bien à l'exil ou à la mort à Athènes pour causes d'impiété, et cela sur un simple écrit, quelquefois sur un seul vers. Il ne faut ni tuer ni emprisonner personne pour cause de religion; mais quand on écrit l'histoire il ne faut pas dénaturer les faits. Il n'est pas bien de représenter les philosophes persécutés par les prêtres à l'époque même où les philosophes triomphoient des prêtres. J'aurois dû être averti; quand j'écrivois ces choses-là, n'avois-je pas sous les yeux, dans les rues de Londres, ces prélats vénérables, ces milliers de prêtres déportés, exilés par les disciples des encyclopédistes? (N. ÉD.)

ᵇ Toutes ces injures sont ignobles, et j'en ai fait justice dans le *Génie du Christianisme*. (N. ÉD.)

ᶜ Cela n'est pas vrai; il y avoit en Grèce des prêtres de tous les dieux, de tous les vices, de toutes les folies. Les ministres de Bacchus, de Mercure, de Cybèle, de Priape, de Cupidon, n'étoient ni graves ni posés. *La mesure de leur profession* étoit de se prostituer, de s'enivrer, de courir les champs comme des forcenés, ou de faire des saltimbanques dans les villages et aux carrefours des cités. (N. ÉD.)

ᵈ Vulgairement écrit et injuste : le vice de quelques individus dans un ordre ne peut jamais être considéré comme le caractère d'un ordre entier. (N. ÉD.)

celui-ci lui vide adroitement ses poches ; et c'est toujours le plus chargé de décorations qui fait fortune[a].

Tout considéré, les prêtres sont nécessaires aux mœurs et excellent dans une république; ils ne sauraient y causer de mal, et peuvent y faire beaucoup de bien.

CHAPITRE XLIX.

DE L'ESPRIT DES PRÊTRES CHEZ LES ANCIENS ET CHEZ LES MODERNES, CONSIDÉRÉ DANS UN GOUVERNEMENT MONARCHIQUE.

Mais si l'esprit du sacerdoce peut être salutaire dans une république[b], il devient terrible dans un État despotique, parce que, servant d'arrière-garde au tyran, il rend l'esclavage légitime et saint aux yeux du peuple[c].

Les prêtres de la Perse et de l'Égypte ressemblèrent parfaitement aux nôtres. Leur esprit se composoit également de fanatisme et d'intolérance[d]. Les mages firent brûler et ravager les temples de

---

[a] J'en voulois sérieusement à la société. Je ne lui pardonnois pas, quand j'étois jeune, le mal qu'elle m'avoit fait. Aujourd'hui je suis sans rancune ; nous allons bientôt nous quitter. Je reconnois que mes observations n'étoient pas toutes également justes : par exemple, j'ai été à mon tour chargé de rubans ; je ne vois pas qu'ils m'aient servi à enchaîner la fortune. (N. ÉD.)

[b] Je ne sais pas pourquoi les prêtres seroient plus utiles dans une république que dans une monarchie ; je dirois même tout le contraire aujourd'hui, et je crois dire plus vrai. D'ailleurs, est-ce là une grande vue du sujet? Politiquement et philosophiquement parlant, il falloit montrer ce qu'étoient les prêtres en Grèce et à Rome dans l'ordre social, quelle part ils avoient à la politique, quelle portion du pouvoir ils retenoient, et comment ils influoient sur les destinées de l'État, soit qu'ils fussent placés en dedans, soit qu'ils fussent laissés en dehors des institutions. On ne peut pas dire que les hommes qui dans certains cas pouvoient éloigner ou dissoudre les assemblées du peuple, empêcher ou ordonner de livrer une bataille, étoient des hommes sans autorité politique, surtout lorsqu'il y avoit des charges pontificales souvent occupées par des citoyens ambitieux et puissants. Je n'ai donc su absolument ce que je disois dans ce passage de l'*Essai*, qui me paroît, sous tous les rapports, pitoyable. (N. ÉD.)

[c] Si je n'avois dit que de ces choses-là j'aurois eu moins de corrections fraternelles à m'administrer. (N. ÉD.)

[d] J'ai toujours la même horreur du fanatisme et de l'intolérance ; mais l'esprit des prêtres chrétiens n'étoit point l'intolérance et le fanatisme. Ces prêtres ont été quelquefois fanatiques et intolérants selon les siècles ; et même dans ces siècles où ils

la Grèce lors de l'expédition de Xerxès. Ils gouvernoient le trône et avoient exclusivement l'oreille dès rois : deux traits cependant les distinguent des ministres du culte chez les chrétiens.

Ils ne croyoient pas à la religion qu'ils enseignoient; ils professoient secrètement une autre doctrine, et adressoient leurs prières au vrai Dieu, qui gouverne le monde. Nos prêtres, pour la plupart, admettent les dogmes qu'ils publient [a].

La seconde différence se trouve dans les lumières. Les mages étudioient particulièrement les sciences; notre clergé, au contraire, faisoit vœu d'y renoncer [b]. Les deux chemins conduisent au même but : l'on domine également du fond du tonneau de Diogène et du haut de l'observatoire babylonien.

Mais une institution particulière a contribué à donner à nos ministres un esprit différent de celui des prêtres de l'antiquité, je veux dire la confession auriculaire. Cet ouvrage a été un des grands textes des déclamations des philosophes. Comment, disoient-ils, l'innocence allant peut-être déposer ses secrets dans le sein du crime, la pudeur dans celui de l'immoralité, l'homme libre révélant sa pensée au tyran, les inimitiés entre deux amis, entre l'époux et l'épouse, enfin tout ce qui ne doit être connu que du ciel et de nous, le confier à un homme foible, à un homme sujet à nos passions! Prêtre, je m'agenouille à ton tribunal : j'ai péché : j'ai trahi l'amitié, la beauté, la jeunesse, l'innocence.... Mais je te vois pâlir! Et toi aussi serois-tu coupable? et n'es-tu pas homme? Sois donc mon ami, et ne sois pas mon juge; console-moi, laisse-moi te consoler; prions ce Dieu qui nous créa foibles, afin que nous nous appuyions l'un sur l'autre, ce Dieu qui pour toute pénitence nous a donné le remords [c]. Ainsi raisonnoient les philosophes.

subissoient les mœurs de leur temps ils se sont souvent montrés plus éclairés et plus charitables que leurs contemporains. Des évêques se sont opposés aux massacres de la Saint-Barthélemy. Que Rome ait applaudi à ces massacres; que quelques prêtres, indignes de ce nom, se soient fait remarquer par leur fureur à différentes époques de notre histoire, encore une fois il n'est pas juste de conclure du particulier au général. Des citations du *Génie du Christianisme* vont bientôt répondre à mes accusations philosophiques. (N. ÉD.)

[a] Cet aveu du moins est honorable au clergé. (N. ÉD.)

[b] Mais étois-je devenu fou? Quand donc le clergé a-t-il renoncé aux sciences? Les plus beaux génies, les hommes les plus savants, ne sont-ils pas sortis de l'ordre du clergé? N'est-ce pas le clergé qui a sauvé les lettres du naufrage de la barbarie, etc., etc.? Le clergé faire vœu de renoncer aux sciences! Une telle assertion suffiroit seule pour décréditer tout un livre. Voyez, au reste, le *Génie du Christianisme* sur les services rendus aux lettres par le clergé. (N. ÉD.)

[c] « La confession suit le baptême; et l'Église, avec une prudence qu'elle seule

Finissons par quelques remarques générales.

L'esprit dominant du sacerdoce doit être l'égoïsme[a]. Le prêtre n'a que lui seul dans le monde; repoussé de la société, il se concentre; et voyant que tous les hommes s'occupent de leurs intérêts, il cherche le sien. Sans femme et sans enfants, il peut rarement être bon citoyen, parce qu'il prend peu d'intérêt à l'État. Pour aimer la patrie, il faut avoir fait le tour de la chambre sur ses mains, comme Henri IV[b].

Autre trait général du caractère des prêtres: le fanatisme. En cela ils ressemblent au reste du monde: chacun fait valoir le chaland dont il vit. Nous sommes assis dans la société comme des marchands dans leurs boutiques: l'un vend des lois, l'autre des abus, un troisième du mensonge, un quatrième de l'esclavage; le plus honnête homme est celui qui ne falsifie point sa drogue et qui la débite toute pure, sans en déguiser l'amertume avec de la liberté, du patriotisme, de la religion[c].

Enfin, la haine doit dominer chez les prêtres, parce qu'ils forment un corps. Il n'est point de la nature du cœur humain de s'associer

---

possède, a fixé l'époque de la confession à l'âge où l'idée du crime peut être conçue: il est certain qu'à sept ans l'enfant a les notions du bien et du mal. Tous les hommes, les philosophes même, quelles qu'aient été d'ailleurs leurs opinions, ont regardé le sacrement de pénitence comme une des plus fortes barrières contre le vice et comme le chef-d'œuvre de la sagesse. « Que de restitutions, de réparations, « dit Rousseau, la confession ne fait-elle point faire chez les catholiques! » Selon Voltaire, « la confession est une chose très-excellente, un frein au crime, inventé dans « l'antiquité la plus reculée: on se confessoit dans la célébration de tous les anciens « mystères. Nous avons imité et sanctifié cette sage coutume: elle est très-bonne « pour engager les cœurs ulcérés de haine à pardonner. »

« Sans cette institution salutaire, le coupable tomberoit dans le désespoir. Dans quel sein déchargeroit-il le poids de son cœur? Seroit-ce dans celui d'un ami? Eh! qui peut compter sur l'amitié des hommes? Prendra-t-il les déserts pour confidents? Les déserts retentissent toujours pour le crime du bruit de ces trompettes que le parricide Néron croyoit ouïr autour du tombeau de sa mère. Quand la nature et les hommes sont impitoyables, il est bien touchant de trouver un Dieu prêt à pardonner. Il n'appartient qu'à la religion chrétienne d'avoir fait deux sœurs de l'innocence et du repentir. (*Génie du Christianisme*, 1re partie, liv. I, chap. VI.) (N. ÉD.)

[a] Cela seroit vrai pour tout autre prêtre qu'un prêtre chrétien. Mais la charité évangélique est là pour lui donner toutes les saintes tendresses de l'âme; par elle, le prêtre devient un prêtre compatissant, un frère dévoué, un ami fidèle: comme son divin Maître, *il va faisant le bien*. (N. ÉD.)

[b] Nos révolutionnaires les plus atroces, ces tigres qui s'enivroient du sang françois, adoroient les petits enfants; on n'a jamais vu de meilleurs pères: aussi *comme ils aimoient la patrie!* (N. ÉD.)

[c] Je serois bien fâché de mépriser autant la race humaine aujourd'hui. (N. ÉD.)

pour faire du bien ; c'est le grand danger des clubs et des confréries. Les hommes mettent en commun leurs haines et presque jamais leur amour[a].

CHAPITRE L.

DU CLERGÉ ACTUEL EN EUROPE. DU CLERGÉ EN FRANCE.

Nous allons maintenant examiner l'état du clergé en Europe. Commençons par la France.

Le clergé gallican peut se diviser en trois classes : les évêques, les abbés et les curés.

Les évêques conservoient peut-être encore trop de l'ancien esprit de leur ordre, mais ils étoient généralement instruits et charitables ; ils connoissoient mieux l'état de l'opinion que les grands, parce qu'ils vivoient davantage avec le peuple, et si tous avoient imité quelques-uns d'entre eux, si éminents pour la pureté des mœurs, ils seroient encore à la tête de leur troupeau. Mais, malgré leur connoissance du génie national, ils ne furent pas assez au niveau de leur siècle ; en cela pourtant moins ignorants que la cour, dont l'ineptie étoit révoltante sur cet article[b]. J'ai vu des hommes me dire, en 1789 : La révolution! on en parlera dans deux ou trois ans d'ici comme du mesmérisme et de l'affaire du collier ! Dès lors je prévis de grands malheurs.

Les abbés, qui forment la seconde classe, ont été en partie la cause de ce déluge de haines qui a fondu sur la tête du clergé. N'oublions pas cependant que les Raynal, les Mably, les Condillac, les Barthélemy, et mille autres, se trouvoient dans l'ordre des abbés[c].

Quant aux curés, ils étoient pleins de préjugés et d'ignorance : mais la simplicité du cœur, la sainteté de la vie, la pauvreté évangélique, la charité céleste, en faisoient la partie la plus respectable de la nation. J'en ai connu quelques-uns qui sembloient moins des hommes que des esprits bienfaisants descendus sur la terre pour soulager les maux de l'humanité. Souvent ils se dépouillèrent de leurs vêtements pour en couvrir la nudité de leurs semblables ; souvent ils se refusèrent la vie même pour nourrir le nécessiteux. Qui oseroit reprocher à

---

[a] Si ces réflexions étoient vraies il faudroit mettre le feu aux quatre coins des cités. (N. ÉD.)

[b] Ce jugement n'est pas trop partial pour un petit philosophe en jaquette. (N. ÉD.)

[c] C'est encore juste pour les abbés. (N. ÉD.)

de tels hommes quelque sévérité d'opinion? Qui de nous, superbes philanthropes, voudroit, durant la rigueur des hivers, dans l'épaisseur des ténèbres, se voir réveillé au milieu de la nuit, pour aller porter au loin dans la campagne un Dieu de vie à l'indigent expirant sur un peu de paille? Qui de nous voudroit avoir sans cesse le cœur brisé du spectacle d'une misère qu'on ne peut secourir ; se voir environné d'une famille à moitié nue, dont les joues creuses, les yeux hâves, annoncent l'ardeur de la faim et de tous les besoins? Consentirions-nous à suivre le curé de la ville dans le séjour du crime et de la douleur, pour consoler le vice et l'impureté sous ses formes les plus dégoûtantes, pour verser l'espérance dans un cœur désespéré? Qui de nous enfin voudroit se séquestrer du monde des heureux pour vivre éternellement parmi les souffrances, et ne recevoir en mourant, pour tant de bienfaits, que l'ingratitude des pauvres et la calomnie des riches[a]?

On peut conjecturer de cet état du clergé en France que le christianisme y subsistera encore longtemps[b]. Le prêtre vivant au milieu du petit peuple, étant presque aussi indigent que lui, est un compagnon d'infortune que le misérable se résoudra difficilement à perdre. Le protestantisme seroit mal calculé pour mes compatriotes[c] ; ils détesteroient un ministre distant, qu'ils n'apercevroient qu'un moment chaque dimanche : ils demandent un curé populaire, qu'ils puissent adorer et couvrir d'injures. Le François est la plus aimante des créatures ; il lui faut des gestes, des expressions chaudes, de l'intimité. Au reste, cette communication du pasteur avec l'indigent est un des liens les plus respectables qui se soient jamais formés entre des hommes[d]. Le christianisme a repris une nouvelle vigueur en France par la persécution du bas clergé ; et il est à présumer qu'il durera quelques années de plus qu'il n'auroit fait dans le calme[e].

[a] J'ai transporté cet éloge des curés dans le *Génie du Christianisme*. Il ne falloit pas dire dans le précédent chapitre que l'esprit dominant du sacerdoce est l'égoïsme, le fanatisme, la haine, pour dire dans celui-ci tout le contraire, à propos des évêques et des curés. (N. ÉD.)

[b] Très-juste ; mais pourquoi ai-je dit dans les chapitres précédents que la religion chrétienne avoit reçu un coup mortel, qu'elle n'en reviendroit pas, que c'étoit une affaire finie? (N. ÉD.)

[c] Bien observé : la France pourroit être impie ou indifférente en matière religieuse ; elle ne sera jamais protestante. (N. ÉD.)

[d] Encore très-bien ; mais pourquoi disois-je tout à l'heure le contraire? Pourquoi parlois-je de l'égoïsme des prêtres? (N. ÉD.)

[e] *Quelques années de plus* : je me suis souvenu tout à coup (on le voit par cette phrase) de ce que j'avois écrit plus haut ; et, pour ne pas me mettre trop en contradiction avec moi-même, je me fais une petite concession de *quelques années*. (N. ÉD.)

CHAPITRE LI.

DU CLERGÉ EN ITALIE.

La multiplicité des sectes monastiques en Italie sert à y nourrir la superstition. Qui croiroit qu'à la fin du xviiie siècle les nobles de Rome font encore des pèlerinages, pieds nus et la hart au cou, pour racheter le pardon d'un assassinat? Mais comme les contraires existent toujours l'un près de l'autre, il suit de cette crédulité que les liens de la religion sont aussi plus près de se rompre.

De tous les temps les Italiens furent divisés en deux sectes, l'une athée, l'autre superstitieuse ; voisins des abus et des vices de la cour de Rome, c'est nécessairement le résultat de leur position locale [a]. La dégénération du caractère moral, plus avancée en Italie que dans le reste de l'Europe, y accélérera aussi la chute du christianisme [b].

CHAPITRE LII.

DU CLERGÉ EN ALLEMAGNE.

C'est en Allemagne que la religion trouvera son dernier refuge. Elle s'y soutient par la force morale du peuple et par les vertus et les lumières du clergé. J'y ai souvent vu quelque vénérable pasteur, à la porte de son presbytère champêtre, faire un prône naïf à de bonnes gens qui sembloient tout attendris, et je me suis cru transporté à ces temps où le Dieu de Jacob se communiquoit aux patriarches au bord des fontaines.

[a] Il y a quelque vérité dans ces observations ; mais je prononce trop en général. Il auroit fallu distinguer les divers États de l'Italie ; ne pas prendre Rome pour toute la Péninsule, ne pas parler de la cour de Rome sous Pie VI, Pie VII et Léon XII, comme de cette même cour sous les Borgia. Il y a confusion de temps, d'hommes et de choses. (N. ÉD.)

[b] Voyez, pour la réfutation de tous ces chapitres, relatifs au clergé catholique, une note (à la fin de ce volume) contenant quelques extraits du *Génie du Christianisme*; note que, par son étendue, je n'ai pu placer ici. Il m'a paru important de mettre ces extraits immédiatement sous les yeux du lecteur, sans le renvoyer au *Génie du Christianisme*. (N. ÉD.)

CHAPITRE LIII.

DU CLERGÉ EN ANGLETERRE.

Le christianisme expirera en Angleterre dans une profonde indifférence. La raison de cette tiédeur en matière religieuse, si remarquable, dans la Grande-Bretagne se tire de deux causes [1] : du culte et du clergé.

Du culte. La religion n'y a pas assez d'extérieur : défaut de toutes les religions réformées; les exercices de piété n'y sont pas assez multipliés : dans les campagnes, les temples restent fermés pendant la semaine, et tout s'y borne à quelques courtes prières le dimanche. Johnson se plaint souvent de cet usage, et en prédit la chute du christianisme.

Du clergé. Le ministre anglois, riche et homme du monde, ne se rapproche pas assez du peuple; à peine ses paroissiens le connoissent-ils. L'abus de non-résidence est aussi au grand détriment de la religion : un ministre va desservir en hâte deux ou trois églises le dimanche dans la campagne, ensuite se retire dans la ville voisine, où il disparoît pour huit jours. Vu sous le jour philosophique, on ne sauroit blâmer le mode de vie qu'a choisi le clergé britannique : considéré sous le jour religieux, il accélère certainement la chute du christianisme. On ne peut se figurer l'étonnement des étrangers lorsqu'on leur apprend que les ministres anglois dansent au bal, donnent des fêtes, font des parties de vin et de femmes, que rien, en un mot, ne distingue leurs mœurs de celles de leurs compatriotes [2]. Les lumières, l'érudition, la philosophie, la générosité que j'ai rencontrées parmi quelques membres de l'Église anglicane me font déplorer du fond du cœur la ruine où je vois que la force des choses et le train du siècle

---

1. Je ne parle que des causes religieuses, et non des politiques. On sent que, le commerce obligeant chacun de songer à ses affaires, on a peu le temps de passer ses jours à l'église.

2. Ceci a encore un autre effet dangereux, en tendant à augmenter la secte presbytérienne, qui profite de cette facilité de mœurs pour calomnier les ministres anglois. Aussi les presbytériens augmentent-ils en une proportion effrayante, parce que la politique vient en outre à l'appui de la religion. Il est vrai que l'Église d'Angleterre subsistera aussi longtemps que la constitution de l'État; mais il faut bien prendre garde que par un relâchement de mœurs on ne donne lieu à saper une partie de l'édifice qui amèneroit bientôt la chute du tout. Craignons surtout les révolutions. S'il en arrivoit une maintenant en Angleterre, celle de Cromwell ne serait qu'un jeu auprès : j'en sais bien la raison.

les précipitent. Il me semble impossible que leur manière de vivre s'accorde longtemps avec leurs grands revenus, parce que la première est d'eux et que les seconds sont du peuple. Si je parle sévèrement, qu'on m'excuse : j'ai fait profession de vérité ; c'est par reconnoissance même que j'ose m'expliquer avec cette franchise, afin que le clergé cherche dans sa sagesse les moyens les plus propres à éloigner la catastrophe que je lui prédis [a].

CHAPITRE LIV.

DU CLERGÉ EN ESPAGNE ET EN PORTUGAL. VOYAGE AUX AÇORES. ANECDOTES.

Je considère les prêtres espagnols et portugais comme ne formant qu'un seul corps, et je vais raconter un fait dont j'ai été témoin, qui servira plus à faire connoître leurs mœurs que tout ce que je pourrois en dire.

Manquant d'eau et de provisions fraîches, et nous trouvant au printemps de 1791 par la hauteur des Açores, il fut résolu que nous y relâcherions. Dans le vaisseau sur lequel je passois alors en Amérique, il y avoit plusieurs prêtres françois qui émigroient à Baltimore, sous la conduite du supérieur de Saint..., M. N. Parmi ces prêtres se trouvoient quelques étrangers, en particulier M. T., jeune Anglois d'une excellente famille, qui s'étoit nouvellement converti à la religion romaine [1].

---

[a] Ce qu'il y a de trop positif dans ce texte est corrigé dans la note où je dis que l'Église d'Angleterre subsistera aussi longtemps que la constitution de l'État. Dans ce cas elle subsistera longtemps. (N. ÉD.)

1. L'histoire de ce jeune homme est trop singulière pour n'être pas racontée, surtout écrivant en Angleterre, où elle peut intéresser plusieurs personnes. J'invite le lecteur à la parcourir avant de continuer la lecture du chapitre.

M. T. étoit né d'une mère écossoise et d'un père anglois, ministre, je crois, de W. (quoique j'aie fait en vain des démarches pour trouver celui-ci, et que je puisse d'ailleurs avoir oublié les vrais noms). Il servoit dans l'artillerie, où son mérite l'eût sans doute bientôt fait distinguer. Peintre, musicien, mathématicien, parlant plusieurs langues, il réunissoit aux avantages d'une taille élevée et d'une figure charmante les talents utiles et ceux qui nous font rechercher la société.

M. N., supérieur de Saint...., étant venu à Londres, je crois en 1790, pour ses affaires, fit la connoissance de T. A l'esprit rusé d'un vieux prêtre, M. N. joignoit une chaleur d'âme qui fait aisément des prosélytes parmi des hommes d'une imagination aussi vive que celle de T. Il fut donc résolu que celui-ci passeroit à Paris, renverroit

Le 6 mai, vers huit heures du matin, nous découvrîmes le pic de l'île du même nom, qui, dit-on, surpasse en hauteur celui de Ténériffe; bientôt nous aperçûmes une terre plus basse, et, entre onze

de là sa commission au duc de Richemont, embrasseroit la religion romaine, et, entrant dans les ordres, suivroit M. N. en Amérique. La chose fut exécutée; et T., en dépit des lettres de sa mère, qui lui tiroient des larmes, s'embarqua pour le Nouveau Monde.

Un de ces hasards qui décident de notre destinée m'amena sur le même vaisseau où se trouvoit ce jeune homme. Je ne fus pas longtemps sans découvrir cette âme, si mal assortie avec celles qui l'environnoient; et j'avoue que je ne pouvois cesser de m'étonner de la chance singulière qui jetoit un Anglois, riche et bien né, parmi une troupe de prêtres catholiques. T., de son côté, s'aperçut que je l'entendois; il me recherchoit, mais il craignoit M. N., qui marquoit de moi une juste défiance et redoutoit une trop grande intimité entre moi et mon disciple.

Cependant notre voyage se prolongeoit, et nous n'avions pu encore nous ouvrir l'un à l'autre. Une nuit enfin nous restâmes seuls sur le gaillard, et T. me conta son histoire. Je lui représentai que s'il croyoit la religion romaine meilleure que la protestante, je n'avois rien à dire à cet égard; mais que d'abandonner sa patrie, sa famille, sa fortune, pour aller courir à l'autre bout du monde avec un séminaire de prêtres, me paroissoit une insigne folie, dont il se repentiroit amèrement. Je l'engageai à rompre avec M. N. : comme il lui avoit confié son argent, et qu'il craignoit de ne pouvoir le ravoir, je lui dis que nous partagerions ma bourse; que mon dessein étoit de voyager chez les sauvages aussitôt que j'aurois remis mes lettres de recommandation au général Washington; que, s'il vouloit m'accompagner dans cette intéressante caravane, nous reviendrions ensemble en Europe; que je passerois par amitié pour lui en Angleterre, et que j'aurois le plaisir de le remettre moi-même au sein de sa famille. Je me chargeai en même temps d'écrire à sa mère et de lui annoncer cette heureuse nouvelle. T. me promit tout, et nous nous liâmes d'une tendre amitié.

T. étoit, comme moi, épris de la nature. Nous passions les nuits entières à causer sur le pont, lorsque tout dormoit dans le vaisseau, qu'il ne restoit plus que quelques matelots de quart; que, toutes les voiles étant pliées, nous roulions au gré d'une lame sourde et lente, tandis qu'une mer immense s'étendoit autour de nous dans les ombres et répétoit l'illumination magnifique d'un ciel chargé d'étoiles. Nos conversations alors n'étoient peut-être pas tout à fait indignes du grand spectacle que nous avions sous les yeux; et il nous échappoit de ces pensées qu'on auroit honte d'énoncer dans la société, mais qu'on seroit trop heureux de pouvoir saisir et écrire. Ce fut dans une de ces belles nuits qu'étant à environ cinquante lieues des côtes de la Virginie, et cinglant sous une légère brise de l'ouest, qui nous apportoit l'odeur aromatique de la terre, il composa pour une romance françoise un air qui exhaloit le sentiment entier de la scène qui l'inspira. J'ai conservé ce morceau précieux; et lorsqu'il m'arrive de le répéter dans les circonstances présentes, il fait naître en moi des émotions que peu de gens pourroient comprendre.

Avant cette époque, le vent nous ayant forcés de nous élever considérablement dans le nord, nous nous étions trouvés dans la nécessité de faire une seconde relâche à l'île Saint-Pierre *. Durant les quinze jours que nous passâmes à terre, T. et moi nous allions courir dans les montagnes de cette île affreuse; nous nous perdions au milieu des brouillards dont elle est sans cesse couverte. L'imagination sensible de

---

* Sur la côte de Terre-Neuve.

heures et midi, nous jetâmes l'ancre dans une mauvaise rade, sur un fond de roches, par quarante-cinq brasses d'eau.

L'île *Gracioza,* sur laquelle nous étions mouillés, se forme de petites

mon ami se plaisoit à ces scènes sombres et romantiques : quelquefois, errant au milieu des nuages et des bouffées de vent, en entendant les mugissements d'une mer que nous ne pouvions découvrir, égarés sur une bruyère laineuse et morte, au bord d'un torrent rouge qui rouloit entre des rochers, T. s'imaginoit être le barde de Cona ; et, en sa qualité de demi-Écossois, il se mettoit à déclamer des passages d'*Ossian*, pour lesquels il improvisoit des airs sauvages, qui m'ont plus d'une fois rappelé le « *'t was like the memory of joys that are past, pleasing and mournful to the soul* ». Je suis bien fâché de n'avoir pas noté quelques-uns de ces chants extraordinaires, qui auroient étonné les amateurs et les artistes. Je me souviens que nous passâmes toute une après-dînée à élever quatre grosses pierres en mémoire d'un malheureux célébré dans un petit épisode à la manière d'*Ossian* *. Nous nous rappelions alors Rousseau s'amusant à lever des rochers dans son île, pour regarder ce qui étoit dessous : si nous n'avions pas le génie de l'auteur de l'*Émile*, nous avions du moins sa simplicité. D'autres fois, nous herborisions.

Mais je prévis dès lors que T. m'échapperoit. Nos prêtres se mirent à faire des processions, et voilà mon ami qui se monte la tête, court se placer dans les rangs et se met à chanter avec les autres. J'écrivis aussi de Saint-Pierre à la mère de T. Je ne sais si ma lettre lui aura été remise, comme le gouverneur me l'avoit promis ; je désire qu'elle se soit perdue, puisque j'y donnois des espérances qui n'ont pas été réalisées.

Arrivé à Baltimore, sans me dire adieu, sans paroître sensible à notre ancienne liaison, à ce que j'avois fait pour lui (m'étant attiré la haine des prêtres), T. me quitta un matin, et je ne l'ai jamais revu depuis. J'essayai, mais en vain, de lui parler ; le malheureux étoit circonvenu, il se laissa aller. J'ai été moins touché de l'ingratitude de ce jeune homme que de son sort : depuis ma retraite en Angleterre, j'ai fait de vaines recherches pour découvrir sa famille. Je n'avois d'autre envie que d'apprendre qu'il étoit heureux, et de me retirer ; car quand je le connus je n'étois pas ce que je suis : je rendois alors des services, et ce n'est pas ma manière de rappeler des liaisons passées avec les riches, lorsque je suis tombé dans l'infortune. Je me suis présenté chez l'évêque de Londres, et sur les registres qu'on m'a permis de feuilleter, je n'ai pu trouver le nom du ministre T. Il faut que je l'orthographie mal. Tout ce que je sais, c'est que T. avoit un frère et que deux de ses sœurs étoient placées à la cour. J'ai peu trouvé d'hommes dont le cœur fût mieux en harmonie avec le mien que celui de T. ; cependant mon ami avoit dans les yeux une arrière-pensée que je ne lui aurois pas voulu **.

* Il étoit tiré de mes *Tableaux de la Nature,* que quelques gens de lettres ont connus, et qui ont péri comme je le rapporte ci-après.

** Il n'y a de passable dans cette note que mes descriptions comme voyageur. Il falloit bien, au reste, puisque j'étois philosophe, que j'eusse tous les caractères de ma secte : la fureur du propagandisme et le penchant à calomnier les prêtres. J'ai été plus heureux comme ambassadeur que je ne l'avois été comme émigré. J'ai retrouvé à Londres, en 1822, M. T. Il ne s'est point fait prêtre ; il est resté dans le monde : il s'est marié ; il est devenu vieux comme moi ; il n'a plus d'*arrière-pensée dans les yeux ;* son roman, ainsi que le mien, est fini. (N. ÉD.)

Note de l'exemplaire confidentiel. — « *Il plaisoit à ton cœur le plus beau des amants.* » Ce morceau de mes *Tableaux* a été fort connu.

collines un peu renflées au sommet, comme les belles courbes des vases corinthiens. Elles étoient alors couvertes de la verdure naissante des blés, d'où s'exhaloit une odeur suave, particulière aux moissons des Açores. On voyoit paroître, au milieu de ces tapis onduleux, les divisions symétriques des champs, formées de pierres volcaniques mi-parties blanches et noires, et entassées les unes sur les autres, comme des murs à hauteur d'appui bâtis à froid. Des figuiers sauvages, avec leurs feuilles violettes et leurs petites figues pourprées, arrangées comme des nœuds de chapelet sur les branches, étoient semés çà et là dans la campagne. Une abbaye se montroit au haut d'un mont; au pied de ce mont, dans une anse caillouteuse, apparoissoient les toits rouges de la petite ville de Santa-Cruz. Toute l'île, avec ses découpures de baies, de caps, de criques, de promontoires, répétoit son paysage inverti dans les flots. De grands rochers nus, verticaux au plan des vagues, lui servoient de ceinture extérieure, et contrastoient, par leurs couleurs enfumées, avec les festons d'écume qui s'y appendoient au soleil comme une dentelle d'argent. Le pic de l'île du même nom, par delà Gracioza, s'élevoit majestueusement dans le fond du tableau au-dessus d'une coupole de nuages. Une mer couleur d'émeraude et un ciel du bleu le plus pur formoient la tenture de la scène, tandis que des goëlands, des mauves blanches, des corneilles marbrées des Açores, planoient pesamment en criant au-dessus du vaisseau à l'ancre, coupoient la surface des vagues avec leurs grandes ailes recourbées en manière de faux, et augmentoient autour de nous le bruit, le mouvement et la vie.

Il fut décidé que j'irois à terre comme interprète avec T., un autre jeune homme et le second capitaine; on mit la chaloupe en mer, et nos matelots ramèrent vers le rivage, dont nous étions à environ deux milles. Bientôt nous aperçûmes du mouvement sur la côte, et un large canot s'avança vers nous. Aussitôt qu'il parvint à la portée de la voix, nous distinguâmes une quantité de moines. Ils nous hélèrent en portugais, en italien, en anglois, et nous répondîmes, dans ces trois langues, que nous étions François. L'alarme régnoit dans l'île : notre vaisseau étoit le premier bâtiment d'un grand port qui y eût jamais abordé et qui eût osé mouiller dans la rade dangereuse où nous nous trouvions; d'une autre part, notre pavillon tricolore n'avoit point encore flotté dans ces parages, et l'on ne savoit si nous sortions d'Alger ou de Tunis. Quand on vit que nous portions figure humaine et que nous entendions ce qu'on nous disoit, la joie fut universelle : les moines nous firent passer dans leur bateau, et nous arrivâmes à Santa-Cruz, où nous débarquâmes avec difficulté, à cause d'un ressac assez violent qui se forme à terre.

Toute l'île accourut pour nous voir. Quatre ou cinq malheureux, qu'on avoit armés de vieilles piques à la hâte, s'emparèrent de nous. L'uniforme de Sa Majesté m'attirant particulièrement les honneurs, je passai pour l'homme important de la députation. On nous conduisit chez le gouverneur, dans une misérable maison où son éminence[a], vêtue d'un méchant habit vert, autrefois galonné d'or, nous donna audience de réception. Il nous permit d'acheter les différents articles dont nous nous faisions besoin.

On nous relâcha après cette cérémonie, et nos fidèles religieux nous menèrent à un hôtel large, commode et éclairé, qui ressembloit bien plus à celui du gouverneur que le véritable.

T. avoit trouvé un compatriote. Le principal frère, qui se donnoit tous les mouvements pour nous, étoit un matelot de Jersey, dont le vaisseau avoit péri sur Gracioza plusieurs années auparavant. Lorsqu'il se fut sauvé seul à terre, ne manquant pas d'intelligence, il s'aperçut qu'il n'y avoit qu'un métier dans l'île, celui de moine. Il se résolut de le devenir : il se montra extrêmement docile aux leçons des bons pères, apprit le portugais et à lire quelques mots de latin ; enfin, sa qualité d'Anglois parlant pour lui, on sacra cette brebis ramenée au bercail. Le matelot jerseyois, nourri, logé, chauffé à ne rien faire et à boire du *fayal*, trouvoit cela beaucoup plus doux que d'aller ferler la misaine sur le bout de la vergue.

Il se ressouvenoit encore de son ancien métier. Ayant été longtemps sans parler sa langue, il étoit enchanté de trouver enfin quelqu'un qui l'entendît ; il rioit, juroit, nous racontoit en vrai marin l'histoire scandaleuse du père tel, qui se trouvoit présent, et qui ne se doutoit guère du genre de conversation dont le frère anglois nous régaloit. Il nous promena ensuite dans l'île et à son couvent.

La moitié de Gracioza, sans beaucoup d'exagération, me sembla peuplée de moines, et le reste des habitants doit aussi leur appartenir par de tendres liens. De cela non-seulement l'aveu de plusieurs femmes, mais ce que j'ai vu de mes yeux ne peut me laisser là-dessus

---

[a] Cet habit vert auroit dû m'avertir que le gouverneur n'étoit pas cardinal, et que je ne devois pas l'appeler *éminence*. La faute est peut-être au prote anglois, qui aura pris une *excellence* pour une *éminence*. On ne sait pas trop distinguer ces choses-là en Angleterre. (N. ÉD.)

Note de l'exemplaire confidentiel. — Témoin Donna Lh....., au sein borgne, que le second capitaine avoit trouvée.

aucun doute. Je passe plusieurs anecdotes plaisantes[1], et je m'en tiens à ce qui regarde le clergé.

Le soir étant venu, on nous servit un excellent souper. Nous eûmes pour échansons de très-jolies filles; il fallut avaler du *fayal* à grands flots. On prévoit assez ce qui nous arriva : à une heure du matin pas un convive ne pouvoit se tenir dans sa chaise. A six heures, notre moine de Jersey nous déclara en balbutiant, et avec un serment anglois très-connu, qu'il prétendoit dire sur-le-champ la messe : nous l'accompagnâmes à l'église, où dans moins de cinq minutes il sut expédier le tout. Plusieurs Portugais assistèrent très-dévotement au saint sacrifice; et en nous en retournant nous rencontrâmes beaucoup de peuple qui baisoit religieusement la manche du père. L'impudence avec laquelle ce matelot, encore pris de vin et de débauche, présentoit son bras à la foule, me divertissoit, en même temps que je ne pouvois m'empêcher de déplorer au fond du cœur la stupidité humaine.

Ayant embarqué nos provisions vers les midi, nous retournâmes nous-mêmes à bord, accompagnés de nos inséparables religieux, qui nous présentèrent un compte énorme, qu'il fallut payer; ils se chargèrent ensuite de nos lettres pour l'Europe, et nous quittèrent avec de

[1]. Deux traits peuvent servir à donner aux lecteurs une idée de l'ignorance, de l'oisiveté, de l'espèce d'enfance dans laquelle ces bons moines sont restés à la fin du xviiie siècle.

On nous avoit menés mystérieusement à un petit buffet d'orgues de la paroisse, pensant que nous n'avions jamais vu un si rare instrument. L'organiste, d'un air triomphant, se mit à toucher une kyrielle de plain-chant, cherchant à voir dans nos yeux notre admiration. Nous parûmes extrêmement surpris; T. s'approcha modestement, et fit semblant de peser sur les touches avec le plus grand respect; l'organiste lui faisoit des signes, avec l'air de lui dire : « Prenez garde! » Tout à coup T. déploya l'harmonie d'un célèbre passage de Pleyel. Il seroit difficile d'imaginer une scène plus plaisante : l'organiste en étoit à moitié tombé par terre; les moines, la figure pâle et allongée, ouvroient une bouche béante, tandis que les frères servants faisoient des gestes d'étonnement les plus ridicules autour de nous.

La seconde anecdote n'est pas aussi gaie, mais elle montre le moine. On nous présenta un père, dont l'air réservé et important annonçoit le savantasse de son cloître. Il tira de sa manche un *Cœur de Jésus*, tout barbouillé de grimoires : mes voisins n'y entendoient rien; la *curiosité* me parvint à mon tour. Je ne sais pourquoi, un jour en France que je n'avois rien à faire, il m'étoit tombé dans la tête qu'il seroit bon que j'apprisse l'hébreu; je savois donc un peu le lire. Le bon père avoit copié un verset de la Bible; mais, n'en sachant pas davantage, il avoit omis les points qui, dans certains cas, forment, par leurs positions relatives, les voyelles; de sorte que c'étoit un assemblage de consonnes parfaitement indéchiffrables. Je m'en aperçus et je souris, mais je ne dis rien : pouvoir lire le *Cœur de Jésus* eût été trop fort, et je ne me souciois pas que l'inquisition se fût mêlée d'une sorcellerie si manifeste. Il en fut ensuite de même du Camoëns et de quelques livres espagnols que nous expliquâmes.

grandes protestations d'amitié. Le vaisseau s'étant trouvé en danger la nuit précédente, par la levée d'une forte brise de l'est, on voulut virer l'ancre; mais, comme on s'y attendoit, on la perdit. Telle fut la fin de notre expédition.

Je veux croire que ces mœurs du clergé espagnol et portugais ne soient pas générales; mais on sait qu'elles ne sont pas pures. On pourroit en prédire la chute de la religion, si en même temps le peuple n'étoit si avili, si superstitieux, qu'on conçoit à peine où il pourroit trouver assez d'énergie pour se soustraire aux abus qui le rongent. Le christianisme subsistera donc encore longtemps en Espagne, à moins que quelques raisons étrangères ne viennent en hâter la chute. Il est curieux qu'à Gracioza les moines parlassent aussi de réformes qui devoient avoir lieu dans leurs couvents : ils avoient ouï dire quelque chose des affaires de France. Quant à la conduite du matelot de Jersey, elle ne manquoit ni d'esprit ni d'une espèce de philosophie; il possédoit du moins celle qui consiste à se ranger du côté des fripons plutôt que du parti des dupes. En cela, il étoit toujours sûr d'avoir pour lui la voix d'une majorité respectable de la société [a].

[a] Qu'est-ce que prouve cette anecdote de matelot devenu moine aux Açores? Rien du tout. Qu'est-ce que prouve la licence d'un couvent de moines placé dans une petite île, loin des regards des supérieurs ecclésiastiques? Rien du tout. Ce récit de mauvais ton, et qui sent son sous-lieutenant d'infanterie, étoit un très-méchant argument dans mon système; mais je voulois absolument raconter, je voulois parler de mes voyages : si je m'en étois tenu à la description de l'île de Gracioza, cela auroit suffi.

Une seule phrase est sérieuse dans ce récit, c'est celle où je dis que le christianisme subsistera encore longtemps en Espagne, à moins que quelques causes étrangères ne viennent en hâter la chute. Je dis encore que l'on conçoit à peine où le peuple espagnol pourroit trouver assez d'énergie pour se soustraire aux abus qui le rongent. La guerre de l'indépendance d'Espagne a prouvé du moins que ce peuple avoit assez d'énergie pour se soustraire au joug étranger. J'ai été meilleur prophète dans le *Génie du Christianisme*, lorsque j'ai dit : « L'Espagne, séparée des autres nations, présente encore à l'historien un caractère plus original : l'espèce de stagnation de mœurs dans laquelle elle repose lui sera peut-être utile un jour; et lorsque les peuples européens seront usés par la corruption, elle seule pourra reparoître avec éclat sur la scène du monde, parce que le fond des mœurs subsiste chez elle. » (*Génie du Christianisme*, IIIe partie, liv. III, chap. V.) Au surplus, je ne sais pas pourquoi je veux absolument confondre les Espagnols et les Portugais dans ce chapitre de l'*Essai*, ces peuples sont fort différents l'un de l'autre : depuis l'époque de l'alliance de la maison de Lancastre avec la maison souveraine de Portugal sous Richard II, les Anglois ont eu avec les Portugais des rapports multipliés, qui ont beaucoup influé sur les mœurs de ce dernier peuple. (N. ÉD.)

CHAPITRE LV.

QUELLE SERA LA RELIGION QUI REMPLACERA LE CHRISTIANISME.

A la fin de cètte histoire abrégée du polythéisme et du christianisme, une question se présente : Quelle sera la religion qui remplacera le christianisme [a] ?

Tout intéressante que soit cette question, elle demeure presque insoluble d'après les données communes. Le christianisme tombe de jour en jour, et cependant nous ne voyons pas qu'aucune secte cachée circule sourdement en Europe et envahisse l'ancienne religion : Jupiter ne sauroit revivre; la doctrine de Swedenborg ou des illuminés ne deviendra point un culte dominant; un petit nombre peut prétendre aux inspirations, mais non la masse des individus; un culte moral, où l'on personnifieroit seulement les vertus, comme la sagesse, la valeur, est absurde à supposer.

La religion naturelle n'offre pas plus de probabilité; le sage peut la suivre, mais elle est trop au-dessus de la foule : un Dieu, une âme immortelle, des peines et des récompenses, ramènent le peuple de nécessité à un culte composé; d'ailleurs cette métaphysique ne sera jamais à sa portée.

Peut-on supposer que quelque imposteur, quelque nouveau Mahomet, sorti d'Orient, s'avance la flamme et le fer à la main, et vienne forcer les chrétiens à fléchir le genou devant son idole? La poudre à canon nous a mis à l'abri de ce malheur [b].

---

[a] Ce chapitre a quelque rapport avec le dernier et peut-être le meilleur chapitre du *Génie du Christianisme*, ayant pour titre : *Quel seroit aujourd'hui l'état de la société si le christianisme n'eût pas paru sur la terre?* Mais dans l'*Essai* je suppose (très-mal à propos) que le christianisme va s'éteindre, et dans le *Génie du Christianisme* je suppose que le christianisme n'a point existé. Or, la position de la société ne seroit pas la même dans les deux cas; car si le christianisme pouvoit être détruit, il resteroit toujours des traces de son passage parmi les hommes, sa morale survivroit à ses dogmes. Il faut pourtant conclure de ce chapitre de l'*Essai* une chose grave, c'est que j'admets que la société ne peut exister sans la religion, et que je m'effraye de la perte de la religion sur la terre. Il y a dans cette idée un principe d'ordre qui fait compensation pour toutes les divagations de mon esprit. (N. ÉD.)

[b] Non pas si les gouvernements chrétiens ont la folie de discipliner les sectateurs du Coran. Ce seroit un crime de lèse-civilisation que notre postérité, enchaînée peut-être, reprocheroit avec des larmes de sang à quelques misérables hommes d'État de notre siècle. Ces prétendus politiques auroient appelé au secours de leurs

S'élèvera-t-il parmi nous, lorsque le christianisme sera tombé en un discrédit absolu, un homme qui se mette à prêcher un culte nouveau? Mais alors les nations seront trop indifférentes en matières religieuses et trop corrompues pour s'embarrasser des rêveries du nouvel envoyé, et sa doctrine mourroit dans le mépris, comme celle des illuminés de notre siècle. Cependant il faut une religion, ou la société périt. En vérité, plus on envisage la question, plus on s'effraye; il semble que l'Europe touche au moment d'une révolution, ou plutôt d'une dissolution, dont celle de la France n'est que l'avant-coureur.

Autre hypothèse. Ne seroit-il pas possible que les peuples atteignissent à un degré de lumières et de connoissances morales suffisant pour n'avoir plus besoin de culte? La découverte de l'imprimerie ne change-t-elle pas à cet égard toutes les anciennes données? Ceci tombe dans le système de perfection que j'examinerai ailleurs; je n'ai qu'un mot à en dire ici.

Lorsqu'on réfléchit que la grande cause qui renouvela si souvent la face du monde ancien a entièrement cessé, que l'irruption des peuples sauvages n'est plus à craindre pour l'Europe, on voit s'ouvrir devant soi un abîme immense de conjectures.

Que deviendront les hommes?

Deux solutions :

Ou les nations, après un amas énorme de lumières, deviendront toutes éclairées et s'uniront sous un même gouvernement, dans un état de bonheur inaltérable;

Ou, déchirées intérieurement par des révolutions partielles, après de longues guerres civiles et une anarchie affreuse, elles retourneront tour à tour à la barbarie. Durant ces troubles, quelques-unes d'entre elles, moins avancées dans la corruption et les lumières, s'élèveront sur les débris des premières, pour devenir à leur tour la proie de leurs dissensions et de leurs mauvaises mœurs : alors les premières nations

---

petits systèmes les soldats fanatiques de Mahomet, et leur auroient donné les moyens de vaincre en permettant qu'on leur enseignât l'art militaire. Or, la discipline n'est pas la civilisation; avec des renégats chrétiens pour officiers, les brutes du Coran peuvent apprendre à vaincre dans les règles les soldats chrétiens.

Le monde mahométan *barbare* a été au moment de subjuguer le monde chrétien *barbare;* sans la vaillance de Charles Martel nous porterions aujourd'hui le turban : le monde mahométan *discipliné* pourroit mettre dans le même péril le monde chrétien *discipliné.* Il ne faut pas pour cela autant de temps qu'on se l'imagine : dix ans suffisent pour former une bonne armée; et puisque les Cosaques, sujets du czar, sont bien venus des murailles de la Chine se baigner dans la Seine, les nègres de l'Abyssinie, esclaves du Grand Turc, pourroient très-bien venir aussi se réjouir dans la cour du Louvre. (N. ÉD.)

tombées dans la barbarie en émergeront de nouveau, et reprendront leurs places sur le globe; ainsi de suite dans une révolution sans terme.

Si nous jugeons du futur par le passé, il faut avouer que cette solution convient mieux que l'autre à notre foiblesse[a] : si l'on demandoit à présent quels sont les peuples qui se détruiront les premiers, je répondrois : Ceux qui sont les plus corrompus. Cependant, il y a des chances et des événements incalculables qui peuvent précipiter une nation à sa ruine avant l'époque marquée par la nature. Mais ces visions politiques sont trop incertaines; elles servent tout au plus à satisfaire ce penchant de notre âme qui la porte à s'arrêter à des perspectives infinies : puisqu'on ne sauroit rien apprendre d'utile, cessons d'interroger des siècles à naître, trop loin pour que nous puissions les entendre, et dont la foible voix expire en remontant jusqu'à nous, à travers l'immensité de l'avenir.

Ici j'ai rempli la première partie de ma tâche. On a maintenant sous les yeux une histoire à peu près complète des révolutions de la Grèce, considérées dans leurs rapports avec la révolution françoise. Nous allons maintenant quitter, pour n'y plus revenir, la terre sacrée des talents. Si j'ai fait voyager le lecteur avec un peu d'intérêt, peut-être consentira-t-il à me suivre dans mes nouvelles courses en Italie et chez les peuples modernes; mais avant de les commencer, ces courses, il faut dire un dernier adieu à Sparte et à Athènes, et tâcher de résumer ce que nous avons appris.

---

[a] Non, le progrès des lumières est certain; et comme ces lumières ne peuvent plus périr, grâce à la découverte de l'imprimerie, quelque révolution que vous supposiez, le dépôt des lumières ira toujours s'accroissant. Il est impossible de supposer que ces lumières, descendues plus ou moins dans tous les esprits, soient sans effet sur la société en général. Poserez-vous l'hypothèse d'une extermination presque complète du monde civilisé par la peste ou par la guerre? Mais l'Amérique s'est civilisée à son tour loin de la vieille Europe; il faudroit donc admettre la destruction des nations du nouveau continent en même temps que l'anéantissement de celles de l'ancien. L'espace que la civilisation occupe aujourd'hui sur le globe est encore un moyen de salut pour elle. Autrefois, renfermée dans la Grèce, elle pouvoit succomber sous une invasion de barbares; mais ces barbares iroient-ils la chercher maintenant dans les quatre parties du monde, et jusque dans les îles de l'océan Pacifique? (N. ÉD.)

CHAPITRE LVI.

RÉSUMÉ.

Dans la première partie de ce premier livre, nous avons étudié *la révolution républicaine* de la Grèce, recherché son influence sur les nations contemporaines, et suivi ses ramifications aussi loin que nous avons pu les découvrir.

Dans la seconde partie de ce même livre, comprise sous le titre de *Révolution de Philippe et d'Alexandre*, nous venons de passer en revue les tyrans d'Athènes, Denys à Syracuse, Agis à Sparte, les philosophes grecs, leur influence politique et religieuse, l'histoire de la naissance, de l'accroissement et de la chute du polythéisme; et pour parallèle nous avons eu la Convention en France, les Bourbons fugitifs, Louis XVI à Paris, les philosophes modernes et leur influence sur leur siècle, enfin l'histoire du christianisme et du clergé. La première partie forme un tout compacte qui se lie; la seconde, un assemblage de pièces de rapport, non moins instructif. Ce qui nous reste à faire ici est de reconnoître le point où nous sommes parvenus, et jusqu'à quel degré nous nous trouvons avancés vers le but général de cet *Essai*.

Nous sommes toujours occupés à la recherche de ces questions (et nous le serons encore longtemps), savoir :

1° Quelles sont les révolutions arrivées autrefois dans les gouvernements des hommes? Quel étoit alors l'état de la société, et quelle a été l'influence de ces révolutions sur l'âge où elles éclatèrent et les siècles qui les suivirent?

2° Parmi ces révolutions en est-il quelques-unes qui par l'esprit, les mœurs et les lumières des temps, puissent se comparer à la révolution françoise?

Il s'agit maintenant de savoir si nous avons fait quelques pas vers la solution de ces questions.

Certainement un pas considérable : quoique ce volume ne forme qu'une très-petite partie de l'immense sujet de cet ouvrage, on peut prononcer hardiment que déjà la majorité des choses qu'on vouloit faire passer pour nouvelles dans la révolution françoise se trouve presque à la lettre dans l'histoire des Grecs d'autrefois. Déjà nous possédons cette importante vérité, que l'homme, foible dans ses moyens et dans son génie, ne fait que se répéter sans cesse; qu'il circule dans un cercle dont il tâche en vain de sortir ᵃ ; que les faits même qui ne dépendent pas de lui, qui semblent tenir au jeu de la fortune, sont incessamment reproduits : en sorte qu'il deviendroit impossible de dresser une table dans laquelle tous les événements imaginables de l'histoire d'un peuple donné se trouveroient réduits à une exactitude mathématique, et je doute que les caractères primitifs en fussent extrêmement nombreux, quoique de leur composition résulteroit une immense variété de calculs[1].

Mais quel fruit tirer de cette observation pour la révolution françoise? Un très-grand.

Premièrement, il s'ensuit qu'un homme bien persuadé qu'il n'y a rien de nouveau en histoire perd le goût des innovations, goût que je regarde comme un des plus grands fléaux qui affligent l'Europe dans ce moment. L'enthousiasme vient de l'ignorance; guérissez celui-ci, l'autre s'éteindra : la connoissance des choses est un opium qui ne calme que trop l'exaltation.

Mais, outre ce grand avantage, qui ne voit que ce tableau général des causes, des effets, des fins, des révolutions, mène par degrés à la solution de la question dernière, proposée pour but de cet ouvrage, savoir : « Si la révolution françoise se consolidera? » En effet, si nous trouvons des peuples qui dans la même position que celle des François aient tenté les mêmes choses; si nous voyons les raisons qui firent réussir ou renversèrent leurs projets, n'est-ce pas un motif d'en conjecturer l'établissement ou la chute de la république en France?

ᵃ Le génie de l'homme ne circule point dans un cercle dont il ne peut sortir. Au contraire (et pour continuer l'image), il trace des cercles concentriques qui vont en s'élargissant, et dont la circonférence s'accroîtra sans cesse dans un espace infini. M'obstinant dans l'*Essai* à juger le présent par le passé, je déduis bien des conséquences, mais je pars d'un mauvais principe ; je nie aujourd'hui la *majeure* de mes raisonnements, et tous ces raisonnements tombent à terre. (N. ÉD.)

1. Cette table seroit aisée à faire, et ne seroit pas un jeu frivole. On y poseroit, par exemple, pour principes deux sortes de gouvernements : le monarchique et le républicain ; l'homme politique et l'homme civil se trouveroient rangés sous deux colonnes; sur une troisième seroient marqués les degrés de lumière et d'ignorance, sur une quatrième les chances et les hasards. On multiplieroit alors tous ces nombres par les différentes passions, comme l'envie, l'ambition, la haine, l'amour, etc., qu'on verroit écrites sur une cinquième colonne * ; tout cela tomberoit en fractions composées, par les nuances des caractères, etc. Mais donnons-nous de garde de tracer une pareille table : les résultats en seroient si terribles que je ne voudrois même pas les faire soupçonner ici.

* Ingénieux, mais sans résultat. Du temps de La Calprenède et de Mlle de Scudéri on faisoit des cartes du *Tendre*, qui ne ressemblent pas mal à ma carte du *Politique*. (N. ÉD.)

On a déjà pu entrevoir mon opinion[a] à ce sujet ; mais il n'est pas temps de la développer : elle doit résulter de l'ensemble des révolutions, et non d'une partie. Quelle qu'elle puisse être, il demeure certain que j'ai pris la seule route qui mène à la découverte de cette vérité qui intéresse non-seulement l'Europe, mais le reste du monde.

Mais je dois faire observer que, pour juger sainement, le lecteur ne sauroit trop se donner de garde de se méprendre : il faut considérer les objets sous leur vrai jour. Il est bien moins question de la ressemblance de position en politique et de la similitude d'événements que de la situation morale du peuple : les mœurs, voilà le point où il faut se tenir, la clef qui ouvre le livre secret du sort[b]. Que si je me prends à répéter souvent *les mœurs*, c'est qu'elles sont le centre autour duquel tournent les mondes politiques : en vain ceux-ci prétendent s'en éloigner ; il faut, malgré eux, décrire autour de ce point leur courbe obligée, ou, détachés de ce foyer commun d'attraction, tomber dans un vide incommensurable.

Le second volume de cet *Essai* va s'ouvrir avec les révolutions romaines[c], sujet peut-être encore plus magnifique que celui que nous venons de quitter ; on a pu s'apercevoir que je cherche, autant qu'il est en moi, à varier la marche de cet ouvrage : tout sujet a son vice ; le défaut de celui-ci, malgré sa grandeur, est de tomber dans les répétitions ; je tâcherai donc d'écrire chaque révolution sur un plan différent des autres, comme je l'ai déjà fait à l'égard des deux parties de ce premier livre.

Après avoir montré ce qui résulte de la lecture de ce volume pour la vérité générale de l'ouvrage, voici quelques vérités particulières

---

[a] Cette opinion étoit apparemment que la révolution françoise ne se consolideroit pas. Il y avoit du vrai et du faux dans cette opinion ; du vrai, parce que la république devoit se transformer en despotisme militaire ou en monarchie tempérée ; du faux, parce qu'il étoit impossible que la révolution ne laissât pas de traces après elle. Enfin, ce qu'il y avoit surtout de faux dans cette opinion, c'étoit de vouloir conclure de la société ancienne à la société moderne ; de juger, les uns par les autres, des temps et des hommes qui n'avoient aucun rapport. (N. ÉD.)

[b] Tout cela étoit vrai pour les peuples anciens, nullement pour les peuples modernes. Je répète cette vérité pour la millième fois. (N. ÉD.)

[c] L'*Essai* ne formoit dans l'édition de Londres qu'un gros volume de six cent quatre-vingt-une pages. Dans l'édition actuelle, ce seroit aussi le second volume s'il pouvoit jamais me tomber dans la tête de continuer un pareil ouvrage : il est pourtant vrai que j'en ai la suite, mais le feu m'en fera raison, à quelques pages près qui me serviront pour un autre travail. Je suis saisi d'une espèce d'épouvante à la vue de mon énorme fécondité. Il faut que dans ma jeunesse les jours aient eu pour moi plus de vingt-quatre heures : quelque démon allongeoit sans doute le temps que j'employois à ma diabolique besogne. (N. ÉD.)

qu'on peut en tirer sur la nature de l'homme considéré dans ses rapports moraux et politiques ; je vais les donner comme je les trouve dans mon manuscrit, en pensées détachées, indiquant seulement le sujet qui me les a fournies.

L'homme est composé de deux organes différents dans leur essence, sans relations dans leur pouvoir : la tête et le cœur.

Le cœur sent, la tête compare.

Le cœur juge du bon et du méchant, la tête des rapports et des effets.

La vertu découle donc du cœur, les sciences fluent de la tête.

La vertu est la science écoutée et obéie, la science la nature éclairée.

Le vice et la vertu, d'après l'histoire, paroissent une somme donnée, qui n'augmente ni ne diminue ; les sciences, au contraire, des inconnues qui se dégagent sans cesse. Que devient le système de perfection[a]? (*Pensées résultantes de la considération de l'âge philosophique d'Alexandre, plein de lumières et de corruption*[b].)

Il n'y a que deux principes de gouvernement : l'assemblée générale du peuple, la non-assemblée générale du peuple.

Dans le premier cas, l'État est une république ; dans le second, une monarchie.

Si le peuple s'assemble partiellement, la constitution demeure monarchique ou un assemblage de petites républiques.

La réunion des suffrages n'est pas alors la voix du peuple, mais un nombre collectif de voix.

Chacune de ces assemblées, ayant en elle-même toutes les propriétés du corps politique, devient une petite république parfaite et vivante dans son tout ; et cette petite république n'a pas plus le droit de soumettre son opinion à celle de la section voisine qu'elle n'est tenue elle-même à adopter celle de cette autre section. D'ici la France, avec ses assemblées primaires, n'est point une république.

Et comment ces assemblées primaires représenteroient-elles le peuple? N'est-ce pas la lie des villes qui se réunit, et qui, écartant les honnêtes gens, nomme tel ou tel député pour une quantité donnée d'assignats? N'est-ce pas de cela même que les représentants prennent

---

[a] Précisément ma distinction entre la partie morale et la partie intellectuelle de l'homme ne détruit pas ce système. (N. ÉD.)

[b] Cette parenthèse en *italique* ainsi que les parenthèses qui suivent se trouvent imprimées de même dans l'édition de Londres : cela veut dire que les réflexions répandues dans ce chapitre sont suggérées par les différents passages de l'*Essai* auxquels les parenthèses en *italique* renvoient le lecteur. (N. ÉD.)

le prétexte de se prolonger dans leurs fonctions? En livrant leur république à des hommes sans mœurs, les gouvernants de France semblent ne chercher qu'une raison légale de la détruire [a] : cela me rappelle ce tyran de Rome qui pour sauver la lettre de la loi qui défendoit de mettre une vierge à mort la faisoit violer auparavant par le bourreau. (*Réflexions tirées de l'Examen des gouvernements de la Grèce où la représentation étoit inconnue.*)

N'êtes-vous pas étonné des prodiges de la révolution françoise, l'Europe vaincue, etc., etc.? Sans doute ; j'assiste à ses tours de force comme devoient le faire les Romains à la danse des éléphants sur la corde, bien moins surpris de la merveille qu'effrayés de voir un colosse suspendu en l'air sur une base élastique de quelques pouces, et menaçant d'écraser les spectateurs dans sa chute [b]. (*Tiré du Parallèle de la guerre Médique et de la guerre Républicaine.*)

De quoi s'agissoit-il entre Harmodius et Hipparque? D'une affaire, comme nous dirions, d'étiquette. Hipparque avoit forcé la sœur d'Harmodius de se retirer d'une procession publique : voilà la guerre Médique. La politique est au moral ce que le feu est au physique, un élément universel, qui se tire de tous les chocs, naît de toutes les collisions. (*On voit d'où cela est tiré.*)

Comme ces enfants qu'on est forcé d'enlever à leur mère vicieuse, pour les confier à un lait plus pur, la liberté, fille de la vertu guerrière, ne sauroit vivre qu'elle ne soit nourrie au sein des bonnes mœurs. (*De la considération de l'état d'Athènes après la guerre Médique.*)

Pourquoi Agis périt-il à Sparte? pourquoi Denys fut-il chassé de Syracuse? pourquoi Thrasybule erra-t-il loin d'Athènes, sa patrie? pourquoi, etc.? Parce qu'à Sparte, à Syracuse et à Athènes il y avoit des hommes, et qu'avec le cœur de cet incompréhensible bipède on explique tout. (*Sparte, Athènes, Syracuse.*)

Liberté! le grand mot! et qu'est-ce que la liberté politique? Je vais vous l'expliquer. Un homme libre à Sparte veut dire un homme dont les heures sont réglées comme celles de l'écolier sous la férule ; qui se lève, dîne, se promène, lutte sous les yeux d'un maître en cheveux blancs qui lui raconte qu'*il a été jadis jeune, vaillant et hardi* : si les

---

[a] Ces réflexions seroient raisonnables en général, si je n'oubliois la forme représentative soit de la république, soit de la monarchie. (N. ÉD.)

[b] Louange et critique motivées, puisque les succès de la France n'avoient pas pour base la liberté, et qu'ils n'étoient enfantés que par le despotisme républicain ou militaire ; mais ils produisoient la gloire, qui servoit de contre-poids au crime et qui devoit ramener à son tour la liberté. (N. ÉD.)

besoins de la nature, si les droits d'un chaste hymen parlent à son cœur, il faut qu'il les couvre du voile dont on se sert pour le crime; il doit sourire lorsqu'il apprend la mort de son ami; et si la douce pitié se fait entendre à son âme, on l'oblige d'aller égorger un ilote innocent, un ilote son esclave, dans le champ que cet infortuné labouroit péniblement pour son maître.

Vous vous trompez, ce n'est pas là la liberté politique; les Athéniens ne l'entendoient pas ainsi. — Et comment? — Chez eux il falloit avoir un certain revenu pour être admis aux charges de l'État; et lorsqu'un citoyen avoit fait des dettes, on le vendoit comme un esclave. Un orateur à la tribune, pourvu qu'il sût enfiler une phrase, faisoit aujourd'hui empoisonner Socrate, demain bannir Phocion, et le peuple libre avoit toujours à sa tête, et seulement pour la forme, Pisistrate, Hippias, Thémistocle, Périclès, Alcibiade, Philippe, Antigonus ou quelque autre.

Je voudrois bien savoir enfin combien il y a de libertés politiques; car toutes les autres petites villes grecques possédoient aussi leurs libertés, et n'expliquoient pas le mot dans le même sens que les Athéniens et les Spartiates. C'est un singulier gouvernement qu'une république où il faut que tous les membres de la communauté soient des Caton et des Catilina : si parmi les premiers il se trouve un seul coquin, ou parmi les derniers un seul honnête homme, la république n'existe plus[a]. (*Liberté.*)

On s'écrie : Les citoyens sont esclaves, mais esclaves de la loi. Pure duperie de mots. Que m'importe que ce soit la loi ou le roi qui me traîne à la guillotine? On a beau se torturer, faire des phrases et du bel esprit, le plus grand malheur des hommes c'est d'avoir des lois et un gouvernement[b].

L'état de société est si opposé à celui de nature, que dans le premier les êtres foibles tendent toujours au gouvernement : l'enfant bat les domestiques; l'écolier veut en montrer à son maître; le sot aspire

---

[a] Me louerai-je? J'en ai bien envie. La colère de ces pages m'a amusé; je les avois complètement oubliées. Parlons sérieusement : ce qu'il y a de faux dans mes raisonnements, c'est que je confonds les formes de la liberté avec la liberté elle-même. Je ne suis point républicain, je ne le serai jamais; j'ai toujours préféré par raison, et je préférerai toujours la liberté dans le mode de la monarchie représentative : je pense que cette liberté est tout aussi entière dans ce mode que dans la forme républicaine; mais je crois que les monarchies ne sont pas à l'abri des républiques si elles repoussent la liberté. (N. ÉD.)

[b] Miséricorde ! j'ai déjà dit cela ailleurs dans l'*Essai*; c'est une si belle chose que je ne pouvois trop le répéter. Il paroît que ces sauvages que M. Violet faisoit danser dans une grange auprès d'Albany m'avoient tourné la tête. (*Voy. Itinéraire.*) (N. ÉD.)

aux emplois et les obtient presque toujours ; l'hypocondriaque sacrifie son cercle à sa goutte ; le vieillard réclame la première place, et la femme domine le tout.

Dans l'état de nature, l'enfant se tait et attend, la femme est soumise, le fort et le guerrier commandent, le vieillard s'assied au pied de l'arbre, et meurt[1]. (*Pensées relatives provenant du même sujet.*)

Soyons hommes, c'est-à-dire libres ; apprenons à mépriser les préjugés de la naissance et des richesses, à nous élever au-dessus des grands et des rois, à honorer l'indigence et la vertu ; donnons de l'énergie à notre âme, de l'élévation à notre pensée ; portons partout la dignité de notre caractère, dans le bonheur et dans l'infortune ; sachons braver la pauvreté et sourire à la mort : mais, pour faire tout cela, il faut commencer par cesser de nous passionner pour les institutions

---

[1]. Philippe Le Coq, d'une petite ville du Poitou, passa au Canada dans son enfance, y servit comme soldat, à l'âge de vingt ans, dans la guerre de 1754, et, après la prise de Québec, se retira chez les Cinq-Nations, où, ayant épousé une Indienne, il renonça aux coutumes de son pays pour prendre les mœurs des sauvages. Lorsque je voyageois chez ces peuples, je ne fus pas peu surpris en entendant dire que j'avois un compatriote établi à quelque distance dans les bois. Je courus chez lui ; je le trouvai occupé à faire la pointe à des jalons, à l'ouverture de sa hutte. Il me jeta un regard assez froid, et continua son ouvrage ; mais aussitôt que je lui adressai la parole en françois, il tressaillit au souvenir de la patrie, et la grosse larme roula dans ses yeux. Ces accents connus avoient reporté soudainement dans le cœur du vieillard toutes les sensations de son enfance : dans la jeunesse nous regrettons peu nos premiers ans ; mais plus nous nous enfonçons dans la vie, plus leur souvenir devient aimable ; c'est qu'alors chacune de nos journées est un triste terme de comparaison. Philippe me pria d'entrer ; je le suivis. Il avoit de la peine à s'exprimer : je le voyois travailler à rassembler les anciennes idées de l'homme civil, et j'étudiois avidement cette leçon. Par exemple, j'eus lieu de remarquer qu'il y avoit deux espèces de choses relatives absolument effacées de sa tête : celle de la propriété du superflu, et celle de la nuisance envers autrui sans nécessité. Je ne voulus lui faire ma grande question qu'après que quelques heures de conversation lui eurent redonné une assez grande quantité de mots et de pensées. A la fin je lui dis : « Philippe, êtes-vous heureux ? » Il ne sut d'abord que répondre. « Heureux ? dit-il en réfléchissant ; heureux, oui..... oui, heureux, depuis que je suis sauvage. — Et comment passez-vous votre vie ? » repris-je. Il se mit à rire. « J'entends, dis-je ; vous pensez que cela ne vaut pas une réponse. Mais est-ce que vous ne voudriez pas reprendre votre ancienne vie, retourner dans votre pays ? — Mon pays, la France ? Si je n'étois pas si vieux, j'aimerois à le revoir... — Et vous ne voudriez pas y rester ? » ajoutai-je. Le mouvement de tête de Philippe m'en dit assez. « Et qu'est-ce qui vous a déterminé à vous faire, comme vous le dites, sauvage ? — Je n'en sais rien ; l'instinct. » Ce mot du vieillard mit fin à mes doutes et à mes questions. Je restai deux jours chez Philippe pour l'observer, et je ne le vis jamais se démentir un seul instant : son âme, libre du combat des passions sociales, me sembla, pour m'exprimer dans le style des sauvages, « calme comme le champ de bataille après que les guerriers ont fumé ensemble le calumet de la paix ».

humaines, de quelque genre qu'elles soient. Nous n'apercevons presque jamais la réalité des choses, mais leurs images réfléchies faussement par nos désirs; et nous passons nos jours à peu près comme celui qui, sous notre zone nuageuse, ne verroit le ciel qu'à travers ces vitrages coloriés qui trompent l'œil en lui présentant la sérénité d'une plus douce latitude. Tandis que nous nous berçons ainsi de chimères, le temps vole et la tombe se ferme tout à coup sur nous. Les hommes sortent du néant et y retournent : la mort est un grand lac creusé au milieu de la nature; les vies humaines, comme autant de fleuves, vont s'y engloutir; et c'est de ce même lac que s'élèvent ensuite d'autres générations qui, répandues sur la terre, viennent également après un cours plus ou moins long se perdre à leur source. Profitons donc du peu d'instants que nous avons à passer sur ce globe, pour connoître au moins la vérité. Si c'est la vérité politique que nous cherchons, elle est facile à trouver. Ici un ministre despote me bâillonne, me plonge au fond des cachots, où je reste vingt ans[1] sans savoir pourquoi : échappé de la Bastille, plein d'indignation, je me précipite dans la démocratie; un anthropophage m'y attend à la guillotine. Le républicain, sans cesse exposé à être pillé, volé, déchiré par une populace furieuse, s'applaudit de son bonheur[2]; le sujet, tranquille esclave, vante les bons repas et les caresses de son maître. O homme de la nature! c'est toi seul qui me fais me glorifier d'être homme! Ton cœur ne connoît point la dépendance; tu ne sais ce que c'est que de ramper dans une cour ou de caresser un tigre populaire. Que t'importent nos arts, notre luxe, nos villes? As-tu besoin de spectacle, tu te rends au temple de la nature, à la religieuse forêt; les colonnes moussues des chênes en supportent le dôme antique; un jour sombre pénètre la sainte obscurité du sanctuaire, et de foibles bruits, de légers soupirs,

1. Tel que ce malheureux que M. de Malesherbes délivra.
2. On dit que les orages de la démocratie valent mieux que le calme du despotisme. Cette phrase est harmonieuse, et voilà tout. On ne me persuadera jamais que le repos n'est pas la partie essentielle du bonheur. Je remarque même que c'est le but vers lequel nous tendons sans cesse : on travaille pour se reposer; on marche pour goûter un sommeil plus doux; on pense pour délasser ensuite sa pensée; un ami repose son cœur dans le cœur d'un ami; l'amour a placé de même le comble de ses voluptés dans le repos; enfin le malheureux qui a perdu la tranquillité sur la terre aspire encore à celle de la tombe, et la nature a élevé l'idée de la mort à l'extrémité des chagrins, comme Hercule ses colonnes au bout du monde.

Note de l'exemplaire confidentiel. — Qu'est-ce qu'un républicain? Un sot dévoré par *des* fripons. Qu'est-ce qu'un royaliste? un sot dévoré par *un*.....
(Le mot est en blanc dans l'original.)

de doux murmures, des chants plaintifs ou mélodieux circulent sous les voûtes sonores. On dit que le sauvage ignore la douceur de la vie. Est-ce l'ignorer que de n'obéir à personne, que d'être à l'abri des révolutions, que de n'avoir ni à avilir ses mains par un travail mercenaire ni son âme par un métier encore plus vil, celui de flatteur? N'est-ce rien que de pouvoir se montrer impunément toujours grand, toujours fier, toujours libre; de ne point connoître les odieuses distinctions de l'état civil; enfin, de n'être point obligé, lorsqu'on se sent né avec l'orgueil et la noble franchise d'un homme, de passer une partie de sa vie à cacher ses sentiments, et l'autre à être témoin des vices et des absurdités sociales?

Je sens qu'on va dire : Vous êtes donc de ces sophistes qui vantent sans cesse le bonheur du sauvage aux dépens de celui de l'homme policé? Sans doute, si c'est là ce que vous appelez être un sophiste, j'en suis un; j'ai du moins de mon côté quelques beaux génies. Quoi! il faudra que je tolère la perversité de la société parce qu'on prétend ici se gouverner en république plutôt qu'en monarchie, là en monarchie plutôt qu'en république! Il faudra que j'approuve l'orgueil et la stupidité des grands et des riches, la bassesse et l'envie du pauvre et des petits! Les corps politiques, quels qu'ils soient, ne sont que des amas de passions putréfiées et décomposées ensemble : les moins mauvais sont ceux dont les dehors gardent encore de la décence et blessent moins ouvertement la vue; comme ces masses impures destinées à fertiliser les champs, sur lesquelles on découvre quelquefois un peu de verdure[a].

Mais il n'y a donc point de gouvernement, point de liberté? De liberté? si : une délicieuse, une céleste, celle de la nature[b]. Et quelle est-elle, cette liberté que vous vantez comme le suprême bonheur? Il me seroit impossible de la peindre; tout ce que je puis faire est de montrer comment elle agit sur nous. Qu'on vienne passer une nuit avec moi chez les sauvages du Canada, peut-être alors parviendrai-je à donner quelque idée de cette espèce de liberté. Cette nuit aussi pourra délasser le lecteur de la scène de misères à travers laquelle je l'ai conduit dans ce volume : elle en sera la conclusion. On fermera alors le livre dans une disposition d'âme plus calme et plus propre à distinguer les vérités des erreurs contenues dans cet ouvrage,

---

[a] Il faut pardonner à un exilé, à un malheureux, à un jeune homme qui se croit prêt à mourir cette boutade contre la société : elle est sans conséquence, et les sentiments exprimés ici par ce jeune homme ne sont cependant ni sans élévation ni sans générosité. (N. ÉD.)

[b] M'y voilà! faisons-nous sauvages! (N. ÉD.)

mélange inévitable à la nature humaine et dont la foiblesse de mes lumières me rend plus susceptible qu'un autre.

CHAPITRE LVII ET DERNIER.

NUIT CHEZ LES SAUVAGES DE L'AMÉRIQUE.

C'est un sentiment naturel aux malheureux de chercher à rappeler les illusions du bonheur par le souvenir de leurs plaisirs passés. Lorsque j'éprouve l'ennui d'être, que je me sens le cœur flétri par le commerce des hommes, je détourne involontairement la tête, et je jette en arrière un œil de regret. Méditations enchantées! charmes secrets et ineffables d'une âme jouissant d'elle-même, c'est au sein des immenses déserts de l'Amérique que je vous ai goûtés à longs traits! On se vante d'aimer la liberté, et presque personne n'en a une juste idée. Lorsque, dans mes voyages parmi les nations indiennes du Canada, je quittai les habitations européennes, et me trouvai, pour la première fois, seul au milieu d'un océan de forêts, ayant pour ainsi dire la nature entière prosternée à mes pieds, une étrange révolution s'opéra dans mon intérieur. Dans l'espèce de délire qui me saisit, je ne suivois aucune route; j'allois d'arbre en arbre, à droite et à gauche indifféremment, me disant en moi-même : « Ici, plus de chemins à suivre, plus de villes, plus d'étroites maisons, plus de présidents de république, de rois, surtout plus de lois et plus d'hommes. Des hommes? si : quelques bons sauvages [a], qui ne s'embarrassent de moi ni moi d'eux; qui, comme moi encore, errent libres où la pensée les mène, mangent quand ils veulent, dorment où et quand il leur plaît. » Et pour essayer si j'étois enfin rétabli dans mes droits originels, je me livrois à mille actes de volonté, qui faisoient enrager le grand Hollandois qui me servoit de guide, et qui dans son âme me croyoit fou.

Délivré du joug tyrannique de la société, je compris alors les charmes de cette indépendance de la nature, qui surpassent de bien loin tous les plaisirs dont l'homme civil peut avoir l'idée. Je compris pourquoi pas un sauvage ne s'est fait Européen, et pourquoi plusieurs Européens se sont faits sauvages; pourquoi le sublime *Discours sur l'inégalité des conditions* est si peu entendu de la plupart de nos philosophes. Il est incroyable combien les nations et leurs institutions les plus vantées paroissoient petites et diminuées à mes regards; il me

---

[a] De *bons* sauvages qui mangent leurs voisins. (N. ÉD.)

sembloit que je voyois les royaumes de la terre avec une lunette invertie ; ou plutôt, moi-même agrandi et exalté, je contemplois d'un œil de géant le reste de ma race dégénérée.

Vous qui voulez écrire des hommes, transportez-vous dans les déserts, redevenez un instant enfant de la nature ; alors, et seulement alors, prenez la plume.

Parmi les innombrables jouissances que j'éprouvai dans ces voyages, une surtout a fait une vive impression sur mon cœur [1].

J'allois alors voir la fameuse cataracte de Niagara, et j'avois pris ma route à travers les nations indiennes qui habitent les déserts à l'ouest des plantations américaines. Mes guides étoient le soleil, une boussole de poche et le Hollandois dont j'ai déjà parlé ; celui-ci entendoit parfaitement cinq dialectes de la langue huronne. Notre équipage consistoit en deux chevaux, auxquels nous attachions le soir une sonnette au cou, et que nous lâchions ensuite dans la forêt : je craignois d'abord un peu de les perdre ; mais mon guide me rassura en me faisant remarquer que, par un instinct admirable, ces bons animaux ne s'écartoient jamais hors de la vue de notre feu.

Un soir que, par approximation ne nous estimant plus qu'à environ huit ou neuf lieues de la cataracte, nous nous préparions à descendre de cheval avant le coucher du soleil, pour bâtir notre hutte et allumer notre bûcher de nuit à la manière indienne, nous aperçûmes dans le

---

[1]. Tout ce qui suit, à quelques additions près, est tiré du manuscrit de ces voyages, qui a péri avec plusieurs autres ouvrages commencés, tels que les *Tableaux de la Nature*, l'Histoire d'une nation sauvage du Canada, sorte de roman, dont le cadre, totalement neuf, et les peintures naturelles, étrangères à notre climat, auroient pu mériter l'indulgence du lecteur *. On a bien voulu donner quelque louange à ma manière de peindre la nature ; mais si l'on avoit vu ces divers morceaux écrits sur mes genoux, parmi les sauvages mêmes, dans les forêts et au bord des lacs de l'Amérique, j'ose présumer qu'on y eût peut-être trouvé des choses plus dignes du public. De tout cela il ne m'est resté que quelques feuilles détachées, entre autres *la Nuit*, qu'on donne ici. J'étois destiné à perdre dans la révolution, fortune, parents, amis, et ce qu'on ne recouvre jamais lorsqu'on l'a perdu, le fruit des travaux de la pensée, seul bien peut-être qui soit réellement à nous.

* Il s'agit ici des *Natchez*. J'ai déjà dit que les premières ébauches des *Natchez* avoient péri, mais que j'avois retrouvé le manuscrit de cet ouvrage écrit à Londres sur le souvenir récent de ces ébauches. J'ai publié sous le nom de *Natchez* ce manuscrit, dont j'avois déjà tiré *Atala* et *René*. (N. ÉD.)

Note de l'exemplaire confidentiel. — Toute cette nuit est connue des gens de lettres de Paris ; on l'a fort applaudie. Reste à savoir ce que le public en pensera. Mais le public ! Combien faut-il de *sots* pour former un public ? disoit Chamfort.

bois les feux de quelques sauvages qui étoient campés un peu plus bas, au bord du même ruisseau où nous nous trouvions. Nous allâmes à eux. Le Hollandois leur ayant demandé par mon ordre la permission de passer la nuit avec eux, ce qui fut accordé sur-le-champ, nous nous mîmes alors à l'ouvrage avec nos hôtes. Après avoir coupé des branches, planté des jalons, arraché des écorces pour couvrir notre palais, et rempli quelques autres travaux publics, chacun de nous vaqua à ses affaires particulières. J'apportai ma selle, qui me servit de fidèle oreiller durant tout le voyage ; le guide pansa mes chevaux ; et quant à son appareil de nuit, comme il n'étoit pas si délicat que moi, il se servoit ordinairement de quelque tronçon d'arbre sec. L'ouvrage étant fini, nous nous assîmes tous en rond, les jambes croisées à la manière des tailleurs, autour d'un feu immense, afin de rôtir nos quenouilles de maïs et de préparer le souper. J'avois encore un flacon d'eau-de-vie, qui ne servit pas peu à égayer nos sauvages ; eux se trouvoient avoir des jambons d'oursin, et nous commençâmes un festin royal.

La famille étoit composée de deux femmes, avec deux petits enfants à la mamelle, et de trois guerriers : deux d'entre eux pouvoient avoir de quarante à quarante-cinq ans, quoiqu'ils parussent beaucoup plus vieux ; le troisième étoit un jeune homme.

La conversation devint bientôt générale, c'est-à-dire par quelques mots entrecoupés de ma part et par beaucoup de gestes : langage expressif, que ces nations entendent à merveille et que j'avois appris parmi elles. Le jeune homme seul gardoit un silence obstiné ; il tenoit constamment les yeux attachés sur moi. Malgré les raies noires, rouges, bleues, les oreilles découpées, la perle pendante au nez dont il étoit défiguré, on distinguoit aisément la noblesse et la sensibilité qui animoient son visage. Combien je lui savois gré de ne pas m'aimer ! Il me sembloit lire dans son cœur l'histoire de tous les maux dont les Européens ont accablé sa patrie.

Les deux petits enfants, tout nus, s'étoient endormis à nos pieds devant le feu ; les femmes les prirent doucement dans leurs bras, et les couchèrent sur des peaux, avec ces soins de mère si délicieux à voir chez ces prétendus sauvages : la conversation mourut ensuite par degrés, et chacun s'endormit dans la place où il se trouvoit.

Moi seul je ne pus fermer l'œil : entendant de toutes parts les aspirations profondes de mes hôtes, je levai la tête, et, m'appuyant sur le coude, contemplai à la lueur rougeâtre du feu mourant les Indiens étendus autour de moi et plongés dans le sommeil. J'avoue que j'eus peine à retenir des larmes. Bon jeune homme, que ton sommeil me parut touchant ! toi, qui semblois si sensible aux maux de ta patrie, tu étois trop grand, trop supérieur, pour te défier de l'étranger. Européens, quelle leçon pour nous! Ces mêmes sauvages que nous avons poursuivis avec le fer et la flamme, à qui notre avarice ne laisseroit pas même une pelletée de terre, pour couvrir leurs cadavres, dans tout cet univers, jadis leur vaste patrimoine ; ces mêmes sauvages, recevant leur ennemi sous leurs huttes hospitalières, partageant avec lui leur misérable repas, leur couche infréquentée du remords, et dormant auprès de lui du sommeil profond du juste! ces vertus-là sont autant au-dessus de nos vertus conventionnelles que l'âme de ces hommes de la nature est au-dessus de celle de l'homme de la société.

Il faisoit clair de lune. Échauffé de mes idées, je me levai et fus m'asseoir, à quelque distance, sur une racine qui traçoit au bord du ruisseau : c'étoit une de ces nuits américaines que le pinceau des hommes ne rendra jamais, et dont je me suis rappelé le souvenir avec délices.

[a] La lune étoit au plus haut point du ciel : on voyoit çà et là, dans de grands intervalles épurés, scintiller mille étoiles. Tantôt la lune reposoit sur un groupe de nuages, qui ressembloit à la cime de hautes montagnes couronnées de neiges; peu à peu ces nues s'allongeoient, se dérouloient en zones diaphanes et onduleuses de satin blanc, ou se transformoient en légers flocons d'écume, en innombrables troupeaux errants dans les plaines bleues du firmament. Une autre fois, la voûte aérienne paroissoit changée en une grève où l'on distinguait les couches horizontales, les rides parallèles tracées comme par le flux et le reflux régulier de la mer : une bouffée de vent venoit encore déchirer le voile, et partout se formoient dans les cieux de grands bancs d'une ouate éblouissante de blancheur, si doux à l'œil, qu'on croyoit ressentir leur mollesse et leur élasticité. La scène sur la terre n'étoit pas moins ravissante : le jour céruséen et velouté de la lune flottoit silencieusement sur la cime des forêts, et, descendant dans les intervalles des arbres, poussoit des gerbes de lumière jusque dans l'épaisseur des plus profondes ténèbres. L'étroit ruisseau qui couloit à mes pieds, s'enfonçant tour à tour sous des fourrés de chênes-saules et d'arbres à sucre, et reparoissant un peu plus loin dans des clairières tout brillant des constellations de la nuit, ressembloit à un ruban de moire et d'azur, semés de crachats de diamants, et coupé transversa-

---

[a] Ici commence la description d'une nuit que l'on retrouve dans le *Génie du Christianisme*, liv. v, chap. xii, intitulé : *Deux Perspectives de la nature*. On peut, en comparant les deux descriptions, voir ce que le goût m'a fait changer ou retrancher dans mon second travail. (N. ÉD.)

lement de bandes noires. De l'autre côté de la rivière, dans une vaste prairie naturelle, la clarté de la lune dormoit sans mouvement sur les gazons où elle étoit étendue comme des toiles. Des bouleaux dispersés çà et là dans la savane, tantôt selon le caprice des brises, se confondoient avec le sol en s'enveloppant de gazes pâles, tantôt se détachoient du fond de craie en se couvrant d'obscurité, et formant comme des îles d'ombres flottantes sur une mer immobile de lumière. Auprès tout étoit silence et repos, hors la chute de quelques feuilles, le passage brusque d'un vent subit, les gémissements rares et interrompus de la hulotte; mais au loin, par intervalles, on entendoit les roulements solennels de la cataracte de Niagara, qui dans le calme de la nuit se prolongeoient de désert en désert, et expiroient à travers les forêts solitaires.

La grandeur, l'étonnante mélancolie de ce tableau, ne sauroient s'exprimer dans les langues humaines; les plus belles nuits en Europe ne peuvent en donner une idée. Au milieu de nos champs cultivés, en vain l'imagination cherche à s'étendre, elle rencontre de toutes parts les habitations des hommes; mais dans ces pays déserts l'âme se plaît à s'enfoncer, à se perdre dans un océan d'éternelles forêts; elle aime à errer, à la clarté des étoiles, aux bords des lacs immenses, à planer sur le gouffre mugissant des terribles cataractes, à tomber avec la masse des ondes, et pour ainsi dire à se mêler, à se fondre avec toute une nature sauvage et sublime.

Ces jouissances sont trop poignantes: telle est notre foiblesse, que les plaisirs exquis deviennent des douleurs, comme si la nature avoit peur que nous oubliassions que nous sommes hommes. Absorbé dans mon existence, ou plutôt répandu tout entier hors de moi, n'ayant ni sentiment ni pensée distincts, mais un ineffable je ne sais quoi qui ressembloit à ce bonheur mental dont on prétend que nous jouirons dans l'autre vie, je fus tout à coup rappelé à celle-ci. Je me sentis mal, et je vis qu'il falloit finir. Je retournai à notre ajouppa, où, me couchant auprès des sauvages, je tombai bientôt dans un profond sommeil.

Le lendemain, à mon réveil, j'aperçus la troupe déjà prête pour le départ. Mon guide avoit sellé les chevaux; les guerriers étoient armés et les femmes s'occupoient à rassembler les bagages, consistant en peaux, en maïs, en ours fumé. Je me levai, et tirant de mon portemanteau un peu de poudre et de balles, du tabac et une boîte de gros rouge, je distribuai ces présents parmi nos hôtes, qui parurent bien contents de ma générosité. Nous nous séparâmes ensuite, non sans des marques d'attendrissement et de regret, touchant nos fronts et notre poitrine, à la manière de ces hommes de la nature, ce qui me paroissoit bien valoir nos cérémonies. Jusqu'au jeune Indien, qui prit cordialement la main que je lui tendois, nous nous quittâmes tous le cœur plein les uns des autres. Nos amis prirent leur route au nord, en se dirigeant par les mousses, et nous à l'ouest par ma boussole. Les guerriers partirent devant, poussant le cri de marche ; les femmes cheminoient derrière, chargées des bagages et des petits enfants, qui, suspendus dans des fourrures aux épaules de leur mère, se détournoient en souriant pour nous regarder. Je suivis longtemps des yeux cette marche touchante et maternelle, jusqu'à ce que la troupe entière eut disparu lentement entre les arbres de la forêt.

Bienfaisants sauvages! vous qui m'avez donné l'hospitalité, vous que je ne reverrai sans doute jamais, qu'il me soit permis de vous payer ici un tribut de reconnoissance. Puissiez-vous jouir longtemps de votre précieuse indépendance, dans vos belles solitudes, où mes vœux pour votre bonheur ne cessent de vous suivre! inséparables amis, dans quel coin de vos immenses déserts habitez-vous à présent? Êtes-vous toujours ensemble, toujours heureux? Parlez-vous quelquefois de l'étranger de la forêt? Vous dépeignez-vous les lieux qu'il habite? Faites-vous des souhaits pour son bonheur au bord de vos fleuves solitaires? Généreuse famille, son sort est bien changé depuis la nuit qu'il passa avec vous; mais du moins est-ce une consolation pour lui si tandis qu'il existe au delà des mers, persécuté des hommes de son pays, son nom, à l'autre bout de l'univers, au fond de quelque solitude ignorée, est encore prononcé avec attendrissement par de pauvres Indiens [a].

[a] C'est à peu près l'apostrophe aux sauvages qui termine *Atala*. Et moi je termine ici le pénible travail que m'ont imposé mon devoir et ma conscience. Me voilà tout entier devant les hommes, tel que j'ai été au début de ma carrière, tel que je suis au terme de cette carrière; qu'ils me jugent si je vaux la peine qu'ils s'occupent de moi : puis viendra sur nous tous l'arrêt suprême, qui nous placera comme nous demeurerons. (N. ÉD.)

FIN DE L'ESSAI.

NOTE.

RÉFUTATION

DE TOUS LES CHAPITRES PRÉCÉDENTS RELATIFS AU CLERGÉ CATHOLIQUE.

(Extrait du *Génie du Christianisme.*)

« Aucune autre religion sur la terre n'a offert un pareil système de bienfaits, de prudence et de prévoyance, de force et de douceur, de lois morales et de lois religieuses. Rien n'est plus sagement ordonné que ces cercles qui partant du dernier chantre de village s'élèvent jusqu'au trône pontifical, qu'ils supportent et qui les couronne. L'Église ainsi par ses différents degrés touchoit à nos divers besoins : arts, lettres, sciences, législation, politique, institutions littéraires, civiles et religieuses, fondations pour l'humanité, tous ces magnifiques bienfaits nous arrivoient par les rangs supérieurs de la hiérarchie, tandis que les détails de la charité et de la morale étoient répandus par les degrés inférieurs chez les dernières classes du peuple. Si jadis l'Église fut pauvre, depuis le dernier échelon jusqu'au premier, c'est que la chrétienté étoit indigente comme elle; mais on ne sauroit exiger que le clergé fût demeuré pauvre quand l'opulence croissoit autour de lui. Il auroit alors perdu toute considération, et certaines classes de la société, avec lesquelles il n'auroit pu vivre, se fussent soustraites à son autorité morale. Le chef de l'Église étoit prince, pour pouvoir parler aux princes; les évêques, marchant de pair avec les grands, osoient les instruire de leurs devoirs; les prêtres séculiers et réguliers, au-dessus des nécessités de la vie, se mêloient aux riches, dont ils épuroient les mœurs, et le simple curé se rapprochoit des pauvres, qu'il étoit destiné à soulager par ses bienfaits et à consoler par son exemple.

« Ce n'est pas que le plus indigent des prêtres ne pût aussi instruire les grands du monde et les rappeler à la vertu; mais il ne pouvoit ni les suivre

dans les habitudes de leur vie, comme le haut clergé, ni leur tenir un langage qu'ils eussent parfaitement entendu. La considération même dont ils jouissoient venoit en partie des ordres supérieurs de l'Église. Il convient d'ailleurs à de grands peuples d'avoir un culte honorable et des autels où l'infortuné puisse trouver des secours. . . . .
. . . .
. . . .

« Que de choses admirables l'Occident ne nous montre-t-il pas à son tour dans les fondations des communautés, monuments de nos antiquités gauloises, lieux consacrés par d'intéressantes aventures ou par des actes d'humanité! . . . .
. . . .

« Voyez ces retraites de la *charité*, des *pèlerins*, du *bien-mourir*, des *enterreurs de morts*, des *insensés*, des *orphelin* tâchez, si vous le pouvez, de trouver, dans le long catalogue des misères humaines, une seule infirmité de l'âme ou du corps pour qui la religion n ait pas fondé son lieu de soulagement ou son hospice!

« Au reste, les persécutions des Romains contribuèrent d'abord à peupler les solitudes; ensuite, les barbares s'étant précipités sur l'empire, et ayant brisé tous les liens de la société, il ne resta aux hommes que Dieu pour espérance. . . . .
. . . .
. . . .

« On dira peut-être que les causes qui donnèrent naissance à la vie monastique n'existant plus parmi nous, les couvents étoient devenus des retraites inutiles. Et quand donc ces causes ont-elles cessé? N'y a-t-il plus d'orphelins, d'infirmes, de voyageurs, de pauvres, d'infortunés? Ah! lorsque les maux des siècles barbares se sont évanouis, la société, si habile à tourmenter les âmes et si ingénieuse en douleur, a bien su faire naître mille autres raisons d'adversité qui nous jettent dans la solitude! Que de passions trompées, que de sentiments trahis, que de dégoûts amers nous entraînent chaque jour hors du monde! C'étoit une chose fort belle que ces maisons religieuses, où l'on trouvoit une retraite assurée contre les coups de la fortune et les orages de son propre cœur. . . . .
. . . .
. . . .

« Dieu des chrétiens, quelles choses n'as-tu pas faites? Partout où l'on tourne les yeux, on ne voit que les monuments de tes bienfaits. Dans les quatre parties du monde la religion a distribué ses milices et placé ses vedettes pour l'humanité. Le moine maronite appelle par le claquement de deux planches suspendues à la cime d'un arbre l'étranger que la nuit a sur-

pris dans les précipices du Liban : ce pauvre et ignorant artiste n'a pas de plus riche moyen de se faire entendre. Le moine abyssinien vous attend dans ce bois, au milieu des tigres; le missionnaire américain veille à votre conservation dans ses immenses forêts. Jeté par un naufrage sur des côtes inconnues, tout à coup vous apercevez une croix sur un rocher. Malheur à vous si ce signe de salut ne fait pas couler vos larmes! vous êtes en pays d'amis; ici ce sont les chrétiens. Vous êtes François, il est vrai, et ils sont Espagnols, Allemands, Anglois peut-être! Eh, qu'importe! n'êtes-vous pas de la grande famille de Jésus-Christ? Ces étrangers vous reconnoîtront pour frère, c'est vous qu'ils invitent par cette croix; ils ne vous ont jamais vu, et cependant ils pleurent de joie en vous voyant sauvé du désert. . . . .
. . . .
. . . .

« Immense et sublime idée qui fait du chrétien de la Chine un ami du chrétien de la France, du sauvage néophyte un frère du moine égyptien! Nous ne sommes plus étrangers sur la terre, nous ne pouvons plus nous y égarer. Jésus-Christ nous a rendu l'héritage que le péché d'Adam nous avoit ravi. Chrétien! il n'est plus d'océan ou de désert inconnu pour toi; tu trouveras partout la langue de tes aïeux et la cabane de ton père. . . . . . .
. . . .

« La religion, laissant à notre cœur le soin de nos joies, ne s'est occupée, comme une tendre mère, que du soulagement de nos douleurs, mais, dans cette œuvre immense et difficile, elle a appelé tous ses fils et toutes ses filles à son secours. Aux uns elle a confié le soin de nos maladies, comme à cette multitude de religieux et de religieuses dévoués au service des hôpitaux; aux autres elle a délégué les pauvres, comme aux sœurs de la Charité. Le père de la Rédemption s'embarque à Marseille; où va-t-il seul ainsi avec son bréviaire et son bâton? Ce conquérant marche à la délivrance de l'humanité, et les armées qui l'accompagnent sont invisibles. La bourse de la charité à la main, il court affronter la peste, le martyre et l'esclavage. Il aborde le dey d'Alger, il lui parle au nom de ce roi céleste dont il est l'ambassadeur. Le barbare s'étonne à la vue de cet Européen qui ose, seul, à travers les mers et les orages, venir lui redemander des captifs : dompté par une force inconnue, il accepte l'or qu'on lui présente; et l'héroïque libérateur, satisfait d'avoir rendu des malheureux à leur patrie, obscur et ignoré, reprend humblement à pied le chemin de son monastère.

« Partout c'est le même spectacle: le missionnaire qui part pour la Chine rencontre au port le missionnaire qui revient glorieux et mutilé du Canada; la sœur grise court administrer l'indigent dans sa chaumière, le père capucin vole à l'incendie, le frère hospitalier lave les pieds du voyageur, le frère du *bien-mourir* console l'agonisant sur sa couche, le frère *enterreur* porte le corps du pauvre décédé, la sœur de la Charité monte au septième étage pour prodiguer l'or, le vêtement et l'espérance; ces filles, si justement appelées *Filles-*

Dieu, portent et reportent çà et là les bouillons, la charpie, les remèdes ; la fille du Bon Pasteur tend les bras à la fille prostituée, et lui crie : *Je ne suis point venue pour appeler les justes, mais les pécheurs !* L'orphelin trouve un père, l'insensé un médecin, l'ignorant un instructeur. Tous ces ouvriers en œuvres célestes se précipitent, s'animent les uns les autres. Cependant la religion attentive, et, tenant une couronne immortelle, leur crie : Courage, mes enfants, courage ! Hâtez-vous, soyez plus prompts que les maux dans la carrière de la vie ! Méritez cette couronne que je vous prépare ; elle vous mettra vous-mêmes à l'abri de tous maux et de tous besoins. . . . .
. . . .
. . . .

« Étoit-il quelque chose qui pût briser l'âme, quelque commission dont les hommes ennemis des larmes n'osassent se charger, de peur de compromettre leurs plaisirs, c'étoit aux enfants du cloître qu'elle étoit aussitôt dévolue, et surtout aux pères de l'ordre de Saint-François ; on supposoit que des hommes qui s'étoient voués à la misère devoient être naturellement les hérauts du malheur. L'un étoit obligé d'aller porter à une famille la nouvelle de la perte de sa fortune ; l'autre de lui apprendre le trépas d'un fils unique. Le grand Bourdaloue remplit lui-même ce triste devoir : il se présentoit en silence à la porte du père, croisoit les mains sur sa poitrine, s'inclinoit profondément, et se retiroit muet comme la mort dont il étoit l'interprète.

« Croit-on qu'il y eût beaucoup de plaisirs (nous entendons de ces plaisirs à la façon du monde), croit-on qu'il fût fort doux pour un cordelier, un carme, un franciscain, d'aller au milieu des prisons annoncer la sentence au criminel, l'écouter, le consoler, et d'avoir pendant des journées entières l'âme transpercée des scènes les plus déchirantes ? On a vu, dans ces actes de dévouement, la sueur tomber à grosses gouttes du front de ces compatissants religieux et mouiller ce froc qu'elle a pour toujours rendu sacré en dépit des sarcasmes de la philosophie ; et pourtant quel honneur, quel profit revenoit-il à ces moines de tant de sacrifices, sinon la dérision du monde et les injures même des prisonniers qu'ils consoloient ? Mais du moins les hommes, tout ingrats qu'ils sont, avoient confessé leur nullité dans ces grandes rencontres de la vie, puisqu'ils les avoient abandonnées à la religion, seul véritable secours au dernier degré du malheur. O apôtre de Jésus-Christ, de quelles catastrophes n'étiez-vous point témoin, vous qui près du bourreau ne craigniez point de vous couvrir du sang des misérables et qui étiez leur dernier appui ! Voici un des plus hauts spectacles de la terre : aux deux coins de cet échafaud les deux justices sont en présence, la justice humaine et la justice divine : l'une, implacable et appuyée sur un glaive, est accompagnée du désespoir ; l'autre, tenant un voile trempé de pleurs, se montre entre la pitié et l'espérance ; l'une a pour ministre un homme de sang, l'autre un homme de paix ; l'une condamne, l'autre absout : innocente ou coupable, la

première dit à la victime : « Meurs ! »; la seconde lui crie : « Fils de l'innocence ou du repentir, *montez au ciel !* » . . . .
. . . .
. . . .

« Voici encore une de ces grandes et nouvelles idées qui n'appartiennent qu'à la religion chrétienne. Les cultes idolâtres ont ignoré l'enthousiasme divin qui anime l'apôtre de l'Évangile. Les anciens philosophes eux-mêmes n'ont jamais quitté les avenues d'Académus et les délices d'Athènes pour aller, au gré d'une impulsion sublime, humaniser le sauvage, instruire l'ignorant, guérir le malade, vêtir le pauvre, et semer la concorde et la paix parmi des nations ennemies : c'est ce que les religieux chrétiens ont fait et font encore tous les jours. Les mers, les orages, les glaces du pôle, les feux du tropique, rien ne les arrête : ils vivent avec l'Esquimau dans son outre de peau de vache marine; ils se nourrissent d'huile de baleine avec le Groënlandois; avec le Tartare ou l'Iroquois, ils parcourent la solitude; ils montent sur le dromadaire de l'Arabe, ou suivent le Cafre errant dans ses déserts embarrassés; le Chinois, le Japonois, l'Indien, sont devenus leurs néophytes; il n'est point d'île ou d'écueil dans l'Océan qui ait pu échapper à leur zèle; et comme autrefois les royaumes manquoient à l'ambition d'Alexandre, la terre manque à leur charité. . . . .
. . . .
. . . .

« Ce ne seroit rien connoître que de connoître vaguement les bienfaits du christianisme; c'est le détail de ces bienfaits, c'est l'art avec lequel la religion a varié ses dons, répandu des secours, distribué ses trésors, ses remèdes, ses lumières; c'est ce détail, c'est cet art qu'il faut pénétrer. Jusqu'aux délicatesses des sentiments, jusqu'aux amours-propres, jusqu'aux foiblesses, la religion a tout ménagé, en soulageant tout. Pour nous, qui depuis quelques années nous occupons de ces recherches, tant de traits de charité, tant de fondations admirables, tant d'inconcevables sacrifices, sont passés sous nos yeux, que nous croyons qu'il y a dans ce seul mérite du christianisme de quoi expier tous les crimes des hommes : culte céleste, qui nous force d'aimer cette triste humanité qui le calomnie. . . . . . .
. . . .
. . . .

« Pour se faire d'abord une idée de l'immensité des bienfaits de la religion, il faut se représenter la chrétienté comme une vaste république, où tout ce que nous rapportons d'une partie se passe en même temps dans une autre.
. . . .
. . . .

« Il faut voir deux cent millions d'hommes au moins, chez qui se pratiquent les mêmes vertus et se font les mêmes sacrifices; il faut se ressouvenir

qu'il y a dix-huit cents ans que ces vertus existent, et que les mêmes actes de charité se répètent : calculez maintenant, si votre esprit ne s'y perd, le nombre d'individus soulagés et éclairés par le christianisme chez tant de nations et pendant une aussi longue suite de siècles ! . . . .
. . . .

« Avant de passer aux services que l'Église a rendus à l'agriculture, rappelons ce que les papes ont fait pour les sciences et pour les beaux-arts. Tandis que les ordres religieux travailloient dans toute l'Europe à l'éducation de la jeunesse, à la découverte des manuscrits, à l'explication de l'antiquité, les pontifes romains, prodiguant aux savants les récompenses, et jusqu'aux honneurs du sacerdoce, étoient le principe de ce mouvement général vers les lumières. Certes, c'est une grande gloire pour l'Église qu'un pape ait donné son nom au siècle qui commence l'ère de l'Europe civilisée, et qui, s'élevant du milieu des ruines de la Grèce, emprunta ses clartés du siècle d'Alexandre pour les réfléchir sur le siècle de Louis.

« Ceux qui représentent le christianisme comme arrêtant le progrès des lumières contredisent manifestement les témoignages historiques. Partout la civilisation a marché sur les pas de l'Évangile, au contraire des religieux de Mahomet, de Brahma et de Confucius, qui ont borné les progrès de la société et forcé l'homme à vieillir dans son enfance.

« Rome chrétienne étoit comme un grand port qui recueillit tous les débris des naufrages des arts. Constantinople tombe sous le joug des Turcs ; aussitôt l'Église ouvre mille retraites honorables aux illustres fugitifs de Byzance et d'Athènes. L'imprimerie, proscrite en France, trouve une retraite en Italie. Des cardinaux épuisent leur fortune à fouiller les ruines de la Grèce et à acquérir des manuscrits. Le siècle de Léon X avoit paru si beau au savant abbé Barthélemy, qu'il l'avoit d'abord préféré à celui de Périclès, pour celui de son grand ouvrage : c'étoit dans l'Italie chrétienne qu'il prétendoit conduire un moderne Anacharsis. . . . .
. . . .
. . . .

« Les successeurs de Léon X ne laissèrent point s'éteindre cette noble ardeur pour les travaux du génie. Les évêques pacifiques de Rome rassembloient dans leur *villa* les précieux débris des âges. Dans les palais des Borghèse et des Farnèse le voyageur admiroit les chefs-d'œuvre de Praxitèle et de Phidias ; c'étoient des papes qui achetoient au poids de l'or les statues de l'Hercule et de l'Apollon ; c'étoient des papes qui pour conserver les ruines, trop insultées, de l'antiquité les couvroient du manteau de la religion. Qui n'admirera la pieuse industrie de ce pontife qui plaça des images chrétiennes sur les beaux débris des Thermes de Dioclétien ? Le Panthéon n'existeroit plus s'il n'eût été consacré par le culte des apôtres, et la colonne Trajane ne seroit pas debout si la statue de saint Pierre ne l'eût couronnée.

« Cet esprit conservateur se faisoit remarquer dans tous les ordres de l'Église. Tandis que les dépouilles qui ornoient le Vatican surpassoient les richesses des anciens temples, de pauvres religieux protégeoient dans l'enceinte de leurs monastères les ruines des maisons de Tibur et de Tusculum, et promenoient l'étranger dans les jardins de Cicéron et d'Horace. Un chartreux vous montroit le laurier qui croît sur la tombe de Virgile, et un pape couronnoit le Tasse au Capitole.

« Ainsi, depuis quinze cents ans, l'Église protégeoit les sciences et les arts; son zèle ne s'étoit ralenti à aucune époque. Si dans le VIIIe siècle le moine Alcuin enseigne la grammaire à Charlemagne, dans le XVIIIe *un autre moine industrieux et patient* trouve un moyen de dérouler les manuscrits d'Herculanum : si en 740 Grégoire de Tours décrit les antiquités des Gaules, en 1754 le chanoine Mazzochi explique les tables législatives d'Héraclée. La plupart des découvertes qui ont changé le système du monde civilisé ont été faites par des membres de l'Église. L'invention de la poudre à canon et peut-être celle du télescope sont dues au moine Roger Bacon; d'autres attribuent la découverte de la poudre au moine allemand Berthold Schwartz; les bombes ont été inventées par Galen, évêque de Munster; le diacre Flavio de Givia, Napolitain, a trouvé la boussole; le moine Despina, les lunettes; et Pacificus, archidiacre de Vérone, ou le pape Sylvestre II, l'horloge à roues. Que de savants, dont nous avons déjà nommé un grand nombre dans le cours de cet ouvrage, ont illustré les cloîtres, ont ajouté de la considération aux chaires éminentes de l'Église! Que d'écrivains célèbres! que d'hommes de lettres distingués! Que d'illustres voyageurs, que de mathématiciens, de naturalistes, de chimistes, d'astronomes, d'antiquaires! Que d'orateurs fameux! Que d'hommes d'État renommés! Parler de Suger, de Ximenès, d'Alberoni, de Richelieu, de Mazarin, de Fleury, n'est-ce pas rappeler à la fois les plus grands ministres et les plus grandes choses de l'Europe moderne? . . .

. . . .
. . . .

« Rome chrétienne a été pour le monde moderne ce que Rome païenne fut pour le monde antique, le lien universel : cette capitale des nations remplit toutes les conditions de sa destinée, et semble véritablement la ville éternelle. Il viendra peut-être un temps où l'on trouvera que c'étoit pourtant une grande idée, une magnifique institution, que celle du trône pontifical. Le père spirituel, placé au milieu des peuples, unissoit ensemble les diverses parties de la chrétienté. Quel beau rôle que celui d'un pape vraiment animé de l'esprit apostolique! Pasteur général du troupeau, il peut en contenir les fidèles dans le devoir ou les défendre de l'oppression. Ses États, assez grands pour lui donner l'indépendance, trop petits pour qu'on ait rien à craindre de ses efforts, ne lui laissent que la puissance de l'opinion, puissance admirable quand elle n'embrasse dans son empire que des œuvres de paix, de bienfaisance et de charité !

« Le mal passager que quelques mauvais papes ont fait a disparu avec eux ; mais nous ressentons encore tous les jours l'influence des biens immenses et inestimables que le monde entier doit à la cour de Rome. Cette cour s'est presque toujours montrée supérieure à son siècle. Elle avoit des idées de législation, de droit public ; elle connoissoit les beaux-arts, les sciences, la politesse, lorsque tout étoit plongé dans les ténèbres des institutions gothiques ; elle ne se réservoit pas exclusivement la lumière, elle la répandoit sur tous ; elle faisoit tomber les barrières que les préjugés élèvent entre les nations ; elle cherchoit à adoucir nos mœurs, à nous tirer de notre ignorance, à nous arracher à nos coutumes grossières ou féroces. Les papes parmi nos ancêtres furent des missionnaires des arts envoyés à des barbares, des législateurs chez des sauvages. « Le règne seul de Charlemagne, dit Voltaire, eut « une lueur de politesse, qui fut probablement le fruit du voyage de Rome. » (*Génie du Christianisme*, t. III, 4º partie, liv. III, chap. II, chap. III, chap. V, chap. VI ; liv. IV, chap. I ; liv. VI, chap. I, chap. VI.)

FIN DE LA NOTE.

TABLE.

	Pages.
Avis spécial pour notre edition (1864)	234
Préface générale (Édition de 1826)	235
Avertissement de l'auteur pour l'édition de 1826	239
Préface (Édition de 1826)	244
Avis sur cette édition	265
Notice	266

PREMIÈRE PARTIE.

Introduction	269
CHAPITRE Ier. PREMIÈRE QUESTION. Ancienneté des hommes	277
CHAP. II. Première révolution. Les républiques grecques. Si le contrat social des publicistes est la convention primitive des gouvernements.	283
CHAP. III. L'âge de la monarchie en Grèce.	285
CHAP. IV. Causes de la subversion du gouvernement royal chez les Grecs. Elles diffèrent totalement de celles de la révolution françoise.	286
CHAP. V. Effet de la révolution républicaine sur la Grèce. Athènes depuis Codrus jusqu'à Solon comparée au nouvel état de la France.	289
CHAP. VI. Quelques réflexions sur la législation de Solon. Comparaisons. Différences	291
CHAP. VII. Origine des noms des factions la Montagne et la Plaine	293
CHAP. VIII. Portraits des chefs	295
CHAP. IX. Pisistrate.	296
CHAP. X. Règne et mort de Pisistrate	298
CHAP. XI. Hipparque et Hippias. Assassinat du premier. Rapports	299
CHAP. XII. Guerre des émigrés. Fin de la révolution républicaine en Grèce.	300
CHAP. XIII. Sparte. Les Jacobins	301
CHAP. XIV. Suite	304
CHAP. XV. Suite	306

	Pages.
Chap. XVI. Suite...	308
Chap. XVII. Fin du sujet......................................	311
Chap. XVIII. Caractère des Athéniens et des François...........	312
Chap. XIX. De l'état des lumières en Grèce au moment de la révolution républicaine. Siècle de Lycurgue.........................	316
Chap. XX. Siècles moyens.....................................	318
Chap. XXI. Siècle de Solon...................................	319
Chap. XXII. Poésie à Athènes. Anacréon, Voltaire. Simonide, Fontanes. Sapho, Parny. Alcée, Ésope. Nivernois, Solon, les deux Rousseau..	320
Chap. XXIII. Poésie à Sparte. Premier chant de Tyrtée; Le Brun. Second chant de Tyrtée; Hymne des Marseillois. Chœur spartiate; Strophe des Enfants. Chanson en l'honneur d'Harmodius; Épitaphe de Marat..	332
Chap. XXIV. Philosophie et politique des Sages; les Encyclopédistes. Opinions sur le meilleur gouvernement; Thalès, Solon, Périandre, etc.; J.-J. Rousseau, Montesquieu. Morale : Solon, Thalès; La Rochefoucauld, Chamfort. Parallèle de J.-J. Rousseau et d'Héraclite. Lettre à Darius; Lettre au roi de Prusse......................	338
Chap. XXV. Influence de la révolution républicaine sur les Grecs. Les biens...	347
Chap. XXVI. Suite. — Les maux...............................	349
Chap. XXVII. État politique et moral des nations contemporaines au moment de la révolution républicaine en Grèce. Cette révolution considérée dans ses rapports avec les autres peuples. Causes qui en ralentirent ou en accélérèrent l'influence........................	350
Chap. XXVIII. L'Égypte.......................................	350
Chap. XXIX. Obstacles qui s'opposèrent à l'effet de la révolution grecque sur l'Égypte. Ressemblance de ce dernier pays avec l'Italie moderne...	353
Chap. XXX. Carthage...	355
Chap. XXXI. Parallèle de Carthage et de l'Anglererre. Leurs constitutions...	357
Chap. XXXII. Les deux partis dans le sénat de Carthage. Hannon. Barca..	359
Chap. XXXIII. Suite. — Minorité et majorité dans le parlement d'Angleterre..	364
Chap. XXXIV. M. Fox. M. Pitt................................	366
Chap. XXXV. Suite du parallèle entre Carthage et l'Anglererre. La guerre et le commerce. Annibal, Marlborough. Hannon, Cook. Traduction du voyage du premier. Extrait de celui du second........	369
Chap. XXXVI. Influence de la révolution grecque sur Carthage.....	378
Chap. XXXVII. L'Ibérie.......................................	380
Chap. XXXVIII. Les Celtes....................................	381

	Pages.
Chap. XXXIX. L'Italie..	383
Chap. XL. Influence de la révolution grecque sur Rome............	385
Chap. XLI. La Grande Grèce.....................................	386
Chap. XLII. Suite. — Zaleucus. Charondas......................	390
Chap. XLIII. Influence de la révolution d'Athènes sur la Grande-Grèce.	391
Chap. XLIV. La Sicile...	392
Chap. XLV. Suite..	393
Chap. XLVI. Les trois âges de la Scythie et de la Suisse. Premier âge : la Scythie heureuse et sauvage..................................	394
Chap. XLVII. Suite du premier âge. La Suisse pauvre et vertueuse..	396
Chap. XLVIII. Second âge : la Scythie et la Suisse philosophiques...	398
Chap. XLIX. Suite. — Troisième âge : la Scythie et la Suisse corrompues. Influence de la révolution grecque sur la première, de la révolution françoise sur la seconde.....................................	400
Chap. L. La Thrace. Fragments d'Orphée........................	402
Chap. LI. La Macédoine. La Prusse...............................	403
Chap. LII. Iles de la Grèce. L'Ionie.............................	405
Chap. LIII. Tyr. La Hollande.....................................	406
Chap. LIV. Suite...	408
Chap. LV. La Perse...	409
Chap. LVI. Tableau de la Perse au moment de l'abolition de la monarchie en Grèce. Gouvernement. Finances. Armées. Religion........	411
Chap. LVII. Tableau de l'Allemagne au moment de la révolution françoise...	413
Chap. LVIII. Suite. — Les arts en Perse et en Allemagne. Poésie. Kreeshna. Klopstock. Fragment du poëme Mahabarat, tiré du sanscrit. Fragments du Messie. Sacontala. Évandre..................	414
Chap. LIX. Philosophie. Les deux Zoroastre. Politique.............	423
Chap. LX. Situation politique de la Perse à l'instant de la guerre médique ; — de l'Allemagne à l'instant de la guerre républicaine. Darius, Joseph, Léopold...	426
Chap. LXI. Influence de la révolution républicaine de la Grèce sur la Perse, et de la révolution républicaine de la France sur l'Allemagne. Causes immédiates de la guerre médique — de la guerre républicaine. L'Ionie. Le Brabant..	429
Chap. LXII. Déclaration de la guerre médique, l'an 1er de la LXIXe olympiade (505 ans av. J.-C.) — Déclaration de la guerre présente, 1792. Premières hostilités..	430
Chap. LXIII. Premières campagnes. An III de la LXXIIe olympiade. — 1792. Portrait de Miltiade. — Portrait de Dumouriez. Bataille de Marathon. — Bataille de Jemmapes. Accusation de Miltiade, — de Dumouriez...	433
Chap. LXIV. Xerxès, — François. Ligue générale contre la Grèce, — contre la France. Révolte des provinces..........................	435

Chap. LXV. Campagne de la quatrième année de la LXXIVe olympiaoe (480 ans avant J.-C.). — Campagne de 1793. Consternation à Athènes et à Paris. Bataille de Salamine. — Bataille de Maubeuge.......... 440
Chap. LXVI. Préparation à une nouvelle campagne. Portraits des chefs. Mardonius, — Cobourg. Pausanias, — Pichegru. Alexandre, roi de Macédoine.. 446
Chap. LXVII. Campagne de l'an 479 avant notre ère, première année de la LXXVe olympiade. Campagne de 1794. Bataille de Platée. Bataille de Fleurus. Succès et vices des Grecs, — des François. Différentes paix. Paix générale.. 448
Chap. LXVIII. Différence générale entre notre siècle et celui où s'opéra la révolution républicaine de la Grèce........................ 453
Chap. LXIX. Récapitulation................................. 458
Chap. LXX. Sujets et réflexions détachées..................... 461

SECONDE PARTIE.

Chapitre premier. Seconde révolution. Philippe et Alexandre...... 469
Chap. II. Athénées. Les Quatre Cents......................... 471
Chap. III. Examen d'un grand principe en politique............. 474
Chap. IV. Les trente tyrans. Critias, Marat. Théramène, Sieyès....... 477
Chap. V. Accusation de Théramène; son discours et celui de Critias. Accusation de Robespierre....................................... 479
Chap. VI. Guerre des émigrés. Exécution à Éleusine. Massacres du 2 septembre.. 482
Chap. VII. Abolition de la tyrannie. Rétablissement de l'ancienne constitution... 484
Chap. VIII. Un mot sur les émigrés........................... 485
Chap. IX. Denys le jeune.................................. 488
Chap. X. Expédition de Dion. Fuite de Denys. Troubles à Syracuse.. 491
Chap. XI. Nouveaux troubles à Syracuse. Timoléon. Retraite de Denys. 495
Chap. XII. Denys à Corinthe. Les Bourbons................... 497
Chap. XIII. Aux infortunés................................. 502
Chap. XIV. Agis à Sparte.................................. 512
Chap. XV. Condamnation et exécution d'Agis et de sa famille....... 513
Chap. XVI. Jugement et condamnation de Charles Ier, roi d'Angleterre. 516
Chap. XVII. M. de Malesherbes. Exécution de Louis XVI.......... 521
Chap. XVIII. Triple parallèle : Agis, Charles et Louis.............. 525
Chap. XIX. Quelques pensées.............................. 529
Chap. XX. Philippe et Alexandre............................ 531
Chap. XXI. Siècle d'Alexandre.............................. 532

	Pages
Chap. XXII. Philosophes grecs.....................................	533
Chap. XXIII. Philosophes modernes. Depuis l'invasion des barbares jusqu'à la renaissance des lettres.............................	539
Chap. XXIV. Suite. Depuis Bacon jusqu'aux encyclopédistes........	545
Chap. XXV. Les encyclopédistes....................................	548
Chap. XXVI. Platon, Fénelon, J.-J. Rousseau. La république de Platon, le *Télémaque*, l'*Émile*.	549
Chap. XXVII. Mœurs comparées des philosophes anciens et des philosophes modernes..	557
Chap. XXVIII. De l'influence des philosophes grecs de l'âge d'Alexandre sur leur siècle, et de l'influence des philosophes modernes sur le nôtre..	561
Chap. XXIX. Influence politique...................................	561
Chap. XXX. Influence religieuse..................................	563
Chap. XXXI. Histoire du polythéisme, depuis son origine jusqu'à son plus haut point de grandeur.....................................	564
Chap. XXXII. Décadence du polythéisme chez les Grecs occasionnée par les sectes philosophiques et plusieurs autres causes...........	567
Chap. XXXIII. Le polythéisme à Rome jusqu'au christianisme......	569
Chap. XXXIV. Histoire du christianisme depuis la naissance du Christ jusqu'à sa résurrection...	570
Chap. XXXV. Accroissement du christianisme jusqu'à Constantin....	571
Chap. XXXVI. Suite. — Depuis Constantin jusqu'aux barbares......	572
Chap. XXXVII. Suite. — Conversion des barbares.................	573
Chap. XXXVIII. Depuis la conversion des barbares jusqu'à la renaissance des lettres. Le christianisme atteint à son plus haut point de grandeur...	575
Chap. XXXIX. Décadence du christianisme occasionnée par trois causes : les vices de la cour de Rome, la renaissance des lettres et la réformation..	576
Chap. XL. La réformation...	577
Chap. XLI. Depuis la réformation jusqu'au régent.................	581
Chap. XLII. Le régent. La chute du christianisme s'accélère........	582
Chap. XLIII. La secte philosophique sous Louis XV...............	583
Chap. XLIV. Objections des philosophes contre le christianisme. Objections philosophiques..	586
Chap. XLV. Objections historiques et critiques....................	588
Chap. XLVI. Objections contre le dogme...........................	590
Chap. XLVII. Objections contre la discipline......................	592
Chap. XLVIII. De l'esprit des prêtres chez les anciens et chez les modernes considéré dans un gouvernement populaire.............	594
Chap. XLIX. De l'esprit des prêtres chez les anciens et chez les modernes considéré dans un gouvernement monarchique..........	596
Chap. L. Du clergé actuel en Europe. — Du clergé en France.......	599

TABLE.

	Pages.
Chap. LI. Du clergé en Italie...........................	604
Chap. LII. Du clergé en Allemagne.......................	601
Chap. LIII. Du clergé en Angleterre......................	602
Chap. LIV. Du clergé en Espagne et en Portugal. Voyage aux Açores. Anecdote..	603
Chap. LV. Quelle sera la religion qui remplacera le christianisme....	610
Chap. LVI. Résumé......................................	613
Chap. LVII et dernier. Nuit chez les sauvages de l'Amérique......	622
Note...	629

FIN DE LA TABLE DU TOME PREMIER.